Criminal InveStigation

범죄수사론

유재두 저

도서출판 그린

머리말

최근 발생하는 범죄는 광역화, 교묘화, 연소화라는 특성을 지니고 있다. 이는 교통의 발달, 첨단 기술 이용, 다양한 매체를 통한 범죄 학습 등으로 인한 결과이다. 또한 살인·강도 등과 같은 전통적 범죄부터 신종 범죄 등 매년 범죄 발생 건수가 증가하고 있기 때문에 실무자들이 범죄 수사를 하는데 있어서 그 어려움은 이루 말할 수 없다. 따라서 경찰 입직 전(前)의 범죄 수사 학습은 실무에 가서도 상당히 도움이 될 것이다. 그런데 경찰의 역할과 임무 중 범죄 수사는 매우 높은 비중이 있음에도 불구하고 최근 경찰 공무원 일반 채용 시험 과목에 범죄 수사가 제외되어 매우 안타가운 생각이 든다.

다행인 것은 우리나라 경찰학 관련 학과에서 범죄수사론 강좌가 개설되어 있다는 것이다. 이 책은 평소 강의를 준비하며 만들었던 각종 자료와 판서, 그리고 구두 설명한 내용을 정리한 학습서이다. 따라서 대부분의 내용이 도표로 구성되어 있고 내용도 가능한 요약하였다. 또한 최근 1-2년 동안 범죄 수사 관련 법령의 제·개정이 있어 최대한 수록하였다. 그러나 최근 입법 예고된 "성폭력범죄의 처벌 등에 관한 특례법"이라든가, "성폭력범죄자의 성충동 약물치료에 관한 법률"과 같이 범죄 수사와 관련된 일부 법령을 다루지 못한 점은 끝내 아쉽다. 부족한 부분과 계속 제·개정되는 법령에 대해서는 개정판에서 다룰 수 있도록 하겠다.

이 책을 접하시는 모든 분들과 학문에 대해 많은 것을 일깨워 주시는 교수님들께 이 자리를 빌려 감사의 마음을 전한다. 또한 항상 옆에서 지켜보고 힘 있는 응원을 해 주는 우리 가족에게 미안과 감사의 마음을 전하고자 한다.

욥기 8:7 "네 시작은 미약하였으나 네 나중은 심히 창대하리라."

도안골 연구실에서 저자 올림.

목 차

제2편 수사각론

제1편

수사총론

제1장

수사의 개념

제1절 수사의 개관

1. 수사의 의의

(1) 수사의 개념

수사란 범죄의 혐의 유무를 명백히 하여 공소의 제기(기소독점주의, 기소편의주의)와 제기한 공소 유지 여부(공소제기 이후의 수사)를 결정하기 위하여 범인을 발견·확보하고 증거를 수집·보전하는 수사기관(검찰 및 사법경찰관리)의 활동을 말한다. 주의할 것은 아래와 같이 수사와 관련된 각 행위들의 포함 여부이다.

수사에 해당하는 것	수사에 해당하지 않는 것
① 수사기관의 활동이며, 형사 사건 ② 경찰의 범죄유류품 수거 ③ 범죄의 진압을 목적 ④ 특별사법경찰관의 참고인 조사 ⑤ 피고인 조사, 임의 제출물 압수, 양형·소송 조건 수사, 피의자 유리한 사항 조사 ⑥ 고소·고발 사건에 대해 범죄혐의 유무를 밝히기 위한 수사기관의 활동 ⑦ 불기소 처분에 의해 종결되는 경우	① 사인의 현행범인 체포 ② 법원의 강제처분(소환·제출명령·피고인 구속) ③ 검사의 증인신문·피고인신문 등 당사자로서의 활동(피고인 조사는 수사임) ④ 수사개시 이전의 활동인 불심검문·변사자 검시·내사 ⑤ 행정기관의 조사행위 ⑥ 경찰의 순찰

한편, 범죄수사는 이미 발생한 범죄의 진압을 목적으로 하는 사후적인 활동이나, 행정경찰작용은 사전의 범죄예방과 사회질서유지를 주임무로 하는 면에서 구별

된다. 또한 공소제기·재판은 법적 안정성을 강조하는데 반해 범죄수사는 합목적성을 강조한다. 따라서 범죄수사는 공소제기·재판보다 법률적 색채가 약하다.

(2) 형식적 의의의 수사와 실질적 의의의 수사

범죄수사는 수단과 방법적 측면에서 형식적 의의 수사와 실질적 의의 수사로 구분할 수 있다.

구분	형식적 의의 수사	실질적 의의 수사
내용	1. 수사를 하는 과정에서 어떤 수단과 방법을 택할 것인가 하는 절차적 측면에서의 수사 2. 합법성 요구 3. 형사소송법의 절차적 이념인 인권보장과 공공복리의 조화 추구 4. 미란다 원칙	1. 목적 또는 내용에 관한 실체적 측면의 수사 ▪ 범인은 누구인가? ▪ 범행의 동기는 무엇인가? ▪ 범행의 수단과 방법은 무엇인가? ▪ 수사에 대하여 무엇을 명백히 할 것인가? 2. 합리성 요구 3. 형사소송법의 실질적 이념인 실체적 진실발견 추구
	수사의 수단 및 방법과 관련된 수사	범행의 수단 및 방법과 관련된 수사

2. 수사의 과정

범죄수사는 하강과정과 상승과정 두 과정으로 구분하여 접근할 수 있다.

(1) 하강과정과 상승과정

하강과정(1단계)	상승과정(2단계)
1. 수사관 자신이 범죄사실의 진상을 파악·확인하고 심증을 형성하기 위한 과정이다. 2. 엄격한 의미에서의 증거는 필요없으므로 수사관은 자유자재로 수사를 추진할 수 있다. 3. 용의자의 조사는 하강과정에서 행하는 수사로 법관의 심증형성과정에 이르기 위한 수사이다. 4. 전개적(연역적) 추리를 한다. – 하나의 사실로서 다수의 추리선을 전개한다.	1. 수사관이 획득한 판단을 형사절차의 발전단계에 따라 검사 및 법관에게 제시하여 틀림없다는 심증을 가지도록증명하기 위하여필요한증거를 수집하는 과정이다. 2. 고소·고발수사는 피고소인이 특정되어 있는 등 사실관계가 보다 확실하므로 수사의 중점은 상승과정 수사이다. 3. 현행범인의 수사는 증거가 확실하여 바로 피의자로 입건되므로 상승과정의 수사만이 행하여진다. 4. 집중적(귀납적) 추리를 한다. – 다수의 사실로서 하나의 사실을 추론하는 것

(2) 내용

① 범죄수사는 대체로 하강과정을 거쳐 상승과정으로 발전하는 것이 일반적이나

이순서가 반드시 고정적인 것은 아니다.

② 현행범인을 체포한 경우와 같이 범죄 사실의 진상이 처음부터 분명한 경우에는 수사관 자신의 진상파악을 위한 별도의 활동이 없이 상승과정의 활동만이 전개된다.

③ 상승과정 없는 하강과정은 있을 수 없지만, 하강과정 없는 상승과정은 있을 수 있다.

3. 수사의 대상

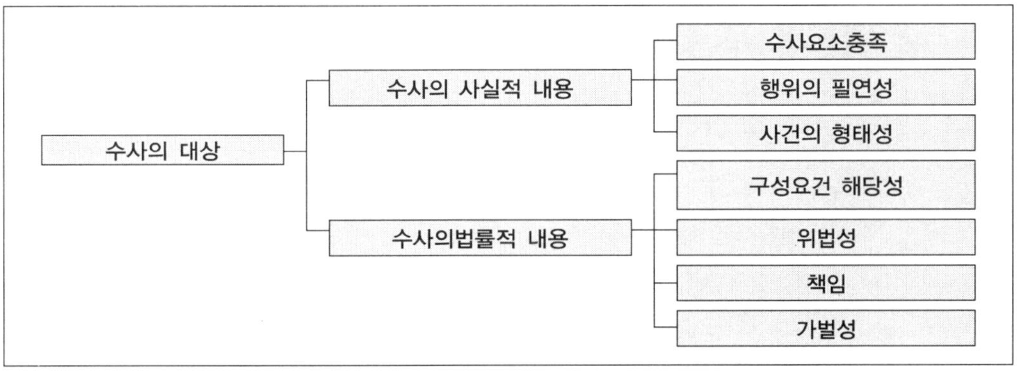

수사의 대상이란 범죄수사를 통해 명확하게 해야 할 것, 범죄의 실질적 측면을 의미한다. 수사의 대상이 되는 범죄의 실체면은 사실적 내용(사실적 측면)과 법률적 내용(법률적 실체면)을 명백히 하여 분명하게 할 수 있다. 범죄의 실체면을 통해 기소·불기소 여부를 결정할 수 있다.

(1) 수사의 사실적 내용

① 개념

수사의 사실적 내용은 사실적 측면이라고도 한다. 범죄가 발생하거나 또는 범죄혐의가 있는 경우 수사는 무엇보다 '그 사건의 범인이 누구인가?', '그 범인은 어떤 행위를 하였는가?'하는 사실적 실체면을 명확하게 해야 한다. 따라서 범죄 성립 여부 등 법률적 실체면을 명확하게 하기 위해서는 그런 평가의 소재가 되는 행위사실을 명확하게 할 필요가 있다. 수사의 사실적 실체면은 법률적 평가에 앞서서 구체적인 행위를 명확하기 하는 활동이다.

② 관념적 범행재현의 3요소

범죄가 발생한 과거의 범행을 재현하기 위해 다음의 세 가지 요소가 중요하다.

<table>
<tr><td rowspan="3">수사요소의 충족</td><td colspan="4">4하 원칙</td><td colspan="2">6하 원칙</td><td colspan="2">8하 원칙</td></tr>
<tr><td>누가</td><td>언제</td><td>어디서</td><td>무엇을</td><td>어떻게</td><td>왜</td><td>누구와</td><td>누구를</td></tr>
<tr><td>주체</td><td>일시</td><td>장소</td><td>결과</td><td>수단</td><td>동기</td><td>공범</td><td>객체</td></tr>
<tr><td>행위의 필연성
(必然性)</td><td colspan="8">범행은 현실적인 이유와 원인이 반드시 있으며, 그렇게 되지 않으면 안 되는 필연적인 조건을 필요로 한다. 따라서 수사에 있어서 수사요소를 명확히 하기 위해서는 범인이 범행을 하게 된 이유는 무엇인지, 왜 그 시간과 장소를 선택하였고, 그 시간과 장소에서의 행동이 어떤 점에 영향을 주었는지 범행의 이우와 경과 또는 조건 등을 포괄하여 그 행위의 필연성을 파악해야 한다.
예를 들어, 형사 A는 살인사건에 대해 범인이 왜 그 시간을 택했는지, 그 시간이 범행에 어떤 점에 영향을 주었는지를 조사하여 범죄일시를 명확히 하고자 하는 것을 말한다.</td></tr>
<tr><td>사건의 형태성
(形態性)</td><td colspan="8">수사자료를 질서 있게 전체적으로 집약하여 사건의 전모를 밝히는 것을 사건의 형태성이라고 한다.
예를 들어, A 경찰서 형사과장은 살인사건의 실체적 진실을 발견하기 위하여 직원들이 수집해 온 자료를 보고 사건의 전모를 파악하고자 한다. 형사과장이 파악하려는 것이 사건의 형태성인 것이다.</td></tr>
</table>

(2) 수사의 법률적 내용(법률적 실체면)

수사의 사실적 내용을 통해 밝혀진 범인과 범죄사실에 대해 범죄가 성립하는지 여부 및 어떤 범죄가 되는 가를 법률적으로 평가하는 것을 말한다. 범죄행위의 전모가 명확하게 됨으로서 비로소 법률적 평가가 시작된다는 시간적인 순서가 있는 것은 아니고, 수사 개시에 있어서도 반드시 법률적으로 범죄성립의 평가를 받아야만 하는 것도 아니다.

4. 수사의 기본이념

(1) 실체적 진실발견

① 의의 : 법원이 당사자의 주장에 구애 받지 아니하고 소송의 실체에 관하여 사안의 진상을 명백히 규명하자는 것을 말한다. 형사소송의 최고의 목적으로 수사절차·공판절차 등 형사소송절차전체를 지배하는 근본원리이다.

② 실체적 진실발견의 한계[1)]

· 인간의 능력과 제도상의 한계
· 다른 법적 이익과의 충돌로 인한 제한
· 인권보장적 측면에서 가해지는 제한

(2) 기본적 인권보장

수사를 하며 기본적 인권은 임의수사의 원칙, 강제수사법정주의, 영장주의, 합법성이 요구된다.

5. 수사의 지도 원리와 수사의 원칙

(1) 수사의 지도 원리

실체적 진실주의	현행법은 진술거부권, 변호인 선임권, 증거보전청구권 등을 보장하고 있다
무죄추정의 법리	현행법에 임의수사 원칙, 체포·구속적부심사제도, 접견교통권 보장 등과 관련이 있다.
필요최소한도의 법리	강제수사는 물론 임의수사의 경우에도 필요한 최소한의 범위 내에서 허용되어야 한다.
적정절차의 법리	인권보장의 기초 원리이다

(2) 수사의 원칙

① 수사의 기본 원칙(범죄수사원칙 제1조 - 제14조)

제1절 수사의 기본원칙

제1조(목적) 이 규칙은 경찰공무원이 범죄를 수사할 때에 지켜야 할 마음가짐, 수사의 방법과 절차 그 밖에 수사에 관하여 필요한 사항을 정함으로써 수사사무의 적정한 운영을 기함을 목적으로 한다.

제2조(관할) ①사법경찰관리인 경찰공무원(이하 "경찰관" 이라 한다)은 소속관서의 관할구역 내에서 관할구역 내의 사건에 대하여 직무를 행하여야 한다. 다만, 필요한 경우에는 관할구역 밖에서도 그 직무를 행할 수 있다.
②관할이 경합하여 책임수사관서를 결정할 수 없을 때에는 차상급 기관에 보고하여 지휘를 받아야한다.

제3조(인권 보호) ①경찰관은 수사를 할 때에는 개인의 인권을 존중하고 신속·공정·성실하게 하여야 한다.
②경찰관은 수사를 할 때에는 피의자, 피해자 등 사건 관계인의 명예를 훼손하지 않도록 주의하여야 한다.

1) 임의수사원칙에서 기인하는 한계는 실체적 진실발견의 한계에 해당되지 않는다.

제4조(법령 등 준수) 경찰관은 수사를 할 때에는 「형사소송법」 등 관계 법령과 규칙을 준수하여야 한다.

제5조(합리적인 수사) ①경찰관은 수사를 할 때에는 기초수사를 철저히 하여 모든 증거의 발견수집에 힘써야 하며 과학수사기법과 지식·기술·자료를 충분히 활용하여 수사를 합리적으로 진행하여야 한다.
②경찰관은 수사를 할 때에는 상사의 지시명령을 성실히 수행하고 경찰관 상호 협력하여야 한다.

제6조(임의수사) ①경찰관이 수사를 할 때에는 임의수사를 원칙으로 한다.
②경찰관이 임의수사를 위해서 상대방의 승낙을 구할 때에는 승낙을 강요하거나 강요의 의심을 받을 염려가 있는 태도나 방법을 취하여서는 아니 된다.

제7조(비밀의 준수) 경찰관은 수사를 하면서 알게 된 사건관계인의 관련 비밀을 엄수하여야 한다.

제8조(수사의 회피) 경찰관은 피의자, 피해자 등 사건관계인과 친족 관계에 있는 등 수사의 공정성을 잃을 염려가 있거나 의심을 받을 우려가 있을 때에는 상사의 허가를 받아 그 수사를 회피하여야 한다.

제9조(공판절차의 고려) 경찰관은 수사는 공소의 제기와 공판 심리의 전단계라는 점을 고려하여 증거를 확보하고 실체적 진실을 발견하기 위해 노력하여야 한다.

제10조(수사의 메모) 경찰관은 필요하다고 인정할 경우에는 수사의 진행 경과와 그 밖의 참고가 될 사항을 메모하여 당해 사건의 공판심리의 증인으로 출석하는 경우에 대비하고 관련사건 수사에 참고하여야 한다.

제11조(법정 증언) ①경찰관은 수사한 사건과 관련하여 법원으로부터 증인으로 소환을 받은 경우에는 직속 상급자에게 보고하고 관련 자료 및 예상 질의답변을 준비하여야 한다.
②경찰관은 전항에 따라 증인으로 출석하기 전에 검사와의 면담, 전화, 모사전송, 전자우편 그 밖에 적당한 방법으로 검사의 증인신문 준비활동에 협조하여야 한다.
③경찰관은 법원에 증인으로 출석할 때에는 경찰관의 품위에 손상이 가지 않도록 용모복장을 단정히 하여야 하며, 증언을 할 때에는 기억에 반하는 진술을 하지 않도록 하여야 한다.

제12조(다른 기관과의 협조) 경찰관은 수사에 관하여 다른 수사기관과 협조하여야 할 사안이 있을 때에는 미리 소속경찰관서의 장에게 보고하여 그 지휘를 받아야 한다.

제13조(수사본부) ①경찰청장 또는 지방경찰청장은 살인 등 중요사건이 발생하여 종합적인 수사를 통하여 해결할 필요가 있다고 인정할 때에는 수사본부를 설치할 수 있다.
②수사본부의 설치절차와 운영방법은 별도 규칙으로 정한다.
③경찰청장은 각 지방경찰청의 수사본부의 수사활동을 지휘통제, 조정 및 감독하기 위하여 "종합수사지휘본부"를 설치·운영할 수 있으며, 종합수사지휘본부의 설치 대상, 구성 및 운영 등에 관한 사항은 따로 정한다.
④경찰청장 또는 지방경찰청장은 국가기관간 공조수사가 필요한 경우에 관계기관과 "합동수사본부"를 설치·운용할 수 있다.

제14조(언론 발표시 주의사항) 각 경찰기관의 장은 신문 그 밖의 언론매체에 수사에 관한 사실을 발표할 때에는 「형법」 제126조(피의사실공표)에 해당하는지의 여부 등을 신중히 고려하여 홍보책임자 또는 홍보책임자로 지정한 자가 발표하도록 하여야 한다.

② 범죄 수사 준수원칙

선증후포 원칙	인권보장과 관련된 내용으로서 범인을 확정할 수 있는 증거 수집 후 체포해야한다는 원칙이다.
법령 준수의 원칙	수사를 행할 때에는 관련 법령 등을 준수하여 개인의 자유와 권리를 부당하게 침해하는 일이 없도록 해야 한다.
민사사건 불간섭 원칙	범죄수사는 형사사건에 한하여 행해야 한다.
종합수사의 원칙	수사는 모든 정보와 자료를 종합하여 상황을 판단하며 동시에 모든 지식과 기술을 활용해야 한다.

③ 범죄 수사 3대 원칙(3S 원칙)

신속착수 원칙 (Speedy Initiation)	범죄의 흔적은 시간이 경과함에 따라 소멸·변개되어 수사가 어려워 질수 있으므로 수사는 신속히 착수하여 죄증이 인멸되기 전에 종결되어야 한다.
현장보존 원칙 (Scene Preservation)	범죄 현장은 "증거의 보고"라 표현된다.
공중(민중)협력의 원칙 (Support by the public)	목격자나 전문가가 있는 사회를 "증거의 바다"라고 표현되는데, 평소에도 민중의 협력을 얻을 수 있도록 노력해야 한다.

④ 범죄 수사실행 5원칙

수사자료 완전수집의 원칙	수사의 1조건으로서 사건과 관련된 모든 수사자료를 수사관이 완전히 수집해야 한다.
수사자료 감식 · 검토의 원칙	수사 자료가 완전 수집되었다면 그 자료를 감식 · 검토해야 한다.
적절한 추리의 원칙	수사 자료의 검토·감식 후 문제점이 도출되었다면 적절한 추리로서 문제의 해결 방법을 찾아야 한다.
검증적 수사의 원칙	(1) 의의 : 추측 하나하나를 모든 각도에서 검토하는 것이다. (2) 검증적 수사의 순서 : 수사사항의 결정 → 수사방법의 결정 → 수사실행 (3) 새로운 자료수집 : 추측을 확인하는 동시에 새로운 자료수집이다.
사실판단 증명의 원칙	수사에 의해 획득한 확실한 판단은 검사에게 송치 후 재판정에서 심리를 받게 된다.

제2절 범죄수사의 원리

1. 범죄수사의 가능성

(1) 범죄의 흔적

① 모든 범죄행위는 그 과정에서 범죄의 흔적(범적)을 남긴다.

② 수사에 있어서도 완전수사가 없는 것과 같이, 완전히 범적을 남기지 않는 '완전범죄란 있을 수 없다'. 따라서 모든 범죄사건은 수사를 통해 해결될 수 있다.

(2) 범죄와 범적의 관계

① 범죄수사는 범적을 통해 범죄 사건의 전부 또는 일부를 추리하고 그 추리에 대한 사실 확인의 과정으로 추진되는 것이며, 이런 범적은 범죄행위의 결과로서 범죄행위와 범적 양자는 인과관계 속에 결부된다.

② 범죄의 결과물인 범적을 통하여 범죄를 본다는 것은 결과를 살펴서 원인인 범죄를 탐색하는 것이다.

(3) 범죄 수사 가능성의 3대 근원

범죄는 인간의 행동	사람의 생물학적·심리학적 특징에 의한 흔적(예: 지문, 혈액, 수법, 동기, 언어, 인상, 습관 등)을 남긴다.
범죄는 사회적 행동	사회적 법칙에 따른 흔적(예: 도구입수, 목격자, 소문 등)을 남긴다.
범죄는 물건 기타 자연현상을 수반하는 행동	범죄는 자연현상 속에서 발생하는 것이며, 필연적으로 자연과학적 법칙에 따른 흔적(예: 현장 변화, 물건 이동 등)을 남긴다.

2. 범죄징표

(1) 개념

범죄에 수반하여 나타나는 내적·외적 현상으로서 범죄의 외적 징표를 범적(범죄의 흔적)이라고 한다. 수사의 대상이 되는 범죄징표는 수사자료로 될 수 있는 것이어야 하며, 수사수단에 의해서 수집되는 것이어야 한다.

(2) 기능

범죄징표는 범인 및 범죄사실의 발견을 위한 수사자료로서의 기능을 하며, 주로 범인, 범행시간, 범행장소, 물건 등 수사 요소를 확정하는데 이용된다. 따라서 범죄 징표의 형태에 따라 수사방식의 형태가 결정되고, 구체적인 수사방침의 수립을 용이하게 하는데 이용된다.

(3) 형태

구분			내용
범인의 생물학적 특징에 의한 징표			인상, 지문, 혈액형, 기타의 신체 특징
범인의 심리학적 특징에 의한 징표	보통심리	범행동기	원한, 치정, 미신, 이욕, 이상심리
		범행결의	불안, 초조, 심리적 갈등, 흉기·도구의 준비, 현장사전답사[2], 알리바이 공작
		범행 중	목적 달성에 용이한 방법, 숙지·숙달된 기술 선호
		범행 후	특수한 꿈·잠꼬대, 피해자에 대한 위로, 친지 등에게 고백, 자살, 도주, 증거인멸, 변명준비
	이상 심리		심리과정에 합리적인 일관성이 결여
범인의 사회적 제반법칙에 의한 징표[3]			성명, 가족, 주거, 경력, 직업[4], 목격자(사회적 지문), 사회적 파문(소문, 풍설, 언론 보도 등)[5]
자연현상에 의한 징표			물건의 이동(移動: 도범수사, 장물수사)[6], 물건의 특정(범죄사실의 확정), 자연현상(일시의 확정[7] 등)[8]
문서에 의한 범죄징표			문자의 감정, 사용잉크의 감정, 지질의 감정

3. 수사선

(1) 개념

범죄현장에서 구체적으로 수집된 지문 등 범죄흔적을 기초로 범인 및 범죄사실을 추리하는 선을 말한다.

(2) 종류

구분	내용
개인의 특징에 관한 수사선	① 범죄는 인간의 행동이다. ② 신체적 특징에 의한 개인 식별: 인상, 지문, 혈액형, 연령, 성별 ③ 성격 또는 습성의 특징에 의한 개인의 식별: 습관, 동기, 언어, 성격, 가정환경, 범행 후 행동

2) 도스토예프스키의 "죄와벌" 에서 주인공 라스꼴리니코프는 전당포 주인인 노파 알요나 이바노브나를 살해하기 전 노파가 거주하는 사실의 발겨집과 주변의 도주로 등 을 미리 답사하여 파악한 후 범행을 실행한다.

3) 영화'펠리컨 브리프'에서는 법대생역 줄리아 로버츠가 대법원 판사 2명이 살해 되는 사건이 발생하자, 두 판사가 환경문제에 있어 환경론자들의 입장을 지속적으로 옹호해 온 공통점이 있다는 것에 착안하여 당시 사회적 문제로 부각되어 재판중이던 펠리컨 서식지의 개발 사업자를 범인으로 한 '펠리컨 브리프' 를 작성하였다.

4) 범죄현장에 유류한 옷에서 짧은 머리카락이 많이 발견되는 경우 이발사로 추정된다.

5) 낙동강 주변 공장들의 불법 폐수 방류로 인해 수돗물에서 악취가 난다는 보도가 빈발하자 경찰에서는 수사에 착수하였다.

6) 물건의 이동을 중심으로 하는 수사는 유류품 수사와는 관련이 없다.

7) 일시의 확정은 자연현상(일출, 일몰 등)과 사회적 요소(신문 등)를 결합하여 이루어 진다.

8) 살인사건 사체의 위를 감정한 결과 점심 식사 후 3시간 정도 경과하였음을 알게 되었다.

사회관계에 관한 수사선	① 범죄는 인간의 사회적 행동이다. ② 범인의 사회적 환경: 성명, 주거, 배회처, 직업, 비행경력, 가족관계, 교유관계 ③ 범죄의 사회적 파문: 사회적 배경, 풍설, 인심 동향, 소문
자연과학에 관한 수사선	① 범죄는 물건 기타 자연현상을 수반한다. ② 물건의 이동, 물건의 특징, 문서, 자연현상, 현장관찰

4. 범죄징표와 수사선의 비교

	범 죄 징 표	수 사 선
개념	어떠한 범행이 그러한 범적을 낳게 하는가라는 결과를 캐는 범행에서 징표로의 이론적 지식 체계이다.	범적을 보고 그러한 범적은 어떠한 범행에서 비롯된 것 일까하는 원인을 캐는 징표에서 범죄로의 추리의 체계이다.
특징	(1) 합리적 지식에 기초한 이론면이다. (2) 수사수단(수사상 자료의 입수방법)을 통하여 수집된 여러 가지 범적이 범인 및 범죄사실의 어떤 것을 징표로 하는 가를 수사지식을 기초로 하여 이론적으로 정리한 것	(1) 구체적으로 수집된 범적을 기초로 범죄징표 이론을 응용하여 범인 및 범죄사실을 추리하는 선을 의미하는 것으로, 범죄징표 이론을 특정사건 수사에 응용하는 것이다. (2) 수사는 확정된 사실이 수집되고, 다시 기존의 사실을 기초로 하여 미확정의 사실을 향해 많은 수사선을 방사함으로서 진전되는 것이다. (3) 수사선은 추리와 자료 수집의 선이다.

5. 범죄수사의 추리

(1) 개념

범죄수사 추리란 범인을 특정하거나 나머지 증거를 수집하는 등 사건을 재구성해 가는 사고과정을 의미한다. 범죄수사는 범죄의 결과로 나타난 범죄흔적과 범죄정보 등 각종 수사자료를 수집·종합하여 그것을 관찰·분석·판단함으로서 범인과 범죄사실을 추리, 검증하는 방법으로 진행된다.

(2) 추리의 대상과 방법

범죄 추리의 대상은 범죄의 사실적 내용을 이루는 범인과 범죄사실이다. 따라서 범죄수사의 추리 방법은 어떤 정형이 없다.

(3) 추리의 종류

연역적 추리(전개적 추리)	하강과정의 수사(심증형성과정)에서 이용
귀납적 추리(집중적 추리)	상승과정의 수사(획득한 판단을 증명하는 과정)에서 이용

(4) 추리의 사례

① 인간은 특별한 증명되지 않는 한 정상인으로 추정된다.
② 사람의 행위는 사람이 보통 의식하는 과정을 밟는 것으로 추정된다.
③ 사람이나 사물의 상태는 특별한 사정이 없는 한 보통 같은 상태로 계속된 것으로 추정된다.
④ 사물의 시작과 끝이 확정되면 중간상태는 추정된다.
⑤ 이웃사람은 일반적으로 이웃의 사정을 잘 알고 있는 것으로 추정된다.

6. 수사 자료

(1) 개념

범인 및 범죄사실을 명확히 하고 범인과 범죄와의 관계를 추리 및 판단하기 위해 수집되는 유·무형의 증거가치가 있는 자료와 수사활동에 도움이 되는 모든 자료를 의미한다.

(2) 특성

① 수사자료는 범죄수사의 주요 대상이다.
② 수사자료는 특정의 구체적 사건자료에 국한되는 것은 아니다.
③ 수사자료는 기초자료를 포함한다.

(3) 효용성

① 수사목적 달성에 제공
② 사실의 소명자료로 제공
③ 공판에서 증거로 제출

(4) 종류

종류	의 의	예 시
기초자료	구체적인 범죄사건 수사와 관계없이 평소의 수사활동을 통하여 범죄가 현실적으로 발생했을 경우에 제공하기 위하여 기초가 되는 자료	범죄와 관련된 사회적 통계, 우범자 동향
사건자료	구체적인 범죄사건 수사와 관련 그 사건의 수사방침 수립과 범인 및 범죄사실의 발견을 위하여 수집되는 모든 자료	① 유류품 등과 같은 유형의 자료
		② 수법·냄새와 같은 무형의 자료
		③ 탐문, 미행, 은신, 파수와 같은 내탐에 의한 자료

감식 자료	수사를 과학적으로 추진하기 위하여 과학적 감식기술, 장비 등을 이용하여 범인의 발견, 범죄의 증명에 활용되는 자료	지문, 유전자, 혈액형
참고 자료	수사과정의 반성, 분석, 검토 등을 통하여 얻어진 자료로서 차후의 수사에 활용이 되는 자료	수사성패의 교훈, 새로운 범죄수법

7. 수사 수단

(1) 개념

구체적인 사건의 수사에 필요한 자료를 입수하는 방법을 의미한다.

(2) 종류

구분	내용
듣는 수사	① 범죄를 직접 경험 했거나 또는 타인의 경험을 전문한 자의 기억을 증거하하는 수사수단 ② 사람에 대한 조사를 말한다. ③ 예: 용의자 조사, 참고인 조사, 풍설의 탐문
보는 수사	① 시각을 동원하여 현장 또는 물건의 형상과 이동에 따라 남겨진 수사자료를 입수하여 증거화하는 수사수단 ② 광의의 현장관찰을 말한다. ③ 목적: 증거물의 발견(수색), 물건 또는 장소의 현상관찰 ④ 분류: 장소의 관찰, 장소에서의 물건 입수 및 관찰, 물건의 수색발견, 물건 현상의 관찰, 감식적인 검사
추리 수사	① 추리의 선에 따라 수사 자료를 입수하는 수사수단 ② 추리수사는 듣는 수사와 보는 수사의 보충적 수단

(3) 수사 수단의 방향

	횡 적 수 사	종 적 수 사
특 징	폭을 넓혀가는 수사로 범행에 관계있는 자료의 발견·수집을 목적으로 하는 수사활동이다.	깊이 파고드는 수사로 수집된 특정자료의 성질, 특징 등을 깊이 관찰 범인에 도달하는 수사활동이다.
종 류	현장관찰, 탐문수사, 행적수사, 미행, 수색, 감수사	유류품수사, 수법수사, 장물수사, 인상특징수사, 수배수사
단 점	노력과 시간에 있어 비경제적	한정된 자료로 판단을 그르칠 가능성

제3절 수사의 조건과 구조

1. 수사의 조건

수사는 임의수사강제수사를 불문하고 인권 제한적 처분을 의미하므로, 수사를 받는 피의자에 대한 인권보장의 필요가 대두된다. 이에 수사에 대한 제한의 법리로서 등장한 것이 수사 조건론이다. 수사개시 조건이란 수사절차의 개시와 진행 및 유지에 필요한 조건을 수사 개시의 조건이라 할 수 있는데 이는 수사의 필요성과 정당성을 내용으로 한다.

(1) 일반적 조건

수사의 필요성	수사는 수사목적을 달성함에 필요한 경우에 한해서 허용된다. 즉 임의수사의 경우는 '수사에 필요한 때' 강제수사의 경우는 '체포・구속・압수・수색・검증의 필요성'이 인정되어야 한다.
수사의 상당성	① 수사의 신의칙(信義則) : 수사방법이 사회적으로 용인될 수 있는 적정한 것이어야 한다는 원칙을 말한다. 따라서 범죄를 유발하는 함정수사는 국가가 사술에 의해 국민을 함정에 빠뜨리기 때문에 수사의 신의칙에 반하므로 용인되지 않는다고 해야 한다[9]. ② 수사비례(捜査比例)의 원칙 : 경미한 범죄에 대한 수사권의 발동을 제한하는 원리를 의미하는데, 강제처분은 그 목적을 달성하기 위한 최소한도에 그쳐야 한다는 원칙을 말한다. 형사소송법은 강제수사에 관하여 강제처분은 법률에 특별한 규정이 있는 경우에 한하며, 필요・최소한도의 범위 안에서만 하여야 한다는 비례성원칙을 규정하고 있다(제199조 제1항 단서).

(2) 수사의 조건과 범죄혐의

수사기관이 범죄의 혐의가 있다고 사료하는 때」 에 개시할 수 있다. 수사조건의 범죄혐의는 구체적 사실에 근거한 주관적 범죄혐의를 의미한다.

(3) 소송조건과 수사

수사는 공판절차를 위한 준비절차이므로 공소제기의 가능성이 있어야만 수사가

---

9) 수사의 신의칙은 함정수사와 관련이 있다. 함정수사라 함은 수사기관이 범죄를 교사한 후 그 실행 기다려 범인을 체포하는 수사방법을 말한다. 함정수사에는 범의 유발형과 기회제공형으로 구분한다. 범의 유별형은 범의 없는 자에게 범죄를 유발한 경우, 기회제공형은 이미 범의를 가지고 있는 자에 대하여 범죄에 나갈 기회를 제공한 경우를 의미한다. 판례는 함정수사에 대해 '본래 범의를 가지지 아니한 자에 대하여 수사기관이 사술이나 계략 등을 써서 범죄를 유발케 하여 범죄인을 검거하는 수사방법을 말하는 것이므로, 범의를 가진 자에 대하여 범행의 기회를 주거나 범행을 용이하게 한 것에 불과한 경우에는 함정수사라고 할 수 없다(대판 2004. 5. 14. 2004도1066)'는 입장을 보이고 있다.

허용된다. 따라서 소송조건의 결여로 인하여 공소제기의 가능성이 없는 때에는 수사는 허용되지 않는다.

친고죄에 있어서 고소가 없는 경우, 즉고발사건에서 고발이 없는 경우 경우에 수사가 가능한가의 문제이다 .

① 전면적 허용설

친고죄에 관하여 고소가 없는 경우에도 임의수사는 물론 강제수사도 허용된다는 견해로서 친고 죄 의 고소는 공소제기의 조건, 즉 소송조건에 불과하고 수사의 조건은 아니라는 점을 논거로 내세우고 있다.

② 전면적 부정설

친고죄에 관해서 고소가 없으면 강제수사는 물론 임의수사도 허용되지 아니한다는 견해로서 친 고 죄의 경우 고소가 없으면 공소권이 발생하지 아니하므로 그 준비를 위한 수사권도 발생하지 아니 한다는 견해이다.

③ 제한적 허용설(다수설·판례)

고소가 없는 경우에도 수사는 허용되지만 고소의 가능성이 없는 때에는 수사가 허용되지 않거나 제한되어야 한다는 견해이다. 고소의 가능성이 없는 경우란 고소기간의 경과 .고소권자가 고소를 하지 않을 것을 명백히 한 경우이다

2. 수사구조

수사과정을 전체의 형사절차에 어떻게 위치시키고, 수사절차에서 등장하는 활동주체의 관계를 어떻게 정립시킬 것인가를 규명하기 위한 이론이다. 수사에 있어서 적정절차의 원리(due process) 와 영장주의·묵비권·변호권의 보장 및 이를 실현하기 위한 법적 규제를 포괄적으로 이론화할 것을 시도한 것으로 볼 수 있다.

(1) 규문적 수사관

수사의 구조를 규문적으로 파악하는 견해로서, 수사절차는 수사기관이 피의자를 조사하는 절차과정이기 때문에 수사기관의 고유한 기능으로서 강제처분의 권한이 인정되며, 강제처분에 대한 영장 은 허가장의 성질을 가지고 피의자신문을 목적으로 하는 구인도 허용되게 된다.

(2) 탄핵적 수사관

수사의 구조를 탄핵적으로 파악하는 견해로서, 수사는 수사기관이 단독으로 행하는 준비단계에 불과하므로 피의자도 독립하여 준비활동을 할 수 있고, 강제처분은 장래의 재판을 위하여 법원이 행하는 것이라고 한다. 따라서 영장은 명령장의 성질을 가지고 피의자신문을 위한 구인이 허용되지 않는다.

(3) 소송적 수사관

수사는 판단자인 검사를 정점으로 하여 사법경찰관과 피의자를 대립당사자로 하는 소송적 구조일 것을 요하며, 피의자는 수사의 객체가 아니라 수사의 주체가 되어야 한다고 한다.

제4절 수사기관

범죄수사규칙

제2절 수사지휘 및 보고

제15조(수사지휘) ①수사지휘는 수사지휘권이 있는 자가 명시적인 이유를 근거로 구체적으로 하여야 한다.
②수사지휘권자가 다음 각 호에 규정된 사안에 대해 수사지휘를 할 경우에는 서면으로 하는 것을 원칙으로 한다.
1. 체포·구속에 관한 사항
2. 영장에 의한 압수·수색·검증에 관한 사항
3. 송치의견에 관한 사항
4. 사건 이송 등 책임수사관서 변경에 관한 사항
③수사지휘권자가 전항에 따라 서면 수사지휘를 할 때에는 별지 제1호 서식의 수사지휘서를 작성하거나 수사서류의 결재·수사지휘란에 기재하여야 한다.
④경찰관은 제3항에 따라 작성된 수사지휘서 등 수사지휘 내용이 기재된 서면을 사건기록에 편철하여야 하며, 수사의 긴급 등 불가피한 사유로 제2항 각호에 관한 내용에 대해 구두로 수사지휘를 받은 경우에는 관련사항을 수사보고서로 작성하여 사건기록에 편철하여야 한다.

제16조(보고) 각 경찰기관의 장(이하 "경찰관서장"이라 한다)은 관할구역 내에서 별표 1에 규정된 보고대상 범죄가 발생하였거나 범인을 검거하였을 때에는 별표 1에 규정된 보고기준에 따라 신속히 보고하여야 한다.

제3절 특별사법경찰관리와의 관계

제17조(공조의 원칙) 경찰관은 수사를 위하여 필요한 경우에는 「형사소송법」 제197조의 규정에 따라 다른 법령에서 정한 사법경찰관리의 직무를 행할 자(이하 "특별사법경찰관리"라 한다)와 공조를 하여야 하며, 공조에 관하여 다른 법령에 특별한 규정이 없는 경우에는 이 절에서 정하는 바에 의한다.

제18조(직접 수사하는 경우) 경찰관은 특별사법경찰관리의 직무범위에 속하는 범죄를 먼저 알게 되어 직접 수사하고자 할 때에는 경찰관서장의 지휘를 받아 수사하여야 한다. 이 경우에는 해당 특별사법경찰관리와 긴밀히 협조하여야 한다.

제19조(이송하는 경우) 경찰관은 특별사법경찰관리에게 사건을 인계하고자 할 때에는 필요한 조치를

한 후 관련 수사자료와 함께 신속하게 인계하여야 한다.

제20조(인계를 받았을 경우) ①경찰관은 특별사법경찰관리가 그 직무범위에 해당하는 범죄를 경찰관이 수사 중인 다른 사건과 관련된다는 등의 이유로 인계하려 하는 경우에는 사건을 인수하여 수사하여야 하며, 수사를 종결한 후에는 수사결과를 통보하여야 한다.
②전항의 경우에 있어서 필요한 때에는 해당 특별사법경찰관리에게 증거물의 인도 그 밖의 수사를 위한 협력을 요구하여야 한다.

제21조(수사가 경합되는 경우) ①특별사법경찰관리의 직무범위에 해당하는 범죄를 수사 중인 경찰관은 해당 사건 수사가 특별사법경찰관리가 행하는 수사와 경합될 때에는 경찰관서장의 지휘를 받아 해당 특별사법경찰관리와 그 수사에 관하여 필요한 사항을 협의하여야 한다.
②경찰관은 전항의 경우 필요하다고 인정할 때에는 관할 지방 검찰청 또는 지청의 검사에게 보고하여 그 조정에 관한 지휘를 받을 수 있다.

1. 수사기관의 의의

법률상 범죄수사의 권한이 인정되어 있는 국가기관을 말한다.

2. 수사기관의 구분 및 관련 내용

(1) 구분

사법경찰관리 (형사소송법 제196조)	① 수사관, 경무관, 총경, 경정, 경감, 경위는 사법경찰관으로서 모든 수사에 관하여 검사의 지휘를 받는다. ② 사법경찰관은 범죄의 혐의가 있다고 인식하는 때에는 범인, 범죄사실과 증거에 관하여 수사를 개시·진행하여야 한다. ③ 사법경찰관리는 검사의 지휘가 있는 때에는 이에 따라야 한다. 검사의 지휘에 관한 구체적 사항은 대통령령으로 정한다. ④ 사법경찰관은 범죄를 수사한 때에는 관계 서류와 증거물을 지체 없이 검사에게 송부하여야 한다. ⑤ 경사, 경장, 순경은 사법경찰리로서 수사의 보조를 하여야 한다. ⑥ 제1항 또는 제5항에 규정한 자 이외에 법률로써 사법경찰관리를 정할 수 있다.
특별사법경찰관리[10]	삼림・해사・세무・전매・군수사기관, 관세법상의 세관공무원, 교도소장과 같이 법률상 권한이 인정되는 자와 교도관리. 마약감시원과 같이 검사장의 지명에 의한 경우가 있다

10) 법률상 당연히 사법경찰관리의 권한이 있는 자(U 교도소장, 출입국관리소직원)와 검사장의 지명에 의해서 사법경찰관리로서의 권한이 인정되는 자(U 교도관리, 세관공무원, 마약감시원)가 있다.

(2) 검사의 지휘를 받는 것과 받지 않는 것

검사의 지휘를 받는 것	검사의 지휘를 받지 않는 것
• 압수장물의 피해자환부(형사소송법 제134조, 제219조) • 압수물의 환부 · 가환부(동법 제133조, 제219조) • 압수물의 타인에의 보관(동법 제130조. 제219조) • 압수물의 폐기(동법 제130조, 제219조) • 압수물의 대가보관(동법 제132조, 제219조) • 구속 피의자를 석방하고자 할 때 • 송치 후 수사 속행 또는 여죄 발견시 • 사정변경에 의하여 구속영장을 집행하지 아니하고 반환할 때	• 실황조사를 할 때 • 체포한 현행범 석방(석방 후 석방보고서를 사후 검사에게 보고) • 내사종결 • 행정검시 • 즉결심판 • 사건 이송(과거 검사의 지휘를 받았으나, '고소, 고발사건 이송 및 수사촉탁에 관한 규칙'에 따라 경찰 자체적으로 이송)

3. 수사권 조정 찬·반 비교

수사권 조정 찬성론	수사권 조정 반대론
• 국민의 편익저해 • 현실과 법규범의 괴리 • 행정조직의 원리에 위반: 명령통일의 원리 • 권한과 책임의 불일치 • 경찰업무의 과중 • 수사요원의 사기저하 • 권력의 집중현상	• 공소권의 주체가 수사의 주체 • 경찰은 수사의 합목적성만 강조된다. • 법집행의 왜곡과 인권보장 • 경찰에의 권력집중 • 검사의 지휘가 수사력을 강화한다.

4. 외국의 수사 기관 지위

(1) 영국

수사기관	잉글랜드·웨일즈	사법경찰	수사주재자, 수사종결권
		검찰	수사주재자, 공소제기권, 예외적 범죄수사권
	스코틀랜드·북아일랜드	사법경찰	수사보조자
		검사	수사주재자
상호관계	잉글랜드·웨일즈	상호협력관계 단, 법률자문, 중죄의 수사상황 보고의무가 있다	
	스코틀랜드·북아일랜드	명령복종관계 범죄발생보고의무, 검사지시 복종의무	
사법경찰의 지위	잉글랜드·웨일즈	독자적 수사권 보유, 기소여부 결정을 위한 수사결정권 －예외적으로 경찰관에 대한 고소사건 수사에서 검사의 명령복종의무 －법무부장관 또는 검찰총장에게 관할지역내 범죄정보 보고의무, 체	

		포 후 즉시 치안법관에게 인치의무
	스코틀랜드·북아일랜드	수사보조자
검사의 지위	잉글랜드·웨일즈	1985년 검찰제도 도입으로 공소제기권 보유 경찰불복위원회의 징계요청에 따른 간접적 감독, 검찰총장의 소추권 행사지침에 의한 직무감독
	스코틀랜드·북아일랜드	수사주재자: 대륙법계 검찰로 사법경찰의 지휘감독

(2) 미국

수사기관	사법경찰(수사주재자)	연방경찰	연방범죄수사
		지방경찰	연방범죄 이외의 범죄에 대한 독자적 수사권 보유
	검사(수사주재자)	연방검사	연방범죄사건의 수사지휘 및 소추
		지방검사	원칙적인 소추기관, 실질적으로 적극수사－조직범죄, 도박 기타 사회구조적 범죄
관계	상호협력관계이며, 예외적으로 수사지휘 및 상하관계		
지위	사법경찰의 지위	원칙적으로 독자적 수사권 보유 주 및 지방경찰－ 주정부 및 지방의 위원회 소속·감독 범인 체포 후 즉시 치안판사에게 인치의무	
	검찰의 지휘	공소제기권, 예외적 수사권 연방범죄수사국 수사지휘(연방수사국 내규) ① 수사개시, 증거수집, 체포, 가택 수색시 연방검사에게 사전보고 ② 수사보고서 제출 ③ 범죄인정시 송치의무 25개 도시에 연방검찰총장 직속 조직범죄 단속반 창설－수사지휘	

(3) 독일

수사기관	검사	수사주재자
	사법경찰	수사보조자
지위	수사경찰	수사보조자, 명령복종의무 현행범 체포시 다음날까지 검사신청의 구속영장 발부받아야 함 매장 시 검사의 허가 필요
	검사	수사주재자로서 검사는 직접 또는 사법경찰 지휘수사 ① 중요사건, 경제범죄 기타 중요범죄는 압수·수색 등 수사지휘 (사법경찰은 구인·구속권 없음) ② 수사방향, 범위지정 ③ 변사체 처리 지휘(연2회 사법경찰 교양, 유치장 감찰) 공소제기권

(4) 프랑스

수사기관	사법경찰은 수사보조자, 검사는 수사 주재자로서 상호 명령 복종관계	
지위	사법경찰	수사보조자로서 일반적 보고. 중죄 및 경죄 현행범의 경우 출동 전 검사에게 보고, 각종 정보보고, 구속권이 없으며, 24시간 보호유치만 가능
	검사	수사주재자 일반적 사항은 고등검사장이 감독 －사법경찰은 고등검사장으로부터 근무지 부여 명령을 받은 뒤 근무가능, 근무자 부여 명령 정지 또는 취소명령, 사법경찰의 징계회부를 한다. －구체적 직무는 검사가 감독 －일반적 지휘, 수사 및 기소를 위한 사법경찰 지휘 －정보수집 지시 및 기타 구체적 지시 －각종 범죄 수사명령, 수사 중지명령, 관할 구역 외 수사명령 보호유치명령변사처리지휘, 현장수사지휘, 보호유치 적법여부 감독 공소제기권

(5) 스페인

수사기관	사법경찰	－수사보조자 －검사의 명령·결정 및 강제력 행사 지휘에 대한 이행 －사법경찰의 수사착수 사건에 대한 검사 개입시 체포 용의자·수사자료 인도 및 수사중지
	검사	－수사주재자 －범죄 수사에서 사법경찰의 직무상 검찰에 종속하고, 이 경우에만 수사업무 수행, 사법경찰은 범죄수사, 범인 색출 피의자 확보시 검찰에 종속, 검찰의 수사업무 보조요구권, 검찰의 사법경찰에 조사 참여 요구 －경찰관의 명령불복종죄, 검찰의 사법경찰에 대한 징계요청, 검사의 사법경찰에 대한 구체적 사건에서 수사중지 요구 또는 수사박탈결정권, 직무상 얻은 비밀 준수 및 이의 위반이나 직무소홀에 대한 징계 요청 －공소제기권

(6) 일본

수사기관	사법경찰	수사주재자, 통상사건의 1차적 수사권
	검사	수사주재자, 소추권 및 범죄수사권
관계	원칙적으로 상호협력관계이며, 예외적으로 지휘감독관계	

지위	사법경찰	독자적 수사권을 가진 수사주재자 체포 後 48시간 내 검사에게 인치, 송치, 검사지시·지휘 복종
	검사	범죄에 대한 수사주재자 모든 범죄 수사 가능하지만 통상 정치, 경제, 저명인사 사건 등 중요사건에 대해서만 검찰 직접 수사 －검찰총장, 검사장 또는 검사정의 지시 불복종에 대한 징계 파면 요구 －일반적 지시·지휘권, 공정수사를 위한 일반준칙으로 지시, 검사 수사의 협력을 위한 일반적 지시 공소제기권

(7) 중국

수사기관	사법경찰	원칙적 수사주재자
	검사	예외적 수사주재자, 공소제기권자
관계	상호협력관계, 검찰의 법률적 감독	
지위	사법경찰	독자적 수사권을 가진 수사주재자 특별한 법률이 없는 경우의 원칙적 수사기관 －형사사건에 대한 수사진행, 용의자의 유죄 또는 무죄, 죄의 경중에 관한 증거 수집 및 조사 －현행범인이나 중대한 용의자의 긴급체포 －구속요건을 충족하면 용의자 구속
	검사	수사주재자 －공무원의 직무상 횡령, 뇌물범죄 －국민 권리 침해 범죄 법률적 감독 －범인 체포에서 검찰의 승인, 위법사항의 시정요구 －범죄에 대한 기소 및 기소 면제의 결정 －수사권 남용이나 사법경찰의 범죄행위에 대한 입건, 수사 공소제기권

검사의 사법경찰관리에 대한 수사지휘 및 사법경찰관리의 수사준칙에 관한 규정

제1장 총칙

제1조(목적) 이 규정은 「형사소송법」 제196조제3항에 따른 검사의 수사지휘에 관한 사항과 사법경찰관리의 수사에 관한 집무상의 준칙을 규정함으로써 수사과정에서 국민의 인권을 보호하고, 수사절차의 투명성과 수사의 효율성을 보장함을 목적으로 한다.

제2조(수사지휘의 원칙) 검사는 사법경찰관을 존중하고 법률에 따라 사법경찰관리의 모든 수사를 적정하게 지휘한다.

제3조(수사지휘 일반) ① 지방검찰청 검사장 또는 지청장은 국민의 인권을 보호하고 수사절차의 투명성과 수사의 효율성을 보장하기 위하여 사법경찰관리에게 필요한 일반적 수사준칙 또는 지침을 마련하여 시행할 수 있다.
② 제1항에 따른 수사준칙 또는 지침은 검찰총장이 수사에 대한 일반적 수사준칙 또는 지침을 시행하면 사법경찰관리에게 이를 시달(示達)하는 방식으로 이루어져야 한다.
③ 검사는 사법경찰관리에게 구체적 사건의 수사에 관하여 필요한 지휘를 할 수 있다.

제4조(수사지휘 건의) 사법경찰관은 사건을 수사할 때 검사의 지휘가 필요하면 검사에게 건의하여 구체적 지휘를 받아 수사할 수 있다.

제5조(수사지휘의 방식) ① 검사는 사법경찰관리에게 사건에 대한 구체적 지휘를 할 때에는 서면 또는 「형사사법절차 전자화 촉진법」에 따른 형사사법정보시스템(이하 "형사사법정보시스템"이라 한다)을 이용하여 지휘하여야 한다. 다만, 천재지변, 긴급한 상황, 이미 수사지휘한 내용을 보완하거나 지휘 내용이 명확한 경우, 수사 현장에서 지휘하는 경우 등 서면 또는 형사사법정보시스템에 의한 지휘가 불가능하거나 필요 없다고 인정되는 경우 등에는 구두나 전화 등 간편한 방식으로 지휘할 수 있다.
② 사법경찰관은 검사가 제1항 단서에 따라 간편한 방식으로 지휘하였을 때에는 서면 또는 형사사법정보시스템을 이용하여 지휘해 줄 것을 요청할 수 있다.
③ 검사는 수사지휘를 위하여 필요할 때에는 사법경찰관리에게 모든 관계 서류와 증거물을 송부할 것을 지시할 수 있다.
④ 검사는 사건이 복잡하여 설명이 필요한 경우 사법경찰관리에게 대면하여 설명할 것을 요구할 수 있고, 사법경찰관리는 수사 중인 사건에 관하여 필요할 때에는 검사에게 대면하여 보고할 수 있다.

제6조(신속한 수사지휘) 검사는 사법경찰관으로부터 수사지휘 건의를 받은 때에는 지체 없이 지휘하여야 한다. 다만, 사안이 복잡하거나 장기간 검토하여야 할 특별한 사정이 있을 때에는 그러하지 아니하다.

제7조(수사지휘 기한 준수) ① 사법경찰관리는 검사가 기한을 지정하였을 때에는 그 기한 내에 지휘 사항을 이행하여야 한다.
② 사법경찰관리가 검사가 지휘한 기한 내에 지휘 사항을 이행하지 못하였을 때에는 그 사유를 소명하여 검사에게 별지 제1호서식에 따라 수사기일 연장지휘를 건의하여야 한다.

제8조(수사지휘에 대한 재지휘 건의) ① 사법경찰관은 구체적 사건과 관련된 검사의 수사지휘의 적법성 또는 정당성에 이견이 있거나 지휘 내용이 명확하지 않아 이행하기 어려울 때에는 해당 검사에게 의견을 밝히고 재지휘를 건의할 수 있다.
② 검사는 제1항에 따라 재지휘 건의를 받은 때에는 재지휘 여부를 결정하고, 필요한 조치를 하여야 한다.

③ 해당 사법경찰관이 소속된 관서의 장은 제2항의 조치에 의견이 있으면 해당 검사가 소속된 관서의 장에게 그 의견을 제시할 수 있다.

제9조(민감정보 등의 처리) 사법경찰관리는 「형사소송법」(이하 "법"이라 한다) 제196조에 따라 범죄 수사 업무를 수행하기 위하여 불가피한 경우 「개인정보 보호법」 제23조에 따른 민감정보, 같은 법 제24조에 따른 고유식별정보와 그 밖의 개인정보를 처리할 수 있다.

제10조(문서의 서식) 사법경찰관리가 범죄수사에 관하여 사용하는 문서와 장부는 별지 제1호서식부터 별지 제158호서식까지의 서식에 따른다. 다만, 단순하고 정형적인 사건에 관하여 사용하는 문서는 별지 제159호서식부터 별지 제170호서식까지의 서식에 따른다.

제2장 수사

제1절 통칙

제11조(관할) 사법경찰관리는 소속 관서의 관할구역 내에서 직무를 수행한다. 다만, 관할구역 내의 사건과 관련성이 있는 사실을 발견하기 위하여 필요할 때에는 관할구역 외에서도 그 직무를 수행할 수 있다.

제12조(신속한 수사) 사법경찰관리가 수사를 개시한 때에는 피의자나 사건관계인의 인권이 침해되지 않도록 신속하게 수사를 마쳐야 한다.

제13조(비밀의 엄수 등) 사법경찰관리가 범죄를 수사할 때에는 기밀(機密)을 엄수하여 수사에 지장을 주지 아니하도록 하여야 하며 피의자, 피해자, 그 밖의 사건관계인의 명예를 훼손하지 아니하도록 하여야 한다. 사건을 송치하여 검찰에서 수사 중인 경우에도 또한 같다.

제14조(수사의 협조) 사법경찰관리는 직무를 수행할 때 사법경찰관리 상호간에 성실하게 협조하여야 한다.

제15조(수사의 회피) 사법경찰관리는 피의자, 피해자, 그 밖의 사건관계인과 친족관계 또는 이에 준하는 관계로 인하여 수사의 공정성을 의심받을 염려가 있는 사건에 대해서는 소속 관서의 장의 허가를 받아 그 수사를 담당하지 아니하여야 한다.

제16조(사건의 단위) 다음 각 호의 어느 하나에 해당하는 범죄사건은 1건으로 처리한다.

1. 법 제11조에 따른 관련 사건. 이미 검찰청 또는 이에 상응하는 관서에 송치하거나 이송한 후에 수리(受理)한 사건도 또한 같다.
2. 불기소처분이 내려진 사건과 그 처분이 내려진 후 검사의 지휘에 따라 다시 수사를 개시한 사건
3. 검사의 수사지휘를 받은 사건
4. 다른 관서로부터 이송받은 사건
5. 검찰청에 송치하기 전의 맞고소 사건
6. 판사가 청구기각 결정을 한 즉결심판 청구 사건
7. 피고인으로부터 정식재판이 청구된 즉결심판 사건

제2절 수사 개시와 사건기록의 관리

제17조(수사 개시) ① 사법경찰관은 법 제196조제2항에 따라 범죄의 혐의가 있다고 인식하는 때에는 수

사를 개시하고 지체 없이 별지 제2호서식의 범죄인지서를 작성하여 수사기록에 편철(編綴)하여야 한다.
② 제1항의 범죄인지서에는 피의자의 성명, 주민등록번호, 직업, 주거, 범죄경력, 죄명, 범죄사실의 요지, 적용법조 및 수사의 단서와 범죄 인지 경위를 적어야 한다.

제18조(사건기록의 관리) ① 사법경찰관리가 다음 각 호의 어느 하나에 해당하는 행위를 한 때에는 범죄인지서 작성 여부와 관계없이 관계 서류와 증거물을 검사에게 제출하여야 한다.
1. 피의자신문조서를 작성한 때
2. 긴급체포를 한 때
3. 검사에게 체포 · 구속영장을 신청한 때
4. 사람의 신체, 주거, 관리하는 건조물, 자동차, 선박, 항공기 또는 점유하는 방실(房室)에 대하여 압수 · 수색 · 검증영장을 신청한 때
② 사법경찰관리는 다음 각 호의 어느 하나에 해당하는 행위를 하고, 범죄인지서를 작성하지 아니한 사건에 대해서는 매 분기별로 해당 사건의 목록과 요지를 검사에게 제출하여야 한다.
1. 제1항제4호의 압수 · 수색 · 검증을 제외한 압수 · 수색 · 검증, 통신제한조치, 통신사실확인자료 제공 등 법원으로부터 법 및 다른 법령에 따른 영장 또는 허가서를 발부받아 대물적(對物的) 강제처분을 집행한 때
2. 피혐의자를 출석시켜 조사한 때
3. 현행범인을 체포 · 인수한 때
③ 제2항의 경우 사건관계인이 검사에게 이의를 제기하거나, 검사가 사건관계인의 인권이 침해되었다고 인정할 만한 현저한 이유가 있다고 판단하여 검사가 구체적 사건을 특정하여 관계 서류와 증거물을 제출할 것을 서면으로 지시한 때에는 사법경찰관리는 그 지시에 따라야 한다.

제3절 출석요구와 조사

제19조(출석요구) ① 사법경찰관이 피의자 또는 참고인에게 출석을 요구할 때에는 별지 제4호서식 또는 별지 제5호서식에 따른 출석요구서를 발부하여야 한다. 이 경우 출석요구서에는 출석요구의 취지를 명백하게 적어야 한다.
② 사법경찰관은 신속한 출석요구 등을 위하여 필요할 때에는 전화, 팩스, 그 밖의 상당한 방법으로 출석을 요구할 수 있다.
③ 사법경찰관은 출석요구서를 발부하였을 때에는 그 사본을 수사기록에 첨부하여야 하며, 출석요구서 외의 방법으로 출석을 요구하였을 때에는 그 취지를 적은 수사보고서를 수사기록에 첨부하여야 한다.
④ 피의자나 참고인이 출석하였을 때에는 지체 없이 진술을 들어야 하며, 오랫동안 기다리게 하는 일이 없도록 하여야 한다.
⑤ 외국인을 조사할 때에는 국제법과 국제조약에 위배되는 일이 없도록 유의하여야 한다.

제20조(피의자에 대한 조사사항) ① 사법경찰관리는 피의자를 상대로 조사를 하면서 다음 각 호의 사항에 유의하여야 한다.
1. 피의자의 성명 · 나이 · 주민등록번호 · 등록기준지 · 주거 · 직업 및 전과 · 기소유예나 선고유예 등의 처분을 받은 사실 유무, 피의자가 외국인인 때에는 국적 · 주거 · 출생지 · 입국연월일 · 입국목적 및 외국인등록번호, 피의자가 법인 또는 단체인 때에는 명칭 · 상호 · 소재지 · 대표자의 성명 및 주거 · 설립목적 및 그 기구
2. 피의자가 자수하거나 자복하였을 때에는 그 동기와 경위
3. 피의자의 훈장 · 기장 · 포장 · 연금의 유무
4. 피의자의 병역관계
5. 피의자의 환경, 교육, 경력, 가족상황, 재산 정도, 생활수준 및 종교관계
6. 범죄의 동기 · 원인 · 성질 · 일시 · 장소 · 방법 및 결과

7. 피해자의 주거 · 직업 · 성명 및 나이
8. 피의자와 피해자가 친족관계이거나 그 밖의 특수관계인인 경우에는 죄의 성립 여부, 형의 경중(輕重)이 있는 사건에 대해서는 그 사항
9. 피의자의 처벌로 인하여 그 가정에 미치는 영향
10. 범죄로 인하여 피해자 및 사회에 미치는 영향
11. 피해의 상태, 손해액, 피해 회복의 여부 및 처벌 희망의 유무
12. 피의자에게 이익이 될 만한 사항
13. 제1호부터 제12호까지의 사항을 증명할 수 있는 사항

② 피의자의 진술은 별지 제6호(갑)서식, 별지 제6호(을)서식 또는 별지 제7호서식의 피의자신문조서에 적어야 하며, 별지 제8호서식 또는 별지 제9호서식의 조서 끝 부분에 피의자로부터 기명날인 또는 서명을 받아야 한다.

제21조(변호인의 피의자신문 참여) ① 사법경찰관은 법 제243조의2제1항에 규정된 자의 신청을 받았을 때에는 정당한 사유가 없으면 변호인을 피의자신문에 참여하게 하여야 한다. 이 경우 정당한 사유란 변호인의 참여로 인하여 신문 방해, 수사기밀 누설 등 수사에 현저한 지장을 줄 우려가 있다고 인정되는 경우를 말한다.

② 사법경찰관은 제1항의 신청을 받았을 때에는 신청인으로 하여금 변호인 참여 전에 변호인 선임에 관한 서면을 제출하도록 하여야 한다.

③ 제1항의 변호인 참여 신청을 받았을 때에도 변호인이 상당한 시간 내에 출석하지 아니하거나 출석할 수 없으면 변호인의 참여 없이 피의자를 신문할 수 있다.

④ 사법경찰관은 변호인의 참여로 인하여 다음 각 호의 어느 하나에 해당하는 사유가 발생하여 신문 방해, 수사기밀 누설 등 수사에 현저한 지장이 있을 때에는 피의자신문 중이라도 변호인의 참여를 제한할 수 있다.

1. 사법경찰관의 승인 없이 부당하게 신문에 개입하거나 모욕적인 말과 행동 등을 하는 경우
2. 피의자를 대신하여 답변하거나 특정한 답변 또는 진술 번복을 유도하는 경우
3. 법 제243조의2제3항 단서에 반하여 부당하게 이의를 제기하는 경우
4. 피의자신문 내용을 촬영 · 녹음 · 기록하는 경우. 다만, 기록의 경우 피의자에 대한 법적 조언을 위하여 변호인이 기억을 되살리기 위해 하는 간단한 메모는 제외한다.

제22조(피의자의 신뢰관계자 동석) ① 법 제244조의5에 따라 피의자와 동석할 수 있는 신뢰관계에 있는 사람은 피의자의 직계친족, 형제자매, 배우자, 가족, 동거인, 보호시설 또는 교육시설의 보호 또는 교육담당자 등 피의자의 심리적 안정과 원활한 의사소통에 도움을 줄 수 있는 사람(이하 "신뢰관계자"라 한다)을 말한다.

② 피의자나 법정대리인이 신뢰관계자의 동석 신청을 하였을 때에는 사법경찰관은 신청인으로부터 별지 제10호서식에 따른 동석신청서 및 동석 대상자와 피의자의 관계를 소명할 수 있는 자료를 제출받아 기록에 편철하여야 한다. 다만, 동석신청서를 작성할 시간적 여유가 없는 경우 등에는 이를 작성하게 하지 아니하고 수사보고서나 조서에 그 취지를 적는 것으로 갈음할 수 있으며, 조사의 긴급성 또는 동석의 필요성 등이 현저한 경우에는 동석 조사 이후에 동석 대상자와 피의자의 관계를 소명할 자료를 제출받아 기록에 편철할 수 있다.

③ 사법경찰관은 제2항에 따른 신청이 없더라도 동석의 필요성이 있다고 인정되면 피의자와의 신뢰관계 유무를 확인한 후 직권으로 신뢰관계자를 동석하게 할 수 있다. 이 경우 그 취지를 수사보고서나 조서에 적어야 한다.

④ 사법경찰관은 신문 방해, 수사기밀 누설 등으로 수사에 부당한 지장을 줄 우려가 있다고 인정할 만한 상당한 이유가 있으면 신뢰관계자의 동석을 거부할 수 있다.

⑤ 피의자신문에 동석하는 신뢰관계자는 피의자의 심리적 안정과 원활한 의사소통에 도움을 주는 행위 외의 불필요한 행위를 하여서는 아니 되고, 사법경찰관은 신문 방해, 수사기밀 누설 등으로 수사에 부

당한 지장을 줄 우려가 있다고 인정할 만한 상당한 이유가 있거나 신뢰관계자가 부당하게 수사의 진행을 방해할 때에는 피의자신문 도중에 동석을 중지하게 할 수 있다.

제23조(피해자의 신뢰관계자 동석) ① 법 제221조제3항에서 준용하는 법 제163조의2에 따라 피해자와 동석할 수 있는 신뢰관계에 있는 사람은 피해자의 직계친족, 형제자매, 배우자, 가족, 동거인, 보호시설 또는 교육시설의 보호 또는 교육담당자 등 피해자의 심리적 안정과 원활한 의사소통에 도움을 줄 수 있는 사람을 말한다.

② 피해자와 신뢰관계에 있는 사람의 동석에 관하여는 제22조제2항부터 제5항까지의 규정을 준용한다. 이 경우 "피의자"는 "피해자"로, "신문"은 "조사"로 각각 본다.

제24조(참고인의 진술) ① 사법경찰관리가 참고인의 진술을 들을 때에는 법 제317조에 따라 증거로 사용될 수 있도록 그 진술의 임의성을 보장하여야 하며, 조금이라도 진술을 강요하는 일이 있어서는 아니 된다.

② 참고인의 진술은 별지 제12호서식 또는 별지 제13호서식에 따른 진술조서에 적어야 하며, 별지 제8호서식 또는 별지 제9호서식에 따른 조서 끝 부분에 참고인으로부터 기명날인 또는 서명을 받아야 한다.

③ 진술사항이 복잡하거나 참고인이 서면진술을 원할 때에는 진술서를 작성하여 제출하게 할 수 있다.

④ 제3항의 경우에는 가능하면 자필로 작성할 것을 권고하여야 하며 수사담당 사법경찰관리가 대필(代筆)하지 아니하도록 한다.

제25조(영상녹화) ① 사법경찰관은 피의자 또는 참고인에 대한 조서를 작성할 때에는 필요하면 그 조사과정을 영상녹화할 수 있다.

② 사법경찰관은 조사과정을 영상녹화할 때에는 그 조사의 시작부터 조서에 기명날인 또는 서명을 마치는 시점까지의 모든 과정을 영상녹화하여야 한다. 다만, 조사 도중 영상녹화의 필요성이 발생하였을 때에는 그 시점에서 진행 중인 조사를 종료하고, 그 다음 조사의 시작부터 조서에 기명날인 또는 서명을 마치는 시점까지의 모든 과정을 영상녹화하여야 한다.

③ 사법경찰관은 조사를 마친 후 조서 정리에 오랜 시간이 필요할 때에는 조서 정리과정을 영상녹화하지 아니하고, 조서 열람 시부터 영상녹화를 재개할 수 있다.

④ 사법경찰관은 피의자에 대한 조사과정을 영상녹화할 때에는 피의자에게 다음 각 호의 사항을 고지하여야 한다.

1. 조사자 · 참여자의 성명과 직책
2. 영상녹화 사실 및 장소, 시작 및 종료 시각
3. 법 제244조의3에 따른 진술거부권 등
4. 조사를 중단 · 재개하는 경우 중단 이유와 중단 시각, 중단 후 재개하는 시각

⑤ 사법경찰관은 참고인에 대한 조사과정을 영상녹화할 때에는 별지 제14호서식에 따른 영상녹화 동의서에 따라 영상녹화 동의 여부를 확인하고, 제4항제1호 · 제2호 및 제4호의 사항을 고지하여야 한다.

⑥ 사법경찰관은 영상녹화를 할 때 조사실 전체를 확인할 수 있고 조사받는 사람의 얼굴과 음성을 식별(識別)할 수 있도록 하여야 한다.

⑦ 사법경찰관은 피의자에 대한 조사과정을 영상녹화할 때에는 법 제243조의 참여 규정을 준수하여야 하며, 이 때 참여자는 반드시 조사실에 동석하여야 한다.

제26조(영상녹화물의 제작 등) ① 사법경찰관은 영상녹화를 하였을 때에는 영상녹화용 컴퓨터에 저장된 영상녹화 파일을 이용하여 영상녹화물(CD, DVD 등을 말한다) 2개를 제작하고, 그 중 하나는 조사받는 사람의 기명날인 또는 서명을 받아 조사받는 사람 또는 변호인의 면전에서 봉인(封印)하여 보관하고, 나머지 하나는 수사기록에 편철한다.

② 사법경찰관은 영상녹화물을 제작한 후 영상녹화용 컴퓨터에 저장되어 있는 영상녹화 파일을 데이터베이스 서버에 전송하여 보관할 수 있다.

③ 사법경찰관은 손상 또는 분실 등으로 인하여 제1항의 영상녹화물을 사용할 수 없을 때에는 데이터베이스 서버에 저장되어 있는 영상녹화 파일을 이용하여 다시 영상녹화물을 제작할 수 있다.
④ 사법경찰관은 영상녹화물을 생성한 후 별지 제15호서식에 따른 영상녹화물 관리대장에 등록하여야 한다.

제27조(임상의 조사) 사법경찰관이 치료 중인 피의자나 참고인이 있는 곳에서 임상신문(臨床訊問)할 때에는 상대방의 건강상태를 충분히 고려하여야 하며, 수사에 중대한 지장이 없으면 가족, 의사, 그 밖의 적당한 사람을 참여시켜야 한다.

제28조(수사과정의 기록) ① 법 제244조의4에 따라 사법경찰관은 피의자나 참고인을 조사하면서 별지 제16호서식의 수사과정 확인서에 수사과정을 기록하고, 확인서를 조서의 끝 부분에 편철하여 조서와 함께 간인(間印)함으로써 조서의 일부로 하거나, 별도의 서면으로 기록에 편철하여야 한다.
② 수사과정을 기록할 때에는 조사장소에 도착한 시각, 조사의 시작 및 종료 시각 등을 적고, 조사장소에 도착한 시각과 조사를 시작한 시각에 상당한 시간적 차이가 있으면 그 구체적인 이유 등을 적으며, 조사가 중단되었다가 재개되면 그 이유와 중단 시각 및 재개 시각 등을 구체적으로 적는 등 조사과정의 진행 경과를 확인하기 위하여 필요한 사항을 적어야 한다.

제4절 체포와 구속

제29조(구속영장의 신청) ① 사법경찰관이 피의자에 대하여 구속영장을 신청할 때에는 별지 제17호부터 별지 제20호까지의 서식에 따른다. 이 경우 체포한 피의자에 대하여 구속영장을 신청할 때에는 체포영장, 긴급체포서, 현행범인 체포서 또는 현행범인 인수서를 제출하여야 한다.
② 사법경찰관은 피의자에 대하여 구속영장을 신청하면서 법 제209조에 따라 준용되는 법 제70조제2항의 필요적 고려사항이 있을 때에는 구속영장 신청서에 적어야 한다.
③ 사법경찰관은 검사로부터 법 제201조의2제3항에 따른 심문기일과 장소를 통지받으면 검사의 지휘를 받아 지정된 기일과 장소에 체포된 피의자를 출석시켜야 한다.

제30조(영장의 재신청) 사법경찰관은 다음 각 호의 어느 하나에 해당하는 경우에 동일한 범죄사실로 다시 체포 · 구속 · 압수 · 수색 또는 검증영장의 발부를 신청할 때에는 그 취지를 신청서에 적어야 한다.
1. 영장의 유효기간이 지난 경우
2. 영장을 신청하였으나 발부받지 못한 경우
3. 피의자가 체포 · 구속되었다가 석방된 경우

제31조(영장의 집행) ① 사법경찰관리는 영장을 신속하고, 정확하게 집행하여야 한다.
② 사법경찰관리가 영장을 집행할 때에는 피의자와 관계인의 인권을 침해하지 않도록 특히 유의하여야 하고 피의자 또는 관계인의 신체 및 명예를 보전하는 데에 유의하여야 한다.
③ 영장은 검사의 서명, 날인 또는 집행지휘서에 의하여 집행한다.
④ 사법경찰관리가 법 제81조제1항 단서에 따라 재판장 · 수명법관 또는 수탁판사로부터 구속영장의 집행지휘를 받았을 때에는 즉시 구속영장을 집행하여야 한다.
⑤ 사법경찰관리는 피의자를 체포 · 구속할 때에는 법 제200조의5(법 제209조에 따라 준용되는 경우를 포함한다)에 따라 피의자에게 피의사실의 요지, 체포 · 구속의 이유와 변호인을 선임할 수 있음을 알려주고, 변명할 기회를 준 후 피의자로부터 별지 제21호서식의 확인서를 받아 수사기록에 편철하여야 한다. 다만, 피의자가 확인서에 기명날인 또는 서명하기를 거부할 때에는 피의자를 체포 · 구속하는 사법경찰관리는 확인서 끝 부분에 그 사유를 적고 기명날인 또는 서명하여야 한다.
⑥ 사법경찰관리가 영장을 집행할 때에는 법 제89조 및 제90조를 준수하여야 한다.

第32조(체포 · 구속의 통지 등) ① 사법경찰관이 피의자를 체포 · 구속하였을 때에는 법 제200조의6 또는 제209조에서 준용하는 법 제87조에 따라 변호인이 있으면 변호인에게, 변호인이 없으면 법 제30조제2항에 규정된 자 중 피의자가 지정한 자에게 체포 · 구속한 때부터 늦어도 24시간 이내에 별지 제22호서식의 체포 · 긴급체포 · 현행범인체포 · 구속 통지서로 체포 · 구속의 통지를 하여야 한다. 이 경우 법 제30조제2항에 규정된 자가 없어 체포 · 구속의 통지를 하지 못할 때에는 별지 제23호서식에 따라 그 취지를 적은 수사보고서를 기록에 편철하여야 한다.

② 사법경찰관은 긴급한 경우에는 전화, 팩스, 전자우편, 휴대전화 문자전송, 그 밖에 상당한 방법으로 체포 · 구속의 통지를 할 수 있다. 이 경우 다시 서면으로 체포 · 구속의 통지를 하여야 한다.

③ 체포 · 구속의 통지서 사본은 수사기록에 편철하여야 한다.

④ 법 제214조의2제2항에 따라 법 제214조의2제1항에 규정된 자 중에서 피의자가 지정한 자에게 적부심사를 청구할 수 있음을 통지할 때에는 제1항부터 제3항까지의 규정을 준용한다.

第33조(체포 · 구속영장 등본의 교부) 사법경찰관은 법 제214조의2제1항에 규정된 자가 체포 · 구속영장 등본의 교부를 청구하면 그 등본을 교부하여야 하고, 그 사실을 별지 제24호서식의 체포 · 구속영장 등본 교부대장에 적어야 한다.

第34조(영장 등의 반환) ① 사법경찰관은 법 제200조의6 또는 제209조에서 준용하는 법 제75조에 따라 체포 · 구속영장을 반환할 때에는 영장 및 별지 제25호서식의 영장반환 보고서 사본을 그 사건기록에 편철하여야 한다.

② 법 제82조에 따라 체포 · 구속영장이 여러 통 발부되었을 때에는 이를 전부 반환하여야 한다.

③ 영장반환 보고서에는 발행 통수 및 집행 불능의 사유를 적어야 한다.

④ 통신제한조치의 집행이 불가능하거나 필요 없게 되었을 때에는 제1항부터 제3항까지의 규정을 준용하여 통신사실확인자료 제공요청 또는 통신제한조치 허가서를 법원에 반환하여야 한다. 이 경우 서식은 별지 제26호서식의 통신사실확인자료 제공요청 허가서 반환 보고서 또는 별지 제27호서식의 통신제한조치 허가서 반환 보고서에 따른다.

第35조(긴급체포) ① 사법경찰관이 법 제200조의3제1항에 따른 긴급체포를 할 때에는 피의자의 나이 · 경력 · 범죄성향이나 범죄의 경중 · 태양, 그 밖의 여러 사정을 고려하여 인권의 침해가 없도록 신중히 하여야 한다.

② 사법경찰관이 피의자를 긴급체포하였을 때에는 즉시 별지 제28호서식의 긴급체포서를 작성하고, 별지 제29호서식의 긴급체포원부에 그 내용을 적어야 한다.

③ 사법경찰관은 긴급체포 후 12시간 내에 관할 지방검찰청 또는 지청의 검사에게 긴급체포를 승인해 달라는 건의를 하여야 한다. 다만, 기소중지된 피의자를 해당 수사관서가 위치하는 특별시 · 광역시 · 도 또는 특별자치도 외의 지역에서 긴급체포하였을 때에는 24시간 내에 긴급체포에 대한 승인 건의를 할 수 있다.

④ 제3항에 따른 긴급체포에 대한 승인 건의는 별지 제30호서식의 긴급체포 승인 건의서로 하여야 한다. 다만, 긴급한 경우에는 긴급체포한 사유와 체포를 계속하여야 할 사유를 상세히 적어 팩스 또는 형사사법정보시스템을 이용하여 긴급체포에 대한 승인 건의를 할 수 있다.

⑤ 사법경찰관은 긴급체포한 피의자를 석방할 때에는 긴급체포원부에 석방일시 및 석방사유를 적어야 한다.

⑥ 피의자의 긴급체포에 관하여는 제31조제5항 · 제6항, 제32조 및 제33조를 준용한다.

第36조(피의자의 석방) ① 사법경찰관은 체포하거나 구속한 피의자를 석방하려면 별지 제31호서식의 피의자 석방 건의서를 작성 · 제출하여 미리 검사의 지휘를 받아야 한다.

② 제1항의 경우 검사의 석방지휘가 있을 때에는 즉시 석방하여야 한다.

③ 사법경찰관은 긴급체포한 피의자 또는 제2항에 따라 체포하거나 구속한 피의자를 석방하였을 때에는 별지 제32호서식 또는 별지 제33호서식의 석방 보고서를 작성하여 지체 없이 그 사실을 검사에게 보고하여야 하며, 그 사본을 수사기록에 편철하여야 한다.

④ 제1항에 따른 피의자 석방 건의는 서면으로 하여야 한다. 다만, 긴급한 경우에는 전화, 팩스, 전자우편, 그 밖의 상당한 방법으로 석방을 건의할 수 있다.
⑤ 제4항의 경우 검사는 사건 내용을 파악하기 위하여 필요하다고 인정되면 사법경찰관리에게 수사기록 및 증거물을 송부하도록 지시할 수 있다.

제37조(현행범인의 체포) ① 사법경찰관리가 현행범인을 체포하였을 때에는 별지 제34호서식에 따라 체포의 경위를 상세히 적은 현행범인 체포서를 작성하여야 한다.
② 사법경찰관리가 현행범인을 인도받았을 때에는 체포한 사람으로부터 그 성명 · 주민등록번호 · 직업 · 주거 및 체포의 일시 · 장소 · 사유를 청취한 후 별지 제35호서식의 현행범인 인수서를 작성하여야 한다.
③ 사법경찰관리가 현행범인을 체포하거나 현행범인을 인도받았을 때에는 특히 인권의 침해가 없도록 신중히 하여야 하며, 별지 제36호서식의 현행범인 체포원부에 그 내용을 적어야 한다.
④ 현행범인을 체포하거나 인수하는 경우에 관하여는 제31조제5항 · 제6항, 제32조 및 제33조를 준용한다.

제38조(현행범인의 조사 및 석방) ① 사법경찰관리가 현행범인을 체포하거나 인수하였을 때에는 약물 복용 또는 음주 등으로 인하여 조사가 현저히 곤란한 경우가 아니면 지체 없이 조사하고, 계속 구금할 필요가 없다고 인정할 때에는 즉시 석방하여야 한다.
② 사법경찰관은 제1항에 따라 현행범인을 석방하였을 때에는 별지 제32호서식의 피의자 석방 보고서에 석방일시와 석방사유를 적어 지체 없이 그 사실을 검사에게 보고하여야 하며, 그 문서의 사본을 수사기록에 편철하여야 한다.
③ 체포한 현행범인을 석방할 때에는 현행범인 체포 원부에 석방일시 및 석방사유를 적어야 한다.

제39조(피의자의 접견 등) ① 변호인 또는 변호인이 되려는 자가 체포 · 구속된 피의자와의 접견, 서류 · 물건의 접수 또는 수진(受診)을 요청할 때에는 친절하게 응하여야 한다.
② 변호인 또는 변호인이 되려는 자가 아닌 자로부터 제1항의 요청이 있을 때에도 법 제91조에 규정된 사유가 없으면 제1항에 준하여 처리한다.
③ 제1항과 제2항에 따른 접견 등의 장소는 될 수 있으면 유치장 외의 방실에서 하도록 하여야 한다.

제40조(체포 · 구속 장소 감찰에 따른 조치) 검사가 법 제198조의2에 따라 체포 · 구속 장소를 감찰한 후 인치되거나 구금된 자의 석방을 명하거나 사건을 송치할 것을 명하였을 때에는 사법경찰관은 즉시 피의자를 석방하거나 사건을 송치하여야 한다. 이 경우 피의자 석방 명령서 또는 사건 송치 명령서를 그 사건기록에 편철하여야 한다.

제41조(피의자의 도주 등) 사법경찰관은 체포 중이거나 구속 중에 피의자가 도주 또는 사망하거나 그 밖의 이상이 발생하였을 때에는 즉시 관할 지방검찰청 또는 지청의 검사에게 보고하여야 한다.

제5절 증거의 확보

제42조(증거보전의 신청) 사법경찰관은 미리 증거를 보전하지 아니하면 그 증거를 사용하기 곤란한 사정이 있을 때에는 그 사유를 소명하여 검사에게 별지 제37호서식에 따라 증거보전 청구를 신청하여야 한다.
제43조(실황조사) ① 사법경찰관은 수사상 필요하다고 인정되면 범죄 현장이나 그 밖의 장소에 가서 실황을 조사하여야 한다.
② 제1항에 따른 조사를 할 때에는 별지 제38호서식의 실황조사서를 작성하여야 한다.

제44조(압수조서 등) ① 사법경찰관은 증거물 또는 몰수할 물건을 압수하였을 때에는 별지 제39호서식의 압수조서와 별지 제40호서식의 압수목록을 작성하여야 한다.
② 압수조서에는 압수경위를, 압수목록에는 물건의 특징을 각각 구체적으로 적어야 한다.

③ 제1항의 경우에는 피의자신문조서, 진술조서, 검증조서 또는 실황조사서에 압수의 취지를 적어 압수조서를 갈음할 수 있다.

제45조(증거물 등의 보전) ① 사법경찰관리는 혈흔, 지문, 발자국, 그 밖에 멸실할 염려가 있는 증거물은 특히 보전에 유의하여야 하며, 별지 제41호서식의 검증조서 또는 다른 조서에 그 성질 · 형상을 상세히 적거나 사진을 촬영하여야 한다.

② 시체 해부 또는 증거물이 훼손되거나 형상이 변경될 우려가 있는 검증이나 감정을 위촉할 때에는 제1항에 준하여 변경 전의 형상을 알 수 있도록 특히 유의하여야 한다.

제46조(압수물의 보관 등) ① 사법경찰관리는 압수물을 다른 사람에게 보관시킬 때에는 보관자를 주의 깊게 선정하여 성실하게 보관하도록 하고 별지 제42호서식의 압수물건 보관 서약서를 받아야 한다.

② 압수물을 법 제130조제2항에 따라 폐기할 때에는 별지 제43호서식의 폐기조서를 작성하고 사진을 촬영하여 수사기록에 첨부하여야 한다.

③ 압수물에는 사건명, 피의자의 성명, 압수목록에 적은 순위 · 번호를 기입한 표찰을 견고하게 붙여야 한다.

④ 압수물의 환부 · 가환부 또는 압수장물의 피해자 환부에 관하여 검사의 지휘가 있을 때에는 법 제135조에 규정된 자에게 지체 없이 통지를 한 후 신속히 환부하여야 한다.

⑤ 압수물이 유가증권일 때에는 지체 없이 별지 제44호서식의 유가증권 원형보존 지휘 건의서를 검사에게 제출하여 원형보존 여부에 관한 검사의 지휘를 받아야 하며, 원형을 보존할 필요가 없다는 내용의 검사 지휘가 있으면 지체 없이 환전(換錢)하여 보관하여야 한다.

⑥ 「통신비밀보호법」에 따른 통신제한조치 집행으로 취득한 물건은 통신제한조치 허가서 및 집행조서와 함께 봉인한 후 허가번호 및 보존기간을 표기하여 별도로 보관하고, 수사담당자 외의 자가 열람할 수 없도록 하여야 한다.

⑦ 통신제한조치를 집행하고 범죄인지서를 작성하지 아니하였을 때에는 그 집행으로 취득한 물건 · 자료 등은 보존기간이 지난 후 검사의 지휘를 받아 즉시 폐기하여야 한다.

제47조(압수물의 폐기) 사법경찰관은 법 제130조제2항에 따라 위험발생의 염려가 있는 압수물을 폐기하기 위하여 검사의 지휘를 받을 때에는 검사에게 별지 제45호서식의 압수물 폐기처분 지휘 건의서를 제출하여 지휘를 받아야 한다.

제48조(압수물의 환부 및 가환부) 사법경찰관은 압수물에 관하여 소유자, 소지자, 보관자 또는 제출자로부터 환부 또는 가환부의 청구를 받으면 지체 없이 별지 제46호서식의 압수물 환부 지휘 건의서 또는 별지 제47호서식의 압수물 가환부 지휘 건의서를 검사에게 제출하여 지휘를 받아야 한다.

제49조(긴급통신제한조치 통보서 제출) 사법경찰관은 「통신비밀보호법」 제8조제5항에 따라 긴급통신제한조치가 단시간 내에 종료되어 법원의 허가를 받을 필요가 없을 때에는 지체 없이 별지 제48호서식의 긴급통신제한조치 통보서를 작성하여 관할 지방검찰청 검사장 또는 지청장에게 제출하여야 한다.

제50조(통신제한조치 등 집행사실 통지) 사법경찰관은 「통신비밀보호법」 제9조의2제6항(같은 법 제13조의3제2항에 따라 준용되는 경우를 포함한다)에 따라 우편물의 검열, 전기통신의 감청 등 통신제한조치를 집행한 사실 또는 통신사실확인자료를 제공받은 사실과 집행 · 제공 요청기관 및 그 기간 등을 별지 제49호서식 또는 별지 제50호서식에 따라 그 통지대상자에게 통지하여야 한다.

제6절 변사자의 검시

제51조(변사자의 검시) ① 사법경찰관리는 변사자(變死者) 또는 변사한 것으로 의심되는 사체가 있으면

별지 제51호서식의 변사사건 발생 보고 및 지휘 건의서 또는 별지 제52호서식의 교통사고 변사사건 발생 보고 및 지휘 건의서를 작성하여 즉시 관할 지방검찰청 또는 지청의 검사에게 보고하고 지휘를 받아야 한다. 이 경우 검사는 신속하게 지휘하여야 한다.

② 사법경찰관리는 변사사건에 대한 검사의 지휘 내용 등에 대하여 조사를 마쳤을 때에는 별지 제53호서식의 변사사건 처리결과 및 지휘 건의서를 작성하여 관할 지방검찰청 또는 지청의 검사에게 보고하고 지휘를 받아야 한다.

③ 검사의 지휘를 받아 검시(檢視)를 하였을 때에는 별지 제54호서식에 따른 검시조서를 작성하여야 한다.

第52조(검시의 주의사항) ① 사법경찰관리는 검시에 착수하기 전에 변사자의 위치, 상태 등이 변하지 아니하도록 현장을 보존하여야 한다.

② 변사자의 소지품이나 그 밖에 변사자가 남겨 놓은 물건이 수사에 필요하다고 인정될 때에는 이를 보존하는 데에 유의하여야 한다.

③ 검시할 때에는 잠재지문 및 변사자의 지문을 채취하는 데에 유의하고 의사로 하여금 사체검안서를 작성하게 하여야 한다.

第53조(검시와 참여자) 사법경찰관리는 검시에 특별한 지장이 없다고 인정하면 변사자의 가족 · 친족 · 이웃사람 · 친구, 시 · 군 · 구 · 읍 · 면 · 동의 공무원이나 그 밖에 필요하다고 인정하는 자를 참여시켜야 한다.

第54조(자살자의 검시) 사법경찰관리는 자살한 사람을 검시할 때에는 자살을 교사(敎唆)하거나 방조한 자가 있는지를 조사하여야 하며, 유서가 있으면 그 진위를 조사하여야 한다.

第7절 고소 · 고발 사건

第55조(고소의 대리) 사법경찰관리는 법 제236조에 따른 대리인이 고소를 하거나 고소를 취소할 때에는 본인의 위임장을 제출받아야 한다.

第56조(고소사건 등에 대한 주의사항) 사법경찰관은 고소사건에 대하여서는 고소권의 유무, 친고죄에 있어서는 법 제230조 및 「성폭력범죄의 처벌 등에 관한 특례법」 제18조의 규정에 의한 고소기간의 경과 여부, 간통죄에 있어서는 법 제229조의 규정에 의한 조건의 구비 여부, 피해자의 명시한 의사에 반하여 죄를 논할 수 없는 사건에 있어서는 처벌을 희망하는지 여부를 각각 조사하여야 한다.

第57조(고소사건의 수사기간) ① 사법경찰관이 고소나 고발에 의하여 범죄를 수사할 때에는 고소나 고발이 있는 날부터 2개월 이내에 수사를 마쳐야 한다.

② 제1항의 기간 내에 수사를 마치지 못하였을 때에는 검사에게 별지 제1호서식에 따라 수사기일 연장지휘를 건의하여야 한다.

第58조(고소 등의 취소) ① 사법경찰관은 고소나 고발의 취소가 있을 때에는 그 사유를 명백히 조사하여야 한다.

② 피해자의 명시한 의사에 반하여 죄를 논할 수 없는 사건의 경우 피해자가 처벌을 희망하는 의사표시를 철회하였을 때에도 제1항과 같다.

第8절 소년사건, 가정폭력사건 등에 대한 특칙

第59조(소년사건 수사의 기본원칙) 소년사건을 수사할 때에는 보호처분 또는 형사처분에 대한 특별한 심리자료를 제공하기 위한 것이라는 점에 유의하여야 하며, 소년의 건전한 성장을 도우려는 자세로 수사하여야 한다.

제60조(소년의 특성 고려) 소년사건을 수사할 때에는 소년의 특성에 비추어 되도록 다른 사람의 이목을 끌지 아니하는 조용한 장소에서 온정과 이해를 가지고 부드러운 어조로 조사하여야 하며, 그 소년의 심정을 충분히 배려하여야 한다.

제61조(범죄의 원인 등과 환경조사) ① 소년사건을 수사할 때에는 범죄의 원인 및 동기와 그 소년의 성격 · 행실 · 태도 · 경력 · 교육정도 · 가정상황 · 교우관계와 그 밖의 환경 등을 상세히 조사하여 별지 제55호서식의 소년환경 조사서를 작성하여야 한다.
② 소년의 심신에 이상이 있다고 인정될 때에는 지체 없이 의사로 하여금 진단하게 하여야 한다.

제62조(구속에 관한 주의) 소년에 대해서는 되도록 구속을 피하여야 하며, 부득이 구속하거나 동행할 때에는 그 시기와 방법에 관하여 특히 주의를 하여야 한다.

제63조(보도상의 주의) 소년 범죄에 대해서는 「소년법」의 취지에 따라 신속히 처리하여야 하며, 소년의 주거 · 성명 · 나이 · 직업 · 용모 등에 의하여 본인을 알 수 있는 정도의 사실이나 사진이 보도되지 아니하도록 특히 주의하여야 한다.

제64조(학생 범죄) 소년이 아니더라도 학생의 범죄사건에 관하여는 제59조부터 제63조까지의 규정을 준용한다.

제65조(여성 범죄) 피의자가 여자일 때에는 제60조와 제62조를 준용한다.

제66조(가정폭력범죄 수사 시 유의사항) 가정폭력범죄를 수사할 때에는 보호처분 또는 형사처분의 심리를 위한 특별자료를 제공하기 위한 것이라는 점에 유의하여야 하며, 가정폭력범죄로 파괴된 가정의 평화와 안정을 회복하고 건강한 가정의 육성을 도우려는 자세로 수사하여야 한다.

제67조(가정환경 조사서의 작성) 가정폭력범죄를 수사할 때에는 범죄의 원인 및 동기와 행위자의 성격 · 행실 · 태도 · 경력 · 교육정도 · 가정상황과 그 밖의 환경 등을 상세히 조사하여 별지 제56호서식의 가정환경 조사서를 작성하여야 한다.

제68조(가정폭력범죄에 관한 응급조치) 사법경찰관리가 「가정폭력범죄의 처벌 등에 관한 특례법」 제5조에 따라 응급조치를 하였을 때에는 별지 제57호서식의 응급조치 보고서에 가정폭력 행위자의 성명, 주소, 생년월일, 직업, 피해자와의 관계, 범죄사실의 요지, 가정상황, 피해자와 신고자의 성명, 응급조치의 내용 등을 상세히 적은 후 사건기록에 편철하여야 한다.
제69조(가정폭력범죄에 관한 임시조치 등) ① 사법경찰관은 제68조에 따른 응급조치에도 불구하고 가정폭력범죄가 재발될 우려가 있다고 인정할 때에는 「가정폭력범죄의 처벌 등에 관한 특례법」 제8조제1항에 따라 검사에게 같은 법 제29조제1항제1호, 제2호 또는 제3호의 임시조치를 법원에 청구할 것을 신청할 수 있다. 이 경우 신청은 별지 제58호서식의 임시조치 신청서에 따른다.
② 사법경찰관은 가정폭력 행위자가 제1항에 따른 임시조치를 위반하여 가정폭력범죄가 재발될 우려가 있다고 인정할 때에는 「가정폭력범죄의 처벌 등에 관한 특례법」 제8조제2항에 따라 검사에게 같은 법 제29조제1항제5호의 임시조치를 법원에 청구할 것을 신청할 수 있다. 이 경우 신청은 별지 제58호서식의 임시조치 신청서에 따른다.
③ 사법경찰관리는 제1항 또는 제2항의 신청을 하였을 때에는 별지 제59호서식의 임시조치 신청부에 정해진 사항을 적어야 한다.

④ 사법경찰관리가 임시조치의 결정을 집행하였을 때에는 집행일시 및 집행방법을 적은 서면을 사건기록에 편철하여야 한다.
⑤ 임시조치 결정에 대하여 항고가 제기되어 법원으로부터 수사기록 등본의 제출을 요구받았을 때에는 사법경찰관리는 항고심 재판에 필요한 범위에서 수사기록 등본을 관할 검찰청으로 보내야 한다.
⑥ 사법경찰관이 「가정폭력범죄의 처벌 등에 관한 특례법」 제8조의2제1항에 따라 같은 법 제29조제1항제1호부터 제3호까지의 어느 하나에 해당하는 조치(이하 "긴급임시조치" 라 한다)를 한 때에는 별지 제60호서식의 긴급임시조치결정서를 작성한 후 사건기록에 편철하여야 한다.
⑦ 사법경찰관이 「가정폭력범죄의 처벌 등에 관한 특례법」 제8조의3제1항 전단에 따라 검사에게 임시조치에 관한 신청을 하는 때에는 제1항부터 제5항까지의 규정을 준용한다.

第70조(동행영장의 집행) ① 사법경찰관리는 「가정폭력범죄의 처벌 등에 관한 특례법」 제27조제1항에 따른 법원의 요청이 있으면 동행영장을 집행하여야 한다.
② 동행영장을 집행할 때에는 동행할 사람에게 동행영장을 제시하고 신속히 지정된 장소로 동행하여야 한다.
③ 동행영장을 소지하지 아니한 경우 긴급한 경우에는 동행할 사람에게 범죄사실과 동행영장이 발부되었음을 고지하고 집행할 수 있다. 이 경우 집행을 마친 후 신속히 동행영장을 제시하여야 한다.
④ 동행영장을 집행하였을 때에는 동행영장에 집행일시와 장소를, 집행할 수 없을 때에는 그 사유를 각각 적고 서명날인하여야 한다.

第71조(보호처분 결정의 집행) 사법경찰관리는 「가정폭력범죄의 처벌 등에 관한 특례법」 제43조제1항에 따른 법원의 요청이 있을 때에는 보호처분의 결정을 집행하여야 한다.

제9절 마약류범죄 관련 보전절차 등

第72조(마약류범죄 수사 관련 입국 · 상륙 절차 특례 등의 신청) ① 사법경찰관이 「마약류 불법거래 방지에 관한 특례법」 제3조제5항 또는 제4조제3항에 따라 검사에게 입국 · 상륙 절차의 특례, 체류 부적당 통보, 반출 · 반입의 특례 등을 신청할 때에는 별지 제61호서식부터 별지 제63호서식까지의 입국 · 상륙절차 특례 신청서, 체류 부적당 통보 신청서, 세관절차 특례 신청서 등을 제출하여야 한다.
② 사법경찰관이 제1항에 따라 신청을 하였을 때에는 별지 제64호서식의 특례조치 등 신청부를 작성하고, 필요한 사항을 적어야 한다.

第73조(마약류범죄 수사 관련 몰수 · 부대보전 신청) ① 사법경찰관이 「마약류 불법거래 방지에 관한 특례법」 제34조제1항에 따라 검사에게 몰수 · 부대보전을 신청할 때에는 별지 제65호서식의 몰수 · 부대보전 신청서를 제출하여야 한다.
② 사법경찰관이 제1항에 따라 신청을 하였을 때에는 별지 제66호서식의 몰수 · 부대보전 신청부를 작성하고, 필요한 사항을 적어야 한다.

제3장 수사지휘

제1절 수사에 관한 보고

第74조(수사 개시 보고) 사법경찰관은 다음 각 호의 어느 하나에 해당하는 범죄의 혐의가 있다고 인식하는 때에는 즉시 수사를 개시하고 관할 지방검찰청 검사장 또는 지청장에게 보고하여야 한다.
1. 내란의 죄
2. 외환(外患)의 죄
3. 국기(國旗)에 관한 죄

4. 국교(國交)에 관한 죄
5. 공안을 해하는 죄. 다만, 공무원자격의 사칭죄는 제외한다.
6. 폭발물에 관한 죄
7. 살인의 죄
8. 13세 미만 아동 또는 장애인에 대한 성폭력범죄
9. 「국가보안법」을 위반한 범죄
10. 각종 선거법을 위반한 범죄
11. 공무원에 관한 죄(국회의원 및 지방의회의원, 4급 또는 4급 상당 이상 공무원의 범죄 및 기관장인 5급 또는 5급 상당 이하 공무원의 직무와 관련된 범죄에 한한다.)
12. 피해 규모, 광역성, 연쇄성, 수법 등에 비추어 사회의 이목을 끌만한 범죄
13. 검찰총장 승인을 얻어 지방검찰청 검사장 또는 지청장이 지정한 범죄

第75조(범죄통계원표) 사법경찰관은 형사사법정보시스템을 이용해 사건마다 범죄통계원표를 작성하여 검찰총장이나 관할 지방검찰청 검사장 또는 지청장에게 제출하여야 한다.

제2절 수사지휘의 이행

第76조(중요 범죄의 입건) 사법경찰관은 대공(對共) · 선거(정당 관련 범죄를 포함한다) · 노동 · 집단행동 · 출입국 · 테러 및 이에 준하는 공안 관련 범죄에 대하여 수사를 개시한 때에는 검사에게 지휘를 건의하고 입건 여부에 대한 검사의 의견에 따라야 한다.

第77조(송치 전 지휘 등) ① 사법경찰관은 다음 각 호의 어느 하나에 해당하는 범죄에 대해서는 사건 송치 전에 검사의 구체적 지휘를 받아야 한다.
1. 제76조에 따라 입건 지휘를 받은 사건
2. 「폭력행위 등 처벌에 관한 법률」 제4조 또는 제5조 및 그 미수범으로 입건한 사건
3. 사건관계인의 이의 제기 등의 사유로 사건관계인의 인권 보호, 수사의 투명성을 위해 사건 송치 전에 지휘가 필요하다고 인정되는 사건

② 검사가 송치의견에 대하여 지휘할 때에는 법률 적용 및 증거 판단 등에 대한 의견을 지휘서에 적어야 한다.

第78조(송치 지휘 등) ① 검사는 사법경찰관리가 수사를 진행하고 있는 사건에 대하여 수사절차상 이의가 제기되거나 동일한 사건이나 관련된 사건을 2개 이상의 기관에서 수사하는 경우 등 수사과정에서 사건관계인의 인권이 침해될 우려가 현저하여 검사가 직접 수사할 필요가 있다고 인정되는 경우에는 즉시 사법경찰관에게 사건을 송치하도록 지휘할 수 있다.
② 사법경찰관은 제1항에 따라 지휘를 받은 때에는 즉시 수사를 중단하고 검찰에 사건을 송치하여야 한다.

第79조(송치 이후 보완 지휘) ① 사법경찰관은 사건을 송치한 후 검사로부터 보완수사 지휘를 받은 때에는 지휘 내용을 이행하고, 그 결과를 검사에게 보고하여야 한다.
② 제1항의 경우 사법경찰관리는 사건관계인을 소환하거나 조사할 때 검사로부터 보완수사를 지휘받았다는 사실을 고지하여야 한다.

第80조(검사 수사사건 지휘) ① 사법경찰관리가 검사로부터 검사가 접수한 사건에 대하여 수사할 것을 지휘받은 때에는 신속히 수사한 후 사건 송치 전에 검사의 구체적 지휘를 받아야 한다.
② 사법경찰관리가 제1항에 따른 지휘를 받아 고소인, 피의자 등 사건관계인을 소환하거나 조사할 때에는 그 취지를 고지하여야 한다.

제4장 사건 송치

제81조(사건 송치) 사법경찰관이 사건을 입건하여 수사를 종결하였을 때에는 이를 모두 관할 지방검찰청 검사장 또는 지청장에게 송치하여야 한다.

제82조(송치 서류) ① 사건을 송치할 때에는 수사 서류에 별지 제67호서식부터 별지 제71호서식까지의 사건송치서, 압수물 총목록, 기록목록, 의견서와 범죄경력 조회 회보서, 수사경력 조회 회보서 등 필요한 서류를 첨부하여야 한다. 다만, 「형의 실효 등에 관한 법률」 제5조제1항제2호에 해당하는 경우로서 피의자가 그 신원을 증명하는 자료를 제시하지 아니하거나 제시하지 못하는 경우, 피의자가 제시한 자료에 의하여 피의자의 신원을 확인하기 어려운 경우 또는 수사상 특히 필요하다고 인정하여 피의자의 동의를 얻은 경우에 해당하지 아니하는 피의자에 대하여 다음 각 호의 어느 하나의 의견으로 송치할 때에는 범죄경력 조회 회보서 및 수사경력 조회 회보서를 첨부하지 아니할 수 있다.

1. 혐의없음
2. 공소권없음
3. 죄가안됨
4. 각하(却下)
5. 참고인중지

② 사건 송치 전에 범죄경력 조회 회보 및 수사경력 조회 회보를 받지 못하였을 때에는 사건송치서(비고란)에 그 사유를 적고, 송치 후에 범죄경력 및 수사경력을 발견하였을 때에는 즉시 주임검사에게 보고하여야 한다.

③ 송치 서류는 다음 순서에 따라 편철하여야 한다.

1. 사건송치서
2. 압수물 총목록
3. 법 제198조제3항에 따라 작성된 서류 또는 물건 전부를 적은 기록목록
4. 의견서
5. 그 밖의 서류

④ 제3항제2호부터 제4호까지의 서류에는 송치인이 직접 간인을 하여야 한다.

⑤ 제3항제4호의 서류에는 각 장마다 면수를 기입하되, 1장으로 이루어진 경우에는 "1" 로 표시하고, 2장 이상으로 이루어진 경우에는 "1-1" , "1-2" , "1-3" 등으로 표시하여야 한다.

⑥ 제3항제5호의 서류는 접수하거나 작성한 순서에 따라 편철하고, 각 장마다 면수를 표시하되, "2" 부터 시작하여 순서대로 매겨야 한다.

⑦ 사법경찰관이 다음 각 호의 어느 하나에 해당하는 귀중품을 송치할 때에는 감정서 3부를 첨부하여야 한다.

1. 통화 · 외국환 및 유가증권에 준하는 증서
2. 귀금속류 및 귀금속제품
3. 문화재 및 고가예술품
4. 그 밖에 검사 또는 법원이 특수압수물로 분류지정하거나 고가품 또는 중요한 물건으로서 특수압수물로 인정하는 물건

⑧ 통신제한조치를 집행한 사건의 송치 시에는 수사기록표지 증거품 란에 "통신제한조치"라고 표기하고 통신제한조치 집행으로 취득한 물건은 담당 사법경찰관리가 직접 압수물 송치에 준하여 송치하여야 한다.

⑨ 사건 송치 전 수사진행 단계에서 구속영장, 압수 · 수색 · 검증영장, 통신제한조치 허가를 신청하거나 신병지휘 건의 등을 하는 경우에 영장신청 서류 또는 신병지휘 건의 서류 등에 관하여는 제3항부터 제6항까지의 규정을 준용한다.

제83조(송치인 및 의견서 작성인) ① 제81조에 따라 사건을 송치할 때에는 소속 관서의 장인 사법경찰관

의 명의로 하여야 한다. 다만, 소속 관서의 장이 사법경찰관이 아닐 때에는 수사 주무부서의 장인 사법경찰관의 명의로 하여야 한다.
② 제82조제1항의 의견서는 사법경찰관이 작성하여야 한다.

第84조(영상녹화물의 송치) ① 사법경찰관은 영상녹화를 실시하였을 때에는 사건 송치 시 봉인된 영상녹화물을 기록과 함께 송치하여야 한다.
② 영상녹화물 송치 시 사법경찰관은 송치서 표지 비고란에 영상녹화물의 종류와 개수를 표시하여야 한다.

第85조(추송) 사법경찰관이 사건 송치 후에 다시 서류 또는 물건을 추송할 때에는 앞서 송치한 사건명, 그 연월일, 피의자의 성명과 추송하는 서류 및 증거물 등을 적은 별지 제72호서식의 추송서를 첨부하여야 한다.

第86조(송치 후의 수사 등) ① 사법경찰관리는 사건을 송치한 후에 수사를 계속하려면 미리 주임검사의 지휘를 받아야 한다.
② 사법경찰관리는 사건을 송치한 후에 해당 사건 피의자의 다른 범죄를 발견하였을 때에는 즉시 주임검사에게 보고하고 지휘를 받아야 한다.
③ 사법경찰관이 고소 · 고발사건을 기소 · 기소중지 또는 참고인중지의 의견으로 송치한 후에 관할 지방검찰청 또는 지청의 사건사무담당직원으로부터 그 사건에 대한 혐의없음 · 공소권없음 · 죄가안됨 · 각하의 처분결과와 함께 피의자에 대한 수사자료표를 폐기하도록 통보받았을 때에는 그 수사자료표가 지체 없이 폐기될 수 있도록 조치하여야 한다.

第87조(소재불명자의 처리) 사법경찰관은 제74조에서 규정한 죄에 해당하는 사건을 송치할 때에는 소재불명 피의자의 지명수배 내용과 사진, 그 밖에 별지 제73호서식의 인상서 등을 첨부하여야 한다.

第88조(참고인 등의 소재수사) ① 사법경찰관이 참고인중지 의견으로 사건을 송치할 때에는 별지 제74호서식의 참고인 등 소재수사 지휘부를 작성하고 그 사본 1부를 수사기록에 편철하여야 한다.
② 사법경찰관리는 제1항에 따라 작성된 참고인 등 소재수사 지휘부를 편철하여 관리하고 분기마다 1회 이상 참고인 등에 대한 소재수사를 하여야 한다. 다만, 검사가 송치의견과 다른 결정을 하였을 때에는 참고인 등 소재수사 지휘부에 그 취지를 적고 소재수사를 하지 아니한다.

第89조(기소중지 또는 참고인중지 처분된 자에 대한 수사) ① 사법경찰관은 검사가 피의자 소재불명의 사유로 기소중지한 자를 발견하였을 때에는 즉시 수사에 착수하고 별지 제75호서식의 기소중지자 소재발견 보고서를 작성하여 관할 지방검찰청 또는 지청의 검사에게 보고하여야 한다.
② 기소중지가 특정증거의 불명으로 인한 것인 경우에 이를 발견하였을 때 또는 참고인중지의 경우에 참고인 등을 발견하였을 때에도 제1항과 같다. 다만, 참고인 등의 소재를 발견하였을 때에는 별지 제76호서식에 따른다.
③ 사법경찰관이 제1항의 사유로 수사에 착수하였을 때에는 별지 제77호서식의 피의자 소재발견 처리부에 적어야 한다.

第5장 수사관계 서류

第90조(수사서류의 작성) 수사서류를 작성할 때에는 내용의 정확성과 진술의 임의성을 확보하기 위하여 특히 다음 사항에 유의하여야 한다.
1. 일상용어에 사용하는 쉬운 문구를 사용한다.
2. 복잡한 사항은 항목을 나누어 기술한다.
3. 사투리, 약어, 은어 등은 그 다음에 괄호를 하고 간단한 설명을 붙인다.

4. 외국어 또는 학술용어에는 그 다음에 괄호를 하고 간단한 설명을 붙인다.
5. 지명, 인명 등으로서 혼동할 우려가 있을 때, 그 밖에 특히 필요하다고 인정할 때에는 그 다음에 괄호를 하고 한자 등을 기입하거나 설명을 붙인다.
6. 각 서류마다 작성 연월일을 적고 간인하게 한 후 기명날인 또는 서명하도록 한다.

제91조(형사사법정보시스템의 이용) 사법경찰관리는 「형사사법절차 전자화 촉진법」 제2조제1호에서 정한 형사사법업무와 관련된 문서를 작성할 때에는 형사사법정보시스템을 이용하여야 하며, 작성한 문서는 형사사법정보시스템에 저장 · 보관하여야 한다. 다만, 형사사법정보시스템을 이용하는 것이 곤란한 다음 각 호의 어느 하나에 해당하는 경우는 예외로 한다.
1. 피의자, 피해자, 참고인 등 사건관계인이 직접 작성하는 문서
2. 형사사법정보시스템에 작성 기능이 구현되어 있지 아니한 문서
3. 형사사법정보시스템을 이용할 수 없는 시간 또는 장소에서 불가피하게 작성해야 하거나 형사사법정보시스템 장애 또는 전산망 오류 등으로 형사사법정보시스템을 이용할 수 없는 상황에서 불가피하게 작성해야 하는 문서

제92조(외국어로 된 서면) 외국어로 적은 서류가 있을 때에는 번역문을 첨부하여야 한다.

제93조(장부와 비치서류) 사법경찰 사무를 처리하는 관서에는 다음의 장부 및 서류를 갖추어 두어야 한다.
1. 범죄사건부
2. 압수부
3. 구속영장 신청부
4. 체포영장 신청부
5. 체포 · 구속영장 집행원부
6. 긴급체포원부
7. 현행범인 체포원부
8. 피의자 소재발견 처리부
9. 압수 · 수색 · 검증영장 신청부
10. 출석요구통지부
11. 체포 · 구속인 접견부
12. 체포 · 구속인 교통부
13. 물품차입부
14. 체포 · 구속인 수진부
15. 체포 · 구속인명부
16. 수사종결사건철(송치사건철)
17. 변사사건종결철
18. 수사미제사건기록철
19. 통계철
20. 처분결과통지서철
21. 검시조서철
22. 통신제한조치 허가신청부
23. 통신제한조치 집행대장
24. 긴급통신제한조치 대장
25. 긴급통신제한조치 통보서발송부
26. 통신제한조치 집행사실통지부
27. 통신제한조치 집행사실 통지유예 승인신청부
28. 통신사실확인자료 제공요청 허가신청부

29. 긴급통신사실확인자료 제공요청대장
30. 통신사실확인자료 제공요청 집행대장
31. 통신사실확인자료 회신대장
32. 통신사실확인자료 제공요청 집행사실통지부
33. 통신사실확인자료 제공요청 집행사실 통지유예 승인신청부
34. 영상녹화물 관리대장
35. 특례조치 등 신청부
36. 몰수 · 부대보전 신청부

제94조(장부와 비치서류의 전자화) ① 제93조 각 호의 장부와 비치서류 중 형사사법정보시스템에 그 작성 · 저장 · 관리 기능이 구현되어 있는 것은 전자적으로 관리할 수 있다.
② 제1항의 경우 전자 장부와 전자 비치서류는 종이 장부와 서류의 개별 항목을 포함하여야 한다.

제95조(수사종결사건철) 수사종결사건철(송치사건철)에는 검사에게 송치한 사건의 기록 목록 및 의견서의 사본을 편철하여야 한다.

제96조(수사미제사건기록철) 수사미제사건기록철에는 장차 검거할 가망이 없는 도난이나 그 밖의 피해신고 사건 등의 기록을 편철하여야 한다.

제97조(통계철) 통계철에는 사법경찰업무에 관한 각종 통계서류를 편철하여야 한다.

제98조(처분결과통지서철) 처분결과통지서철에는 검사의 기소 · 불기소(기소유예 · 혐의없음 · 공소권없음 · 죄가안됨 · 각하) · 기소중지 · 참고인중지 · 이송 등 결정 및 각 심급의 재판 결과에 관한 통지서를 편철하여야 한다.

제99조(서류철의 색인목록) ① 서류철에는 색인목록을 붙여야 한다.
② 서류 편철 후 그 일부를 빼낼 때에는 색인목록 비고란에 그 연월일 및 사유를 적고 담당 사법경찰관이 도장을 찍어야 한다.

제100조(임의 장부 등) 사법경찰관은 필요하다고 인정할 때에는 제10조 및 제93조에서 규정한 장부 및 서류 외에 필요한 장부 또는 서류철을 갖추어 둘 수 있다.

제101조(장부 등의 갱신) ① 사법경찰사무에 관한 장부 및 서류철은 해마다 갱신하여야 한다. 다만, 필요에 따라서는 계속 사용할 수 있다.
② 제1항 단서의 경우에는 그 연도를 구분하는 종이 등을 삽입하여 연도별로 분명히 구분하여야 한다.

제102조(장부 및 서류의 보존기간) 장부 및 서류는 다음 각 호의 기간 동안 보존하여야 한다.
1. 범죄사건부: 25년
2. 압수부: 25년
3. 구속영장 신청부: 2년
4. 체포영장 신청부: 2년
5. 체포 · 구속영장 집행원부: 2년
6. 긴급체포원부: 2년
7. 현행범인 체포원부: 2년
8. 피의자 소재발견 처리부: 25년
9. 압수 · 수색 · 검증영장 신청부: 2년

10. 출석요구통지부: 2년
11. 체포 · 구속인 접견부: 2년
12. 체포 · 구속인 교통부: 2년
13. 물품차입부: 2년
14. 체포 · 구속인 수진부: 2년
15. 체포 · 구속인명부: 25년
16. 수사종결사건철(송치사건철): 25년
17. 변사사건종결철: 25년
18. 수사미제사건기록철: 25년
19. 통계철: 5년
20. 처분결과통지서철: 2년
21. 검시조서철: 2년
22. 통신제한조치 허가신청부: 3년
23. 통신제한조치 집행대장: 3년
24. 긴급통신제한조치 대장: 3년
25. 긴급통신제한조치 통보서발송부: 3년
26. 통신제한조치 집행사실통지부: 3년
27. 통신제한조치 집행사실 통지유예 승인신청부: 3년
28. 통신사실확인자료 제공요청 허가신청부: 3년
29. 긴급통신사실확인자료 제공요청대장: 3년
30. 통신사실확인자료 제공요청 집행대장: 3년
31. 통신사실확인자료 회신대장: 3년
32. 통신사실확인자료 제공요청 집행사실통지부: 3년
33. 통신사실확인자료 제공요청 집행사실 통지유예 승인신청부: 3년
34. 영상녹화물 관리대장: 25년
35. 특례조치 등 신청부: 2년
36. 몰수 · 부대보전 신청부: 10년

第103조(보존기간의 기산 등) ① 제102조의 보존기간은 사건처리를 완결하거나 최종 절차를 마친 다음 해 1월 1일부터 기산(起算)한다.
② 보존기간이 지난 장부 및 서류철은 폐기목록을 작성한 후 폐기하여야 한다.

제6장 약식절차에서의 전자문서 이용 등

제104조(동의) 사법경찰관리는 「약식절차에서의 전자문서 이용 등에 관한 법률」 제3조에 해당하는 사건(이하 "전자약식사건" 이라 한다)을 수사할 때에는 피의자를 신문하기 전에 전자문서 등을 이용하여 처리되는 약식절차(이하 "전자약식절차" 라 한다)에 관하여 안내하고 동의 여부를 확인하여야 한다. 피의자가 동의할 때에는 별지 제78호서식의 동의서를 형사사법정보시스템에서 전자문서로 작성하여야 한다.

제105조(전자약식절차의 예외) 사법경찰관리는 「약식절차에서의 전자문서 이용 등에 관한 법률」 제3조제3항제2호에 해당하여 전자약식절차에 따르는 것이 적절하지 아니하다고 판단할 때에는 그 취지를 적은 수사보고서를 작성하여 수사기록에 편철하여야 한다.

제106조(전자화문서) ① 사법경찰관리가 피의자나 그 밖의 사건관계인으로부터 해당 사건에 관한 종이문서나 그 밖에 전자적 형태로 작성되지 아니한 문서(이하 "전자화대상문서" 라 한다)를 접수하였을

때에는 즉시 스캐너 등을 이용하여 형사사법정보시스템에서 처리할 수 있는 문서(이하 "전자화문서"라 한다)로 변환하여 작성한다.

② 제1항의 문서 작성자는 전자화문서에 행정전자서명을 하여야 한다.

③ 전자약식사건을 송치하였을 때에는 전자화대상문서를 추송하여야 한다.

④ 전자화문서 작성 후 사건 송치 전에 피의자가 「약식절차에서의 전자문서 이용 등에 관한 법률」 제3조제1항의 동의를 철회하는 등의 사유로 전자약식사건에 해당하지 아니하게 되었을 때에는 해당 전자화대상문서를 수사기록에 편철하여 송치하여야 한다.

제7장 보칙

제107조(수사협의회) 대검찰청, 경찰청 및 해양경찰청 간에 수사에 관한 제도 개선 방안을 논의하고, 서로 의견을 교환하기 위하여 협의회를 둔다.

제108조(상황 정보 공유) 사법경찰관은 소요의 발생, 집단 불법행위 등의 사유로 사회적 불안이 조성되거나, 그러한 상황이 계속되고 있을 때에는 그 사실과 경찰 조치에 관한 자료를 관할 지방검찰청 또는 지청의 검사와 공유하여야 한다.

제109조(특별사법경찰관리에 대한 적용 제외) 법 제197조 및 「사법경찰관리의 직무를 수행할 자와 그 직무범위에 관한 법률」에 따른 사법경찰관리에 대해서는 이 영을 적용하지 아니한다.

부칙 〈대통령령 제23436호, 2011.12.30〉

제1조(시행일) 이 영은 2012년 1월 1일부터 시행한다.

제2조(일반적 적용례) 이 영은 이 영 시행 당시 수사 중이거나 법원에 계속 중인 사건에도 적용한다. 다만, 이 영 시행 전에 종전의 규정에 따라 한 행위의 효력에는 영향을 미치지 아니한다.

제2장

수사의 과정

제1절 수사 단계

1. 수사의 전개 과정

수사의 범위에 대해 협의의 입장에서는 수사의 단서에서 시작하여 공소제기 시까지를 의미하며, 광의 의 입장에서는 수사의 단서에서 시작하여 확정판결 시까지를 의미한다.

2. 내 사

범죄수사규칙

제28조(범죄의 내사) ①경찰관은 범죄에 관한 신문, 출판물, 방송, 인터넷, 익명의 신고, 풍설 등이 있어 내사가 필요한 때에는 수사부서장의 지휘를 받아 내사하여야 한다.

(1) 내사의 개념

① 형사입건하기 전단계의 수사 활동으로서 용의자의 신분이다.

② 신문기사 또는 풍문, 진정, 익명의 신고, 또는 풍설 등의 내용이 범죄의 혐의 유무를 조사할만한 가치가 있다고 판단될 때 그 진상을 규명하기 위한 활동을 말한다.

③ 내사단계에서는 체포·구속 등 대인적 강제처분은 허용되지 않고, 사실조회 및 참고인 조사, 출입국금지조치, 강제 수사 중 대물적 강제처분에 해당하는 압수

등은 허용된다고 본다.

④ 내사단계에서는 용의자라고 하며 사건번호를 부여할 필요도 없다.

(2) 내사의 목적

① 범죄수사를 담당하는 경찰관이 수사착수 전에 내사를 함에 있어서 내사의 착수, 진행, 종결에 대한 세부 절차를 규정하여 내사과정에서의 적법절차 준수 및 국민 인권보호 증진을 목적으로 한다.

② 내사는 청탁에 의하지 않아야 하며 항상 법령·규칙을 준수하고 업무편의에 앞서 관계인의 인권보호에 유의하여야 한다.

③ 내사를 빙자하여 막연히 관계인의 출석을 요구하거나 물건을 압수하는 일이 없도록 하여야 한다.

④ 내사혐의 및 내사관련자 등의 정보가 외부로 유출되거나 공표되는 일이 없도록 주의하여야 한다.

(3) 내사의 대상

내사는 범죄첩보 및 진정·탄원과 범죄에 관한 언론·출판물·인터넷 등의 정보, 익명의 신고 또는 풍문 중에서 출처·사회적 영향 등을 고려하여 그 진상을 확인할 가치가 있는 사안을 그 대상으로 한다.

(4) 내사의 분류

첩보내사	범죄첩보에 대한 내사
진정탄원내사	서면으로 접수되는 진정·탄원 사건 등에 대한 내사
일반내사	첩보, 진정·탄원 내사를 제외한 내사

(5) 내사의 착수

① 첩보내사는 해당 범죄첩보의 사본을 첨부하고 내사할 대상 및 내용, 내사가 필요한 이유 등을 기재한 서면에 의하여 소속 경찰관서의 수사부서의 장에게 보고하고 그 지휘를 받아 내사에 착수한다.

② 진정·탄원내사는 접수된 서면에 대하여 소속 경찰관서의 수사부서의 장의 지휘를 받아 내사에 착수한다.

③ 일반내사는 내사할 대상 및 내용, 내사가 필요한 이유 등을 기재한 서면에 의하여 소속 경찰관서의 수사부서의 장에 보고하고 그 지휘를 받아 내사에 착수한다.

④ 경찰관서의 수사부서의 장은 수사단서로서 내사할 가치가 있다고 판단한 경우에는 제1항과 제3항의 보고를 받지 않고도 소속 경찰관에게 각각 제1항과 제3항의 내사를 지휘할 수 있다. 이 경우에도 내사할 대상 및 내용, 내사가 필요한 이유 등을 기재한 서면에 의하여야 한다.

⑤ 경찰관서의 수사부서의 장은 내사사건의 특성 등을 파악하여 내사사건을 배당하고 지휘하여야 하며 필요하다고 인정할 경우 해당 경찰관서의 장에게 이를 보고하여야 한다.

(6) 내사착수의 신중과 이첩

① 익명 또는 허무인 명의의 신고·제보, 진정·탄원 및 투서로 그 내용상 수사단서로서의 가치가 없다고 인정될 때에는 내사하지 아니할 수 있다.

② 토지 또는 사물관할이 없거나 범죄특성 등을 고려하여 자체 내에서 내사하는 것이 적당하지 않은 경우에는 내사착수 전에 관할있는 경찰관서 및 해당기관에 이첩하여야 한다.

(7) 내사사건의 등재절차

① 내사의 착수 지휘를 받은 내사는 지휘를 받은 직후 바로 기록표지 상단 중앙부에 별지 형식의 접수인을 찍어 수리하여야 한다.

② 첩보내사사건은 첩보내사사건부에, 진정·탄원내사사건은 진정·탄원내사사건부에, 일반내사사건은 일반내사사건부에 각각 소정의 사항을 기재하여 한다.

③ 일반내사사건이 많지 않은 경우에는 첩보내사사건부에 통합하여 관리할 수 있다. 이 경우 구분이 되는 면에는 간지를 넣고 일련번호를 달리하는 등 구분이 쉽도록 하여야 한다.

(8) 내사의 진행

> 제7조(내사의 방식) 내사는 임의적인 방법으로 함을 원칙으로 한다.
> 제8조(책임내사) 제5조제2항의 경우를 제외하고 경찰관서의 수사팀장은 내사사건을 무책임하게 이첩하거나 장기간 방치해서는 아니 된다.
> 제9조(특별관리) 내사과정에서 압수·수색·검증, 통신제한조치, 통신사실 확인자료제공 등 법원의 통제를 받는 대물적 강제조치가 이루어진 경우에는 즉시 제6조에서 정하는 내사사건부의 비고란에 해당되는 강제조치의 종류와 일련번호를, 해당되는 강제조치 관리대장의 비고란에 내사사건번호를 적색펜으로 각각 기재하여 특별관리하여야 한다.
> 제10조(인수·인계) ①인사발령 등에 따라 내사사건의 담당자가 변경될 경우 내사사건을 인계할 자는 수사부서의 장에게 인계사항을 확인받고 해당 내사사건을 인수받는 자에게 그 동안의 내사 진행사항 등을 설명하는 등 인수·인계에 소홀함이 없도록 하여야 한다.
> ②제1항의 경우 내사사건부의 해당부분에 변경일시, 변경된 담당자명 등 인수인계사항을 적색펜으로 기재하여야 한다.

(9) 내사의 종결과 불입건 내사의 조치

제11조(내사의 종결) ①내사과정에서 범죄혐의가 인정되어 수사할 필요가 있는 경우에는 내사를 종결하고 범죄사건부에 등재하여 수사하여야 한다(이하 "입건" 이라 한다). 다만, 형사소송법 제200조의3제1항에 해당하여 긴급체포한 경우에는 즉시 검사의 승인을 얻는 등 관련조치와 함께 입건하여야 한다.

②입건하지 않는 내사는 다음 각 호의 기준에 따라 처리한다.

1. 내사종결 : 혐의없음, 죄가안됨, 공소권없음 등에 해당하여 입건의 필요가 없는 경우
2. 내사중지 : 피내사자 또는 참고인 등의 소재불명으로 사유해소시까지 내사를 계속할 수 없는 경우
3. 내사병합 : 동일 또는 유사한 내용의 내사사건이거나 경합범으로 다른 사건과 병합처리할 필요가 있는 경우
4. 내사이첩 : 토지 또는 사물관할이 없거나 범죄특성 및 병합처리 등을 고려하여 다른 경찰관서 및 수사기관에서 내사할 필요가 있는 경우

③진정·탄원내사는 제1항과 제2항의 기준에 준하여 처리하며, 다음 각 호에 해당하는 경우는 공람종결할 수 있다.

1. 3회 이상 반복 진정하여 2회 이상 그 처리결과를 통지한 진정과 같은 내용인 경우
2. 무기명 또는 가명으로 한 경우
3. 단순한 풍문이나 인신공격적인 내용인 경우
4. 완결된 사건 또는 재판에 불복하는 내용인 경우
5. 민사소송 또는 행정소송에 관한 사항인 경우

제12조(기록의 관리) ①제11조제1항의 입건 처리로 종결된 내사기록은 당해 사건기록에 합철한다. 다만, 내사사건중 일부의 사실만 입건처리되는 경우에는 그 일부만을 사건기록에 합철하고 나머지 일부는 사본하여 제2항과 제3항의 방법으로 내사기록으로 분리하여 보존할 수 있다.

②제11조제2항의 내사종결, 내사중지 처리를 한 내사사건의 기록은 내사사건기록철에 편철하여 보관하며 내사이첩을 하는 경우에는 내사사건 인계서를 내사사건기록철에 편철한다.

③제2항의 경우 그 구분을 쉽게 하기 위하여 내사사건기록철의 표지 제목 밑 괄호안에 각각 내사종결, 내사중지, 내사이첩을 표시하여 별도로 관리할 수 있다.

④내사병합의 처리를 한 경우에는 병합하는 기록에 합철한다.

(10) 내사의 업무 감사 및 제보자의 보호

제5장 보 칙

제13조(업무감사) 경찰관서의 장은 년 2회 내사와 관련한 장부 및 기록을 확인하여 그 적정성을 감사하여야 한다.

제14조(제보자의 보호) ①내사에 있어서는 내사제보자에 대한 보복 등을 방지하기 위하여 성명, 연령, 주소, 직업, 용모 등에 의하여 내사제보자의 인적사항을 알 수 있는 정도의 사실이나 사진을 제3자에게 제공해서는 아니 된다.

②제1항의 경우 필요할 경우에는 내사기록에 내사제보자의 인적사항을 가명으로 기재하고 내사제보자에 관한 사항은 내사기록과 별도로 특별관리할 수 있다.

③제1항 및 제2항에도 불구하고 서면으로 접수되어 처리되는 진정·탄원내사와 내사제보자가 동의한 경우에는 일반적인 수사기록의 관리방식과 같다.

④내사제보자에 대한 보호 및 보상에 관하여는 「범죄신고자 보호 및 보상에 관한 규칙」을 준용한다.

> 第15조(유효기간) 이 규칙은 「훈령·예규 등의 발령 및 관리에 관한 규정」(대통령훈령 제248호)에 따라 이 규칙을 발령한 후의 법령이나 현실 여건의 변화 등을 검토하여야 하는 2012년 8월 31일까지 효력을 가진다.(신설 2009. 08. 25)

3. 범죄 첩보

범죄첩보와 관련된 규정으로 수사첩보수집및처리규칙(경찰청예규 제382호)과 수사정보비취급규칙(경찰청예규 제301호)이 있다

(1) 범죄첩보의 특징

시 한 성	범죄첩보는 시간이 경과함에 따라 가치가 감소한다.
가치변화성	첩보는 그것을 필요로 하는 수사기관에 따라서 가치가 달라진다.
결 합 성	기초첩보가 결합하여 사건첩보를, 사건첩보가 결합하여 범죄첩보가 된다.
결과지향성	범죄첩보는 수사에 착수하여 사건으로 현출되는 결과가 있어야 한다.
혼 합 성	범죄첩보는 그 속에 원인과 결과를 내포하고 있다.

(2) 범죄첩보의 종류

대상	인물첩보, 시간첩보, 장소첩보
내용	기초첩보, 사건첩보, 범죄첩보
정보원	직접첩보, 간접첩보
사건종별	강력범 첩보, 지능범 첩보, 도범첩보, 폭력범 첩보

(3) 첩보의 성적 평가

특보	전국적 수사 또는 중앙부서에서 시행해야 할 사안	10점
중보	지방청 단위에서 수사 또는 시행해야 할 사안	5점
통보	경찰서 단위에서 수사 또는 시행해야 할 사안	2점
기록	참고 사안	1점

제2절 수사의 개시

범죄수사규칙

제5절 고소・고발·자수 사건

제42조(고소·고발의 접수) ①경찰관은 고소·고발이 있는 때에는 이를 접수하되, 다음 각호의 하나에 해당되는 경우에는 수리하지 않고 반려할 수 있다.
1. 고소·고발사실이 범죄를 구성하지 않을 경우
2. 공소시효가 완성된 사건
3. 동일한 사안에 대하여 이미 법원의 판결이나 수사기관의 처분이 존재하여 다시 수사할 가치가 없다고 인정되는 사건. 다만, 고소・고발인이 새로운 증거가 발견된 사실을 소명한 때에는 예외로 함
4. 피의자가 사망하였거나 피의자인 법인이 존속하지 않게 되었음에도 고소・고발된 사건
5. 반의사불벌죄의 경우, 처벌을 희망하지 않는 의사표시가 있거나 처벌을 희망하는 의사가 철회되었음에도 고소・고발된 사건
6. 「형사소송법」 제223조의 규정에 의해 고소 권한이 없는 자가 고소한 사건
7. 「형사소송법」 제224조, 제232조, 제235조에 의한 고소 제한규정에 위반하여 고소・고발된 사건

②전항에 의한 반려시 그 사유와 이의를 제기할 수 있음을 고지하여야 한다.
③전항의 이의제기가 있는 경우, 심의위원회를 개최하여 수리여부를 결정할 수 있다.
④고소・고발은 관할여부를 불문하고 접수하여야 한다. 단, 「고소・고발사건 이송 및 수사촉탁에 관한 규칙」 제4조에 규정된 관할권이 없어 계속 수사가 어려운 경우에는 제190조에 따라 책임수사가 가능한 관서로 인계하여야 한다.

제43조(고소・고발인 진술조서) ①경찰관은 구술에 의한 고소·고발을 받았을 때에는 진술조서를 작성하여야 한다.
②경찰관은 서면에 의한 고소·고발을 받았을 때에는 그 취지가 불분명할 경우 고소・고발인에게 보충서면을 제출하게 하거나 진술조서를 작성하여야 한다.

제44조(자수와 준용규정) ①제42조제4항 본문 및 제43조의 규정은 자수의 경우에 준용한다.
②경찰관은 자수사건을 수사할 때에는 해당 범죄사실이나 자수인이 범인으로서 이미 발각되어 있었던 것인지 여부와 진범인이나 자기의 다른 범죄를 숨기기 위해서 해당 사건만을 자수하는 것인지 여부를 주의하여야 한다.

제45조(고소의 대리 등) ①경찰관은 「형사소송법」 제236조의 규정에 따라 피해자로부터 위임을 받은 대리인으로부터 고소를 수리할 때에는 위임장을 제출하게 하여야 한다.
②경찰관은 「형사소송법」 제225조부터 제228조까지에서 규정한 피해자 이외의 고소권자로부터 고소를 수리할 때에는 그 자격을 증명하는 서면을 제출하게 하여야 한다.
③전항 고소권자의 위임에 따른 대리인으로부터 고소를 수리할 때에는 제1항 및 제2항의 서면을 함께 제출하게 하여야 한다.
④제1항부터 제3항까지의 규정은 고소를 취소하는 경우에 준용한다.

제46조(고소·고발 수리시 주의사항) ①경찰관은 고소사건을 수사할 때에는 고소권의 유무, 자기 또는 배우자의 직계존속에 대한 고소 여부, 친고죄에 있어서는 「형사소송법」 제230조 소정의 고소기간의 경과여부, 간통죄에 있어서는 「형사소송법」 제229조 소정의 조건의 구비여부, 피해자의 명시한 의사에 반하여 죄를 논할 수 없는 사건에 있어서는 처벌을 희망하는가의 여부를 각각 조사하여야 한다.

②경찰관은 고발사건을 수사할 때에는 자기 또는 배우자의 직계존속에 대한 고발인지 여부, 관세법·조세범처벌법 등 고발이 소송조건인 범죄에 있어서는 고발권자의 고발이 있는지 여부 등을 조사하여야 한다.

第47조(고소·고발사건의 수사) ①경찰관은 고소·고발을 수리하였을 때에는 즉시 수사에 착수하여야 한다.
②경찰관은 고소·고발에 따라 범죄를 수사할 때에는 다음 각호의 사항에 주의하여야 한다.
1. 무고, 중상을 목적으로 하는 허위 또는 현저하게 과장된 사실의 유무
2. 해당 사건의 범죄사실 이외의 범죄 유무

第48조(고소·고발사건의 수사기간) ①고소·고발 사건은 접수한 날로부터 2개월 이내에 수사를 완료하여야 한다.
②경찰관은 전항의 기간 내에 수사를 완료하지 못하였을 때에는 그 이유를 경찰서장에게 보고하고 지방검찰청 또는 지청 검사의 지휘를 받아야 한다.

第49조(친고죄의 긴급수사착수) 경찰관은 친고죄에 해당하는 범죄가 있음을 인지한 경우에 즉시 수사를 하지 않으면 증거수집 등 그 밖의 사후 수사가 현저히 곤란하게 될 우려가 있다고 인정될 때에는 고소권자의 고소가 제출되기 전에도 수사할 수 있다. 다만, 고소권자의 명시한 의사에 반하여 수사할 수 없다.

第50조(고소 취소 등에 따른 조치) ①경찰관은 고소·고발의 취소가 있을 때에는 그 사유를 명백히 조사하여야 한다.
②피해자의 명시한 의사에 반하여 죄를 논할 수 없는 범죄에 관하여 처벌을 희망하는 의사표시의 철회가 있을 때에도 전항과 같다.
③경찰관은 친고죄에 해당하는 사건을 송치한 후 고소인으로부터 그 고소의 취소를 수리하였을 때에는 즉시 필요한 서류를 작성하여 검사에게 송부하여야 한다.

第51조(범칙사건의 고발) 경찰관은 범칙사건에 관하여 세무공무원 등으로부터 고발을 받았을 때에는 즉시 수사를 하여야 하며 항상 해당 공무원과 긴밀한 연락을 취하여야 한다.

第52조(범칙사건의 긴급수사착수) 경찰관은 범칙사건에 관하여 즉시 수사를 하지 않으면 증거의 수집 그 밖의 사후에 있어서의 수사가 현저히 곤란하게 될 우려가 있다고 인정될 때에는 세무공무원 등의 고발이 제출되기 전이라도 수사하여 그 결과를 해당 공무원에게 통지하여야 한다.

第53조(범칙사건의 통지 등) ①경찰관은 「관세법」, 「조세범처벌법」 등에 따른 범칙사건을 인지하였을 때에는 해당 사건의 관할관서에 통지하여야 한다.
②경찰관은 세무공무원 등이 조사를 위한 임검, 수색, 압수를 함에 있어서 협조를 요구할 때에는 필요한 지원을 할 수 있다.

1. 수사개시의 일반적 내용

(1) 수사기관이 사건을 수리하여 수사를 개시함을 입건이라고 하며 범죄혐의 있다고 인정할 때 수사개시 된다.

(2) 입건의 원인은 내사를 통한 범죄의 인지, 고소・고발・자수의 수리시다.

(3) 실무상으로 사건접수부에 사건을 등재하고 사건번호를 부여하는 단계를 말하며, 이때부터 피의자의 신분으로 된다.

(4) 수사 개시한 사건은 검찰에 송치하여야 한다.

(5) 범죄인지보고서의 작성 시에 피의자가 되는 것은 아니다(2000도2986).

2. 수사의 단서

(1) 의의

수사를 개시할 수 있는 자료를 수사단서라고 하며, 수사의 단서는 제한이 없으므로 어떤 것도 수사의 단서가 될 수 있다. 경찰관은 수사 단서를 얻는데 적극적인 노력을 해야 한다.

(2) 종류

수사기관 체험에 의한 단서	타인의 체험에 의한 단서
현행범 체포 변사자 검시, 불심검문, 신문, 출판물, 풍설 등	고소, 고발 자수 피해신고 등(익명신고 포함) 투서

(3) 수사 개시

① 고소·고발·자수가 있는 때에는 즉시 수사가 개시되고 피고소인 등은 피의자의 지위를 가지 게 된다. 그러나 그 이외에는 수사의 단서가 있다고 하여 바로 수사가 개시되는 것이 아니라 수사기관의 범죄인지에 의하여 비로소 수사가 개시된다. 예를 들어, 진정이 있으면 수사기관이 내사단계를 거쳐 범죄혐의를 인지한 경우 피의자가 된다.

② 범죄인지란 수사기관이 고소·고발·자수 이외의 수사단서(변사자의 검시·불심검문·기사풍 설·세평·진정·범죄신고 등)가 있는 경우에 범죄의 혐의가 있다고 판단하여 수사를 개시하는 것을 말하며, 입건이라고도 한다. 범죄인지 전의 수사기관에 의한 조사를 내사라고 하며, 피내사 자는 범죄인지에 의해서 피의자로 된다.

③ 범죄사건부 작성 11)

---

11) ① 범죄사건부에 기재 불요 : 내사지휘사건, 범죄첩보사건, 진정 · 탄원 · 민원사건의 경우 별도의 사건번호를 부여하지 않고 형사민원접수처리부에 등재하여 별도 관리한다.

② 수사의 단서가 입수되면 즉시 수사가 개시된다. (X) → 수사 단서가 입수되면 내사 과정을 거친 후 범죄혐의가 입증되었을 때 수사가 개시된다.

③ 고소를 수리 한 후 혐의 없음으로 판단되어 내사종결하였다. (X) → 고소를 수리하였다면 검찰로 송치하여야 한다.

범죄사건부에 기재하고 사건번호를 별도 부여할 사건(사법경찰관리집무규칙 제10조)
① 형사소송법 제11조 소정의 관련사건, 이미 검찰청 또는 상당관서에 송치하거나 이송한 후에 수리한 사건
② 불기소처분이 있은 후 검사의 지휘에 따라 다시 수사를 개시한 사건
③ 검사로부터 수사지휘를 받은 사건
④ 타인으로 부터의 이송 받은 사건
⑤ 검찰청에 송치하기 전의 맞고소 사건
⑥ 판사로부터 검찰청에 송치명령을 받은 즉결심판 사건
⑦ 피고인으로부터 정식재판 청구가 있는 즉결심판 사건

3. 수사기관 자신의 체험에 의한 단서

(1) 현행범 체포(후술)

(2) 불심검문

① 의 의

경찰관이 거동이 수상한자를 발견한 때에 이를 정지시켜 질문하는 것을 말한다.(경찰관직무집행법 제3조 제1항), 범죄수사의 단서 및 범인발견의 계기가 된다.

② 대 상

수상한 거동 또는 기타 주위의 사정을 합리적으로 판단하여 죄를 범하려하고 있다고 의심할 만한 상당한 이유가 있는 자 또는 이미 행하여진 범죄나 행하여지려고 하는 범죄행위에 관하여 그 사실을 안다고 인정되는 자가 그 대상이 된다(경찰관직무집행법 제3조 제1항). 거동불심자의 판단기준은 형식적인 거동 이상뿐만 아니라 경찰관이 가지고 있는 지식 정보를 고려하여 판단하여야 한다.

③ 방 법

불심검문은 정지와 질문 및 질문을 위한 동행요구를 그 내용으로 한다. 여기서 문제되는 것이 정지와 관련하여 자동차검문, 질문의 일환인 소지품검사의 허용여부이다.

정지와 질문	정지는 질문을 위한 수단이므로 강제수단에 의하여 정지시키는 것은 허용되지 아니한다. 따라 서 정지요구에 응하지 않고 지나가거나 질문도중에 떠나는 경우에 실력행사를 인정할 수 있는 가가 문제되는데, 다수설은 사태의 긴급성, 혐의의 정도, 질문의 필요성과 수단의 상당성을 고려하여 강제에 이르지 않는 정도의 유형력의 행사는 허용된다고 본다. 질문은 임의수단이므로 질문에 대하여 상대방은 신체를 구속당하지 아니하며 답변을 강요당하지 아니 한다.

동행요구	경찰관은 그 장소에서 질문하는 것이 당해인에게 불리하거나 교통의 방해가 된다고 인정되는 때에는 질문하기 위하여 당해인을 부근의 경찰서, 파출소 또는 출장소에 동행할 것을 요구할 수 있으며, 당해인은 경찰관의 동행요구를 거절할 수 있다(동법 제3조 제2항) 동행을 요구할 경우 경찰관은 자신의 신분을 표시할 증표를 제시하면서 소속과 성명을 밝히고 그 목적과 이유를 명하여야 하며, 동행장소를 밝혀야 한다. 동행한 경우 경찰관은 당해인의 가족 또는 친지 등에게 동행한 경찰관의 신분, 동행장소, 동행 목적과 이유를 고지하거나, 본인으로 하여금 즉시 연락할 수 있는 기회를 부여하여야 한다. 변호인의 조력을 받을 권리가 있음을 고지하여야 한다. 6시간을 초과하여 당해인을 경찰관서에 머무르게 할 수 없다(초과시 형법상 불법체포 · 감금죄성립 [12]).

(3) 소지품 검사(관련판례)

소지품검사란 불심검문에 수반하여 흉기 기타 물건의 소지여부를 밝히기 위하여 거동불심자의 착의 또는 휴대품을 조사하는 것을 말한다.

① 법적 근거

경찰관직무집행법은 불심검문에 관하여 질문시의 흉기소지의 조사에 대하여만 규정하고 있다 (동법 제3조 제3항).

범죄수사를 위한 경우는 형소법상 영장주의가 적용되어 허용되지 않지만 범죄예방을 위한 흉기 소지품검사가 문제된다.

② 소지품검사의 한계

소지인의 승낙에 의한 소지품검사는 임의처분으로서 허용된다.

ⓐ 거동불심자를 정지시켜 의복 또는 휴대품의 외부를 손으로 만져서 확인하는 외표검사(Stop and Frisk) 는 불심검문에 수반하는 행위로 허용된다고 해야 한다.

ⓑ 소지품의 내용을 개시할 것을 요구하는 것은 강요적 언동에 의하지 않는 한 허용된다고 해야 한다 [13]

12) 경찰관직무집행법 제3조 제6항이 임의 동행한 경우 당해인을 6시간을 초과하여 경찰관서에 머물게 할 수 없다고 규정하고 있다고 하여 그 규정이 임의로 6시간 동안은 경찰관서에 구금하는 것을 허용하는 것은 아니다(대판 1997 3 22, 97 도 1240).

13) Terry사건은 경관이 강도의 의심이 있는 3인을 검문하면서 의복의 외부를 만진 결과 pistol을 발견 한 후 무기휴대죄로 기소한 사건에서 합리적인 압수수색이므로 증거로 사용이 가능하다. Sibron사건은 마약상습자와 식당에서 대화하고 있는 Sibron의 포켓을 손에 넣고 조사하여 헤로인을 발견한 것은 상당한 방법에 의한 수색이 아니다.

(4) 변사자 검시

① 일반적 내용 자연사가 아닌 사망이 범죄로 인한 것이라는 의심이 있는 사체를 말한다(통설) 변사자 뿐 만 아니라 변사의 의심있는 경우, 즉 자연사인지 변사인지 불명한 경우도 검시를 하여야 한다. 변사자의 검시는 범죄혐의의 존재를 전제로 하지 아니하고 검시의 결과 그 사망이 범죄에 기인한 것이라고 인정되는 경우에 비로소 수사가 개시되는 것이다. 따라서 변사자의 검시는 수사가 아니라 수사전의 처분인 수사의 단서에 불과하다는 점에서 범죄의 혐의가 인정되어 수사가 개시된 경우에 하는 수사상 처분인 검증과 구별된다.

② 주 체

소재지관할 검사가 검시를 하여야 한다(제221조제1항). 검사는 서법경찰관에게 검시를 명할 수 있다(제222조 제3항). 검사의 명에 의하여 사법경찰관이 검시를 행하는 경우에는 의사의 참여를 요구하여 검시를 즉시 행하고 그 결과를 결찰서장과 검사에게 보고하는 동시에 검시조서를 작성하여야 한다(범죄수사규칙 제53조 제2항) 검시조서에는 관계자 등이 진술조서와 의사의 사체검안서, 촬영한 사진 등을 첨부하여야 한다.

③ 영장의 필요여부

검시는 수사의 단서에 불과하므로 법관의 영장을 요하지 않는다. 검시 후 범죄의 혐의가 인정 되어 부검의 필요가 있을 때에는 영장을 요한다. 부검은 사체에 대한 검증이기 때문이다. 다만, 긴급을 요할 때에는 영장 없이 검증을 할 수 있다(222조제2항).그러나 사후에 영장을 발부받아야 한다(범죄수사규칙 제 56조).

(5) 타사건 수사 중 범죄발견

① 입건하여 수사 중인 해당 피의자에 대해 새로운 범죄혐의를 발견하게 되면 수사의 단서가 된다.

② 다른 사건 수사 중 새로운 범죄사실을 발견한 경우에는 별도의 사건번호를 부여하고 인지절차에 따르며, 관련사건으로 합철하여 처리하기도 한다.

(6) 보도·풍설·기사

수사기관은 신문·방송 보도, 풍설, 기사의 내용 중 범죄에 관한 것이 있는 때에는 진상을 내사한 후 범죄혐의가 있다고 인정되는 경우에는 즉시 수사에 착수하여야 한다.

4. 타인 체험에 의한 수사 단서

(1) 고소

형사소송법

제223조 【고소권자】 범죄로 인한 피해자는 고소할 수 있다.

제224조 【고소의 제한】 자기 또는 배우자의 직계존속을 고소하지 못한다.

제225조 【비피해자인 고소권자】
① 피해자의 법정대리인은 독립하여 고소할 수 있다.
② 피해자가 사망한 때에는 그 배우자, 직계친족 또는 형제자매는 고소할 수 있다. 단, 피해자의 명시한 의사에 반하지 못한다.

제226조 【동전】 피해자의 법정대리인이 피의자이거나 법정대리인의 친족이 피의자인 때에는 피해 자의 친족은 독립하여 고소할 수 있다.

제227조 【동전】 사자의 명예를 훼손한 범죄에 대하여는 그 친족 또는 자손은 고소할 수 있다.

제228조 【고소권자의 지정】 친고죄에 대하여 고소할 자가 없는 경우에 이해관계인의 신청이 있으면 검사는 10일 이내에 고소할 수 있는 자를 지정하여야 한다.

제229조 【(배우자의 고소】
① 형법 제241조의 경우에는 혼인이 해소되거나 이혼소송을 제기한 후가 아니면 고소할 수 없다.
② 전항의 경우에 다시 혼인을 하거나 이혼소송을 취하한 때에는 고소는 취소된 것으로 간주한다.

제230조 【고소기간】
① 친고죄에 대하여는 범인을 알게 된 날로부터 6월을 경과하면 고소하지 못한다. 단, 고소할 수 없는 불가항력의 사유가 있는 때에는 그 사유가 없어진 날로부터 기산한다.
② 형법 제291조의 죄로 약취, 유인된 자가 혼인을 한 경우의 고소는 혼인의 무효 또는 취소의 재판이 확정된 날로부터 전항의 기간이 진행된다.

제231조 【수인의 고소권자】
고소할 수 있는 자가 수인인 경우에는 1인의 기간의 해태는 타인의 고소에 영향이 없다.

제232조 【고소의 취소】
① 고소는 제1심 판결선고전까지 취소할 수 있다.
② 고소를 취소한 자는 다시 고소하지 못한다.
③ 피해자의 명시한 의사에 반하여 죄를 논할 수 없는 사건(반의사불벌죄)에 있어서 처벌을 희망하는 의사표시의 철회에 관하여도 전2항의 규정을 준용한다.

제233조 【고소의 불가분】
친고죄의 공범중 그 1인 또는 수인에 대한 고소 또는 그 취소는 다른 공범자에 대하여도 효력이 있다.

① 의의

고소는 범죄의 피해자 또는 그와 일정한 관계있는 자(고소권자)가 수사기관에 대하여 범죄사실을 신고하여 범인의 처벌을 구하는 의사표시를 말한다. 범인의 처벌을 구하는 의사표시로서 도난신고, 피해전말서의 제출 등 피해사실을 신고하는데 지나지 않는 경우에는 고소라고 할 수 없으며, 고소에는 고소의 의미를 이해할 수 있는 소송행위능력(고소능력)이 있어야 한다.

수사기관에 대한 신고	고소는 수사기관에 대한 의사표시이다. 따라서 법원에의 진정서제출이나 피고인의 처벌을 구하 는 증언은 고소가 아니다[14].
범죄사실의 신고	대상범죄사실의 특정을 요한다. 그러나 특정의 정도는 범죄사실의 지정과 범인의 처벌을 구하는 의사를 확정할 수 있으면 족하다. 범죄의 일시, 장소, 방법, 죄명, 피해 등을 특정할 필요는 없다. 범인의 적시도 불필요하다. 단, 상대적 친고죄에서는 신분관계 있는 범인을 지정을 요한다[15].

② 구별개념

고소는 피해자나 고소권자의 의사표시인 점에서 그 이외의 제 3자가 수사기관에 범죄사실을 신고하여 처벌을 구하는 의사표시인 고발과 구별되며, 범인이 스스로 수시기관에 범죄사실을 신고하는 자수와 구별된다.

③ 성 격

고소는 수사개시의 단서가 되며, 친고죄에 있어서는 소송조건이 된다. 그러므로 친고죄에서 고소없는 공소제기는 무효이나 반의사불벌죄인 폭행죄에서 고소없는 공소제기는 유효이다.

④ 고소권자

고소는 고소권자에 의하여 행하여져야 한다. 따라서 고소권이 없는 자의 고소는 고소로서의 효력이 없다.

피해자	ⓐ 범죄로 인한 피해자는 고소할 수 있다(제223 조). 피해자는 직접적인 피해자를 의미하므로 간접 적 피해자는 제외된다. 그러므로 절도죄의 피해자에게 채권자는 간접적인 피해자에 불과하여 고소권자가 아니다. ⓑ 침해법익의 주체 행위의 객체도 포함된다. 그러므로 공무집행방해죄에서의 공무원도 피해자가 될 수 있다. ⓒ 삼각사기의 피해자도 고소권자이다 ⓓ 고소권은 일신전속적인 권리이므로 상속・양도의 대상이 될 수 없다. 다만, 특허권・저작권과 같이 침해가 계속적인 경우에는 권리 이전에 따라 고소권도 이전된다(다수설).

14) 고소는 서면 또는 구술로써 검사 또는 사법경찰관에게 하여야 하는 것이므로 피해자가 피고인을 심리하고 있는 법원에 대하여 간통사실을 적시하고 피고인을 엄벌에 처하라는 내용의 진술서를 제출하거나 증인으로서 증언하면서 판사의 신문에 대해 피고인의 처벌을 바란다는 취지의 진술을 하였다 하더라도 이는 고소로서의 효력이 없다(대판 1984.6.26, 84도709).

15) 고소는 고소인이 일정한 범죄사실을 수사기관에 신고하여 범인의 처벌을 구하는 의사표시 이므로 그 고소한 범죄사실이 특정되어야 할 것이지만 그 특정의 정도는 고소인의 의사가 구체적으로 어떤 범죄사실을 지정하여 범인의 처벌을 구하고 있는가를 확정할 수만 있으면 되는 것이고, 고소인 자신이 직접 범행의 일시·장소와 방법 등까지 구체적으로 상세히 지정하여 범죄사실을 특정할 필요까지는 없다(대판 1988.10.25, 87 도 1114).

피해자의 법정대리인	ⓐ 피해자의 법정대리인은 독립하여 고소할 수 있다(제225조 제1항). ⓑ '독립하여 고소할 수 있다'에 관하여 법정대리인의 고소권을 고유권으로 보는 견해(판례)와 독립대리권으로 보는 견해(다수설) 의 대립이 있다[16]. · 독립대리권설 고소권은 일신전속적인 것이고, 친고죄에 있어서 법률관계의 불안정을 피하기 위해서 독립대리권으로 해석해야 한다는 견해이다. 따라서 피해자의 고소권이 소멸하면 법정 대리인의 고 소권도 소멸하고, 피해자는 법정대리인이 한 고소를 취소할 수 있다. · 고유권설 고소권의 행사를 무능력자의 보호를 위하여 고유권으로 해석해야 한다는 견해이다. 따라서 피해자의 고소권이 소멸해도 법정대리인은 고소권을 행사할 수 있다. ⓒ 법정대리인의 지위는 고소할때에 있어야 한다. 따라서 범죄당시에 존재하지 않았거나 고소 후 에 지위를 상실하여도 고소는 유효하다.
피해자의 배우자친족[17]	ⓐ 피해자의 법정대리인이 피의자이거나, 피해자의 법정대리인의 친족이 피의자인 때에는 피해자 의 친족은 독립하여 고소할 수 있다(제226 조). 예) 아버지가 딸을 강제추행 한 경우 피해자의 생모가 아버지를 고소할 수 있다. ⓑ 피해자가 사망한 때에는 그 배우자 · 직계친족 또는 형제자매는 고소할 수 있다. 단, 피해자의 명시한 의사에 반하지 못한다(제225 조 제2항). 예) 간통죄의 피해자가 사망한 경우 형제자매는 고소할 수 있고 호주는 할 수 없다. ⓒ 사자의 명예를 훼손한 경우 그 친족 또는 자손이 고소할 수 있다(제227 조).
지정고소권자	친고죄에 대하여 고소할 자가 없는 경우에는 이해관계인의 신청이 있으면 검사는 10일 이내에 고소할 수 있는 자를 지정하여야 한다(제228조). 이해관계인은 법률상 또는 사실상의 이해관계인을 불문한다.
고소의 대리	고소는 대리인으로 하여금 하게 할 수 있다(제236조)[18].

16) 형사소송법 제225 조 제1항이 규정한 법정대리인의 고소권은 무능력자의 보호를 위하여 법정대리인에게 주어진 고유권으로서 피해자의 고소권 소멸여부에 관계없이 고소할 수 있는 것이므로 법정대리인의 고소기간은 법정대리인 자신이 범인을 알게 된 날로부터 진행한 다(대판 1987. 6 .3, 87도857).

17) 1. 간통죄에 있어서 고소권자인 배우자가 사망한 경우에는 생존중의 피해자의 명시한 의사 에 반하지 않는 한 그 의 형제자매도 적법한 고소권자가 될 수 있고 그들에 의하여 제 기된 고소는 간통죄의 공소제기 요건으로서 적법하다 할 것이다(67도878)

2. 친고죄에 있어서 피해자가 사망하였다 하더라도 그의 모가 고소를 제기하였다면 그 공 소제기는 적법하다(67도1181).

18) 1. 대리인에 의한 고소의 방식 및 그 경우 고소기간의 산정 기준

형사소송법 제236조의 대리인에 의한 고소의 경우, 대리권이 정당한 고소권자에 의하여 수여되었음이 실질적으로 증명되면 충분하고, 그 방식에 특별한 제한은 없으므로, 고소를 할 때 반드시 위임장을 제출한다거나 '대리'라는 표시를 하여야 하는 것은 아니고, 또 고소기간은 대리고소인이 아니라 정당한 고소권자를 기준으로 고소권자가 범인을 알게 된 날부터 기산한다(대판 2001. 9. 4. 선고 2001도3081)

2. 피해자로부터 고소를 위임받은 대리인은 수사기관에 구술에 의한 방식으로 고소를 제기 할 수도 있다(대판 2002. 6. 14. 선고 2000도4595).

⑤ 고소의 제한

직계존속에 대한 제한	① 자기 또는 배우자의 직계존속을 고소하지 못한다(제224 조). ② 가정폭력의 행위자가 자기 또는 배우자의 직계존속인 경우에는 고소할 수 있으며(가정폭력범죄법 제6조), 성폭력범죄에 대하여도 자기 또는 배우자의 직계존속을 고소할 수 있다.
간통죄	간통죄의 경우에는 혼인이 해소되거나 이혼소송을 제기한 후가 아니면 고소하지 못한다. 이 경우에 다시 혼인하거나 이혼소송을 취하한 때에는 고소는 취소된 것으로 간주한다(제229조) [19].

⑥ 고소 시기 [20]

ⓐ 비친고죄는 고소기간에 제한이 없으나, 친고죄에 대하여는 범인을 알게 된 날로부터 6월을 경과 하면 고소하지 못한다. 단, 친고죄의 경우에 고소할 수 없는 불가항력의 사유가 있는 때에는 그 사유가 없어진 날 로부터 기산한다(제230조 제1항).

ⓑ 성폭력범죄의 처벌 및 피해자보호등에 관한법률에 의하면 고소기간은 1년이다(성폭력범죄의처 벌및피해자보호등에관한법률 제19조).

ⓒ 범인이란 정범뿐만 아니라 교사범과 종범을 포함한다. 다만, 상대적 친고죄에 있어서는 신분관계 있는 범인을 알아야 한다.

---

19) 피고인과 고소인은 미합중국에서 그 거행 지법에 정한 혼인방식에 따라 혼인을 하였다는 것 이므로 이는 우리나라 국법상으로도 유효한 혼인으로서 고소인은 형법 제241조의 이른바 '배우자'로 인정된다(대판 83도41).

20) 1. 범인을 알게 된다 함은 범인이 누구인지 특정할 수 있을 정도로 알게 된다는 것을 의미하고, 범인의 동일성을 식별할 수 있을 정도로 인식함으로써 족하며, 범인의 성명, 주소, 연령 등까지 알 필요는 없다(대판 1999.4.23, 99도576).

2. 고소인이 처와 상간자간에 성관계가 있었다는 사실을 알게 되었으나 처가 상간자와의 성관계는 강간에 의한 것이라고 주장하며 상간자를 강간죄로 고소하였고 이에 대하여 검찰에서 무혐의결정이 나자 이들을 간통죄로 고소한 경우, 고소인으로서는 그 강간 고소사건에 대한 검찰의 무혐의결정이 있은 때 비로소 처와 상간자간의 간통사실을 알았다고 봄이 상당하므로, 그 때로부터 고소기간을 기산하여야 한다(대판 2001.10.9 2001도3106).

3. 강제추행의 피해자가 범인을 안 날로부터 6 월이 경과한 후에 고소를 제기 하였더라도 범행 당시 피해자가 11 세의 소년에 불과하여 고소능력이 없었다가 고소 당시에 비로소 고소능력이 생겼다면, 그 고소기간은 고소능력이 생긴 때로부터 기산되어야 한다(87도1707).

4. 적법한 간통죄의 고소를 한 후 이혼심판청구가 각하된 경우에 피고소인의 주소가 불명이어서 새로운 고소를 할 수 없는 경우, 해고할 것이 두려워서 고소하지 아니한 경우는 불가항력 사유가 아니다(85도1273).

5. 형사소송법 제230조 제1항에 정한 '범인을 알게 된 날'의 의미
형사소송법 제230조 제1항에서 말하는 '범인을 알게 된 날'이란 범죄행위가 종료된 후에 범인을 알게 된 날을 가리키는 것으로서, 고소권자가 범죄행위가 계속되는 도중에 범인을 알았다 하여도, 그 날부터 곧바로 위 조항에서 정한 친고죄의 고소기간이 진행된다고는 볼 수 없고, 이러한 경우 고소기간은 범죄행위가 종료된 때부터 계산하여야 하며, 동종행위의 반복이 당연히 예상되는 영업범 등 포괄일죄의 경우에는 최후의 범죄행위가 종료한 때에 전체 범죄행위가 종료된 것으로 보아야 한다(대법원 2004. 10. 28. 선고 2004도5014).

ⓓ 결혼을 위한 약취·유인죄(형법 제291조)에 있어서 약취·유인된 자가 혼인을 한 경우의 고 소는 혼인의 무효 또는 취소의 재판이 확정된 날부터 고소기간이 진행된다(제230조 제2항).

ⓔ 친고죄인 혼인빙자간음죄에 있어서 범인을 알게 된 날이라 함은 범인이 피해자와 혼인할 의사가 없음을 알게 된 날이라고 할 것이므로 고소기간은 이때부터 진행한다[21].

⑦ 고소의 방식

서면 또는 구술에 의한 방식	ⓐ 고소는 서면 또는 구술로써 검사 또는 사법경찰관에게 하여야 한다(제237조 제1항)[22]. ⓑ 검사 또는 사법경찰관이 구술에 의한 고소를 받은 때에는 조서를 작성하여야 한다(동조 제2항)[23]. ⓒ 전보 또는 전화에 의한 고소는 조서를 작성하지 않는 한 유효한 고소로 볼 수 없다.
범죄사실의 특정	고소는 범인이 아닌 범죄사실이 특정되어야 한다. 특정의 정도는 고소인의 의사가 수사기관에 대하여 일정한 범죄사실을 지정신고하여 범인의 처벌을 구하는 의사표시가 있었다고 볼 수 있을 정도로 족하여 범인이 누구인지 특정할 필요가 없다.

⑧ 고소의 효력(고소불가분의 원칙)

고소불가분의 원칙은 친고죄의 고소 또는 그 취소의 효력이 미치는 범위에 관하여 객관적 불가분의 원칙과 주관적 불가분의 원칙이 있다. 형사소송법에는 주관적 불가분의 원칙에 관한 명문의 규정이 있으며(233조), 객관적 불가분의 원칙에 관해서는 명문의 규정은 없으나 이론적으로 당연한 것으로 인정되고 있

---

21) 혼인빙자간음죄에 있어서 피해자가 피고인의 주민등록등본을 발급받아 보고 피고인이 법률상 유부남임을 알게 되었다는 경우, 피해자로서는 전부터 피고인이 법률상 유부남이라 는 사실을 알고 있었지만 피고인이 이를 정리하고 자신과 결혼할 것으로 믿었다는 등의 사 정이 없는 한 피고인의 주민등록을 발급받아 본 그 때 피고인의 그 이전 간음행위가 혼인 할 의사 없이 행해졌다는 것을 알았다는 이유로 그 때로부터 고소기간을 기산하여야 한다 (판례 2000 11.10. 2000선고4042).

22) 수사기관 작성의 피해자 진술조서에 기재된 범인의 처벌을 요구하는 의사 표시의 효력과 관련하여 친고죄에 있어서의 고소는 고소권있는 자가 수사기관에 대하여 범죄사실을 신고하고 범인의 처벌을 구하는 의사표시로서 서면뿐만 아니라 구술로도 할 수 있는 것이고, 다만 구술에 의한 고소를 받은 검사 또는 사법경찰관은 조서를 작성하여야 하지만 그 조서가 독립된 조서일 필요는 없으며 수사기관이 고소권자를 증인 또는 피해자로서 신문한 경우에 그 진술에 범인의 처벌을 요구하는 의사표시가 포함되어 있고 그 의사표시가 조서에 기재 되면 고소는 적법하게 이루어진 것이다(대판 1985.3.12. 선고 85도190).

23) 1. 수사기관이 피해자에 대하여 고소의 의사 유무를 묻고 피해자가 고소의 의사표시를 하여 수사기관이 이를 참고인진술조서에 기재한 때에도 고소는 적법하다(대판1956.1.31. 4288 형상370).

2. 간통죄의 고소에 있어서는 고소인이 시기와 종기를 정하여 고소기간을 특정하고 있는 이 상 그 기간 중에 어떤 범죄행위에 대하여 특히 처벌을 원치 않는다고 볼만한 특별한 사정 이 없는 한 그 기간 중의 모든 범죄행위에 대하여 처벌을 희망하는 의사를 표시한 것으로 보아야 한다(대판1990.9.28. 90도603).

다. 적용범위는 친고죄에서만 적용이 있고 비친고죄에는 적용이 없다.

예) 합동으로 A, B, C가 강간한 경우 비친고죄이므로 고소의 불가분의 원칙은 적용되지 아니하여 A에 대한 고소취소가 있어도 A, B, C에 대한 소추가 가능하다.

ⓐ 객관적 불가분의 원칙

<table>
<tr><td>의의</td><td colspan="2">1개의 범죄의 일부에 대한 고소 또는 그 취소는 효력은 동일성이 인정되는 그 범죄사실의 전부에 미친다는 원칙이다. 객관적 불가분 원칙을 인정하는 이유는 고소권자에 의한 국가 형벌권이 좌우 되는 것을 방지하여 형사사법의 공정성을 실현하기 위해서이다.</td></tr>
<tr><td rowspan="3">인정범위[24]</td><td>단순일죄</td><td>단순일죄에 관하여는 예외없이 적용된다. 그러므로 강간의 수단인 폭행 협박에 대한 고소의 효력은 강간에도 미친다. 그러므로 강간에 대한 고소가 없으면 그 일부인 폭행・협박으로도 기소할 수 없다[25]</td></tr>
<tr><td>과형상 일죄[26]</td><td>• 과형상 일죄의 각 부분이 모두 친고죄이고 피해자가 같을 때에는 객관적 불가분의 원칙이 적용된다(강제추행죄와 모욕죄). 모욕죄에 대한 고소의 효력은 강제추행죄에 대해서도 미친다.
• 일죄의 각 부분이 친고죄라 하더라도 피해자가 다른 경우
예) 하나의 문서로 甲, 乙, 丙 3명 을 모욕한 경우 甲의 고소는 乙, 丙에게 미치지 않는다.
• 일죄의 일부분만이 친고죄인 때 비친고죄에 대한 고소의 효력은 친고죄에 미치지 않는다.
• 친고죄에 대하여 고소를 취소한 경우 비친고죄에 대하여는 효력이 미치지 아니한다.</td></tr>
<tr><td>수죄[27]</td><td>객관적 불가분의 원칙은 한 개의 범죄사실을 전제로 한 원칙이므로 수죄, 즉 경합범에 대하여 는 적용되지 않는다. 따라서 수회의 간통이 있는 경우에 하나의 간통행위에 대한 고소의 효력 은 그 이외의 간통행위에 대해 효력이 없다.</td></tr>
</table>

---

24) 고소와 고소취소는 고소의 대상이 된 범죄사실과 동일성이 인정되는 범위내의 공소사실 전 부에 대하여 그 효력이 미친다(대판 1999 4. 15 96도 1922).

25) 친고죄인 강간죄에 관하여 고소가 없거나 고소가 취소된 경우 또는 강간죄의 고소기간이 경과된 후에 고소가 있는 때에는 강간죄로 공소를 제기할 수 없음은 물론, 나아가 그 강간 범행의 수단으로 또는 그에 수반하여 저질러진 폭행·협박의 점 또한 강간죄의 구성요소 로서 그에 흡수되는 법조경합의 관계에 있는 만큼 이를 따로 떼어내어 폭행죄·협박죄 또는 폭력행위등처벌에관한법률위반의 죄로 공소제기할 수 없다고 해야 마땅하고, 결국 그와 같은 공소는 공소제기의 절차가 법률에 위반되어 무효인 경우로서 형사소송법 제327조 제2호에 따라 공소기각판결을하여야 한다. 따라서 강간죄에 대하여 고소취소가 있는 경우에 그 수단인 폭행만을 분리하여 공소제기하였다면 이는 범죄로 되지 아니하는 경우에 해당하므로, 무죄를 선고하여야 한다고 본 대법원 1976. 4. 27. 선고 75도3365 판결의 견해 는 이와 저촉되는 한도 내에서 변경하기로 한다(대판 2002.5.16 2002도51).

※ 강간죄에 대하여 고소없이 폭행· 협박에 대하여 분리기소한 경우 법원은 공소기각판결을 선고하여야 한다.

26) 강간의 수단으로 감금을 한 후 강간미수에 그친 경우 강간미수에 대하여 고소가 취소되었더라도 감금죄에

ⓑ 주관적 불가분의 원칙

의의	친고죄의 공범 중 그 1인 또는 수인에 대한 고소 또는 그 취소는 다른 공범자에 대하여도 효력이 있다(제233조). 이를 고소의 주관적 불가분의 원칙이라고 한다. 여기에서 '공범'은 형법총칙에서 규정하고 있는 임의적 공범(공동정범, 교사범, 종범)에 한하지 않고 필요적 공범도 포함한다(85도1940).	
적용범위	절대적 친고죄의 경우	절대적 친고죄에 대해서는 예외없이 적용된다. 절대적 친고죄는 범인의 신분과는 무관하게 범죄의 성질 자체로 인해 친고죄로 되는 경우이므로 공범 중 1 인에 대한 고소의 효력은 전원에 대하여 미친다.
	상대적 친고죄의 경우	• 공범자중 일부만이 신분관계에 있는 경우 비신분자에 대한 고소의 효력은 신분관계 있는 공범에게는 미치지 아니하며, 신분관계에 있는 자에 대한 피해자의 고소취소는 비신분자에게 효력이 없다[28]. • 친족 2 인 이상이 공범관계에 있는 사건에 관하여는 1 인의 친족에 대하여 한 고소라도 다른 친족에 그 효력이 미친다. 예) 조카 2명이 삼촌의 시계를 절취한 경우 1인에 대한 고소취소는 다른 공범자에게도 미친다.
	간통죄에서 공범자에 대한 1심 판결의 선고 후 이혼소송이 취하 간주된 경우[29]	

ⓒ 반의사불벌죄에서 주관적 불가분의 원칙적용여부

형소법 제232조 ①, ② 항은 반의사불벌죄에서 적용되지만 제233조인 친고죄에서 인정된 고소의 주관적 불가분의 원칙은 명문의 규정으로 인정하고 있지 않아 적용여부가 문제된다.

예) "신문기자 甲과 乙은 A가 C양과 부적절한 관계에 있다고 기사를 작성하여 출판물에 의한 명예훼손죄로 고소를 받은 후 甲은 C로부터 고소를 취하 받았지만 乙은 고소취하를 받지 못한 경우 乙의 처벌문제이다 "우리판례는 불가분의 원칙이 반의사불벌죄에 대하여 적용되지아니하므로 甲은 공소기각판결하여야하지만(제 327조 6호) 乙에 대하여는 실체재판하여야 한다[30].

대하여는 효력이 미치지 아니한다(84도1550).

27) 형법 제241조 소정의 간통죄는 성교행위마다 1개의 죄가 성립하는 것으로 각 간통행위 마다 배우자의 고소가 있어야 논할 수 있고, 고소는 고소권자가 수사기관에 대하여 범죄사실을 신고하여 범인의 처벌을 구하는 의사표시로서 고소의 대상인 범죄사실이 특정되어야 하므로, 공소가 제기된 수개의 간통행위 중 일부 간통행위에 대하여만 배우자의 고소가 있고 다른 일부 간통행위에 대하여는 배우자의 고소가 없는 경우에 고소가 없는 간통행위에 대하여까지 고소의 효력이 미칠 수는 없다(대판 1985.8.20, 85도1171).

28) 상대적 친고죄에 있어서의 피해자의 고소취소는 친족관계 없는 공범자에게는 그 효력이 미치지 아니한다(대판 1964.12.15, 64도481).

29) 간통피고 사건에 대한 제1심판결 선고후에 고소인의 이혼심판청구 사건이 취하 간주된 경우 에는 간통고소는 소급하여 효력을 상실하고 간통의 상간자가 이미 유죄판결을 받아 확정되었어도 이론을 달리하지 않는다(대판 1975.6.24, 75도1449).

⑨ 고소의 취소와 포기

고소의 취소	고소취소 권자	고소를 취소할 수 있는 자는 고유의 고소권자와 대리행사권자다. 다만, 고유의 고소권자가 한 고 소를 대리권자가 취소할 수 없다[31].
	고소취소 시기	ⓐ 고소의 취소란 고소후 고소의 의사표시를 철회하는 소송행위로서 친고죄인 경우 제1심판결 전까지 취소할 수 있으며 고소를 취소한 자는 다시 고소할 수 없다. 반의사불벌죄의 처벌희망의사 철회도 동일하므로 1심판결선고전까지 가능하다(232조). 단 비친고죄의 고소취소는 언제나 가능하다.
		ⓑ 간통죄에서 배우자가 재혼한 경우나 이혼소송을 취하한 경우 고소는 취소된 것으로 간주된 다(제229조).
	고소취소 방법	고소의 방법과 동일하므로 서면 또는 구술로 가능하다. 공소제기 전에는 수사기관에, 공소제기 후에는 법원에 해야 한다. 합의서를 고소의 취소라는 의사표시로 인정할 수 있는지 여부는 합의서의 내용에 의하여 판단하여야 한다.
	고소취소의 효과	ⓐ 고소를 취소한 자는 다시 고소하지 못한다(232조2항). ⓑ 고소를 취소한 때는 공소권 없음의 불기소처분이나 공소기각판결을 하여야 한다. 또한 고소 불가분의 원칙도 적용된다(제233조).
고소의 포기 32)	ⓐ 적극설 고소의 취소를 인정하는 이상 고소의 포기도 인정해야 하고, 이를 인정하는 경우 친고죄의 수사를 신속히 종결할 수 있으므로 고소의 포기를 인정해야 한다. ⓑ 소극설 • 고소의 포기에 관한 명문 규정이 없으며 고소권은 공법상 권리이므로 개인이 처분 할 수 없다는 견해이다. • 공법상의 권리이므로 사적 처분을 허용할 수 없고, 고소권 소멸을 위한 폐단이 생길 수 있으므로 포기를 인정할 수 없다.(판례)	

30) 1. 형사소송법이 고소와 고소취소에 관한 규정을 하면서 제232조 제1항, 제2항에서 고소취소 의 시한과 재고소의 금지를 규정하고 제3항에서는 반의사불벌죄에 제1항, 제2항의 규정을 준용하는 규정을 두면서도, 제233조에서 고소와 고소취소의 불가분에 관한 규정을 함에 있어서는 반의사불벌죄에 이를 준용하는 규정을 두지 아니한 것은 처벌을 희망하지 아니하는 의사표시나 처벌을 희망하는 의사표시의 철회에 관하여 친고죄와는 달리 공범자 간에 불가분의 원칙을 적용하지 아니하고자 함에 있다고 볼 것이다(대판 1994.4.26.93도1689)

2. 관세법상의 즉고발사건에 대하여는 고소·고발불가분의 원칙이 적용되지 않는다(대판 71도 1106). 그러므로 甲과 乙이 공동 의로 조세법은 위반한 경우 세무서장이 甲에 대하여 고발을 행한 경우 甲에 대한 고발의 효력은 乙에게 미치지 아니하므로 甲만 검사는 공소제기 할 수 있다.

31) 피해자가 한 고소를 피해자가 사망 후 父가 한 고소는 적법한 고소취소라 할 수 없다(83도 516).

32) 1. 친고죄에 있어서 피해자의 고소권은 공법상의 권리이고 법이 명문으로 인정하는 경우를 제외하고는 자유처분 할 수 없고, 고소취소는 232조에 명문의 규정이 있으나 고소포기는 명문의 규정이 없으므로 고소전에 고소권을 포기 할 수 없다(대판 1967 523 67도471).

2. 피해자가 고소장을 제출하여 처벌을 희망하는 의사를 분명히 표시한 후 고소를 취소한 바 없다면 비록 고소전에 피해자가 처벌을 원하지 않았다하더라도 그 후에 한 피해자의 고소는 유효하다(대판1993.10.22, 93도1620).

(2) 고 발

형사소송법

제234조 【고발】
① 누구든지 범죄가 있다고 사료하는 때에는 고발할 수 있다.
② 공무원은 그 직무를 행함에 있어 범죄가 있다고 사료하는 때에는 고발하여야 한다.

제235조 【고발의 제한】 제224조의 규정은(제224조 자기 또는 배우자의 직계존속을 고소하지 못한다) 고발에 준용한다.

제237조 【고소, 고발의 방식】
① 고소 또는 고발은 서면 또는 구술로써 검사 또는 사법경찰관에게 하여야 한다.
② 검사 또는 사법경찰관이 구술에 의한 고소 또는 고발을 받은 때에는 조서를 작성하여야 한다.

제238조 【고소, 고발과 사법경찰관의 조치】 사법경찰관이 고소 또는 고발을 받은 때에는 신속히 조사하여 관계서류와 증거물을 검사에게 송부하여야 한다.

제239조 【준용규정】 전2조의 규정은 고소 또는 고발의 취소에 관하여 준용한다.

① 고발은 범인과 고소권자 이외의 제 3자가 수사기관에 대하여 범죄사실을 신고하여 범인의 소추를 구하는 의사표시이므로 반드시 범인을 지적할 필요도 없고 범인을 지적한 경우에도 진범인임을 요하지 않는다.

② 공무원은 그 직무를 행함에 있어서 범죄가 있다고 사료하는 때에는 고발하여야 한다(동조 제2 항). '직무를 행함에 있어서'란 범죄의 발견이 직무내용에 포함되는 경우를 말하고, 직무집행과 관계없이 우연히 범죄를 발견한 경우는 여기에 해당하지 않는다.

③ 고발의 소송 조건

구분	내용	
해당기관의 고발 필요 범죄	관세법(제284조), 조세범처벌법(제6조), 조세범처벌저차법(제12조) 물가안정에 관한법률(제31조), 독점규제 및 공정거래에 관한 법률(제31조), 전투경찰대설치법(제11조), 출입국관리법(제101조) (즉 소속기관장의 고발이 있어야 수사할 수 있는 경우(고발이 소추조건)	
해당기관의 고발 불요 범죄	• 특정범죄가중처벌에관한법률 • 자동차관리법 • 식품위생법	• 폭력행위등처벌등에관한법률 • 경범죄처벌법 • 병역법

〈고소와 고발의 비교〉

	고 소	고 발
제기권자	고소권자만	제한이 없다.
기간	친고죄는 6개월. 비친고죄는 제한 없다.	제한 없다.
대리	허용된다.	허용되지 아니한다.

취소시기	제1심 판결 선고 전까지, 비친고죄는 제한 없다.	제한 없다.
취소의 효과	재고소 금지	재고발 가능
제한	자기나 자기배우자의 직계존속은 고소할 수 없다.	자기나 자기배우자의 직계존속은 고소할 수 없다.

(3) 자수

① 자수는 범인이 스스로 수사기관에 대하여 자기의 범죄사실을 신고하여 그 수사와 소추를 구하 는 의사표시이다[33].

② 구별개념 : 자수는 수사기관에 신고한다는 점에서 가해자가 피해자에게 자기의 범죄사실을 고백 하는 자복과 구별된다.

③ 자수는 형사소송법상 범죄수사의 유력한 단서이지만, 실체법상으로는 형의 감경 또는 감면사유이다(형법 제52조 제1항)[34].

④ 방식 구두 또는 서면으로 하며, 자수의 방식과 절차에 관하여는 고소와 고발에 관한 규정이 준용된다(제240조). 또한 자수의 취소는 인정되지 아니한다[35].

⑤ 자수의 시기는 제한이 없다[36].

---

33) 1. 자진출석하여 사실을 밝히고 처벌을 받고자 담당 검사에게 전화를 걸어 조사를 받게 해 달라고 요청하여 출석시간을 지정받은 다음 자신 출석하여 혐의사실을 인정하는 내용의 진술서를 작성하는 것은 자수에 해당한다(대판 1994. 9. 9. 94도 619)

2. 세관 검색기 금속탐지기에 의하여 대마휴대사실이 발각된 상황에서 세관 검색원의 추궁에 의하여 대마수입범행을 인정한 경우 자발성이 결여되어 자수에 해당하지 아니한다(대판 1999. 4. 13, 98도4560). 수사기관의 직무상의 질문, 조사에 응하여 범죄사실을 진술하는 것은 자백일 뿐 자수가 아니다(대판 1982. 9. 28, 82도1965).

3. 경찰관에게 검거되기 전 친지에게 전화로 자수의 의사를 전달한 것은 자수가 아니다(대판 1985. 9. 24, 85도1498).

34) 범죄사실을 부인하거나 죄의 뉘우침이 없는 자수는 진정한 자수로 볼 수 없다(대판 1994 .10. 14. 94도2130).

35) 일단 자수가 성립하면 자수의 효력은 확정적으로 발생하고 그 후 법정에서 범행을 부인하더라도 일단 발생한 자수는 소멸되지 아니한다(대판 1994.12.27,99도1695).

36) 1. 범죄사실과 범인이 누구인가가 발각된 후라 하더라도 범인이 자발적으로 자기의 범죄사 실을 수사기관에 신고한 경우 자수에 해당한다.(65도597)

2. 범죄사실이 발각된 후 신고하거나 지명수배를 받은 후라 할지라도 체포전에 행한 자발적으로 한 이상 자수에 해당한다(대판1968.7.30,68도754).

제3절 강제수사

범죄수사규칙

제 4 장 체포 및 구속

제80조(영장에 의한 체포) ①사법경찰관은 체포영장을 신청하는 때에는 지명수배 전산망의 조회를 통해 현재 수사 중인 다른 범죄 사실에 관하여 그 피의자에 대하여 발부된 유효한 체포영장이 있는지 여부를 확인하여 해당사항이 있는 경우에는 별지 제47호 서식의 체포영장신청서에 그 사실을 기재하여야 한다.
②사법경찰관은 체포영장을 신청할 경우에는 별지 제48호 서식의 체포영장신청부에 필요한 사항을 기재하여야 한다.
③사법경찰관은 체포영장에 따라 피의자를 체포한 경우에는 체포・구속영장 집행원부에 그 내용을 등재하여야 한다.

제81조(긴급체포) ①사법경찰관은 피의자가 사형·무기 또는 장기 3년 이상의 징역이나 금고에 해당하는 죄를 범하였다고 의심할 만한 상당한 이유가 있고 다음 각 호의 어느 하나에 해당하는 사유가 있으면서 긴급을 요하여 체포영장을 받을 수 없는 때에는 그 사유를 알리고 영장 없이 피의자를 체포할 수 있다.
1. 피의자가 증거를 인멸할 염려가 있는 때
2. 피의자가 도망하거나 도망할 우려가 있는 때
②전항의 긴급을 요한다고 함은 피의자를 우연히 발견한 경우 등과 같이 체포영장을 받을 시간적 여유가 없는 때를 말하며 피의자의 연령, 경력, 범죄성향이나 범죄의 경중, 태양, 기타 제반사항을 고려하여 인권침해가 없도록 하여야 한다.
③제1항의 긴급체포를 하였을 때에는 즉시 별지 제50호 서식의 긴급체포서를 작성하고, 별지 제51호 서식의 긴급체포원부에 등재하여야 한다.
④사법경찰관은 긴급체포 후 12시간 내에 관할지방검찰청 또는 지청의 검사에게 별지 제52호 서식의 긴급체포승인건의를 하여야 한다. 다만, 기소중지된 피의자를 당해 수사관서가 위치하는 특별시, 광역시, 도 이외의 지역에서 긴급체포한 경우에는 24시간 내에 긴급체포승인건의를 할 수 있다.
⑤ 전항의 긴급체포승인건의는 별지 제52호서식의 긴급체포 승인 건의서로 하여야 한다. 다만, 급속을 요하는 경우에는 긴급체포한 사유와 체포를 계속하여야 할 사유를 상세히 기재하여 모사전송 또는 시스템을 이용하여 긴급체포승인건의를 할 수 있다. <2010. 10. 26 개정>
⑥긴급체포한 피의자를 석방한 때에는 긴급체포원부에 석방일시 및 석방사유를 기재하고 별지 제53호 서식의 석방보고서를 작성하여 즉시 검사에게 보고하여야 한다.
⑦사법경찰관은 긴급체포 후 석방된 자 또는 그 변호인·법정대리인·배우자·직계친족·형제자매로부터 통지서 및 관련서류의 열람·등사 요청이 있는 경우 이에 응하여야 한다.

제82조(현행범인의 체포) ①현행범인을 체포하였을 때에는 체포의 경위를 상세히 기재한 별지 제54호 서식의 현행범인체포서를 작성하여야 한다.
②경찰관은 현행범인을 인도받은 때에는 체포자로부터 성명, 주민등록번호(외국인인 경우에는 외국인등록번호, 위 번호들이 없거나 이를 알 수 없는 경우에는 생년월일 및 성별, 이하 '주민등록번호등' 이라 한다), 주거, 직업, 체포일시・장소 및 체포의 사유를 청취하여 별지 제55호 서식의 현행범인인수서를 작성하여야 한다.
③전항의 경우에 현행범인인 때에는 범행과의 시간적 접착성과 범행의 명백성이 인정되는 상황을, 준현행범인인 때에는 범행과의 관련성이 강하게 인정되는 상황을 현행범인체포서 또는 인수서에 구체적으로 기재하여야 한다.
④경찰관은 현행범인을 체포하거나 인도받은 경우에는 별지 제56호 서식의 현행범인체포원부에 필요한 사항을 등재하여야 한다.

⑤경찰관이 다른 경찰관서의 관할구역 내에서 현행범인을 체포하였을 때에는 체포지를 관할하는 경찰관서에 인도하는 것을 원칙으로 한다.

第83조(현행범인의 조사 및 석방) ①경찰관은 현행범인을 체포하거나 이를 인수하였을 때에는 지체없이 조사하고 계속 구금할 필요가 없다고 인정할 때에는 소속 경찰관서장의 지휘를 받아 즉시 석방하여야 한다.
②전항의 규정에 따라 현행범인을 석방한 때에는 지체 없이 그 사실을 검사에게 보고하여야 하고, 석방일시와 석방사유를 기재한 별지 제57호 서식의 피의자석방보고를 작성하여 사건기록에 편철하여야 한다.
③경찰관은 체포한 현행범인을 석방하는 때에는 현행범인 체포원부에 석방일시 및 석방사유를 기재하여야 한다.

第84조(체포보고서) 경찰관은 피의자를 영장에 의한 체포, 긴급체포, 현행범인으로 체포하였을 때에는 별지 제201호 서식의 피의자 체포보고서를 작성하여 소속관서장에게 보고하여야 한다.

第85조(구속영장 신청) ①사법경찰관은 피의자가 죄를 범하였다고 의심할 만한 이유가 있고 다음 각호의 하나에 해당하는 사유가 있는 경우에는 구속영장을 신청할 수 있다.
1. 피의자가 일정한 주거가 없는 때
2. 피의자가 증거를 인멸할 염려가 있는 때
3. 피의자가 도망하거나 도망할 염려할 염려가 있는 때
다만, 다액 50만원 이하의 벌금, 구류 또는 과료에 해당하는 사건에 관하여는 피의자가 일정한 주거가 없는 경우에 한한다.
②전항의 규정에 따라 구속 여부를 판단할 때에는 범죄의 중대성, 재범의 위험성, 피해자 및 중요 참고인 등에 대한 위해 우려, 피의자의 연령, 건강상태 그 밖의 제반사항 등을 고려하여야 한다.
③사법경찰관은 구속영장을 신청할 때에는 체포영장, 긴급체포서, 현행범인체포서 또는 현행범인 인수서와 제1항 및 제2항의 사유를 인정할 수 있는 자료를 첨부하여야 하며 긴급체포 후 구속영장을 신청할 때에는 제81조제1항 및 제2항의 사유를 인정할 수 있는 자료도 함께 첨부하여야 한다.
④사법경찰관은 영장 또는 현행범인으로 체포한 피의자에 대하여는 체포한 때로부터 48시간 내에 구속영장을 신청하되 검사의 영장청구 시한을 고려하여야 한다.
⑤사법경찰관은 긴급체포한 피의자를 구속하고자 할 때에는 체포한 후 지체없이 구속영장을 신청하되 검사의 영장청구 시한을 고려하여 48시간을 넘지 않도록 하여야 한다.
⑥사법경찰관은 구속영장을 신청하였을 때에는 별지 제62호 서식의 구속영장신청부에 필요한 사항을 등재하여야 한다.
⑦사법경찰관은 제2항, 제3항의 경우 구속영장을 발부받지 못하였을 때에는 즉시 피의자를 석방하여야 한다.

第86조(구속전 피의자 심문) 경찰관은 검사로부터 「형사소송법」 제201조의2의 규정에 따라 심문기일과 장소를 통지받은 때에는 지정된 기일과 장소에 체포된 피의자를 출석시켜야 한다.

第87조(체포·구속영장 발부 후 사정의 변경과 영장반환) ①사법경찰관은 체포·구속영장이 발부된 후 사정 변경에 의하여 체포·구속의 필요가 없다고 인정될 때에는 그 유효기간 내일지라도 검사의 지휘를 받아 별지 제63호 서식의 영장 반환보고서에 첨부하여 즉시 반환하고 그 사본을 그 사건기록에 편철하여야 한다.
②전항의 경우 체포영장 또는 구속영장이 여러 통 발부된 경우에는 모두 반환하여야 한다.

第88조(체포·구속영장의 기재사항 변경) 사법경찰관은 체포·구속영장의 발부를 받은 후 그 체포·구속영장을 집행하기 전에 인치 구금할 장소 그 밖에 기재사항의 변경을 필요로 하는 이유가 생겼을 때에는 검사를 거쳐 당해 체포·구속영장을 발부한 판사 또는 그 소속법원의 다른 판사에게 서면으로 체포·구속영장의 기재사항 변경을 신청하여야 한다.

第89조(체포·구속영장의 재신청) 사법경찰관은 다음 각 호의 사유에 해당되는 경우 동일한 범죄사실로 다시 체포

・구속영장의 발부를 신청할 때에는 그 취지 및 이유를 구속영장 신청서에 기재하여야 한다.
1. 체포・구속영장의 유효기간이 경과된 경우
2. 영장을 신청하였으나 그 발부를 받지 못한 경우
3. 체포・구속되었다가 석방된 경우

제90조(체포・구속영장의 집행) ①경찰관은 영장을 집행할 때에는 검사의 서명・날인 또는 집행지휘서에 따라 집행하여야 한다.
②경찰관은 영장을 집행할 때에는 신속하고 정확하게 집행하여야 한다.
③경찰관은 「형사소송법」 제81조제1항 단서 규정에 따라 재판장, 수명법관 또는 수탁판사로부터 구속영장의 집행 지휘를 받았을 때에는 이를 즉시 집행하여야 한다.

제91조(유효기간 내에 집행불능한 경우) 경찰관은 영장의 유효기간 내에 집행할 수 없게 되었을 때에는 영장에 그 이유를 기재하여 영장 반환보고서에 첨부하여 반환하여야 한다.

제92조(체포・구속영장 집행이 부적당한 경우) 경찰관은 영장의 집행을 받을 자가 심신의 장애로 의사능력이 없는 상태에 있거나, 그 집행이 부적당하다고 인정되는 이유가 있는 때에는 신속히 지휘한 검사에게 그 취지를 보고하여 지휘를 받아야 한다.

제93조(보석 등의 경우에 준용) 제90조부터 제92조까지의 규정은 「형사소송법」 제102조제2항 규정에 따른 보석 또는 구속집행정지의 취소 결정에 따라 검사의 지휘를 받은 경우에 준용한다.

제94조(소년에 대한 동행영장의 집행) 제90조, 제92조의 규정은 「소년법」 제15조의 규정에 따라 소년부 판사로부터 동행영장의 집행지휘를 받은 경우에 준용한다. 이 경우에는 그 규정 중 "검사"를 "소년부 판사"로 한다.

제95조(체포・구속시의 주의사항) ①경찰관은 피의자를 체포・구속할 때에는 필요한 한도를 넘어서 실력을 행사하는 일이 없도록 하고 그 시간・방법을 고려하여야 한다.
②경찰관은 다수의 피의자를 동시에 체포・구속할 때에는 각각의 피의자별로 피의사실, 증거방법, 체포・구속시의 상황, 인상, 체격 그 밖의 특징 등을 명확히 구분하여 체포・구속, 압수・수색・검증 그 밖의 처분에 관한 서류의 작성, 조사, 입증에 지장이 생기지 않도록 하여야 한다.
③경찰관은 피의자를 체포・구속할 때에는 피의자의 건강상태를 조사하고 체포・구속으로 인하여 현저하게 건강을 해할 염려가 있다고 인정할 때에는 그 사유를 검사에게 보고하여야 한다.
④경찰관은 피의자가 도주, 자살 또는 폭행 등을 할 염려가 있을 때에는 수갑이나 포승을 사용할 수 있다.

제96조(연행과 호송) ①경찰관은 체포・구속한 피의자를 연행 또는 호송할 때에는 피의자의 도망·자살·피습·탈취, 증거 인멸 등에 주의하여야 한다.
②경찰관은 연행 또는 호송 도중 필요한 경우에는 다른 경찰관서에 피의자를 임시로 유치할 수 있다.

제97조(체포・구속의 통지 등) ①경찰관은 피의자를 체포・구속한 때에는 변호인이 있는 경우에는 변호인에게, 변호인이 없는 경우에는 다음 각호의 자 중 피의자가 지정한 자에게 체포·구속의 통지를 하여야 한다.
1. 피의자의 법정대리인
2 배우자
3 직계친족과 형제자매
②경찰관은 피의자를 체포・구속한 때에는 피의자와 다음 각호의 자 중 피의자가 지정한 자에게 체포・구속 적부 심사를 청구할 수 있음을 통지하여야 한다.
1. 변호인
2. 전항 각호의 자

3. 가족, 동거인, 고용주

③제1항 및 제2항의 통지는 체포・구속한 때로부터 24시간 이내에 사법경찰관 명의로 서면에 의해 통지를 하여야 한다. 다만, 위에 규정된 자가 없어 통지를 하지 못하는 경우에는 그 취지를 기재한 서면을 그 사건기록에 편철하여야 한다.

④경찰관은 전항에 의한 통지를 할 때에는 전화, 모사전송기, 전자우편, 문자메시지(SMS) 전송 그 밖에 상당한 방법으로 체포·구속의 통지를 할 수 있다. 이 경우에도 사후에 지체없이 서면으로 체포・구속의 통지를 하여야 한다.<2010.10.26 개정>

⑤체포・구속의 통지서 사본은 그 사건기록에 편철하여야 한다.

第98조(체포・구속시 범죄사실 등의 고지) 경찰관은 피의자를 체포・구속한 때에는 피의자에게 범죄사실의 요지, 체포・구속의 이유와 변호인을 선임할 수 있음을 고지하고 변명할 기회를 준 후 피의자로부터 별지 제65호 서식의 확인서를 받아 그 사건기록에 편철하여야 한다. 다만, 피의자가 확인서에 기명날인 또는 서명을 거부하는 경우에는 경찰관이 확인서 말미에 그 사유를 기재하고 기명날인 또는 서명하여야 한다.

제99조(체포・구속적부심사) ①경찰관은 체포・구속 적부심사 심문기일과 장소를 통보받은 경우에는 수사관계서류와 증거물을 검사를 거쳐 법원에 제출하고 심문기일까지 피의자를 법원에 출석시켜야 한다.

②경찰관은 법원이 석방결정을 한 경우에는 검사의 지휘를 받아 피의자를 즉시 석방하여야 하고, 보증금의 납입을 조건으로 석방결정을 한 경우에는 보증금 납입증명서를 제출받은 후 검사의 지휘를 받아 석방하여야 한다.

제100조(체포・구속영장 등본의 교부) ①긴급체포서, 현행범인체포서, 체포영장, 구속영장 또는 그 청구서를 보관하고 있는 사법경찰관은 제97조제2항에 규정된 체포·구속적부심사 청구권자가 이의 등본의 교부를 청구할 경우 그 등본을 교부하여야 한다.

②전항의 규정에 따라 체포・구속영장등본을 교부한 때에는 별지 제67호 서식의 체포・구속영장등본교부대장에 발부사항을 기재하여야 한다.

제101조(체포・구속장소 감찰) 경찰관은 검사가 「형사소송법」 제198조의2 규정에 따라 체포・구속장소를 감찰한 후 인치 또는 구금된 자의 석방을 명하거나, 사건을 송치할 것을 명한 때에는 소속 경찰관서장에게 보고한 후 즉시 피의자를 석방하거나 사건을 송치하여야 한다. 이 경우 피의자석방명령서 또는 사건송치명령서를 그 사건기록에 편철하여야 한다.

제102조(범죄경력 조회 등) 경찰관은 피의자를 체포·구속한 때에는 지문 채취, 사진 촬영 등 감식자료를 작성하고, 범죄경력 조회(수사자료를 포함한다), 여죄 조회, 지명수배・통보 유무 조회 등 수사와 관련된 경찰전산시스템의 조회를 하여야 한다.

제103조(변호인 선임의뢰의 통지) 경찰관은 체포・구속된 피의자가 변호인 선임을 의뢰한 경우에는 해당 변호인 또는 가족 등에게 그 취지를 통지하여야 하며 그 사실을 기재한 서면을 해당 사건 기록에 편철하여야 한다.

제104조(피의자와의 접견·교통·수진) ①경찰관은 변호인 또는 변호인이 되려는 자로부터 체포·구속된 피의자와의 접견, 서류 또는 물건의 수수, 수진의 신청이 있을 때에는 친절하게 응하여야 한다.

②경찰관은 변호인 아닌 자로부터 전항의 신청이 있을 때에는 면밀히 검토하여 피의자가 도망 또는 죄증을 인멸할 염려가 없고 유치장의 보안상 지장이 없다고 판단되는 경우에는 전항에 준하여 처리한다.

③경찰관은 체포·구속된 피의자로부터 타인과의 접견, 서류 또는 물건의 수수, 수진의 신청이 있을 때에는 경찰관서장의 허가를 받아 친절하게 응하여야 한다. 이 경우에 친족 이외의 접견과 서신의 수수는 필요한 용무가 있을 때에 한한다.

④경찰관은 체포·구속된 피의자와의 접견 서류 또는 물건의 수수 수진의 신청에 응하였을 때에는 별지 제69호 서식의 체포·구속인접견부, 별지 제70호 서식의 체포·구속인교통부, 별지 제71호 서식의 물품차입부 또는 별지 제72호

서식의 체포·구속인수진부에 그 상황을 상세히 기재하여야 한다.

제105조(체포·구속된 피의자의 처우) 경찰관서장은 체포·구속된 피의자에 대하여는 급양, 위생, 의료 등에 대하여 공평하고 상당한 대우를 하여야 한다.

제106조(피의자의 석방) ①사법경찰관은 영장에 의한 체포, 긴급체포 또는 구속된 피의자를 석방하고자 할 때에는 미리 검사의 지휘를 받아야 하며, 검사의 석방지휘가 있을 때에는 즉시 석방하여야 한다.
②사법경찰관은 전항에 따라 피의자를 석방한 때에는 지체없이 그 사실을 검사에게 보고하여야 하고, 석방일시와 석방사유를 기재한 서면을 작성하여 그 사건기록에 편철하여야 한다.
③제1항의 규정에 따른 피의자 석방건의는 별지 제53호서식의 피긴급체포자석방보고 또는 별지 제57호서식의 피의자 석방보고로 한다. 다만, 긴급을 요하는 경우에는 시스템, 전화, 모사전송, 전자우편 그 밖의 상당한 방법으로 할 수 있다.〈2010.10.26 개정〉

제107조(피의자의 도주 등) 사법경찰관은 구금 중에 있는 피의자가 도주 또는 사망하거나 그 밖에 이상이 발생하였을 때에는 즉시 경찰서에 있어서는 지방경찰청장, 지방경찰청에 있어서는 경찰청장에게 보고하는 한편, 관할 지방검찰청 또는 지청의 검사에게 보고하여야 한다.

제5장 압수와 수색

제108조(영장에 의한 압수·수색) 경찰관은 증거물 또는 몰수할 것으로 판단되는 물건을 압수하거나 타인의 주거, 간수자가 있는 가옥, 건조물, 선차 내에 들어가 수색을 할 때에는 영장을 발부받아야 한다.

제109조(영장의 신청) ①사법경찰관은 검사에게 압수・수색영장을 신청할 때에는 「형사소송법」 제215조제2항 규정에 따른 사전 영장과 「형사소송법」 제216조제3항, 제217조제1항 규정에 따른 긴급 영장으로 구분하여 신청하여야 한다.
②사법경찰관은 전항의 영장을 신청할 때에는 별지 제93호 서식의 압수・수색・검증영장신청부에 신청의 절차, 발부 후의 상황 등을 명확히 기재해 두어야 한다.

제110조(영장 신청의 범위) 사법경찰관은 압수・수색영장을 신청할 때에는 수사에 필요한 충분한 범위를 정해야 하고, 수색할 장소・신체 또는 물건, 압수할 물건 등을 명백히 하여야 한다.

제111조(소명자료) ①사법경찰관은 압수・수색영장을 신청할 때에는 피의자신문조서, 진술조서, 수사보고서 그 밖에 해당 처분의 필요성을 소명할 수 있는 자료를 첨부하여야 한다.
②사법경찰관은 피의자 아닌 자의 신체, 물건, 주거 그 밖의 장소에 대하여 압수・수색영장을 신청할 때에는 압수할 물건이 있음을 인정할 수 있는 상황을 소명할 자료를 첨부하여야 한다.
③사법경찰관은 우편물 또는 전신에 관한 것으로서 체신관서 그 밖의 자가 소지 또는 보관하는 물건(피의자가 발송한 것이나 피의자에 대하여 발송된 것을 제외한다)에 대한 압수・수색영장을 신청할 때에는 그 물건과 해당 사건의 관련성을 소명할 자료를 첨부하여야 한다.

제112조(압수・수색영장의 재신청) 사법경찰관은 압수・수색영장의 유효기간이 경과된 경우 또는 영장을 신청하였으나 그 발부를 받지 못한 경우에 동일한 범죄사실에 관하여 다시 압수・수색영장의 발부를 신청할 때에는 그 취지를 검사에게 보고하여야 한다.

제113조(영장의 제시) ①경찰관은 영장에 따라 압수・수색을 할 때에는 해당 처분을 받는 자에게 반드시 영장을 제시하여야 한다.
②전항의 경우에 부득이한 사유로 해당 처분을 받는 자에게 영장을 제시할 수 없을 때에는 참여인에게 이를 제시하

여야 한다.

제114조(피의자 그 밖의 참여권자의 참여) ①경찰관은 압수・수색영장을 집행함에 있어 수사상 특히 필요가 있을 때에는 피의자 등을 참여하게 하여야 한다.
②경찰관은 전항의 경우에 있어 피의자 등의 언어와 거동에 주의하여 새로운 수사자료를 입수하는데 노력하여야 한다.

제115조(공무소 등 압수·수색시 참여) ①경찰관은 공무소, 군사용의 항공기 또는 선차 내에서 압수・수색영장을 집행할 때에는 그 책임자에게 참여할 것을 통지하여야 한다.
②경찰관은 전항에 규정한 이외의 타인의 주거, 간수자 있는 가옥, 건조물, 항공기 또는 선차 내에서 압수・수색영장을 집행할 때에는 주거자, 간수자 또는 이에 준하는 자를 참여하게 하여야 한다.
③경찰관은 전항에 규정된 자를 참여하게 하지 못할 때에는 이웃사람 또는 시・도 또는 시・군・구 소속 공무원을 참여하게 하여야 한다.

제116조(제3자의 참여) ①경찰관은 전조 제1항, 제2항 이외의 장소에서 압수・수색영장을 집행하는 경우에도 되도록 제3자를 참여하게 하여야 한다.
②전항의 경우에 제3자를 참여시킬 수 없을 때에는 다른 경찰관을 참여하게 하고 수색을 하여야 한다.
③경찰관은 여자의 신체에 대하여 수색할 때에는 성년의 여자를 참여하게 하여야 한다.

제117조(집행중의 퇴거와 출입금지) ①경찰관은 압수·수색을 할 때에는 참여인 또는 따로 허가를 받은 자 이외의 자는 그 장소에서 퇴거하게 하고 그 장소에 출입하지 않도록 하여야 한다.
②경찰관은 전항의 허가를 받지 않고 그 장소에 있는 자에 대하여는 퇴거를 강제하거나 간수자를 붙여 수색을 방해하지 않도록 하여야 한다.

제118조(압수·수색 중지시의 조치) 경찰관은 압수·수색에 착수한 후 이를 일시 중지하는 경우에는 그 장소를 폐쇄하거나 간수자를 두어서 사후의 압수·수색을 계속하는 데에 지장이 없도록 하여야 한다.

제119조(압수조서 등) ①경찰관은 증거물 또는 몰수할 물건을 압수하였을 때에는 별지 제79호 서식의 압수조서와 별지 제80호 서식의 압수목록을 작성하고 소유자, 소지자, 보관자, 기타 이에 준할 자에게 압수증명서를 교부하여야 한다.
②압수조서에는 압수경위, 압수목록에는 물건의 특징을 각각 구체적으로 기재하여야 한다.
③제1항의 경우에 있어서 피의자신문조서, 진술조서, 검증조서, 실황조사서에 압수의 취지를 기재하여 압수조서에 갈음할 수 있다.
④경찰관은 압수물의 소유자가 그 물건의 소유권을 포기한다는 의사표시를 하였을 때에는 소유권포기서를 제출하게 하여야 한다.

제120조(수색조서) ①경찰관은 수색을 한 때에는 수색의 상황과 결과를 명백히 한 별지 제94호 서식의 수색조서를 작성하여야 한다.
②경찰관은 수색영장을 집행함에 있어서 처분을 받는 자에게 수색영장을 제시하지 못하였거나 또는 참여인을 참여시킬 수 없었을 때에는 수색조서에 그 취지와 이유를 명백히 기재해 두어야 한다.

제121조(증명서 교부) 경찰관은 수색한 결과 증거물 또는 몰수한 물건이 없을 때에는 그 처분을 받는 자에게 그 취지를 기재한 별지 제95호 서식의 증명서를 교부하여야 한다.

제122조(압수에 긴급을 요하는 경우) 경찰관은 범죄에 관계가 있다고 인정되는 물건을 발견한 경우에 있어서 그 물건이 소유자, 소지자 또는 보관자로부터 임의의 제출을 받을 가망이 없다고 인정한 때에는 즉시 그 물건에 대한 압

수영장의 발부를 신청하는 동시에 은닉・멸실・산일 등의 방지를 위한 적절한 조치를 하여야 한다.

제123조(임의 제출물의 압수 등) ①경찰관은 소유자, 소지자 또는 보관자가 임의로 제출하는 물건은 영장 없이 압수할 수 있고, 주거주 또는 간수자가 임의로 승낙하는 경우에는 영장 없이 수색할 수 있다.
②경찰관은 소유자, 소지자 또는 보관자에게 임의 제출을 요구할 필요가 있을 때에는 사법경찰관 명의로 별지 제78호 서식의 물건 제출 요청서를 발부할 수 있다.
③경찰관은 소유자, 소지자 또는 보관자가 임의 제출한 물건을 압수할 때에는 되도록 제출자에게 별지 제75호 서식의 임의제출서를 제출하게 하고 별지 제79호 서식의압수조서와 별지 제80호 서식의 압수목록을 작성하여야 한다. 이 경우에는 제출자에게 별지 제76호 서식의 압수증명서를 교부하여야 한다.
④경찰관은 임의 제출한 물건을 압수한 경우에 그 소유자가 그 물건의 소유권을 포기한다는 의사표시를 하였을 때에는 전항의 임의제출서에 그 취지를 기재하거나 별지 제77호 서식의 소유권포기서를 제출하게 하여야 한다.

제124조(영장에 의하지 않은 압수・수색) ①사법경찰관은 「형사소송법」 제200조의2, 제200조의3, 제201조 또는 제212조의 규정에 따라 피의자를 영장에 의한 체포, 긴급체포, 현행범인 체포 또는 구속하는 경우에 필요한 때에는 영장 없이 다음 처분을 할 수 있다.
1. 타인의 주거나 타인이 간수하는 가옥, 건조물, 항공기, 선차 내에서의 피의자 수색
2. 체포 현장에서의 압수・수색
②경찰관은 범행 중 또는 범행 직후의 범죄 장소에서 긴급을 요하여 법원 판사의 영장을 받을 수 없는 때에는 영장 없이 압수・수색을 할 수 있다. 이 경우에는 사후에 지체없이 영장을 받아야 한다.
③「형사소송법」 제200조의3의 규정에 따라 긴급체포된 자가 소유, 소지 또는 보관하는 물건에 대하여 긴급히 압수할 필요가 있는 경우에는 긴급체포한 때부터 24시간 이내에 한하여 영장 없이 압수・수색을 할 수 있다.
④제1항 및 제3항의 규정에 따라 압수한 물건을 계속 압수할 필요가 있는 경우 지체없이 압수·수색영장을 신청하여야 한다. 이 경우 압수·수색영장의 신청은 체포한 때부터 48시간 이내에 하여야 한다.
⑤전항에 따라 신청한 압수·수색영장을 발부받지 못한 때에는 압수한 물건을 즉시 반환하여야 한다.

제125조(유류물의 압수) ①경찰관은 유류물을 압수할 때에는 거주자, 관리자 그 밖에 관계자의 참여를 얻어서 행하여야 한다.
②전항의 압수에 관하여는 실황조사서 등에 그 물건이 발견된 상황 등을 명확히 기록하고 압수조서와 압수목록을 작성하여야 한다.

제126조(압수·수색시 주의사항) ①경찰관은 압수・수색을 할 때에는 부득이한 사유가 있는 경우 이외에는 건조물, 기구 등을 파괴하거나 서류 그 밖의 물건을 흩어지지 않게 하여야 하고, 이를 종료하였을 때에는 원상회복 하여야 한다.
②경찰관은 압수를 할 때에는 지문 등 수사자료가 손괴되지 않도록 주의하는 동시에 그 물건을 되도록 원상태로 보존하기 위한 적당한 조치를 하여 멸실, 파손, 변질, 변형, 혼합 또는 산일되지 않도록 주의하여야 한다.

제127조(압수물의 보관 등) ①경찰관은 압수물을 보관할 때에는 사건명, 피의자 성명 및 압수목록의 순위번호를 기재한 표찰을 붙여 견고한 상자 또는 보관에 적합한 창고 등에 보관하여야 한다.
②경찰관은 압수금품 중 현금, 귀금속 등 중요금품은 임치금품과 같이 물품출납 공무원으로 하여금 보관하게 하여야 한다.
③경찰관은 압수물의 운반 또는 보관이 불편한 경우에는 검사의 지휘를 받아 간수자를 두거나 소유자 또는 적당한 자의 승낙을 얻어 보관하게 할 수 있다.
④경찰관은 전항의 경우에는 보관자의 선정에 주의하여 성실하게 보관하도록 하고 별지 제82호 서식의 압수물건 보관 서약서를 받아야 한다.〈2010.10.26 개정〉

제128조(압수물의 폐기) ①경찰관은 위험발생의 우려가 있는 압수물은 검사의 지휘를 받아 폐기할 수 있다.

②경찰관은 법령상 생산·제조·소지·소유 또는 유통이 금지된 압수물로서 부패의 염려가 있거나 보관하기 어려운 압수물은 소유자 등 권한 있는 자의 동의를 받은 후 검사의 지휘를 받아 폐기할 수 있다.

第129조(압수물의 대가보관) ①경찰관은 몰수하여야 할 압수물로서 멸실, 파손, 부패 또는 현저한 가치감소의 염려가 있거나 보관하기 어려운 압수물은 검사지휘를 받아 매각하여 대가를 보관할 수 있다.
②경찰관은 환부하여야 할 압수물 중 환부를 받을 자가 누구인지 알 수 없거나 그 소재가 불명한 경우로서 그 압수물의 멸실, 파손 부패 또는 현저한 가치감소의 염려가 있거나 보관하기 어려운 때에는 검사의 지휘를 받아 매각하여 대가를 보관할 수 있다.

第130조(폐기, 대가보관시 주의사항) ①경찰관은 압수물에 관하여 폐기 또는 대가보관의 처분을 할 때에는 다음 사항에 주의하여야 한다.
1. 폐기처분을 할 때에는 사전에 반드시 사진을 촬영해둘 것
2. 그 물건의 상황을 사진, 도면, 모사도 또는 기록 등의 방법에 의하여 명백히 할 것
3. 특히 필요가 있다고 인정될 때에는 해당 압수물의 성상, 가격 등을 감정해둘 것. 이 경우에는 재감정할 경우를 고려하여 그 물건의 일부를 보존해두어야 한다.
4. 위험발생, 멸실, 파손 또는 부패의 염려가 있거나 보관하기 어려운 물건이라는 등 폐기 또는 대가보관의 처분을 하여야 할 상당한 이유를 명백히 할 것
②경찰관은 폐기 또는 대가보관의 처분을 하였을 때에는 각각 별지 제90호 서식의 폐기조서 또는 별지 제89호 서식의 대가보관조서를 작성하여야 한다.

第131조(압수물의 환부와 가환부) ①경찰관은 압수물에 관하여 그 소유자, 소지자, 보관자 또는 제출인으로부터 환부 또는 가환부의 청구가 있거나 압수장물에 관하여 피해자로부터 환부의 청구가 있을 때에는 지체없이 별지 제86호서식의 압수물 환부 지휘건의서 또는 별지 제86호의2서식의 압수물 가환부 지휘건의서를 작성하여 검사의 지휘를 받아야 한다.<2010.10.26 개정>
②경찰관은 전항의 압수물 환부(가환부)지휘 건의를 할 때에는 소유자, 소지자, 보관자, 제출인 또는 피해자(이하 "소유자등" 이라 한다)로부터 별지 제87호 서식의 압수물 환부(가환부)청구서를 제출받아 건의서에 첨부하여야 하며 청구자가 정당한 권한을 가진 자인가를 조사하여 뒤에 분쟁이 생기는 일이 없도록 하여야 한다.
③경찰관은 압수물의 환부 또는 가환부 할 때에는 소유자등으로부터 별지 제88호 서식의 압수물 환부(가환부)영수증을 받아야 하며 먼저 가환부한 물건에 대하여 다시 환부의 처분을 할 필요가 있을 때에는 환부통지서를 교부하여야 한다.

第132조(폐기 등 처분시 압수목록에의 기재) 경찰관은 압수물의 폐기, 대가보관, 환부 또는 가환부의 처분을 하였을 때에는 그 물건에 해당한 압수목록의 비고란에 그 요지를 기재하여야 한다.

第133조(대가보관 등 처분시 통지) 경찰관은 압수물의 대가보관, 압수물의 환부·가환부, 압수장물의 피해자 환부 처분을 위한 검사의 지휘가 있을 때에는 지체없이 피해자, 피의자 또는 변호인에게 그 취지를 통지하여야 한다.

第134조(영장에 의한 금융거래정보 요구시 주의사항) ①경찰관은 금융거래의 내용에 대한 정보 또는 자료(이하 "거래정보등" 이라 한다)를 제공받을 때에는 압수·수색·검증영장(금융계좌 추적용)을 발부받아 해당 금융기관에 금융거래정보 등을 요구하여야 한다.
②전항의 규정에 따라 거래정보 등을 제공받은 사법경찰관은 범죄수사목적 외의 용도로 이를 이용하거나 타인에게 제공 또는 누설하여서는 아니 된다.
③경찰관은 금융기관이 '거래정보 등을 제공하였다는 사실'을 거래명의자에게 통보하는 것이 다음 각호 어느 하나에 해당하는 경우에는 해당 금융기관에 대하여 명의자에게 통보하는 것을 유예하도록 신청하여야 한다.
1. 해당 통보가 사람의 생명이나 신체의 안전을 위협할 우려가 있는 경우
2. 해당 통보가 증거인멸·증인위협 등 공정한 사법절차의 진행을 방해할 우려가 명백한 경우

3. 해당 통보가 질문·조사 등의 범죄수사절차의 진행을 방해하거나 과도하게 지연시킬 우려가 명백한 경우

제6장 검증

제135조(실황조사) ①경찰관은 범죄의 현장 그 밖의 장소, 신체 또는 물건에 대하여 사실 발견을 위하여 필요가 있을 때에는 실황조사를 하여야 한다.
②경찰관은 실황조사를 할 때에는 거주자, 관리자 그 밖의 관계자 등을 참여하게 하고, 그 결과를 실황조사서에 정확하게 기재해 두어야 한다.

제136조(실황 조사서 기재) ①경찰관은 실황조사서를 작성할 때에는 범죄현장을 조사하여 객관적으로 정확하게 기재하도록 하고, 현장 도면 및 사진을 첨부하여야 한다.
②경찰관은 피의자, 피해자, 참고인 등의 지시, 설명 등 진술을 실황조사서에 기재할 필요가 있는 경우에는 「형사소송법」 제199조 및 제244조의 규정에 따라야 한다.
③경찰관은 전항의 경우에 피의자의 진술에 관하여는 미리 피의자에게 제57조의 규정에 따른 진술거부권 등을 고지하고 그 점을 조서에 명백히 해 두어야 한다.

제137조(피의자의 진술에 의한 실황조사) 경찰관은 피의자의 진술에 의하여 흉기, 장물 그 밖의 증거자료를 발견하였을 경우에 증명력 확보를 위하여 필요할 때에는 실황조사를 하여 그 발견의 상황을 실황조사서에 정확히 해 두어야 한다.

제138조(검증) ①경찰관은 범죄의 수사에 필요한 때에는 영장을 발부받아 검증을 할 수 있다.
②경찰관은 검증을 할 때에는 신체의 검사, 사체의 해부, 분묘의 발굴, 물건의 파괴 그 밖의 필요한 처분을 할 수 있다.
③경찰관은 검증을 하였을 때에는 검증의 상황 및 경과를 명백히 한 검증조서를 작성하여야 한다.

제139조(사체 검증) ①경찰관은 사체의 해부, 분묘의 발굴 등을 하는 때에는 예를 잃지 않도록 주의하고 배우자, 직계친족 또는 형제자매가 있을 때에는 이들에게 미리 통지하여야 한다.
②경찰관은 전항의 경우에 수사상 필요하다고 인정되는 사체의 착의, 부착물, 분묘내의 매장물 등은 유족으로부터 임의제출을 받거나 압수·수색·검증영장을 발부받아 압수하여야 한다.

제140조(준용규정) 제113조부터 제115조까지, 116조제1항부터 제2항까지, 제117조부터 제118조까지, 제120조, 제126조제1항의 규정은 검증의 경우에 준용한다.

제141조(신체검사시 주의사항) ①경찰관은 신체검사를 할 때에는 검사를 받는 자의 성별, 연령, 건강상태, 장소 그 밖의 사정을 고려하여 대상자의 건강과 명예를 해하지 않도록 주의하여야 한다.
②경찰관은 전항의 경우 필요하다고 인정할 때에는 의사 그 밖의 전문적 지식을 가진 자의 조력을 얻어서 하여야 한다.
③경찰관은 부상자의 부상부위를 신체검사 할 때에는 그 상황을 촬영 등의 방법에 의하여 명확히 기록하고 되도록 단시간에 끝내도록 하여야 한다.
④경찰관은 여자의 신체를 검사하는 경우에는 의사나 성년의 여자를 참여하게 하여야 한다.

1. 강제수사의 일반론

강제처분이란 소송의 진행과 형의 집행을 확보하기 위하여 강제력을 행사하는 것은 말한다. 광의의 강제처분에는 강제력의 행사를 포함하는 모든 처분을 의미하고 협의의 강제처분에는 강제력의 행사 중에서 증거조사를 제외한 처분을 의미한다. 수사기관에 의한 강제처분을 강제수사라 한다. 현행 현행형사소송법은 법원의 강제처분을 규정하면서 수사기관의 강제수사를 준용하고 있다. 한편, 수사기관의 검증은 협의의 강제처분에 해당하고 법원의 검증은 증거조사이므로 광의의 강제 처분에 포함된다.

2. 강제처분의 종류

(1) 객체를 표준으로 한 분류

대인적 강제처분	대물적 강제처분
소환・체포・구속(구인과 구금)・증인신문	제출명령・압수・수색・수사상의 검증

(2) 주체를 표준으로 한 분류

수소법원의 강제처분	피고인에 대한 소환. 구속. 피고인에 대한 감정유치. 공판정외에서의 압 수 .수색. 증인에 대한 구인. 감정인의 감정. 통역. 번역
수사기관의 강제처분	피의자에 대한 체포(영장에 의한 체포. 긴급체포. 현행범체포).구속 압수. 수색. 검증. 국가보안법 제 18조에 의한 참고인에 대한 구인
판사의 강제처분	증거보전 (제 184조), 참고인에 대한 증인신문(제 221조2), 피의자에 대한 수사상의 감정유치(제221조3항)

(3) 강제의 정도를 표준으로 한 분류

직접강제	간접강제
체포・구속・압수・수색 등과 같이 직접적으로 물리적인 힘을 행사하는 경우	소환・제출명령과 같이 심리적 강제

(4) 체포·구속 비교

	체포			구속
	체포	긴급체포	현행범 체포	
요건	1. 범죄혐의의 상당성 2. 출석불응(우려) 3. 체포 필요성(도망 또는 증거인멸 우려) 4. 경미범죄 특칙(주거부정 또는 출석 불응)	1. 범죄혐의의 중대성 2. 체포의 긴급성 3. 체포 필요성(도망 또는 증거인멸 우려)	1. 현행범·준현행범인 2. 범인의 명백성 3. 경미범죄 특칙(주거부정)	1. 범죄혐의의 상당성 2. 주거부정 3. 구속의 필요성(도망 또는 증거인멸 우려) 4. 경미범죄 제한(주거부정)
영장청구	1. 체포영장 청구 2. 재체포영장 청구 3. 피의자심문 불가			1. 구속영장 청구 2. 청구사건 제한 3. 재구속영장 청구 4. 피의자 심문 가능
절차	1. 체포영장 제시 2. 긴급집행 3. 체포 이유등 고지	1. 긴급 체포 이유 등 고지 2. 긴급체포서 작성	1. 체포이유 고지 2. 현행범인 체포서 작성	1. 구속영장 제시 2. 긴급집행 3. 구속이유 등 고지
체포·구속후 절차	1. 체포 통지 2. 피의자 석방(검사 승인) 3. 석방 보고	1. 긴급체포 통지 2. 피의자 석방(검사 승인) 3. 석방 보고	1. 현행범인 인수 2. 현행범인 인수서 작성 3. 현행범인 체포 통지 4. 피의자 석방 (검사 승인) 5. 석방보고	1. 구속의 통지 2. 피의자 석방(검사 승인) 3. 석방보고
재체포	가능	영장 없이 불가	가능	재구속 가능(다른 중요한 증거 발견시)
기간	48시간 이내	48시간 이내	48시간 이내	경찰10일 검찰10일(10일 내 연장 가능)

3. 체포영장에 의한 체포

형사소송법

제200조의2 【체포】

① 피의자가 죄를 범하였다고 의심할 만한 상당한 이유가 있고, 정당한 이유없이 제200조의 규정에 의한 출석요구에 응하지 아니하거나 응하지 아니할 우려가 있는 때에는 검사는 관할 지방법원판사에게 청구하여 체

포영장을 발부 받아 피의자를 체포할 수 있고, 사법경찰관은 검사에게 신청하여 검사의 청구로 관할지방법원 판사의 체포영장을 발부받아 피의자를 체포할 수 있다. 다만, 다액 50만원이하의 벌금, 구류 또는 과료에 해당하는 사건에 관하여는 피의자가 일정한 주거가 없는 경우 또는 정당한 이유없이 제200조의 규정에 의한 출석요구에 응하지 아니한 경우에 한한다.

② 제1항의 청구를 받은 지방법원판사는 상당하다고 인정할 때에는 체포영장을 발부한다. 다만, 명백히 체포의 필요가 인정되지 아니하는 경우에는 그러하지 아니하다.

③ 제1항의 청구를 받은 지방법원판사가 체포영장을 발부하지 아니할 때에는 청구서에 그 취지 및 이유를 기재하고 서명날인하여 청구한 검사에게 교부한다.

④ 검사가 제1항의 청구를 함에 있어서 동일한 범죄사실에 관하여 그 피의자에 대하여 전에 체포영장을 청구하였거나 발부받은 사실이 있는 때에는 다시 체포영장을 청구하는 취지 및 이 유를 기재하여야 한다.

⑤ 체포한 피의자를 구속하고자 할 때에는 체포한 때부터 48시간이내에 제201조의 규정에 의하여 구속영장을 청구하여야 하고, 그 기간내에 구속영장을 청구하지 아니하는 때에는 피의자를 즉시 석방하여야 한다.

(1) 체포의 의의

체포란 상당한 범죄혐의가 있고 일정한 체포사유가 존재할 경우 단기간 피의자를 수사관서 등 일정한 장소에 강제로 인치하는 제도를 말한다(제200조의 2). 수사초기에 피의자의 신병을 확보하기 위한 구속의 전단계 처분으로서 체포기간이 단기이고 요건이 완화되어 있는 점에서 구속과 구별된다.

(2) 체포의 요건

체포영장을 발부하기 위해서는 피의자가 죄를 범하였다고 의심할 만한 상당한 이유가 있고, 수사기관의 출석요구에 응하지 아니하거나 응하지 아니할 우려가 있어야 한다. (제200조의 2 제1항). 다만, 다액 50만원 이하의 벌금, 구류, 과료에 해당하는 사건에 대하여는 피의자가 일정한 주거가 없는 경우 또는 정당한 이유없이 출석요구에 불응한 때에 한하여 체포영장에 의한 체포를 할 수 있다[37](동조 제1항 단서).

① 범죄 혐의의 상당성

여기의 범죄 혐의는 주관적인 혐의로는 부족하고 객관적인 범죄 혐의(무죄추정을 깨뜨릴 수 있는 유죄판결의 고도의 개연성)를 요구한다.

② 체포사유

출석요구에 응하지 아니하거나 응하지 아니할 우려가 있어야한다 (제 200조 2의 1항). 단, 다액 100만원 이하의 벌금 .구류 . 또는 과료에 해당하는 경미사건에 관하여는 피의자가 일정한 주거가 없는 경우 .또는 정당한 이유없이 출석요

37) 예를 들어, 노상방뇨의 혐의가 인정된 피의자에 대하여 일정한 주거가 없는 경우 또는 정당한 이유없이 출석요구에 불응한 때에 한하여 체포영장에 의한 체포를 할 수 있다.

구에 응하지 아니한 경우에 한하여 체포할 수 있다(동항 단서). 그러므로 구속사유인 도망이나, 증거인멸의 우려가 있어야 하는 것은 아니다. 즉 필요성을 요하는 것은 아니다

(3) 체포의 절차

체포영장의 청구	① 체포영장은 검사가 청구하고 관할지방법원 판사가 발부한다. 사법경찰관도 검사에 신청하여 검사의 청구로 관할지방법원 판사의 체포영장을 발부받아 피의자를 체포할 수 있다(제200조의 2 제1항). 검사가 체포영장을 청구함에 있어서 동일범죄 사실에 관하여 그 피의자에 대하여 전에 체포영장을 청구하였거나, 발부받은 사실이 있는 때에는 다시 체포영장을 청구하는 취지 및 이유를 기재하여야 한다(동조 제4항). ② 체포영장의 청구시에 긴급체포와 달리 재체포의 제한이 적용되지 아니한다.
체포영장의 발부	① 체포영장의 청구를 받은 지방법원판사는 상당하다고 인정할 때에는 체포영장을 발부한다(제200 조의 2 제2항) 구속영장과 달리 체포영장 발부시에 피의자 신문은 인정되지 않는다. 즉, 체포영 장실질심사제도는 없다. ② 체포영장의 청구를 받은 지방법원판사가 체포영장을 발부하지 아니할 때에는 청구서에 그 취지 및 이유를 기재하고 서명날인하여 청구한 검사에게 교부한다(제200조의 2 제3항).
체포영장의 집행	① 체포영장의 집행에 관하여는 구속영장의 집행에 관한 규정이 대부분 준용된다(제200조의 5). 검사의 지휘에 의하여 사법경찰관리가 집행한다(제200조의 5, 제81조 제1항 본문). 교도소 또는 구치소에 있는 피의자에 대하여 발부된 체포영장은 검사의 지휘에 의하여 교도관리가 집행한다(제200조의 5, 제81조 제3항). ② 체포영장을 집행함에는 피의자에게 제시해야 한다. 그러나 체포영장을 소지하지 아니한 경우 에 급속을 요하는 때에는 피의자에 대하여 사실의 요지와 영장이 발부되었음을 고하고 집행할 수 있으나, 집행을 종료한 후에는 신속히 체포영장을 제시하여야 한다(제200조의 5, 제85조 제3 항 · 제4항). ③ 체포영장을 집행하는 사법경찰관리는 피의자에 대하여 범죄사실의 요지, 체포의 이유와 변호인 을 선임할 수 있음을 말하고 변명할 기회를 준 후가 아니면 피의자를 체포할 수 없다(제172조).

(4) 체포에 수반하는 강제처분

체포와 압수·수색·검증	체포영장의 집행시에는 수색영장 없이 타인의 주거에 들어가서 피의자의 발견을 위한 수색을 할 수 있으며, 체포현장에서는 영장 없이 압수 · 수색 · 검증을 할 수 있다(제216조 제1항).
무기사용	경찰관은 체포시 상당한 이유가 있는 때에는 무기를 사용할 수 있다(경찰관직무집행법 제10조 의 4).단 범죄예방을 위하여는 사용할 수 없다.

(5) 집행 후의 절차

① 피의자를 체포한 때에 변호인에게, 변호인이 없는 경우에는 피의자의 법정대리인, 배우자, 직 계친족, 형제자매와 호주 중 피의자가 지정한 자에게 지체 없이

서면으로 피고사건명, 체포일 시·장소, 범죄사실의 요지, 체포의 이유와 변호인을 선임할 수 있는 취지를 알려야 한다(제 200조의 5, 제87조).

② 피의자를 체포한 때에는 즉시 공소사실의 요지와 변호인을 선임할 수 있음을 알려야 한다(제 200조의 5, 제88조).

③ 체포된 피의자는 수사기관, 교도소장 또는 구치소장이나 그 대리자에게 변호인을 지정하여 변호인의 선임을 의뢰할 수 있고, 의뢰를 받은 위의 사람은 급속히 피의자가 지정한 변호사에게 그 취지를 알려야 한다(제200조의 5, 제90조).

④ 체포된 피의자는 법률의 범위 내에서 타인과 접견하고 서류 또는 물건을 수수하며 의사의 진료를 받을 수 있다(제200조의 5, 제89조).

(6) 체포 후의 조치

구속영장 청구 또는 석방	① 체포한 피의자를 구속하고자 할 때에는 체포한 때부터 48 시간 이내에 제201조의 규정에 의하여 구속영장을 청구하여야 한다. 그 기간 내에 구속영장을 청구하지 아니하는 때에는 피의자를 즉시 석방하여야 한다 (제1200조의 2 제5항). ② 체포영장에 의하여 체포된 피의자를 구속영장에 의하여 구속한 때에는 구속기간은 체포된 때부터 기산한다(제203조의 2).
체포적부심사청구	체포영장에 의하여 체포된 피의자에게도 체포적부심사청구권이 인정된다(제214조의 2 제1항). 단 법원이 수사관계서류와 증거물을 접수한때부터 결정 후 검찰청 반환할 때까지 48시간의 청구 제한 시간에 산입되지 아니한다.

4. 긴급체포

형사소송법

제200조의3 【긴급체포】

① 검사 또는 사법경찰관은 피의자가 사형·무기 또는 장기 3년 이상의 징역이나 금고에 해당하는 죄를 범하였다고 의심할 만한 상당한 이유가 있고, 제70조제1항 제2호 및 제3호에 해당하는 사유가 있는 경우에 긴급을 요하여 지방법원판사의 체포영장을 받을 수 없는 때에는 그 사유를 알리고 영장없이 피의자를 체포할 수 있다. 이 경우 긴급을 요한다 함은 피의자를 우연히 발견한 경우 등과 같이 체포영장을 받을 시간적 여유가 없는 때를 말한다.

② 사법경찰관이 제1항의 규정에 의하여 피의자를 체포한 경우에는 즉시 검사의 승인을 얻어야 한다.

③ 검사 또는 사법경찰관은 제1항의 규정에 의하여 피의자를 체포한 경우에는 즉시 긴급체포서 를 작성하여야 한다.

④ 제3항의 규정에 의한 긴급체포서에는 범죄사실의 요지, 긴급체포의 사유 등을 기재하여야 한다.

제200조의4 【긴급체포와 영장청구기간】

① 검사 또는 사법경찰관이 제200조의3의 규정에 의하여 피의자를 체포한 경우 피의자를 구속하고자 할 때에는 체포한 때부터 48시간이내에 검사는 관할지방법원판사에게 구속영장을 청구하여야 하고, 사법경찰관은 검사에게 신청하여 검사의 청구로 관할지방법원판사에게 구속 영장을 청구하여야 한다. 검사가 구속영장을 청구하거나, 사법경찰관이 구속영장을 신청할 때 에는 제200조의3제3항의 규정에 의한 긴급체포서를 첨부하

여야 한다.
② 제1항의 규정에 의하여 구속영장을 청구하지 아니하거나 발부받지 못한 때에는 피의자를 즉 시 석방하여야 한다.
③ 제2항의 규정에 의하여 석방된 자는 영장없이는 동일한 범죄사실에 관하여 체포하지 못한다.

(1) 긴급체포의 의의

긴급체포란 중대한 범죄혐의가 있고 체포의 필요성이 인정되며 긴급을 요하는 경우에 수사기관이 영장없이 피의자를 체포하고 사후에 영장을 청구할 수 있도록 하는 제도이다(제200조의 3).

(2) 긴급체포의 요건(제200조의 3 제1항)

긴급체포의 요건이 갖추어졌는지 여부는 체포당시의 상황을 기준으로 판단하여야 하고 사후의 사정을 기초로 판단할 것이 아니다[38](2002모 81).

범죄의 중대성	피의자가 사형・무기 또는 장기 3 년 이상의 징역이나 금고에 해당하는 죄를 범하였다고 의심할 만한 상당한 이유가 있어야 한다. 예) 간통죄. 혼인빙자간음죄. 폭행죄는 법정형이 2년 이하 - 1개월 이상의 징역. 금고 사건이어서 긴급체포의 대상이 아니다.
체포의 필요성	피의자가 증거를 인멸할 염려가 있는 때 또는 도망하거나 도망할 염려가 있어야 한다. 따라서 주거부정은 독자적인 긴급체포의 사유가 되지 않는다.
체포의 긴급성	긴급체포를 하려면 긴급을 요하여 지방법원판사의 체포영장을 받을 수 없어야 한다. 긴급을 요한다 함은 피의자를 우연히 발견한 경우 등과 같이 체포영장을 받을 시간적 여유가 없는 때를 말한다(제200조의 3 제1항).

38) 1. 도로교통법위반 피의사건에서 기소유예 처분을 받은 재항고인이 그 후 혐의 없음을 주장함과 동시에 수사경찰관의 처벌을 요구하는 진정서를 검찰청에 제출함으로써 이루어진 진정사건을 담당한 검사가, 재항고인에 대한 위 피의사건을 재기한 후 담당검사인 자신의 교체를 요구하고자 부장검사 부속실에서 대기하고 있던 재항고인을 위 도로교통법위반죄로 긴급체포하여 감금한 경우, 그 긴급체포는 형사소송법이 규정하는 긴급체포의 요건을 갖추지 못한 것으로서 당시의 상황과 경험칙에 비추어 현저히 합리성을 잃은 위법한 체포에 해당한다.

2. 긴급체포의 요건을 갖추었는지 여부는 사후에 밝혀진 사정을 기초로 판단하는 것이 아니라 체포 당시의 상황을 기초로 판단하여야 하고, 이에 관한 검사나 사법경찰관 등 수사주체의 판단에는 상당한 재량의 여지가 있다고 할 것이나, 긴급체포 당시의 상황으로 보아서도 그 요건의 충족 여부에 관한 검사나 사법경찰관의 판단이 경험칙에 비추어 현저히 합리성을 잃은 경우에는 그 체포는 위법한 체포라 할 것이다(대판 2003.3.27. 2002모81).

3. 긴급체포의 요건을 갖추었는지 여부는 사후에 밝혀진 사정을 기초로 판단하는 것이 아니 라 체포 당시의 상황을 기초로 판단하여야 하고, 긴급체포는 위법한 경우 그 체포에 의 한 유치 중에 작성된 피의자신문조서는 위법하게 수집된 증거로서 특별한 사정이 없는 한 이를 유죄의 증거로 할 수 없다(대판 200(2)6.11 2000도57).

(3) 긴급체포의 절차 39)

긴급체포의 방법	① 검사 또는 사법경찰관은 긴급체포의 사유가 되는 사실을 알리고 영장없이 피의자를 체포할 수 있다(제200조의 3 제1항). 사법경찰관이 긴급체포한 경우에는 즉시 검사의 승인을 얻어야 한 다. 즉, 검사의 사전 지휘를 받을 필요없이 사후승인으로 족하다. ② 긴급체포를 하려면 범죄사실의 요지, 체포의 이유와 변호인을 선임할 수 있음을 말하고 변명 할 기회를 주어야 하며(제200조의 5, 제72조), 긴급체포서를 작성하여야 한다(제200조의 3 제3항).
긴급체포에 수반한 강제처분	① 긴급체포와 압수・수색・검증 피의자를 긴급체포하는 경우 영장없이 타인의 주거에서 피의자를 수색하거나, 체포현장에서 압수・수색・검증을 할 수 있고(제216조 제1항), 긴급체포된 피의자가 소유・소지 또는 보관한 물건에 대해서는 체포한 때로부터 48시간 이내에 영장없이 압수・수색・검증을 할 수 있다 (제217조 제1항). ② 무기사용 피의자에 대한 긴급체포시 상당한 이유가 있으면 경찰관은 무기를 사용할 수 있다(경찰관직무 집행법 제11조).
체포 후의 조치	① 검사 또는 사법경찰관이 피의자를 긴급체포한 경우 피의자를 구속하고자 할 때에는 체포한때 부터 48시간 이내에 검사는 관할지방법원판사에게 구속영장을 청구하여야 하고, 사법경찰관은 검사에게 신청하여 검사의 청구로 관할지방법원판사에게 구속영장을 청구하여야 한다. 이때에는 긴급체포서를 첨부하여야 한다(제200조의 4 제1항). ② 구속영장을 청구하지 아니하거나 발부받지 못한 때에는 피의자를 즉시 석방하여야 한다. ③ 체포구속적부심의 청구와 피의자 보석 규정에는 영장에 의해 체포된자에 한하여 인정하고 있으나 헌법에서 누구든지 체포, 구속을 당한 때에는 누구든지 적부의 심사를 법원에 청구할 권리를 가진다(제 12조 6항)는 규정에 따라 긴급체포된 자도 적부심사를 청구할 수 있으나 보증금납입조건부 피의자 석방은 허용 되지 아니한다(판례).
체포의 제한	긴급체포 되었다가 구속영장을 청구하지 아니하였거나 발부받지 못하여 석방된 자는 영장없이는 동일한 범죄사실에 관하여 다시 체포하지 못한다(제200조의 4 제3항). 따라서 체포영장 또는 구속영장을 발부받은 때에는 다시 체포 또는 구속할 수 있다.

39) 1. 긴급체포되었다가 수사기관의 조치로 석방된 후 법원이 발부한 구속영장에 의하여 구속이 이루어진 경우, 형사소송법 제200조의4 제3항, 제208조에 위배되는 위법한 구속인지 여부(소극)

2. 형사소송법 제200조의4 제3항은 영장 없이는 긴급체포 후 석방된 피의자를 동일한 범죄사실에 관하여 체포하지 못한다는 규정으로, 위와 같이 석방된 피의자라도 법원으로부터 구속영장을 발부받아 구속할 수 있음은 물론이고, 같은 법 제208조 소정의 '구속되었다가 석방된 자'라 함은 구속영장에 의하여 구속되었다가 석방된 경우를 말하는 것이지, 긴급체포나 현행범으로 체포되었다가 사후영장발부 전에 석방된 경우는 포함되지 않는다 할 것이므로, 피고인이 수사 당시 긴급체포되었다가 수사기관의 조치로 석방된

5. 현행범인의 체포

형사소송법

제211조 【현행범인과 준현행범인】

① 범죄의 실행중이거나 실행의 즉후인 자를 현행범인이라 한다.

② 다음 각호의 1에 해당하는 자는 현행범인으로 간주한다.

(1) 범인으로 호창되어 추적되고 있는 때

(2) 장물이나 범죄에 사용되었다고 인정함에 충분한 흉기 기타의 물건을 소지하고 있는 때

3. 신체 또는 의복류에 현저한 증적이 있는 때

4. 누구임을 물음에 대하여 도망하려 하는 때

제212조 【현행범인의 체포】 현행범인은 누구든지 영장없이 체포할 수 있다.

제213조 【체포된 현행범인의 인도】

① 검사 또는 사법경찰관리 아닌 자가 현행범인을 체포한 때에는 즉시 검사 또는 사법경찰관리에게 인도하여야 한다.

② 사법경찰관리가 현행범인의 인도를 받은 때에는 체포자의 성명, 주거, 체포의 사유를 물어야 고 필요한 때에는 체포자에 대하여 경찰관서에 동행함을 요구할 수 있다.

제213조의2 【준용규정】 제72조, 제87조 내지 제90조 및 제200조의2제5항의 규정은 검사 또는 사법경찰관리가 현행범인을 체포하거나 현행범인을 인도받은 경우에 이를 준용한다.

제214조 【경미사건과 현행범인의 체포】 다액 50만원이하의 벌금, 구류 또는 과료에 해당하는 죄의 현행범인에 대하여는 범인의 주거가 분명하지 아니한 때에 한하여 제212조 내지 제213 조의 규정을 적용한다.

(1) 현행범인 체포의 의의

현행범이란 범죄의 실행중이거나 실행의 직후인 자를 말한다(제211조 제1항).

현행범은 누구든지 영장없이 체포할 수 있고 긴급체포와 함께 영장주의의 예외에 속한다. 이는 범죄증거가 명백하여 수사기관의 권한남용의 위험성이 없고, 초동수사의 필요성이 높다는 점에서 영장주의의 예외를 인정한 것이다.

후 법원이 발부한 구속영장에 의하여 구속이 이루어진 경우 앞서 본 법조에 위배되는 위법한 구속이라고 볼 수 없다(대판 200(1)9.28. 2001도4291).

(2) 현행범인과 준현행범인 40)

현행 범인	범죄의 실행중이거나 실행의 직후인 자를 말한다(제211조 제1항). ①'범죄의 실행중'이란 범죄의 실행에 착수하여 실행행위를 아직 종료하지 아니한 경우를 말한다. ② 미수를 벌하는 경우에는 실행의 착수가, 예비・음모를 벌하는 경우에는 예비・음모행위가 실행 행위에 해당한다. ③ 교사범・종범은 정범의 실행행위가 개시된 때에 현행범인이 된다. ④ 간접정범의 경우에는 배후자의 이용행위가 실행행위에 해당한다. ⑤ '범죄의 실행의 직후'란 범죄행위를 실행하여 종료한 순간 또는 이에 근접한 시간적 단계인 경우를 말한다.
준현행 범인	준현행범인은 현행범은 아니지만 현행범인으로 간주하여 현행범인과 동일하게 취급된다(제 1211조 제2항). ① 범인으로 호창되어 추적되고 있는 자 ② 장물이나 범죄에 사용되었다고 인정함에 충분한 흉기 기타의 물건을 소지하고 있는 자 ③ 신체 또는 의복류에 현저한 증적이 있는 자 ④ 누구임을 물음에 대하여 도망하려 하는 자. 단 불심검문에 불응하는 자. 불심검문에 횡설수설 하는 자, 신분증제시를 거부하는 자는 준현행범인에 해당하지 아니한다.

(3) 현행범체포의 요건 41)

범죄의 명백성	① 체포시에 특정범죄의 범인이 명백하여야 한다. 따라서 구성요건해당성이 없거나, 위법성이 조 각되거나 책임이 조각되는 경우는 체포할 수 없다. 예) 형사미성년자임이 명백한 현행범으로 체포할 수 없다. ② 소송조건은 체포의 요건이 아니므로 소송조건의 결여시에도 고소의 가능성이 없는 경우만을 제외하고 체포할 수 있다. 예) 친고죄의 고소가 없는 경우 체포가 가능하다.
체포의 필요성	구속의 사유인 도망이나 증거인멸우려와 같은 구속사유가 있어야하는가이다.
비례성의 원칙	50만원 이하의 벌금・구류 또는 과료에 해당하는 죄의 현행범인에 대하여는 범인의 주거가 분명하지 아니한 경우에만 그 체포를 허용한다(제214조) 예) 경범죄처벌법상 불안감 조성(10만원 이하의 벌금)자를 현행범인으로 체포할 경우 주거가 분명하지 않은 경우 체포가 가능하다

---

40) 1. 형사소송법 제211조가 현행범인으로 규정한 '범죄의 실행의 즉후인 자'라고 함은, 범죄의 실행행위를 종료한 직후의 범인이라는 것이 체포하는 자의 입장에서 볼 때 명백한 경우를 일컫는 것이며,'범죄의 실행행위를 종료한 직후'라고 함은 범죄행위를 실행하여 끝마친 순간 또는 이에 아주 접착된 시간적 단계를 의미하는 것으로 해석되므로, 시간적으로나 장소적으로 보아 체포를 당하는 자가 방금 범죄를 실행한 범인이라는 점에 관한 죄증이 명백히 존재 하는 것으로 인정되는 경우에만 현행범인으로 볼 수 있다.(대판 200(2)5.12 2001도300)

2. 순찰 중이던 경찰관이 교통사고를 낸 차량이 도주하였다는 무전연락을 받고 주변을 수색하다 가 범퍼 등의 파손상태로 보아 사고차량으로 인정되는 차량에서 내리는 사람을 발견한 경 우, 형사소송법 제211조 제2항 제2호 소정의 '장물이나 범죄에 사용되었다고 인정함에 충분한 흉기 기타의 물건을 소지하고 있는 때'에 해당하므로 준현행범으로서 영장 없이 체포할 수 있다(대판 2000.7.4. 99도4341).

41) 현행범인은 누구든지 영장 없이 체포할 수 있으므로 사인의 현행범인 체포는 법령에 의한 행위로서 위법성이 조각된다고 할 것인데, 현행범인 체포의 요건으로서는 행위의 가벌성, 범죄의 현행성・시간적 접착성, 범인・범죄의 명백성 .체포의 필요성 즉, 도망 또는 증거 인멸의 염려가 있을 것을 요한다(대판 1999.(1)26, 98도3029).

(4) 현행범인의 체포절차 42)

현행범인은 누구든지 영장없이 체포할 수 있다(제212조). 이는 현행범에 대하여 긴급할 체포의 필요성이 인정될 뿐만 아니라, 죄증이 확실하므로 부당한 인권침해의 염려가 없기 때문이다.

체포의 주체	체포는 누구든지 할 수 있다. 따라서 사인은 체포의무는 없고, 체포권한만 가지고 있다.
체포권한	① 일반인의 현행범체포 일반인은 타인의 주거에 들어가지 못한다. 그러므로 일반인의 주거침입은 주거침입죄가 성립 한다. ② 사법경찰관리의 현행범체포 사법경찰관리는 현행범 체포시에 영장없이 타인의 주거에 들어갈 수 있다(제216조 제1항 1호). 불가피한 경우 필요한 최소한의 범위에서 무기를 사용할 수 있으며. 체포현장에서 영장없이 압수・수색・검증을 할 수 있다(제216조 제1항 2호). 현행범인 체포시에도 범죄사실의 요지, 체포의 이유, 변호인을 선임권의고지, 변명의 기회를 주어야 한다.
체포 후의 절차	① 현행범인의 인도 • 검사 또는 사법경찰관리 아닌 자가 현행범인을 체포한 때에는 즉시 검사 또는 사법경찰관리에게 인도하여야 한다(제213조 제1항). • 사법경찰관리가 현행범인의 인도를 받은 때에는 체포자의 성명, 주거, 체포의 사유를 물어야 하고 필요한 때에는 체포자에 대하여 경찰관서에 동행을 요구할 수 있다(동조 제2항). ② 구속영장의 청구 • 현행범을 체포한 후 48시간 이내에 구속영장을 청구하지 아니한 때에는 즉시 피의자를 석 방하여야 한다(제213조의 2, 제200조의 2 제5항). • 현행범 체포는 그 성격상 재체포 제한은 적용되지 않는다.

42) 1. 교장실에서 난동 후 40분 경과 후에 교무실에서의 체포는 적법한 현행범인의 체포에 해 당하지 아니 한다.(91도1314)

2. 폭력행위를 범한 후 10분후에 출동한 경찰관이 학교 운동장에서 체포한 경우 현행범인체 포에 해당한다(93도 926)

3. 형사소송법 제72조는 '피고인에 대하여 범죄사실의 요지, 구속의 이유와 변호인을 선임할 수 있음을 말하고 변명할 기회를 준 후가 아니면 구속할 수 없다.'고 규정하는 한편, 이 규정은 같은 법 제213조의2에 의하여 검사 또는 사법경찰관리가 현행범인을 체포하거나 일반인이 체포한 현행범인을 인도받는 경우에 준용되므로, 사법경찰리가 현행범인으로 체포하는 경우에는 반드시 범죄사실의 요지, 구속의 이유와 변호인을 선임할 수 있음을 말하고 변명할 기회를 주어야 할 것임은 명백하며, 이러한 법리는 현행범인을 체포하는 경우 뿐만 아니라 긴급체포의 경우에도 마찬가지로 적용되는 것이고, 이와 같은 고지는 체포를 위한 실력행사에 들어가기 이전에 미리 하여야 하는 것이 원칙이나, 달아나는 피의자를 쫓아가 붙들거나 폭력으로 대항하는 피의자를 실력으로 제압하는 경우에는 붙들거나 제압하는 과정에서 하거나, 그것이 여의치 않은 경우에라도 일단 붙들거나 제압한 후 에는 지체 없이 행하여야 한다(대판 2000.7.4. 99도4341).

4. 형법 제136조가 규정하는 공무집행방해죄는 공무원의 직무집행이 적법한 경우에 한하여 성립하는 것이고, 여기서 적법한 공무집행이라 함은 그 행위가 공무원의 추상적 권한에 속 할 뿐 아니라 구체적 직무집행에 관한 법률상 요건과 방식을 갖춘 경우를 가리키는 것이므로, 경찰관이 적법절차를 준수하지 아니한 채 실력으로 현행범인을 연행하려고 하였다면 적법한 공무집행이라고 할 수 없고, 현행범인이 그 경찰관에 대하여 이를 거부하는 방법으로써 폭행을 하였다고 하여 공무집행방해죄가 성립하는 것은 아니다(대판 2000.7.4. 99도 4341).

6. 구속

형사소송법

제69조【구속의 정의】 본법에서 구속이라 함은 구인과 구금을 포함한다.

제70조【구속의 사유】

① 법원은 피고인이 죄를 범하였다고 의심할 만한 상당한 이유가 있고 다음 각호의 1에 해당하는 사유가 있는 경우에는 피고인을 구속할 수 있다.

(1) 피고인이 일정한 주거가 없는 때 .

(2) 피고인이 증거를 인멸할 염려가 있는 때

3. 피고인이 도망하거나 도망할 염려가 있는 때

② 다액 50만원이하의 벌금, 구류 또는 과료에 해당하는 사건에 관하여는 제1항 제1호의 경우를 제외하고는 구속할 수 없다.

제71조【구인의 효력】 구인한 피고인을 법원에 인치한 경우에 구금할 필요가 없다고 인정한 때 에는 그 인치한 때로부터 24시간내에 석방하여야 한다.

제72조【구속과 이유의 고지】 피고인에 대하여 범죄사실의 요지, 구속의 이유와 변호인을 선임 할 수 있음을 말하고 변명할 기회를 준 후가 아니면 구속할 수 없다.

제73조【영장의 발부】 피고인을 소환함에는 소환장을, 구인 또는 구금함에는 구속영장을 발부하여야 한다.

제75조【구속영장의 방식】

① 구속영장에는 피고인의 성명, 주거, 죄명, 공소사실의 요지, 인치 구금할 장소, 발부년월일, 그 유효기간과 그 기간을 경과하면 집행에 착수하지 못하며 영장을 반환하여야 할 취지를 기재하고 재판장 또는 수명법관이 서명날인하여야 한다.

② 피고인의 성명이 분명하지 아니한 때에는 인상, 체격 기타 피고인을 특정할 수 있는 사항으로 피고인을 표시할 수 있다.

③ 피고인의 주거가 분명하지 아니한 때에는 그 주거의 기재를 생략할 수 있다.

제77조【구속의 촉탁】

① 법원은 피고인의 현재지의 지방법원판사에게 피고인의 구속을 촉탁할 수 있다.

② 수탁판사는 피고인이 관할구역 내에 현재하지 아니한 때에는 그 현재지의 지방법원판사에게 전촉할 수 있다.

③ 수탁판사는 구속영장을 발부하여야 한다.

제78조【촉탁에 의한 구속의 절차】

① 전조의 경우에 촉탁에 의하여 구속영장을 발부한 판사는 피고인을 인치한 때로부터 24시간이내에 그 피고인임에 틀림없는가를 조사하여야 한다.

② 피고인임에 틀림없는 때에는 신속히 지정된 장소에 송치하여야 한다.

제79조【출석, 동행명령】 법원은 필요한 때에는 지정한 장소에 피고인의 출석 또는 동행을 명할 수 있다.

제81조【구속영장의 집행】

① 구속영장은 검사의 지휘에 의하여 사법경찰관리가 집행한다. 단, 급속을 요하는 경우에는 재판장, 수명법관 또는 수탁판사가 그 집행을 지휘할 수 있다.

② 전항 단행의 경우에는 법원의 서기관 또는 서기에게 그 집행을 명할 수 있다. 이 경우에 서기관 또는 서기는 그 집행에 관하여 필요한 때에는 사법경찰관리에게 보조를 요구할 수 있으며 관할구역 외에서도 집행할 수 있다.

③ 교도소 또는 구치소에 있는 피고인에 대하여 발부된 구속영장은 검사의 지휘에 의하여 교도관리가 집행한다.

제85조【구속영장집행의 절차】

① 구속영장을 집행함에는 피고인에게 반드시 이를 제시하여야 하며 신속히 지정된 법원 기타 장소에 인치하여야 한다.

② 제77조제3항의 구속영장에 관하여는 이를 발부한 판사에게 인치하여야 한다.

③ 구속영장을 소지하지 아니한 경우에 급속을 요하는 때에는 피고인에 대하여 공소사실의 요 지와 영장이 발부되었음을 고하고 집행할 수 있다.

④ 전항의 집행을 완료한 후에는 신속히 구속영장을 제시하여야 한다.

제86조【호송중의 가유치】 구속영장의 집행을 받은 피고인을 호송할 경우에 필요한 때에는 가장 접근한 교도소 또는 구치소에 임시로 유치할 수 있다.

제87조【구속의 통지】

① 피고인을 구속한 때에는 변호인이 있는 경우에는 변호인에게, 변호인이 없는 경우에는 제30조제2항에 규정한 자 중 피고인이 지정한 자에게 피고사건명, 구속일시・장소, 범죄사실의 요지, 구속의 이유와 변호인을 선임할 수 있는 취지를 알려야 한다.

② 제1항의 통지는 지체없이 서면으로 하여야 한다.

제88조【구속과 공소사실 등의 고지】 피고인을 구속한 때에는 즉시 공소사실의 요지와 변호인을 선임할 수 있음을 알려야 한다.

제201조【구속】

① 피의자가 죄를 범하였다고 의심할 만한 상당한 이유가 있고 제70조제1항 각 호의 1에 해당하는 사유가 있을 때에는 검사는 관할지방법원판사에게 청구하여 구속영장을 받아 피의자를 구속할 수 있고 사법경찰관은 검사에게 신청하여 검사의 청구로 관할지방법원판 사의 구속영장을 받아 피의자를 구속할 수 있다. 다만, 다액 50만원이하의 벌금, 구류 또는 과료에 해당하는 범죄에 관하여는 피의자가 일정한 주거가 없는 경우에 한한다.

② 구속영장의 청구에는 구속의 필요를 인정할 수 있는 자료를 제출하여야 한다.

③ 제1항의 청구를 받은 지방법원판사는 신속히 구속영장의 발부여부를 결정하여야 한다.

④ 제1항의 청구를 받은 지방법원판사는 상당하다고 인정할 때에는 구속영장을 발부한다. 이를 발부하지 아니할 때에는 청구서에 그 취지 및 이유를 기재하고 서명날인하여 청구한 검사에게 교부한다

⑤ 검사가 제1항의 청구를 함에 있어서 동일한 범죄사실에 관하여 그 피의자에 대하여 전에 구속영장을 청구하거나 발부받은 사실이 있을 때에는 다시 구속영장을 청구하는 취지 및 이유를 기재하여야 한다.

(1) 개 념

구속이란 피고인 또는 피의자의 신체의 자유를 체포에 비하여 장기간 제한하는 대인적 강제처분으로 피의자 구속은 수사 절차에서 수사기관이 법관의 영장을 발부받아 행하는 구인, 구금하는 것이고, 반드시 체포된 자 임을 요하지 아니한다(201조 201조의 2). 피고인 구속은 공소제기 후 법원이 행하는 구속이다(제69조). 구인이란 피고인 등을 법원 또는 일정한 장소에 실력을 행사하여 인치하는 강제처분으로 구인한 피고인을 법원에 인치한 경우에 구금할 필요가 없다고 인정한 때에는 그 인치한 때로부터 24시간 내에 석방하여야 한다(제71조).

(2) 구속의 요건

형사소송법 제201조 제1항은 피의자 구속요건을. 제70조는 피고인 구속사유를 규

정하고 있다.

범죄혐의의 상당성	피의자, 피고인이 죄를 범하였다고 의심할 만한 상당한 이유가 있어야 한다(제201조 제1항. 제70조 제1항). 수사의 개시는 수사기관의 주관적 혐의에 의해 시작하나 개인의 자유를 침해하는 구속은 수사기관의 주관적 혐의로는 부족하고 객관적 혐의, 즉 무죄 추정을 깨뜨릴 정도의 유죄판결에 대한 고도의 개연성이 있어야 한다. 범죄혐의 유무는 구속시를 기준으로 한다.
구속의 사유	① 주거부정 ② 증거를 인멸할 염려가 있는 때 ③ 도망하거나 도망할 염려가 있는 때 그러나 법정형이 다액 50만원이하의 벌금. 구류 또는 과료에 해당하는 사건에 관하여는 피고인 또는 피의자가 일정한 주거가 없는 때에 한하여 구속할 수 있다(제201조 제1항 단서).

(3) 구속의 절차

피의자 . 피고인을 구속하기 위하여는 지방법원판사가 발부한 구속영장이 있어야 구속이 가능하다. 피고인에 대한 구속영장의 성질은 명령장의 성질을 가지나 피의자에 대한 구속영장의 성질은 허가장의 성질을 가진다.

① 구속영장 청구권자

검사는 관할법원의 피의자 구속시 판사에게 구속영장을 청구하여 구속영장을 발부받아 피의자를 구속할 수 있다. 그러나 사법경찰관은 검사에게 신청하여 검사의 청구로 피의자를 구속할 수 있을 뿐이다. 그러나 피고인의 구속의 경우에는 검사의 영장청구가 필요없다.

② 청구방식

서면 주의	검사의 영장청구는 형식적 절차의 확실성을 위하여 서면으로 한다(규칙 제93조).
자료의 제출	구속영장의 청구에는 구속의 필요를 인정할 수 있는 자료를 제출하여야한다 (제201조 2항). • 체포영장에 의하여 체포된 자 또는 현행범인으로 체포된 자에 대하여 구속영장을 청구하는 때에는 체포영장 또는 현행범인으로 체포되었다는 취지와 체포의 일시와 장소가 기재된 서류를 제출하여야 한다. • 피의자도 구속영장의 청구를 받은 판사에게 유리한 자료를 제출할 수 있다(규 칙 제 96조 제(2) 3항). • 동일한 구속영장을 청구하거나 발부받은 사실이 있을 때에는 다시 구속 영장을 청구하는 취지 .이유를 기재하여야한다(제201조5항).

(4) 구속영장실질심사

형사소송법

제201조의2 【구속영장청구와 피의자심문】

① 제200조의2 · 제200조의3 또는 제212조의 규정에 의하여 체포된 피의자에 대하여 구속영장을 청구받은 지방법원판사는 피의자 또는 그 변호인, 법정대리인, 배우자, 직계친족, 형제자매나 동거인 또는 고용주의 신청이 있을 때에는 피의자를 심문할 수 있다. 이 경우 피의자 이외의 자는 피의자의 명시한 의사에 반하여서도 그 심문을 신청할 수 있다.

② 검사 또는 사법경찰관은 피의자에 대하여 제1항의 심문을 신청할 수 있음을 말하고, 피의자 신문조서에 판사의 심문을 신청하는지 여부를 기재하여야 한다. 다만, 피의자 신문조서에 그 내용을 기재할 수 없는 특별한 사정이 있는 경우에는 피의자 작성의 확인서 기타 피의자의 의사를 표시한 서면으로 이를 갈음할 수 있다.

③ 제1항외의 피의자에 대하여(미체포된 피의자에) 구속영장을 청구받은 지방법원판사는 피 의자가 죄를 범하였다고 의심할 만한 이유가 있는 경우에 구속의 사유를 판단하기 위하여 필요하다고 인정하는 때에는 구인을 위한 구속영장을 발부하여 피의자를 구인한 후 심문할 수 있다.

④ 지방법원판사는 제1항의 경우에는 즉시, 제3항의 경우에는 피의자를 인치한 후 즉시 심문기일과 장소를 검사 · 피의자 및 변호인에게 통지하여야 하고 검사는 피의자가 체포되어있는 때에는 그 기일에 피의자를 출석시켜야 한다.

⑤ 검사와 변호인은 제4항의 심문기일에 출석하여 의견을 진술할 수 있다.

⑥ 제1항 및 제3항의 심문을 함에 있어 지방법원판사는 공범의 분리심문 기타 수사상의 비밀보호를 위하여 필요한 조치를 하여야 한다.

⑦ 지방법원판사는 제3항의 규정에 의하여 피의자를 심문한 후 피의자를 구속할 사유가 있다고 인정하는 때에는 제3항의 구속영장청구에 기하여 구금을 위한 구속영장을 발부하여야 한다.

⑧ 피의자심문을 하는 경우 법원이 구속영장청구서 · 수사관계서류 및 증거물을 접수한 날부터 구속영장을 발부하여 검찰청에 반환한 날까지의 기간은 제202조 및 제203조의 적용에 있어서는 그 구속기간에 이를 산입하지 아니한다.

⑨ 제71조, 제72조, 제75조, 제81조 내지 제83조, 제85조제1항 · 제3항 및 제4항, 제86조, 제87조 제1항 및 제88조 내지 제91조의 규정은 제3항의 규정에 의하여 구인을 하는 경우에 이를 준용한다.

① 구속영장실질심사제도의(구속 전 피의자심문제도) 의의

구속영장의 청구를 받은 판사가 피의자를 직접 심문하여 구속사유를 판단하는 제도를 말한다. 이전의 검사가 송부한 자료만을 가지고 심사하는 형식적 심사의 문제점을 시정하기 위하여 도입된 제도이다. 체포영장에 의해 체포·긴급체포 또는 현행범 체포에 의하여 체포된 피의자에 대하여 구속영장을 청구받은 지방법원 판사는 피의자 또는 그 변호인, 법정대리인, 배우자, 직계친족, 형제자매, 호주, 가족이나 동거인 또는 고용주의 신청이 있을 때. 체포되지 않은 피의자가 죄를 범하였다고 의심할 만한 이유가 있는 경우에 법원은 직권으로 '구속의 사유를 판단하기 위하여 필요하다고 인정할 경우에 심문할 수 있다(제201조 3항).

② 구속 전 피의자심문의 방법과 절차

신청권의 고지		체포된 피의자에게만 구속전 피의자심문을 신청할 수 있음을 고지하고 체포되지 않은 피의자에는 고지할 필요가 없다. ① 검사 또는 사법경찰관은 피의자에 대하여 피의자 심문을 신청할 수 있음을 고지하고, 피의자 신문조서에 판사의 신문을 신청하는지 여부를 기재하여야 한다. 다만, 피의자신문조서 에 그 내용을 기재할 수 없는 특별한 사정이 있는 경우에는 피의자 작성의 확인서 기타 피 의자의 의사를 표시한 서면으로 이를 갈음할 수 있다(제201조의 2 제2항). ② 피의자이외의 신청권자에는 피의자를 체포한 때로부터 구속영장을 청구 또는 신청하기 전까지는 전화 또는 모사전송 기타의 방법으로 신속히 고지하여야한다(규칙 제96조의 6 ④항).
신청권자 및 신청의 절차		① 신청권자 체포된 피의자 또는 그 변호인, 법정대리인, 배우자, 직계친족, 형제자매, 호주, 가족이나 동거인 또는 고용주의 신청이 있는 경우만 할 수 있으며 피의자 이외의 자는 피의자의 의사에 반하여 신청할 수 있다. ② 신청권자는 서면 또는 구술로 수사기관 판사에 심문을 신청할 수 있다 단 법원이 수사기록을 보관하지 않은 상태에서 신청을 받은 경우에는 수사기록이 있는 법원에 신속히 고지하여야한다(규칙 제 96조의 9 ①,②항). ③ 피의자의 인치 체포된 피의자는 체포의 효력을 이용하여 피의자를 법원에 인치하면 되고 체포되지 아니한 피 의자에 대하여 구속영장을 청구받은 지방법원판사는 피의자가 죄를 범하였다고 의심할 만한 이 유가 있는 경우에 구속의 사유를 판단하기 위하여 필요하다고 인정하는 때에는 구인을 위한 구속영장을 발부하여 피의자를 구인한 후 심문할 수 있다(제201조의 2 제3항).
심문기일의 절차	**피의자의 출석**	심문기일에 지방법원판사는 구속사유를 판단하기 위하여 피의자를 심문하고, 검사와 변호인은 심문기일에 출석하여 의견을 진술할 수 있다(제201조의 2 제 5항). 심문을 함에 있어 지방법원판사는 공범의 분리심문 기타 수사상의 비밀보호를 위하여 필요한 조치를 하여야 한다(동조 제6항). 판사는 피의자가 심문기일에 출석을 거부하거나 질병 기타 사유로 출석이 현저하게 곤란한 때에는 피 의자의 출석 없이 심문절차를 진행할 수 있다(형사소송규칙 제96조의 13 제1항).
	심문의 방법	심문은 법원청사 내에서 하여야 하나, 피의자가 출석을 거부하거나 출석할 수 없는 때에는 경찰서, 구치소 기타 적당한 장소에서 할 수 있다(규칙 제96조의 15). 피의자 심문은 공개하지 아니한다. 다만 판사가 상당하다고 인정되는 경우 피 의자의 가족. 피해자등 이해관계인의 방청을 허가할 수 있다(규칙 96조 13의 1항).
	구속영장의 발부	지방법원의 판사는 심문 후 구속의 필요가 있다고 인정하는 때에는 구금을 위 한 구속영장을 발부 하여야 한다(제7항).
	구속기간의 산입여부	피의자심문을 하는 경우 법원이 구속영장청구서, 수사관계 서류 및 증거물을 접수한 날로부터 구속영장을 발부하여 검찰청에 반환한 날까지의 기간은 구속 기간에 산입하지 아니한다(제201조의 2 제8항).

(5) 구속영장의 집행과 집행 후의 절차

① 구속영장의 집행

주 체	피고인. 피의자에 대한 구속영장은 검사의 지휘에 의하여 사법경찰관리가 집행한다 .단 피고인의 구속시 급속을 요하는 경우에는 재판장. 수명법관. 또는 수탁판사가 그 집행을 지휘할 수 있고 법원서기관 서기는 그 집행에 관하여 필요한때에는 사법경찰관리에게 보조를 요구할 수 있다 . (제81조 제(1)2항 제209조). 또한 검사는 관할구역외에서 집행을 지휘할 수 있으며 교도 소 또는 구치소에 있는 피고인 또는 피의자에 대하여 발부된 구속영장도 검사 지휘에 의하여 교도관리가 집행한다(제81조 제3항, 제209조).
집행 방법	• 구속영장을 집행함에는 피고인 또는 피의자에게 이를 제시하여야 하며 신속히 지정된 법원 기 타 장소에 인치하여야 한다(제85조 제1항, 제209조). 다만, 영장을 발부 받은 후 구속영장을 소지하지 아니한 경우에 긴급을 요하는 때에는 피의자에게 범죄사실의 요지와 영장이 발부되었음을 고지하고 집행할 수 있고, 이 경우에는 집행 완료 후 신속히 영장을 제시하여야한다 (제85조 제209조). • 피고인, 피의자에게 구속영장을 집행할 때에는 사전에 피의자에게 범죄사실의 요지 · 체포의 이유와 변호인을 선임할 수 있음을 말하고 변명할 기회를 주어야 한다(제72조, 제209조)

② 영장집행 후의 절차

피의사실 등의 고지	피고인 또는 피의자를 구속한 때에는 즉시 공소사실 또는 피의사실의 요지와 변호인을 선임할 수 있음을 알려야 한다(제88조, 제209조).
구속의 통지	피의자에 대하여 구속영장을 집행하는 때에는 지체 없이 서면으로 변호인 또는 변호인선임권 자(제30조 제2항) 가운데 피고인 또는 피의자가 지정한 자에게 피고사건명, 구속일시, 장소, 범죄사실의 요지, 구속의 이유와 변호인을 선임할 수 있는 취지를 알려야 한다(제87조). 구속의 통지는 구속을 한 때로부터 늦어도 24시간 이내에 서면으로 하여야 한다.(규칙 제51조 ②).

(6) 수사기관의 구속기간 및 연장

① 사법경찰관이 피의자를 구속한 때에는 10일 이내에 피의자를 검사에게 인치하지 아니하면 석 방하여야 한다(제202조). 검사가 피의자를 구속하거나 사법경찰관으로부터 피의자의 인치를 받은 때에는 10일 이내에 공소를 제기하지 아니하면 석방하여야 한다(제203조).

② 구속기간의 연장

지방법원판사는 검사의 신청에 의하여 수사를 계속함에 상당한 이유가 있다고 인정한 때에는 10일을 초과하지 아니하는 한도에서 검사의 구속기간의 연장을

1차에 한하여 허가할 수 있다 (제205조 제1항).

③ 국가보안법사건의 수사기관의 구속은 검사가 2회 연장이 가능하고 사법경찰관은 10일의 연장 이 가능하여 최장 50일까지 구속이 가능하다. 단 판례는 찬양고무죄와 불고지죄의 대하여 구 속기간의 50일의 인정은 무죄추정의 원칙 및 신속한 재판을 받을 권리를 침해한 것이라고 판시했다.

④ 법원의 피고인 구속기간

ⓐ 피고인에 대한 구속기간은 2월로 한다. 그러나 특별히 계속할 필요가 있는 경우에는 심급 마다 2차 에 한하여 2월의 한도 안에서 갱신할 수 있다(제92조).

ⓑ 공소제기 후 구속된 경우에는 공소제기시가 아닌 교도소에 인치된 날부터 구속기간을 기산한다.

ⓒ 구속 중에 도주 후 재수감된 경우 도주기간·구속집행정지 기간은 산입되지 않으나 도주 일과 재수감일. 구속집행정지일과 재구속일은 구속기간에 산입된다.

예) 2000. 1(2) 5 구속되어 1심 재판을 받던 피고인이 2000. 1(2) 30 구속집행정지로 석방되었다가 200(1) (1) 10 재수감된 경우 구속만기일은 언제인가? 구속집행정지기간은 구속 기간에 산입되지 않으므로 2000. 1(2) 5～200(1) (2) 4(2개월)까지 기간 중 구속집행 정지기간 2000. 1(2) 31～200(1) (1) 9(10일)은 제외되고 10일간 지연되어 200(1) (2) 14일이 구속만기일이다.

⑤ 체포적부심사 기간. 감정유치기간. 기피신청기간 .공소장 변경. 피고인의 의사무능력 .질병에 의한 소송절차의 정지. 보석기간은 구속기간에 산입되지 아니한다(형소법 92조 3항). 그러나 관할이전. 지정 병합심리에 의한 공판절차의 정지된 경우 그 정지기간은 구속기간에 산입된다 (형사소송규칙 제 7조).

⑥ 구속기간의 계산

- 피의자가 체포영장에 의한 체포·긴급체포·현행범인의 체포에 의하여 체포되거나 구인을 위 한 구속영장에 의하여 구인된 경우에, 검사 또는 사법경찰관의 구속기간은 피의자를 체포 또는 구인한 날로부터 기산한다(제203조의 2). 구속기간의 계산에 관하여 초일은 시간을 계산함이 없이 1 일로 산정하며(제66조 제1항 단서), 기간의 말일이 공휴일에 해당하는 경우에도 이를 기간에 산입한다.
- 구속기간의 연장 결정이 있을 때에 그 연장기간은 구속기간만료 다음날부터 기산한다(규칙 제98조).

(7) 재구속의 제한

① 검사 또는 사법경찰관에 의하여 구속되었다가 석방된 자는 다른 중요한 증거를 발견한 경우를 제외하고는 동일한 범죄사실에 관하여 재차 구속하지 못한다(제208조 제1항).

② 1개의 목적을 위하여 동시 또는 수단결과의 관계에서 행하여진 행위는 동일한 범죄사실로 간주한다(동조 제2항).

③ 재구속의 제한은 수사기관의 피의자구속의 경우만 적용되고 법원이 피고인을 구속하는 경우 때 는 적용되지 않는다(대판 1969. 5. 27, 69도 509).

④ 재구속 제한 규정에 위반된 공소제기의 효력

7. 검사의 체포·구속 장소 감찰

관할의 범위 내에 있는 수사관서에(경찰서, 국정원도 포함)소재하는 체포·구속 피의자에 대한 불법체포·구속의 유무에 관한 검사의 조사권을 검사의 체포·구속 장소 감찰권이라고 한다. 단 체포 구속된 피의자에게 청구권은 인정되지 아니한다.

(1) 체포 · 구속 장소의 감찰

지방검찰청 검사장 또는 지청장은 불법체포·구속의 유무를 조사하기 위하여 검사로 하여금 매 월 1 회 이상 관하 수사관서의 피의자의 체포·구속 장소를 감찰하게 하여야 한다. 감찰하는 검사는 피구속자를 심문하고 관련 서류를 조사하여야 한다(제198조의 2 제1항).

(2) 즉시석방권 및 송치명령권

검사는 적법한 절차에 의하지 아니하고 체포 또는 구속된 것이라고 의심할 만한 상당한 이유가 있는 경우에는 즉시 체포 또는 구속된 자를 석방하거나 사건을 검찰에 송치할 것을 명하여야 한다(동조 2항).

8. 국회의원에 대한특칙

국회의원인 피의자를 회기 중에 구속하기 위하여는 사전에 국회의 동의를 받아야 한다(헌법44조) 국회의원의 불체포특권에 의하여 구속된 국회의원에 대한 석방요구가 있으면 당연히 구속영장의 집행이 정지된다(101조 4항).

9. 접견교통권

범죄수사규칙

제104조(피의자와의 접견·교통·수진) ①경찰관은 변호인 또는 변호인이 되려는 자로부터 체포·구속된 피의자와의 접견, 서류 또는 물건의 수수, 수진의 신청이 있을 때에는 친절하게 응하여야 한다.

②경찰관은 변호인 아닌 자로부터 전항의 신청이 있을 때에는 면밀히 검토하여 피의자가 도망 또는 죄증을 인멸할 염려가 없고 유치장의 보안상 지장이 없다고 판단되는 경우에는 전항에 준하여 처리한다.

③경찰관은 체포·구속된 피의자로부터 타인과의 접견, 서류 또는 물건의 수수, 수진의 신청이 있을 때에는 경찰관서장의 허가를 받아 친절하게 응하여야 한다. 이 경우에 친족 이외의 접견과 서신의 수수는 필요한 용무가 있을 때에 한한다.

④경찰관은 체포·구속된 피의자와의 접견 서류 또는 물건의 수수 수진의 신청에 응하였을 때에는 별지 제69호 서식의 체포·구속인접견부, 별지 제70호 서식의 체포·구속인교통부, 별지 제71호 서식의 물품차입부 또는 별지 제72호 서식의 체포·구속인수진부에 그 상황을 상세히 기재하여야 한다.

(1) 접견교통권의 의의

접견교통권이란 체포 또는 구속된 피고인·피의자가 변호인 등 타인과 접견하고 서류 또는 물건을 수수하며 의사의 진료를 받을 수 있는 권리를 말한다. 접견교통권은 헌법이 보장하는 변호인의 조력을 받을 권리(제12조 제4항)의 가장 중요한 내용으로서 체포·구속된 피의자·피고인의 권리(제89조)임과 동시에 변호인의 고유권이다(제134조).

(2) 변호인의 접견교통권

① 인정근거

변호인 또는 변호인이 되려는 자는 신체구속을 당한 피고인 또는 피의자와 접견하고 서류 또는 물건을 수수할 수 있으며 의사로 하여금 진료하게 할 수 있다(형사소송법 제34조).

② 주 체

주체	변호인, 변호인이 되려는 자이므로 선임의뢰를 받았으나 아직 변호인 선임서가 제출되지 않은 변호인도 포함된다.
상대방	헌법 12조에 4항에 "누구든지 체포 구속을 당한 때에는 즉시 변호인의 조력을 받을 권리를 가진다 "라고 규정이 있고, 형소법 제89조에서는 구속된 피고인, 제209조에 의하여 구속된 피의자에도 인정되고 있으므로 체포영장에 의하여 체포된 자, 긴급체포, 현행범체포, 감정유치에 의해 구속된 자도 접견교통권이 인정된다. 또한 임의동행 형시으ㅗ 연행된 자의 경우에도 인정된다고 보아야 한다.

③ 내용

접견의 비밀보장	변호인과의 접견교통권은 방해나 감시 없는 자유로운 접견교통을 본질로 한다. 따라서 체포 또는 구속된 피의자·피고인과 변호인과의 접견교통권의 충분한 보장은 구속된 자와 변호인의 대화내용에 대하여 비밀이 완전히 보장되고, 어떠한 제한, 부당한 간섭 없이 자유롭게 대화할 수 있는 접견이 보장되어야한다. 그러나 시설 내에 수용된 피의자에 대한 계호상 필요에 의하여 감시는 가능하다(형의 집행 및 수용자의 처우에 관한 법률 제66조).
서류 또는 물건의 수수	변호인(변호인이 되려고 하는 자 포함) 은 체포 또는 구속된 피의자 또는 피고인을 위하여 서류 또는 물건을 수수할 수 있다. 수수한 서류의 검열과 물건의 압수는 허용되지 않는다. 단 변호인임을 확인할 수 없는 경우 . 도주. 증거인멸. 교도소등의 법률과 질서의 파괴 기타 형벌규정에 저촉되는 내용이 기재되어 있다고 의심할만한 합리적인 이유가 있는 경우에는 검열이 허용될 수 있다. 또한 구속장소의 질서를 유지하기위한 범위 내에서는 무기, 흉기, 기타위험한 물건의 수수를 금지하는 것은 허용된다.
의사의 진료	사법경찰관이 경찰서 유치장에 수용된 피의자에 대한 변호인의 수진권행사에 의무관의 참여를 요구한 것이 변호인의 수진권을 침해하는 위법한 처분인지 여부(소극) [43]
기타	· 미결수용자와 변호인(변호인이 되려고 하는 자 포함)과의 접견에는 교도관이 참여하지못하며 그 내용을 청취 또는 녹취하지 못한다. 다만, 보이는 거리에서 미결수용자를 관찰할 수 있다(형의 집행 및 수용자의 처우에 관한 법률 제84조 1항) · 미결수용자와 변호인 간의 접견은 시간과 횟수를 제한하지 아니한다(동조 2항) · 미결수용자와 변호인 간의 서신은 교정시설에서 상대방이 변호인임을 확인할 수 없는 경우를 제외하고는 검열할 수 없다(동조 3항)

④ 제한

변호인의 접견교통권은 법률로만 제한이 가능한데 현행법상 아무런 제한이 없으므로 절대적으로 보장된다고 보아야 한다. 따라서 법원의 결정. 수사기관의 결정으로도 변호인과의 접견교통권을 제한 할 수 없다[44]. 그러나 업무시간 이후 내지 일요일과 같은 일반적인 시간제한은 가능하다.

43) 경찰서 유치장은 미결수용실에 준하는 것이어서(형의 집행 및 수용자의 처우에 관한 법률 제68조) 그 곳에 수용된 피의자에 대하여는 형의 집행 및 수용자의 처우에 관한 법률 및 그 시행령이 적용되고, 형의 집행 및 수용자의 처우에 관한 법률시행령 제176조는 '형사소송법 제34조, 제89조, 제209조의 규정에 의하여 피고인 또는 피의자가 의사의 진찰을 받는 경우에는 교도관 및 의무관이 참여하고 그 경과를 신분장부에 기재하여야 한다.'고 규정하고 있는바, 이는 피 고인 또는 피의자의 신병을 보호, 관리해야 하는 수용기관의 입장에서 수진과정에서 발생 할지도 모르는 돌발상황이나 피고인 또는 피의자의 신체에 대한 위급상황을 예방하거나 대처하기 위한 것으로서 합리성이 있으므로 형의 집행 및 수용자의 처우에 관한 법률 제176조의 규정은 변호인의 수진권 행사에 대한 법령상의 제한에 해당한다고 보아야 할 것이고, 그렇다면 국가정보원 사법경찰관 이 경찰서 유치장에 구금되어 있던 피의자에 대하여 의사의 진료를 받게 할 것을 신청한 변호인에게 국가정보원이 추천하는 의사의 참여를 요구한 것은 형의 집행 및 수용자의 처우에 관한 법률시행령 제176조의 규정에 근거한 것으로서 적법하고, 이를 가리켜 변호인의 수진권을 침해하는 위법한 처분이라고 할 수는 없다(대판 200(2) 5. 6. 자 2000모112).

44) 신체구속을 당한 피고인 또는 피의자의 인권보장과 방어준비를 위하여 필수불가결한 권리이므로, 수사기관의 처분등에 의하여 이를 제한할 수 없고, 다만 법령에 의하여서만 제한이 가능하다(대판 200(2) 5. 6. 자 2000모112).

형의 집행 및 수용자의 처우에 관한 법률

제5장 접견・서신수수 및 전화통화

제41조(접견) ① 수용자는 교정시설의 외부에 있는 사람과 접견할 수 있다. 다만, 다음 각 호의 어느 하나에 해당하는 사유가 있으면 그러하지 아니하다.
1. 형사 법령에 저촉되는 행위를 할 우려가 있는 때
2. 「형사소송법」이나 그 밖의 법률에 따른 접견금지의 결정이 있는 때
3. 수형자의 교화 또는 건전한 사회복귀를 해칠 우려가 있는 때
4. 시설의 안전 또는 질서를 해칠 우려가 있는 때
② 소장은 다음 각 호의 어느 하나에 해당하는 사유가 있으면 교도관으로 하여금 수용자의 접견내용을 청취·기록·녹음 또는 녹화하게 할 수 있다.
1. 범죄의 증거를 인멸하거나 형사 법령에 저촉되는 행위를 할 우려가 있는 때
2. 수형자의 교화 또는 건전한 사회복귀를 위하여 필요한 때
3. 시설의 안전과 질서유지를 위하여 필요한 때
③ 제2항에 따라 녹음·녹화하는 경우에는 사전에 수용자 및 그 상대방에게 그 사실을 알려 주어야 한다.
④ 접견의 횟수·시간·장소·방법 및 접견내용의 청취·기록·녹음·녹화 등에 관하여 필요한 사항은 대통령령으로 정한다.

제42조(접견의 중지 등) 교도관은 접견 중인 수용자 또는 그 상대방이 다음 각 호의 어느 하나에 해당하면 접견을 중지할 수 있다.
1. 범죄의 증거를 인멸하거나 인멸하려고 하는 때
2. 제92조의 금지물품을 주고받거나 주고받으려고 하는 때
3. 형사 법령에 저촉되는 행위를 하거나 하려고 하는 때
4. 수용자의 처우 또는 교정시설의 운영에 관하여 거짓사실을 유포하는 때
5. 수형자의 교화 또는 건전한 사회복귀를 해칠 우려가 있는 행위를 하거나 하려고 하는 때
6. 시설의 안전 또는 질서를 해하는 행위를 하거나 하려고 하는 때

제43조(서신수수) ① 수용자는 다른 사람과 서신을 주고받을 수 있다. 다만, 다음 각 호의 어느 하나에 해당하는 사유가 있으면 그러하지 아니하다.
1. 「형사소송법」이나 그 밖의 법률에 따른 서신의 수수금지 및 압수의 결정이 있는 때
2. 수형자의 교화 또는 건전한 사회복귀를 해칠 우려가 있는 때
3. 시설의 안전 또는 질서를 해칠 우려가 있는 때
② 제1항 본문에도 불구하고 같은 교정시설의 수용자 간에 서신을 주고받으려면 소장의 허가를 받아야 한다.
③ 소장은 수용자가 주고받는 서신에 법령에 따라 금지된 물품이 들어 있는지 확인할 수 있다.
④ 수용자가 주고받는 서신의 내용은 검열받지 아니한다. 다만, 다음 각 호의 어느 하나에 해당하는 사유가 있으면 그러하지 아니하다.
1. 서신의 상대방이 누구인지 확인할 수 없는 때
2. 「형사소송법」이나 그 밖의 법률에 따른 서신검열의 결정이 있는 때
3. 제1항제2호 또는 제3호에 해당하는 내용이나 형사 법령에 저촉되는 내용이 기재되어 있다고 의심할 만한 상당한 이유가 있는 때
4. 대통령령으로 정하는 수용자 간의 서신인 때
⑤ 소장은 제3항 또는 제4항 단서에 따라 확인 또는 검열한 결과 수용자의 서신에 법령으로 금지된 물품이 들어 있거나 서신의 내용이 다음 각 호의 어느 하나에 해당하면 발신 또는 수신을 금지할 수 있다.
1. 암호·기호 등 이해할 수 없는 특수문자로 작성되어 있는 때

2. 범죄의 증거를 인멸할 우려가 있는 때
3. 형사 법령에 저촉되는 내용이 기재되어 있는 때
4. 수용자의 처우 또는 교정시설의 운영에 관하여 명백한 거짓사실을 포함하고 있는 때
5. 사생활의 비밀 또는 자유를 침해할 우려가 있는 때
6. 수형자의 교화 또는 건전한 사회복귀를 해칠 우려가 있는 때
7. 시설의 안전 또는 질서를 해칠 우려가 있는 때

⑥ 소장이 서신을 발송하거나 교부하는 경우에는 신속히 하여야 한다.
⑦ 소장은 제1항 단서 또는 제5항에 따라 발신 또는 수신이 금지된 서신은 수용자에게 그 사유를 알린 후 교정시설에 영치한다. 다만, 수용자가 동의하면 폐기할 수 있다.
⑧ 서신발송의 횟수, 서신 내용물의 확인방법 및 서신 내용의 검열절차 등에 관하여 필요한 사항은 대통령령으로 정한다.

제44조(전화통화) ① 수용자는 소장의 허가를 받아 교정시설의 외부에 있는 사람과 전화통화를 할 수 있다.
② 제1항에 따른 허가에는 통화내용의 청취 또는 녹음을 조건으로 붙일 수 있다.
③ 제42조는 수용자의 전화통화에 관하여 준용한다.
④ 제2항에 따라 통화내용을 청취 또는 녹음하려면 사전에 수용자 및 상대방에게 그 사실을 알려 주어야 한다.
⑤ 전화통화의 허가범위, 통화내용의 청취·녹음 등에 관하여 필요한 사항은 법무부령으로 정한다.

제84조(변호인과의 접견 및 서신수수) ① 제41조제2항에도 불구하고 미결수용자와 변호인(변호인이 되려고 하는 사람을 포함한다. 이하 같다)과의 접견에는 교도관이 참여하지 못하며 그 내용을 청취 또는 녹취하지 못한다. 다만, 보이는 거리에서 미결수용자를 관찰할 수 있다.
② 미결수용자와 변호인 간의 접견은 시간과 횟수를 제한하지 아니한다.
③ 제43조제4항 단서에도 불구하고 미결수용자와 변호인 간의 서신은 교정시설에서 상대방이 변호인임을 확인할 수 없는 경우를 제외하고는 검열할 수 없다.

(3) 비변호인의 접견교통권

① 인정근거

체포·구속된 피의자 또는 피고인이 갖는 변호인 아닌 자와의 접견교통권은 가족 등 타인과 교류하는 인간으로서의 기본적인 생활관계가 인신의 구속으로 인하여 완전히 단절되어 파멸에 이르는 것을 방지하고, 또한 피의자 또는 피고인의 방어를 준비하기 위해서도 반드시 보장되지 않으면 안되는 인간으로서의 기본적인 권리에 해당하므로 이는 성질상 헌법상의 기본권에 속한다고 보아야 할 것이다 (헌재 2003. 1(1) 27. 2002헌마193 전원재판부).

② 제한

법률에 의한 제한	「형의 집행 및 수용자의 처우에 관한 법률」 제41조~44조, 제84조의 내용에 따른다.
법원의 결정	법원은 도망하거나 또는 죄증을 인멸할 염려가 있다고 인정할 만한 상당한 이유가 있는 때에 는 직권 또는 검사의 청구에 의하여 결정으로 체포·구속 된 피고인과 변호인(변호인이 되려는 자 포함) 아닌 타인과 접견을 금하거나 수수할 서류 기타 물건의 검열, 수수의 금지 또는 압수를 할 수 있다(제91조). 다만, 의류·양식·의료품의 수수를 금지하거나 압수하는 것은 허용되지 아니한다(제91조 단서). 비변호인과의 접견교통권의 제한사유인 도망하거나 또는 죄증을 인멸할 염려가 있다고 인정할 만한 상당한 이유는 구속의 사유보다 엄격하게 해석하여야한다.
수사기관의 결정	피의자에 대한 접견교통권 제한은 수사기관의 결정에 의하여 할 수 있다(제200조의 5, 제209조).

③ 제한의 범위

접견의 제한은 전면적, 개별적 금지, 조건부 기한부 금지도 가능하다. 그러나 인권 차원에서 서류 또는 물건의 검열과 압수 및 수수의 금지이므로 의류양식 의료품의 수수금지 압수는 허용되지 아니한다(제 99조 단서).

(4) 접견교통권의 침해와 구제

침해	① 접견의 거부,지연 구속피의자에 대한 접견이 접견신청일로부터 상당한 기간이 경과 하였거나,접견신청일이 경과하도록 이루어지지 아니한 것은 실질적으로 접견불허가처분이 있는 것과 동일시 된다(대판 199(1)328, 91모24). ② 수사기관이 구금장소를 임의적으로 변경한 경우도 접견교통권을 침해한 경우에 해당한다(95모 94). 예) 구속영장에는 구금장소를 ○○경찰서 유치장으로 기재되었으나 실제로는 ○○국정원청사에 구금되어있는 경우에 변호인의 접견교통권이 침해된다.
구제	① 항고·준항고 법원의 접견교통제한결정에 대하여는 항고할 수 있고(제402조), 수사기관(검사 또는 사법경찰 관) 의 접견교통제한처분에 대하여는 제 417조에 근거하여 제한처분의 취소 또는 변경을 청구 할 수 있다 준항고를 할 수 있으나 독립적인 상소를 할 수 없다(제417조). ② 증거능력의 배제 변호인과의 접견교통권을 침해하여 획득한 증거에 대하여는 위법절차에 의하여 얻은 자백으로서 증거능력을 부정하여야 한다.
헌법소원	피고인의 접견교통권이 접견방해 행위 등이 이미 종료된 경우 417조에 의해 구제받을 수 없으므로 헌법소원을 제기 할 수 있다.

10. 압수·수색·검증

형사소송법

제106조【압수】 ① 법원은 필요한 때에는 피고사건과 관계가 있다고 인정할 수 있는 것에 한정하여 증거물 또는 몰수할 것으로 사료하는 물건을 압수할 수 있다. 단, 법률에 다른 규정이 있는 때에는 예외로 한다.

②법원은 압수할 물건을 지정하여 소유자, 소지자 또는 보관자에게 제출을 명할 수 있다.

③ 법원은 압수의 목적물이 컴퓨터용디스크, 그 밖에 이와 비슷한 정보저장매체(이하 이 항에서 "정보저장매체등"이라 한다)인 경우에는 기억된 정보의 범위를 정하여 출력하거나 복제하여 제출받아야 한다. 다만, 범위를 정하여 출력 또는 복제하는 방법이 불가능하거나 압수의 목적을 달성하기에 현저히 곤란하다고 인정되는 때에는 정보저장매체등을 압수할 수 있다.

④ 법원은 제3항에 따라 정보를 제공받은 경우 「개인정보 보호법」 제2조제3호에 따른 정보주체에게 해당 사실을 지체 없이 알려야 한다.

제107조【우체물의 압수】 ① 법원은 필요한 때에는 피고사건과 관계가 있다고 인정할 수 있는 것에 한정하여 우체물 또는 「통신비밀보호법」 제2조제3호에 따른 전기통신 (이하 "전기통신"이라 한다)에 관한 것으로서 체신관서, 그 밖의 관련 기관 등이 소지 또는 보관하는 물건의 제출을 명하거나 압수를 할 수 있다.

③제1항에 따른 처분을 할 때에는 발신인이나 수신인에게 그 취지를 통지하여야 한다. 단, 심리에 방해될 염려가 있는 경우에는 예외로 한다.

제108조【임의제출물등의 압수】 소유자, 소지자 또는 보관자가 임의로 제출한 물건 또는 유류한 물건은 영장없이 압수할 수 있다.

제109조【수색】 ① 법원은 필요한 때에는 피고사건과 관계가 있다고 인정할 수 있는 것에 한정하여 피고인의 신체, 물건 또는 주거, 그 밖의 장소를 수색할 수 있다.

②피고인 아닌 자의 신체, 물건, 주거 기타 장소에 관하여는 압수할 물건이 있음을 인정할 수 있는 경우에 한하여 수색할 수 있다.

제110조【군사상비밀과 압수】 ① 군사상 비밀을 요하는 장소는 그 책임자의 승낙없이는 압수 또는 수색할 수 없다.

②전항의 책임자는 국가의 중대한 이익을 해하는 경우를 제외하고는 승낙을 거부하지 못한다.

제111조【공무상비밀과 압수】 ① 공무원 또는 공무원이었던 자가 소지 또는 보관하는 물건에 관하여는 본인 또는 그 해당공무소가 직무상의 비밀에 관한 것임을 신고한 때에는 그 소속공무소 또는 당해감독관공서의 승낙없이는 압수하지 못한다.

②소속공무소 또는 당해감독관공서는 국가의 중대한 이익을 해하는 경우를 제외하고는 승낙을 거부하지 못한다.

제112조【업무상비밀과 압수】 변호사, 변리사, 공증인, 공인회계사, 세무사, 대서업자, 의사, 한의사, 치과의사, 약사, 약종상, 조산사, 간호사, 종교의 직에 있는 자 또는 이러한 직에 있던 자가 그 업무상 위탁을 받아 소지 또는 보관하는 물건으로 타인의 비밀에 관한 것은 압수를 거부할 수 있다. 단, 그 타인의 승낙이 있거나 중대한 공익상 필요가 있는 때에는 예외로 한다.

제113조【압수 · 수색영장】 공판정외에서 압수 또는 수색을 함에는 영장을 발부하여 시행하여야 한다.

제114조【영장의 방식】 ① 압수 · 수색영장에는 피고인의 성명, 죄명, 압수할 물건, 수색할 장소, 신체, 물건, 발부연월일, 유효기간과 그 기간을 경과하면 집행에 착수하지 못하며 영장을 반환하여야 한다는 취지 기타 대법원규칙으로 정한 사항을 기재하고 재판장 또는 수명법관이 서명날인하여야 한다. 다만, 압수 · 수색할 물건이 전기통신에 관한 것인 경우에는 작성기간을 기재하여야 한다.

②제75조제2항의 규정은 전항의 영장에 준용한다.

제115조【영장의 집행】 ① 압수 · 수색영장은 검사의 지휘에 의하여 사법경찰관리가 집행한다. 단, 필요한 경우에는 재판장은 법원사무관등에게 그 집행을 명할 수 있다.

②제83조의 규정은 압수 · 수색영장의 집행에 준용한다.

제116조【주의사항】 압수 · 수색영장의 집행에 있어서는 타인의 비밀을 보지하여야 하며 처분받은 자의 명예

를 해하지 아니하도록 주의하여야 한다.
제117조【집행의 보조】 법원사무관등은 압수·수색영장의 집행에 관하여 필요한 때에는 사법경찰관리에게 보조를 구할 수 있다.
제118조 【영장의 제시】 압수·수색영장은 처분을 받는 자에게 반드시 제시하여야 한다.제119조【집행중의 출입금지】 ① 압수·수색영장의 집행중에는 타인의 출입을 금지할 수 있다.
②전항의 규정에 위배한 자에게는 퇴거하게 하거나 집행종료시까지 간수자를 붙일 수 있다.제120조【집행과 필요한 처분】 ① 압수·수색영장의 집행에 있어서는 건정을 열거나 개봉 기타 필요한 처분을 할 수 있다.
②전항의 처분은 압수물에 대하여도 할 수 있다.
제121조【영장집행과 당사자의 참여】 검사, 피고인 또는 변호인은 압수·수색영장의 집행에 참여할 수 있다.
제122조【영장집행과 참여권자에의 통지】 압수·수색영장을 집행함에는 미리 집행의 일시와 장소를 전조에 규정한 자에게 통지하여야 한다. 단, 전조에 규정한 자가 참여하지 아니한다는 의사를 명시한 때 또는 급속을 요하는 때에는 예외로 한다.
제123조 【영장의 집행과 책임자의 참여】 ① 공무소, 군사용의 항공기 또는 선거내에서 압수·수색영장을 집행함에는 그 책임자에게 참여할 것을 통지하여야 한다.
②전항에 규정한 이외의 타인의 주거, 간수자있는 가옥, 건조물, 항공기 또는 선거내에서 압수·수색영장을 집행함에는 주거주, 간수자 또는 이에 준하는 자를 참여하게 하여야 한다.
③전항의 자를 참여하게 하지 못할 때에는 인거인 또는 지방공공단체의 직원을 참여하게 하여야 한다.
제124조【여자의 수색과 참여】 여자의 신체에 대하여 수색할 때에는 성년의 여자를 참여하게 하여야 한다.
제125조【야간집행의 제한】 일출전, 일몰후에는 압수·수색영장에 야간집행을 할 수 있는 기재가 없으면 그 영장을 집행하기 위하여 타인의 주거, 간수자있는 가옥, 건조물, 항공기 또는 선거내에 들어가지 못한다.
제126조【야간집행제한의 예외】 다음 장소에서 압수·수색영장을 집행함에는 전조의 제한을 받지 아니한다.
1. 도박 기타 풍속을 해하는 행위에 상용된다고 인정하는 장소
2. 여관, 음식점 기타 야간에 공중이 출입할 수 있는 장소. 단, 공개한 시간내에 한한다.
제127조【집행중지와 필요한 처분】 압수·수색영장의 집행을 중지한 경우에 필요한 때에는 집행이 종료될 때까지 그 장소를 폐쇄하거나 간수자를 둘 수 있다.
제128조【증명서의 교부】 수색한 경우에 증거물 또는 몰취할 물건이 없는 때에는 그 취지의 증명서를 교부하여야 한다.
제129조【압수목록의 교부】 압수한 경우에는 목록을 작성하여 소유자, 소지자, 보관자 기타 이에 준할 자에게 교부하여야 한다.
제130조【압수물의 보관과 폐기】 ① 운반 또는 보관에 불편한 압수물에 관하여는 간수자를 두거나 소유자 또는 적당한 자의 승낙을 얻어 보관하게 할 수 있다.
②위험발생의 염려가 있는 압수물은 폐기할 수 있다.
③법령상 생산·제조·소지·소유 또는 유통이 금지된 압수물로서 부패의 염려가 있거나 보관하기 어려운 압수물은 소유자 등 권한 있는 자의 동의를 받아 폐기할 수 있다.
제131조【주의사항】 압수물에 대하여는 그 상실 또는 파손등의 방지를 위하여 상당한 조치를 하여야 한다.
제132조【압수물의 대가보관】 ① 몰수하여야 할 압수물로서 멸실·파손·부패 또는 현저한 가치 감소의 염려가 있거나 보관하기 어려운 압수물은 매각하여 대가를 보관할 수 있다.
②환부하여야 할 압수물 중 환부를 받을 자가 누구인지 알 수 없거나 그 소재가 불명한 경우로서 그 압수물의 멸실·파손·부패 또는 현저한 가치 감소의 염려가 있거나 보관하기 어려운 압수물은 매각하여 대가를 보관할 수 있다.
제133조【압수물의 환부, 가환부】 ① 압수를 계속할 필요가 없다고 인정되는 압수물은 피고사건 종결전이라도 결정으로 환부하여야 하고 증거에 공할 압수물은 소유자, 소지자, 보관자 또는 제출인의 청구에 의하여 가환부할 수 있다.
②증거에만 공할 목적으로 압수한 물건으로서 그 소유자 또는 소지자가 계속사용하여야 할 물건은 사진촬영 기타 원형보존의 조치를 취하고 신속히 가환부하여야 한다.
제134조【압수장물의 피해자환부】 압수한 장물은 피해자에게 환부할 이유가 명백한 때에는피고사건의 종결

전이라도 결정으로 피해자에게 환부할 수 있다.
제135조 【압수물처분과 당사자에의 통지】 전3조의 결정을 함에는 검사, 피해자, 피고인 또는 변호인에게 미리 통지하여야 한다.
제136조 【수명법관, 수탁판사】 ① 법원은 압수 또는 수색을 합의부원에게 명할 수 있고 그 목적물의 소재지를 관할하는 지방법원 판사에게 촉탁할 수 있다.
②수탁판사는 압수 또는 수색의 목적물이 그 관할구역내에 없는 때에는 그 목적물 소재지지방법원 판사에게 전촉할 수 있다.
③수명법관, 수탁판사가 행하는 압수 또는 수색에 관하여는 법원이 행하는 압수 또는 수색에 관한 규정을 준용한다.
제137조 【구속영장집행과 수색】 검사, 사법경찰관리 또는 제81조제2항의 규정에 의한 법원사무관등이 구속영장을 집행할 경우에 필요한 때에는 타인의 주거, 간수자있는 가옥, 건조물, 항공기, 선거내에 들어가 피고인을 수색할 수 있다.
제138조 【준용규정】 제119조, 제120조, 제123조와 제127조의 규정은 전조의 규정에 의한 검사, 사법경찰관리, 법원사무관등의 수색에 준용한다.

(1) 압수 .수색의 의의

① 압수의 의의 및 내용

증거물·몰수물에 대하여 강제력을 행사하여 점유권을 취득하는 대물적강제처분을 의미한다. 압수의 내용에는 영장 발부를 전제로 강제력이 행사되는 압류, 법원이 제출을 명하는 제출명령, 유류물·임의제출물의 점유를 취득하는 영치가 있다.

② 수색의 의의

수색은 압수할 물건 또는 체포할 사람을 발견하기 위하여 사람의 신체, 주거, 물건, 일정한 장소를 뒤져 증거물 등을 찾아내는 수사기관의 행위이다. 수색은 주로 압수와 함께 행해지고 실무상으로도 압수·수색영장이라는 단일영장을 사용하고 있다.

(2) 압수·수색의 대상

① 압수의 대상은 증거물 또는 몰수물이다 증거물에 대한 압수는 절차확보라는 의미를 가지는데 반하여, 몰수물에 대한 몰수는 형집행의 확보라는 의미를 가진다.

② 압수의 대상은 유체물에 한하며, 증거물은 인증에 대비되는 물증을 의미하므로 원칙적으로 사람은 압수의 대상은 아니지만, 사람의 손톱, 머리카락과 같은 신체적 일부에 대해서는 가능할 수 있으며, 사체에대해서 가능하다.

③ 수색의 대상은 피의자·피고인의 신체, 물건 또는 주거 기타 장소이다(제109조, 제209조). 또한 피의자·피고인이 아닌자의 신체·물건·주거 기타 장소로 그 안에 압수할 물건이 있음을 인정할 수 있는 경우에 한해 수색이 가능하다(제109조 2항).

(3) 압수 수색의 요건

① 범죄혐의

압수·수색·검증도 수사인 이상 범죄혐의가 있어야한다. 범죄혐의는 충분한 구체적 사실에 의해 인정될 수 있어야 한다. 여기에서 구속과 압수·수색·검증의 범죄혐의에 대해 구속과 동일한 고도의 개연성을 요구하는 견해도 있으나 압수·수색은 수사를 개시할 정도의 범죄혐의 즉 최초의 범죄혐의로 충분하다[45].

② 필요성

형소법은 제106조와 제109조에서 법원은 "필요한때", 제215조는 검사는 "범죄수사에 필요한때" 압수수색할 수 있다고 규정하고 있다[46].

③ 비례성의 원칙이 압수·수색의 경우도 준수되어야 한다[47].

---

45) 형사소송법 제215조, 제219조, 제106조 제1항의 규정을 종합하여 보면, 검사는 범죄수사에 필요한 때에는 증거물 또는 몰수할 것으로 사료하는 물건을 법원으로부터 영장을 발부받아서 압수할 수 있는 것이고, 합리적인 의심의 여지가 없을 정도로 범죄사실이 인정되는 경우에만 압수할 수 있는 것은 아니라 할 것이다(대판 96모34)

46) 폐수무단방류 혐의가 인정된다는 이유로 준항고인들의 공장부지, 건물, 기계류 일체 및 폐수운반차량 7대에 대하여 한 압수처분은 수사상의 필요에서 행하는 압수의 본래의 취지를 넘는 것으로 상당성이 없을 뿐만 아니라, 수사상의 필요와 그로 인한 개인의 재산권 침해의 정도를 비교형량해보면 비례성의 원칙에 위배되어 위법하다(대판 2004. 3. 23. 자 2003모 126). ※ 부동산도 압수의 대상이 된다.

47) 피청구인이 유치장에 수용되는 자에게 실시하는 신체검사는 수용자의 생명·신체에 대한 위해를 방지하고 유치장 내의 안전과 질서를 유지하기 위하여 흉기 등 위험물이나 반입금지물품의 소지·은닉 여부를 조사하는 것으로서, 위 목적에 비추어 일정한 범위 내에서 신체수색의 필요성과 타당성은 인정된다 할 것이나, 이러한 행정목적을 달성하기 위하여 경찰청장이 일선 경찰서 및 그 직원에 대하여 그 직무권한 행사의 지침을 발한 피의자유치및호송 규칙에 따른 신체검사가 당연히 적법한 것이라고는 할 수 없고, 그 목적 달성을 위하여 필요한 최소한도의 범위 내에서 또한 수용자의 명예나 수치심을 포함한 기본권이 침해되는 일이 없도록 충분히 배려한 상당한 방법으로 이루어져야 한다. 그런데 피고인들은 공직선거및선거부정방지법위반의 현행범으로 체포된 여자들로서 체포될 당시 흉기 등 위험물 을 소지·은닉하고 있었을 가능성이 거의 없었고, 처음 유치장에 수용될 당시 신체검사를 통하여 위험물 및 반입금지물품의 소지·은닉 여부를 조사하여 그러한 물품이 없다는 사실을 이미 확인하였으며, 청구인들이 변호인 접견실에서 변호인을 접견할 당시 경찰관이 가시거리에서 그 접견과정을 일일이 육안으로 감시하면서 일부 청구인의 휴대폰 사용을 제지하기도 하였던 점 등에 비추어 청구인들이 유치장에 재수용되는 과정에서 흉기 등 위험물이나 반입금지물품을 소지·은닉할 가능성이 극히 낮았던 한편, 당해 경찰서의 경우 변호인 접견 후 신체검사를 실시하여 흉기 등 위험물이나 반입금지물품의 소지·은닉을 적발한 사례가 없었던 사실을 피청구인이 자인하였으며, 특히 청구인들의 옷을 전부 벗긴 상태에서 피고인들에 대하여 실시한 이 사건 신체수색은 그 수단과 방법에 있어서 필요 최소한의 범위를 명백하게 벗어난 조치로서 이로 말미암아 피고인들에게 심한 모욕감과 수치심만을 안겨주었다고 인정하기에 충분하다. 따라서 수사기관의 피고인들에 대한 이러한 과도한 이 사건 신체수색은 그 수단과 방법에 있어서 필요한 최소한도의 범위를 벗어났다(헌재 200(2) 7. 18. 2000헌마327 전원재판부).

(4) 압수·수색의 제한

증거물이나 몰수물이라 하더라도 법률에서 압수를 제한하는 경우가 있는데 우체물에 대한 압수제한과 비밀보호를 위한 압수제한이 그것이다.

우체물의 압수	• 법원은 피고인・피의자가 발송한 것이나 피고인・피의자에 대하여 발송 된 우체물 또는 전신에 관한 것으로서 체신관서 기타가 소지 또는 보관 하는 물건의 제출을 명하거나 압수를 할 수 있다(제107조 제1항, 제219조). • 이외의 우체물 또는 전신에 관한 것으로서 체신관서 기타가 소지 또는 보관하는 물건은 피고사건과 관계가 있다고 인정할 수 있는 것에 한 하여 그 제출을 명하거나 압수를 할 수 있다. • 이러한 처분을 할 때에는 발신인이나 수신인에게 그 취지를 통지하여야 함이 원칙이다(제107조 제2항, 제219조).
군사상의 비밀과 압수	군사상 비밀을 요하는 장소는 그 책임자의 승낙 없이는 압수 또는 수색할 수 없다(제110조 제1항, 제219조). 그러나 그러한 장소의 책임자는 국가의 중대한 이익을 해하는 경우를 제외하고는 승낙을 거부하지 못한다(제110조 제2항, 제219조).
공무상의 비밀과 압수	공무원이나 공무원이었던 자가 소지 또는 보관하는 물건에 대하여는 본인 또는 그 해당공무소가 직무상의 비밀에 관한 것임을 신고한 때에는 그 소 속공무소 또는 당해 감독관공서의 승낙 없이는 압수하지 못한다(제111조 제1항, 제219조). 다만, 소속공무소 또는 당해 감독관공서는 국가의 중대한 이익을 해하는 경우를 제외하고는 승낙을 거부하지 못한다(제111조, 제2항, 제219조).
업무상의 비밀과 압수	변호사 등 법률이 정한 일정한 직에 있는 자 또는 이러한 직에 있었던 자 가 그 업무상 위탁을 받아 소지 또는 보관하는 물건으로 타인의 비밀에 관한 것은 압수를 거부할 수 있다. 단, 그 타인의 승낙이 있거나 중대한 공익상 필요가 있는 때에는 예외로 한다(제112조, 제219조).

(5) 압수·수색의 절차

압수·수색영장의 청구	① 검사는 범죄수사에 필요한 때에는 피의자가 죄를 범하였다고 의심할 만한 정황이 있고 해당 사건과 관계가 있다고 인정할 수 있는 것에 한정하여 지방법원판사에게 청구하여 발부받은 영장에 의하여 압수, 수색 또는 검증을 할 수 있다(형사소송법 제215조 1항) ② 사법경찰관이 범죄수사에 필요한 때에는 피의자가 죄를 범하였다고 의심할 만한 정황이 있고 해당 사건과 관계가 있다고 인정할 수 있는 것에 한정하여 검사에게 신청하여 검사의 청구로 지방법원판사가 발부한 영장에 의하여 압수, 수색 또는 검증을 할 수 있다(형사소송법 제215조 2항). ② 압수・수색영장의 청구는 반드시 서면으로 하여야 한다(형사소송규칙 제93조). 영장청구서에는 피의자의 성명, 압수할 물건, 수색할 장소・신체・물건, 피의사실의 요지, 죄명 등을 기재하여 야 한다(동규칙 제107조, 제114조).
압수·수색영장의 발부	① 법원이 행하는 압수・수색이라 할지라도 공판정외에서 압수・수색을 할 때에는 영장을 발부 하여야 한다(제113조). 다만, 공판정에서의 압수・수색에는 영장을 요하지 않는다. ② 영장주의는 일반영장의 금지를 그 내용으로 한다. 따라서 압수・수색영장에는 피고인의 성명, 죄명, 압수할 물건, 수색할 장소・신체・물건, 발부연월일・유효기간과 그 기간을 경과하면 집행에 착수하지 못하며 영장을 반환하여야 한다는 취지, 압수・수색의 사유를 기재하고 재판장 또는 수명법관이 서명・날인하여야 한다(제114조 제1항, 동규칙 제58조).

압수·수색영장의 집행	① 영장의 집행기관 검사의 지휘에 의하여 사법경찰관리가 집행한다단 필요한 경우 재판장은 법원사무관에게 그 집행을 명할 수 있다. ② 영장의 제시 ⓐ 압수・수색영장은 처분을 받는 자에게 사전에 영장을 제시하여야 한다(제115조, 제118조, 제219조). 반드시 사전제시일 것을 요하고 구속과 달리 사후제시의 방법에 의한 긴급집행 (제85조 제3 -4항)은 인정되지 않는다. ⓑ 압수・수색영장의 집행 중에는 타인의 출입을 금지할 수 있고 이에 위반한 자를 퇴거시킬 수 있으며 영장의 집행에 필요한 때에는 자물쇠를 열거나 개봉 기타 필요한 처분을 할 수 있다(제119조, 제120조, 제219조). ③ 당사자・책임자 등의 참여 ⓐ 압수・수색영장의 집행에는 피의자와 그 변호인의 참여권이 인정되므로 집행의 일시와 장소를 미리 피의자등 참여권자에게 통지하여야 한다(제121조, 제122조, 제219조). ⓑ 공무소, 군사용의 항공기 또는 선차 내에서 압수를 집행함에는 그 책임자에게 참여할 것을 통지해야 한다. 그 밖의 타인의 주거, 간수자 있는 가옥, 건조물, 항공기 또는 선차 내에서 압수・수색영장을 집행할 때에는 주거주, 간수자 또는 이에 준하는 자를 참여시켜야 하고 그렇지 못한 경우에는 인거인 또는 지방공공단체의 직원을 참여하게 해야 한다(제123조, 제219조) 48) ④ 야간집행의 제한 ⓐ 일출 전, 일몰 후에는 압수・수색영장에 야간집행을 할 수 있는 별도의 기재가 없으면 그 영장을 집행하기 위하여 타인의 주거, 간수자 있는 가옥, 건조물, 항공기 또는 선차 내에 들어가지 못한다(제125조, 제219조). 이것은 야간의 사생활의 평온을 보호하기 위한 것 이다. ⓑ 도박 기타 풍속을 해하는 행위에 상용된다고 인정하는 장소, 여관・음식점 기타 야간에 공중이 출입할 수 있는 장소에 대하여는 이러한 제한을 받지 않는다(제126조, 제219조). 단, 공개한 시간 내에 한한다. ⑤ 영장의 유효기간 49) • 압수수색 영장의 유효기간은 7일로 하며 다만 법원. 법관이 상당하다고 인정할 때는 7일을 넘는 기간을 정할 수 있다.(재정기간) ⑥ 수색증명서・압수목록교부 50) ⓐ 수색한 경우에 증거물 또는 몰수의 물건이 없는 때에는 취지의 수색증명서를 작성하여 교부하고, 압수한 경우에는 압수목록을 작성하여 소유 자, 소지자, 보관자 기타 이에 준하는 자에게 교부하여야 한다(제129조, 제219조). ⓑ 증거물 또는 몰수할 물건을 압수하였을 때에는 조서를 작성하여야 한다. 그러나 압수조서 는 교부하지 않는다.

48) (1) 국세청을 압수·수색할 경우 국세청장에게 통지하여 참여하게 하여야 하고, 국세청 직 원의 참여하에 행한 압수·수색은 위법이다.

(2) 타인의 주거 수색 시 주인이 없을 때 옆집사람 또는 시청직원을 참여시켜 압수수색 하여야 한다. 여자의 신체에 대하여 수색하는 경우에는 성년의 여자를 참여하게 하여야 한다(제124조).

49) 영장의 유효기간이 남아있는 경우 재집행이 가능한가? 형사소송법 제 215조에 의한 압수 수색영장은 수사기관의 압수수색에 대한 허가장으로서 거기에 기재되는 유효기간은 집행에 착수 할 수 있는 종기를 의미하는 것일 뿐 수사기관이 압수·수색영장을 제시하고 집행에 착수하여 압수 수색을 실시하고 그 집행을 종료하였다 면 이미 그 영장은 목적을 달성하여 효력이 상실되는 것이다(대판 1999. 1(2)1, 99모 161).

50) 검찰이 200(2) 3. 23.자 압수·수색영장에 의하여 200(2) 3. 25. 피고인의 주거에 대한 압수·수색을 실시하여 그 집행을 종료함으로써 위 압수·수색영장이 효력을 상실하였음에도 200(2) 3. 28. 위 압수·수색영장에 기하

(6) 압수·수색에 있어서의 영장주의의 예외

제215조 【압수·수색·검증】
① 검사는 범죄수사에 필요한 때에는 피의자가 죄를 범하였다고 의심할 만한 정황이 있고 해당 사건과 관계가 있다고 인정할 수 있는 것에 한정하여 지방법원판사에게 청구하여 발부받은 영장에 의하여 압수, 수색 또는 검증을 할 수 있다.
② 사법경찰관이 범죄수사에 필요한 때에는 피의자가 죄를 범하였다고 의심할 만한 정황이 있고 해당 사건과 관계가 있다고 인정할 수 있는 것에 한정하여 검사에게 신청하여 검사의 청구로 지방법원판사가 발부한 영장에 의하여 압수, 수색 또는 검증을 할 수 있다.
제216조 【영장에 의하지 아니한 강제처분】 ① 검사 또는 사법경찰관은 제200조의2 · 제200조의3 · 제201조 또는 제212조의 규정에 의하여 피의자를 체포 또는 구속하는 경우에 필요한 때에는 영장없이 다음 처분을 할 수 있다.
1. 타인의 주거나 타인이 간수하는 가옥, 건조물, 항공기, 선거내에서의 피의자 수사
2. 체포현장에서의 압수, 수색, 검증
②전항제2호의 규정은 검사 또는 사법경찰관이 피고인에 대한 구속영장의 집행의 경우에 준용한다.
③범행중 또는 범행직후의 범죄 장소에서 긴급을 요하여 법원판사의 영장을 받을 수 없는 때에는 영장없이 압수, 수색 또는 검증을 할 수 있다. 이 경우에는 사후에 지체없이 영장을 받아야 한다.
제217조 【영장에 의하지 아니하는 강제처분】 ① 검사 또는 사법경찰관은 제200조의3에 따라 체포된 자가 소유 · 소지 또는 보관하는 물건에 대하여 긴급히 압수할 필요가 있는 경우에는 체포한 때부터 24시간 이내에 한하여 영장없이 압수 · 수색 또는 검증을 할 수 있다.
②검사 또는 사법경찰관은 제1항 또는 제216조제1항제2호에 따라 압수한 물건을 계속 압수할 필요가 있는 경우에는 지체 없이 압수수색영장을 청구하여야 한다. 이 경우 압수수색영장의 청구는 체포한 때부터 48시간 이내에 하여야 한다.
③검사 또는 사법경찰관은 제2항에 따라 청구한 압수수색영장을 발부받지 못한 때에는 압수한 물건을 즉시 반환하여야 한다.
제218조 【영장에 의하지 아니한 압수】 검사, 사법경찰관은 피의자 기타인의 유류한 물건이나 소유자, 소지자 또는 보관자가 임의로 제출한 물건을 영장없이 압수할 수 있다.

대물적 강제수사에 있어서는 압수·수색의 긴급성을 고려하여 일정한 경우에 영장에 의하지 않는 압수·수색·검증을 허용하고 있다.

여 다시 피고인의 주거에 대한 압수·수색을 실시하여 현금 6,000만 원을 압수한 사건이다.

(1) 이미 그 집행을 종료함으로써 효력을 상실한 압수·수색영장에 기하여 다시 압수·수색을 실시하면서 몰수대상 물건을 압수한 경우, 압수 자체가 위법하게 됨은 별론으로 하더라도 그것이 위 물건의 몰수의 효력에는 영향을 미칠 수 없다 (대판 2003.5.30.2003도705)

(2) 범죄행위에 제공하려고 한 물건은 범인 이외의 자의 소유에 속하지 아니하거나 범죄 후 범인 이외의 자가 정을 알면서 취득한 경우 이를 몰수할 수 있고(형법 제48조 제1항), 한 편 법원이나 수사기관은 필요한 때에는 증거물 또는 몰수할 것으로 사료하는 물건을 압수 할 수 있으나(형사소송법 제106조 제1항, 제219조), 몰수는 반드시 압수되어 있는 물건에 대하여서만 하는 것이 아니므로(대법원 1977. 5. 24. 선고 76도4001 판결 참조), 몰수대상 물건이 압수되어 있는가 하는 점 및 적법한 절차에 의하여 압수되었는가 하는 점은 몰수의 요건이 아니라고 할 것이다(대판 2003.5.30.2003도705).

※ (1) 몰수하기 위하여 압수가 반드시 전제 되어야 하는 것은 아니다(○).
(2) 압수가 위법하여도 몰수의 효력에는 영향이 없다(○).

① 체포·구속 목적의 피의자수색

의 의	검사 또는 사법경찰관은 피의자를 체포(체포영장에 의한 체포, 긴급체포, 현행범인의 체포) 하거나 구속영장에 의하여 구속하는 경우에 필요한 때에는 영장없이 타인의 주거 또는 타인이 간수하는 가옥 · 건조물 · 항공기 · 선차 내에서 피의자 수사를 할 수 있다(제216조 제1항 1호). 예를 들어, 준현행범으로 추적 중 타인의 주거에 도망한 경우 사법경찰관이 준현행범인을 체포 하기위하여 타인의 주거를 수색할 수 있다.
주 체	수색은 검사 또는 사법경찰관만 할 수 있다.
범 위	제3자의 주거, 건조물도 포함된다.

② 체포현장에서의 압수·수색·검증

의 의	검사 또는 사법경찰관은 피의자를 체포(체포영장에 의한 체포, 긴급체포, 현행범인 체포) 하거나 구속영장에 의하여 구속하는 경우, 필요한 때에는 영장없이 체포현장에서 압수 · 수색 · 검증을 할 수 있다(제216조 제1항 2호).
본 질	ⓐ 체포에 의하여 가장 중요한 기본권인 자유권이 적법하게 침해된 때에는 이에 수반하는 경미한 미밀이나 소유권의 침해도 영장없이 할 수 있도록 한 것이라는 부수처분설과 ⓑ 체포하는 자의 안전을 위하여 무기를 빼앗고 피의자가 증거를 파괴 · 은닉하는 것을 예방하기 위한 긴급행위로서 허용된다는 긴급행위설(다수설)이 대립하나 전자에 의하면 영장에 의하지 아니한 대물적 강제수사가 부당하게 확대될 위험이 있으므로, 체포자의 안전을 위하고 무기 증거를 빼앗기 위한 긴급한 행위로서 허용된다는 것이 타당하다
시간적 장소적 관련성	시간적 장소적 접착설, 현장설, 체포설, 체포착수설 등이 대립하지만 체포할 피의자가 있는 장소에서 압수 · 수색한 이상 체포의 전 · 후나 그 성공 여부는 불문하고, 먼저 체포에 착수한 때에는 피의자가 도주한 경우에도 압수 · 수색이 허용된다고 해석함이 타당하다. 체포 후에 구속영장을 발부받지 못한 때에는 압수물을 즉시 환부하여야 한다. 단, 압수를 계속할 필요가 있는 때에는 압수 · 수색영장의 발부를 받아야 한다(제217조 제2항).

③ 피고인 구속현장에서의 압수·수색·검증

검사 또는 사법경찰관이 피고인에 대한 구속영장을 집행하는 경우에 필요한 때에는 집행현장에서 영장 없이 압수·수색·검증을 할 수 있다(제216조 제2항).

피고인에 대한 구속영장의 집행은 집행기관으로서 활동하는 것이지만 집행현장에서의 압수·수색·검증은 수사기관의 수사처분이다.

④ 범죄 장소에서의 압수·수색·검증

범행 중 또는 범행 직후의 범죄장소에서 긴급을 요하여 판사의 영장을 받을 수 없을 때에는 영장없이 압수·수색·검증을 할 수 있다(제216조 제3항). 이 경우 사후에 지체없이 영장을 발부받아야 한다. 피의자가 현장에 있거나 체포되었을 것을 요건으로 하지 않는다[51].

⑤ 긴급체포시의 압수 ·수색· 검증

- 검사 또는 사법경찰관은 긴급체포의 규정에 의하여 체포할 수 있는 자의 소유 ·소지 또는 보관 하는 물건에 대하여 피의자를 체포한 때부터 48 시간 이내에 한하여 영장없이 압수·수색·검증을 할 수 있다(제217조 제1항).
- 긴급체포된 자에 대해서 구속영장을 발부받지 못한 때에는 압수한 물건은 즉시 환부하여야 한다. 단, 압수를 계속할 필요가 있는 때에는 압수·수색영장을 발부받아야 한다(제2항).
- 구속영장이 발부된 때에는 별도의 압수·수색영장을 발부받을 필요가 없다.

⑥ 임의제출물의 압수

법원은 소유자·소지자 또는 보관자가 임의로 제출한 물건 또는 유류한 물건을 영장없이 압수할 수 있고(제108조), 검사 또는 사법경찰관은 피의자, 기타인의 유류한 물건이나 소유자, 소지자 또는 보관자가 임의로 제출한 물건을 영장 없이 압수할 수 있다(제218조).

(7) 압수물의 처리

① 압수물의 보관·폐기

자청보관의 원칙	압수물은 압수한 법원 또는 수사기관의 청사로 운반하여 보관함이 원칙이다. 법 원 또는 수사기관은 압수물에 대하여는 그 상실 또는 파손 등의 방지를 위하여 상당한 조치를 하여야 한다(제131조, 제219조).
위탁보관	위탁보관이란 운반 또는 보관에 불편한 압수물에 관하여 간수자를 두거나 소유자 또는 적당한 자 의 승낙을 얻어 보관하게 하는 것을 말한다(제130조 제1항, 제219조). 보관자의 승낙을 얻어 보관하게 하는 것은 임치계약에 해당하므로 보관자는 특별한 약정이 없는 한 임차료를 청구할 수 없다.
폐기처분	폐기처분이란 위험발생의 염려가 있는 압수물을 폐기하는 것을 말한다(제130조 제2항, 제219조). 압수물을 폐기하는 경우에는 폐기조서를 작성하고 사진을 촬영하여 첨부하여야 한다.
대가보관	ⓐ 대가보관이란 몰수하여야 할 압수물로서 멸실 · 파손 또는 부패의 염려가 있거나 보관하기 불편 한 경우에는 이를 매각하여 대가를 보관하는 것을 말한다(제132조, 제219조). ⓑ 대가보관의 결정을 함에는 검사, 피해자, 피고인(피의자) 또는 변호인에

51) (1) 주취운전이라는 범죄행위로 당해 음주운전자를 체포 .구속하지 아니한 경우에도 필요하다 면 그 차량의 열쇠는 범행중 . 또는 범행직후의 범죄장소 에서의 압수조서 제 216조 3항 에 의하여 영장없이 압수할 수 있다 (대판 1998. 5.8. 97다54482)

(2) 사법경찰관 작성의 검증조서의 작성이 범죄현장에서 급속을 요한다는 이유로 압수수색영 장 없이 행하여졌는데 그 후 법원의 사후영장을 받은 흔적이 없다면 유죄의 증거로 쓸 수 없다(대판 1990.9.14, 90 도 1263).

	미리 통지하여야 한다(제135조, 제219조). ⓒ 대가보관은 목적물의 재산권 행사에 중대한 영향을 미치므로 몰수해야할 압수물에 대해서만 할 수 있으므로 증거물에 대하여 할 수 없다. ⓓ 사법경찰관이 대가보관처분을 할 때는 검사의 지휘를 받아야 한다(제219조 단서). ⓔ 환부해야 할 압수물 중 환부를 받을 자가 누구인지 알 수 없거나 그 소재가 불분명한 경우로서 그 압수물의 멸실・파손・부패 또는 현저한 가치 감소의 염려가 있거나 보관하기 어려운 압수물은 매각하여 대가를 보관할 수 있다(제132조 2항).

② 압수물의 가환부

의 의	가환부란 압수의 효력을 존속시키면서 압수물을 피압수자에게 잠정적으로 돌려주는 제도이다
대 상	ⓐ 증거에 공할 목적으로 압수한 물건이다. '증거에 공할 압수물'에는 증거물과 임의적 몰수물이 포한된다(1998. 4.16, 97모25). ⓑ 증거에만 공할 목적으로 압수한 물건으로서 소유자 또는 소지자가 계속 사용하여야할 물건은 사진촬영 기타 원형보전 조치를 취하고 신속히 가환부하여야 한다(제133조 제2항 . 219조).
절차	ⓐ 청구 또는 직권 가환부는 소유자・소지자・보관자 또는 제출인의 청구에 의하여 법원 또는 수사기관의 결정에 의한다(제133조 제1항, 제219조). 가환부는 청구에 의해서만 가능하고, 직원으로 할 수 없으며 재량에 속한다. ⓑ 그러나 제133조 2항에 의한 가환부는 직원으로 행하며, 재량이 아니라 필요적이다. 사법경찰관이 압수잘물의 가환부를 함에는 검사의 지휘를 받아야 한다(제219조). 가환부결정을 함에는 미리 검사・피해자・피고인・피의자 또는 변호인에게 통지하여야 한다(제13조, 제219조).
효력	ⓐ 압수물을 가환부한 경우에도압수의 효력은 존속된다. 따라서 가환부를 합등자는 보관의무・제출의무를 지고, 그 압수물을 매각처분하는 것은 불허된다. ⓑ 가환부 장물에 대해 별단의 선고가 없는 경우 환부의 선고가 있는 것으로 간주한다(제333조 제3항). ⓒ 사법경찰관이 압수물의 위탁보관과 폐기, 압수물의 대가보관, 압수물의 환부・가환부, 압수장물의 피해자환부까지의 규정에 따른 처분을 하는 경우에는 검사의 지휘를 받아야 한다(제219조).

③ 압수물의 환부

의의	환부란 압수물을 종국적으로 소유자 또는 제출인에게 반환하는 법원 또는 수사기관의 처분으로 압수계속의 필요성이 없다고 인정되는 압수물은 소유자등의 청구 없이 제출인에게 반환하는 처분이다.
사유	ⓐ 압수계속의 필요성이 없을 때 즉 피고사건과 관련성이 없거나 증거물로서의 가치

<table>
<tr><td></td><td colspan="2">가 전혀 없거나 상실된 경우
ⓑ 체포할 때 일정한 물건을 압수한 후 영장을 발부 받지 못한 경우 즉시 환부 하여야 한다(217조2항)</td></tr>
<tr><td>절차</td><td colspan="2">ⓐ 환부청구권 인정여부
환부는 법원, 수사기관의 결정으로 행하므로 가환부와는 달리 청구를 요하지 않는다.
ⓑ 권리포기와 환부청구권의 소멸여부: 피압수자 등 환부를 받을 자가 압수 후 그 소유권을 포기하는 등에 의하여 실체법상의 권리를 상실하더라도 그 때문에 압수물을 환부하여야 하는 수사기관의 의무에 어떠한 영향을 미칠 수 없고, 또한 수사기관에 대하여 형사소송법상의 환부청구권을 포기한다는 의사표시를 하였더라도 그 효력이 없어 그에 의하여 수사기관의 필요적 환부의무가 면제된다고 볼 수는 없다(대판 1996. 8. 16, 94모51)
ⓒ 수사기관의 사전통지: 사법경찰관이 압수물의 대가보관, 압수물의 환부 가환부, 압수장물의 피해자 환부의 처분을 함에는 검사의 지휘를 받아야 하고 위 처분시 검사, 피해자, 피고인 또는 변호인에게 미리 통지하여야 한다(제135조).</td></tr>
<tr><td rowspan="3">환부의 상대방</td><td colspan="2">ⓐ 원칙 : 제출인에게 환부한다.
ⓑ 예외 : 134조에서는 압수한 장물은 피해자에게 환부해야할 것이 명백할 때에는 피해자에게 환부하여야한다.</td></tr>
<tr><td>피고·피의 사건 종결 전</td><td>ⓐ 압수한 장물이 피해자에게 환부할 이유가 명백할 때에는 피고・피의 사건의 종결 전이라도 결정으로 피해자에게 환부할 수 있다(제314조, 제219조)
ⓑ 피해자가 소재 불명이거나 성명불상인 경우에도 환부는 허용된다.
ⓒ 사법경찰관이 압수장물의 피해자 환부를 함에는 검사의 지휘를 받아야 한다.
ⓓ 피해자 환부의 결정을 하는 경우에도 피해자, 피고인・피의자 또는 변호인에게 미리 통지하여야 한다(제135조, 제219조)</td></tr>
<tr><td>피고·피의 사건 종결시</td><td>ⓐ 압수한 장물로서 피해자에게 환부할 이유가 명백한 것은 판결로서 피해자에게 환부하는 선고를 하여야 한다(제333조 1항)
ⓑ 이 경우 장물을 처분하였을 때에는 판결로서 그 대가로 취득한 것을 피해자에게 교부하는 선고를 하여야 한다(제333조 2항)</td></tr>
<tr><td>효력</td><td colspan="2">• 환부에 의하여 압수는 효력을 상실한다. 그러나 압수를 해제할 뿐이고 목적물에 대한 실체법상의 권리를 부여 하거나 확인시키는 효력이 있는 것은 아니다. 따라서 이해관계인이 민사소송에 의해 그 권리를 주장함에 영향을 미치지 아니한다(제333조 제4항).
• 압수한 서류 또는 물품에 대하여 몰수의 선고가 없는 때에는 압수를 해제한 것으로 간주한다(제332조).</td></tr>
<tr><td>불복</td><td colspan="2">검사가 사건을 불기소 처분하는 경우에 당해 사건에 관하여 압수한 압수물을 제출인에게 환부하여야 하고 고소인(소유자)에게 환부함은 위법하다. 그러므로 검사의 위와 같은 처분에 대하여 제417조의 준항고가 가능하다(대판 1969.5.27, 68다 824).</td></tr>
</table>

11. 검 증

형사소송법

제139조【검증】 법원은 사실을 발견함에 필요한 때에는 검증을 할 수 있다.

제140조【검증과 필요한 처분】 검증을 함에는 신체의 검사, 사체의 해부, 분묘의 발굴, 물건의 파괴 기타 필요한 처분을 할 수 있다.

제141조【신체검사에 관한 주의】

① 신체의 검사에 관하여는 검사를 당하는 자의 성별, 연령, 건강상태 기타 사정을 고려하여 그 사람의 건강과 명예를 해하지 아니하도록 주의하여야 한다.

② 피고인 아닌 자의 신체검사는 증적의 존재를 확인할 수 있는 현저한 사유가 있는 경우에 한하여 할 수 있다.

③ 여자의 신체를 검사하는 경우에는 의사나 성년의 여자를 참여하게 하여야 한다.

④ 사체의 해부 또는 분묘의 발굴을 하는 때에는 례를 잊지 아니하도록 주의하고 미리 유족에게 통지하여야 한다.

제142조【신체검사와 소환】 법원은 신체를 검사하기 위하여 피고인 아닌 자를 법원 기타 지정한 장소에 소환할 수 있다.

제143조【시각의 제한】

① 일출전, 일몰후에는 가주, 간수자 또는 이에 준하는 자의 승낙이 없으면 검증을 하기 위하여 타인의 주거, 간수자 있는 가옥, 건조물, 항공기, 선거내에 들어가지 못한다. 단, 일출후에는 검증의 목적을 달성할 수 없을 염려가 있는 경우에는 예외로 한다.

② 일몰전에 검증에 착수한 때에는 일몰후라도 검증을 계속할 수 있다.

③ 제126조에 규정한 장소에는 제1항의 제한을 받지 아니한다.

제144조【검증의 보조】 검증을 함에 필요한 때에는 사법경찰관리에게 보조를 명할 수 있다.

제145조【준용규정】 제110조, 제119조 내지 제123조, 제127조와 제136조의 규정은 검증에 관하여 준용한다

(1) 의 의

검증이란 오관의 작용에 의하여 사람이나 물건 또는 장소의 존재 및 상태를 직접적으로 실험·인식하는 것을 말한다.

(2) 종 류

검증에는 기소 전에 수사기관이 하는 검증과[52]. 기소 후에 법원이 하는 검증으로 구분할 수 있다. 법원이나 법관에 의한 검증은 증거조사의 일종으로 별도의 영장을 필요로 하지 않으나, 수사기관의 검증은 증거확보를 위한 강제처분으로서의 의미를 가지므로 원칙적으로 법관의 영장을 필요로 한다(제215조). 형사소송법은 수사기관의 검증에 관하여 법원의 검증에 관한 규정을 준용하고 있다(제219조).

52) 실황조사는 수사기관이 영장 없이 현장상황을 조사하여 결과를 기재한 서면을 말하며 검증과는 영장 없이 행한다는 것이 차이다.

(3) 검증의 절차

검증도 강제처분이므로 압수 수색영장의 규정이 준용된다. (제 219조) 그러므로 수사기관의 검증시 검사가 청구하고 법원이 발부한 영장이 있어야하며 집행시 참여자의 참여권이 인정되어야한다.

대상	수사기관에 의한 검증의 대상에는 제한이 없다. 장소, 물건, 서류, 사람의 신체, 사체해부, 분묘 발굴, 물건파괴 기타 처분을 할 수 있다. 피고인 아닌 자의 신체검사는 증적의 존재가 현저한 사유가 있는 경우만 가능하다.
검증영장의 발부	검사가 검증을 행하기 위해서는 지방법원의 판사가 발부한 영장이 있어야 한다
검증 영장의 집행	① 피의자.변호인은 검증영장의 집행에 참여할 권리가 있다(121조 219조). 그러므로 영장의 집행시 급속을 요하는 경우를 제외하고 집행의 일시.장소를 통지하여야한다. ② 검증을 위하여 사체해부 또는 분묘발굴을 하는 때 에는 예(禮)를 잃지 아니하도록 주의하여야 한다. ③ 검증시 검증자는 조서를 작성하여야한다. 그리고 검증조서에는 검증목적물의 형상을 명확하게 하기 위하여 도화나 사진을 첨부할 수 있다. ④ 제143조 시각의 제한 ⓐ 일출전, 일몰후에는 가족, 간수자 또는 에 준하는 자의 승낙이 없으면 검증을 하기 위하여 타인의 주거, 간수자 있는 가옥, 건조물, 항공기, 선차내에 들어가지 못한다. 단, 일출후에는 검증의 목적을 달성할 수 없을 염려가 있는 경우에는 예외로 한다. ⓑ 일몰전에 검증에 착수한 때에는 일몰후라도 검증을 계속할 수 있다.

12. 신체검사

(1) 의 의

신체검사란 신체 자체를 검사의 대상으로 하는 점에서 신체외부와 착의에 대해 증거물을 수색하는 신체수색과 구별된다.

(2) 성 질

신체검사는 검증으로서의 성질을 가진다.

(3) 절 차

① 신체검사도 원칙적으로 검증영장에 의하여야 한다.
피의자를 대상으로 함이 원칙이나 피의자 아닌 자라도 증적의 존재를 확인할 수 있는 현저한 사유가 있는 때에 한하여 신체검사를 할 수 있다.(제141조 2항)

② 수사기관이 여자의 신체를 검사하는 경우에는 의사나 성년여자를 참여하게 하여야 한다(제141조 제3항, 제219조). 단, 여자의 신체수색은 성년의 여자를 참여하게 하여야 한다.

③ 법원은 신체를 검사하기 위하여 피고인 아닌자를 법원 기타 지정한 장소에 소환할 수 있다.

13. 체내검사

체내검사란 신체의 내부에 대한 강제처분으로 신체검사의 특수한 유형으로 인권침해의 소지가 높으므로 엄격한 제한이 요구된다.

(1) 연하물의 강제배출

① 의 의

구토제등을 사용하여 삼킨 물건을 강제로 배출케 하는 것으로 압수 또는 감정의 목적으로 행하여진다.

② 연 혁

미국의 판례는 연하물의 강제배출은 양심에 대한 충격이며 적정절차의 위반이라고 판시하였으나, 강제수사의 필요성이 현저하고 의사에 의한 정당한 방법으로 실행되며 피검자의 건강을 해하지 않는 범위 내에서 압수 수색 감정의 절차에 따라 허용하는 것이 타당하다.

③ 요 건

전문지식 경험이 필요하다는 점에서 압수, 수색영장이외에 감정처분허가장을 요한다.

(2) 강제채혈과 강제채뇨 [53)]

---

53) 피고인이 1995. 7. 19. 17:00경 공주시 우성면 상서리 소재 도로에서 혈중알코올농도 0.09%의 주취 상태로 화물차를 운전하다가 중앙선을 침범하여 반대차선에서 진행중이던 프라이드 및 그랜저 승용차를 충돌하여 위 승용차에 타고 있던 피해자 5명으로 하여금 약 2주 내지 6주간의 치료를 요하는 상해를 입힌사건에서 의식불명인자 가해자로부터 간호사가 채취한 혈액을 사법경찰관이 임의제출받은 혈액을 국과수의 감정의뢰 회보서에 의하여 유죄판결을 인정한 사건에서 형사소송법 제218조는 "검사 또는 사법경찰관은 피의자, 기타인의 유류한 물건이나 소유자, 소지자 또는 보관자가 임의로 제출한 물건을 영장 없이 압수할 수 있다."라고 규정하고 있고, 같은 법 제219조에 의하여 준용되는 제112조 본문은 "변호사, 변리사, 공증인, 공인회계사, 세무사, 대서업자, 의사, 한의사, 치과의사, 약사, 약종상, 조산사, 간호사, 종교의 직에 있는 자 또는 이러한 직에 있던 자가 그 업무상 위탁을 받아 소지 또는 보관하는 물건으로 타인의 비밀에 관한 것은 압수를 거부할 수 있다."라고 규정하고 있을 뿐이고, 달리 형사소송법 및 기타 법령상 의료인이 진료 목적으로 채혈한 혈액을 수사기관이 수사목적으로 압수하는 절차에 관하여 특별한 절차적 제한을 두고 있지 않으므로, 의료인이 진료 목적으로 채혈한 환자의 혈액을 수사기관에 임의로 제출하였다면 그 혈액의 증거사용에 대하여도 환자의 사생활의 비밀 기타 인격적 법익이 침해되는 등의 특별한 사정이 없는 한 반드시 그 환자의 동의를 받아야 하는 것이 아니다. 따라서 원심이 적법하게 인정한 사실에 의하면, 경찰관이 간호사로부터 진료 목적으로 이미 채혈되어 있던 피고인의 혈액 중 일부를 임의로 제출 받아 이를 압수한 것으로 보이므로 당시 간호사가 위 혈액의 소지자 겸 보관자인 공주의료원 또는 담당의사를 대리하여 혈액을 경찰관에게 임

① 강제채혈이란 의사가 주사기를 혈관에 삽입하여 혈액을 강제로 채취하는 것으로 주로 감정의 목적으로 행하여진다.

② 강제채뇨란 피의자의 하반신을 노출시키고 의사가 도뇨관을 요도를 통하여 방광에 삽입하여 체내에 있는 뇨를 강제로 채취하는 것으로 감정의 목적으로 행해진다.

14. 감정유치

(1) 개념

감정유치란 피고인 또는 피의자의 정신 또는 신체를 감정하기 위하여 일정한 기간 동안 병원 기타 적당한 장소에 피고인 또는 피의자를 유치하는 강제처분을 말한다(제172조 제3항). 예를들어, 21명의 부녀자를 연쇄살인 한 피고인에 대하여 공주치료감호소에서 2개월 동안 정신상태를 감정하기 위하여 구금하는 강제처분을 말한다.

(2) 법적 성질

검사의 청구와 법원의 감정유치장발부에 의하고 구속에 관한 규정이 감정유치에도 준용되므로 강제수사설이 타당하다.

(3) 대 상

수사상의 감정유치는 피의자를 대상으로 하며, 피의자가 아닌 제3자에 대하여 감정유치를 청구할 수 없다. 구속불구속을 불문한다.

(4) 요 건

감정유치를 청구함에 있어서는 감정유치의 필요성이 인정될 것을 요한다. 감정유치의 필요성은 정신 또는 신체의 감정을 위하여 계속적인 유치와 관찰이 필요한 때에 인정된다. 따라서 피의자를 유치하지 않아도 병원에 통원함에 의하여 감정할 수 있는 때에는 감정유치를 청구할 수 없다.

(5) 절 차

수사상 감정유치의 절차는 검사의 청구를 요건으로 하는 것 이외에는 법원의 감정유치에 관한 규정을 준용한다.

의로 제출할 수 있는 권한이 없었다고 볼 특별한 사정이 없는 이상, 그 압수절차가 피고인 또는 피고인의 가족의 동의 및 영장 없이 행하여졌다고 하더라도 이에 적법절차를 위반한 위법이 있다고 할 수 없다(대판 1999. 9. 3. 선고 98도968).

감정유치의 청구권자·방식	① 감정유치의 청구권자는 검사에 한한다.(제221조의 3 제1항). 따라서 감정유치의 청구에 대한 필요성은 종국적으로 검사가 판단하여야 한다. ② 감정유치의 청구는 감정유치청구서에 의한다.
감정유치장의 발부	① 판사는 청구가 상당하다고 인정할 때에는 감정유치장을 발부한다(제172조 제4항). 법원의 감정유치에 있어서의 감정유치장은 명령장임을 부정할 수 없으나, 피의자에 대한 감정유치는 수사기관의 강제수사에 속하므로 허가장이라고 해석하는 것이 타당하다. ② 청구서에 기재된 유치기간이 장기라고 인정될 때에는 법원은 상당한 기간으로 단축하여 감정유치장을 발부할 수 있다. ③ 감정유치를 기각하는 결정에 대해서는 물론이고 감정유치장의 발부에 대한 피의자의 준항고도 허용되지 않는다.
감정유치장의 집행	① 감정유치장의 집행에 관하여는 구속영장의 집행에 관한 규정이 준용된다.(제221조의 3 제2항 ,제172조 제7항). ② 검사 또는 유치장소의 관리자가 간수의 필요가 있다고 인정할 때에는 검사는 유치의 청구와 동시에 또는 별도로 판사에 대하여 간수명령을 청구할 수 있다. 판사가 직권으로 간수명령을 발하는 것도 가능하다(제172조 제5항).
감정유치기간 (재정기간)	감정유치에 필요한 유치기간에는 제한이 없다. 수사상 감정유치에 있어서 감정유치장의 유치기간을 연장할 때에는 검사의 청구에 의하여 판사가 결정하여야 한다. (제221조의3 제6항, 제172조 제6항)

(6) 감정유치와 구속

① 감정유치는 실질적으로는 구속에 해당하므로 유치에 관하여는 구속에 관한 규정이 준용된다. 단, 보석에 관한 규정은 제외된다. 따라서 미결구금일수의 산입에 있어서 감정유치기간은 구속으로 간주한다(제221조의 3, 제172조 제8항).

② 구속중인 피의자에 대하여 감정유치장이 집행되었을 때에는 피의자가 유치되어 있는 기간 동안 구속은 그 집행이 정지된 것으로 간주한다. 따라서 감정유치기간은 구속기간에 포함되지 않는다. 이 때 유치처분이 취소되거나 유치기간이 만료된 때에는 구속의 집행정지가 취소된 것으로 간주한다(제172조의 2).

(7) 감정에 필요한 처분

① 수사기관으로부터 감정의 위촉을 받은 자는 감정에 관하여 필요한 때에는 판사의 허가를 얻어 타인의 주거, 간수자 있는 가옥, 건조물, 항공기, 선차 내에 들어갈 수 있고 신체의 검사, 사체의 해부, 분묘의 발굴, 물건의 파괴 등 필요한 처분을 할 수 있다(제221조의 4 제1항).

※ 사법경찰관으로부터 감정을 위촉받은 자가 사체를 해부하려면 법관의 감정허가장이 필요하다

② 이 때 필요한 처분에 대한 허가는 검사가 청구하여야 하며(동조 제2항), 판사는 청구가 상당하다고 인정할 때에는 허가장을 발부하여야 한다.(동조 제3항)

15. 통신수사

범죄수사규칙

제7장 통신수사

제1절 통 칙

제142조(통신비밀보호) 경찰관은 통신수사를 할 때에는 통신 및 대화의 비밀을 침해하지 않도록 필요 최소한도로 실시하여야 하며 직무상 알게된 사항을 외부에 공개하거나 누설하지 말고 통신비밀보호에 최선을 다하여야 한다.

제143조(허가 및 자료요청의 주체) ①「통신비밀보호법」 제6조제2항, 제13조제1항의 규정에 따른 통신제한조치 및 통신사실확인자료제공 요청의 허가신청은 사법경찰관이 하여야 한다.
②「전기통신사업법」 제54조제3항 규정에 따른 통신자료의 요청은 경찰서장 및 지방청·경찰청 과장 이상 결재권자의 직책, 직급, 성명을 명기하여 사법경찰관리가 요청할 수 있다.

제144조(남용방지) ①사법경찰관은 통신제한조치 허가신청을 할 때에는 「통신비밀보호법」 제5조, 제6조에서 규정한 대상범죄, 신청방법, 관할법원, 허가요건 등을 충분히 검토하여 남용 및 기각되지 않도록 하여야 한다.
②사법경찰관은 통신사실 확인자료제공 요청 허가신청을 할 때에는 요청사유, 해당 가입자와의 연관성, 필요한 자료의 범위 등을 명확히 하여 남용 및 기각되지 않도록 하여야 한다.

제145조(관할) ①통신제한조치의 관할은 그 통신제한조치를 받을 통신당사자의 쌍방 또는 일방의 주소지·소재지, 범죄지, 통신당사자와 공범관계에 있는 자의 주소지·소재지를 관할하는 지방법원 또는 지원을 말한다.
②통신사실 확인자료의 관할은 피의자, 피내사자의 주소지·소재지, 범죄지 또는 해당 가입자의 주소지·소재지를 관할하는 지방법원 또는 지원을 말한다.

제146조(허가신청방법) ①사법경찰관은 통신제한조치 및 통신사실확인자료제공 요청의 허가신청을 할 때에는 원칙적으로 각 피의자별 또는 각 피내사자별로 신청하여야 한다.
②사법경찰관은 통신사실 확인자료 허가신청을 할 때에는 피의자 또는 피내사자가 아닌 경우 다수의 가입자에 대하여 1건의 허가신청서로 요청할 수 있다.

제147조(자료제공요청방법) ①통신제한조치 허가신청은 반드시 서면으로 하여야 한다.
②통신사실 확인자료 및 통신자료 제공요청은 모사전송에 의하여 할 수 있다. 이 경우 신분을 표시하는 증표를 함께 제시하여야 한다.
③통신제한조치의 집행 및 통신사실 확인자료제공 요청 후에는 취득한 결과의 요지 등을 별지 제120호 서식의 집행조서에 작성하여야 한다.

제148조(허가서의 반납) 경찰관은 통신제한조치의 집행 또는 통신사실 확인자료 제공요청이 불가능하거나 필요없게 된 경우에는 허가서번호, 허가서 발부일자 및 수령일자, 수령자 성명, 집행불능의 사유를 기재하여 통

신제한조치허가서 또는 통신사실확인자료 제공요청 허가서를 반환하여야 한다.

제2절 긴급통신수사

제149조(긴급통신수사) ①사법경찰관이 긴급통신제한조치를 할 경우에는 미리 검사의 지휘를 받아야 한다. 다만, 특히 급속을 요하여 미리 지휘를 받을 수 없는 사유가 있는 경우에는 긴급통신제한조치의 집행착수 후 지체없이 검사의 승인을 얻어야 한다.
②사법경찰관이 긴급통신제한조치를 하고자 하는 경우에는 반드시 긴급검열서 또는 별지 제112호 서식의 긴급감청서를 작성하여야 하며 이를 별지 제113호 서식의 긴급통신제한조치 대장에 기재하여야 한다.
③사법경찰관은 긴급 통신제한조치 및 긴급 통신사실확인자료 제공을 요청하였을 경우에는 36시간 이내에 법원의 허가를 받아 허가서 표지사본을 전기통신사업자에게 송부하여야 한다.
④사법경찰관은 긴급 통신제한조치 후 36시간 이내에 허가를 받지 못한 경우에는 즉시 집행을 중지하여야 하며 체신관서로부터 인계받은 우편물이 있는 경우 즉시 반환하여야 한다.
⑤사법경찰관은 긴급으로 통신사실확인자료를 제공받았으나 36시간 내 허가를 받지 못한 경우에는 제공받은 자료는 분쇄시키고 파일은 삭제하는 방법으로 폐기하여야 하고 허가신청서 등 관련서류 및 폐기에 대한 수사보고서를 기록에 첨부하여야 한다.
⑥사법경찰관은 긴급한 사건으로 발신기지국의 위치추적자료(실시간 위치추적)를 제공받았으나 허가를 받기 전 조기에 검거된 경우에는 그 즉시 전기통신사업자에게 전화 등으로 자료제공의 중단을 요청하고 반드시 36시간 이내에 법원의 허가를 받은 후 허가서 사본을 전기통신사업자에게 송부하여야 한다.

제150조(긴급통보서 작성·송부) 사법경찰관은 긴급통신제한조치가 단시간 내에 종료되어 법원의 허가를 받을 필요가 없는 경우에는 지체없이 별지 제114호 서식의 긴급통신제한조치통보서를 작성하여 관할 지방검찰청 검사장 또는 지청장에게 송부하여야 한다.

제3절 통신수사 집행후 조치

제151조(집행결과보고) ①사법경찰관은 통신제한조치 및 통신사실확인자료를 제공받아 집행한 후 수사 또는 내사한 사건을 종결할 경우 그 결과를 검사에게 보고하여야 한다.
②타 관서에서 통신수사를 집행한 사건을 이송받아 내사한 후 내사종결한 경우는 내사종결한 관서에서 허가서를 청구한 검찰청에 집행결과를 보고한 후 허가서를 신청한 관서로 사건처리결과를 통보하여야 한다.

제152조(통신제한조치 등 집행사실 통지) ①사법경찰관은 통신제한조치를 집행한 사건에 대하여 검사로부터 공소를 제기하거나 제기하지 않는 처분(기소중지 결정을 제외한다)의 통보를 받거나 내사사건에 관하여 입건하지 않는 처분을 한 때에는 그 날로부터 30일 이내에 그 대상이 된 가입자에게 통신제한조치를 집행한 사실과 집행기관 및 그 기간 등을 서면으로 통지하여야 한다.
②사법경찰관은 통신사실 확인자료의 제공을 받은 사건에 관하여 검사가 공소를 제기하거나 공소를 제기하지 않는 처분(기소중지 결정을 제외한다)의 통보를 받거나 내사사건에 대하여 자체적으로 입건하지 않는 처분을 한 때에는 그 처분을 한 날로부터 30일 이내에 그 대상이 된 전기통신의 가입자에게 통신사실확인자료 제공을 받은 사실과 제공요청기관 및 그 기간 등을 서면으로 통지하여야 한다.
③사법경찰관은 다음 각호의 어느 하나에 해당하는 사유가 있어 통지유예 승인을 받은 경우에는 그 사유가 해소된 날로부터 30일 이내에 각각 제1항과 제2항의 규정에 의한 통지를 하여야 한다.
1. 국가의 안전보장·공공의 안녕질서를 위태롭게 할 현저한 우려가 있는 때
2. 사람의 생명·신체에 중대한 위험을 초래할 염려가 현저한 때
④사법경찰관은 전항의 규정에 의한 통지를 한 경우에는 지체없이 관할 지방검찰청 검사장 또는 지청장에게 통보하여야 한다.

> 제153조(통신제한조치 취득자료 보관) ①사법경찰관은 통신제한조치 집행으로 취득한 물건은 허가서 및 집행조서와 함께 봉인한 후 허가번호 및 보존기간을 표기하여 별도로 보관하고 수사담당자 외의 자가 열람할 수 없도록 하여야 한다.
> ②내사종결한 사건의 경우 전항과 같이 보존하여 25년 경과 후 검사의 지휘를 받아 즉시 폐기하여야 한다.

(1) 관련용어

통신	우편물 및 전기통신을 말한다
우편물	우편법에 의한 통상우편물과 소포우편물을 말한다.
전기통신	전화·전자우편·회원제정보서비스·모사전송·무선호출 등과 같이 유선·무선·광선 및 기타의 전자적 방식에 의하여 모든 종류의 음향·문언·부호 또는 영상을 송신하거나 수신하는 것을 말한다.
당사자	우편물의 발송인과 수취인, 전기통신의 송신인과 수신인을 말한다.
내국인	대한민국의 통치권이 사실상 행사되고 있는 지역에 주소 또는 거소를 두고 있는 대한민국 국민을 말한다.
검열	우편물에 대하여 당사자의 동의없이 이를 개봉하거나 기타의 방법으로 그 내용을 지득 또는 채록하거나 유치하는 것을 말한다.
감청	전기통신에 대하여 당사자의 동의없이 전자장치·기계장치등을 사용하여 통신의 음향·문언·부호·영상을 청취·공독하여 그 내용을 지득 또는 채록하거나 전기통신의 送·수신을 방해하는 것을 말한다.
감청설비	대화 또는 전기통신의 감청에 사용될 수 있는 전자장치·기계장치 기타 설비를 말한다. 다만, 전기통신 器機·기구 또는 그 부품으로서 일반적으로 사용되는 것 및 청각교정을 위한 보청기 또는 이와 유사한 용도로 일반적으로 사용되는 것중에서, 대통령령이 정하는 것은 제외한다.
불법감청 설비탐지	통신비밀보호법의 규정에 의하지 아니하고 행하는 감청 또는 대화의 청취에 사용되는 설비를 탐지하는 것을 말한다.
전자우편	컴퓨터 통신망을 통해서 메시지를 전송하는 것 또는 전송된 메시지를 말한다.
회원제정 보서비스	특정의 회원이나 계약자에게 제공하는 정보서비스 또는 그와 같은 네트워크의 방식을 말한다.
통신사실 확인자료	다음 각목의 어느 하나에 해당하는 전기통신사실에 관한 자료를 말한다. 가. 가입자의 전기통신일시 나. 전기통신개시·종료시간 다. 발·착신 통신번호 등 상대방의 가입자번호 라. 사용도수 마. 컴퓨터통신 또는 인터넷의 사용자가 전기통신역무를 이용한 사실에 관한 컴퓨터통신 또는 인터넷의 로그기록자료 바. 정보통신망에 접속된 정보통신기기의 위치를 확인할 수 있는 발신기지국의 위치추적자료 사. 컴퓨터통신 또는 인터넷의 사용자가 정보통신망에 접속하기 위하여 사용하는 정보통신기기의 위치를 확인할 수 있는 접속지의 추적자료
단말기기 고유번호	이동통신사업자와 이용계약이 체결된 개인의 이동전화 단말기기에 부여된 전자적 고유번호를 말한다.

(2) 허가 요건

통신제한조치 대상범죄(통신비밀보호법 제5조 1항 각호)를 계획 또는 실행하고 있거나, 실행하였다고 의심할만한 충분한 이유가 있고 다른 방법으로는 그 범죄의 실행을 저지하거나 범인의 체포 또는 증거수집이 어려운 때에 한하여 통신제한조치를 허가할 수 있다. 따라서 통신제한조치 허가요건은 범죄혐의와 보충성의 결합이라는 2중 소명이 필요하다[54].

<통신제한조치 대상범죄>

형법	형법 제2편중 제1장 내란의 죄, 제2장 외환의 죄중 제92조 내지 제101조의 죄, 제4장 국교에 관한 죄중 제107조, 제108조, 제111조 내지 제113조의 죄, 제5장 공안을 해하는 죄중 제114조, 제115조의 죄, 제6장 폭발물에 관한 죄, 제7장 공무원의 직무에 관한 죄중 제127조, 제129조 내지 제133조의 죄, 제9장 도주와 범인은닉의 죄, 제13장 방화와 실화의 죄중 제164조 내지 제167조·제172조 내지 제173조·제174조 및 제175조의 죄, 제17장 아편에 관한 죄, 제18장 통화에 관한 죄, 제19장 유가증권, 우표와 인지에 관한 죄중 제214조 내지 제217조, 제223조(제214조 내지 제217조의 미수범에 한한다) 및 제224조(제214조 및 제215조의 예비·음모에 한한다), 제24장 살인의 죄, 제29장 체포와 감금의 죄, 제30장 협박의 죄중 제283조제1항, 제284조, 제285조(제283조제1항, 제284조의 상습범에 한한다), 제286조[제283조제1항, 제284조, 제285조(제283조제1항, 제284조의 상습범에 한한다)의 미수범에 한한다]의 죄, 제31장 약취와 유인의 죄, 제32장 강간과 추행의 죄중 제297조 내지 제301조의2, 제305조의 죄, 제34장 신용, 업무와 경매에 관한 죄중 제315조의 죄, 제37장 권리행사를 방해하는 죄중 제324조의2 내지 제324조의4·제324조의5(제324조의2 내지 제324조의4의 미수범에 한한다)의 죄, 제38장 절도와 강도의 죄중 제329조 내지 제331조, 제332조(제329조 내지 제331조의 상습범에 한한다), 제333조 내지 제341조, 제342조[제329조 내지 제331조, 제332조(제329조 내지 제331조의 상습범에 한한다), 제333조 내지 제341조의 미수범에 한한다]의 죄, 제39장 사기와 공갈의 죄중 제350조의 죄
군형법	제2편중 제1장 반란의 죄, 제2장 이적의 죄, 제3장 지휘권 남용의 죄, 제4장 지휘관의 강복과 도피의 죄, 제5장 수소이탈의 죄, 제7장 군무태만의 죄중 제42조의 죄, 제8장 항명의 죄, 제9장 폭행·협박·상해와 살인의 죄, 제11장 군용물에 관한 죄, 제12장 위령의 죄중 제78조·제80조·제81조의 죄
기타 법률	· 국가보안법에 규정된 범죄 · 군사기밀보호법에 규정된 범죄 · 「군사기지 및 군사시설 보호법」에 규정된 범죄 · 마약류관리에관한법률에 규정된 범죄중 제58조 내지 제62조의 죄 · 폭력행위등처벌에관한법률에 규정된 범죄중 제4조 및 제5조의 죄 · 총포·도검·화약류등단속법에 규정된 범죄중 제70조 및 제71조제1호 내지 제3호의 죄 · 특정범죄가중처벌등에관한법률에 규정된 범죄중 제2조 내지 제8조, 제10조 내지 제12조의 죄 · 특정경제범죄가중처벌등에관한법률에 규정된 범죄중 제3조 내지 제9조의 죄 · 위 형법과 군형법 죄에 대한 가중처벌을 규정하는 법률에 위반하는 범죄

54) 대표적 통신제한조치대상범죄 불포함 범죄: 외국국기·국장모독죄, 직무유기, 존석협박죄, 장물취득, 관세법위반, 사기, 주거침입, 자동차불법사용죄, 자동차관리법 위반, 상해치사, 폭행치사, 공무집행방해죄, 폭처법위반(상해·폭행), 선거방해죄, 선거법위반, 미성년자등에대한간음죄, 손괴, 간음, (업무상)실화, 연소죄

(3) 통신제한조치 허가절차

	통신제한조치 허가 신청서 및 신청부 기재 →허가 신청 및 청구→허가서 발부→위탁집행(표지의 사본 교부)→집행대장 기재, 보존→집행사실통지
범죄수사를 위한통신제한 조치	① 검사는 범죄수사를 위한 통신제한조치의 허가요건이 구비된 경우에는 법원(군사법원을 포함한다. 이하 같다)에 대하여 각 피의자별 또는 각 피내사자별로 통신제한조치를 허가하여 줄 것을 청구할 수 있다. ② 사법경찰관은 범죄수사를 위한 통신제한조치의 허가요건요건이 구비된 경우에는 검사에 대하여 각 피의자별 또는 각 피내사자별로 통신제한조치에 대한 허가를 신청하고, 검사는 법원에 대하여 그 허가를 청구할 수 있다. ③ 통신제한조치 청구사건의 관할법원은 그 통신제한조치를 받을 통신당사자의 쌍방 또는 일방의 주소지·소재지, 범죄지 또는 통신당사자와 공범관계에 있는 자의 주소지·소재지를 관할하는 지방법원 또는 지원(보통군사법원을 포함한다)으로 한다. ④ 통신제한조치청구는 필요한 통신제한조치의 종류·그 목적·대상·범위·기간·집행장소·방법 및 당해 통신제한조치가 통신제한조치의 허가요건을 충족하는 사유등의 청구이유를 기재한 서면(이하 "청구서"라 한다)으로 하여야 하며, 청구이유에 대한 소명자료를 첨부하여야 한다. 이 경우 동일한 범죄사실에 대하여 그 피의자 또는 피내사자에 대하여 통신제한조치의 허가를 청구하였거나 허가받은 사실이 있는 때에는 다시 통신제한조치를 청구하는 취지 및 이유를 기재하여야 한다. ⑤ 법원은 청구가 이유 있다고 인정하는 경우에는 각 피의자별 또는 각 피내사자별로 통신제한조치를 허가하고, 이를 증명하는 서류(이하 "허가서"라 한다)를 청구인에게 발부한다. ⑥ 허가서에는 통신제한조치의 종류·그 목적·대상·범위·기간 및 집행장소와 방법을 특정하여 기재하여야 한다. ⑦ 통신제한조치의 기간은 2월을 초과하지 못하고, 그 기간중 통신제한조치의 목적이 달성되었을 경우에는 즉시 종료하여야 한다. 다만, 통신제한조치의 허가요건이 존속하는 경우에는 관련 절차에 따라 소명자료를 첨부하여 2월의 범위안에서 통신제한조치기간의 연장을 청구할 수 있다. ⑧ 법원은 청구가 이유없다고 인정하는 경우에는 청구를 기각하고 이를 청구인에게 통지한다.
국가안보를 위한 통신제한조치	① 정보수사기관의 장은 국가안전보장에 대한 상당한 위험이 예상되는 경우에 한하여 그 위해를 방지하기 위하여 정보수집이 필요한 때에는 통신제한조치를 할 수 있다. 따라서 국가안보를 위한 통신제한조치의 경우에는 정보ㆍ수사시관장이 주체가 된다[55]. ② 통신의 일방 또는 쌍방 당사자가 내국인인 때에는 정보ㆍ수사기관의 장이 고등검찰청 검사에게 신청하며, 고등검찰청 검사의 청구에 의해 고등법원 수석부장판사의 허가가 있어야 한다[56]. ③ 대한민국에 적대하는 국가, 반국가활동의 혐의가 있는 외국의 기관·단체와 외국인, 대한민국의 통치권이 사실상 미치지 아니하는 한반도내의 집단이나 외국에 소재하는 그 산하단체의 구성원의 통신인 때에는 정보ㆍ수사기관의 장이 고등검찰청 검사에게 신청하며, 고등검찰청 검사의 청구에 의해 대통령의 승인이 있어야 한다. ④ 국가안보를 위한 통신제한조치의 기간은 4월을 초과하지 못하고, 그 기간중 통신제한조치의 목적이 달성되었을 경우에는 즉시 종료하여야 하되, ①의 요건이 존속하는 경우에는 소명자료를 첨부하여 고등법원 수석부장판사의 허가 또는 대통령의 승인을 얻어 4월의 범위 이내에서 통신제한조치의 기간을 연장할 수 있다.
긴급통신제한 조치	검사지휘→긴급감청서 작성→긴급통신제한조치(긴급감청서 표지 사본 교부)→사후 허가(또는 통보)→집행대장 기재ㆍ보존→집행사실 통지

	① 검사, 사법경찰관 또는 정보수사기관의 장은 국가안보를 위협하는 음모행위, 직접적인 사망이나 심각한 상해의 위험을 야기할 수 있는 범죄 또는 조직범죄 등 중대한 범죄의 계획이나 실행 등 긴박한 상황에 있고, 법원의 허가나 대통령의 승인에 필요한 절차를 거칠 수 없는 긴급한 사유가 있는 경우에 한해 법원의 허가 없이 통신제한조치를 할 수 있다. ② 검사, 사법경찰관 또는 정보수사기관의 장은 제1항의 규정에 의한 통신제한조치(이하 "긴급통신제한조치"라 한다)의 집행착수후 지체없이 제6조 및 제7조제3항의 규정에 의하여 법원에 허가청구를 하여야 하며, 그 긴급통신제한조치를 한 때부터 36시간 이내에 법원의 허가를 받지 못한 때에는 즉시 이를 중지하여야 한다. ③ 사법경찰관이 긴급통신제한조치를 할 경우에는 미리 검사의 지휘를 받아야 한다. 다만, 특히 급속을 요하여 미리 지휘를 받을 수 없는 사유가 있는 경우에는 긴급통신제한조치의 집행착수후 지체없이 검사의 승인을 얻어야 한다. ④ 검사, 사법경찰관 또는 정보수사기관의 장이 긴급통신제한조치를 하고자 하는 경우에는 반드시 긴급검열서 또는 긴급감청서(이하 "긴급감청서등"이라 한다)에 의하여야 하며 소속기관에 긴급통신제한조치대장을 비치하여야 한다. ⑤ 긴급통신제한조치가 단시간내에 종료되어 법원의 허가를 받을 필요가 없는 경우에는 그 종료후 7일 이내에 관할 지방검찰청검사장(제1항의 규정에 의하여 정보수사기관의 장이 제7조제1항제1호의 규정에 의한 요건을 구비한 자에 대하여 긴급통신제한조치를 한 경우에는 관할 고등검찰청검사장)은 이에 대응하는 법원장에게 긴급통신제한조치를 한 검사, 사법경찰관 또는 정보수사기관의 장이 작성한 긴급통신제한조치통보서를 송부하여야 한다. ⑥ 통보서에는 긴급통신제한조치의 목적·대상·범위·기간·집행장소·방법 및 통신제한조치허가청구를 하지 못한 사유 등을 기재하여야 한다. ⑦ 정보수사기관의 장은 국가안보를 위협하는 음모행위, 직접적인 사망이나 심각한 상해의 위험을 야기할 수 있는 범죄 또는 조직범죄등 중대한 범죄의 계획이나 실행 등 긴박한 상황에 있고 제7조제1항제2호(대한민국에 적대하는 국가, 반국가활동의 혐의가 있는 외국의 기관·단체와 외국인, 대한민국의 통치권이 사실상 미치지 아니하는 한반도내의 집단이나 외국에 소재하는 그 산하단체의 구성원의 통신인 때)에 해당하는 자에 대하여 대통령의 승인을 얻을 시간적 여유가 없거나 통신제한조치를 긴급히 실시하지 아니하면 국가안전보장에 대한 위해를 초래할 수 있다고 판단되는 때에는 소속 장관(국가정보원장을 포함한다)의 승인을 얻어 통신제한조치를 할 수 있다. 이 경우 긴급통신제한조치를 한 때에는 지체없이 대통령의 승인을 얻어야 하며, 36시간 이내에 대통령의 승인을 얻지 못한 때에는 즉시 그 긴급통신제한조치를 중지하여야 한다.

(4) 집행

① 통신제한조치는 이를 청구 또는 신청한 검사·사법경찰관 또는 정보·수사기관의 장이 집행한다. 이 경우 체신관서 기타 관련기관 등에 그 집행을 위탁하거나, 집행에 관한 협조를 요청할 수 있다.

② 통신제한조치의 집행을 위탁하거나 집행에 관한 협조를 요청하는 자는 통신기관등에 통신제한조치허가서(제7조제1항제2호의 경우에는 대통령의 승인서를 말한다. 이하

55) 경찰서에서 국가안보를 위한 통신제한조치를 필요로 할 때에는 경찰서장의 명의로 고등검찰청 검사에게 신청하여야 한다.

56) 작전수행을 위한 군용 전기통신에 대한 경우 대통령의 승인을 받아야 한다.

이 조, 제16조제2항제1호 및 제17조제1항제1호·제3호에서 같다) 또는 긴급감청서등의 표지의 사본을 교부하여야 하며, 이를 위탁받거나 이에 관한 협조요청을 받은 자는 통신제한조치허가서 또는 긴급감청서등의 표지 사본을 대통령령이 정하는 기간(3년)동안 보존하여야 한다.

③ 통신제한조치를 집행하는 자와 이를 위탁받거나 이에 관한 협조요청을 받은 자는 당해 통신제한조치를 청구한 목적과 그 집행 또는 협조일시 및 대상을 기재한 대장을 대통령령이 정하는 기간(3년)동안 비치하여야 한다.

④ 통신기관등은 통신제한조치허가서 또는 긴급감청서등에 기재된 통신제한조치 대상자의 전화번호 등이 사실과 일치하지 않을 경우에는 그 집행을 거부할 수 있으며, 어떠한 경우에도 전기통신에 사용되는 비밀번호를 누설할 수 없다.

(5) 집행 통지 제도

① 검사는 해당 통신제한조치를 집행한 사건에 관하여 공소를 제기하거나, 공소의 제기 또는 입건을 하지 아니하는 처분(기소중지 결정을 제외한다)을 한 때에는 그 처분을 한 날부터 30일 이내에 우편물 검열의 경우에는 그 대상자에게, 감청의 경우에는 그 대상이 된 전기통신의 가입자에게 통신제한조치를 집행한 사실과 집행기관 및 그 기간 등을 서면으로 통지하여야 한다.

② 사법경찰관은 해당 통신제한조치를 집행한 사건에 관하여 검사로부터 공소를 제기하거나 제기하지 아니하는 처분(기소중지 결정을 제외한다)의 통보를 받거나 내사사건에 관하여 입건하지 아니하는 처분을 한 때에는 그 날부터 30일 이내에 우편물 검열의 경우에는 그 대상자에게, 감청의 경우에는 그 대상이 된 전기통신의 가입자에게 통신제한조치를 집행한 사실과 집행기관 및 그 기간 등을 서면으로 통지하여야 한다.

③ 정보수사기관의 장은 해당 통신제한조치를 종료한 날부터 30일 이내에 우편물 검열의 경우에는 그 대상자에게, 감청의 경우에는 그 대상이 된 전기통신의 가입자에게 통신제한조치를 집행한 사실과 집행기관 및 그 기간 등을 서면으로 통지하여야 한다.

④ 위 ①-③의 내용에도 불구하고 다음 각호의 1에 해당하는 사유가 있는 때에는 그 사유가 해소될 때까지 통지를 유예할 수 있다.

1. 통신제한조치를 통지할 경우 국가의 안전보장·공공의 안녕질서를 위태롭게 할 현저한 우려가 있는 때
2. 통신제한조치를 통지할 경우 사람의 생명·신체에 중대한 위험을 초래할 염려가 현저한 때

⑤ 검사 또는 사법경찰관은 ④에 의하여 통지를 유예하고자 하는 경우에는 소명자료를 첨부하여 미리 관할지방검찰청검사장의 승인을 얻어야 한다. 다만, 검찰관 및 군사법경찰관이 ④의 규정에 의하여 통지를 유예하고자 하는 경우에는 소명자료를 첨부하여 미리 관할 보통검찰부장의 승인을 얻어야 한다.

⑥ 검사, 사법경찰관 또는 정보수사기관의 장은 ④의 각호 사유가 해소된 때에는 그 사유가 해소된 날부터 30일 이내에 제1항 내지 ③의 규정에 의한 통지를 하여야 한다.

⑦ 압수·수색·검증의 집행에 관한 통지

- 검사는 송·수신이 완료된 전기통신에 대하여 압수·수색·검증을 집행한 경우 그 사건에 관하여 공소를 제기하거나 공소의 제기 또는 입건을 하지 아니하는 처분(기소중지결정을 제외한다)을 한 때에는 그 처분을 한 날부터 30일 이내에 수사대상이 된 가입자에게 압수·수색·검증을 집행한 사실을 서면으로 통지하여야 한다.
- 사법경찰관은 송·수신이 완료된 전기통신에 대하여 압수·수색·검증을 집행한 경우 그 사건에 관하여 검사로부터 공소를 제기하거나 제기하지 아니하는 처분의 통보를 받거나 내사사건에 관하여 입건하지 아니하는 처분을 한 때에는 그 날부터 30일 이내에 수사대상이 된 가입자에게 압수·수색·검증을 집행한 사실을 서면으로 통지하여야 한다.

(6) 통시사실확인자료

① 검사 또는 사법경찰관은 수사 또는 형의 집행을 위하여 필요한 경우 전기통신사업법에 의한 전기통신사업자(이하 "전기통신사업자"라 한다)에게 통신사실 확인자료의 열람이나 제출(이하 "통신사실 확인자료제공"이라 한다)을 요청할 수 있다.

② 통신사실확인자료 범위

- 가입자의 전기통신일시, 전기통신개시·종료시간, 발·착신 통신번호 등 상대방의 가입자번호, 사용도수
- 컴퓨터통신 또는 인터넷 사용자가 전기통신역무를 이용한 사실에 관한 컴퓨터 통신 또는 인터넷 로그기록
- 정보통신망에 접속된 정보통신기기의 위치를 확인할 수 있는 발신기지국의 위치추적자료
- 컴퓨터 통신 또는 인터넷 사용자가 정보통신망에 접속하기 위하여 사용하는 정보통신기기의 위치를 확인 할 수 있는 접속지의 추적자료

③ 범죄수사를 위한 통신사실 확인자료

- 검사 또는 사법경찰관은 수사 또는 형의 집행을 위하여 필요한 경우 전기통신사업법에 의한 전기통신사업자(이하 "전기통신사업자"라 한다)에게 통신사실 확인자료의 열람이나 제출(이하 "통신사실 확인자료제공"이라 한다)을 요청할 수 있다.
- 이 경우 요청사유, 해당 가입자와의 연관성 및 필요한 자료의 범위를 기록한 서면으로 관할 지방법원(보통군사법원을 포함한다. 이하 같다) 또는 지원의 허가를 받아야 한다. 다만, 관할 지방법원 또는 지원의 허가를 받을 수 없는 긴급한 사유가 있는 때에는 통신사실 확인자료제공을 요청한 후 지체 없이 그 허가를 받아 전기통신사업자에게 송부하여야 한다.
- 긴급한 사유로 통신사실확인자료를 제공받았으나 지방법원 또는 지원의 허가를 받지 못한 경우에는 지체 없이 제공받은 통신사실확인자료를 폐기하여야 한다.
- 검사 또는 사법경찰관은 통신사실 확인자료제공을 받은 때에는 당해 통신사실 확인자료제공요청사실 등 필요한 사항을 기재한 대장과 통신사실 확인자료제공요청서 등 관련자료를 소속기관에 비치하여야 한다.
- 지방법원 또는 지원은 통신사실 확인자료제공 요청허가청구를 받은 현황, 이를 허가한 현황 및 관련된 자료를 보존하여야 한다.
- 전기통신사업자는 검사, 사법경찰관 또는 정보수사기관의 장에게 통신사실 확인자료를 제공한 때에는 자료제공현황 등을 연 2회 방송통신위원회에 보고하고, 당해 통신사실 확인자료 제공사실등 필요한 사항을 기재한 대장과 통신사실 확인자료 제공요청서등 관련자료를 통신사실확인자료를 제공한 날부터 7년간 비치하여야 한다.
- 범죄수사를 위한 통신사실 확인자료제공을 받은 사건에 관하여 공소를 제기하거나, 공소의 제기 또는 입건을 하지 아니하는 처분(기소중지결정을 제외한다)을 한 때에는 그 처분을 한 날부터 30일 이내에 통신사실 확인자료제공을 받은 사실과 제공요청기관 및 그 기간 등을 서면으로 통지하여야 한다.

④ 국가안보를 위한 통신사실 확인자료제공의 절차 등: 정보수사기관의 장은 국가안전보장에 대한 위해를 방지하기 위하여 정보수집이 필요한 경우 전기통신사업자에게 통신사실 확인자료제공을 요청할 수 있다.

(7) 타인의 대화비밀 침해금지

누구든지 공개되지 아니한 타인간의 대화를 녹음하거나 전자장치 또는 기계적 수단을 이용하여 청취할 수 없다.

(8) 국회의 통제

① 국회의 상임위원회와 국정감사 및 조사를 위한 위원회는 필요한 경우 특정한 통신제한조치 등에 대하여는 법원행정처장, 통신제한조치를 청구하거나 신청한 기관의 장 또는 이를 집행한 기관의 장에 대하여, 감청설비에 대한 인가 또는 신고내역에 관하여는 방송통신위원회에 대하여 보고를 요구할 수 있다.

② 국회의 상임위원회와 국정감사 및 조사를 위한 위원회는 그 의결로 수사관서의 감청장비보유현황, 감청집행기관 또는 감청협조기관의 교환실 등 필요한 장소에 대하여 현장검증이나 조사를 실시할 수 있다. 이 경우 현장검증이나 조사에 참여한 자는 그로 인하여 알게 된 비밀을 정당한 사유없이 누설하여서는 아니된다.

③ 이때 현장검증이나 조사는 개인의 사생활을 침해하거나 계속중인 재판 또는 수사중인 사건의 소추에 관여할 목적으로 행사되어서는 아니된다.

④ 통신제한조치를 집행하거나 위탁받은 기관 또는 이에 협조한 기관의 중앙행정기관의 장은 국회의 상임위원회와 국정감사 및 조사를 위한 위원회의 요구가 있는 경우 대통령령이 정하는 바에 따라 통신제한조치보고서를 국회에 제출하여야 한다. 다만, 정보수사기관의 장은 국회정보위원회에 제출하여야 한다.

(9) 전기통신사업자의 협조의무

① 전기통신사업자는 검사·사법경찰관 또는 정보수사기관의 장이 이 법에 따라 집행하는 통신제한조치 및 통신사실 확인자료제공의 요청에 협조하여야 한다.

② 이 때 통신제한조치의 집행을 위하여 전기통신사업자가 협조할 사항, 통신사실확인자료의 보관기간 그 밖에 전기통신사업자의 협조에 관하여 필요한 사항은 대통령령으로 정한다.

(10) 통신 및 대화비밀의 보호

① 누구든지 통신비밀보호법과 형사소송법 또는 군사법원법의 규정에 의하지 아니하고는 우편물의 검열·전기통신의 감청 또는 통신사실확인자료의 제공을 하거나 공개되지 아니한 타인간의 대화를 녹음 또는 청취하지 못한다.

② 우편물의 검열 또는 전기통신의 감청(이하 "통신제한조치"라 한다)은 범죄수사 또는 국가안전보장을 위하여 보충적인 수단으로 이용되어야 하며, 국민의 통신비밀에 대한 침해가 최소한에 그치도록 노력하여야 한다.

③ 누구든지 단말기기 고유번호를 제공하거나 제공받아서는 아니된다. 다만, 이동전화단말기 제조업체 또는 이동통신사업자가 단말기의 개통처리 및 수리 등 정당한 업

무의 이행을 위하여 제공하거나 제공받는 경우에는 그러하지 아니하다.

④ 예외: 아래의 경우에는 당해 법률이 정하는 바에 의한다.

환부우편물등의 처리	우편법 제28조·제32조·제35조·제36조등의 규정에 의하여 폭발물등 우편금제품이 들어 있다고 의심되는 소포우편물(이와 유사한 우편물을 포함한다) 을 개피하는 경우, 수취인에게 배달할 수 없거나 수취인이 수령을 거부한 우편물을 발송인에게 환부하는 경우, 발송인의 주소·성명이 누락된 우편물로서 수취인이 수취를 거부하여 환부하는 때에 그 주소·성명을 알기 위하여 개피하는 경우 또는 유가물이 든 환부불능우편물을 처리하는 경우
수출입우편물에 대한 검사	관세법 제256조·제257조 등의 규정에 의한 신서외의 우편물에 대한 통관검사절차
구속 또는 복역중인 사람에 대한 통신	형사소송법 제91조, 군사법원법 제131조, 「형의 집행 및 수용자의 처우에 관한 법률」 제41조·제43조·제44조 및 「군에서의 형의 집행 및 군수용자의 처우에 관한 법률」 제42조·제44조 및 제45조에 따른 구속 또는 복역중인 사람에 대한 통신의 관리
파산선고를 받은 자에 대한 통신	「채무자 회생 및 파산에 관한 법률」 제484조의 규정에 의하여 파산선고를 받은 자에게 보내온 통신을 파산관재인이 수령하는 경우
혼신제거등을 위한 전파감시	전파법 제49조 내지 제51조의 규정에 의한 혼신제거등 전파질서유지를 위한 전파감시의 경우

〈통신제한 조치 관련 내용 비교〉

구 분	통신제한조치	통신사실확인자료	통신자료
개 념	우편물의 검열 또는 전기통신의 감청으로 당사자의 동의없이 여러 방법을 사용하여 그 내용을 지득 또는 채록하는 등의 행위 → 내용과 관계없는 사항은 통신사실확인자료나 통신자료에 해당	• 가입자의 전기통신일시 • 전기통신개시 · 종료시간 • 발 · 착신 통신번호 등 상대방의 가입자 번호 • 사용도수 • 컴퓨터통신 또는 인터넷의 로그기록자료 • 발신기지국의 위치추적자료 • 접속지의 추적자료	이용자의 성명, 주민등록번호, 주소, 가입또는 해지일자에 관한 자료, 전화번호, ID
대상범죄	동법 제5조에 규정된 280개 범죄	모든 범죄	모든범죄
요 건	범죄수사 및 국가안보	범죄수사 및 국가안보 + 형의 집행	
허가 승인 절차	• 범죄수사 목적 - 법원의 허가 • 국가안보 목적 - 고등법원 수석부장판사의 허가 또는 대통령의 승인	• 범죄수사 목적 - 관할 지방법원 또는 지원의 허가 • 국가안보 목적 - 통신제한조치에 준하여 요청(고등법원 수석부장판사의 허가 또는 대통령의 승인)	관서장 명의의 협조공문으로 요청가능
긴급 사유시	• 법원허가 또는 대통령의 승인 없이(소속장관의 승인을 요함) 긴급통신제한조치 가능	• 범죄수사목적 - 관할 지방법원 또는 지원의 허가없이 통신사실확인자료 제공요청 가능 → 사후 지체없이 허가를 얻어야 함	

	• 36시간 이내에 허가 또는 승인을 받아야 함	• 국가안보목적 - 고등법원 수석부장판사의 허가 또는 대통령의 승인없이(소속장관의 승인을 요함) 통신사실확인자료 제공요청 가능 → 36시간 이내에 허가 또는 승인	
사후통지	사후 감청사실 통지 필요, 감청 대상자 등에게 통지의무	• 범죄수사목적 - 공소제기, 공소제기 또는 입건을 하지 아니하는 처분(기소중지결정 제외)을 한 날부터 30일 이내에 서면으로 통지 • 국가안보목적 - 통신사실 확인자료제공 요청을 종료한 날부터 30일 이내에 서면으로 통지	통지의무 없음

16. 수사종결처분의 종류

검사의 수사종결 처분에는 공소제기, 불기소처분 및 타관송치가 있다.

(1) 공소제기

수사결과 범죄의 객관적 혐의가 충분하고 소송조건을 구비하여 유죄판결을 받을 수 있다고 인정한때에는 공소를 제기한다.(제246조). 경미한 재산범죄에 대하여는 공소제기와 동시에 약식명령을 청구할 수 있다(제449조).

(2) 불기소처분

협의의 불기소처분	혐의 없음	① 범죄의 구성요건에 대한 혐의가 없는 경우 ② 유죄판결을 받기에는 증거가 불충분한 경우 ③ 피의자 자백에 대해 보강증거가 없는 경우 ④ 피의 사실을 특정할 수 없는 경우
	죄가 안됨	① 위법성 조각사유(정당행위, 정당방위, 긴급피난, 자구행위, 피해자 승낙) ② 책임 조각사유(형사미성년자, 심신상실자, 강요된 행위) ③ 형법 각 본조에 "처벌하지 아니한다' 규정 · 친족 또는 동거 가족의 범인은닉(형법 제151조 2항) · 친족, 호주 또는 동거 가족의 증거인멸행위(형법 제155조 4항)
	공소권 없음	피의사건에 대하여 소송조건이 결여되었거나, 형이 면제되는 경우에 공소권 없음의 결정을 한다. 예) 친고죄에 대하여 고소가 없는 경우. 확정판결이 있는 경우. 피의자가 사망한 경우.
	각하	고소, 고발 사건에 관하여 고소인 고발인의 진술이나 고소장 또는 고발장에 의하여 혐의없음, 죄가안됨, 공소권없음, 고소권자 아닌자가 고소한 경우등 형식적 심사만으로 불기소 처분을 해야 할 사유가 명백한 경우에 각하 결정을 한다(검찰사건사무규칙 제69조 제3항 4호).

기소유예	① 피의사건에 대하여 범죄 혐의가 인정되고 소송조건이 구비되었지만 형법 제51조의 양형의 사 유(범인의 연령, 성행, 지능과 환경, 범행동기, 수단과 결과, 범행 후의 정황, 피해자에 대한 관 계)를 참작하여 공소제기를 하지 아니한 경우를 말한다(제247조 제1항). ② 국가보안법 제20조의 공소보류도 기소유예와 유사한 제도로 공소보류 받은 자가 공소의 제 기없이 2년을 경과한 때에는 소추할 수 없다(국가보안법 20조 2항). ※ 형소법상의 수사의 종결처분에 해당하지 않는 처분은 공소보류이다(○)
기소중지	검사가 피의자의 소재불명 등의 사유로 수사를 종결할 수 없는 경우에 그 사유가 해소될 때까지 수사를 중지하는 처분을 말한다. 이는 수사의 종결이라기보다는 수사의 중지처분에 속한다고 할 수 있다.
참고인중지	검사가 참고인, 고소인, 고발인 또는 같은 사건의 피의자의 소재불명으로 수사를 종결할 수 없는 경우에는 그 사유가 해소 될 때까지 행하는 처분이다(검찰사건사무규칙 제74조).

(3) 타관송치

타관송치	검사는 사건이 소속 검찰청에 대응한 법원의 관할에 속하지 아니한 때에는 사건을 서류와 증거물과 함께 관할 법원에 대응한 검찰청 검사에게 송치하여야 한다(제256조).
군검찰관 송치	검사는 사건이 군사법원의 재판권에 속하는 사건인 때에는 사건을 서류 및 증거물과 함께 재판권을 가진 관할 군사법원 검찰부 검찰관에게 송치하여야 한다. 이 경우에도 송치 전의 소송행위는 송치 후에도 그 효력에 영향이 없다(제256조의 2).
소년부 송치	검사는 소년에 대한 피의사건을 수사한 결과 벌금 이하의 형에 해당하는 범죄이거나 보호처분에 해당하는 사유가 있다고 인정되는 경우에는 사건을 가정법원 소년부 또는 지방법원 소년부등 관할 소년부에 송치해야 한다(소년법 제49조 제1항).

17. 수사종결처분의 통지

(1) 수사종결처분의 통지

고소인 등에 대한 처분의 통지	① 검사가 고소 또는 고발에 의하여 범죄를 수사한 때에는 고소 또는 고발을 수리한 날로부터 3월 이내에 수사를 완료하여 공소제기 여부를 결정하여야 한다(제257조). ② 이때 검사는 공소를 제기하거나 제기하지 아니하는 처분, 공소취소 또는 타관송치를 한 때에는 그 처분을 한 날로부터 7일 이내에 서면으로 고소 또는 고발인에게 그 취지를 통지해야 한다(제258조 제1항). 이는 고소인 또는 고발인의 권리를 보호하기 위하여 검사의 기소독점주의에 대한 규제로써 의미를 갖는다.

불기소이유의 설명	검사는 고소·고발 사건에 관하여 공소를 제기하지 않는 처분을 한 경우 고소인 또는 고발인의 청구가 있으면 7일 이내에 서면으로 고소인·고발인에게 불기소이유를 설명해야 한다(제259조).
피의자에 대한 처분의 통지	① 검사는 불기소 또는 타관송치의 처분을 한 때에는 피의자에게 즉시 그 취지를 통지해야 한다.(제258조 제2항). 이는 불안한 상태에 있는 피의자를 보호하기 위한 규정이다. ② 기소처분에 대하여는 피의자에게 통지하지 않는다(○)

18. 공소제기후의 수사

(1) 의의 및 필요성

수사결과 검사가 피의자의 혐의를 인정하고 공소를 제기하면 수사는 원칙적으로 종결된다. 그러나 공소제기 후에도 공소유지를 위하여 또는 공소유지 여부를 결정하기 위한 수사의 필요성은 여전히 존재한다. 그렇다고 공소제기 이후의 수사를 무제한으로 허용할 수는 없다. 왜냐하면 법원의 심리에 지장을 줄 수 있을 뿐 아니라 피고인의 당사자적 지위에 위협을 초래할 우려가 있기 때문이다. 그러므로 공소제기 이후의 수사의 허용범위가 문제되는 것이다.

(2) 공소제기 후의 강제수사

피고인 체포 및 구속	① 체포제도는 피의자에게만 인정되므로 피고인체포는 강제처분법정주의 원칙상 행할 수 없다. ② 공소제기 후의 피고인 구속은 수소법원의 권한에 속한다(제70조).
압수·수색·검증	공소제기 후에 수사기관이 수소법원과는 별개로 압수·수색·검증을 할 수 없다고 보는 것이 다수설이다. 단, 임의제출물이 압수, 피고인 구속영장 집행과정에서 압수·수색·검증은 무방하다(제216조 제2항).

(3) 공소제기후의 임의수사

형사소송법 제199조 제1항은 "수사에 관하여 그 목적을 달성하기 위하여 필요한 조사를 할 수 있다."고 규정하고 있다. 이 규정에 따라 검사 또는 사법경찰관의 공소유지 또는 그 여부를 결정하기 위한 임의수사는 가능하다고 보는 것이 일반적이다.

피고인 신문	공소제기 후에 수사기관이 공소사실에 관하여 피고인을 신문할 수 있느냐 하는 것이 문제된다. ① 긍정설 피고인 신문이 임의수사라는 전제에서 형사소송법 제 199조의 임의수사에는 법적제한이 없으므로 제 200조의 피의자라는 문구에 관계없이 공소유지에 필요한 신문을 할 수 있다고 한다.

	② 부정설(통설) 공소제기 후에 피고인은 소송의 주체로서 당사자의 지위를 가지므로 수사기관이 피고인을 신문하는 것은 당사자주의에 모순되고 공판 외의 수사를 허용한다면 공판중심주의에 반한다는 이유로 부정한다.
참고인조사	참고인조사(제221조)는 공소제기 후에도 당연히 인정된다. 그러나 증인의 증언 후에 진술번복을 위하여 작성된 참고인진술조서의 증거능력이 문제된다.
기타 임의수사	감정 · 통역 · 번역의 위촉, 공무소에의 조회 등은 원칙적으로 공소제기 후에도 가능하다.

19. 강제처분과 인권보장

(1) 강제처분의 허용범위

피의자·피고인의 도망을 방지하고 증거를 수집·보전하기 위하여는 어느 정도 강제처분을 허용 할 수밖에 없다. 그러나 강제처분은 이를 받는 자의 신체의 자유를 비롯한 각종 개인적 법익을 침해하는 결과를 수반하므로 본질적으로 헌법이 보장하는 기본적 인권과 대립한다.

(2) 강제처분의 규제

강제처분 법정주의	강제처분은 법률에 근거가 있어야 가능하다 그러므로 피고인체포는 인정되지 아니한다.
영장주의	① 헌법 12조 3항은 체포 구속 압수 수색에는 검사의 신청에 의하여 법관이 발부한 영장을 제시하여야한다. ② 영장주의 예외: 우리현행 형사소송법은 체포영장의 예외로서 긴급체포. 현행범체포를 인정하고 있으나 구속영장 의 예외는 인정되지 아니한다. 법원의 압수, 수색, 검증이 공판정내에서는 영장이 불요하지만 공판 정외에서는 영장을 요한다. 또한 수사기관의 압수, 수색, 검증의 경우에도 영장이 필요하지만 (제 215조) 제 216-218조에서 영장주의예외를 인정하고 있다. ③ 영장의 성질: 강제처분 중에서도 중립적인 심판자로서의 지위를 갖는 법원의 의한 강제처분에 비하여 수사 기관에 의한 강제처분의 경우에는 범인을 색출하고 증거를 확보한다는 수사의 목적상 적나라하게 공권력이 행사됨으로써 국민의 기본권을 침해할 가능성이 큰 만큼 수사기관의 인권침해에 대한 법관의 사전적 · 사법적 억제를 통하여 수사기관의 강제처분 남용을 방지하고 인권보장을 도모한다는 면에서 영장주의의 의미가 크다고 할 것이다. 이러한 면에서 법원이 직권으로 발부하는 영장과 수사기관의 청구에 의하여 발부하는 구속영장의 법적 성격은 갖지 않다. 즉, 전자는 명령장으로서의 성질을 갖지만 후자는 허가장으로서의 성질을 갖는 것으로 이해되고 있다(헌재 1997. (2) 20. 95헌바27) [57].
비례성	부득이한 범위 내에서 필요최소한에 그쳐야 한다.

(3) 인권보장을 위한 제도

① 사전·사후적 구제제도

	내 용
사전적 구제제도	① 강제처분의 법적 한계(제199조 제1항 단서) ② 검사의 체포 구속장소의 감찰제도(제198조의 2) ③ 영장제도(헌법 제12조) ④ 구속사유의 제한(제70조) ⑤ 구속의 통지제도(제87조, 제209조) ⑥ 체포기간 제한(제200조의2) ⑦ 재구속의 제한(제208조) ⑧ 영장실질심사제도(제201조의2) ⑨ 변호인제도 ⑩ 자백의 증거능력 및 증명력(제309조, 제310조 참조) ⑪ 고문 및 자백강요의 금지(헌법 제12조) ⑫ 진술거부권 및 그 고지제도(제200조, 제289조)
사후적 구제제도	① 보석 및 구속집행정지, 구속의 취소 ② 체포 · 구속적부심사제도와 보증금납부조건부피의자석방제도(제214조의2) ③ 형사보상청구권 및 손해배상청구권 ④ 강제처분에 대한 항고(제403조 제2항) ⑤ 위법수집증거의 배제법칙

② 수사에 대한 사법적 통제제도

법원에 의한 구제제도로 .영장주의. 위법. 부당한 구속에 석방을 요구하는 구속적부심제도, 준 항고, 손해배상제도 등이 있다. 그러므로 위법수집증거배제법칙, 자백배제법칙은 사법적통제에 해당하지 않는다.

57) (1) 피고인에 대한 구속영장의 성질은 명령장의 성질을 갖고, 피의자에 대한 구속영장의 성질은 허가장의 성질을 갖는다.
(2) 피고인에 대한 구속영장 발부시 검사의 청구가 필요없고 피의자에 대하여만 검사의 구속영장 청구가 필요하다.

제3장

수사의 실행

범죄수사규칙

제2절 범죄현장과 증거보전

제155조 (현장임검) ①경찰관은 범죄현장을 직접 관찰(이하 "현장임검" 이라 한다)할 필요가 있는 범죄를 인지하였을 때에는 신속히 그 현장에 가서 필요한 수사를 행하여야 한다.
②경찰관은 전항의 경우에 있어서 따로 수사주무관 그 밖의 자에 의한 현장임검이 행하여지게 될 때에는 현장을 보존하도록 하여야 한다.

제156조(부상자의 구호 등) ①경찰관은 현장임검시 부상자가 있을 때에는 지체없이 구호의 조치를 취하여야 한다.
②경찰관은 전항의 경우에 빈사상태의 중상자가 있을 때에는 응급 구호조치를 하는 동시에 그 자로부터 범인의 성명, 범행의 원인, 피해자의 주거, 성명, 연령, 목격자 등을 청취해 두어야 하고, 그 중상자가 사망하였을 때에는 그 시각을 기록해 두어야 한다.

제157조(현장보존의 범위) 경찰관은 범죄를 실행한 지점 뿐만 아니라 현장 보존의 범위를 충분히 정하여 수사자료를 발견하기 위해 노력하여야 한다.

제158조(현장보존을 위한 조치) 경찰관은 보존하여야 할 현장의 범위를 정하였을 때에는 즉시 출입금지 표시 등 적절한 조치를 취하여 함부로 출입하는 자가 없도록 하여야 한다. 이 경우에 있어서 현장 또는 그 근처에 있어서 배회하는 자가 있을 때에는 그들의 성명, 주거 등을 명확히 알아두어야 한다.

제159조(현장에 있어서의 수사의 통제) 현장에서 수사를 할 때에는 수사주무관이 이에 종사하는 경찰관을 통제하여 조직적으로 수사하여야 한다.

제160조(원상태로의 보존) ①경찰관은 현장을 보존할 때에는 되도록 현장을 범행 당시의 상황 그대로 보존하여 현장에 있어서의 수사가 정확하게 행하여지도록 하여야 한다.
②경찰관은 부상자의 구호, 증거물의 변질되거나 흩어짐, 없어지는 것을 예방하기 위해 특히 부득이한 사정이 있는 경우를 제외하고는 함부로 현장에 들어가서는 아니 된다.
③경찰관은 현장에서 발견된 수사자료 중 광선, 풍우 등에 의하여 변질, 변형 또는 멸실할 우려가 있는 것에 대하여는 덮개로 가리는 등 적당한 방법으로 그 원상을 보존하도록 노력하여야 한다.

제161조(현장보존을 할 수 없을 때의 조치) 경찰관은 부상자의 구호 그 밖의 부득이한 이유로 현장을 변경할 필요

가 있는 경우 등 수사자료를 원상태로 보존할 수 없을 때에는 사진, 도면, 기록 그 밖의 적당한 방법으로 그 원상을 보존하도록 노력하여야 한다.

第162조(현장에서의 수사사항) 경찰관은 현장에서 수사를 할 때는 현장 감식 그 밖의 과학적이고 합리적인 방법에 의하여 다음 각호의 사항을 명백히 하도록 노력하여 범행의 과정을 전반적으로 파악할 수 있도록 하여야 한다.

1. 일시 관계
 가. 범행의 일시와 이를 추정할 수 있는 사항
 나. 발각의 일시와 상황
 다. 범행당시의 기상 상황
 라. 특수일 관계(시일, 명절, 축제일 등)
 마. 그 밖의 일시에 관하여 참고가 될 사항
2. 장소 관계
 가. 현장으로 통하는 도로와 상황
 나. 가옥 그 밖의 현장근처에 있는 물건과 그 상황
 다. 현장 방실의 위치와 그 상황
 라. 현장에 있는 기구 그 밖의 물품의 상황
 마. 지문, 족적 그 밖의 흔적, 유류품의 위치와 상황
 바. 그 밖의 장소에 관하여 참고가 될 사항
3. 피해자 관계
 가. 범인과의 응대 그 밖의 피해 전의 상황
 나. 피해 당시의 저항자세 등의 상황
 다. 상해의 부위와 정도, 피해 금품의 종별과 수량 등 피해의 정도
 라. 시체의 위치, 창상, 유혈 그 밖의 상황
 마. 그 밖의 피해자에 관하여 참고가 될 사항
4. 피의자 관계
 가. 현장에 있어서의 침입과 도주경로
 나. 피의자의 수와 성별
 다. 범죄의 수단, 방법 그 밖의 범죄 실행의 상황
 라. 피의자의 범행의 동기, 피해자와의 면식과 현장에 대한 지식의 유무를 추정할 수 있는 상황
 마. 피의자의 인상, 풍채, 특징, 습벽 그 밖의 특이한 언동
 바. 흉기의 송류, 형상과 가해의 방법 그 밖의 가해의 상황
 사. 그 밖의 피의자에 관하여 참고가 될 사항

第163조(감식자료 송부) ①경찰관은 감식을 하기 위하여 수사자료를 송부할 때에는 변형, 변질, 오손, 침습, 멸실, 산일, 혼합 등의 사례가 없도록 주의하여야 한다.

②전항의 경우에 우송을 할 때에는 그 포장, 용기 등에 세심한 주의를 기울여야 한다.

③중요하거나 긴급한 증거물 등은 경찰관이 직접 지참하여 송부하여야 한다.

④주요한 감식자료의 인수·인계할 때에는 그 연월일과 인수·인계인의 성명을 명확히 해두어야 한다.

第164조(재감식을 위한 고려) 경찰관은 혈액, 정액, 타액, 대소변, 장기, 모발, 약품, 음식물, 폭발물 그 밖에 분말, 액체 등을 감식할 때에는 되도록 필요 최소한의 양만을 사용하고 잔량을 보존하여 재감식에 대비하여야 한다.

第165조(증거물의 보존) ①경찰관은 지문, 족적, 혈흔 그 밖에 멸실할 염려가 있는 증거물은 특히 그 보존에 유의하고 검증조서 또는 다른 조서에 그 성질 형상을 상세히 기재하거나 사진을 촬영하여야 한다.

②경찰관은 시체해부 또는 증거물의 파괴 그 밖의 원상의 변경을 요하는 검증을 하거나 감정을 위촉할 때에는 전항에 준하여 변경전의 형상을 알 수 있도록 유의하여야 한다.

③경찰관은 제1항 및 제2항의 경우 또는 유류물 그 밖의 자료를 발견하였을 때에는 증거물의 위치를 알 수 있도록 원근법으로 사진을 촬영하되 가까이 촬영할 때에는 되도록 증거물 옆에 자를 놓고 촬영하여야 한다.
④경찰관은 전항의 경우 증명력의 보전을 위하여 필요하다고 인정되는 참여인을 함께 촬영하거나 자료 발견 연월 일시와 장소를 기재한 서면에 참여인의 서명을 요구하여 이를 함께 촬영하고, 참여인이 없는 경우에는 비디오 촬영 등으로 현장상황과 자료수집과정을 녹화하여야 한다.

第166조(증거보전의 신청) 사법경찰관은 미리 증거를 보전하지 않으면 그 증거를 사용하기 곤란한 사정이 있을 때에는 그 사유를 소명하여 관할 지방검찰청 또는 지청의 검사에게 증거 보전의 청구를 신청하여야 한다.

第167조(감정의뢰서 등) ①경찰관은 국립과학수사연구소 등에 감정을 의뢰할 때에는 별지 제101호 서식의 감정의뢰서를 작성하여 의뢰하여야 한다.
②경찰관은 전항 이외의 감정기관이나 적당한 학식 경험이 있는 자에게 감정위촉을 하는 경우에는 별지 제102호 서식의 감정위촉서에 따라 의뢰하며 이 경우 감정인에게 예단이나 편견을 생기게 할 만한 사항을 기재해서는 아니 된다.
③사법경찰관은 「형사소송법」 제221조 규정에 따른 감정을 위촉하며 「형사소송법」 제172조제3항의 유치처분이 필요할 때에는 별지 제104호 서식의 감정유치신청서를 검사에게 제출하여 검사의 청구로 관할 법원 판사의 감정유치장을 발부받아야 한다.
④사법경찰관이 감정을 의뢰하거나 위촉하는 경우에 감정에 관하여 타인의 주거, 간수자 있는 가옥, 건조물, 항공기, 선박, 기차 및 자동차 내에 들어가야 하거나, 신체의 검사, 사체의 해부, 분묘의 발굴, 물건의 파괴를 필요로 할 때에는 별지 제105호 서식의 감정처분허가신청서를 검사에게 제출하여 검사의 청구로 관할 법원 판사의 감정처분허가장을 발부받아 감정인에게 교부하여야 한다.

第168조(감정서) ①경찰관은 감정을 위촉하는 경우에는 감정인에게 감정의 일시, 장소, 경과와 결과를 관계자가 용이하게 이해할 수 있도록 간단명료하게 기재한 감정서를 제출하도록 요구하여야 한다.
②경찰관은 감정인이 여러 사람인 때에는 공동의 감정서를 제출하도록 요구할 수 있다.
③경찰관은 감정서의 내용이 불명확하거나 누락된 부분이 있을 때에는 이를 보충하는 서면의 제출을 요구하여 감정서에 첨부하여야 한다.

第169조(증인신문의 신청) 사법경찰관은 범죄수사에 없어서는 안 될 사실을 안다고 명백히 인정되는 자가 출석 또는 진술을 거부하고, 그의 진술이 범죄의 증명에 없어서는 안 되는 것으로 인정될 경우에는 그 사유를 증명하여 관할 지방검찰청 또는 지청의 검사에게 증인신문의 청구를 신청하여야 한다.

제1절 초동 수사

1. 개념

(1) 의의

사건발생 초기에 증거를 확보하고 범인을 체포하기 위하여 행하는 긴급수사활동

(2) 목적

① 범인 체포(초동수사 제1 목적)
② 수사긴급배치
③ 참고인 및 목격자 진술의 확보
④ 사건 당초의 상황 확보

2. 초동 수사 단계별 처리 과정

초동수사단계	초동조치	사건인지 ☞ 긴급전파 ☞ 긴급출동 ☞ 긴급배치 ☞ 긴급조치(범인체포, 긴급처치, 사태진압, 확산방지) ☞ 긴급채증 ☞ 현장보존
	협의의 초동수사	1. 현장감식　2. 현장수사　3. 현장탐문

3. 초동 수사의 방법

(1) 초동수사의 방법

신고접수 → 즉보 → 현장급행 → 현장보존

(2) 인지자의 조치

① 신고 접수 (신고 청취 요령)

필수 청취 사항	• 신고인(주소, 성명, 직업, 연령, 신고사건과의 관계)의 신분을 확인 (피해자와 피의자의 관계는 필수 청취 사항 아님에 주의) • 신고내용(발생일시 · 장소, 범인의 성명 · 인상 · 착의, 피해자, 범행수단 · 방법 · 행위 · 원인 · 동기 · 흉기소지여부, 피해사실 · 결과, 피해사실을 알게 된 경위, 현재상황, 목격자, 범인의 도주로 · 도주방법)확인
주의 사항	관할을 불문하고 친절하게 신고를 접수한다.

② 긴급사건 신고 접수시 보고요령

1보	• 1인 근 무시는 사건내용을 확인하여 상세한 것을 듣기 전에 사건개요를 신속하게 그대로 주무부서에 보고 • 2인 근 무시는 1 인은 피해내용을 청취 및 수리하면서 복창하고 1 인은 보고하여 정확성을 기해야 한다.
2보	• 제 2 보 이하의 즉보는 범인의 추적, 체포와 수배를 위하여 필요한 사항 및 피해자 상황을 우선적으로 파악하면서 보고 • 수사간부 기타 경찰간부에 대한 보고 연락을 신속히 행하여 그 지시를 받을 것

※ 긴급을 요하는 사건은 형식에 구애받지 말고 신고내용을 최단 시간 내에 청취·기록한다.

③ 현장출동

- 신고자 또는 현장에 대해 알고 있는 자와 동행하는 것이 좋다.
- 현장출동 도중에도 범인으로 인정되는 자, 거동수상자 등의 발견에 노력하며 발견 시에 불심검문을 반드시 실시하여야 한다.
- 범인의 예상도주로를 경유하여 임장하도록 한다.

④ 신고 접수시 주의사항

- 신속한 사건청취를 제 1 로 하고 사건의 진위여부의 규명은 제2로 한다.

(3) 현장보존

현장보존의 범위	경찰관은 범죄를 실행한 지점 뿐만 아니라 현장 보존의 범위를 충분히 정하여 수사자료를 발견하기 위해 노력하여야 한다.	
현장보존을 위한 조치	경찰관은 보존하여야 할 현장의 범위를 정하였을 때에는 즉시 출입금지 표시 등 적절한 조치를 취하여 함부로 출입하는 자가 없도록 하여야 한다. 이 경우에 있어서 현장 또는 그 근처에 있어서 배회하는 자가 있을 때에는 그들의 성명, 주거 등을 명확히 알아두어야 한다.	
현장에 있어서의 수사의 통제	현장에서 수사를 할 때에는 수사주무관이 이에 종사하는 경찰관을 통제하여 조직적으로 수사하여야 한다.	
원상태로의 보존	① 경찰관은 현장을 보존할 때에는 되도록 현장을 범행 당시의 상황 그대로 보존하여 현장에 있어서의 수사가 정확하게 행하여지도록 하여야 한다. ② 경찰관은 부상자의 구호, 증거물의 변질되거나 흩어짐, 없어지는 것을 예방하기 위해 특히 부득이한 사정이 있는 경우를 제외하고는 함부로 현장에 들어가서는 아니 된다. ③ 경찰관은 현장에서 발견된 수사자료 중 광선, 풍우 등에 의하여 변질, 변형 또는 멸실할 우려가 있는 것에 대하여는 덮개로 가리는 등 적당한 방법으로 그 원상을 보존하도록 노력하여야 한다.	
현장보존을 할 수 없을 때의 조치	경찰관은 부상자의 구호 그 밖의 부득이한 이유로 현장을 변경할 필요가 있는 경우 등 수사자료를 원상태로 보존할 수 없을 때에는 사진, 도면, 기록 그 밖의 적당한 방법으로 그 원상을 보존하도록 노력하여야 한다.	
현장에서의 수사사항	내용	경찰관은 현장에서 수사를 할 때는 현장 감식 그 밖의 과학적이고 합리적인 방법에 의하여 아래의 사항을 명백히 하도록 노력하여 범행의 과정을 전반적으로 파악할 수 있도록 하여야 한다.
	일시 관계	가. 범행의 일시와 이를 추정할 수 있는 사항 나. 발각의 일시와 상황 다. 범행당시의 기상 상황 라. 특수일 관계(시일, 명절, 축제일 등) 마. 그 밖의 일시에 관하여 참고가 될 사항
	장소	가. 현장으로 통하는 도로와 상황

	관계	나. 가옥 그 밖의 현장근처에 있는 물건과 그 상황 다. 현장 방실의 위치와 그 상황 라. 현장에 있는 기구 그 밖의 물품의 상황 마. 지문, 족적 그 밖의 흔적, 유류품의 위치와 상황 바. 그 밖의 장소에 관하여 참고가 될 사항
	피해자 관계	가. 범인과의 응대 그 밖의 피해 전의 상황 나. 피해 당시의 저항자세 등의 상황 다. 상해의 부위와 정도, 피해 금품의 종별과 수량 등 피해의 정도 라. 시체의 위치, 창상, 유혈 그 밖의 상황 마. 그 밖의 피해자에 관하여 참고가 될 사항
	피의자 관계	가. 현장에 있어서의 침입과 도주경로 나. 피의자의 수와 성별 다. 범죄의 수단, 방법 그 밖의 범죄 실행의 상황 라. 피의자의 범행의 동기, 피해자와의 면식과 현장에 대한 지식의 유무를 추정할 수 있는 상황 마. 피의자의 인상, 풍채, 특징, 습벽 그 밖의 특이한 언동 바. 흉기의 종류, 형상과 가해의 방법 그 밖의 가해의 상황 사. 그 밖의 피의자에 관하여 참고가 될 사항
	기타	① 출·입할 경우 범인의 출입통로라 생각되는 곳을 피하여 그 외의 통로를 활용한다. ② 현장보존 범위는 범죄를 실행한 지점뿐만 아니라 가능한 한 멀리 보존 범위를 선정해야 한다. ③ 현장보존범위를 설정하는 것은 최초 임장경찰관이지 현장지휘간부는 아니다. ④ 감식이 이루어지기 전 수사지휘관들이 현장을 훼손하지 않고 현장을 관찰할 수 있도록 현장을 둘러 볼 수 있는 통행판을 설치한다(비닐봉지를 쓰고 현장을 출입해도 족적이 유류되는 등 현장을 훼손할 수 있기 때문이다). ⑤ 현장보존을 위한 조치 사진을 촬영할 때에는 되도록 증거물 옆에 줄자를 놓고 필요하다고 인정되는 참여인과 함께 촬영하거나 자료 발견 연월일시와 장소를 기재한 지면에 그 서명을 요구하여 이를 첨부해서 촬영하는 등 증거력의 부전에 유의하여야 한다.

(4) 감식자료 송부

① 경찰관은 감식을 하기 위하여 수사자료를 송부할 때에는 변형, 변질, 오손, 침습, 멸실, 산일, 혼합 등의 사례가 없도록 주의하여야 한다.

② 전항의 경우에 우송을 할 때에는 그 포장, 용기 등에 세심한 주의를 기울여야 한다.

③ 중요하거나 긴급한 증거물 등은 경찰관이 직접 지참하여 송부하여야 한다.

④ 주요한 감식자료의 인수·인계할 때에는 그 연월일과 인수·인계인의 성명을 명확히 해두어야 한다.

(5) 재감식을 위한 고려

경찰관은 혈액, 정액, 타액, 대소변, 장기, 모발, 약품, 음식물, 폭발물 그 밖에 분말,

액체 등을 감식할 때에는 되도록 필요 최소한의 양만을 사용하고 잔량을 보존하여 재감식에 대비하여야 한다.

(6) 증거물의 보존

① 경찰관은 지문, 족적, 혈흔 그 밖에 멸실할 염려가 있는 증거물은 특히 그 보존에 유의하고 검증조서 또는 다른 조서에 그 성질 형상을 상세히 기재하거나 사진을 촬영하여야 한다.

② 경찰관은 시체해부 또는 증거물의 파괴 그 밖의 원상의 변경을 요하는 검증을 하거나 감정을 위촉할 때에는 전항에 준하여 변경전의 형상을 알 수 있도록 유의하여야 한다.

③ 경찰관은 제1항 및 제2항의 경우 또는 유류물 그 밖의 자료를 발견하였을 때에는 증거물의 위치를 알 수 있도록 원근법으로 사진을 촬영하되 가까이 촬영할 때에는 되도록 증거물 옆에 자를 놓고 촬영하여야 한다.

④ 경찰관은 전항의 경우 증명력의 보전을 위하여 필요하다고 인정되는 참여인을 함께 촬영하거나 자료 발견 연월일시와 장소를 기재한 서면에 참여인의 서명을 요구하여 이를 함께 촬영하고, 참여인이 없는 경우에는 비디오 촬영 등으로 현장상황과 자료수집과정을 녹화하여야 한다.

(7) 증거보전의 신청

사법경찰관은 미리 증거를 보전하지 않으면 그 증거를 사용하기 곤란한 사정이 있을 때에는 그 사유를 소명하여 관할 지방검찰청 또는 지청의 검사에게 증거 보전의 청구를 신청하여야 한다.

(8) 감정의뢰서 등

① 경찰관은 국립과학수사연구소 등에 감정을 의뢰할 때에는 감정의뢰서를 작성하여 의뢰하여야 한다.

② 경찰관은 전항 이외의 감정기관이나 적당한 학식 경험이 있는 자에게 감정위촉을 하는 경우에는 감정위촉서에 따라 의뢰하며 이 경우 감정인에게 예단이나 편견을 생기게 할 만한 사항을 기재해서는 아니 된다.

③ 사법경찰관은 「형사소송법」 제221조 규정에 따른 감정을 위촉하며 「형사소송법」 제172조제3항의 유치처분이 필요할 때에는 감정유치신청서를 검사에게 제출하여 검사의 청구로 관할 법원 판사의 감정유치장을 발부받아야 한다.

④ 사법경찰관이 감정을 의뢰하거나 위촉하는 경우에 감정에 관하여 타인의 주거, 간수자 있는 가옥, 건조물, 항공기, 선박, 기차 및 자동차 내에 들어가야 하거나,

신체의 검사, 사체의 해부, 분묘의 발굴, 물건의 파괴를 필요로 할 때에는 서식의 감정처분허가신청서를 검사에게 제출하여 검사의 청구로 관할 법원 판사의 감정처분허가장을 발부받아 감정인에게 교부하여야 한다.

(9) 감정서

① 경찰관은 감정을 위촉하는 경우에는 감정인에게 감정의 일시, 장소, 경과와 결과를 관계자가 용이하게 이해할 수 있도록 간단명료하게 기재한 감정서를 제출하도록 요구하여야 한다.

② 경찰관은 감정인이 여러 사람인 때에는 공동의 감정서를 제출하도록 요구할 수 있다.

③ 경찰관은 감정서의 내용이 불명확하거나 누락된 부분이 있을 때에는 이를 보충하는 서면의 제출을 요구하여 감정서에 첨부하여야 한다.

(10) 증인신문의 신청

사법경찰관은 범죄수사에 없어서는 안될 사실을 안다고 명백히 인정되는 자가 출석 또는 진술을 거부하고, 그의 진술이 범죄의 증명에 없어서는 안 되는 것으로 인정될 경우에는 그 사유를 증명하여 관할 지방검찰청 또는 지청의 검사에게 증인신문의 청구를 신청하여야 한다.

형사소송법

제165조의2(비디오 등 중계장치 등에 의한 증인신문) 법원은 다음 각 호의 어느 하나에 해당하는 자를 증인으로 신문하는 경우 상당하다고 인정하는 때에는 검사와 피고인 또는 변호인의 의견을 들어 비디오 등 중계장치에 의한 중계시설을 통하여 신문하거나 차폐(遮蔽)시설 등을 설치하고 신문할 수 있다.

1. 「아동복지법」 제71조제1항제1호부터 제3호까지에 해당하는 죄의 피해자
2. 「아동 · 청소년의 성보호에 관한 법률」 제7조, 제8조, 제11조부터 제15조까지 및 제17조제1항의 규정에 해당하는 죄의 대상이 되는 아동 · 청소년 또는 피해자
3. 범죄의 성질, 증인의 연령, 심신의 상태, 피고인과의 관계, 그 밖의 사정으로 인하여 피고인 등과 대면하여 진술하는 경우 심리적인 부담으로 정신의 평온을 현저하게 잃을 우려가 있다고 인정되는 자

4. 긴급배치

(1) 발령권자

① 긴급배치를 사건발생지 관할경찰서 또는 인접경찰서에 시행할 경우는 발생지 관할 경찰서장이 발령한다. 인접 경찰서가 타시도 지방경찰청 관할인 경우도

같다.

② 긴급배치를 사건발생지 지방경찰청의 전(全)찰관서 또는 인접 지방경찰청에 시행할 경우는 발생지 지방경찰청장이 발령한다.

③ 2개 이상의 경찰서 또는 지방경찰청에 긴급배치를 발령할 경우, 발령권자는 긴급배치 수배사항을 관련 경찰관서에 통보를 하여야 하며, 통보를 받은 해당 경찰관서장은 지체없이 긴급배치를 하여야 한다.

(2) 종별 범위

<table>
<tr><th>구분</th><th colspan="2">갑(甲)호 사건</th><th>을(乙)호 사건</th></tr>
<tr><td rowspan="4">해당
범죄</td><td>살인
사건</td><td>① 강도·강간, 약취·유인·방화 살인
② 2명 이상 집단 살인 및 연쇄 살인</td><td rowspan="4">① 살인·강도·강간·방화·중요 상해 치사사건
• 1억원 이상의 다액 절도
• 관공서 및 중요시설 절도
• 국보급문화재 절도
• 관공서 및 중요시설 절도
• 갑호 이외의 사건
② 기타 경찰관서장이 중요하다고 판단하여 긴급배치가 필요하다고 인정하는 사건</td></tr>
<tr><td>강도
사건</td><td>① 인질·해상 강도
② 금융기관 및 5천 만원 이상 다액 강도
③ 총기·폭발물 소지 강도
④ 연쇄 강도 및 해상 강도</td></tr>
<tr><td>방화
사건</td><td>① 관공서·산업시설·시장·열차·항공기·대형선박 등의 방화
② 연쇄방화, 중요 범죄은닉목적방화
③ 보험금 취득목적 등 기타 계획적인 방화</td></tr>
<tr><td>기타
중요
사건</td><td>① 총기·대량 탄약 및 폭발물 절도
② 조직폭력사건
③ 약취유인 또는 인질강도
④ 구인 또는 구속피의자 도주</td></tr>
<tr><td>경력동원
기준</td><td colspan="2">① 형사(수사)요원 가동경력 100%
② 지구대·검문소 요원 가동경력 100%</td><td>① 형사(수사)요원 가동경력 100%
② 지구대·검문소 요원 가동경력 50%</td></tr>
</table>

(3) 긴급배치의 실시요령

긴급배치의 중요목적은 범인의 도주경로를 차단하여 범인을 체포하는데 있으므로 배치지역은 가능한 멀리 설정하여 범인의 도주로를 완전히 차단하여야 한다.

(4) 긴급배치의 생략과 해제 사유

<table>
<tr><td>생략사유</td><td>① 사건발생후 상당기간이 경과하여 범인을 체포할 수 없다고 인정될 때
② 범인의 인상착의가 확인되지 아니하거나 사건내용이 애매하여 긴급배치에 필요한 자료를 얻지 못할 때
③ 범인의 성명, 주거, 연고선 등이 판명되어 조속히 체포할 수 있다고 판단된 때
④ 기타 사건의 성질상 긴급배치가 필요하지 않다고 인정될 때</td></tr>
</table>

해제사유	①범인을 체포하였을 때 ②허위신고 또는 중요사건에 해당되지 않음이 판단되었을 때 ③긴급배치를 계속한다 하더라도 효과가 없다고 인정될 때 (특례) 경찰청장 또는 지방경찰청장은 긴급배치의 장기화로 인하여 당면 타업무 추진에 지장을 가져온다고 인정될 때에는 긴급배치를 해제하고 필요한 최소한도의 경찰력만으로 경계 및 수사를 명할 수 있다.

(5) 보고 및 조정

① 발령권자는 긴급배치발령시에는 지체없이 차상급기관의 장에게 보고

② 비상해제시는 6시간 내에 해제 일시 및 사유·단속실적 등을 보고

(6) 교양 훈련실시

경찰청	지방경찰청·서 대상 연 1회 이상
지방경찰청	관할경찰서 대상 반기 1회 이상
경찰서	자체계획에 의거 분기 1회 이상

제2절 변사체 검시

1. 검시의 구분

검시(檢視)	사망 사건이 범죄에 기인한 것인가를 판단하기 위하여 변사체 및 그 주위 현장을 종합적으로 조사하는 것으로서, 수사기관이 범죄혐의 유무를 조사
검시(檢屍)	의사가 죽음에 대한 의학적인 판단을 위해 주로 시체에 대하여 시행하는 검사(檢査)

2. 사법검시와 행정검시

변사자의 검시

제31조(변사자의 검시) ①경찰관은 변사자 또는 변사로 의심되는 사체를 발견하거나 사체가 있다는 신고를 받았을 때에는 즉시 관할 경찰서장에게 보고하여야 한다.

②사법경찰관은 전항의 경우에 「형사소송법」 제222조의 규정에 따른 검시가 이루어질 수 있도록 즉시 관할 지방검찰청 또는 지청의 검사에게 다음 각호의 사항을 보고하여 지휘를 받아야 한다.

1. 발견일시·장소와 발견자의 주거, 직업, 성명, 연령
2. 발견경위
3. 발견자의 신고일시

4. 변사자의 주거, 직업, 성명, 연령, 성별(판명되지 않을 때에는 인상, 체격, 추정 연령, 특징, 착의 등)
5. 사망의 추정년월일시
6. 사인(특히 범죄행위에 기인 여부)
7. 사체의 상황
8. 소지금품 등 증거품 및 참고사항
9. 의견

제32조(검시의 대행) ①사법경찰관은 검사로부터 「형사소송법」 제222조제3항의 규정에 따른 처분 지휘를 받았을 때에는 직접 검시하여야 한다.
②사법경찰관은 전항의 경우에 의사를 침여시켜 사체를 검시하고 즉시 그 결과를 경찰시장과 검사에게 보고하여야 한다.
③사법경찰관은 전항의 검시를 할 때 별지 제10호 서식의 검시조서를 작성하여야 하며, 변사자의 가족, 친족, 이웃사람, 관계자 등의 진술조서를 작성하였을 때에는 이를 의사의 사체검안서와 촬영한 사진 등과 함께 검시조서에 첨부하여야 한다.

제33조(검시와 참여인) 전조의 경우 사법경찰관리와 의사를 참여하게 하는 외에 검시에 특별한 지장이 없다고 인정할 때에는 변사자의 가족, 친족, 이웃사람, 관련 공무원 등 필요한 자를 참여하게 하여야 한다.

제34조(검시의 요령과 주의사항) ①사법경찰관은 검시할 때에는 다음 각호의 사항을 면밀히 조사하여야 한다.
1. 변사자의 등록기준지 또는 국적, 주거, 직업, 성명, 연령과 성별
2. 변사장소 주위의 지형과 사물의 상황
3. 변사체의 위치, 자세, 인상, 치아, 전신의 형상, 상처, 문신 그 밖의 특징
4. 사망의 추정년월일
5. 사인(특히 범죄행위에 기인 여부)
6. 흉기 그 밖의 범죄행위에 사용되었다고 의심되는 물건
7. 발견일시와 발견자
8. 의사의 검안과 관계인의 진술
9. 소지금품 및 유류품
10. 착의 및 휴대품
11. 참여인
12. 중독사의 의심이 있을 때에는 증상, 독물의 종류와 중독에 이른 경우
②사법경찰관은 검시할 때에는 다음 각 호의 사항에 주의하여야 한다.
1. 검시에 착수하기 전에 변사자의 위치, 상태 등이 변하지 않도록 현장을 보존할 것
2. 변사자의 소지금품이나 그 밖의 유류한 물건으로서 수사에 필요가 있다고 인정할 때에는 이를 보존하는데 유의할 것
3. 잠재지문과 변사자지문 채취에 유의하고 의사로 하여금 사체검안서를 작성하게 할 것
4. 자살자나 자살의 의심있는 시체를 검시할 때에는 교사자 또는 방조자의 유무, 유서가 있을 때에는 그 진위를 조사할 것

제35조(사진의 촬영과 지문의 채취) 사법경찰관은 변사자에 관하여 검시, 검증, 해부, 조사 등을 하였을 때에는 특히 인상·전신의 형상·착의 그 밖의 특징있는 소지품의 촬영, 지문의 채취 등을 하여 사후의 수사 또는 신원조사에 지장을 초래하지 않도록 하여야 한다.

제36조(검시에 연속된 수사) ①사법경찰관은 제31조 규정에 따른 검시를 한 경우에 사망이 범죄에 기인한 것으로 인정될 때에는 즉시 경찰서장과 당해 검시를 지휘한 검사에게 보고하는 동시에 수사를 개시하여야 한다.
②사법경찰관은 전항의 경우에 있어서 수사에 필요한 때에는 압수·수색·검증 영장을 발부받아 검증을 하되 의사에

게 사체의 해부를 위촉하여야 한다. 다만, 긴급을 요할 때에는 영장 없이 검증을 할 수 있으나 이 경우에는 사후에 지체없이 영장을 발부받아야 한다.
③전항의 경우에는 검증조서와 감정서만을 작성하고 검시조서의 작성을 생략할 수 있다.

제37조(사체의 인도) ①사법경찰관은 변사체를 검시한 결과 사망의 원인이 범죄로 인한 것이 아니라는 점이 명백히 인정되었을 때에는 검사의 지휘를 받아 소지품 등과 같이 사체를 신속히 유족 등에게 인도하여야 한다. 다만, 사체를 인수할 자가 없거나, 그 신원이 판명되지 않은 때에는 사체가 현존하는 지역의 시장, 군수, 구청장에게 인도하여야 한다.
②전항의 규정에 따라 사체를 인도하였을 때에는 인수자로부터 별지 제13호 서식의 사체 및 소지금품 인수서를 받아야 한다.
③변사체는 후일을 위하여 매장함을 원칙으로 한다.

제38조(「가족관계의 등록 등에 관한 법률」에 의한 통보) ①사법경찰관은 변사체의 검시를 한 경우에 사망자의 등록기준지가 분명하지 않거나 사망자를 인식할 수 없을 때에는 「가족관계의 등록 등에 관한 법률」 제90조제1항의 규정에 따라 지체없이 사망지역의 구·시·읍·면의 장에게 검시조서를 첨부하여 별지 제14호 서식의 사망통지서를 송부하여야 한다.
②사법경찰관은 전항에 따라 통보한 사망자의 등록기준지가 분명하여졌거나 사망자를 인식할 수 있게 된 때에는 「가족관계의 등록 등에 관한 법률」 제90조제2항의 규정에 의하여 지체없이 그 취지를 해당 구·시·읍·면의 장에게 통보하여야 한다.

	사법검시Ⅰ (사인 다투지 않는 사건)	사법검시Ⅱ (사인 다투는 사건)	행정검시
보고	변사체를 발견하거나 신고를 받았을 때 즉시 경찰서장에게 보고		
	검사에게 발생보고 및 지휘건의		검사의 지휘 불요
목적	자·타살 등 그 사인을 규명 신원불상 변사체의 신원파악		국민 편익 도모 업무처리 신속
검시·부검	1. 대행검시시 의사의 참여 요구하여 검시를 행하고검시조서 작성 2. 의사의 사체검안서 작성첨부	- 수사상 필요한 때에는 영장을 받아 검증하되 의사 기타 적당한 감정인에게 시체해부를 위촉 - 긴급을 요할 때에는 영장없이 검증할 수 있으며 사후에 영장을 받아야 함(이 경우 검증조서와 감정서만을 작성하고 검시조서 작성 생략가능)	①지구대장·파출소장(이하 "지구대장등"이라 한다.)은 관내에서 변사체로 발견되거나 사체가 있다는 신고를 받았을 때에는, 즉시 경찰서장에게 「범죄수사규칙」 제31조제2항에 따라 보고하여야 한다. ②제1항의 보고를 받은 경찰서장은, 변사체가 행정검시 대상에 해당한다고 인정될 때에는 지구대장등에게 행정검시를 명한다. ③행정검시의 명을 받은 지구대장등은 의사의 검안을 거쳐 행정

			검시 조서를 작성하고, 사체는 즉시 유족에게 인도하여야 한다. 다만, 사체를 인수할 자가 없거나 신원이 판명되지 아니한 때에는 「범죄수사규칙」 제37조 및 제38조에 의한 조치를 취하여야 한다. ④행정검시를 행한 지구대장등은 행정검시 조서, 의사검안서, 사체인수서를 첨부하여 처리결과를 보고하여야 한다. ⑤경찰서장은 지구대장등이 보고한 변사사건 발생보고서(여백에 행정검시 지휘서명날인)에 행정검시결과 보고서를 첨부, 일자순으로 빠짐없이 철하고 색인을 기록한 행정검시부를 비치하여야 한다.
대상·요건	① 익사·소사·감전사·추락사·약물 또는 가스중독사·산업재해사·교통사고사체(단, 도주차량에 의한 사고 사체, 표류익사체, 암장 사체는 제외) ② 원거리, 도서지역 등 검사의 직접 검시로 시간이 현저하게 지연되는 지역의 모든 변사사건 ③ 의사의 소견, 유족, 발견 목격자 등의 진술 및 현장조사결과 범죄에 기인하지 않는 사실이 분명하거나 ④ 범죄사실이 특정되어 고의 또는 과실에 기인한 변사체로서 ⑤ 부검의 필요가 없거나 유족이 사인을 다투지 않는 변사사건에 한함	① 살인·강도 등 중요 강력사건에 기인한 변사사건 ② 범죄 기인 여부 또는 사인이 불명하여 부검을 요하는 사건 ③ 유족이 사인을 다투는 사건 ④ 사회이목이 집중된 변사사건 또는 중요인사에 대한 변사사건	①구재·낙뢰·파선 등 자연재해사 또는 행려병사자 중 범죄에 기인하지 않은 사실이 명백하다고 인정될 때 ②유의사항: 지구대장등은 행정검시 도중 사체가 범죄에 기인한 것으로 의심될 경우에는 지체없이 경찰서장에게 보고하여야 하며, 경찰서장은 수사에 착수하여야 한다.
사체 인도	발생시간 접수 12시간 이내 유족에게 인도	사건접수 24시간 이내에 사체를 유족에게 인도	사체는 즉시 유족에게 인도

3. 변사사건의 처리 요령

변사자 발견보고	① 경찰관은 변사자 또는 변사에 의심이 있는 시체를 발견하거나 시체가 있다는 신고를 받았을 때에는 즉시 경찰서장에게 보고하여야 한다. ② 변사자 발생보고를 받은 사법경찰관은 검시가 행하여지도록 즉시 관할지방검찰청 또는 지청의 검사에게 보고 하여 그 지휘를 받아야 한다(범죄수사규칙 제52조).
검시의 대행 (검사 지휘)	① 검사의 지휘를 받았을 때에는 사법경찰관이 검시를 행하여야 한다. ② 사법경찰관은 의사의 참여를 요구하여 검시를 행하고 즉시 그 결과를 경찰서장과 검사에 보고하는 동시에 검시조서를 작성하여야 한다. ③ 검시를 함에 있어 관계자 등의 진술조서를 작성하였을 때에는 의사의 시체검안서와 시체사진 등과 같이 이를 검시조서에 첨부하여야 한다.
검시에 이은 수사	① 검시를 한 경우에 사망이 범죄에 기인한 것으로 인정될 때에는 즉시 경찰서장과 당해 검시를 지휘한 검사에게 보고하는 동시에 수사를 개시하여야 한다. ② 범죄수사에 필요한 때에는 압수 수색 검증영장을 받아 검증을 하되, 의사 기타 적당한 감정인 에게 시체의 해부를 위촉하여야 한다. 다만, 긴급을 요할 때에는 영장없이 검증할 수 있으나, 이 경우에는 사후에 지제없이 영장을 발부 받아야 한다. ③ 이 경우 검증조서와 감정서만을 작성하고, 검시조서의 작성을 생략할 수 있다 ④ 범행 중 또는 범행 직후의 범죄장소에서 긴급을 요하고, 영장을 발부받을 수 없을 때에는 영장없이 압수·수색 또는 검증을 행하고 사후에 지체없이 영장을 받아야 한다.
사체의 인도	① 사법경찰관은 변사체를 사법검시한 결과 그 사망이 범죄에 기인하지 아니한 것으로 명백히 인정되었을 때에는 검사의 지휘를 받아 소지품 등과 같이 시체를 신속히 유족 등에게 인도 하여야한다. 다만, 시체를 인수할 자가 없거나, 그 신원이 판명되지 아니한 때에는 시체 현재지 구청장 시장 또는 읍·면장에게 인도하여야 한다 ② 이 때 시체 및 소지금품 인수서를 받아야 한다. ③ 변사체는 후일을 위하여 매장함을 원칙으로 한다 .

☞ 사진촬영 및 지문채취 사체의 인도
☞ 호적법에 의한 통보 : 사망자의 본적이 불분명하거나 사망자를 인식할 수 없을 때에는 호적법에 의하여 지체없이 사망지의 구, 시, 읍, 면장에게 검시조서를 첨부하여 사망통지서를 송부하여야 한다.

제3절 현장관찰

1. 현장관찰의 개념과 유의 사항

(1) 개념

범죄현장에서 범행과 직·간접적으로 관련 있는 유형 · 무형의 자료를 발견 및 수집하기 위하여 범죄현장의 상황, 물체의 존재 및 상태를 관찰하는 것을 말한다.

(2) 유의 사항

① 현장관찰은 수사방침 결정과 범죄현장의 복원이 불가능하기 때문에 매우 중요한 의미를 갖는다.

② 현장주변을 광범위하게 관찰

③ 치밀하게 구석구석까지 세밀하게 반복 관찰

④ 모든 관찰수단을 활용

⑤ 집중적인 관찰

⑥ 수사지휘관의 통제

⑦ 현장의 모순과 불합리한 점의 발견에 노력

⑧ 완전한 관찰

2. 현장관찰의 일반적 순서

(1) 현장관찰의 일반적 순서는 전체에서 부분으로, 외부에서 내부로, 좌에서 우로(또는 우에서 좌로), 위에서 아래로, 동종에서 이종으로, 상태에서 변태의 순서가 일반적이다.

(2) 현장의 위치 및 부근상황 관찰 ☞ 가옥주변 관찰 ☞ 가옥외부 관찰 ☞ 현장내부 관찰 순서로 진행한다.

(3) 특히 옥내 현장의 구체적 관찰은 입구를 기점으로 하여 안으로 향하여 좌(우)에서 우(좌)로 관찰한다.

3. 현장관찰의 착안점

범인에 관한 사항	범인의 신체적·생리적 특징	지문, 장문, 족문, 혈액형, 족흔의 보폭, 족장 등
	범인의 착의·휴대품·소지품	현장에 유류된 착의, 흉기, 송냥 등
	범인의 지식과 지능	현장에 유류된 편지, 협박문서, 낙서, 연고감, 지리감, 전기지식 등
	범인의 수, 공범 유무	침입방법이나, 장물운반방법, 흉기나 유류품의 종별과 수
	범인의 직업 또는 생활환경	유류품의 냄새, 오염상황
	범인의 전과 또는 상습성의 유무	범행수단의 교묘, 목적물의 선정방법

범행일시에 관한 사항	시계·라디오·TV·신문·우편물·우유 각종 정기 배달물 상태·문단속·전등·식사·취사 등의 기타 상황, 욕탕·주전자 등의 물온도·시체체온·시체얼룩·시체굳음·부패 진행상황, 혈흔의 색조와 응고상황 등
범행장소에 관한 사항	현장위치,도로, 교통기관 관계, 현장부근 상황, 피해현장 상황, 유기한 용의가 있는 시체의 경우 시체의 부착물, 양손 물건, 신발, 발바닥 등 부근의 여러 흔적
범행동기에 관한 사항	피해품 종별·수량·특징·가격, 흉기 종류·성질·공격부위·횟수·정도, 흉기 소지자, 보관하고 있었던 장소 상황
범행방법에 관한 사항	혈흔의 흩어진 상황, 물건의 이동·전도상황, 침입구의 특이성, 욕실을 사용한 상황, 특수한 행동 유무, 흉기 기타 유류품 위치·상황

제4절 기초수사

1. 개념

수사개시 당초에 수사사항의 결정 및 수사방침 수립 등을 위하여 수사자료를 수집하는 활동을 말한다.

2. 내용

현장중심수사	범죄의 현장은 증거의 보고이므로 현장 중심수사를 통해서 범인을 파악할 수 있는 수사자료를 수집해야 한다.
피해자중심수사	피해자 및 가족의 생활상태, 재산상태, 교우관계, 고용관계 등을 중심으로 수사를 진행하여 감 유무 또는 범행동기 등을 추적한다.
피해품중심수사	증거수사의 변에서 귀중한 수사방법으로서, 피해품이 판명되면 장물수배서의 발행, 대상 업소에 대한 임검 등의 방법으로 피해품의 발견에 노력해야 한다.

제5절 탐문수사

1. 탐문수사의 일반적 내용

상대방을 가리지 않고 가능한 한 많은 사람을 탐문하는 것은 좋지 않은 방법이다.
면접순서의 경우 가장 공평한 위치에 있는 사람을 우선시 한다.
탐문은 연쇄적으로 한다.
때로는 상대방에 내재하는 이해관계 · 대립감정을 이용한다.

2. 탐문의 방법

(1) 직접 탐문과 간접 탐문

① 직접탐문 : 수사관이 직접 상대자와 면접하여 탐문을 행하는 것으로서 일반적으로 행하여지는 방법이다.

구분	내용
신분명시	• 사실 등이 명확할 때 • 제 3 자의 협력을 얻어서 탐문하고자 할 때 • 사후의 수사에 영향이 없을 것이라고 판단될 때 • 상대가 범인과 통모하거나 증거인멸을 할 염려가 없을 때 • 피해자 가옥에 대한 탐문
신분비닉	• 장물취득자 등에 대한 탐문 • 선거사범 등에 대한 탐문 • 전과자에 대한 탐문 • 상대자에게 직접탐문하기가 어렵고 그 효과를 거두기 어려울 때 • 우범지역 등에서 탐문하고자 할 때 피의자가족, 친족 또는 사건에 대하여 이해관계가 있는 자에 대하여 탐문 할 때 • 피해자의 정부(情婦 · 情夫)

② 간접탐문

범죄 또는 피의자를 탐지하기 위하여 꼭 필요한 정보를 얻고자 할 때 경찰관이 그 상대자에게 직접탐문을 하기가 어렵고 또한 그 효과를 거두기 어려울 때 제 3 자의 협력을 얻어서 간접적으로 탐문을 행하는 방법이다.

(2) 질문의 방식과 선정

① 상대방의 사회적 지위 또는 직업에 맞는 말을 사용한다.
② 상대방이 이해하기 어려운 전문용어는 가급적 피한다.

③ 상대방이 싫어하는 말은 삼간다.
③ 질문에 암시와 유도가 있어서는 안 된다.
④ 효과적인 탐문시간은 사건 직후, 상대방에게 편리한 시간이다.
⑤ 탐문장소의 선정은 상대자에게 편리한 장소 또는 정숙한 분위기를 가진 장소가 좋다.

3. 질문 방법

전체법과 일문일답법	전체법	"무엇인가 수상한 점이 없었습니까?" 등으로 막연하게 질문하는 방법이고, 암시·유도가 되지 않아 자연스러운 답변을 얻을 수 있다. ※ 답변의 정리가 어렵다.
	일문일답법	질문자가 듣고 싶은 점을 하나하나 묻는 방법 ※ 질문 이외의 정보를 얻기가 어렵다.
자유응답법과 선택응답법	자유응답법	질문에 대하여 자유로이 대답하게 하는 방법
	선택응답법	질문자가 미리 준비한 몇 개의 답변 중에서 하나를 선택해서 답변 하게 하는 방법 (※ 암시 유도의 염려가 있다.)
부정문과 긍정문	부정문	부정어를 가지고 질문하는 것 "A는 아니겠지요?"
	긍정문	긍정어를 가지고 확인하는 방향으로 질문 "A 였지요?"

4. 선면수사

(1) 방법

범인의 특징발견	실물에 의한 선면	피해자 등이 직접 용의자의 실물을 확인
	사진 등에 의한 선면	피해자 등에게 용의자의 사진을 관찰시키거나, 다수의 사진 중 용의자를 선정하게 하는 방법
	사진 등에 의한 식별	범인의 사진, 몽타주, 화상 등으로 경찰관이 불특정 다수인 중에서 용의자를 식별해 내는 것으로 미행·잠복감시에 많이 이용된다.
	인상서에 의한 선면	용의자의 얼굴형 등 인상의 각 부분의 형, 특징 등을 탐문하여 글로서 표현한 것을 이용
변사체의 신원확인	신원을 알 수 없는 변사체의 안면사진을 촬영하여 연고자 등에게 관찰하게 하는 방법. 백골사체의 경우 복안법(復顔法)에 의해 작성된 일종의 몽타쥬사진을 통해 신원확인한다.	

(2) 유의사항

① 실물에 의한 선면은 피해자 등이 목격한 당시와 같은 환경·명암 등의 조건하에서 관찰하게 해야 한다.

② 범인이 틀림없다는 주장을 하더라도 반드시 확실한 증거를 수집하여 진위여부를 확인해야 한다.

③ 용의자와 직접적인 대면을 피하고 피의자 식별술 등으로 통해 용의자가 알아볼 수 없도록 선면하는 것이 바람직하다.

④ 피선면자 단독으로 선면하게 되면 선면자는 범인으로 보려는 경향이 농후해지므로 비슷한 표정, 비슷한 차림 등 여러 사람을 관찰하게 하여 범인과 부합하는 자를 식별해야 한다.

(3) 단독면접과 복수면접

① Show - up (단독면접)
범죄피해자 또는 목격자에게 피의자의 체포 직후에 피의자를 보여주는 방법

② Line -up (복수면접)
범죄피해자 또는 목격자에게 피의자를 포함한 여러 사람을 보여주는 방법

제6절 감별 수사

1. 감별수사의 일반적 내용

(1) 감별수사란 범인과 피해자 또는 범인과 범행지 및 그 주변 지역 간에 존재하는 각종 사정·관계 등에 근거를 둔 수사방법을 말한다.

(2) 감별수사 중 연고감은 범인과 피해자, 피해자 가족, 피해 가옥와의 관계를, 지리감은 범인과 범행지 및 그 주변지역과의 관계를 의미한다.

(3) 연고감 또는 지리감을 이용하는 것이 일반적 범행이라는 범인의 심리적 행동의 원리를 응용한 과학수사이다.

(4) 감별수사의 가치(유용성)

① 수사방침의 기초

② 용의자에 대한 결정적 판단자료

③ 유력한 정황증거

2. 감별수사의 종류

연고감	범인과 피해자, 그 가족, 피해가옥과의 관계
지리감	범인과 범행지 및 그 주변지역과의 관계
농감	범인과 피해자와의 관계가 밀접한 경우
박감	범인과 피해자와의 관계가 희박한 경우
직접감	범인과 직접적인 관련
간접감	타인관의 관계로부터 들어서 알고 있는 지식을 가지고 범행한 경우의 관계

3. 감별수사의 방법

(1) 일반적 방법

연고감과 지리감의 유·무 판단 → 감적격자의 자료 수집 → 감적격자 수사

(2) 연고감 수사

① 범행장소(옥외)검토

피해자의 동의로 함께 갔을 만한 한적한 장소에서 살해 되었다면 일견 면식범(연고감)의 소행으로 볼 수 있다.

② 피해가옥 검토

피해자의 집이 현금이 있어 보이지 않는데도, 다른 집에는 침입 시도의 흔적이 없고 피해자만이 범행목표로 선정된 경우라면 연고감이 있는 자의 소행으로 추정할 수 있다.(복권 당첨, 부동산 처분한 돈 등)

③ 특수사정의 유무검토

협박 발루나 공범사산의 대화로 보아 집안 사정을 알고 있는 경우(셋빙 사림의 유무, 가족의 수 등), 집안사람의 외출 시간이나 기타 습관을 알고 있는 경우라면 연고감이 있는 자의 소행이다.

④ 침입구, 침입방법의 검토

보통사람이라면 알 수 없는 장소로 침입한 경우, 난폭한 방법으로 문을 부수고 침입한 경우(집안에 부녀자나 노약자만 있는 경우 등의 사정을 알고 있었다)라면 연고감 있는 자의 소행이다

⑤ 접대상태, 숙박상태의 유무검토

함께 마신 커피잔이나 방에 이부자리 등이 발견 되었다면 연고감이 있다.

⑥ 협박, 폭행수단 검토

복면을 하였거나 흉기를 들이대며 무언의 협박을 하였다면 연고감의 소행으로

의심해 볼 수 있다.

⑦ 물색방법 검토

집안에 귀중품이나 현금 있는 장소로 바로 직행하였다면 연고감이 있는 자이다.

⑧ 위장공작의 유무검토

범죄 현장을 위장하는 등 범죄 발각을 방지하는 공작을 하였다면 연고감 있는 자에 가깝다.

⑨ 사체조치에 대한 검토

범행 후 사체를 덮거나 착의상태를 바로 고치는 경우라면 근친자의 소행, 참혹하게 난자하는 수법이라면 원한 있는 자의 소행으로 볼 수 있다.

3. 지리감 수사

(1) 지리감 수사 대상자가 연고감 수사대상보다 많고 수사범위도 넓다. 따라서 연고감이 있다면 대체로 지리감도 있다.

(2) 지리감 유무의 판단방법

① 범행장소의 검토

범행이 어떠한 장소에서 이루어졌는가. 그 지리적 조건으로 그 장소에 정통한 자가 아니면 안 될 장소라고 하면 지리감 있는 것으로 판단할 수 있다.

② 범행 전후의 행동검토

범인은 어디서 어디로 도망 했는가 혹은 은신, 휴식한 장소는 어디인가 등등에 대해서 검토하여 다음과 같은 사실이 있는 경우에는 지리감이 있는 것으로 판단된다.

- 범인의 행동경로가 보통사람으로서는 다니지 않는 으슥한 골목길이나 뒷길, 논둑길과 같은 곳을 이용하였을 경우
- 다른 지역에서 온 사람으로서는 알 수 없는 곳에 있는 가건물, 빈집, 동굴 같은 곳에 은신 또는 휴식한 것으로 보이는 경우
- 미리 범행현장 부근의 사람들의 동태를 알고서 안전한 방법으로 현장에 들어갔다가 범행 후 도주하였을 경우

③ 교통기관의 이용 상황 검토

범인이 그 지방 교통기관의 발착시간, 운행계통 등을 사전에 알고 그것을 교묘히 이용하였다면 지리감이 있는 것으로 판단된다.

④ 범행시간 검토

심야의 범행으로서 주요 대중 교통수단은 모두 정지되었고 요소에 비상 배치를

하고 주변 차량검문을 철저히 했음에도 체포되지 않았다면 범인은 현장부근에 거주하는 지리감이 있는 자로 추정할 수 있다.

⑤ 피해자 선택상황 검토

피해자 선택에 있어서 일정한 장소를 정기적으로 통행하는 사람을 노렸을 경우에는 지리감이 있는 것으로 추정할 수 있다.

⑥ 범인의 언어 검토

범행장소의 지리적 조건, 지명, 인명, 도로, 건물, 축제일 등의 상황 기타 그 지방에 익숙한 자가 아니면 알 수 없는 것을 말하였다고 하면 지리감이 있는 것으로 추정된다.

4. 연고감과 지리감의 수사대상자

연고감 수사 대상자	지리감 수사 대상자
1. 가족, 친지, 동거인 , 고용인, 우인, 지인, 전동거인, 전고용인 등 2. 본적지, 출생지, 전거주지 등의 관계로 내왕이 있는 자 3. 직장관계로 출입한 자 4. 외판원, 전기, 수도 등의 각종 수금원, 신문, 우유 등의 각종 배달인 5. 거래, 대차관계로 출입한 자 6. 가옥의 신축, 수리공사 등에 종사했던 목수, 전공, 기타 종업원 7. 피해자의 일기, 메모, 우편물, 명함, 거래장부, 주소록, 영수증 등에 의하여 파악된자 8. 이상의 자들과 면식자 또는 교제지 즉 간접관계자	1. 범행지 부근에 거주하는 자 또는 거주하였던 자 2. 범행지 부근에 통근, 통학하는 자 또는 통근, 통학하였던 자 3. 범행지 부근에 친족, 지인 등이 있어 자주 내왕한 일이 있는 자 4. 전에 범행지 부근 공사장 등에서 일한자 5. 전에 범행지 부근에 행상, 수금, 배달 등으로 내왕한 일이 있는 자 6. 범행지 부근에서 범죄의 전력이 있는 자

제7절 수법수사

1. 개 념

수법수사라 함은 정형화(定型化)된 수법에 착안하여 수법범죄 발생시 과거에 그러한 수법을 사용했던 자를 유력한 용의자로 보고 조사하는 수사기법을 의미하며, 범죄수법 외에 다각적인 수사효과를 얻는다.

2. 범죄수법의 특성

(1) 반복성·관행성

① 일정한 형태로 고정되는 경향이 있다.
② 쉽게 변경되지는 않는다.
③ 반복적으로 행해진다.
④ 개인적인 특성 및 습성을 지닌다.

(2) 잔존성·필존성

범죄수법은 반드시 현장에 남아 있기 마련이다. 즉, '완전범죄란 있을 수 없다'.

3. 범죄수법제도

(1) 목 적

범죄수법과 피의자의 사진 등 각종 인적, 물적 특징에 관한 자료의 수집, 관리방법과 그 조직적인 운영절차를 규정함으로써 과학적인 범죄수사에 기여함을 목적으로 한다.

(2) 관련 용어의 정의

용어	정의
범죄수법	반복적인 범인의 범행수단 방법 및 습벽에 의하여 범인을 식별하려는 인적특징의 유형기준을 말한다.
수법범죄	범죄수법자료를 활용하여 범죄수사를 실행할 수 있는 범죄를 말한다.
수법·수배·피해 통보 전산자료 입력코드번호부	수법원지, 피해통보표 기재사항과 지명수배 · 통보자의 죄명에 전산입력 번호를 부여한 부책을 말한다.
수법원지	수법범인의 인적사항, 인상특징, 수법내용, 범죄사실, 직업, 사진, 필적 등을 수록한 기록지 또는 이를 전산입력한 것을 말한다.
피해통보표	피해사건이 발생하여 그 범인이 누구인지 판명되지 아니하였을 때에 해당사건의 피해자, 범인의 인상 · 신체 · 기타 특징, 범행수법, 피해사실, 용의자 인적사항, 피해품, 유류품 등 수사자료가 될 수 있는 내용을 수록한 기록지 또는 이를 전산입력한 것을 말한다.
공조제보	경찰관서 상호간에 있어서 범인, 여죄, 장물을 발견하고 범인을 검거하기 위하여 필요한 수사자료를 서면, 전신, 영상 또는 전산자료로 행하는 수배, 통보, 조회 등을 말한다.

지문자동검색 시스템(AFIS)	개인의 인적사항 및 십지지문 등이 채취되어 있는 주민등록발급신청서를 고속의 대용량 컴퓨터에 이미지 형태로 입력, 필요시 단말기에 현출시켜 지문을 확인하거나 변사자 인적사항 및 현장유류 지문 등을 자동으로 검색하여 동일인 여부를 확인하는 체계로서 과학수사센터에서 구축・운영중인 것을 말한다.
수사종합 검색시스템	수법・마약・변사・조직폭력 영상시스템을 통합하고, 경찰청 주전산기(IBM HOST)・교통전산망・지문자동검색시스템(AFIS) 수용자료 등과 연계하여 다양한 수사자료를 검색할 수 있는 체계로서 과학수사센터에서 구축・운영중인 것을 말한다.

4. 수법원지와 피해통보표

(1) 수법원지와 피해통보표 비교

	수법원지	피해통보표
수법범죄 유형	① 강도 ② 절도 ③ 사기 ④ 위조·변조(통화, 유가증권, 우표, 인지, 인장, 문서) ⑤ 약취·유인 ⑥ 공갈 ⑦ 방화 ⑧ 강간 ⑨ ①−⑧중 특별법에 위반하는 죄 ⑩ 장물	
작성대상	• 범인을 검거한 경우에 작성 • 공범자가 있을 경우 일부만 검거 되도 작성 • 구속피의자는 전원 작성 • 불구속 피의자라도 재범의 우려가 있는 자 ※수법원지는 수법범죄 피의자 중 구속피의자에 대해서만 작성한다(X) ※수법범죄의 피의자가 여죄가 있고 그것이 범죄수법 소분류가 각각 상이한 유형의 수법일 때에는 그 수법마다 수법원지를 작성하여야 한다.	발생한 반복성 수법범죄사건(수법원지 대상버모지와 동일) ※당해 범죄의 피의자가 즉시 검거되었거나 피의자의 성명·생년월일··소재 등 정확한 신원이 판명된 경우에는 검거하지 못했더라도 작성하지 않는다.
작성자	피의자를 수사하거나 조사 송치 경찰관	당해 사건 담당 경찰관
작성시기	사건을 검찰에 송치할 때	발생 즉시
이용목적	범인조회	여죄조회
조회방법	CRIFISS	CIMS
폐기사유	수법원지가 다음 각호의 1에 해당할 때에는 전산자료를 삭제하고 이를 폐기하여야 한다. 1. 피작성자가 사망하였을 때	수법원지가 다음 각호의 1에 해당할 때에는 전산자료를 삭제하고 이를 폐기하여야 한다. 1. 피작성자가 사망하였을 때

	2. 피작성자가 80세 이상이 되었을 때 3. 원지작성후 10년이 경과하였을 때 4. 작성자의 수법분류번호가 동일한 원지가 2매이상 중복될 때 1매를 제외한 자료 5. 다만 제3호에 해당하는 때에는 수법원지만 폐기하고 전산입력 자료는 삭제하지 아니한다.	2. 피작성자가 80세 이상이 되었을 때 3. 원지작성후 10년이 경과하였을 때 4. 작성자의 수법분류번호가 동일한 원지가 2매이상 중복될 때 1매를 제외한 자료 5. 다만 제3호에 해당하는 때에는 수법원지만 폐기하고 전산입력 자료는 삭제하지 아니한다.
효용	• 동일수법 또는 유사수법 용의자 • 범인 도망했을때 배회처 • 범인 습벽 • 필적 감정 • 장물처분방법 및 처분처 • 범인 친족, 지인 등 연고관계 • 현장지문을 채취해 지문대조 • 현재지문을 채취해 지문대조 • 범인 인상, 신체적 특징	• 피해사건의 수법내용 • 피해자(피의자X)의 주소·성명 • 여죄파악 • 피해품 일괄 파악 • 연쇄범죄의 경우 수사방침 수립 자료 • 범인 추적 수사

(2) 수법원지 내용기재방법

범죄수법공조자료관리규칙 제4조

수법원지 각항의 기재는 다음 각호에 의하여야 한다.

1. 해당죄명에 "○"표시
2. 작성관서 · 일자순으로 수법원지 작성번호 부여 및 사건연도 · 번호 기재
3. 피의자의 해당성별에 "○"표시
4. 피의자의 성명과 주민등록번호는 타인의 인적사항을 도용하는 일이 없도록 지문자료 대조확인 등 정확히 파악 기재
5. 피의자의 공범등에게 확인, 이명 · 별명 · 아명 · 속명 등 최대한 기재
6. 직업은 단순히 "무직" "없음"등으로 기재하기 보다는 과거의 직업 등도 파악하여 주된 것을 기재
7. 수법 소분류는 "수법 · 수배 · 피해통보 전산자료 입력코드번호부"에 따라 피의자의 주된 범행수법을 정확히 분류 기재
8. 수법내용은 해당 코드번호와 그 내용을 동시 기재
9. 출생지, 본적, 주소는 수법원지 작성 당해 피의자 1명에 한하여 기재
10. 공범은 당해 피의자의 공범 모두(미검거 공범포함)의 성명과 생년월일을 기재하고, 그 수가 많을 경우에는 각 공범이 수법원지상 상호 연계될 수 있도록 기재
11. 인상 및 신체적 특징은 수사자료로 활용할 수 있도록 특징종별, 부위, 형태 또는 크기 등을 상세하게 파악 기재
12. 혈액형은 "A, 에이" "B, 비" "AB, 에이비" "O, 오"로 기재하되, 혈액형을 모르거나 불확실한 경우에 한하여 "X, 모름"으로 기재

13. 지문번호는 반드시 피의자의 신원확인조회 또는 범죄경력조회를 실시하여 전산상의 지문분류 번호를 기재한다. 다만 전산상 신원확인자료 · 범죄경력이 없는 피의자의 경우에는 지문번호를 직접 분류하여 기재한다.
14. 범행(수법)개요는 피의자의 주된 범행수단과 방법이 부각되도록 상세히 기재

(3) 피해통보표의 작성, 관리 및 활용

범죄수법공조자료관리규칙 제4조

제7조(피해통보표의 작성) ① 경찰서장은 제3조제1항 각호의 1에 해당하는 범죄의 신고를 받았거나 또는 인지하였을 때에는 지체없이 별표1 "수법 · 수배 · 피해통보 전산자료 입력코드번호부"에 수록된 내용에 따라 별지 제2호 서식에 의한 피해통보표를 작성하여 전산입력하여야 한다. 다만, 당해 범죄의 피의자가 즉시 검거되었거나 피의자의 성명 · 생년월일 · 소재 등 정확한 신원이 판명된 경우에는 그러하지 아니한다.

②피해통보표는 반드시 당해 사건을 담당하는 수사경찰관이 전산 입력하여야 한다.

③수사 주무과장은 사건발생보고서 검토시 경찰청 및 지방경찰청에 보고되는 속보 사건을 포함한 해당 범죄의 피해통보표의 작성여부 및 작성된 피해통보표 내용의 오기나 기재사항 누락 여부를 검토, 수정하여야 한다.

④피해통보표를 작성하였을 때에는 범죄사건부에 그 작성여부를 표시하여야 한다.

제8조(피해통보표의 관리 및 활용) ① 피해통보표를 작성한 담당경찰관은 작성 누락 여부를 수시로 확인하고, 입력된 전산자료를 관리하여야 한다.

②범행수법이 동일한 피해통보표를 2건이상 작성하였을 때에는 동일범에 의한 범죄여부, 재범 우려 등을 종합 분석하여 수사자료로 활용한다.

③피해통보표는 동일한 수법범죄의 발생여부, 검거피의자의 여죄와 중요장물의 수배, 통보, 조회 등 수사자료로 활용한다.

(4) 공조제보 실시

① 지방경찰청장 및 경찰서장은 발생사건의 범인검거 또는 검거피의자의 여죄 및 장물 등의 발견을 위하여 다른 경찰관서에 수배·통보·조회를 할 때에는 서면, 전신, 전산기 등으로 신속히 공조제보를 하여야 한다.

② 제1항의 공조제보가 긴급을 요할 때에는 경찰전화로 할 수 있다.

(5) 피해통보표의 장물 수배

① 재산범죄 사건중 피해품에 대하여는 피해통보표의 피해품란에 각각 기재한 후 전산 입력하고 장물조회등의 수사자료로 활용한다.

② 피해통보표에 수록·전산입력한 피해품은 장물수배로 본다.

(5) 수법 및 여죄장물 조회

범죄수법공조자료관리규칙 제11조

① 경찰공무원은 수법범죄사건 현장을 임장하였거나 수법범인을 검거한 경우 또는 수사활동 과정에 있어서 필요한 사안에 관하여는 다음 각호의 구분에 따라 해당사항을 적극적으로 조회하고 별지 제3호서식의 조회내역서를 출력, 관리하여야 한다.

1. 수법범죄가 발생하였으나 즉시 범인을 검거하지 못하고 수사중인 사건에 대하여는 유형의 유류물 외에도 무형의 유류물인 범행수법 등을 수집 · 분석한 후 수사종합검색시스템 또는 컴퓨터 단말기 등을 이용 동일수법 조회를 실시, 수사에 활용하여야 한다.

2. 동일수법 조회는 수법코드 · 신체특징 · 성명(이명)별로 각각 또는 종합적으로 하는 것을 원칙으로 하여 신상 · 사진 · 범행사실 · 자필을 검색하고 검색된 자료는 교통면허사진, 지문자동검색시스템(AFIS) 지문, 수용자, 수배자, 주민자료 등을 연계 검색하여 수사자료의 효용성을 높인다.

3. 수사경찰관은 필요한 때에는 수법원지를 직접 열람하거나 범인을 목격한 목격자에게 수법원지에 첨부된 피의자의 사진을 열람(수사종합검색시스템 열람 포함)하게 할 수 있다. 다만, 열람에 의하여 알게된 피의자 및 수사종합검색시스템 관련사항을 누설하여서는 아니된다.

4. 동일수법 조회결과 검색한 용의자에 대하여는 행적수사 등을 철저히 하고 그 결과를 명확히 기록 관리하여야 하며, 검색자료의 편철 및 폐기 등은 보안에 유의, 합리적인 방법으로 관리한다.

②현재 검거 조사중인 피의자의 여죄 및 발생사건들의 범죄수법의 동일성 또는 불심대상자등이 소지한 수상한 물건, 중고품 상가나 사회에서 거래 · 유통되고 있는 수상한 물건 · 출처불명품 등에 대한 장물여부는 다음 각호의 구분에 따라 적극적으로 조회하여야 한다.

1. 검거한 피의자의 여죄 및 발생사건의 동일성 조회는 별지 제4호 서식의 여죄 · 장물 조회부에 기록하고 피해통보 전산시스템을 활용 동입수법 분류 · 내용 · 특성 · 발생지(관서) · 발생기간 등을 다각적으로 대조 · 검색하고 지명수배 · 통보중인 여죄는 인적사항등에 의한 수배(B)조회의 실시로 파악하여야 한다.

2. 장물조회는 전산시스템을 활용, 전산 입력되어있는 피해통보표의 피해품과 물품 고유번호, 품명, 재료, 중량 등 특징을 대조 · 검색하여야 한다..

3. 발견한 여죄 및 장물은 각 피해통보표 입력 경찰관서 및 지명수배 · 통보관서와 공조수사하여야 한다.

제6절 유류품 수사

1. 유류품과 유류물의 비교

		의의 및 종류	수집시 유류물의 비교
유류품	유류품	범인이 현장에 남기고 간, 흉기, 신발, 의류 등	• 유류된 상태가 자연스러운가 • 범행에 쓰인 것인가 • 범인의 연령, 직업, 성별을 나타내는 특징은 없는가 • 지문채취가 가능한 물건인가
	유류물	분변, 타액, 정액 등 인체에서 유류된 것	• 피해자의 손톱 등에 범인의 혈액, 모발 등이 묻어있지 않은가 • 지문, 족흔적이 범인의 것이 분명한가 • 범인이 버린 담배꽁초, 휴지, 혈액, 가래침, 체액, 배설물 등 혈액형 검출자료를 확보하였는가

2. 특 성

직접 범인 추정	범죄현장에서 발견된 유류품에서 확인된 성명, 채취된 지문 등이 있다면 범인 추정이 가능하다.
범인 속성 추정	(1) 유류품에 묻은 타액, 담배꽁초로부터 범인의 혈액형을 추정할 수 있다. (2) 옷, 신발 등을 통해 범인의 신체적 특징, 연령, 직업 등 추정할 수 있다. (3) 먹다 남은 음식의 치흔에서 범인의 치아 특성을 파악할 수 있다. (4) 유류품의 부착물에서 범인의 직업 및 행동범위를 추정 (5) 족적(상태)에서 신장, 성별, 기타 직업적 특징을 추정할 수 있다. (6) 유류품의 마멸상태 등에서 범인의 흉기사용의 버릇이나 직업적 특징을 알 수 있다.
범인의 행동 추정	(1) 어떤 장소에 담배꽁초, 휴지 등이 많이 유류 되어 있다면, 그 장소에서 범인이 범행 전 대기했었다고 추정 (2) 범행현장 주변의 족적에서 침입, 도주의 방향 추정. 혹은 훔친 물건이 무거웠는지 등.
범행상황 등의 추정	(1) 흉기가 유류된 상황으로 범행방법 추정(상해 또는 살인의 방법이 흉기 사용이다 등) (2) 족적의 위치를 통해 물색 상황 추정 (3) 수 종류의 족적으로 공범의 수 추정 (4) 차량흔(타이어 흔적)으로 2륜차, 3륜차, 4륜차 및 차종 추정 (5) 유류된 편지나 낙서 내용으로 범인의 지능 정도 추정

3. 유류품 수사의 검토사항

구분	관계	내용
동일성	범행과의 관계	범인이 피해자를 단도로 찔렀다는 사건에서 상해 부위와 그 단도가 합치하는가는 감정 등을 통해 명확히 밝혀야 한다.
관련성	범인과의 관계	흉기에 묻어 있는 지문, 성명이 기재된 카드 등은 범인과의 관련성이 더욱 명확해졌다고 볼 수 있다.
기회성	현장과의 관계	범인이 유류 할 기회가 있었는가? 범인이 현장에 갈 수 있었다는 것과 또한 유류의 기회가 있었음을 정황자료에 의하여 증명해야 한다.
완전성	범행시의 관계	유류품이 범행당시와 동일한 성질, 상태로 보존되고 있는가?

제7절 장물수사

1. 개념

범죄 피해품을 확정하고 종류와 특징을 명백히 하여 장물수배, 장물수배서 발부, 임검조사, 불심검문 등을 통해 범인을 발견하는 수사방법이다.

2. 장물의 유출 경로

정상경로	매각	고물상, 노점상, 장물아비, 중고차 매매업소, 전당포 등
	담보	전당포, 금융업자
비정상 경로	소비	자기소지, 숙식, 유흥비, 도박밑천 등으로 소비 또는 증여 기타
	증여	가족, 애인, 친지 등에게
	기타	유실, 폐기, 채무변제

3. 장물수사 요령

(1) 장물수배서의 발부(범죄수사규칙 제32조)

① 장물수배서의 종류 및 용지

종류	해당사건	용지
특별중요장물수배서	수사본부설치사건	홍색용지
중요장물수배서	수사본부설치외 중요사건	청색용지
보통장물수배서	기타 사건	백색용지

② 중요장물수배서가 발부되는 피해품

중요문화재 기타 이에 준하는 피해품 (예: 해인사의 도난사건)
외교사절 관련된 피해품 기타 사회적 파장이 큰 사건의 피해품 (예: 대사관저의 고려청자 도난사건)
살인·강도 등 중요사건에 관한 피해품
다액 절도 또는 특이한 수법이나 상습범이라고 인정되는 침입 절도사건의 피해품
기타 중요하거나 또는 특이 사건의 피해품

③ 장물수배서 발부요령

경찰서장은 특별중요 장물수배서, 중요 장물수배서, 보통 장물수배서를 작성한다.

- 보존기간은 전당포업주는 장물수배서를 받았을 때에는 그 장물수배서의 도달시기를 기재하고 그 날로부터 6개월간 보존하여야 한다.
- 배부는 업자의 조합이나 협회 등에 일괄 배부하여서는 안 된다.

4. 장물수사의 종류

	일반 수사	특별수사
의의	피의자 또는 장물을 특정하지 않고 장물수사 대상업자 또는 대상자 등에 대하여 수사를 하고 장물을 발견하여 그것을 단서로 범인을 검거하는 수사 방법을 말한다.	특정장물의 발견을 목적으로 하거나 또는 특정범인에 관한 장물의 발견을 목적으로 하는 수사 방법을 말한다.
내용	① 고물상, 전당포 등에 대한 수사 ② 귀금속가공업자, 각종 수리수선업자 등 기타 업자에 대한 수사 ③ 장물아비에 대한 수사 ④ 피해자의 확인	① 특정장물의 수사 ② 범인상대의 장물수사 : 범인의 거소 등에서 발견된 물품의 장물 여부 수사

제8절 알리바이 수사

1. 개념

(1) 의의

현장부존재증명이란 범죄의 피혐의자가 범죄가 행하여진 시간에 범죄지 이외의 장소에 있었다는 사실이 명확하여 범죄현장에 있지 않았음이 증명되는 것을 말한다.

(2) 중요성

결정적 반증으로서 수집된 증거가 아무리 많다 하여도 알리바이가 성립된다면 정황증거는 물론 직접 증거도 무너진다.

2. 알리바이의 종류

구분	내용
절대적 알리바이	범죄가 행하여진 시각에는 혐의자가 현실적으로 범죄현장 이외에 다른 장소에 있었다는 사실이 명확하게 입증되는 경우이다. 예 : 나는 20:00시에 애인의 집에서 애인과 함께 있었어요.
상대적 알리바이	혐의자가 범행 전 또는 범행 후에 범행현장 이외의 다른 장소에 일정한 시각에 나타난 경우 도저히 범행 시에는 범행 장소에 있을 수 없었을 것이라고 인정되는 경우이다. (예) • 나는 23:00에 천안에 있는 친구 집에 있었기 때문에, 그 시간에 절대 수원에 있을 수 없습니다. • 23:40분에 천호동과 40분 거리에 있는 집에서 친구와 전화 통화를 했습니다.
위장 알리바이	사전에 계획적으로 자기의 존재를 확실히 인상 깊게 해놓고 그 사이에 극히 단시간 내에 감행하는 것으로 주변사람들을 속이는 것이다. (예) • 나는 22:00부터 24:30분까지 극장에 있었어요. 그때 내가 극장직원의 옷에 콜라를 쏟아서 기억할 것입니다. • 김00은 회식장소에서 화장실에 가는 척하고 이00의 집으로 가서 이00을 살해하고 태연하게 회식장소로 돌아왔다. 살인사건에 대한 수사가 진행되자 김00은 범행시간에 회식장소에 있었음을 주장하고 있다.
청탁 알리바이	범죄 실행 후 자기의 존재를 은폐하여 가족, 동료, 친지에게 시간과 장소를 약속 혹은 청탁해 놓는 것이다.

3. 알리바이 수사의 실행

(1) 알리바이 수사상 문제점(착안점)

① 기억의 문제

② 기회의 문제

③ 시간과 장소의 문제

(2) 수사방법

① 범행 일시의 확정

② 체류, 출현장소와 시간의 확정

③ 이동시간의 정확한 측정

④ 범죄태양의 고찰

- 우발적인 범죄의 경우는 알리바이가 공작될 가능성이 적다.
- 계획적인 범죄의 경우는 알리바이의 위장이나 청탁이 필연적이다.

⑥ 알리바이 공작 유무의 검토

⑦ 알리바이의 파괴

- 반증 : 알리바이는 본증이 아니라 반증이므로 수사기관이 알리바이가 존재하지 않는다는 것을 입증할 필요는 없고 피의자가 주장하는 알리바이가 위장된 것임을 입증하여 이를 파괴하여야 한다.
- 간파 : 알리바이의 위장이나 청탁시 교묘하게 꾸밀수록 가담자가 많을수록 간파는 쉽다.

※ 위장이나 청탁알리바이의 경우 알리바이 공작을 진실처럼 하기 위해 교묘한 행위를 하면 할수록 진실의 발견은 더 용이해 진다.

제9절 미행·잠복감시

1. 미행과 잠복의 의의

(1) 개념

① 미행

미행이란 범죄증거 및 수사자료의 수집 또는 범인의 체포, 발견을 위하여 범인,

용의자 또는 관계자를 상대자로부터 감지 당하지 않으면서 은밀히 추적·감시 하는 것을 말한다.

② 잠복감시(은신·파수)

범죄증거, 수사자료의 수집, 범인발견, 검거, 소재확인, 용의자 등의 발견을 위하여 일정한 장소 또는 특정 지역에서 지속적으로 은신하여 비밀리에 감시 하는 것을 말한다.

③ 미행과 잠복감시의 차이점

	미 행	잠 복
감시대상	사람(용의자, 우범자)	사람, 기타 사건에 관계가 있다고 인정되는 자의 배회처
행동방법	사람을 추적, 감시	일정한 장소에서 고정하여 감시
변 장	동태적 수사활동으로 수시로 변장 要	장소에 맞는 변장이면 족하다.

2. 미행과 잠복감시의 종류

미행	미행원의 수	① 단독미행 ② 공동미행
	대상자의 행동 방법	① 도보 미행 ② 자동차 미행
잠복감시	외부잠복감시 (원칙)	외부잠복감시가 원칙인데, 대상자가 배회할 염려가 있는 가옥 또는 시설에 대하여 그 외부 또는 주변에 잠복 · 감시하는 것으로 원거리 잠복감시와 근거리잠복감시, 고정잠복감시와 유동잠복감시가 있다.
	내부잠복감시	대상자가 배회할 염려가 있는 가옥 또는 시설의 내부에 직접 들어가서 잠복한 상태로 감시하는 것으로서 예외적으로 실시한다.
	유인잠복감시	범인을 체포하는 등의 경우에 가족이나 제3자의 협력을 얻어서 어떤 용무를 핑계로 범인을 잠복감시 장소로 꾀어내는 방법이다.

3. 미행·잠복감시의 준비

(1) 대상인물 및 가옥에 대한 충분한 조사

(2) 적절한 복장 및 변장

(3) 필요한 수사 장비 준비

(4) 수사비 준비

(5) ‘메모’용지 준비

(6) 대상자에게 감지 당했을 때의 준비
신분 노출되지 않도록 자연스러운 태도로 응답할 수 있도록 평소 연구 하도록 한다.

4. 미행의 방법

(1) 도보미행 방법

① 적당한 거리 유지
도보미행의 경우 대상자의 후방 20-50미터 가량이 좋다. 그러나 상황에 따라 대상자를 놓치지 않을 정도의 거리를 유지 한다.

② 보행 속도
대상자와 같은 속도가 좋다.

③ 시선방향
대상자가 갑자기 뒤를 볼 때 시선이 마주치지 않도록 대상자의 눈의 위치보다 낮은 곳에 시선을 두도록 한다.

④ 지형지물의 이용
주위의 지형지물을 이용하는 것도 효과적이다. 그러나 특별한 경우를 제외하고는 피해야 할 것이다.

⑤ 골목길 등의 모퉁이를 도는 요령
대상자가 골목길, 건물 등 모퉁이를 돌아간 때에는 보폭을 넓혀서 접근하도록 하며, 돌아간 모퉁이에 대상자가 숨어 있는 것도 고려해야 한다.

⑥ 열차·버스 등을 이용할 경우
- 행선지를 탐지할 것
- 대상자보다 먼저 승차하지 말 것
- 승차시간에 늦지 않도록 유의할 것
- 승차 후에는 차내를 주의 깊게 살피지 말 것
- 승차 중에는 끊임없이 대상자를 감시할 것
- 대상자보다 먼저 하차하지 말 것

⑦ 택시 기타 자동차를 이용하는 경우
택시기사에게 사정을 알릴 필요가 있다. 그러나 무리한 운전으로 사고를 주의해야 한다.

⑧ 엘리베이터를 이용하는 경우

다른 대기자 없는 때에는 가까운 곳에서 물건 등을 구경하는 척하며 감시하고, 공동 미행하는 경우 전원이 탑승하면 노출우려가 있으므로 단독미행이 좋은 방법이다.

⑨ 극장에 입장할 경우

입장할 경우 대상자보다 한 발 앞서 입장하며, 대상자를 감시하기 좋도록 옆자리나 뒤쪽에 자리를 택하는 것이 좋다.

⑩ 상점, 음식점에 들어갈 경우

상황에 따라 대담한 행동할 필요가 있으며, 음식점의 경우 대상자가 음식을 주문하면 미행자도 음식을 주문 식사를 같이한다.

⑪ 타인과 대화할 경우

가능하면 대화의 내용을 확인하도록 하며, 공동미행을 할 때는 대화의 상대자를 미행하여, 불심검문 후 내용을 확인한다.

⑫ 일정한 지역을 배회할 경우

공원·광장 등 사람을 기다리기 위해 배회할 때는 가능한 한 많은 인원이 적당한 방법으로 감시한다.

⑬ 대상자가 시비를 걸어오는 경우

자연스러운 태도로 응대하며, 이 경우 감지 당한 것으로 볼 수 있으므로 미행원 교체해야 할 것이다.

⑭ 미행 중 대상자를 놓쳐버린 경우

㉠ 대상자의 행선지를 추정할 수 있는 경우 신속히 이동하여 잠복감시를 행한다.

㉡ 놓쳐버린 부근에서 잠복감시를 실시한다.

㉢ 대상자가 이용한 교통기관의 하차역 또는 승차역에서 잠복감시를 행한다.

㉣ 대상자의 주소, 배회처 등에서 잠복감시를 행한다.

(2) 자동차 미행 방법

① 교외나 시골과 같이 교통량이 적은 경우 충분히 거리를 유지하거나 제3자의 자동차를 사이에 넣어서 차폐해야 한다.

② 미행 중 급히 옆길로 들어가는 경우 놓치는 일이 없도록 시가지에 접근하거나 커브지점에서는 될 수 있는 한 거리를 좁혀서 미행

③ 도심지처럼 교통량이 많은 경우 교차로, 신호기가 있는 장소나 횡단보도가 있는 곳에서 근접하여 미행

④ 대상자동차가 주차하였을 때는 약간 떨어진 위치에 주정차 하고 그 행동을 감시하되 대상자가 자동차에서 하차하여 행동한 경우에는 미행원도 즉시 하차하여 도보미행 실시한다.

⑤ 대상차량의 행선지를 알고 있는 경우 대상차량을 앞질러 후사경을 이용하여 감시하는 것도 좋은 방법이다.

⑥ 대상차량의 속력가감이 심할 경우는 미행유무를 확인하기 위한 것일 수 있으므로 그에 이끌리지 말고 가급적 같은 속력을 유지하며 미행하도록 한다.

5. 잠복 감시 방법

(1) 잠복 감시 대상 선정

가족・친척집, 정부의 집, 공범자・친지의 집. 전당포, 고물상, 사금융업자(장물처분시) 등은 범인 또는 용의자 기타 사건과 관계가 있다고 생각되는 자의 배회처이다. 피해자의 집은 대상으로서 부적절하다.

(2) 외부잠복감시의 방법

① 출입구에 대한 조사가 가장 중요하다.

② 장소의 선정

사전 답사를 하여 유효적절한 장소 선정한다. 또한, 출입구가 여러 개일 경우 각 출입구마다 잠복하는 것이 원칙이다.

③ 감시 대상가옥의 맞은편 상점이나 인근 주택을 빌리거나 마당을 빌리는 착상도 필요하다.

④ 위장·변장시는 권총 기타 호신용구가 눈에 띄지 않게 소지하고, 적당한 잠복 장소가 없는 경우 그 지역에 알맞은 직업인으로 위장하여 잠복감시한다.

⑤ 감시간격 생기지 않도록 하는데, 반드시 1개소에 2명 이상 감시원배치하며, 교대방법을 계획한다.

(3) 내부잠목감시방법

① 내부잠복감시는 흔히 하는 것이 아니라, 수사상 필요한 경우에만 실시하도록 한다.

② 내부 잠복감시는 특성상 피의자 등과 직·간접적으로 관계있는 자의 가옥 등에 대해 실시하는 것이므로, 신중히 행하여야 한다.

제10절 체포 요령

1. 건물내 체포요령

(1) 건물내로 뛰어 들어갈 경우 원칙적으로 하나의 입구 이용

(2) 건물내 진입시 처음부터 직접 입구에 접근금지

2. 가두에서 체포요령

(1) 혼잡한 장소, 교통이 빈번한 큰길, 교차로, 절벽, 강변 등 위험한 장소는 지양한다.

(2) 사람의 눈에 띄지 않도록 체포한다.

3. 버스·지하철 내에서 체포요령

(1) 신속한 체포와 사고 방지

피의자가 버스 등에서 뛰어 내리거나 격투시 밖으로 떨어지는 등의 사고가 발생하기 쉬우므로, 여유있는 경력과 충분히 피의자에게 접근한 후 신속하게 체포한다. 그리고 다른 승객에게도 위해가 미치지 않도록 충분히 주의한다.

(2) 승무원과 연락하여 그 협력을 확보

(3) 참고인 확보

소매치기 등 현행범인을 승용물 내에서 체포하는 경우에는 피의자는 물론 목격자 등 참고인을 확보하는 것이 필요하다.

4. 체포시 유의 사항

(1) 무기의 사용

흉기를 소지하고 있는 피의자를 체포할 때에 필요하다고 인정되는 경우 총기를 사용할 수 있는데, 총기사용은 필요 최소한도에 그치도록 하는 동시에 부근의 제3자에게 위해가 가지 않도록 주의해야 한다.

(2) 가스총 사용

① 가스충전식 가스총은 총구를 아래로 향하여 세우고 총신 앞부분과 손잡이 부분을 양손으로 꽉 잡고 돌려 분리하여 총신 앞부분에 분말가스를 넣어 충전한다.

② 탄환장전식가스총은 손잡이 상단 스위치를 ON 쪽으로 밀고, 총신 앞부분을 밑으로 눌러 가스탄환을 넣어 충전시킨다.

③ 범인검거 현장에서는 언제든지 가스총을 사용할 수 있도록 안전스위치를 OFF 쪽에서 ON 쪽으로 밀어 해제한다.

④ 범인발견시에는 약 3-4M 거리 내에서 안면을 향해, 1-2M 거리 내에서는 다리를 향해 총을 겨누고 방아쇠를 당겨 발사한다.

⑤ 사용 후에는 입구 등에 묻어 있는 가스등을 제거한 후 안전스위치를 ON에서 OFF로 잠근 뒤 보관한다.

(3) 전자봉

봉의 끝부분을 범인 쪽으로 향하게 한 후 봉 손잡이 앞 아래 부분에 있는 스위치를 엄지손가락으로 눌러서 1단, 2단의 봉이 자동으로 튀어 나오도록 하고 봉의 끝부분을 범인의 신체일부분에 닿게 하여 감전시켜 충격을 주고 그 틈을 이용하여 체포한다.

(4) 수갑

① 체포된 피의자가 도주 또는 자살하거나 반격 등의 염려가 있는 경우 수갑 또는 포승을 사용하여야 한다.

② 범인의 손목 아래 부분에 수갑의 톱니바퀴 부분으로 힘차게 눌러 회전하여 잠기도록 한다.

③ 중요 범인의 경우에는 수갑 고정쇠 윗부분 우측면에 있는 이중 잠금장치 구멍에 수갑 열쇠를 넣어 시계방향으로 돌려 잠근다.

5. 수법조회

(1) 수법조회의 종류

1) 범인조회

임장경찰관이 수법원지(수사종합검색시스템)를 보고 범인이 누구인지 확인하는 조회를 의미한다.

2) 여죄조회

범인을 조사한 경찰관이 피해통보표(범죄정보관리시스템 : CIMS)로 범인의 여죄를 확인 하는 조회를 의미한다.

(2) 수사종합검색시스템

1) 개념

수사종합검색시스템은 개별적으로 운영되던 수법범죄, 마약사범, 변사관리, 조직폭력 영상시스템을 통합하고, 운전면허사진, 수형자료, 차적조회, 수배여부조회, 가출인, AFIS 등 경찰의 모든 조회시스템과 연계하여 한 컴퓨터시스템에서 간단한 조작으로 다양한 수사자료를 검색할 수 있는 종합시스템이다.

2) 입력방법 : 취합하여 경찰청 전산실에서 입력한다.

3) 특징 : 범죄자들의 인적, 물적 특징을 수록한 수법원지를 고속입력한다.

4) 자료활용

① 수법범죄 발생시 목격자 및 피해자를 상대로 동일수법자 사진을 열람시켜 용의자를 색출할 수 있다.

② CCTV, 몽타쥬 등과 동일인상착의 사진대조가 가능하다.

③ 수표의 배서 및 협박편지 등의 필적을 대조하여 범인을 색출할 수 있다.

④ 동일수법내용에 따라 용의자를 검색하여 수사자료로 활용할 수 있다.

⑤ 성명, 별명, 이명에 따른 조회 및 문신 등 신체적 특징에 의한 검색이 가능하다.

⑥ 작성관서, 작성일자 에 의한 수법자료 검색이 가능하다.

⑦ 본적, 주소, 출생지에 다른 검색 및 주소지 등의 변경일자 등을 검색할 수 있다.

⑧ 공범관계를 조회할 수 있다.

⑨ 연고선, 배회처, 친인척 관계를 검색할 수 있다.

⑩ 교통면허사진, AFIS(지문검색), 수용자검색 등을 연계·확인할 수 있다.(전과조회×)

제11절 공조수사

Ⅰ. 서 설

1. 공조수사의 의의

(1) **개념** : 경찰관서 상호간 자료를 수집하고 수배·조회·통보·촉탁 등을 하는 것으로서 경찰관은 수사에 필요하다고 인정할 때에는 피의자의 체포·출석요구·조사, 장물 등 증거물의 수배, 압수·수색·검증, 참고인의 출석요구·조사 등 그 밖의 필요한 조치에 대한 공조를 다른 경찰관에게 요청할 수 있다.

(2) **성질** : 과학적 · 종합적 · 조직적 · 입체적 수사에 해당한다.

2. 공조수사의 담당자

공조수사의 당사자는 경찰관서이다.

3. 공조수사의 효과

범인식별, 여죄색출, 장물발견, 특정인의 범죄경력확인, 신원불상자의 신원확인, 지명수배자 및 통보자의 검거에 효과적이다.(피해자보호×)

Ⅱ. 공조수사의 종류

종적공조(縱的共助)	상· 하급 관서와 관서내의 상· 하급부서 내지 상·하급자 상호간
횡적공조(横的共助)	① 지방경찰청, 경찰서, 파출소 상호간 및 관서내의 각부서 상호간 내지 동료 상호간 ② 대외적으로는 특별사법경찰관리 · 경찰유관기관 · 단체 · 개인, 국제형사기구와의 공조
평상공조(平常共助)	특별한 사유 없이 평소에 상호간에 도움을 주는 것으로 수배, 통보, 조회, 촉탁 등을 말한다.
비상공조(非常共助)	특이사건 발생 등 특수한 경우의 공조로서 수사비상배치, 수사본부설치운영, 특별사법경찰관리 등과의 합동수사 등을 말한다.
활동공조(活動共助)	현재 제기된 당면문제에 대한 공조수사활동으로서 수사비상배치, 불심검문, 미행, 잠복감시, 현장긴급출동 등이 있다.
자료공조(資料共助)	자료의 수집과 조회로, 모든 공조의 기본이며 이상향

제4장

조사 및 서류 작성

범죄수사규칙

제1절 출석요구

제54조(출석요구의 방법) ①경찰관은 피의자 또는 참고인 등에 대하여 출석을 요구할 때에는 사법경찰관 명의로 별지 제18호 및 제19호 서식의 출석요구서를 발부하여야 한다. 이 경우 출석요구서에는 출석요구의 취지를 명백하게 기재하여야 한다.
②경찰관은 신속한 출석요구를 위하여 필요한 경우에는 전화·모사전송·전자우편·문자메시지(SMS)전송 그 밖에 상당한 방법으로 출석요구를 할 수 있다.
③출석한 피의자 또는 참고인에 대하여는 지체없이 진술을 들어야 하며 장시간 기다리게 하는 일이 없도록 하여야 한다.

제55조(출석요구통지부의 작성) 전조의 규정에 의한 출석요구시에는 별지 제20호 서식의 출석요구통지부에 필요사항을 등재하여 그 처리상황을 명백히 정리하여야 한다.

제2절 피의자신문 및 피의자 아닌 자에 대한 조사

제56조(임의성의 확보) ①경찰관은 조사를 할 때에는 고문, 폭행, 협박, 신체구속의 부당한 장기화 그 밖에 진술의 임의성에 관하여 의심받을 만한 방법을 취하여서는 아니 된다.
②경찰관은 조사를 할 때에는 희망하는 진술을 상대자에게 시사하는 등의 방법으로 진술을 유도하거나 진술의 대가로 이익을 제공할 것을 약속하거나 그 밖에 진술의 진실성을 잃게 할 염려가 있는 방법을 취하여서는 아니 된다.
③경찰관은 부득이한 사유가 있는 경우 이외에는 심야에 조사하는 것을 피하여야 한다.
④경찰관은 조사를 할 때에는 소속 경찰관서 사무실에서 하여야 하며 부득이한 사유로 그 이외의 장소에서 할 경우에는 소속 경찰관서장의 사전 승인을 받아야 한다.

제57조(진술 거부권 등의 고지) ①경찰관은 피의자를 조사할 때에는 미리 다음 각 호의 사항을 알려주어야 한다.
1. 일체의 진술을 하지 아니하거나 개개의 질문에 대하여 진술을 하지 아니할 수 있다는 것
2. 진술을 하지 않더라도 불이익을 받지 아니한다는 것
3. 진술을 거부할 권리를 포기하고 행한 진술은 법정에서 유죄의 증거로 사용될 수 있다는 것
4. 신문을 받을 때에는 변호인을 참여하게 하는 등 변호인의 조력을 받을 수 있다는 것

②경찰관은 전항에 따라 알려준 때에는 피의자가 진술을 거부할 권리와 변호인의 조력을 받을 권리를 행사할 것인지의 여부를 질문하고, 이에 대한 피의자의 답변을 조서에 기재하여야 한다. 이 경우 피의자의 답변은 피의자로 하여금 자필로 기재하게 하거나 경찰관이 답변을 기재한 부분에 기명날인 또는 서명하게 하여야 한다.
③제1항 및 제2항의 고지는 조사를 상당기간 중단하였다가 다시 개시할 경우 또는 담당 경찰관이 교체된 경우에에

도 다시 하여야 한다.

第58조(변호인의 선임) ①경찰관은 피의자 또는 사건관계인이 변호인을 선임하는 경우에는 변호인과 연명 날인한 선임서를 제출하게 하여야 한다.
②경찰관은 변호인의 선임에 관하여 특정의 변호인을 시사하거나 추천하여서는 아니 된다.

第59조(변호인의 피의자신문 등 참여) ①경찰관은 피의자 또는 그 변호인·법정대리인·배우자·직계친족 또는 형제자매의 신청이 있는 경우에는 정당한 사유가 없는 한 변호인을 피의자의 신문과정에 참여하게 하여야 한다.
②경찰관은 전항의 경우에 피의자가 선임한 변호인에게 신문 일시를 통보하여야 한다.
③경찰관은 변호인의 참여 신청을 받은 경우에는 변호인과 신문 일시를 협의하고, 변호인이 참여할 수 있도록 상당한 시간을 주어야 한다. 다만 변호인이 상당한 시간 내에 출석하지 않거나 변호인 사정으로 출석하지 않는 경우에는 변호인의 참여 없이 피의자를 신문할 수 있다.
④사법경찰관은 변호인 참여 신청이 신문방해, 수사기밀 누설 등 수사에 현저한 지장을 초래할 우려가 있다고 인정되는 경우에는 참여를 제한할 수 있다.
⑤사법경찰관은 피의자신문 중이라도 변호인의 참여로 인하여 다음 각호의 어느 하나의 사유가 발생하여 신문방해, 수사기밀 누설 등 수사에 현저한 지장을 초래한 경우에는 변호인의 참여를 제한할 수 있다.
1. 사법경찰관의 승인 없이 부당하게 신문에 개입하거나 모욕적인 언동 등을 행하는 경우
2. 피의자를 대신하여 답변하거나 특정한 답변 또는 진술 번복을 유도하는 경우
3. 「형사소송법」 제243조의2 제3항의 취지에 반하여 부당하게 이의를 제기하는 경우
4. 피의자 신문내용을 촬영, 녹음, 기록하는 경우. 다만, 기록의 경우 피의자에 대한 법적 조언을 위해 변호인이 기억환기용으로 간략히 메모를 하는 것은 제외한다.
⑥경찰관은 신문에 참여한 변호인에게 신문 후 의견을 진술할 수 있는 기회를 주고 해당 의견을 진술조서에 기재하여야 한다. 다만, 신문 중이라도 부당한 신문방법에 대한 이의 제기나 조사 중인 경찰관의 승인을 받은 경우에도 의견 진술권을 줄 수 있다.
⑦경찰관은 변호인의 의견이 기재된 피의자신문조서는 변호인에게 열람하게 한 후 변호인으로 하여금 그 조서에 기명날인 또는 서명하게 하여야 한다.
⑧경찰관은 피의자신문조서 등에 변호인 참여 및 제한에 관한 사항을 기재하여야 한다.

第60조(변호인이 수인인 경우 신문참여 변호인 선정) 사법경찰관은 신문에 참여하고자 하는 변호인이 2인 이상이고 피의자가 신문에 참여할 변호인을 지정하지 않는 경우에는 이를 직접 지정할 수 있다.

第61조(피의자의 신뢰관계자 동석) ①「형사소송법」 제244조의5 규정에 따라 피의자와 동석할 수 있는 신뢰관계에 있는 자는 피의자의 직계친족, 형제자매, 배우자, 가족, 동거인, 보호시설 또는 교육시설의 보호 또는 교육담당자 등 피의자의 심리적 안정과 원활한 의사소통에 도움을 줄 수 있는 자를 말한다.
②사법경찰관은 피의자 또는 법정대리인이 전항에 기재된 자에 대한 동석 신청을 한 때에는 신청인으로부터 별지 제23호 서식의 동석 신청서 및 피의자와의 관계를 소명할 수 있는 자료를 제출받아 기록에 편철하여야 한다. 다만, 신청서 작성에 시간적 여유가 없는 경우 등에 있어서는 신청서를 작성하게 하지 않고, 수사보고서나 조서에 그 취지를 기재하는 것으로 갈음할 수 있으며, 대상자와 피의자와의 관계를 소명할 서류를 동석 신청시에 제출받지 못하는 경우에는 조사의 긴급성, 동석의 필요성 등이 현저히 존재하는 때에 한하여 예외적으로 동석조사 이후에 자료를 제출받아 기록에 편철할 수 있다.
③사법경찰관은 전항에 의한 신청이 없더라도 동석의 필요성이 있다고 인정되는 때에 있어서는 피의자와의 신뢰관계 유무를 확인한 후 직권으로 신뢰관계자를 동석하게 할 수 있다. 다만, 이러한 취지를 수사보고서나 조서에 기재하여야 한다.
④사법경찰관은 수사기밀 누설이나 신문방해 등을 통해 수사에 부당한 지장을 초래할 우려가 있다고 인정할 만한 상당한 이유가 존재하는 때에는 동석을 거부할 수 있다.
⑤사법경찰관은 동석자가 수사기밀 누설이나 신문방해 등을 통해 부당하게 수사의 진행을 방해하는 경우에는 신문 도중에 동석을 중지시킬 수 있다.

제62조(피해자의 신뢰관계자 동석) ①「형사소송법」 제221조제3항, 제163조의2의 규정에 따라 피해자와 동석할 수 있는 신뢰관계에 있는 자는 피해자의 직계친족, 형제자매, 배우자, 가족, 동거인, 보호시설 또는 교육시설의 보호 또는 교육담당자 등 피해자의 심리적 안정과 원활한 의사소통에 도움을 줄 수 있는 자를 말한다.
②전조 제2항부터 제5항까지의 규정은 피해자에 대한 신뢰관계자 동석에 준용한다. 이 경우 피의자는 피해자로, 신문은 조사로 본다.

제63조(공범자의 조사) ①경찰관은 공범자에 대한 조사를 할 때에는 분리조사를 원칙으로 하여 범행은폐 등 통모를 방지하여야 하며, 필요시에는 대질신문 등을 할 수 있다.
②경찰관은 대질신문을 하는 경우에는 그 시기와 방법에 주의하여 한쪽이 다른 한쪽의 위압을 받는 등의 일이 없도록 하여야 한다.

제64조(증거물의 제시) 경찰관은 조사 과정에서 피의자에게 증거물을 제시할 필요가 있는 때에는 적절한 시기와 방법을 고려하여야 하며, 그 당시의 피의자의 진술이나 정황 등을 조서에 기재해 두어야 한다.

제65조(임상조사 등) ①경찰관은 가료중인 피의자나 참고인을 임상조사하는 경우에는 피조사자의 건강상태를 충분히 고려하여야 하며, 이 경우에도 제60조 및 제61조의 규정을 준용한다.
②경찰관은 피의자 신문 이외의 경우 피조사자가 경찰관서로부터 멀리 떨어져 거주하거나 그 밖의 사유로 출석조사가 곤란한 경우에는 우편, 모사전송, 전자우편 등의 방법으로 조사할 수 있다.

제66조(직접진술의 확보) ①경찰관은 사실을 명백히 하기 위하여 피의자 이외의 관계자를 조사할 필요가 있을 때에는 되도록 그 사실을 직접 경험한 자의 진술을 들어야 한다.
②경찰관은 사건 수사에 있어 중요한 사항에 속한 것으로서 타인의 진술을 내용으로 하는 진술을 들었을 때에는 그 사실을 직접 경험한 자의 진술을 듣도록 노력하여야 한다.

제67조(진술자의 사망 등에 대비하는 조치) 경찰관은 피의자 아닌 자를 조사하는 경우에 있어서 그 자가 사망, 정신 또는 신체상 장애 등의 사유로 인하여 공판준비 또는 공판기일에 진술하지 못하게 될 염려가 있고, 그 진술이 범죄의 증명에 없어서는 안될 것으로 인정할 경우에는 수사에 지장이 없는 한 피의자, 변호인 그 밖의 적당한 자를 참여하게 하거나 검사에게 증인 신문 신청을 하는 등 필요한 조치를 취하여야 한다.

제68조(피의자신문조서와 진술조서) ①경찰관은 피의자를 신문하는 경우에는 별지 제26호 서식에서 제32호 서식까지의 피의자신문조서를 작성하여야 한다.
②경찰관은 피의자 아닌 자를 조사하는 경우에는 특별히 필요없다고 인정되는 경우를 제외하고는 별지 제33호 서식에서 제39조 서식까지의 진술조서를 작성하여야 한다.
③경찰관은 피의자와 그 밖의 관계자가 수기, 자술서, 경위서 등의 서류를 제출하는 경우에도 필요한 때에는 피의자신문조서 또는 진술조서를 작성하여야 한다.
④경찰관은 진술인의 진술내용이 복잡하거나 진술인이 원하는 경우에는 진술서로 작성하여 제출하게 할 수 있다. 이 경우에는 될 수 있는 대로 진술인이 자필로 작성하도록 하고 경찰관이 대서하지 않도록 하여야 한다.

제69조(피의자신문조서 등 작성시 주의사항) ①경찰관은 피의자신문조서와 진술조서를 작성할 때에는 다음 각호의 사항에 주의하여야 한다.
1. 형식에 흐르지 말고 추측이나 과장을 배제하며 범의 착수의 방법, 실행행위의 태양, 미수·기수의 구별, 공모사실 등 범죄 구성요건에 관한 사항에 대하여는 특히 명확히 기재
2. 필요할 때에는 진술자의 진술 태도 등을 기입하여 진술의 내용뿐 아니라 진술 당시의 상황을 명백히 알 수 있도록 함
3. 일상용어로 평이한 문구를 사용
4. 복잡한 사항은 항목을 나누어 기재

5. 사투리, 약어, 은어 등을 사용하는 경우에는 진술의 진실성을 확보하기 위하여 그대로 기재한 다음에 괄호를 하고 적당한 설명을 붙임
6. 외국어 또는 학술용어에는 그 다음에 괄호를 하고 간단한 설명을 붙임
7. 지명, 인명 등으로서 읽기 어려울 때 또는 특이한 칭호가 있을 때에는 그 다음에 괄호를 하고 음을 기재

②경찰관은 진술을 기재하였을 때에는 이를 진술자에게 열람하게 하거나 읽어 들려주어야 하며, 진술한 대로 기재되지 않았거나 사실과 다른 부분의 유무를 물어 진술자가 증감 변경의 청구 등 이의를 제기하거나 의견을 진술한 때에는 이를 조서에 추가로 기재하여야 한다. 이 경우 피의자가 이의를 제기하였던 부분은 읽을 수 있도록 남겨두어야 한다.

③경찰관은 제2항의 경우에 진술자가 조서에 대하여 이의나 이견이 없음을 진술한 때에는 진술자로 하여금 그 취지를 자필로 기재하게 하고 조서에 간인한 후 기명날인 또는 서명하게 하여야 한다.

제70조(피의자에 대한 조사사항) 경찰관은 피의자에 대한 조사를 할 때에는 다음 각호의 사항을 조사하여야 한다.

1. 성명, 연령, 생년월일, 주민등록번호, 등록기준지, 주거, 직업, 출생지, 피의자가 외국인인 경우 이에 더하여 국적, 외국인등록번호, 입국년월일 및 입국목적, 피의자가 법인 또는 단체인 경우에는 명칭, 상호, 소재지, 대표자의 성명 및 주거, 설립목적, 기구
2. 구(舊)성명, 개명, 이명, 위명, 통칭 또는 별명
3. 전과의 유무(만약 있다면 그 죄명, 형명, 형기 ,벌금 또는 과료의 금액, 형의 집행유예 선고의 유무, 범죄사실의 개요, 재판한 법원의 명칭과 연월일, 출소한 연월일 및 교도소명)
4. 형의 집행정지, 가석방, 사면에 의한 형의 감면이나 형의 소멸의 유무
5. 기소유예 또는 선고유예 등 처분을 받은 사실의 유무(만약 있다면 범죄사실의 개요, 처분한 검찰청 또는 법원의 명칭과 처분년월일)
6. 소년보호 처분을 받은 사실의 유무(만약 있다면 그 처분의 내용, 처분을 한 법원명과 처분년월일)
7. 현재 다른 경찰관서 그 밖의 수사기관에서 수사 중인 사건의 유무(만약 있다면 그 죄명, 범죄사실의 개요와 당해 수사기관의 명칭)
8. 현재 재판 진행 중인 사건의 유무(만약 있다면 그 죄명, 범죄사실의 개요, 기소 연월일과 당해 법원의 명칭)
9. 병역관계
10. 훈장, 기장, 포장, 연금의 유무
11. 자수 또는 자복하였을 때에는 그 동기와 경위
12. 피의자의 환경, 교육, 경력, 가족상황, 재산과 생활정도, 종교관계
13. 범죄의 동기와 원인, 목적, 성질, 일시장소, 방법, 범인의 상황, 결과, 범행 후의 행동
14. 피해자를 범죄대상으로 선정하게 된 동기
15. 피의자와 피해자의 친족관계 등으로 인한 죄의 성부, 형의 경중이 있는 사건에 대하여는 그 사항
16. 범인은닉죄, 증거인멸죄와 장물에 관한 죄의 피의자에 대하여는 본범과 친족 또는 동거 가족관계의 유무
17. 미성년자 금치산자나 한정치산자인 때에는 그 친권자 또는 후견인의 유무(만약 있다면 그 성명과 주거)
18. 피의자의 처벌로 인하여 그 가정에 미치는 영향
19. 피의자의 이익이 될 만 한 사항
20. 전 각호의 사항을 증명할 만한 자료

제71조(피의자 아닌 자에 대한 조사사항) 경찰관은 피의자 아닌 자를 조사하는 경우에는 다음 각호의 사항에 유의하여야 한다.

1. 피해자의 피해상황
2. 범죄로 인하여 피해자 및 사회에 미치는 영향
3. 피해회복의 여부
4. 처벌희망의 여부
5. 피의자와의 관계
6. 그 밖의 수사상 필요한 사항

第72조(수사과정의 기록) ①경찰관은 피의자를 조사할 때에는 수사과정확인서에 따라 수사과정을 기록하고 이를 조서의 끝부분에 편철하여 조서와 함께 간인함으로써 조서의 일부로 하거나, 별지 제44호 서식의 수사과정확인서로 작성하여 기록에 편철하여야 한다.

②경찰관은 수사과정을 기록할 때에는 조사장소 도착시각, 조사시작 및 종료시각 등을 기재하고, 만약 조사장소 도착시각과 조사시작 시각에 상당한 시간적 차이가 있는 때에는 구체적인 이유 등을 기재하며, 조사가 중단되었다가 재개된 경우 그 이유와 중단 및 재개시각 등을 구체적으로 기재하는 등 조사과정의 진행경과를 확인하기 위해 필요한 사항을 기재하여야 한다.

③제1항 및 제2항은 피의자가 아닌 자를 조사하는 경우에 준용한다.

제3절 영상녹화

第73조(영상녹화의 대상) 경찰관은 피의자 또는 피의자 아닌 자의 조서를 작성하는 때에는 그 조사 과정을 영상녹화할 수 있다.

第74조(영상녹화의 범위) 경찰관은 전조의 규정에 따라 조사 과정을 영상녹화할 때에는 조사가 개시된 시점부터 종료되어 진술자가 조서에 기명날인 또는 서명을 마치는 전 과정을 녹화하여야 하며, 조사의 객관적 정황 확보를 위해 필요한 경우에는 진술자가 조사실에 입실하는 순간부터 영상녹화할 수 있다.

第75조(피의자 진술 영상녹화시 고지) 경찰관은 피의자의 진술을 영상녹화하는 경우에는 다음 각 호의 사항을 고지하여야 한다.

1. 조사실 내의 대화는 영상녹화가 되고 있다는 것
2. 영상녹화를 시작하는 시각, 장소
3. 조사 및 참여 사법경찰관리 성명과 직급
4. 제60조 각 호에 규정된 진술거부권 및 변호인의 도움을 받을 권리
5. 조사를 중단·재개하는 경우 중단 이유와 중단 시각, 중단 후 재개하는 시각
6. 조사 종료 및 영상녹화를 마치는 시각, 장소

第76조(피의자 아닌 자의 진술 영상녹화시 고지 및 동의) ①경찰관은 피의자 아닌 자의 진술을 영상녹화하는 경우에는 진술자에게 전조 제1호의 내용을 고지하고 별지 제45호 서식의 서면동의서를 제출하게 하여야 한다.

②전조 제1호부터 제3호까지, 제5호, 제6호는 피의자 아닌 자의 진술을 영상녹화하는 경우에 준용한다.

第77조(영상녹화시 참여자) 피의자 신문을 영상녹화하는 경우 「형사소송법」 제243조의 규정에 의한 참여자는 조사실 내에 위치하여야 한다.

第78조(영상녹화물 작성 및 봉인) ①경찰관은 영상녹화를 종료한 경우에는 2부의 영상녹화물을 작성하고 영상녹화물 표면에 사건번호, 죄명, 진술자 성명 등 사건정보를 기재하여야 한다.

②경찰관은 전항에서 작성된 영상녹화물 중 1부는 원본으로서 진술자 또는 변호인 앞에서 지체없이 봉인하고 진술자로 하여금 기명날인 또는 서명하게 하여야 하며 나머지 1부는 부본으로서 수사기록에 편철한다.

③사법경찰관은 원본을 봉인하며 진술자의 기명날인 또는 서명을 받을 수 없는 경우에는 기명날인 또는 서명란에 그 취지를 기재하고 직접 기명날인 또는 서명한다.

第79조(봉인 전 재생·시청) 경찰관은 원본을 봉인하기 전에 진술자 또는 변호인이 녹화물의 시청을 요구하는 때에는 영상녹화물을 재생하여 시청하게 하여야 한다. 이 경우 진술자 또는 변호인이 녹화된 내용에 대하여 이의를 진술하는 때에는 그 취지를 기재한 서면을 사건 기록에 편철하여야 한다.

제1절 조사 요령

1. 조사 요령

(1) 개념

① 죄사실을 확정하기 위하여 피의자 기타 사건 관계인들을 만나 질문하여 임의로 그 진술을 듣고 사건의 진상을 발견하는 수사기관의 활동

② 범죄의 주관적 요건(고의, 동기, 목적 등) 확인하는데 목적이 있다.

(2) 기본 태도

피조사자의 심리상태를 이해하고 부인하는 피의자도 공평한 태도로 응대

2. 조사의 준비

(1) 조사방법의 검토

① 조사는 사람을 다루는 기술이므로 조사에 일정한 방법이 있을 수 없다. 따라서 피조사자의 연령 · 지식 · 직업 등에 따라 조사방법을 달리하여야 한다.

② 일반적으로 처음부터 핵심을 찌르지 말고 부드러운 분위기를 조성한 후에 점차 범죄사실을 핵심으로 접근하는 것이 좋다.

③ 관계법령 및 판례연구, 피조사자에 대한 자료수집(예비지식). 조사의 목적 확정 후 질문할 항목 · 순서 · 방법 검토한다.

(2) 조사장소의 선택

① 솔직한 진술을 하기 쉬운 장소
표정관찰 가능한 밝은 곳, 창문에는 얇은 커튼 등을 쳐서 조사실 내부에서 밖을 내다 볼 수 없도록 한다.

② 임의성이 확보된 장소

③ 사고를 미연에 방지할 수 있는 장소

(3) 조사요원의 수

① 조사관과 피조사자는 1:1 이 원칙이나 피의자 신문시에는 다른 사법경찰관리를 참여시켜야 한다.

② 피의자 신문시 변호인 참여 요구가 있어 경찰서장이 허가한 경우는 변호인을 참여 시켜야 한다.

(4) 조사관 선정

① 상대가 고급공무원일 경우 조사간부가 담당하는 것이 효과적이다.
② 전과자일 경우 경험 많은 조사관이 담당하는 것이 효과적이다.
③ 부녀자를 추행한 사건의 경우 성년 여성의 입회하에 연령이 많은 조사관이 담당하는 것이 좋다.

(5) 심야조사

① 경찰관은 원칙적으로 심야 조사를 하여서는 아니 된다. 여기서 심야라 함은 자정부터 오전 6시까지를 말한다.
② 예외
- 자정 이후에 조사하지 않으면 피의자 석방을 불필요하게 지연시킬 수 있는 경우
- 사건의 성질상 심야 조사를 하지 않으면 공범자의 검거 및 증거 수집에 어려움이 있거나 타인의 신체, 재산에 급박한 위해가 발생 할 우려가 있는 경우
- 야간에 현행범을 체포하거나 피의자를 긴급체포한 후 48시간 이내에 구속영장을 신청하기 위해 불가피한 경우
- 공소시효가 임박한 경우
- 기타 피의자 또는 그 변호인의 서면상 동의를 받은 경우

③ 위의 경우에도 심야 조사 동의 및 허가서를 받아야 하며, 조사자 외의 경찰관을 참여시켜야 한다.
④ 소년·노약자·장애인인 피의자가 가족·친족 등 신뢰관계에 있는 자의 심야 조사 참관을 요구하는 경우에는 이를 보장해 주어야 한다. 다만, 그 외의 피의자가 가족 등의 참관을 요구하는 경우에는 수사에 지장을 초래하지 않는 범위 내에서 허용할 수 있다.
⑤ 심야 조사를 할 때에는 적절한 휴식을 보장해 주어야 한다.

(6) 조사관의 교체요령

① 피조사자의 완강한 부인으로 조기의 성과가 미흡하다고 판단되는 경우, 조사관에게 반항적이거나 감정적으로 나오는 경우 다른 조사관으로 교체하는 방법도 효과적일 수 있다.
② 조사를 상당기간 중지 후 재개 할 경우 조사관이 교체될 때마다 진술거부권을 다시 고지하여야한다.

③ 하위계급의 조사관 보다 상위계급의 조사관으로 교체되면 효과적인 경우가 많다.

3. 피의자 신문과정의 변호인 참여제도

(1) 변호인 참여절차

① 참여신청권자 : 피의자, 피의자의 변호인 · 법정대리인 · 배우자 · 직계존속 · 형제자매 · 호주는 피의자의 명시한 의사에 반하여도 신청할 수 있다.

② 변호인의 참여신청이 없는 경우

- 피의자신문조서 작성전에 피의자에게 신문과정에 변호인의 참여희망 여부를 확인
- 피의자의 신청이 없을 때에는 참여신청권자에게도 통지하여야 한다.

③ 변호인의 참여

- 변호인 선임계의 제출
  변호인의 선임에 관하여는 변호인과 연명 날인한 선임계를 당해피의자 또는 형사소송법 제30조제2항의 규정에 의하여 독립하여 변호인을 선임할 수 있는 자로부터 제출하게 하여야 한다.
- 서류의 열람 등
  참여변호인은 피의자 신문과정에 참여하여 피의자의 답변에 관하여 조언하고 작성된 조서를 열람할 수 있다.(기타서류×)

④ 변호인의 서명 · 날인

- 피의자 신문조서 작성시 조서의 전문에 변호인의 참여사실을 기재한다.
- 피의자 신문조서 말미에 참여한 변호인의 서명 · 날인을 받아야 한다.

⑤ 참여여부의 결정

경찰서장은 특별한 경우를 제외하고는 참여를 보장하여야 한다. 그러나 불허사유에 해당하는 경우에는 불허 통지를 하여야 한다.

(2) 변호인 참여제한

① 국가보안법위반사건

② 조직폭력, 마약, 테러사건

③ 공범 등의 증거인멸 또는 도주를 용이하게 하거나 관련사건의 수사 및 재판에 중대한 영향을 초래할 수 있다고 인정되는 사건

④ 피의자신문과정에 변호인을 참여시킴으로써 수사에 중대한 지장을 초래하는 경우

〈피의자 조사요령〉

*** 피의자 신문이 생략 가능한 사건**
① 명백히 공소권 없음에 해당하는 사건
② 피의자가 형사미성년자인 사건
③ 명백히 범죄가 되지 않는 사건 및 각하되어야 할 고소・고발사건

※ 각하처분
ⓐ 각하처분은 고소인・고발인의 권익을 보호하고 피고소・피고발인에 대한 인권침해를 방지하기 위하여 고소・고발사건에 한하여 행하여지는 불기소처분의 일종이다.
ⓑ 고소장・고발장의 기재 및 고소인・고발인의 진술에 의하더라도 기소를 위한 수사의 임의성이 없다고 명백하게 인정되는 경우, 피의자 또는 참고인을 조사하지 않고 간략하게 행하는 종국처분이다.
ⓒ 고소・고발사건이 각하사유에 해당하더라도 고소인・고발인이 고의로 출석을 기피하거나 소재 불명된 경우를 제외하고는 다른 고소인・고발인의 처리와 동일하게 고소인・고발인의 진술을 청취한 후 각하결정을 하여야 한다.

4. 피의자 신문요령

(1) 범죄혐의

범죄혐의가 인정되는 경우	① 혐의가 명백한 데 대한 확신있는 태도를 보여야 한다. ② 고소인 또는 피해자가 사실을 과장하고 있을 가능성을 강조한다. ③ 피의자에게 나타나는 생리적, 심리적 징후를 스스로 알아차리게 한다. ④ 피의자에게 동정을 표시한다. ⑤ 죄의식을 가볍게 하거나 자존심에 호소하여 범행을 자인하는 실마리를 찾는다. ⑥ 피의자의 혐의를 밝힐 수 있는 증거의 일부를 지적한다.
범죄혐의가 불확실한 경우	① 신문받는 이유를 알고 있는지 물어본다. ② 피의자로 하여금 사건, 피해자, 의심스런 인물에 대하여 알고 있는 대로 모두 말하게 한다. ③ 피의자가 거짓말을 하는지 시험해 보아야 한다.

(2) 정서적인 자와 비정서적인 자

① 서적인 자에게는 신문 도중 발생하는 생리적, 심리적 증후군 등 의 태도에 주의하여 그때그때 필요한 질문을 한다.

② 정서적인 자에게는 저항해야 쓸데없는 일이라는 것을 지적하고 그의 자존심을 세워주고 친절하게 하여 자진 진술토록 유도하고, 때로는 신문 중 급소를 찌르는 질문으로 자백하도록 유도한다.

(3) 일반적 유의사항

① 사건에 따라 조사방법을 달리한다. (일률적인 정형이 없다)

② 용어사용의 주의한다. : 피조사자의 연령, 직업, 사회적 지위에 상응한 언어를 사용하고 법률용어, 전문용어 사용 지양한다.

③ 기억을 환기하기 쉬운 순서로 질문한다.

사건의 원인 ⇒ 동기 ⇒ 준비행위 ⇒ 실행행위 ⇒ 사후행위의 순

---

④ 요점을 파악한 질문해야 하며, 한꺼번에 많은 질문을 하면 피조사자가 혼란스러워 하므로 주의한다.

⑤ 진술이 애매할 때는 후에 번복할 염려가 있으므로 그 진의를 확인해야한다.

⑥ 조사의 중점을 노출시키지 말도록 한다.

⑦ 피조사자에게 유리한 사항도 충분히 청취・기록을 한다.

⑧ 진술·자백시 도중에 막지 말아야 한다.

(4) 일반적 조사방법

<table>
<tr><td>모순을
추궁하는 방법</td><td colspan="2">① 소문다답(단문장답), 세밀하게 반복 질문 한다.
② 모순, 불 합리한 점 발견시 즉시 추궁하지 말고 기회를 보아 한꺼번에 추궁하는 것이 효과적이다.
③ 모순추궁의 효과적 시기는 피조사자에게 뉘우치는 표정이나 정신적 동요가 보일 때이다.</td></tr>
<tr><td>급소를
찌르는 방법</td><td colspan="2">단순 경미하고 명백한 증거 있고 여죄가 없는 피의자를 대상으로 한다.</td></tr>
<tr><td rowspan="2">힌트를 주는
방법</td><td>시기</td><td>• 피조사자가 조사관은 아직 아무것도 모르고 있다고 오인하고 계속 부인할 경우
• 자백할 기미를 보이다가 다시 부인할 경우
• 기간의 경과 등으로 기억하지 못하여 진술하지 못하는 것이 분명한 경우</td></tr>
<tr><td>방법</td><td>• 구체적으로 표현하지 말고 애매하게 흘려준다.
• 핵심을 직접 집어주지 말고 간접적으로 느끼게 한다.
• 범행일시 등을 확실하게 하지말고 그 윤곽만을 표현한다.
• 사건의 핵심에 영향을 주는 말로 직접적인 힌트를 주는 것은 피하여야 한다.
• 힌트의 범위를 넘어서게 되면 결국 유도신문이 되어 자백의 임의성을 의심받게 되기 때문에 어떤 일정한 선을 그어두는 것이 필요하다.</td></tr>
<tr><td>증거제시의
요령</td><td colspan="2">① 증거제시의 시기 : 피의자가 범행을 자백하고 그것이 진실이라고 확인된 후 제시하는 것이 원칙이다.
② 증거제시의 방법 : 확신이 가는 것만 제시. 여죄가 있는 경우에는 처음부터 제시하지 말고 자백의 가능성이 있는 경우에만 제시하는 것이 좋다.</td></tr>
</table>

여죄의 조사요령	여죄를 자백할 때까지 메모하지 말 것

(5) 기타 조사방법

부인하는 피의자 조사요령	부인 진술을 경청하고 모순, 불합리한 점 발견 나중에 한꺼번에 추궁
전과자 조사요령	② 인간성의 약점을 찔러 부모, 처자 등의 가정문제로부터 시작해 피조사자의 기분을 풀어준다. ④ 설득만으로 불충분할 경우 증거를 약간 제시하여 급소를 찌르는 방법으로 체념케 한다. ⑥ 고압적 태는 반항심을 불러일으킬 뿐 효과가 없다. ⑨ 은어를 사용하면 조사관도 은어를 사용하는 등 상대자에게 상응한 용어로 조사한다. ⑩ 전과자에 대한 조사는 경험이 많은 조사관이 적합 하다.
초범자 조사요령	공연히 큰 소리를 치거나 지나치게 이론적인 추궁을 해서는 안 된다.
소년의 조사요령	① 알기 쉬운 말을 사용하고 은어는 시용하지 않아야 한다. ② 조사하는 것은 공개하지 않도록 한다. ⑥ 조사시 연소자의 경우에는 보호자나 교사를 참여케 한다. ⑦ 연소자는 암시나 유도에 걸리기 쉬우므로 질문방법에 주의해야한다.
부녀자의 조사요령	① 원칙적으로 여자 참여인을 참여하게 하여야 한다. 단독으로 조사할 때에는 조사실의 출입문을 약간 열어 놓아야 한다.
공범자의 조사요령	① 공범자의 조사순서는 범정이 경한자 ⇒ 성격이 약한 자 ⇒ 순진한 자 ⇒ 다변자 ⇒ 감정이 격한자 순으로 하는 것이 좋다. ② 공범자가 서로 불신감을 갖도록 공작하는 것도 효과적이다. ③ 대개 먼저 조사한 피조사자의 진술이 정당하다고 생각하기 쉬우므로 그런 선입감을 경계한다. ④ 대질조사요령 • 원칙적으로 하지 않는 것이 바람직하다 • 대질의 시기가 빠르면 좋지 않다. (피조사자 쌍방의 성격파악에 상당한 시일 소요되기 때문이다) • 피조사자의 관계 특히 주종관계 등이 있는 경우에 약자는 강자에게 눌리는 경향이 있으므로 주의한다. • 통모방지

(6) 자 백

자백은 임의성이 있어야 증거능력이 인정되고, 진실성을 인정받아야 실질적 증거가치인 증명력이 있다.

① 자백의 임의성 검토 : 진술거부권 고지, 심야 · 장기간 · 강압수사 금지

② 자백 전·후의 행동 · 표정

자백 전 행동·표정	자백 후 행동 ·표정
① 용변을 호소한다. ② 물을 달라고 한다(목이 마름). ③ 말을 하지 않는다. ④ 얼굴빛이 변한다. ⑤ 땀을 흘리거나 몸을 떤다. ⑥ 정면을 향한다. ⑦ 발을 뻗고 앉아서 운다. ⑧ 입술이 하얗게 변한다.	① 안심하는 기색이 보인다. ② 얼굴빛이 좋아진다. ③ 조사관에게 친근감을 갖고 농담도 한다. ④ 식욕이 좋아진다. ⑤ 잠을 잘 자게 된다.

③ 자백의 진실성 검토(진위여부 판단)

- 자백에 이르게 된 경위 : 후회 · 반성 등에 의한 자백은 신빙성이 높다.
- 유치장 내의 행동관찰 : 진실을 자백하지 않은 피의자는 식사를 잘하지 않거나, 잠을 설치며 잠꼬대를 하거나, 무언가 심각하게 생각하는 듯 한 태도를 보인다.

(7) 외국인 또는 장애인 신문 요령

신문요령	① 외국인 또는 장애인 등을 신문하고 그 신문이 통역인 또는 보조인의 도움을 받아 진행되는 경우에는 통역인 또는 보조인이 통역의 자격 또는 보조능력이 있음을 명기하고 그들의 통역 또는 보조에 의하여 신문이 진행된다는 사실을 신문조서 모두에 기재한다. ② 매 질문내용 또는 피신문자의 진술내용은 반드시 통역인 또는 보조인을 통하여 그 정확성을 확인한다. ③ 일반적인 구술보다 더욱 명료하고 간단하게 질문한다.
진술 후의 조치	① 조서를 통역인으로 하여금 열람하게 하여 정확성 여부를 검토하고 잘못된 부분은 수정한다. ② 조서의 검토·확인·수정이 끝나면, 피신문자·통역인 또는 보조인의 서명날인을 받고 주신문자와 참여경찰관이 서명날인 한다.

5. 참고인 조사요령

(1) 피의자가 아닌 제 3 자를 참고인이라 한다. (피해자, 고소인, 고발인, 목격자, 감정인, 통역인 등)

조사요령	• 조사 장소는 경찰서나 참고인 사정에 따라 방문조사 등 편리한 장소 가능 • 진술거부권 고지 불요 • 출석 요구는 출석요구서를 발송하거나 전화·구두·인편 등으로 한다.
편의도모	• 시차제 출석요구 • 우편진술제 실시 • 절도피해자 소환억제 • 공조제도 활용

(2) 참고인이 출석이 귀찮거나, 가해자·피해자와 모두 친분이 있거나, 제 3 자의 일에 관여하기 싫은 경우에는

① 사회 구성원으로서의 정의감에 호소

② 피의자의 반사회성을 부각

(3) 기타

보복이 두려운 경우	① 책임지고 보호하겠다는 뜻을 밝힌다. ② 사후 보복은 특별한 경우에나 있을 수 있는 일이라는 것을 강조 ③ 진술하지 않으면 나중에 법정에서 공개적으로 진술해야 하니 그럴 바에는 미리 진술함이 좋다고 인식시킨다.
수사 반감	피의자를 옹호하거나 수사에 반감을 가진 경우에는 ① 참고인 자신을 범인시하는 신문방법도 때로는 효과적이다. ② 범인과의 관계를 추궁하는 한편 범인의 배신행위를 확신시키고 그 관계를 단절하도록 노력한다.

(4) 참고인 여비의 지급

정의	참고인등이라 함은 사법경찰관으로부터 범죄수사상 필요에 의하여 일정한 장소에 출석 요구를 받은 피의자 아닌 제3자와 시체검안, 해부, 감정, 통역 또는 번역을 위촉 받은 자를 말한다(참고인등비용지급규칙 제2조).
비용	① 사법경찰관으로부터 출석을 요구받고 지정된 장소에 출석한 피의자 아닌 제3자에게 지급할 여비·일당·숙박료 ② 사법경찰관으로부터 시체검안, 시체해부, 감정, 통역 또는 번역을 위촉 받은 자에게 지급할 검안비, 해부비, 감정료, 통역 또는 번역료와 여비, 일당 및 숙박료 ③ 의사 및 감정인의 대불금
지급	① 진술, 통역 및 번역을 마친 때와 검안, 해부 및 감정서를 제출한 때에 지체없이 지급하여야 한다. 다만, 부득이한 사유가 있을 때에는 그러하지 아니할 수 있다. ② 참고인등 비용의 청구 및 지급은 별지 서식에 의하되 비용을 지급하였을 때에는 수령인의 기명날인을 받아야 한다. 다만, 수령인이 인장을 지참하지 아니하였을 때에는 무인으로 갈음할 수 있다. 이 경우에는 반드시 주민등록번호를 기재하여야 한다. ③ 참고인 등의 비용은 그 지급원인이 발생한 날로부터 2월 이내에 청구하여야 한다.

미지급	① 참고인이 허위진술을 하였다고 인정할 만한 상당한 이유가 있거나 진술을 거부하였을 때 ② 허위의 검안 또는 감정을 하였다고 인정할 만한 상당한 이유가 있거나 검안 또는 감정을 거부하였을 때 ③ 의사 또는 감정인이 그 자신에 귀책될 사유로 인하여 검안이나 감정의 목적을 달성하지 못하였을 때

6. 수사민원상담제(경찰청훈령 제 187호)

(1) 경찰서장은 고소 · 고발관련 상담업무를 효과적으로 수행할 수 있을 정도의 경험 및 소양을 갖춘 퇴직 경찰관을 수사민원상담관으로 지정, 민원실에 배치한다.

(2) 민원인의 동의를 전제로 하여 기소유예 이외의 불기소처분사유에 해당됨이 명백하거나 관할이 없는 경우 또는 진정서로 접수함이 상당하다고 판단되는 경우 고소·고발장을 반려한다.

(3) 고소 · 고발사실이 불명확거나 불특정되어 있는 경우, 고소 ,고발장 접수를 보류하고 보정 요청한다.

7. 고소 · 고발사건 조사요령

(1) 수사기간

1 개월이 원칙 ⇒(서장의 연장허가 득하여) 2 개월 ⇒(검사의 연장승인 득하여) 3 개월

(2) 고소사건 접수시 유의사항

① 고소권 유무, 직계존속에 대한 고소여부, 고소기간 경과 여부, 간통죄에 있어서 소정의 요건 구비여부, 반의사 불벌죄에서 처벌 희망여부, 기타 친족 상도례에서 신분관계등 조사

② 범죄 피해자 이외의 제 3 자는 누구든지 고발할 수 있으나, 대리인에 의한 고발은 인정되지 않는다.

제2절 수사서류 작성 요령

범죄수사규칙

제4절 수사서류

제22조의2(시스템의 이용) 경찰관은「형사사법절차 전자화 촉진법」 제2조제1호에서 정한 형사사법업무와 관련된 문서를 작성할 경우 형사사법정보시스템(이하 "시스템" 이라 한다)을 이용하여야 하며, 작성한 문서는 시스템에 저장·보관하여야 한다. 다만, 시스템을 이용하는 것이 곤란한 다음 각 호의 문서의 경우에는 예외로 한다.

1. 피의자, 피해자, 참고인 등 사건관계인이 직접 작성하는 문서
2. 시스템에 작성 기능이 구현되어 있지 아니한 문서
3. 시스템을 이용할 수 없는 시간 또는 장소에서 불가피하게 작성해야 하거나 시스템 장애 또는 전산망 오류 등으로 시스템을 이용할 수 없는 상황에서 불가피하게 작성해야 하는 문서

<2010.10.26 본조 신설>

제23조(기명날인 또는 서명 등) ①수사서류에는 작성년월일, 소속관서와 계급을 기재하고 기명날인 또는 서명하여야 한다.

②날인은 문자 등 형태를 알아볼 수 있도록 하여야 한다.

③수사서류에는 매장마다 간인한다.

④수사서류의 여백이나 공백에는 사선을 긋고 날인한다.

⑤피의자 신문조서(별지 서식 제26호부터 제32호)와 진술조서(별지 서식 제33호부터 제39호)는 진술자로 하여금 간인한 후 기명날인 또는 서명하게 한다. 다만, 진술자가 기명날인 또는 서명을 할 수 없거나 이를 거부할 경우, 그 사유를 조서말미에 기재하여야 한다.

⑥인장이 없으면 날인 대신 무인하게 할 수 있다.

제24조(통역과 번역의 경우의 조치) ①경찰관은 수사상 필요에 의하여 학식 경험있는 자 그 밖의 적당한 자에게 통역을 위촉하여 그 협조를 얻어서 조사하였을 때에는 피의자신문조서나 진술조서에 그 취지와 통역을 통하여 열람하게 하거나 읽어주었다는 취지를 기재하고 통역인의 기명날인 또는 서명을 받아야 한다.

②경찰관은 수사상 필요에 의하여 학식, 경험있는 자 그 밖의 적당한 자에게 피의자 그 밖의 관계자가 제출한 서면 그 밖의 수사자료인 서면을 번역하게 하였을 때에는 그 번역문을 기재한 서면에 번역인의 기명날인을 받아야 한다.

제25조(서류의 대서) 경찰관은 문맹 등 부득이한 이유로 서류를 대서하였을 경우에는 대서한 내용이 본인의 의사와 다름이 없는가를 확인한 후 대서의 이유를 기재하고 본인과 함께 기명날인 또는 서명하여야 한다.

제26조(문자의 삽입·삭제) ①경찰관은 수사서류를 작성할 때에는 임의로 문자를 고쳐서는 아니되며, 다음 각호와 같이 고친 내용을 알 수 있도록 하여야 한다.

1. 문자를 삭제할 때에는 삭제할 문자에 두줄의 선을 긋고 날인하며 그 왼쪽 여백에 "몇자 삭제"라고 기재하되 삭제한 부분을 해독할 수 있도록 자체를 존치하여야 함
2. 문자를 삽입할 때에는 그 개소를 명시하여 행의 상부에 삽입할 문자를 기입하고 그 부분에 날인하여야 하며 그 왼쪽 여백에 "몇자 추가"라고 기재
3. 1행중에 2개소 이상 문자를 삭제 또는 삽입하였을 때에는 각 자수를 합하여 "몇자 삭제" 또는 "몇자 추가"라고

기재
4. 여백에 기재할 때에는 기재한 곳에 날인하고 그 난외에 "몇자 추가"라고 기재
②피의자 신문조서(별지 서식 제26호부터 제32호)나 진술조서(별지 서식 제33호부터 제39호)인 경우 문자를 삽입 또는 삭제하였을 때에는 난외에 "몇자 추가" 또는 "몇자 삭제"라고 기재하고 그 곳에 진술자로 하여금 날인 또는 무인하게 하여야 한다.
③전항의 경우에 진술자가 외국인인 때에는 그 날인을 생략할 수 있다.

제27조(서류의 접수) 경찰관은 수사서류를 접수하였을 때에는 즉시 여백 또는 그 밖의 적당한 개소에 접수년월일을 기입하고 특히 필요하다고 인정되는 서류에 대하여는 접수 시각을 기입해 두어야 한다.

1. 개념

(1) **협의의 수사서류** : 수사기관 스스로 작성한 서류 및 수사기관 이외의 자(私人)가 작성한 서류로서 수사기관이 수집한 서류 중 내용적 의미만으로 증거가 되는 것

(2) **광의의 수사서류** : 협의의 수사서류 + 범죄혐의가 없어 내사종결하는 서류, 수사행정서류(수사에 관해 작성한모든 서류)

(3) 증거물인 서면과 수사서류의 비교

	증거물인 서면	수사서류
증거능력	내용적 의의와 물리적인 존재	내용적 의의만이 증거
종류	위조죄의 위조문서, 협박죄의 협박문서	진술조서, 고소장, 고발장, 피해신고서
보관방법	압수하여 보관	수사기록에 편철
증거 조사방법	제시 및 요지의 고지	낭독

2. 수사서류의 종류

작성주체	종류	
수사기관 작성	진술서류	피해자진술조서, 참고인진술조서, 피의자신문조서, 대질조서 등
	보고서류	범죄인지보고서, 현행범인체포서, 수사보고서 등
	기타서류	압수조서, 각종 건의서, 사실조회, 촉탁서, 수사협조의뢰서 등
사인 작성	사인이 작성한 서류도 수사기관에 제출하여 접수되는 경우 수사서류가 된다. 고소장, 고발장, 피해신고서, 진술서 등 사실조회에 대한 회보서 등본, 초본, 사본류 등	

3. 수사서류 작성상의 원칙

형식적 기재사항(기술상 원칙)	실질적 기재사항(내용상 원칙)
• 수사행위자와 작성자의 일치 • 수사행위시마다 작성 • 소정의 서식을 따를 것 • 우리말을 사용할 것 • 통일된 호칭을 사용할 것 • 문자를 정확하고 명료하게 기재할 것 • 법률용어보다 일상생활용어를 사용할 것 • 성명은 한글로 기재하고 괄호속애 한자, 별명, 이명 등을 기재할 것	• 수사자료획득 선행의 원칙 • 범죄사실 증명중심의 원칙 • 사실을 그대로 기재할 것 • 요점을 망라할 것 • 간명하게 기재할 것 • 기재내용이 자연스럽게 할 것 • 객관성을 유지할 것 • 기재내용에 모순이 없을 것 • 6하 또는 8하 원칙

4. 송치서류

(1) 사법경찰관이 수사를 종결하였을 때에는 이를 모두 관할지방검찰청 검사장 또는 지청장에게 송치하여야 한다(사법경찰관리집무규칙 제54조).

(2) **송치의 주체** : 소속관서의 장인 사법경찰관의 명의로 하여야 한다.

(3) **편철순서**

사건송치서 ⇒ 압수물 총목록 ⇒ 기록목록 ⇒ 의견서 ⇒ 기타서류 (작성순서대로)

기타서류에는 각종조서, 진단서, 수사보고서 등이 포함되며 접수 또는 작성일자 순으로 편철하여야 한다. 각하, 고소・고발사건의 불기소를 제외하고는 기타 피의자 환경조사서, 피의자의 본적조회회답서 및 범죄경력조회(지문조회)통보서 등 필요한 서류를 첨부하여야 한다.

5. 사건송치서

범죄수사규칙

제10장 송치와 이송

제189조(송치) 수사를 종결하였을 때에는 경찰관서장의 지휘를 받아 사건을 모두 관할지방검찰청 검사장 또는 지청장에게 송치하여야 한다.

제190조(이송과 인계) ①경찰관서장은 관할구역 내의 사건이 아니거나 해당 경찰관서에서 수사하는 것이 부적당하다고 인정되는 사건 또는 검사로부터 이송 또는 인계의 지휘가 있는 사건은 신속히 이를 범죄지 또는 피의자의 거주지를 관할하는 경찰관서, 수사에 적합한 경찰관서 또는 검사가 지휘한 경찰관서나 기관에 이송 또는 인계하여야

한다. 다만, 상급 기관에서 하명된 사건을 이송할 때에는 미리 상급기관의 승인을 받아야 한다.

②경찰관은 사건을 이송할 때에는 정확한 사건의 인수, 인계를 위하여 별지 제163호 서식의 사건인계서 [피의자 인도서] 인수인란에 인수인의 소속, 계급, 성명을 명기하여 기명날인 또는 서명을 받아야 한다. 단, 관서간 사건의 인수·인계시에는 전산시스템으로 인수자가 인수 여부를 확인하는 절차로 대체할 수 있다.

③경찰관은 사건을 인수, 인계한 경우에는 인계관서 범죄 접수부 비고란에 인수관서 범죄접수부의 접수 번호와 접수 일시를 기입해 두어야 한다.

④고소·고발사건 이송에 있어서는 「고소·고발시건 이송 및 수사촉탁에 관한 규칙」을 우선하여 적용한다.

제191조(사건의 단위) 다음 각호에 해당하는 범죄사건은 1건으로 처리하여야 한다.

1. 1인이 범한 수죄
2. 수인이 공동으로 범한 죄
3. 수인이 동시에 동일장소에서 범한 죄
4. 범인 은닉죄, 증거인멸죄, 위증죄, 허위감정·통역죄 또는 장물에 관한 죄와 그 본범의 죄
5. 제1호부터 제4호까지의 사건이라도 이미 검찰청 또는 상당관서에 송치하거나 이송한 후에 접수한 사건
6. 불기소 처분이 있은 후 검사의 지휘에 따라 다시 수사를 개시한 사건
7. 검사로부터 수사지휘를 받은 사건
8. 다른 관서로부터 이송을 받은 사건
9. 검찰청에 송치하기 전의 맞고소 사건
10. 판사로부터 검찰청에 송치명령을 받은 즉결심판 청구 사건
11. 피고인으로부터 정식재판 청구가 있는 즉결심판 청구 사건

제192조(송치서류) ①경찰관은 사건을 송치할 때에는 수사서류에 별지 제168호 서식의 사건송치서, 별지 제169호 서식의 압수물 총목록, 별지 제170호 서식의 기록목록, 별지 제171호, 172호 서식의 의견서, 피의자환경조사서, 별지 제173호 서식의 피의자의 등록기준지조회회답서 및 범죄경력조회(지문조회)통보서 등 필요한 서류를 첨부하여야 한다. 다만, 「형의 실효 등에 관한 법률」 제5조제1항 단서 제2호에 해당하는 경우로서 다음 각호의 어느 하나에 해당하는 의견으로 송치할 때에는 범죄경력조회(지문조회)통보서를 첨부하지 않는다.

1. 혐의없음
2. 공소권 없음
3. 죄가 안됨
4. 각하

②경찰관은 사건송치 전에 전항의 첨부서류중 조회회답 또는 통보를 받지 못하였을 때에는 그 사유를 동 사건 송치서 비고란에 기재하여야 하며 송치후에 범죄경력을 발견하였거나 그 밖의 회보를 받았을 때에는 추송서를 첨부하여 즉시 이를 추송하여야 한다.

③송치서류는 다음 순서에 따라 편철하여야 한다.

1. 사건송치서
2. 압수물 총목록
3. 기록목록
4. 의견서
5. 그 밖의 서류

④제3항제5호의 서류는 접수 또는 작성순서에 따라 편철하고 제4호와 제5호의 서류는 각 장마다 면수를 기입하고 제2호부터 제4호까지의 서류에는 송치인이 직접 간인하여야 한다.

⑤제3항제4호의 서류에는 각 장마다 면수를 기입하되, 1장으로 이루어진 때에는 1로 표시하고, 2장 이상으로 이루어진 때에는 1-1, 1-2, 1-3의 방법으로 하여야 한다.

⑥경찰관은 사건을 송치할 때에는 소속관서의 장인 사법경찰관의 명의로 하여야 한다. 다만, 소속관서장이 사법경찰관이 아닌 경우에는 수사주무과장인 사법경찰관 명의로 하여야 한다.

⑦의견서는 사법경찰관이 작성하며 통신제한조치를 집행한 사건의 송치서에는 「통신제한조치 집행사건」 부전지를

부착하여 송치하여야 한다.

제193조(송치후의 수사와 추송) ①경찰관은 사건 송치후라도 항상 그 사건에 주의하여 새로운 증거의 수집과 참고가 될 만한 사항의 발견에 힘써야 한다.
②경찰관은 사건을 송치한 후에 새로운 증거물, 서류 그 밖의 자료를 입수하였을 때에는 신속히 이를 추송하여야 한다.
③경찰관은 전항에 따른 추송을 할 때에는 앞서 송치한 사건명, 그 연월일, 피의자의 성명, 추송하는 서류와 증거물 등을 기재한 추송서를 첨부하여야 한다.
④사법경찰관은 수리한 고소·고발사건에 대하여 기소, 기소중지 또는 참고인중지의견으로 송치한 후 관할지방검찰청 또는 지청으로부터 그 사건에 대하여 혐의없음, 공소권 없음, 죄가 안됨, 각하의 처분결과와 함께 피의자에 대한 수사자료표를 폐기하도록 통보받은 때에는 그 수사자료표가 지체없이 폐기될 수 있도록 처분결과를 보고하는 등 필요한 조치를 하여야 한다.

제194조(여죄의 추송) 경찰관은 사건 송치 후에 당해 사건에 속하는 피의자의 여죄를 발견하였을 때에는 검사의 지휘를 받아 신속히 그 수사를 행하고 이를 추송하여야 한다.

제195조(소재불명자의 처리) 경찰관은 「사법경찰관리집무규칙」 제11조에 규정된 보고대상 범죄사건을 송치할 때에는 소재불명 피의자의 지명수배·통보 내용과 사진 및 별지 제175호 서식의 인상서 등 관련자료를 첨부하여야 한다.

제196조(참고인 등의 소재수사) ①사법경찰관이 참고인중지 의견으로 사건을 송치할 때에는 참고인소재수사지휘부를 작성하고 그 사본 1부를 수사기록에 편철하여야 한다.
②경찰관은 전항의 규정에 의하여 작성된 별지 제176호 서식의 참고인등 소재수사지휘부를 편철하여 관리하고 매 분기 1회 이상 참고인 등에 대한 소재수사를 하여야 한다. 다만, 검사가 송치의견과 다른 결정을 한 때에는 참고인 등 소재수사지휘부에 그 취지를 기재하고 소재수사를 하지 않는다.

제197조(기소중지자에 대한 수사) ①사법경찰관은 기소중지한 자를 발견하였을 때에는 즉시 수사에 착수하고 별지 제177호 서식의 기소중지자 소재발견 보고서에 따라 관할 지방검찰청 또는 지청의 검사에게 보고하여야 한다.
②전항의 기소중지가 특정 증거의 불명으로 인한 것인 경우에 이를 발견한 때 또는 참고인 중지의 경우에 참고인 등을 발견한 때에도 전항과 같다.

제198조(중요범죄 사건부와 미검거 중요범죄 사건부 등) ①지방경찰청장은 별지 제179호 서식의 중요범죄 사건부를 비치하고 그 관할구역 내에서 발생한 중요범죄 사건에 대한 발생보고나 검거보고를 접수하였을 때마다 기입, 정리하여야 한다.
②지방경찰청장은 별지 제180호 서식의 미검거 중요범죄 사건부를 비치하고 그 관할구역 내에서 발생한 중요범죄 중 발생 후 2개월 이내에 검거하지 못한 사건을 기재하고 수시로 필요 사항을 기입, 정리하여야 한다.
③경찰서장은 별지 제181호 서식의 미검거 중요범죄 사건 수사부를 비치하고 그 관할구역 내에서 발생한 중요범죄 중 발생 후 2개월 이내에 검거하지 못한 사건을 기재하고 계속 수사진행 상황을 수시 기입, 정리하여야 한다.
④경찰서장은 전항의 규정에 따라 제181호 서식에 기재된 범죄에 대하여는 연 4회 이상 수사담당자를 지명하여 특별수사를 하여야 한다. 다만, 수사한 결과 전혀 검거할 가망이 없다고 판단되는 사건은 지방경찰청장의 승인을 얻어 특별수사를 생략할 수 있다.
⑤사법경찰관은 미검거 또는 미체포 사건을 검사에게 송치할 때에는 각 피의자신문조서, 진술조서, 검증조서 등 장차 참고가 될 기록은 그 사본을 작성하여 중요범죄 미제사건으로 편철, 정리하고 계속 수사하여야 한다.
⑥미검거 사건의 수사주무관은 해당 사건을 다른 경찰관에게 인계할 경우에는 관계서류 증거물 등의 인계를 확실히 하여 사후의 수사에 지장을 초래하는 일이 없도록 하여야 한다.

> 제199조(수사서류의 사본) 경찰관은 처리한 사건 중 중요도나 특이성 그 밖의 보존의 필요가 있다고 판단되는 사건에 대하여는 해당 사건의 수사서류의 사본을 작성하여 이를 보존하여야 한다.

(1) 피의자란

① 피의자의 성명은 한글로 기재하며 괄호 안에 한자・영문자를 기재하고 이명이나 별명도 그다음에 기재한다. 성명 이외에 직업, 주거, 본적, 주민등록번호 등을 기록하는데, 주민등록번호 알 수 없는 경우는 생년월일을 기재한다. 홍길동(洪吉童) (별명: 휘파람)

② 피의자의 성명 앞에는 구속(적색), 불구속・미체포(청색), 수감 중으로 구분하여 기재한다.

③ 피의자의 한자 다음에는 지문원지작성번호와 구속된 경우는 구속영장청구번호를 기재한다.

④ 피의자가 2명 이상인 경우는 1.2.3으로 표시한다.

(2) 죄명란

① 경합범인 경우 가. 나. 다 순으로 하되 형이 중하거나 공소시효가 장기인 순으로 기재한다.

② 적용되는 법률은 띄어쓰기를 하지 않는다.

③ 형법범의 죄명은 대검찰청 제정의 죄명(대검찰예규 제214호)에 의한다.

④ 형법범 및 군형법범의 경우는 미수범, 교사범, 방조범은 죄명 다음에 미수, 교사, 방조, 예비, 음모라 표시한다.

⑤ 특별법위반의 경우

죄명구분표시를 하는경우	폭력행위등처벌에관한법률, 군형법, 국가안보법, 특정범죄가중처벌에관한법률, 특정경제범죄가중처벌에관한법률, 성폭력범죄의처벌등피해자보호에관한법률, 보건범죄단속에관한특별조치법, 청소년의성보호에관한법률, 마약류관리에관한법률,유해화학물진관리법, 도로교통법
구분표시를 하지 않는 경우	공직선거법 등
미수범, 교사, 방조범의 표시	죄명 다음에 미수, 교사, 방조를 기재하는 경우와 기재하지 않는 경우가 있다.

(3) 의견란

① 기소의 경우에는 붉은 색으로 기소 불기소의 경우에는 의견별로(혐의없음, 죄가 안 됨, 공소권없음, 기소중지, 참고인중지) 푸른색으로 명확히 표시한다.

② 죄명이나 피의자가 복수인 경우는 1.2 모두기소(1.나.다 불기소(혐의없음))으로 기재한다, 기소를 앞에 기재하고 불기소를 뒤에 기재하며, 불기소의 경우 그 사유를 구체적으로 기재한다.

6. 목록 기재 요령

(1) 압수물 총목록

번호	품목	수량	기록면수	비고
1	휴대폰(000폰)	1대	27	가환부
2	한국은행발행 천원권 지폐	30매	27	가환부
3	칼(도루코, 길이5센티미터,폭2센티미터)	1개	27	송치

(2) 기록목록

① 이는 송치할 사건에 대한 수사기록의 색인표이다. 서류표목에는 서류종별을 기재하고 진술자, 작성년월일과 정수를 기재한다.

② 수사서류의 편철순서는 접수 또는 작성한 순서에 따른다.

7. 의견서

(1) 의의

① 의견서 작성의 주체는 사법경찰관이다.

② 객관적 사항만 지재하는 것이 아니라 사법경찰관의 주관적 의견이 기재된 서류다.

(2) 전과사실

전과사실은 징역, 금고, 집행유예를 선고받은 경우는 먼저 연도순으로 기재하고, 벌금형이나 기소유예처분을 받은 사실은 징역, 금고, 집행유예 다음에 연도순으로 기재하는데, 처분일자 → 처분관서 → 죄명 → 처분결과 순으로 기재한다.

(예)
1989년 0월 0일, 서울형사지방법원, 강도, 징역 1년
1990년 0월 0일, 광주지방법원, 재물손괴, 징역1년 집행유예 3년
1991년 0월 0일 부산지방법원, 교통사고처리특례법, 금고1년
1985년 0월 0일, 서울형사지방법원, 점유이탈물횡령, 벌금 30만원
1987년 0월 0일 대구지방검찰청, 병역법, 기소유예

(3) 범죄사실 (범죄의 주체)

교사범, 방조범의 경우	통설·판례가 공범종속성설을 취하므로 교사·방죄 행위 이외에 정범의 범죄사실을 구체적으로 기재하여야 한다.(81.11.24, 81도2422).
간접정범의 경우	정범이 처벌되지 않는 행위나 과실행위를 이용한 것이므로 그 취지를 자세히 기재
양벌규정의 경우	법인이나 감독자에 대한 범죄사실은 대표자, 종업원에 대한 범죄사실과는 별도로 독립시켜 기재

(4) 적용법조

① 사건송치서의 죄명란과 마찬가지로 죄명을 표기하고 구체적인 법률의 해당조문, 항, 호까지 기재하여야 한다.

② 여러 개의 법률 조문을 열거할 때에는 법률명이 바뀔 때마다 한 번씩 기재한다.
U 형법 제345조 제2항, 제234조 제1항, 제2항, 부정수표단속법 제2조 제3항

③ 처벌규정, 금지규정이 별도인 경우는 양자를 모두 기재하는데, 처벌규정→ 금지규정→ 공범·누범·경합범→ 소년범 순으로 기재한다.

④ 적용법조가 여러 개 있을 때에는 특별법→ 형법각칙→형법총칙 순으로 기재한다.

⑤ 형법총칙 규정의 기재사항과 미기재사항의 구분

㉮ 공범(공동정범, 교사범, 방조범), 누범, 경합범(상상적 · 실체적 경합), 필요적 몰수는 기재한다. 이 경우 공범·상상적 경합은 해당조문 뒤에 표기하고, 누범·경합범은 끝에 기재한다.

㉯ 임의적 몰수, 추징, 간접정범, 총칙상 미수, 형의 가중·감면규정은 기재치 않는다.

(5) 정상(情狀)에 관한 사항 기재요령

① 사회에 미치는 영향을 고려한 의견이어야 한다.

② 부인이나 진술의 대립이 있을 때에는 심증을 표명하여야 한다.

③ 폭력사범에 대하여는 피의자의 상습성, 악성, 배경 등에 의견과 소년사건의 경우는 처분 등에 대한 의견을 기술해야 한다.

8. 기타 서류 작성 요령

(1) 수사보고서

① 의 의

수사에 관계있는 사항을 상사에게 보고하는 서면을 말한다.

② 중요성

수사보고서는 원칙적으로 증거능력이 없으나 수사의 합리성 증명, 영장신청의 유력한 소명자료 역할로서 중요성을 갖는다.

(2) 체포보고서

① 종 류

피의자 체포보고서	사전영장, 체포영장에 의한 체포시 작성
현행범인 체포서	현행범인 체포시 작성
피의자 긴급체포서	긴급 체포시 작성

② 각종 체포보고서의 공통적 기재사항

인적사항	피의자의 직업, 성명 연령은 체포당시 그대로 기재
체포연월 일시	실제로 신체를 체포한 시간을 기준으로 기재, 불확실할 경우 '경' 을 붙임
체포장소 및 상황	체포장소 상황은 실제로 체포한 장소를 행정구역에 의한 지번 등으로 하여 특정할 수 있도록 구체화
증거자료 유무	증거자료의 유무 기재시는 '있다' 또는 '없다' 라고 기재

③ 체포영장(혹은 긴급체포, 현행범인)에 의한 피의자의 체포의 경우에 작성하는데, 체포보고서 작성 당시 구속영장 관계는 알 수 없으므로 사전 구속영장에 의한 피의자 체포의 경우에 작성하는 것은 아니다. 피의자체포보고서는 피의자를 체포한 경찰관이 작성한다(범죄수사규칙 제 137조).

(3) 압수조서

① 압수조서 작성요령

증거물을 압수하였을 때에는 압수조서 및 압수목록을 작성한다.

이때 압수조서에는 압수경위를, 압수목록에는 물건의 특정을 기재한다.

② 물건을 압수하였을 때에는 반드시 압수조서와 압수목록을 작성하여야 하지만 피의자신문조서, 진술조서 또는 실황조사서, 검증조서에 압수의 취지를 기재함으로써 압수조서의 작성에 갈음할 수 있다.

③ 사법경찰관이 아니면 '사법경찰관사무취급'이 아닌 '사법경찰리'라고 표기하고 관직 성명을 기재한다.

④ 압수・수색영장에 의한 경우: 반드시 참여인을 두어야 하고, 반드시 집행전에 영장을 제시하여야 한다.

⑤ 영장 없이 압수한 경우: 반드시 참여인 없이도 그리고 야간에도 압수할 수 있다(제220조).

⑥ 추정, 간정정범, 총칙상 미수, 형의 가중・감면규정은 기재하지 않는다.

⑦ 임의제출물의 경우 압수한 경우

- 소유자나소지재 보관자가 임의로 제출한 물건을 압수할 때에는 그 경위를 구체적으로 기재하여야 한다.
- 압수목록에는 압수한 물건의 외형상의 특정을 구체적으로 기재한다. 때에 따라서는 사진을 첨부하거나 복사 또는 직접 그려서 첨부한다.
- 소유자가 소유권을 포기한다는 의사를 표명하면 포기각서를 받아 압수조서에 첨부한다.

⑧ 주요 관련 판례

1. 경찰관이 음주문전 단속 중 음주운전자를 적발, 구속 체포하지 아니한 경우에도 필요하다면 그 차량 열쇠를 영장없이 압수할 수 있는바, 이는 범행 중 또는 범행 직 후의 범죄장소에서의 압수로서 형사소송법 제216조 제3항을 근거로 하고, 사후에 지체없이 영장을 받아야 한다(大判 1998.5.8, 97다54482).
2. 압수물은 압수절차가 위법하더라도 물건자체의 성질, 형상에 변경을 가져오는 것은 아니어서 형상 등에 관한 증거가치에는 변함이 없다(大判 1994.2.8, 93도3318).
3. 형사소송법 및 기타 법령상 의료인이 진료 목적으로 채혈한 혈액을 수사기관이 수 사 목적으로 압수하는 절차에 관하여 특별한 절차적 제한을 두고 있지 않으므로, 의료인이 진료 목적으로 채혈한 환자의 혈액을 수사기관에 임의로 제출 하였다면 그 혈액의 증거사용에 대하여도 환자의 사생활의 비밀 기타 인격적 법익이 침해 되는 등의 특별한 사정이 없는 한 반드시 그 환자의 동의를 받아야 하는 것은 아니다(大判 1999.9.3, 98도968).

(4) 피의자 신문조서

① 조서 冒頭 기재요령

피의자를 특정하는 사항	1.성명은 호적에 기재된 이름을 기재할 것. 그러나 구명・개명・이명・별명 등이 있는 경우에는 괄호를 하고 표시 2. 연령은 생년월일과 함께 기재 3. 주민등록번호는 주민등록증에 정해진 번호를 기재한다. 4. 주거란 민법의 이른바 주소 또는 거소의 뜻이며 어떤 경우에도 현재의 그것을 기재하여야 한다. 5. 본적이란 호적의 소재장소를 말한다. 전적한 자는 본적을 기재한 다음 괄호를 하고 원적을 기재하는 것이 좋다. 6. 직업은 조사 당시의 직업을 되도록 구체적으로 기재하여야 한다.

전문에 기재	1. 피의자 성명 · 피의사건명 · 조서작성연월일 · 조서작성장소를 기재 2. 조서작성자 계급 · 성명, 참여경찰관의 계급 · 성명을 기재 3. 피의자를 특정하는 사항을 기재한 다음 피의자에게 사건의 요지를 설명 한 다음에 반드시 진술거부권을 고지해야 한다. 4. 변호인 참여 신청시 참여변호인 성명을 기재한다. (조서말미에 변호인의 서명 · 날인을 받는다.)

② 진술내용

신분관계	① 출생지도 진술자를 특정하는 요소 중 하나이므로 불명이거나 모르는 경우 자연스럽게 표현하면 된다. ② 포상은 과거의 공로로 정상참작사유가 된다. ③ 전과기타 범죄 경위는 정상참작 또는 누범가중 여하를 결정하는 기준이다.
조서말미 기재	① 진술조서의 기재를 마쳤을 때에는 이것을 진술자에게 열람 또는 읽어준 후 오기·증감·변경한 것이 없는 가를 확인한 후에 진술자의 서명날인을 받고, 작성연월·일, 작성자의 소속관서와 계급을 기재하고 서명·날인·간인해서 완성한다. ② 소년이나 질병자·중상자 등을 조사할 때에는 대개 사법경찰관리가 아닌 참고인을 두게 되는데 이때 진술조서 전문에 기재하여 그 듯을 명확히 하는 외에 말미에도 그 사유를 기재한다. ③ 진술자에게 조서를 열람 또는 읽어준 후 증감·변경의 원인의 요청이 있는 경우 그 진술을조서에 기재한다. ④ 작성공무원의 서명날인은 대법원규칙이 정하는바에 따라 기명날인으로 갈음 할 수 있다고 규정하고 있다. ⑤ 끝맺음에는 피의자에게 이익되는 사실이나 변명 등을 기재하며, 피진술자의 임의성(진실성×)을 확보하기 위해 가급적 조서말미 신문사항에 피의자 자필로 답변을 쓰게 한다. ⑥ 통역인, 보조인 등이 있는 경우는 이들의 서명날인도 받는다(외국인이 경우는 서명만).

(5) 진술조서와 진술서

진술조서	검사 또는 사법경찰관이 참고인 등 피의자 아닌 자의 진술을 기재한 조서를 말한다.
진술서	진술서란 피고인, 피의자, 참고인이 스스로 사실관계를 기재한 서면

(6) 검증조서

① 수사기관이 검증의 상황 및 결과를 명백히 기재한 서면, 즉 오관의 작용에 의하여 검증 대상물의 존재와 상태에 대하여 인식한 것을 기재한 서면

② 작위를 가하지 말아야 한다. 검증조서 작성 당시에 촬영하지 못한 사진을 후일에 비공식적으로 촬영하여 당초에 검증한 내용에 첨부하든지 해서는 안된다.

③ 적극적인 것뿐만 아니라 소극적인 것도 기재해야 한다.

④ 피의자 성명은 검증시를 피의사건명은 검증시 추측되는 죄명(검증조서작성시×)을 표준으로 한다.

⑤ 검증시는 피의자가 불명이었으나, 그 후 검증조서작성시에 알게 된 경우에는 소급하여 기재하지 말고 "성명불상자" 라고 기재한다.

(7) 실황조사서

① 의의 : 수사기관이 수사상 필요에 의하여 강제력을 사용하지 않고 범죄현장 기타 범죄 관련 장소, 물건, 신체 등에 대하여 그 존재 및 상태를 오관의 작용에 의하여 실험 · 경험 · 인식한 사실을 명확히 하는 수사활동이 실황조사이고 그 결과를 서면에 작성한 것이 실황조사서이다. 실황조사서의 내용 및 법률상의 효과는 검증조서와 다름이 없다. 다만 검증이 강제절차임에 대하여 실황조사는 임의절차로 보나(경찰), 판례는 실황조사서를 검증조서와 동일하게 본다.

② 실황조사서에 기재된 피의자 진술의 증거능력: 피의자 신문조서로 봄(84.5.29. 84도 378)

③ 실황조사서의 작성목적: 실체적 진실발견

(8) 수사보고서

① 의의 : 수사의 경과 · 결과 등 수사관련사항을 상사에게 보고하는 서면이다.

② 증거능력 : 전문증거로서 전문법칙의 예외에 해당하지 않으므로 증거능력 없다.

③ 영장신청에 있어 소명자료가 된다.

(9) 간이서식

① 의 의

- 간이형사기소제도의 일환으로서 사안이 단순하고 정형적인 형사사건 처리에 관하여 정형화된 서식을 말한다.
- 불구속 사건 중 피의자의 4명 이하만 적용
- 피의자가 수명이고, 적용법조가 다른 경우에는 피의자별로 기재
- 구속사건의 경우에도 간이서식화 양식을 작성할 수 있다(X)

② 대상

- 교통(업무상과실치사상, 도로교통법위반사건)
- 폭력(폭력행위등처벌에관한법률위반, 폭행, 폭행치상, 상해의 기수 · 미수사건)
- 절도
- 향토예비군설치법위반
- 도박사건

(10) 신원보증서

① 의 의

신원보증서 작성대상자에 해당하는 불구속 피의자에 대해서는 피의자의 출석을 보증하기 위해 신원보증서를 받아 두어야 한다.

② 신원보증서 작성대상자(대검예규 제166조)

- 구속영장이 기각된 피의자
- 구속적부심으로 석방된 자
- 기소중지 재기사건의 피의자,
- 고소사건 중 고소가 취소되지 않은 사건의 피의자,
- 주거부정자,
- 기타관할 검찰청 검사장이 필요하다고 인정되는 경우 등이다.

(11) 피해신고서

피해신고서는 피해자나 관계자가 범죄에 의한 피해를 신고하고, 그 내용을 기재한 것으로 신고자 명의로 작성된다(범죄수사규칙 제50조).

9. 수사자료표의 작성

(1) 작성대상

원칙	입건된 모든 피의자에 대해 작성한다(동법 제3조).
예외	① 즉결심판대상자(정식재판 청구 피고인 포함) ② 인지사건이 아닌 것으로서, 사법경찰관이 수리한 고소·고발사건에 대해 불기소의견으로 송치하는 사건의 피의자. 단, 경찰에서 불기소 의견으로 송치하였으나 검찰에서 조사 후 기소한 피의자에 대해서는 검찰에서 작성 ③ 형사미성년자(만 14세 미만) ④ 단순 물적 피해교통사고 피의자(단, 인적 피해사고, 종합보험・공제조합 미가입, 합의되지 않은 단순 물적 피해사건은 작성하여야 함) ⑤ 가정법원 송치사건 ⇒ 인지사건으로서 불기소처분은 작성한다.

(2) 작성방법

① 십자지문의 채취 등: 수사자료표 작성대상자로서 주민등록증 미소지자

② 수사자료의 폐기(형실효등에관한법률시행령 제9조):사망한 때

③ 수사자료표에 주민등록증의 지문을 복사할 수 있는 경우

도로교통법, 도로교통법처리특례법, 향토예비군설치법, 식품위생법

④ 경찰컴퓨터의 주민조회상의 주소와 주민등록상의 주소가 서로 다른 경우에는 주민등록상의 주소를 기재

10 형실효등에관한법률의 주요내용

(1) 범죄경력자료와 수사경력자료의 구분

기존의 수사자료표를 범죄경력자료(벌금이상)와 수사경력자료(벌금미만)로 구분

(2) 전과기록

수명인명부, 수형인명표 및 범죄경력자료(수사경력자료×)를 의미

(3) 범죄경력조회 · 수사경력조회 및 회보가 가능한 경우(제6조)

① 범죄수사, 재판, 형의집행, 사회봉사, 수강명령, 등의 집행을 위하여 필요한 경우
② 수사자료표의 내용을 확인하기 위하여 본인이 신청하는 경우

11. 장부 및 서류의 보존기간 (사법경찰관리집무규칙 제72조)

영구	수사관계예규철
15년	범죄 사건부, 압수부, 피의자소재발견처리부, 체포·구속인명부, 수사종결사건(송치사건)철, 내사종결사건철, 변사사건종결철, 수사미제사건기록철
10년	몰수·부대보전신청부
5년	통계철
3년	통신제한조치허가신청부, 통신제한조치집행대장, 긴급통신제한조치대장, 긴급통신제한조치통보서발송부, 통신제한조치집행사실통지부, 통신제한조치집행사실통지유예승인신청부, 통신사실 확인자료제공 요청허가신청부, 긴급 통신사실 확인자료제공 요청대장, 통신사실 확인자료제공 요청집행대장, 통신사실 확인자료 회신대장, 통신사실 확인자료제공 요청 집행사실통지부, 통신사실 확인자료제공 요청 집행사실통지유예 승인신청부
2년	구속영장신청부, 체포영장신청부, 체포·구속영장집행원부, 긴급체포원부, 현행범인체포원부, 압수·수색·검증영장신청부, 출석요구통지부, 체포·구속인접견부, 체포·구속인교통부, 물품차입부, 체포·구속인수진부, 처분결과통지서철, 검시조서철, 잡서류철, 특례조치 등 신청부

12. 변호인의 기록열람 · 등사권

(1) 의의

변호인은 소송계속중의 관계서류 또는 증거물은 열람 · 등사할 수 있다(제35조).

(2) 범 위

열람·등사의 인정범위는 소송계속 중이므로 공소제기이후 공판단계를 의미한다. 그러므로 공소제기 전 수사 중의 수사서류는 열람·등사권이 인정되지 않는다.

(3) 주요 관련 판례

1. 공소제기 후 검사보관의 수사기록에 대한 열람·등사의 절차
수사기록에 대한 열람·등사신청은 수사기록을 보관하고 있는 검사에게 직접 하여야 한다(헌재1997. 11. 27. 94헌마60).

2. 변호인이 기소전에 피의자에 대한 고소장과 피의자신문조서를 열람 등사할 수 있는지 여부
고소로 시작된 형사피의사건의 구속적부심절차에서 피구속자의 변호를 맡은 변호인으로서 는 피구속자에 대한 고소장과 경찰의 피의자신문조서를 열람하여 그 내용을 제대로 파악하지 못한다면 피구속자가 무슨 혐의로 고소인의 공격을 받고 있는 것인지 그리고 이와 관련 하여 피구속자가 수사기관에서 무엇이라고 진술하였는지 그리고 어느 점에서 수사기관 등 이 구속사유가 있다고 보았는지 등을 제대로 파악할 수 없게 되고 그 결과 구속적부심절차 에서 피구속자를 충분히 조력할 수 없음이 사리상 명백하므로 위 서류들의 열람은 피구속 자를 충분히 조력하기 위하여 변호인에게 반드시 보장되지 않으면 안되는 핵심적 권리이므로 공소제기 전 수사기관에 있는 수사서류에 대해서 피의자의 변호인은 열람 · 등사할 수 있다(헌재 2003. 3.27, 2000헌 마474).

고소 · 고발사건 이송 및 수사촉탁에 관한 규칙

[시행 2012.7.17] [경찰청예규 제460호, 2012.7.17, 폐지제정]

제1장 총칙

제1조(목적) 이 규칙은 경찰관이 고소 · 고발사건을 처리함에 있어 그 책임수사관서를 명확히 하고, 이송 및 수사촉탁의 기준과 절차를 규정함으로써 신속 · 공정한 사건 처리와 사건관계인의 편의를 도모함을 목적으로 한다.

제2조(정의) 이 규칙에서 사용하는 용어의 정의는 다음 각 호와 같다.

1. "고소 · 고발사건(이하 '사건' 이라 한다.)" 경찰관서에 고소 · 고발로 접수된 사건을 말하며 검찰에 최초 접수되어 경찰관서로 수사지휘된 사건을 제외한다.
2. "이송"이란 한 경찰관서에서 수사중인 사건을 다른 경찰관서로 옮기는 수사주체의 변경을 말한다.
3. "수사촉탁"이란 사건 수사의 일부분에 대하여 다른 경찰관서에 수사를 의뢰하는 것을 말한다.
4. "범죄지"란 범죄사실의 전부 또는 일부가 발생한 장소를 말하며 범죄실행장소, 결과발생장소, 결과발생의 중간지를 포함한다.
5. 이 규칙에 사용된 "관할"이란 경찰관서의 관할구역을 말한다.

제3조(타 규칙과의 관계) 이송과 수사촉탁에 있어 이 규칙이 다른 규칙보다 우선하여 적용된다. 단 다른 규칙에서 명시적으로 이 규칙의 적용을 배제하는 경우에는 그러하지 아니하다.

제2장 사건의 이송

제4조(책임수사관서) 사건에 대하여 범죄지, 피의자 주소, 거소(居所) 또는 현재지 중 어느 1개의 관

할권이 있는 한 사건을 접수한 경찰관서가 사건을 이송하지 아니하고 수사촉탁등 공조수사를 활용하여 수사 · 송치함을 원칙으로 한다.

第5조(사건의 이송) ① 다음 각 호에 해당하는 경우에는 필요한 수사를 한 후 사건의 관할권이 있는 경찰관서로 이송할 수 있다.
1. 사건에 대해 일체의 관할권이 없는 경우 다만, 사건 접수시 관할권이 있었으나 이후 관할권이 없어진 경우는 제외
2. 타 경찰관서로부터 이송요청이 있고, 이송의 필요성이 인정되는 경우
3. 이송심의위원회의 이송결정이 있는 경우
4. 그 밖에 사건을 이송해야 할 상당한 사유가 있는 경우

② 이송여부를 판단함에 있어 사건의 신속 · 공정처리 및 민원인의 편의를 우선적으로 고려하여야 한다.

第6조(사건이송의 제한) ① 제5조제1항제4호의 사유로 이송하는 경우에는 이송심의위원회의 결정을 받아 이송함을 원칙으로 한다. 다만, 경찰청장은 심의를 받지 않고 이송할 수 있는 사건의 범위를 정할 수 있다.
② 동일 법원의 관할 내 경찰관서간에는 제1항의 경우에도 불구하고 이송할 수 없다.

第7조(사건이송의 절차) ① 제5조에 의해 사건을 이송할 경우에는 소속관서장의 승인을 받아 사건인계서를 작성한 후 관련 서류와 증거물을 신속히 해당 경찰관서로 인계하여야 한다.
② 사건을 이송한 때에는 그 사실을 지체없이 고소 · 고발인에게 통지하여야 하며 그 통지는 사건처리 진행상황 통지서 또는 고소 · 고발인이 원하는 방법으로 할 수 있다.

第8조(분쟁의 조정) ① 이송심의위원회의 결정을 받지 않은 이송과 관련하여 인계 · 인수관서간 이견이 있는 경우에는 인수관서 소속 지방경찰청 이송심의위원회의 결정에 따른다.
② 인계관서는 이송에 관한 이견이 예상되는 경우에는 미리 소속 지방경찰청 이송심의위원회의 결정을 받아 이송할 수 있다.
③ 지방경찰청 이송심의위원회는 당해 위원회에서 심의 · 의결함이 적당하지 않다고 판단되는 사안에 대하여 경찰청 이송심의위원회의 심의 · 의결을 요청할 수 있다.
④ 이송심의위원회의 결정에 대해서는 다툴 수 없다.

第3장 이송심의위원회

第9조(설치) 경찰청과 각 지방경찰청에 이송심의위원회(이하 "위원회"라 한다)를 둔다.

第10조(구성) ① 위원회는 위원장 1인과 3인 이상의 위원으로 구성한다.

② 위원회는 수사과장을 위원장으로 하고 수사업무 담당 계장 또는 팀장을 위원으로 하며 실무담당자를 간사로 둘 수 있다.
③ 위원장 또는 위원이 되어야 할 자가 유고시 그 직무대리자가 당해 자격으로 참석할 수 있다.

第11조(임무) 위원회는 다음 각호의 사항에 대하여 결정하여야 한다.
1. 경찰관서간 관할권 경합시 책임수사관서
2. 제6조, 제8조에 의한 사건 이송의 적합성
3. 그 밖에 사건 신속 · 공정 처리를 위해 필요한 사항

제12조(운영) ① 위원장은 제11조 각 호에 규정된 사항의 결정을 위해 필요하다고 인정하는 때에는 위원회를 소집할 수 있다.
② 위원장은 경찰관서로부터 이송심의요청서를 접수한 때로부터 2일 이내에 위원회를 소집하여야 한다.

제13조(심의 · 의결) ① 심의는 위원장 및 3인 이상의 위원이 참석하여야 하며 간사는 심의 · 의결권을 가지지 않는다.
② 위원장과 위원은 동등한 의결권을 가지며 참석자 과반수의 찬성으로 의결한다. 다만, 가부 동수인 경우에는 위원장이 결정한다.
③ 위원회는 소집된 때로부터 48시간 이내에 안건을 심의 · 의결해야 하며, 심의 · 의결된 때로부터 24시간 내에 결정 내용을 해당 경찰관서에 통보하여야 한다.

제4장 수사촉탁

제14조(수사촉탁) ① 수사를 함에 있어 다른 경찰관서에 소재하는 수사대상에 대하여 수사를 촉탁할 수 있다. 다만, 피의자 조사는 현장진출이 곤란한 경우에 한한다.
② 동일 지방경찰청 내 또는 경찰청장이 별도 지정한 경찰관서에서는 구치소, 교도소, 대용감방에 수용된 자에 대한 조사를 위하여 수사촉탁할 수 없다. 다만, 울릉경찰서는 예외로 한다.

제15조(수사촉탁 절차) ① 수사촉탁은 촉탁사항을 구체적으로 기재한 촉탁서에 의해야 하고 수사진행사항을 알 수 있는 수사기록 원본 또는 사본을 첨부하여야 한다.
② 수사를 촉탁한 수사관은 수사촉탁을 이유로 사건을 방치하여서는 안되며 수사 진행사항을 파악하여 수사보고 하여야 한다.
③ 수사촉탁 사건은 수사지원팀에서 접수하여 대장에 등재한 후 촉탁관서 수사팀에 대응하는 수사팀에 배당하여야 한다.
④ 수탁관서는 촉탁사항에 대한 수사를 완료한 후 회답서 및 관련서류 일체를 신속히 등기송달, 직접전달 등의 방법으로 촉탁관서에 송부하여야 한다.

제16조(수사촉탁 처리기한) ① 수사촉탁의 처리기한은 각호와 같다.
1. 피의자 조사 1개월
2. 고소인, 고발인, 참고인 등 조사 15일
3. 소재수사, 사건기록 사본 송부 10일
② 제1항의 처리기한 내에 촉탁사항에 대한 수사를 완료하지 못하는 경우에는 촉탁한 수사관과 협의하여 처리기한을 연장하고 수사보고 하여야 한다.

제17조(장부의 비치 및 보존) ① 경찰관서는 수사지원팀에 수사촉탁 접수 관리대장을 비치하여야 한다.
② 수사촉탁 접수 관리대장 보존기간은 3년으로 한다.

제5장

과학수사

제1절 과학수사의 의의

1. 과학수사의 일반적 논의

(1) 법과학의 창시자는 물적증거에 대한 과학적인 실험의 중요성을 주장했던 오스트리아의 법관 한스그로스이다. 이에 법과학의 방법론상 초기에 공헌을 한 사람은 프랑스의 에드몽 로카르트이다.

(2) 과학수사 방법의 과정

자료수집 → 자료검토 → 수사방침 수립 → 검증

(3) 과학수사의 중요성

① 광역화, 기동화, 교묘화 되어 가는 범죄에 능률적인 대처해야 한다.

② 경제성장과 도시화에 따른 주민의 연대의식이 희박해져 증인확보와 탐문에 의한 수사자료 수집이 어렵다.

③ 시민 등의 인권옹호의식의 향상 등으로 증거수집이 어렵다.

④ 조사기술만으로는 사건해결이 불가능하다.

⑤ 과학수사의 중심은 감식수사이다.

2. 범죄감식

구분	자료감식	기술감식
의의	평소 수집한 자료로 범인 추정 등을 행하는 것	사건현장에서 수집한 자료를 감식하는 것
해당례	• 지문자료에 의한 신원 · 범죄경력확인 • 피의자사진에 의한 범인추정 • 수법원지에 의한 감식 • 족흔적 잘에 의한 용의자 추정	• 잠재지문 · 족흔적 · 혈흔 · 모발 · 섬유 · 미물 등의 채취와 검사 및 감정 • 화재 감식 · 필적감정 • 사진촬영 · 거짓말탐지기 검사

제2절 현장감식 · 사진촬영

경찰청훈령 제658호(2012. 6. 1)

범죄현장 사진·비디오물의 작성 및 기록 관리 규칙

제1조(목적) 이 규칙은 범죄 현장에서의 현장상황에 대한 자료와 증 거 수집·보전을 위한 사진 및 비디오 촬영에 대한 기준과 이에 따른 자료 관리를 위하여 필요한 사항을 규정함을 목적으로 한다.

제2조(정의) 이 규칙에 사용하는 용어의 정의는 다음과 같다.

1. "현장사진" 이란 범죄현장에서 범죄와 관련된 사람, 물건, 기타 상황, 증거물 등을 촬영한 사진을 말한다.
2. "현장사진기록" 이란 현장사진, 검시·부검사진, 감정사진, 현장약도와 그에 관련된 수사기록 등을 말한다.
3. "현장비디오" 란 범죄현장에서 범죄현장과 관련된 사람, 물건, 기타 주변 상황, 증거물을 촬영하거나 수사의 과정을 촬영하는 것을 말한다.

제3조(현장사진 및 비디오 촬영) 지방경찰청 또는 경찰서 수사·형사과 과학수사 담당 직원 등은 범죄현장에 임장하였을 때에는 현장사진 및 현장비디오 촬영을 하여야 한다. 다만, 사건의 내용에 따라 촬영할 필요가 없다고 판단될 때에는 촬영을 생략할 수 있다.

제4조(촬영시 유의사항) 현장사진 및 현장비디오를 촬영하는 지방경찰 청 또는 경찰서 수사·형사과 과학수사 담당 직원 등(이하 "촬영담당자" 라 한다)은 촬영한 자료를 증거와 수사자료로 사용하는데 문제가 없도록 최대한 빨리 현장에 도착하여 촬영할 수 있도록 하여야 하며, 촬영을 할 때에는 다음 각호의 사항에 유의하여야 한다.

1. 최초 도착하였을 때의 원상태를 그대로 촬영하고, 수사의 진행순서에 따라 수사상황을 촬영
2. 증거물을 촬영할 때는 그 소재와 상태가 명백히 나타나도록 하며, 필요에 따라 구분이 용이하게 번호표 등을 넣어 촬영
3. 흉기, 창상, 흔적 등이나 특정한 증거물로서 그 크기를 나타낼 필요가 있을 때에는 그 길이, 폭 등을 명백히 하기 위하여 측정용 자 또는 대조도구를 사용하여 촬영
4. 사건상황을 추정할 수 있는 다음 각목의 대상물의 형상은 면밀히 관찰 후 자세히 촬영

가. 사람, 물건, 장소에 부착되어 있는 혈흔

나. 시체의 얼룩, 끈 자국(삭흔), 점 출혈
다. 부검의 경우 장기의 상처 및 점 출혈, 혈액 변색 등
라. 사건과 연관성이 크다고 판단되는 피해품, 유류품
마. 상해 등의 사건과 피해자의 저항으로 입은 멍, 쓸린 상처 등 신체에 나타나 있는 상흔

제5조(현장사진 기록의 작성) ① 촬영담당자는 촬영한 사진으로 관련 서류를 작성할 때에는 다음 각호의 서식에 따라 작성하여야 한다.
1. 사건현장사진기록은 별지 제1호서식
2. 현장약도는 별지 제2호서식
3. 현장사진, 부검사진, 감정사진 등은 별지 제3호서식
② 지방경찰청장 및 경찰서장은 현장사진 및 현장비디오 촬영물에 대한 기록의 작성 및 보관·관리를 위하여 별지 제4호서식의 현장사진 등 기록처리부를 비치하고 촬영담당자로 하여금 기록·유지하게 하여야 한다.

제6조(기록의 정리·보관) 촬영담당자는 현장사진과 현장비디오를 촬 영하였을 때는 그 자료를 범죄의 발생 또는 발견한 날짜순으로 정리·보관하여야 한다. 다만, 디지털카메라로 촬영된 사진파일은 원본상태로 디지털 저장매체에 정리 보관하여 훼손되지 않도록 주의를 다하여야 한다.

제7조(기록 사본의 송부) 지방경찰청장 또는 경찰서장은 현장사진 및 현장비디오 촬영물중 중요하고 특이한 사건으로 경찰청장 또는 지방경찰청장의 제출요구가 있는 때에는 신속하게 촬영물과 관련 수사자료를 디지털 저장 매체에 기록하여 송부하여야 한다.

제8조(초상권 및 개인정보보호) 현장사진 및 현장비디오 촬영물은 사 건 관련자의 초상권 및 개인정보의 보호를 위해 수사 또는 재판 이외의 목적으로 제공하여서는 아니 된다.

제9조(유효기간) 이 규칙은 「훈령·예규 등의 발령 및 관리에 관한 규정」(대통령훈령 제248호)에 따라 이 규칙을 발령한 후의 법령이나 현실 여건의 변화 등을 검토하여야 하는 2015년 7월 31일까지 효력을 가진다.

1. 현장감식

(1) 의의

범죄현장에 존재하는 범죄흔적을 발견하여 범죄의 유무, 범죄사실, 범인 등에 관하여 판단을 하는 동시에 현장자료를 채취하고 검사와 식별을 통하여 증거화 하는 활동이다.

(2) 현장감식의 작업순서

현장출입통제 → 간부의 관찰 → 사진촬영 → 채증감식 → 범죄수법검토

(3) 현장자료 채취시 유의 사항

① 범위는 될 수 있는 대로 넓게 종합적으로 관찰하여야 한다.
② 외곽으로부터 중심적으로 관찰하여 들어가며, 면밀하고 객관적인 관찰을 하여

야 한다.

③ 비교 · 대조 등을 필요로 하는 것은 반드시 대조물도 함께 채취하여야 한다.

④ 제3자에 의한 현장변경이 있었을 때에는 그 원인을 확실히 규명하여야 한다.

⑤ 현장상태와 물건 등의 위치를 변경하지 말아야 하는데, 부득이 변경할 때에는 분필(백묵)로 원래의 위치를 표시해 두어야 한다.

⑥ 검은 것은 백지에 흰 것은 흑색지에 포장하며, 변질, 휘발우려가 있을 때에는 차광성 용기에 넣어 밀봉한다.

⑦ 핀셋을 사용하여 채취할 때에는 자료의 손상에 주의하고, 가급적 나무젓가락을 사용하며 채취시 인위적으로 가하여진 변화에 대해서는 상세히 기업한다.

⑧ 과일 등에 이빨의 형태가 남아있는 경우 탈지면으로 타액을 흡입시키고, 실리콘 러버법으로 치흔을 채취한다.

⑨ 현장자료는 사진 및 비디오촬영 종료 후가 아니면 채취하여서는 아니 된다.

2. 사진 촬영

(1) 감정사진의 분류

적외선·자외선 사진	주로 문서감정에 이용되는데, 말소변개한 문자를 검출하는데 효과적이다.
현미경 사진	주로 탄환, 인영 및 통화 등의 동이식별에 이용된다.

(2) 사진 촬영시 유의사항

① 도착했을 때의 상태 그대로 촬영한 후 현장검증에 의하여 분명하게 된 세부사항을 촬영한다.

② 임장자 또는 감식기자재 등 범행과 관계없는 것을 넣고 촬영하는 일이 없도록 한다.

③ 증거물 등의 촬영에 있어서는 입회인이 직접 서명한 표찰을 함께 놓고 촬영한다.

④ 사진촬영은 범죄수사에 있어서 다른 어떤 절차보다도 앞서 선행되어야한다.

⑤ 사진촬영은 사진촬영요령에 따라 신중히 하여야하며 1회의 촬영으로 목적을 달성할 수 있어야 한다.

⑥ 적시성이 있고 증거능력이 인정되도록 촬영하여야 하며, 물건의 크기나 길이 등을 참작할 수 있도록 자 또는 담배 갑 등을 함께 놓고 대비하여 촬영하면 효과적이다.

⑦ 끈졸림사는 목부위의 상태가 명확히 표현되도록 근접촬영하고, 손졸림사는 손톱 등의 흔적을 중심으로 채광(採光)과 조사각도(照射角度)를 변경시켜가면서 촬영한다.

⑧ 복도는 각 실내의 출입구를 알 수 있도록 양쪽에서 촬영하고, 가구 등이 파괴되고 물색되어 흩어져 있는 경우에는 여러 방향에서 촬영한다.

⑨ 루미놀반응 검사시에는 발광상황의 촬영이 어려우므로 혈흔의 위치를 확인하고 참고인을 입회시키고 반응검사를 한다.

제3절 사체현상

1. 사체 초기 현상

사체냉각 → 사체건조 → 각막혼탁 → 시체얼룩 → 시체굳음

(1) 체온 하강

① 체온 하강 속도는 사후 10시간 이내는 시간당 1℃씩, 그 이후는 시간당 약 0.5~0.25℃ 씩 하강한다.

② 주위의 대기온도와 같아지거나 수분이 증발하면서 주위의 기온보다 더 낮아진다.

③ 체온은 항문에 검온기를 삽입하여 곧창자 온도를 측정한다. 이때 사후 16-17시간 이내 에 측정하여야 한다.

④ 체온하강은 환경이나 개인차 등에 의해 다른데 어린이·노인 > 청장년, 남자 > 여자, 마른 사람 > 비만한 사람보다 체온냉각이 빠르다.

⑤ 체온하강은 습도가 낮을수록, 통풍이 좋을수록, 수분이 빨리 증발되므로 하강속도는 빠르다.

⑥ 사망초기에 가장 정확히 사후 경과시간을 추정할 수 있는 방법이다.

(2) 사체건조

① 사람이 사망하면 피부에 수분의 보급이 정지되기 때문에 피부가 건조하게 되는 현상을 말한다.

② 특히 입술, 항문 등 외부에 노출된 부분은 피혁상(皮革商)화 된다.

(3) 각막혼탁

각막은 사후 12시간 전후가 되면 안개가 낀 것처럼 흐려지기 시작하여 약 24시간이 지나면 현저히 흐려지고 동공도 흐려지는데(입, 코, 눈에 구더기도 생김), 그 후 약 48시간이 지나면 불투명하게 된다.

(4) 시체얼룩

① 개념

사람이 사망하면 적혈구의 자체중량에 의한 혈액침하현상(血液沈下現象)으로 시체하부의 피부가 암적갈색으로 변화 하는데 이러한 현상을 시체얼룩이라고 한다.

② 발생상태

시간별	사후 30분-1시간 경과	시체얼룩이 나타나기 시작한다.
	사후 4-5시간 경과	이동성 시체얼룩이 형성된다. 이때 사체의 위치를 바꾸어 놓으면 사 시체얼룩도 이동한다.
	사후 12시간 경과	침윤성 시체얼룩이 형성된다. 이때 사체의 위치를 바꾸어 놓더라고 이미 형성된 시체얼룩은 사라지지 않는다.
내용별	• 주위온도가 높을수록 시체얼룩은 빠르게 나타난다. • 사망 후 누운 자세로 있었다면 가장 아랫부분인 등 부위와 목과 다리의 뒷부분에 발갛거나 파란 색깔변화를 일으킨다. 시체가 딱딱한 것 위에 있었다면 그 맞닿은 부분은 압력에 의해 혈관계가 막혀서 창백하게 남게 되며 보통 엉덩이와 어깨날개 부분에서 보인다. • 시체가 사망 당시 의자에 앉아 있었다면 시체얼룩은 발 · 다리 · 아래부분 · 손 · 턱 아래 부분에서 주로 형성된다. • 시체가 바닥에 누워 있었다면 시체얼룩은 수평면을 따라 뒤통수부위, 등부위 및 팔다리 후면에 나타나고, 엎드려 죽은 시제는 앞가슴 몇 배꼽 부위(복부)에 시체얼룩이 형성된다. • 목맴시체(의사체)에 있어서는 주로 손 · 발의 끝부분에 시체얼룩이 형성되고, 목맴시체의 등부위에 시체얼룩이 형성되었다면 이는 타살로 의심된다. • 급사나 질식사의 경우 유동혈이 많아 적혈구의 이동성이 크기 때문에 시체 얼룩은 빠르고 강하게 나타난다.	

③ 사망 원인에 따른 시체얼룩 색 변화

암적색	정상적인 시체얼룩은 암적색을 띰. 질식사에서 현저함
선홍색	• 차가운 곳에서(익사나 저체온사) 사망한 경우 • 일산화탄소나 사이안산, 청산류에 의한 중독으로 사망한 경우
갈색조	독물 중 염소산칼륨이나 아질산소다 등의 중독일 경우 황갈색 또는 암갈색이나 초콜릿과 같은 갈색조를 띰

녹갈색	황화수소가스 중독일 경우

(5) 시체굳음 : 근육현상

① 사후에 일시 이완되었다가 시간이 경과하면서 점차 경직된다.

② 턱관절에서 경직되기 시작하여 사후 12시간 정도면 전신에 미친다.

③ 경직순서 : 지연기 → 시작단계 → 시체 굳음 완성 → 완해기

④ 시강의 형성 (Nysten 법칙)

턱관절 → 어깨관절 → 손발의 상지 → 손 · 발가락 순으로 진행된다.

⑤ 급사체는 굳음의 지속시간이 길다.

⑥ 근육이 발달할수록 시체 굳음이 강하고, 노인·소아·쇠약자는 약하게 나타나고 속히 와해된다.

---

* 활력반응

1. 의의

생전에 신체의 내부 또는 외부로부터 가해진 자극에 대하여 생체로서 반응하여 생긴 현상을 말한다.

2. 활력반응의 특징

(1) 사망 후에도 사망 전에 가하여진 외인은 소실되지 않고 반드시 남아있다.

(2) 사후에 가해진 외인자에 대해서는 그 반응이 나타나지 않는다.

(3)시체에서 활력반응을 볼 수 있다면 그 소견은 생전에 이루어졌다는 것을 말한다.

3. 활력반응의 예

(1) 활력반응에는 출혈, 굳은피, 상처구멍의 벌어짐, 상처가장자리의 부풀어오름, 치유기전.감염 등

(2) 화재사의 경우에 기도내에 그을음부착이 있으며, 익사체의 각 장기내에 프랑크톤이 분포한다.

(3) 동맥이 절단되어 혈액의 체외유출로 빈혈이 일어난다.

* 화재사의 시체가 투사형을 취하는 것은 사후에 열을 가하여 형성된 것이므로 활력반응이 아니다.

2. 사체의 후기현상

<table>
<tr><td>자가융해</td><td colspan="2">1) 사후에는 미생물의 관여 없이도 세포 가운데의 자가효소에 의하여 분해가 일어나 세포구성 성분은 분해되어 변성되고 세포 간 결합의 붕괴로 조직은 연화된다.
2) 초기현상으로 보는 견해가 있다.</td></tr>
<tr><td>부 패</td><td colspan="2">1) 부패균의 작용에 의해 일어나는 질소화합물의 분해
2) 부패의 3대 조건
① 공기의 유통이 좋고 ② 온도는 20～35℃ ③ 습도는 60～66%일 때 최적
3) Casper 법칙 (공기 : 물 : 흙 = 1 : 2 : 8)</td></tr>
<tr><td>미이라화</td><td>고온・건조지대에서 시체의 건조가 부패・분해보다 빠를 때 생기는 시체의 후기현상</td><td rowspan="2">비정형적 부패</td></tr>
<tr><td>시랍화</td><td>화학적 분해에 의해 고체형태의 지방산 혹은 그 화합물로 변화한 상태로서 비정형적 부패로 수중 또는 수분이 많은 지중(地中)에서 형성된다.</td></tr>
<tr><td>백골화</td><td colspan="2">뼈만 남는 상태, 소아 사후 4～5년, 성인시체는 7～10년 후 완전 백골화 된다.</td></tr>
</table>

* 사천왕현상 : 사후 3-5일 경과하면 얼굴의 안구, 눈꺼풀, 입술 등이 부풀어 올라 이른바 사천왕현상으로 보이게 된다.

3. 위장 내용물의 상태와 사망시각의 추정

위장관 내용물의 상태	추 정 시 간
위에 내용물이 충만되어 있고 전혀 소화가 진행되지 않은 상태	식사직후 사망
위 및 십이지장에 음식물이 남아 있고 소화가 어느 정도 진행된 상태	식후 약2~4시간 후 사망
위는 비어있고 십이지장에 식물의 고형잔사가 남아 있는 상태	식후 약4~5시간 후 사망
위 및 십이지장이 모두 비어 있는 상태	식후 6시간 이상 경과

4. 시체얼룩과 피부밑출혈의 차이

	시체얼룩	피부밑출혈
발생시기	사후	생전
발현부위	시체의 저부위에 압박되지 않는 부분에 체위의 아래쪽에 나타난다.	시체의 고·저부위에 관계없음
압박시 퇴색	사후 얼마 안됐을 때에는 그 부위를 손가락으로 누르면 하얗게 일시적으로 지워진다.	지압을 가해도 퇴색하지 않는다.

절개	응고하지 않으므로 피부를 절개해서 거즈(가제) 등으로 닦으면 닦아진다.	닦아지지 않는다.
조직검사	모세혈관이 파괴되지 않아서 혈구나 파괴물이 보이지 않는다.	모세혈관이 파괴되어 혈구나 파괴물이 있다
압박부	시체얼룩을 보지 못한다.	관계없이 나타난다.
이동성	침윤성 시체얼룩 전에는 이동성이 있다.	이동성이 없다.

* 점출혈은 구분기준이 아니다.

5. 질식사

점출혈 발생	피부, 결막, 점막 밑, 장막 밑 등에서 점출혈이 생긴다.
혈액의 암적색 유동성	혈액이 응고되지 않으면서 그 색깔이 암적색(검붉은색)을 띠는 상태이다.
내장의 울혈	뇌, 폐, 간, 신장, 혀 등의 혈관 내에 많은 피를 함유하고 있는 상태를 말한다.

(1) 질식사의 3대 징후

* 점출혈, 혈액의 암적색 유동성, 내장의 울혈은 내인성 급사 등 다른 급사에서도 볼 수 있어 급사의 3대 징후도 된다.

(2) 질식사의 종류

① 목 맴

의의	줄이나 끈이나 목 주위에 두르고 줄이나 끈의 양쪽 또는 한쪽 끝을 매단점에 고정시켜 자기의 체중으로 목을 졸라 사망하는 것
특징	• 자살인 경우가 거의 대부분이다. • 끈자국이 형성되고 끈자국 주변의 피부밑출혈 · 피부까짐 가능성이 있다. • 혀가 튀어나오는 경우가 많고, 안구도 울혈로 인하여 돌출되는 경우가 많다. • 체액을 누출하는 경우가 많다. • 얼굴(안면)과 눈꺼풀(안결막)이 창백하다.
자·타살 구별	* 목맴에서의 자·타살 구별 구 분 / 자 살 / 타 살 사용된 끈 / 자신이 일상적으로 사용하는 것이나 피부에 닿아도 아프지 않은 연한 것 / 튼튼한 것이면 무엇이든 사용

맨 방법	제일 먼저 감은 것이 제일 강하며 몇 번이고 감는 수도 있음.	주로 한번 세게 감는다. 특이한 매듭
삭흔	• 삭흔이 끈과 일치된다. • 체중 때문에 턱에 걸려 더 이상 올라가지 못할 때까지 올라가기 때문에 삭흔은 목의 윗 부분에 있다.	• 삭흔이 끈과 일치되지 않고, 끈과 삭흔 사이에 머리카락 · 낙엽 · 흙 등의 이물질을 발견할 수 있다. • 일반적으로 의사보다 목의 아래쪽에 있다.
시체얼룩 등	• 체위에 합당하게 하반신에서 발견 • 안면부에 점상출혈이 있다.	• 체위에 합당하지 않는 부위에서도 발견된다. • 안면부에 울혈, 점상출혈이 있다.
장소·상황	현장상황이 자연스럽다.	현장을 과도하게 꾸미는 경향이 있다.
보조물	가끔 발견된다.	거의 발견되지 않는다.
저항흔	없다.	있는 경우가 많다.

② 끈졸림사

의의	목에 감겨진 줄이나 끈에 자신의 체중 이외의 힘에 졸려서 질식 사망하는 것이다.
특징	• 끈졸림사는 타살이 거의 대부분이다. • 목에 끈자국이 있으나 목맴보다 낮은 지점에 있다. • 혀가 튀어나오거나 체액을 누출하는 것은 목맴과 유사하나 끈자국 주변에 손톱자국있는 경우가 많다. • 끈자국의 위치는 목맴보다 낮아 방패연골의 높이 또는 그 하방에 형성되며 그 상방에는 흔하지 않다. • 끈졸림사체에서는 끈이 목부위를 수평을 일주하며 뒤목부위보다 앞목부위의 위치에서 끈자국이 뚜렷하게 나타난다. • 끈을 여러 번 회전하였을 때는 회선수에 따라 여러 개의 끈자국이 형성되며 끈자국의 주행이 단절되고 여기에 피부까짐을 본다면 이는 끈의 매듭 위치를 말해준다.

목맴과 끈졸림사의 구별

	목 맴	끈졸림사 (絞死)
삭흔의 성상	• 비스듬히 윗쪽으로 향해 있다. • 목앞부분에서 현저하고 뒷면에서는 결여되어 있다. • 현저한 부위는 끈매듭의 반대쪽에 있다. • 서로 엇갈린 형상을 보이지 않는다. • 위치는 대개 교사보다 높고 후두부위의 윗쪽을 통과한다.	• 수평으로 되어 있다. • 평등하게 목주위를 두르고 있다. • 현저한 부위는 끈매듭이 있는 곳에 있다. • 서로 엇갈린 형상을 보인다. • 위치는 일반적으로 의사보다 낮고 후두부위 혹은 그 아래쪽을 지난다.
결막의 점출혈	• 결막에 일혈점이 적고 얼굴은 창백하며, 발등은 암적색을 띤다.	• 결막에 일혈점이 많고 얼굴은 일반적으로 암적색으로 부종상을 보인다.
자타살	• 거의 대부분 자살	• 거의 대부분 타살

③ 손졸림사 : 목을 손으로 눌러 사망하게 하는 것으로 대부분 타살이다.

④ 익사

의의	액체를 기도에 흡입하는 것을 물론, 흡입하지 않고 익수와의 접촉만으로 사망하는 경우도 포함한다. 거의 자살이거나 과실사이다.
특징	• 눈꺼풀 결막에 점출혈이 있으며 시체얼룩이 약하거나 없다. • 손이나 발에 주위의 물체를 잡고 있다. • 기도내 또는 위장내에 개울물의 프랑크톤, 부유생물 등이 발견된다. • 체온이 냉각속도가 지상에서보다 빠르다. 흐르는 물에서 더욱 빠르다. • 사람에 따라 다르나 익사가 일어나기까지의 시간은 5~8분 정도로 보고 있다.
소견	• 판단의 어려움 : 익사여부를 판단하는 데는 단정적인 소견이나 검사법으로는 부족하여 논란이 많다. • 백색거품 : 기도를 개방하여 미세한 포말로 구성된 백색의 거품이 코와 입에서 마치 버섯 모양으로 유출되며 닦아내면 또 다시 나타날 수 있다. 이러한 거품덩이가 나타나면 의심할 여지없이 생전에 물이 들어갔다는 가장 확실한 근거가 된다.
사후 투수	• 익사하여 프랑크톤을 함유한 익수가 폐를 통하여 혈액내로 들어오게 되면 혈류를 타고 전신 각 기관에 퍼지게 된다. • 사후투수(死後投水)일 경우에도 폐와 위장관에 물이 들어갈 수 있으며 위장내에는 음식물 중에 함유되어 있던 프랑크톤이 검출될 수 있기 때문에 폐와 위장내에 프랑크톤이 있더라도 이를 자살로 추정할 수 없다. • 사람이 물에 뛰어 들 때 인위적인 노력 없이 물속으로 빠질 수 있는 깊이는 355cm이하다. 따라서 입수장소의 추정을 위한 프랑크톤 검사시 수표층을 비롯한 350cm 이내의 것을 대조수(對照水)로 채취해야 한다.

⑤ 기도막힘질식사 : 기도 내의 막힘 또는 좁아짐으로 인해 호흡을 못하여 사망하는 것이다.

6. 손상사의 분류 및 자·타살 구별

(1) 손상사의 분류

손상은 피부의 연속성이 파괴되었는가에 따라 열린손상, 닫힌손상으로 분류하고 있다. 열린손상은 창(創), 닫힌손상은 상(傷)이라고 하며 이를 합쳐 창상(創傷)이라고 한다.

열린손상	손상 받은 결과 피부의 연속성이 파괴된 손상을 말한다.
닫힌손상	피부의 연속성이 상실되지 않고 피부와 피부 밑에 형태학적인 변화가 초래된 상태를 말한다.

(2) 둔기에 의한 손상의 종류

종 류	의 의
피부까짐	피부의 표피가 떨어져 나간 손상을 말하는데 찰과상이라고도 한다.

피부밑출혈	피부밑의 모세혈관이 파괴되어 출혈로 인한 응고상태를 말하며 피하출혈, 타박상, 멍이라고도 한다.
찢긴상처	둔체가 신체를 강타하여 그 부위의 피부가 극도로 긴장되어 탄력성의 한계를 넘어 피부가 파열된 손상이다.
찧은상처	견고한 둔체가 인체에 작용하여 좌멸된 손상을 형성한 것으로 차량에 받치거나 구타당했을 때 형성된 손상이다.
두줄출혈	회초리, 지팡이, 혁대, 대나무자, 채찍 등과 같이 어느 정도 폭이 있으면서 비교적 가벼운 물체로 가격하면 오력이 가하여진 양측에서 출혈을 보는데 이를 두줄출혈이라 한다.
교합손상	깨물 때 피부는 변형이 잘 일어나고 가해당시와 체포당시는 발치 및 치료 등으로 달라질 수 있다. 따라서 법치의사에게 전문적인 감정을 의뢰해야 한다.
골절	골절의 형상을 통하여 성상물체나 작용기전을 추정할 수 있다.

(3) 예기에 의한 손상

종 류	의 의
벤상처	• 면도칼 등 예리한 흉기(인기)를 밀거나 당겨서 조직의 연결이 끊어진 손상이다. • 상처각은 양측이 모두 예리하며, 상처바닥은 상처구멍의 길이에 비하여 대체로 짧다. • 벤상처는 피부까짐이나 잠식상을 보지 못하므로 찢긴 상처와의 구별이 가능하다.
찔린상처	• 송곳 등 끝이 예리하고 가늘고 긴 흉기(자기)로 찔러서 생기는 손상이다. • 상처가장자리의 길이보다 체내로 들어간 상처벽의 길이가 길다. • 질린입구 주변에서 피부밑출혈이나 피부까짐이 있다면 날이 전부 삽입되어 손잡이나 손, 주먹 등에 의해서 발생한 것으로 볼 수 있다.
큰칼상처	도끼, 식도 등 중량이 있고 날이 있는 흉기로 내리쳤을 때 생기는 손상으로 타살이 대부분

(4) 손상사의 자·타살 구별

	자 살	타 살
사용 흉기	흉기는 거의 하나 몸 가까이에서 흉기 발견	2개 이상의 흉기에 위한 벤상처 발견 흉기가 시체에서 멀리 떨어져 있는 경우
손상 부위	급소에 있는 것이 보통 늘 쓰는 손의 반대쪽에 기점	신체 모든 부위에서 발견
손상 수	손상의 수는 적다 특히, 치명상은 1-2개 정도	중·치명상의 숫자가 여러 개인 경우가 많다.
손상 방향	손상이 비교적 집중되어 있으면서도 상호 평행한 방향을 취함	손상이 불규칙하고 여러 방향을 이루는 경우도 많다.
손상 형태	벤상처·찔린 상처가 많다	벤상처·찔린상처 외에 타박상·찍긴상처·큰칼 상처 등 다양하다

주저흔·방어흔	잘 쓰이는 손에 혈액이 부착되어 있고 창상 주변에 주저흔이 발견	방어흔이 있다.
착의 관계	옷을 걷어 올리고 직접 피부에 상해를 가한다	옷을 입은 채로 상해를 입히므로 옷에 손상이 있다.

(5) 총창사

① 총알상처의 종류

관통총창(貫通銃創)	총알입구(사입구), 사출구, 사창관이 모두 있는 경우
맹관총창(盲管銃創)	총알입구와 사창관만이 있고, 탄환이 체내에 남아 있는 경우
찰과총창(擦過銃創)	탄두가 체표만 찰과하였을 경우
반도총창(反跳銃創)	탄환의 속도가 떨어져 피부를 뚫지 못하고 피부까짐이나 피부밑출혈만 형성하였을 경우
회선총창(回旋銃創)	탄환이 골격에 맞았으나 천공시키지 못하고 뼈와 연부조직 사이를 우회하였을 경우

② 총알 상처와 발사거리

접사	㉠ 총구가 피부에 밀착된 상태에서 발사된 것 ㉡ 상처구멍이 파열되어 불규칙한 성상 또는 분화구상을 보이며 탄환의 직경보다 커진다. ㉢ 접사일 경우에는 총구가 피부에 밀착된 상태에서 발사되어 총알 입구 내에까지 화약잔사분말이 침입현상이 나타난다.
근접사	㉠ 피부에 밀착되지 않고 약 0.5~1㎝이내에서 발사된 경우 ㉡ 근접사의 경우 접사와는 달리 폭풍이 피사체의 내부에 영향을 미치지 못하므로 상처가 장자리가 파열되지 않으며 탄환에 의한 전형적인 상처구멍을 본다.
근사	㉠ 권총은 약 30~45cm, 장총은 1~2m 이내의 거리에서 발사된 것 ㉡ 근사에 있어서 그을음부착의 형태는 거리가 멀어질수록 직경은 커지고 밀집도는 감소하기 때문에 거리를 추정하는데 도움을 준다. ㉢ 총알입구는 원형상을 이루고 주위에는 이른바 소륜을 형성하여 폭연, 화약잔사분말, 녹, 기름성분 등이 부착된다.
원사	㉠ 근사이상의 거리에서 발사된 것 ㉡ 근사와 다른 점은 폭열 및 탄연에 의한 변화를 보지 못하며 탄환자체에 의한 변화 상처 가장자리에 오물고리와 까진고리만 본다. ㉢ 다만, 같은 거리라 할지라도 사용된 총기, 탄환의 종류 및 화약의 종류나 양 등에 따라 총알입구의 소견이 달라지며 또한 옷을 입었거나 중간 피사체를 통과하였을 때는 큰 혼동을 초래하므로 항상 염두에 두어야 한다.

* 공기총의 경우 화약의 폭발력에 의하여 탄환이 발사되는 것이 아니므로 화약가스에 의한 그을음부착 등을 볼 수 없어 발사거리를 추정할 수 없다.

③ 총알 상처에서의 자·타살 구별

자　　살	타　　살
• 피부에 접착시켜 발사하는 접사(接射)가 보통이다. • 창상(創傷)은 대개 급소부위에 있다. • 총기는 사자(死者)의 손 또는 주변에 있다. • 사자(死者)의 손, 소매 등에 화약 잔재가 묻어 있다.	• 원사(遠射), 근사(近射 : 피부에 접착되지 않은 가까운 거리에서 발사하는 것)인 것이 보통이다. • 창상(創傷)은 급소에 한하지 않는다. • 사자 이외의 물체에도 탄흔이 남아있다.

※ 화약잔사물 반응시험에 사용되는 물질 - 질산 또는 알미늄테이프

④ 총기사건 발생시 증거물 수집방법

- 총기를 다룰 때에 연필이나 이와 유사한 물건을 총신에 넣어 바닥에서 집어 올리는 일이 없도록 해야 한다.
- 현장에서 발사물의 수집시 많은 인원의 공동작업을 피하고 적은 인원이 침착하게 수집하여야 한다.

(6) 교통사고로 인한 손상

① 운전상태의 추정

교통사고로 인한 시체의 손상을 관찰하여 차종, 차량의 속도, 충격상황, 충격방향 등을 추정할 수 있으나, 운전자의 운전상태를 추정할 수는 없다.

② 손상 과정

종 류	의　의
1차충격손상	차량에 충격된 손상을 말한다 (범퍼손상).
2차충격손상	신체가 차의 외부구조에 재차 부딪혀 생기는 손상을 말한다.
3차충격손상	지면에 떨어지면서 지면이나 지상구조물에 부딪혀 상기는 손상이다(전도손상).
짜찍질손상	차량을 갑자기 감속 또는 가속하여 운전자의 두부가 과도하게 전후로 움직여 목부위에 손상이 발생한 경우를 말한다.
떼인상처	자동차의 바퀴가 역과할 때 주로 형성되며 회전하는 둔력에 의하여 피부와 피하조직이 하방의 근막(筋膜)과 박리(剝離)되는 현상이다.

7. 중독사의 분류

유기산 음독사	유기산에는 초산, 수산, 석탄산 등이 있다 무기산과 같은 부식독의 일종이다. 식도 및 위점막은 부식으로 인해 백색의 (가피痂皮:딱지)를 형성한다. 대부분 공업용으로 쓰이지만 집에서는 화장실 소독에 쓰일 때가 있다.

무기산 음독사	무기산은 황산, 염산, 질산 등이 있다. 무기산은 24시간 정도 내에 사망하며, 자살인 경우가 많다. 염산을 마실 때 흘리거나 구토로 인해 턱, 입술 등에서 백색의 화상 흔적을 볼 수 있다.
청산가리 음독사	두통, 구토, 질식감이 나타나며, 호흡곤란과 경련을 일으키며 상당히 빠른 시간내에 사망을 한다. 살충제, 전기도금, 사진인화, 합성고무 제조 등에 널리 사용되는 원료로서 구하기가 용이하여 자살의 목적으로 많이 이용된다.
일산화탄소중독사	무색·무미·무취의 특징이 있으며, 탄소를 함유한 물체가 불완전 연소되어 발생한다. 비중이 공기보다 약간 가벼운 특징이 있는데, 특히 비오는 날과 같이 수분이 많은 날에는 공기 하부층에 많이 분포하게 된다. 시체 외부소견은 선홍색의 시체얼룩이다.
LPG, 부탄가스 중독사	비중이 공기보다 높으므로 가스가 실내에 유출되면 저산소증으로, 불완전 연소에 의한 일산화탄소 중독 그리고 환각상태를 유발하기 위하여 흡입하는 경우에는 가스 자체에 의한 중독으로 사망할 수 가 있다.

8. 저체온사

(1) 대개 심부체온이 30℃이하가 되면 사망한다(시체얼룩은 선홍색).

(2) 호흡기능의 마비로 인하여 종말성 환각 또는 열감 때문에 스스로 옷을 벗으며 때로는 나체가 된다. 여성인 경우 강간당한 것처럼 보일 수 있으므로 주의를 요한다.

9. 기타 사망 사고

(1) 화상사

1도	수포는 형성되지 않으나 표피가 벗겨질 수도 있으며 , 표제성으로 표피에 홍반만 보이기 때문에 홍반성 화상이라고도 한다.
2도	수포가 형성되고 수포 주위에 홍반을 볼 수 있어 특히 이를 수포성 화상이라고도 부른다.
3도	조직이 응고성 괴사에 빠지며 외견상 건조하고 회백색을 띠며 수포를 형성하지 않는다. 전신의 1/3 정도에 3 도 화상을 입으면 약 50% 가 사망하는· 것으로 되어 있다.
4도	피부 및 그 하방의 조직이 탄화되는 것으로 뜨거운 액체로 인한 화상의 경우에는 나타나지 않는다.

(2) 소사체

① 소사체란 말 그대로 탄 시체를 말하는 것으로 그 사인이 소사인 것을 비롯하여 다른 원인으로 사망한 후 탄 시체를 포함한다.

② 피부와 피하조직이 균열 또는 파열되어 벤상처 또는 찢긴상처와 유사한 소견을 보인다.

(3) 강간, 강제추행 등 성범죄로 인한 손상

① 성기 · 유방 등에 가해자에 의한 물린손상 (교합손상)
② 등부위 , 넓적다리의 개갠상처와 같은 저항손상 (握抗趙傷)
③ 윤간사건에 있어서의 손 · 발 등에 볼 수 있는 억압손상 (柳壓鎭傷)
④ 후면에는 개갠상처 , 타박상 등의 저항손상

(4) 홀로색밝힘사망 (자기색정사 : Autoerotic death)

① 기구나 장치를 이용하여 스스로 성적 쾌감을 즐기다가 일어나는 사고사를 말한다.
② 대부분 나체로 발견되며, 시체 주변에 도색 사진 또는 포르노테이프 등이 발견되기도 한다.
③ 거의 대부분이 남자이나 근래에는 가끔씩 여자들도 볼 수 있다.
④ 목맴 , 끈졸림사의 방법 또는 비닐주머니를 뒤집어 쓴 경우도 있다.

(5) 생산아(生盧兒)와 사산아(死盧兒)

생산아	사산아
폐장이 물에 뜬다.	폐장이 물에 뜨지 않는다.
흉위가 복부보다 크다 (호흡을 했으므로).	복부 둘레가 흉위 둘레보다 크다.
폐포의 확장상태가 확실하다.	폐포의 확장상태가 불확실하다.

(6) 영아살해(嬰兒殺害)과 학대아(虐待兒)

① 일반적으로 영아살해에서 가장 흔한 방법은 질식사이고 , 두부손상이 두 번째로 흔한 사인이다.
② 평상시 건강하던 어린이가 돌연히 사망하는 것을 영유아급사증후군 (SIDS) 이라고 한다.
③ 영아급사증후군은 특히 2~4 개월 사이의 유아에게서 압도적으로 많으며 , 1 년이 지나면 거의 보지 못한다.
④ 학대아는 주로 6 개월에서 3 세 사이에서 많이 보며 머리부위 손상에 의한 사망이 가장 많다.

(7) 감전사

① 전류가 출입한 부위에 생기는 피부를 비롯한 조직이 손상을 감전자국이라 한다.

② 감전자국은 일반적으로 원형 또는 계란형의 피부함몰로써 주름에 의하여 둘러 싸이는 것이 전형적인 형태다.

③ 중심부의 피부는 백색 또는 회백색으로 창백하며 편평화(扁平化) 된다.

④ 감전자국은 사후에 생길 수도 있으므로 감전사라는 단정적인 증거는 되지 못하며 특히 충혈(充血) 이 동반되지 않았다면 사후에 형성되었을 가능성이 있다 .

제4절 지문감식

1. 지문의 의의

지문이란 사람의 손가락 끝마디(指頭)의 안쪽면 피부에 융기한 선 또는 점으로 써 형성된 각종 문형(線形) 및 인상(印象)을 말하며, '융기한 선 또는 점' 을 융선 이라 한다.

2. 지문의 특징

(1) 만인부동(萬人不同)

동일한 지문을 가지고 있는 사람은 전 세계에 존재하지 않으며, 일란성 쌍둥이의 경우에도 지문은 동일하지 않다.

(2) 종생불변(終生不變)

지문은 태어난 지 약 3개월 정도 후부터 나타나기 시작하며, 사망할 때까지 변하지 않는다.

3. 지문의 효용

(1) 피의자의 신원 · 범죄경력의 확인

(2) 변사자 신원 확인

(3) 지명 수배자 발견

4. 지문의 분류와 대조요령

(1) 분류

① Henry식 분류법 : 주로 영미계에서 사용하며 세계적으로 가장 널리 사용하는데,

② 함부르크식 지문분류법 : 우리나라는 독일인 Rosher가 창안한 것을 우리 실정에 맞게 변형시켜 사용하고 있다.

(2) 대조요령

① 지문의 동일성 여부를 판단하려면 최소 10개 이상의 지문 특징점이 있어야 한다.

② 미국 FBI · 일본 경시청의 경우 12개 이상의 일치를 보여야 동일한 지문으로 보고 있다.

5. 지문의 종류와 채취방법

(1) 종류

<table>
<tr><th colspan="2">종류</th><th colspan="2">의 의</th><th>채취방법</th></tr>
<tr><td rowspan="4">현
장
지
문</td><td rowspan="3">현재
지문</td><td>의의</td><td>가공을 하지 않고서도 육안으로 식별되는 지문</td><td rowspan="3">사진촬영,
전사법
실리콘러버법</td></tr>
<tr><td>정상
지문</td><td>손끝에 묻은 혈액 · 잉크 · 먼지 등이 손가락에 묻은 후 피사체에 인상된 지문이므로 무인했을 때의 지문과 동일</td></tr>
<tr><td>역지
문</td><td>먼지 쌓인 물체, 연한 점토, 마르지 않은 도장면에 인상된 지문을 가리키는 것으로 이 경우 선의 고랑과 이랑이 반대로 현출된다.</td></tr>
<tr><td>잠재
지문</td><td colspan="2">인상된 그대로의 상태로는 육안으로 식별되지 않고 이화학적 가공을 하여야 비로소 가시(可視)상태로 되는 지문</td><td>고체법,액체법,
기체법 등</td></tr>
<tr><td colspan="2">준현장 지문</td><td colspan="2">피의자 검거를 위하여 범죄현장 이외의 장소에서 채취한 지문</td><td></td></tr>
<tr><td colspan="2">관계자
지문</td><td colspan="2">현장지문 또는 준현장지문 중에서 범인이외의 자(피해자, 현장출입자 등)가 남긴 것으로 추정되는 지문</td><td></td></tr>
<tr><td colspan="2">유류지문</td><td colspan="2">현장지문 또는 준현장지문 중에서 관계자 지문을 제외하고 남은 지문으로 범인지문으로 추정되는 지문</td><td></td></tr>
</table>

* 육지와 합지의 지문분류

1. 육지

(1) 육지는 큰손가락(간지)와 작은 손가락(지지)로 구분한다.

(2) 큰 손가락의 분류가 가능한 경우에는 큰 손가락을 지문분류한다.

(3) 큰손가락의 분류가 불가능한 경우 작은 손가락을 지문분류한다.

(4) 둘 다 불가능한 경우에는 변태문으로 분류한다.

2. 합지

(1) 합지의 경우 육지처럼 분류가 가능할 때는 각각 고유번호를 부여한다.

(2) 분류가 불가능한 경우 "변태문"으로 분류한다.

3. 추측번호 부여

(1) 와상문의 경우 표준각이 불분명하여 분류를 할 수 없는 경우 분류번호'8'을 부여한다.

(2) 을종제상문의 경우 외단이 불명하거나 이를 추정할 수 있을 때에는 가장 가까운 것으로 인정되는 분류번호룰 표시한다.

(2) 채취방법

① 직접채취법

- 손가락을 180도 이상 회전하여 중심부와 삼각도 형태가 모두 나타나도록 한다.
- 회전 채취시 무리한 힘을 가하면 융성의 모양과 특징 등이 달라지므로 힘을 빼고 자연스럽게 채취한다.

② 간접채취법(실리콘러버 이용)

- 요철이 심한 손, 미이라화 된 손, 익사 등 물에 젖어 불은 손 등은 실리콘러버법을 이용한다.

※ 입회인을 확보하지 못했을 때에는 피해자나 동료 경찰관을 참여시켜야만 하는 것이 아니라, 그 상황을 사진촬영해야 한다.

6. 십지지문 분류표

문 형		분 류 방 법
궁상문		궁상문은 모두 <1>
제상문	갑종	갑종제상문은 모두 <2>
	을종	내단과 외단사이의 가상의 직선에 접촉된 융선의 수를 기준으로 3~6까지 다음과 같이 분류된다. ① 7개 이하 : <3> ② 8~11개 : <4> ③ 12~14개 : <5> ④ 15개 이상 : <6>
와상문		추적선이 우측각의 위 또는 아래로 흐를 때 추적선과 우표준점 사이의 융선의 수를 기준으로 ① 상류와상문 : 우측각 위로 흘러 융선의 수가 4개 이상 : <7> ② 하류와상문 : 우측각 아래로 흘러 융선의 수가 4개 이상 : <9> ③ 중류와상문 : 우측각 위, 아래로 흘러 융선의 수가 3개 이하 : <8>
변태문		<9> : 9의 원 안에 · 이 있다.
절단문		<0>
손상문		<0> : 원 안에 · 이 있다.

1. 지문의 종류

지문의 종류	설 명	형 태
(1) 궁상문 (弓狀紋)	가. 궁상문의 정의 활(弓)모양의 궁상선으로 형성된 지문을 말한다.	궁 상 선 
	나. 궁상문의 종류	
	① 보통궁상문 평탄하게 흐른 활모양의 궁상선으로 형성된 지문을 말한다.	보통궁상문 
	② 돌기궁상문 돌기한 활모양의 궁상선으로 형성된 지문을 말한다.	돌기궁상문 
(2) 제상문 (蹄狀紋)	가. 제상문의 정의 말(馬)발굽(蹄)모양의 제상선으로 형성되고 융선이 흐르는 반대측에 삼각도가 1개 있는 지문을 말한다	제상선 
	나. 제상문의 종류	
	① 갑종 제상문 좌수의 지문을 찍었을 때 삼각도가 좌측에 형성되어 있거나 우수의 지문을 찍었을 때 삼각도고 우측에 형성되어 있는 지문을 말한다.	갑종제상문  좌수 우수
	② 을종제상문 좌수의 지문을 찍었을 때 삼각도가 우측에 형성되어 있거나 우수의 지문을 찍었을 때 삼각도가 좌측에 형성되어 있는 지문을 말한다.	을종제상문  좌수 우수

지문의 종류	설 명	형 태
	가. 와상문의 정의 와상선, 환상선, 이중제상선, 제상선 기타 융선이 독립 또는 혼재되어 있는 2개 이상의 삼각도가 있는 지문을 말한다. 단, 유태제형(有胎蹄形)와상문은 삼각도가 1개이다	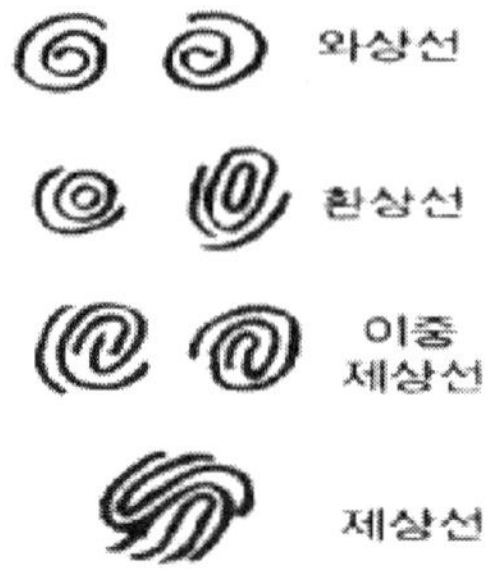
	나. 와상문의 종류	
	① 순와상문 와상문의 중심부융선이 와상선으로 형성된 지문을 말한다.	순와상문 
	② 환상문 와상문의 중심부융선이 환상선으로 형성된 지문을 말한다.	환상문 
(3) 와상문 (渦狀紋)	③ 이중제형 와상문 와상문의 중심부를 형성한 1개 또는 2개의 융선이 이중으로 제상선을 형성한 지문을 말한다.	이중제형와상문 
	④ 유태제형(有胎蹄形) 와상문 제상문중심부에 거꾸로 형성된 제상선이 있거나 거꾸로 형성된 호상선이 2개 이상 있는 지문을 말한다.	유태제형와상문 
	⑤ 혼합문 2개 이상의 문형이 혼합하여 1개의 문형을 형성한 지문을 말한다.	혼합문 
(4) 변태문 (變態紋)	변태문이란 궁상문, 제상문, 와상문에 속하지 않아 정상적으로 분류번호를 부여할 수 없는 지문을 말한다.	변태문 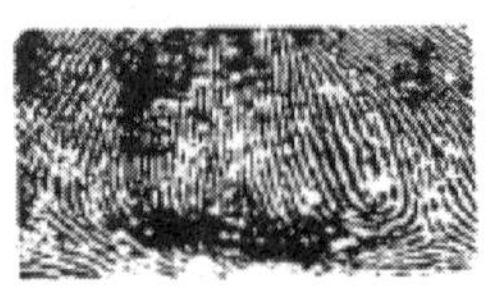

2. 지문융선의 종류

융선의 종류	설 명	형 태
(1) 궁상선 (弓狀線)	활(弓)모양의 곡선으로 이뤄진 지문을 말하여 삼각도는 형성되지 않는다. 완만한 경사를 이루며 흐르는 선을 보통궁상선이라 하고 급격한 경사를 이루며 흐르는 선을 돌기궁상선이라 한다.	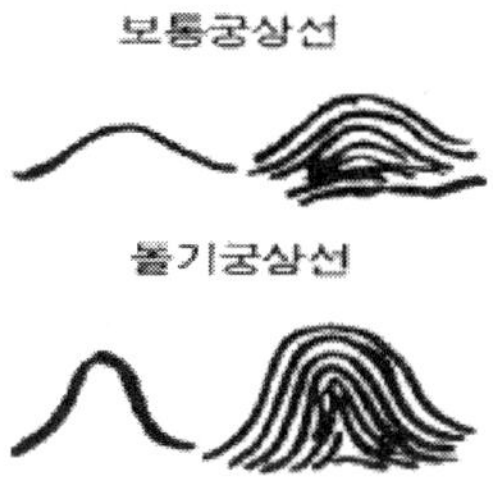
(2) 제상선 (蹄狀線)	좌측 또는 우측으로 부터 흐르기 시작하여 말발굽형태를 이루면서 시작한 방향으로 되돌아가는 융선을 말한다.	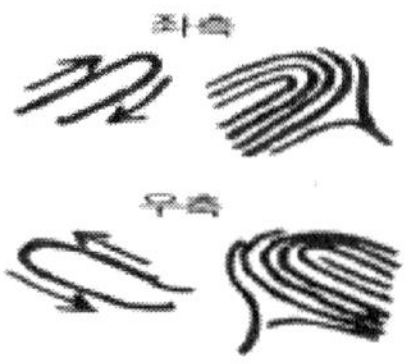
(3) 중핵제상선 (中核蹄狀線)	여러 개의 제상선중에서 가장 중심부에 있는 제상선을 말하며 제상선의 기상반원에 다른 융선이 교차하거나 외측으로부터 접촉되어 있을 때는 그 다음 제상선이 중핵제상선이 된다.	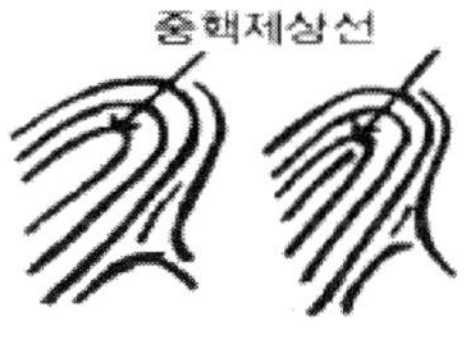
	◦ 중핵제상선의 가상반원 내에 2개 이상의 융선이 동일한 모양으로 같이 있을 때에는 내단 지정의 예에 따른다.	
(4) 가상반원 (假想半圓)과 가상반원선 (假想半圓線)	제상선의 상부에 가상원을 그린 후 그원을 2등분하는 직선을 그었을 때 상부를 가상반원이라 하고 그 선을 가상반원선이라 한다. 단 가상반원선에 이르지 못한 제상선은 제상선으로 볼 수 없다.	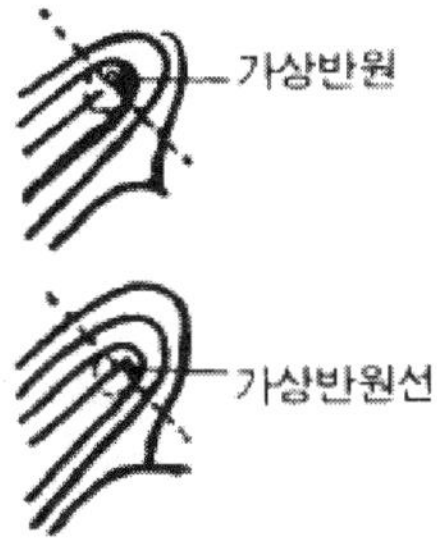

융선의 종류	설 명	형 태
(5) 가상정점 (假想頂點)	삼각도 또는 기준각을 형성한 2개의 융선이 접합할 때는 접합점, 병행할 때는 가상의 삼각도 꼭지점을 말한다.	
(6) 가상직선과 가상수직선	제상문의 내단과 외단간의 융선수 또는 와상문의 추적선 종점과 우측표 준점간의 융선수를 계산하기 위하여 임시로 그은 선을 말한다.	
(7) 와상선 (渦狀線)	와상문의 중심부 융선이 좌측 또는 우측으로 흐르기 시작하여 1회 이상 회전, 원 또는 타원형을 이루는 선을 말한다.	
(8) 환상선 (環狀線)	와상문의 중심부 융선이 원 또는 타원형을 이룬 선을 말한다.	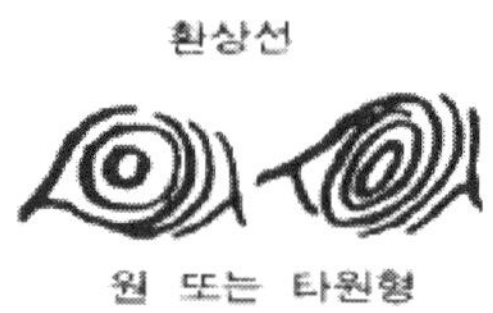
(9) 이중제상선 (二重蹄狀線)	와상문 중심부의 융선 1개 또는 2개가 이중으로 제상선을 형성하고 융선이 흐르기 시작한 원기점 방향으로 되돌아가거나 반대 방향으로 흐르는 융선을 말한다.	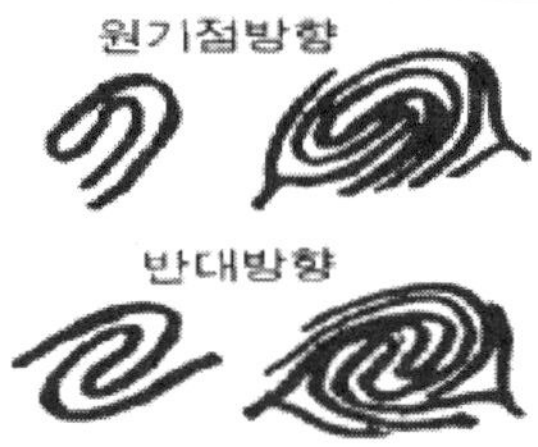
(10) 삼각도 (三角島)	2개의 융선이 외측에서 접합하거나 병행하면서 형성된 삼각형 모양를 말한다. ◦ 제상문은 융선이 흐르는 반대측(좌측 또는 우측)에 1개 형성된다 ◦ 와상문은 중심부 좌우측에 2개 이상 형성되어 있다. 단, 유태제형와상문은 1개이다.	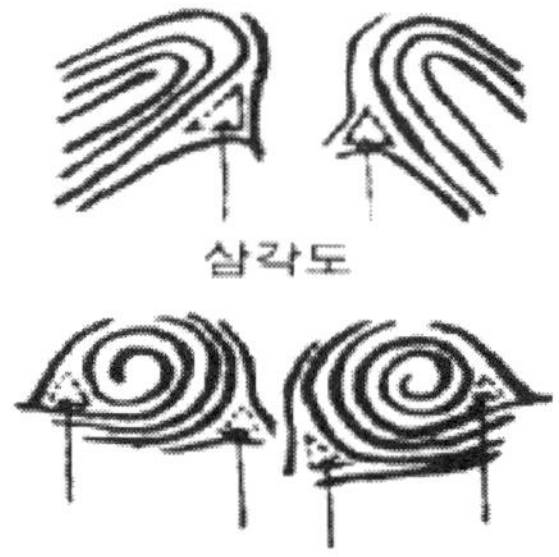

융선의 종류	설　명	형　태
(11) 접합선 (接合線)	2개 이상의 융선이 어느 1점에서 1개의 선으로 된 것을 말한다.	
(12) 병행선(竝行線)과 개재선(介在線)	다른 2개의 융선이 삼각형 모양을 형성하면서 접합하지 않고 병행되는 선을 병행선이라 하고 가상정점 부근의 병행선 사이에 있는 융선을 개재선이라 한다.	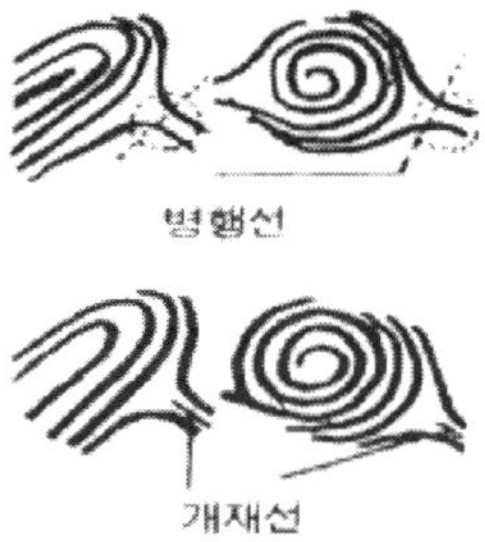
(13) 분기선 (分岐線)	1개의 융선이 2개 이상의 융선으로 분기된 선을 말한다.	
(14) 간선(幹線)과 지선(支線)	분기선중 굵은 선을 간선이라 하고 가는 선을 지선이라 하며 와상문을 분류할 때 추적선의 종점을 지정하게 되는 선이다.	
(15) 추적선 (追跡線)	좌측기준각 하변을 형성한 융선이 우측기준각의 내측 또는 외측에 이르기까지 추적되는 선을 말한다 ◦ 추적선이 중단되었을 때는 아래 융선을 추적한다. ◦ 추적선이 분기되었을 때는 간선을 추적하고 간선과 지선이 불분명할 때는 아래 융선을 추적한다. ◦ 추적선의 융선 굵기만큼 단절된 것은 그대로 추적한다.	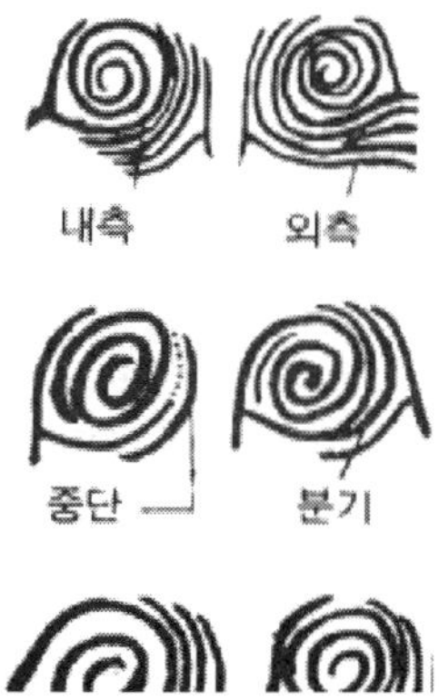

융선의 종류	설 명	형 태
(16) 기준각 (基準角)	2개 이상의 삼각도를 가진 와상문에서 중앙으로부터 가장 먼 곳에 있는 좌우측의 삼각도를 말한다.	
(17) 봉상선 (棒狀線)	봉(捧)의 모양으로 형성된 융선을 말하며 일반적으로 중핵제상선의 가상반원선내에 형성된 경우를 지칭한다.	
(18) 도형선 (島形線)	1개의 융선이 분기되었다가 다시 접합되어 원 또는 타원형의 섬 모양을 이룬 융선을 말한다.	
(19) 점(點)과 단선(短線)	폭과 길이가 동일한 융선을 점이라 하며 일반적으로 길이가 2㎜정도의 짧은 융선을 단선이라 한다.	
(20) 호상선 (弧狀線)과 조상선 (釣狀線)	반원에 미치지 못하는 짧은 곡선을 이룬 융선을 호상선이라 하고 봉상선의 끝이 낚시 모양의 융선을 조상선이라 한다. 일반적으로 중핵제상선의 가상반원선내에 형성된 경우를 말한다.	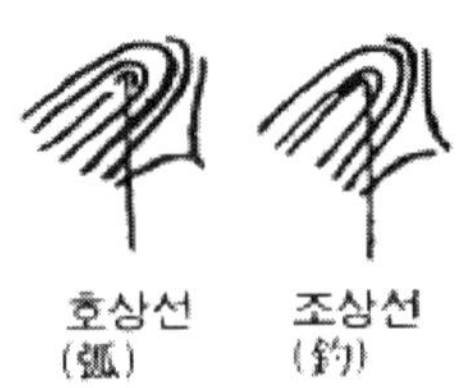

3. 제상문 분류법상의 기준점

제상문을 분류할 때, 융선수를 계산하기 위한 기준점으로 내단과 외단을 정한다.

(1) 내단(內端)

종 류	설 명	형 태
정 의	중핵제상선의 가상반원선내에 있는 융선을 말하며 을종 제상문 분류상 필요한 기준점을 말한다.	
	◦ 내단 지정의 "예" - 내단이 되는 점, 단선, 호상선, 조상선, 봉상선등의 융선이 중핵제상선의 가상반원선에 도달하거나 가상반원선안에 2개 이상 있을 때에는 가장 높은 것으로 하고	
	- 높이가 같은 융선이 2개일 때에는 외단에서 먼 것으로 하며	
	- 3개 이상일 때에는 홀수인 경우는 중앙의 것으로, 짝수인 경우는 중앙의 2개중 외단에서 먼 것을 내단으로 정한다.	
	- 내단이 되는 융선의 모양이 각기 다르거나 같은 모양의 융선들이 혼재되어 있는 경우에도 위의 예에 준한다.	

종 류	설 명	형 태
가. 제상 내단	중핵제상선의 가상반원 내에 내단이 되는 다른 융선이 없을 때에는 외단에서 먼 가상반원선의 교차점을 내단으로 정한다.	 제상내단
나. 봉상 내단	중핵제상선의 가상반원 내에 도달한 봉상선이 있는 경우, 그 봉상선의 끝부분을 내단으로 정한다.	 봉상내단
다. 점 내단	중핵제상선의 가상반원 내에 점이 있는 경우, 그 점을 내단으로 정한다.	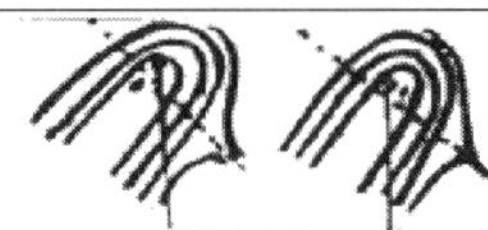 점내단
라. 단선 내단	중핵제상선의 가상반원 내에 단선이 있는 경우, 그 단선의 외단에서 먼 쪽이나 높은 쪽의 끝부분을 내단으로 정한다.	 단선내단
마. 호상 내단	중핵제상선의 가상반원 내에 호상선이 경우, 외단에서 먼 쪽의 끝부분을 내단으로 정한다.	호상내단 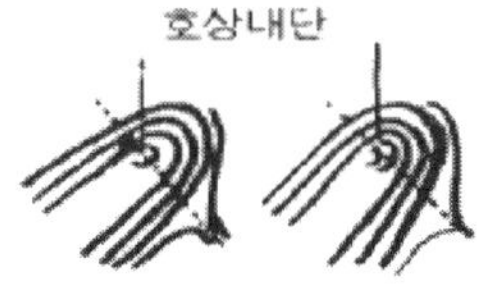
바. 조상 내단	중핵제상선의 가상반원 내에 조상선이 있는 경우, 그 조상선의 끝부분을 내단으로 정한다.	조상내단 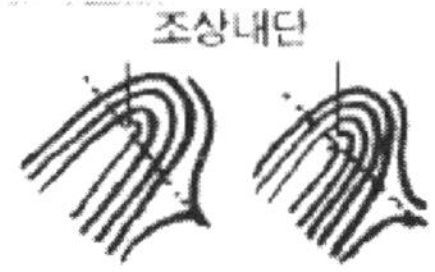
사. 교차 내단	중핵제상선의 가상반원 내에서 2개 이상의 제상선이 교차하였을 때 교차점을 내단으로 하고 수 개의 교차점이 존재할 경우에는 봉상내단의 예에 따른다.	 교차내단
아. 복합 내단	중핵제상선의 가상반원선내에 모양이 같거나 다른 2개 이상의 내단이 될 수 있는 융선이 있을 경우에는 내단 지정의 "예"에 따른다.	내단  복합내단

(2) 외단(外端)

종 류	설 명	형 태
정 의	제상선이 흐르는 반대측에 형성된 삼각도의 모양에 따라 을종제상문의 분류상 필요한 기준점을 말한다.	
가. 접합 외단	삼각도의 외측을 흐르는 2개의 융선이 접합하였을 때 그 접합점을 외단으로 한다.	
나. 병행 외단	삼각도의 외측을 흐르는 2개의 융선이 병행선을 이룬 경우 가상정점으로부터 내단을 향하여 가상직선을 그어 처음 만나는 교차점을 외단으로 한다.	
다. 개재 외단	병행외단의 병행선사이에 개재선이 있을 때에는 가상 정점으로부터 병행선과 가상직선을 그었을 경우, 개재선과의 교차점을 외단으로 한다.	 

4. 와상문 분류법상의 기준점

(1) 추적선의 종점(終點)

종 류	설 명	형태
정 의	◦ 추적선의 기점 좌측기준각(삼각도)에서 추적선이 시작되는 점을 기점이라 한다. 좌측기준각이 접합시는 접합점을 기점으로 하고 병행할 때는 병행되기 시작한 하변의 1점을 추적선의 기점으로 한다. ◦ 추적선의 종점 우측기준각(삼각도)에서 추적선을 향하여 가상의 직선 또는 수직선을 그었을 때 그 선과 추적선이 교차되는 점을 추적선의 종점이라고 한다.	 추적선의 기점
가. 추적선이 우측기준각에 닿았을 경우	추적선이 우측기준각(삼각도)에 닿았을 때는 그 기준점을 종점으로 정한다.	 추적선의 종점
나. 추적선이 우측기준각의 내측으로 흐른 경우	추적선이 우측기준각의 내측으로 흐를 때에는 우측기준각을 2등분하여 가상의 직선을 그어 추적선과 교차되는 점을 종점으로 정한다.	 추적선의 종점(내측)
다. 추적선이 우측기준각의 외측으로 흐른 경우	추적선이 우측기준각의 외측으로 흐를 때에는 우측 기준각의 접합점 또는 가상의 정점으로부터 추적선을 향하여 수직선을 그어 추적선과 교차되는 점을 종점으로 정한다.	 추적선의 종점(외측)

(2) 기준점

종 류	설 명	형태
정 의	와상문의 분류상 필요한 기준이 되는 점을 말하며 우측기준각(삼각도)에서 기준점을 정한다.	
가. 접합기준점	우측삼각도를 형성하는 2개의 융선이 접합되었을 때는 그 접합점을 접합기준점으로 한다.	 접합기준점
나. 병행기준점	우측삼각도를 형성하는 2개의 융선이 병행할 때에는 가상정점에서 추적선을 향하여 우측기준각을 2등분 한 가상의 직선 또는 수직선을 그어 최초로 교차되는 점을 병행기준점으로 한다.	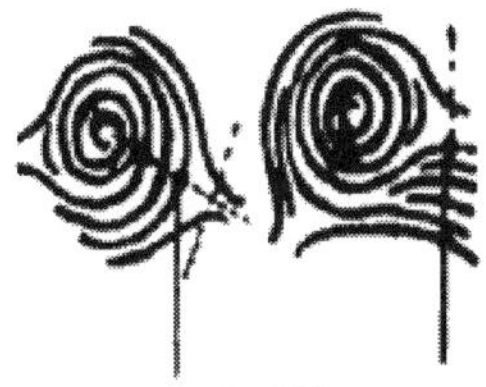 병행기준점
다. 개재기준점	병행선사이에 개재선이 있을 때에는 가상정점에서 추적선을 향하여 가상의 직선 또는 수직선을 그어 개재선과 교차되는 점을 기준점으로 정한다. ◦ 홀수일 때에는 중앙의 개재선으로, 짝수일 때는 중앙 2개의 개재선사이에 가상의 직선 또는 수직선을 그어 최초로 교차되는 점을 기준점으로 한다.	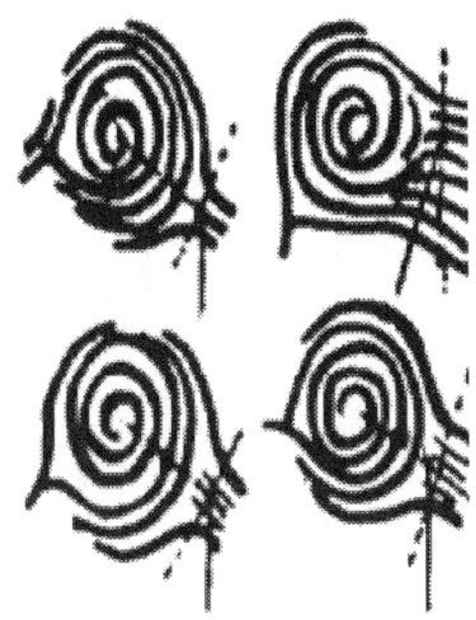

5. 지문의 분류번호 및 융선수 계산방법

지문의 종류	설　명	분류방법
(1) 궁상문	보통궁상문과 돌기궁상분의 분류번호는 “1”로 부여한다.	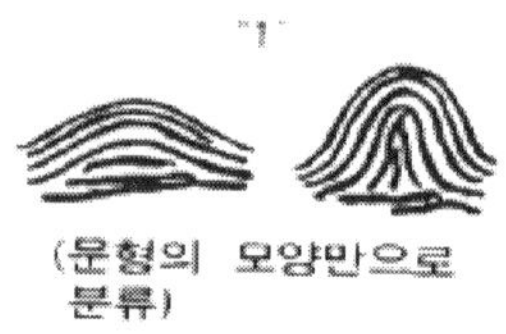
(2) 제상문	가. 갑종제상문의 분류 갑종제상문은 삼각도가 좌수는 좌측에, 우수는 우측에 형성되어 있는 지문을 말하여 분류번호는 “2”로 부여한다.	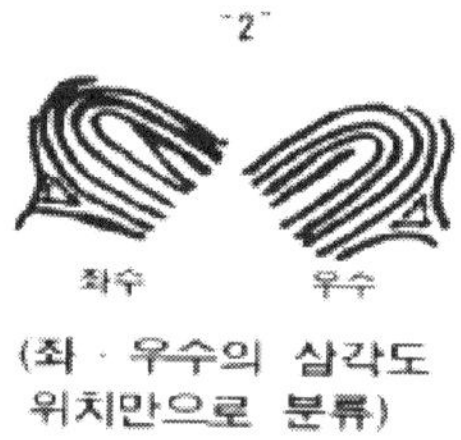
	나. 을종제상문의 분류 을종제상문은 갑종제상문의 반대측에 삼각도가 형성된 지문을 말하며 내단과 외단 사이에 가상직선에 닿는 융선수를 계산하여 분류한다. ◦ 내단과 외단은 융선수 계산에서 제외하고 내단과 외단 사이의 융선수가 - 7개 이하 ……… “ 3 ” - 8～11개 ……… “ 4 ” - 12～14개……… “ 5 ” - 15개 이상……… “ 6 ” 으로 분류번호를 부여한다.	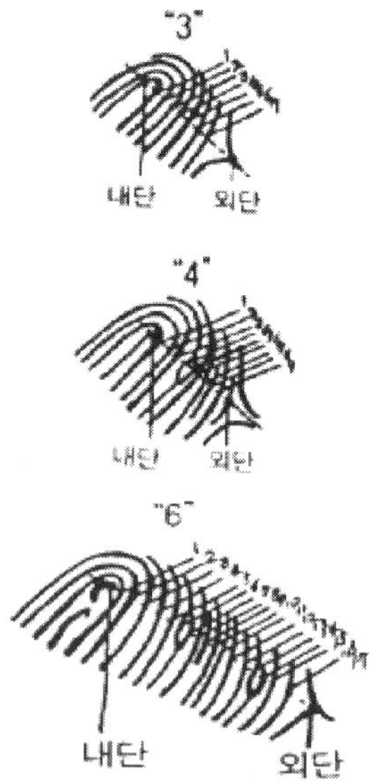

지문의 종류	설　명	분류방법
(3) 와상문	와상문은 우측기준점과 추적선의 종점간의 가상의 직선 또는 수직선에 닿는 융선수를 계산하여 분류하되 우측기준점과 추적선의 종점은 융선수에서 제외한다. ◦ 추적선의 종점과 기준점사이의 융선수가 - 추적선이 우측기준각의 내측으로 흐르고 4개 이상 …"7" - 추적선이 우측기준각의 내측 또는 외측으로 흐르고 3개 이하…"8" - 추적선이 우측기준각의 외측으로 흐르고 4개 이상 …"9"	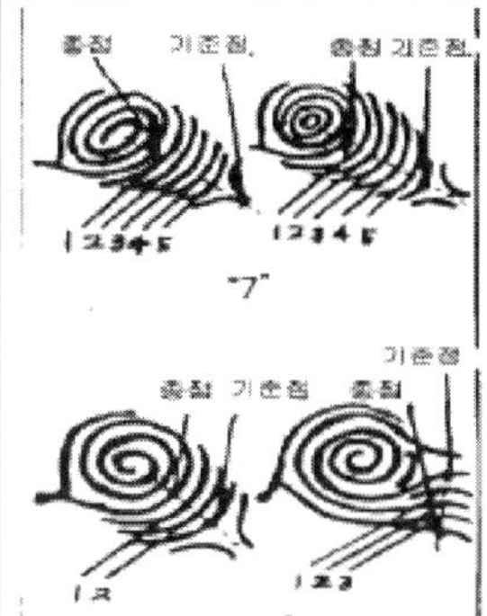
(4) 변태문	어느 문형에도 속하지 않아 정상적으로 분류할 수 없는 지문으로서 분류번호는 9에다 ·을 찍어 "9"로 부여한다.	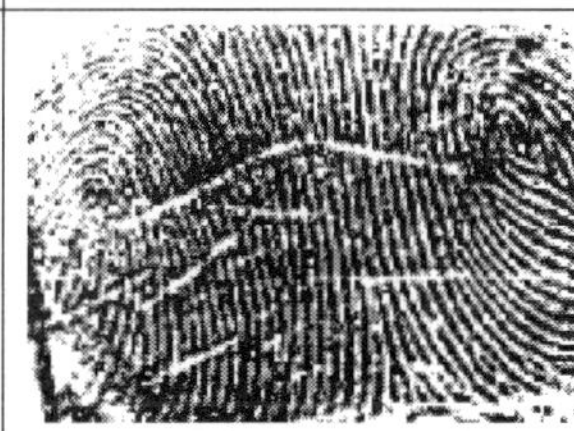
(5) 기타	가. 손가락 끝마디 절단시 분류 손가락 끝마디가 절단되어 지문을 채취할 수 없는 경우를 말하며 분류번호는 "0"으로 부여한다.	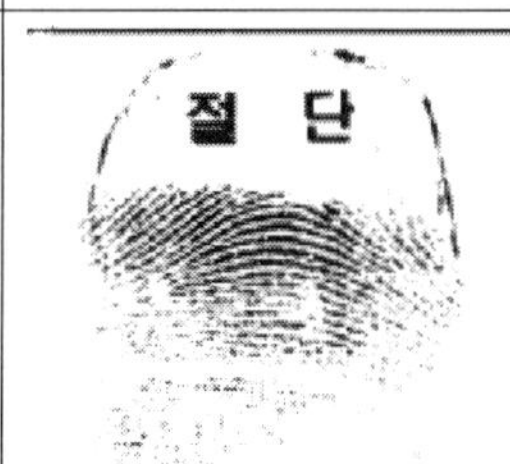
	나. 손상지문의 분류 지문이 손상되어 궁상문, 제상문, 와상문으로 분류를 할 수 없을 때는 0에다 ·을 찍어 "0"로 부여한다.	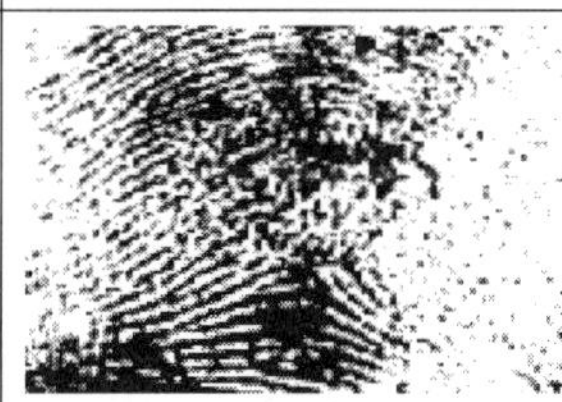
	다. 육손가락인 경우의 분류 간지(幹枝)로 분류하고 간지로 분류할 수 없을 때에는 지지(支指)로 분류하되 지지도 분류할 수 없을 때에는 변태문으로 분류한다.	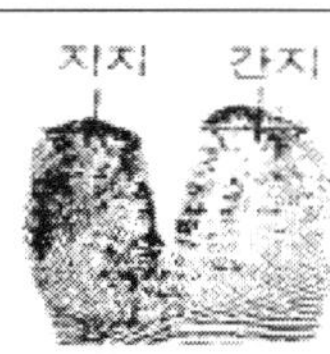
	라. 제상문의 외단 또는 와상문의 기준각이 불투명할 때는 추정하여 분류번호를 부여한다.	 분류번호 추정

6. 지문의 문형 및 기준점, 내·외단 지정예시

(1) 궁상문 지정의 예

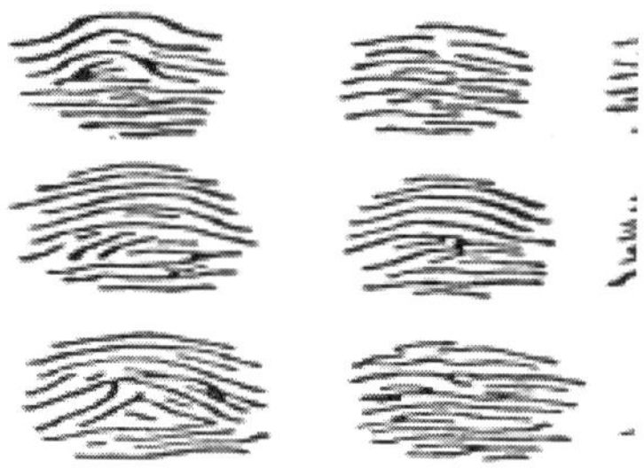

(2) 제상문 지정의 예

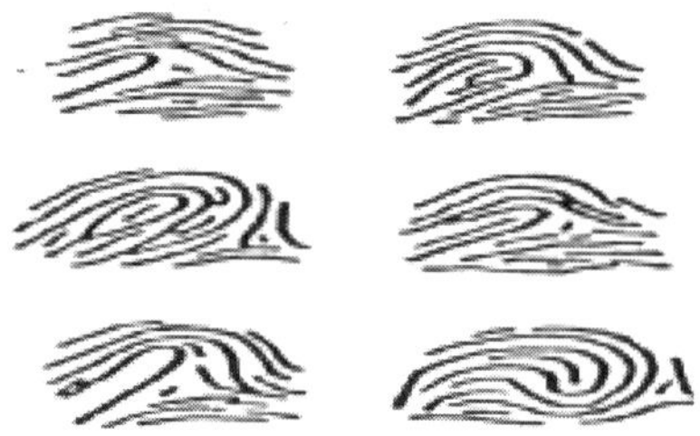

(3) 와상문 지정의 예

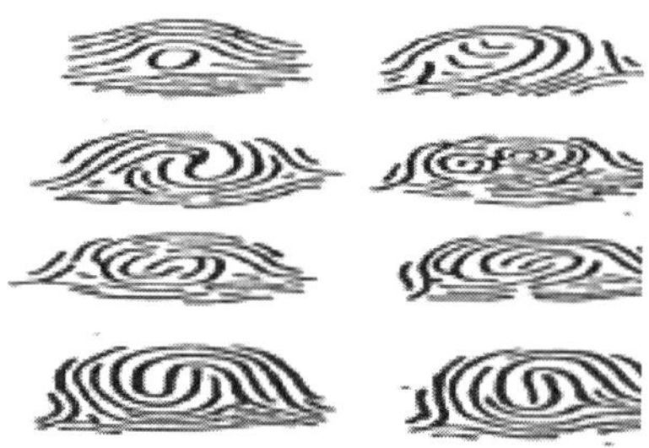

(4) 변태문 지정의 예

(5) 내단(제상문 분류기준점)

가. 제상(蹄狀) 내단

나. 점 내단

다. 단선(短線) 내단

라. 호상(弧狀) 내단

마. 조상(鈎狀) 내단

바. 봉상(棒狀) 내단

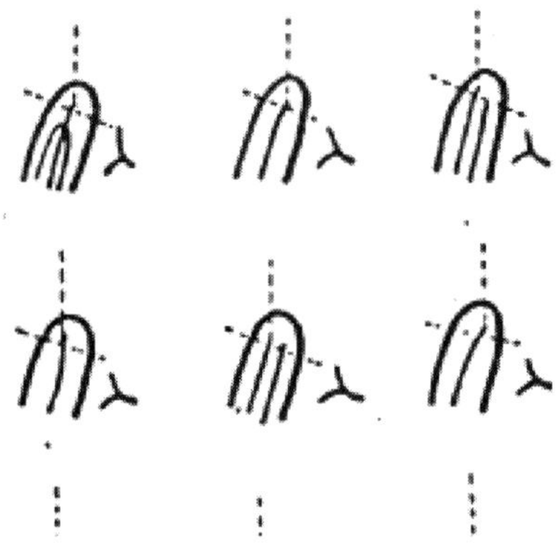

사. 교차(交叉) 내단

(6) 외단(제상문 분류기준점)

(7) 종점(와상문 분류기준점)

(8) 우측기준점(와상문 분류기준점)

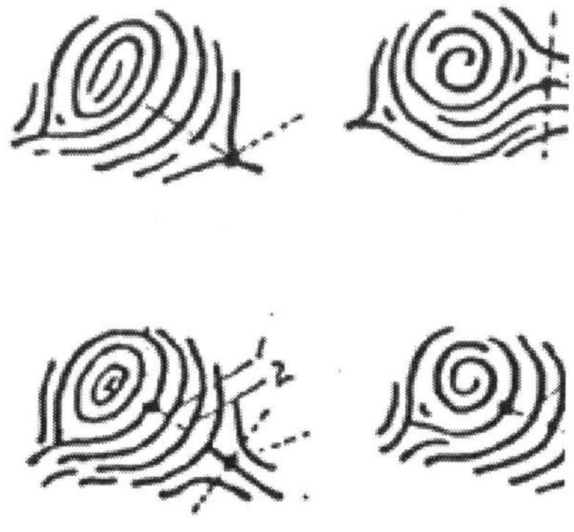

7. 현재지문 채취 방법

(1) 개념

육안으로 식별이 가능한 지문을 의미한다.

(2) 종류

정상지문	손끝에 묻은 혈액·먼지 등에 의해 피사체에 인상된 지문으로 무인했을 때의 지문과 같은 것이다.
역지문	점토, 마르지 않은 도장면 등에 강한 압력으로 인상된 지문을 말한다. 이 경우 지문의 융선이 반대로 나타나는데 이를 역지문이라고 한다. 3) 채취방법

(3) 방법

전사법	평면체로부터 검출된 지문 채취에 사용 한다. 주로 제라틴지가 사용된다.
사진촬영법	현재지문과 선명하게 현출된 잠자지문에 사용한다.
실리콘러버법	부패한 변사체의 지문이나 공구흔 채취에 이용되는 기법이다. 검체가 구(球)면체 또는 요철부위(ㄴㅛ)일때 전사에 적합한 방법이다. 이 경우 적당한 종이에 주걱으로 눌러서 검체의 한쪽으로부터 기포가 들어가지 않도록 가만히 눌러 붙여서 굳은 후 가만히 떼어낸다.

8. 잠재지문 채취방법

육안으로 식별되지 않아 화학적 · 물리적 가공에 의하여 가시상태로 검출해서 사진촬영 또는 전사법을 활용한다.

(1) 고체법(분말법)

① 지문채취용의 미세한 분말을 지문이 찍혀 있다고 생각되는 물체에 솔질 등으로 분말을 씌워서 잠재지문을 검출하는 방법이다.

② 물체

유리 · 도자기류의 표면 · 금속제품의 표면 등 주로 표면이 비교적 편편하고 매끄러우며 단단한 물체

③ 객체에 따른 분말의 색깔 (반대색을 사용한다)

검체의 색상	전사판의 색상	분말의 색상
어두운 색깔	어두운 색깔	은색분말

밝은 색깔	밝은 색깔	흑색분말
황색, 청색	황색, 청색	적색분말

(2) 액체법(종이류의 잠재지문 채취법)

① 개념 : 액체법은 닌히드린 · 초산 · DFO 등의 용액을 이용하여 잠재지문을 채취하는 것이다.

② 종류

닌히드린 용액법	전기다리미로 약 1 분간 가열하면 잠재지문은 자청색의 발색반응
초산은 용액법	(질산은 용액법) 약 3~4 분간 햇빛에 쪼이면 자색의 발색반응을 보인다.
DFO 용액법	종이류에 DFO 용액을 침투시킨 후 다리미나 100 도씨의 열처리판으로 열처리

(4) 기체법

① 개념 : 옥도가스 등의 기체를 이용하여 잠재지문을 채취하는 것이다.

② 종류

옥도가스 기법	• 아이오딘에 의한 검출법 • 물체 : 종이류, 나무류, 초자류, 도자기류 등 • 마용방법 : 초자관안에 석면, 염화칼슘, 석면, 옥도결정, 석면 순으로 넣은 다음 입으로 가볍게 입김을 불어서 옥도를 증발시켜 검체에 뿜으면 다갈색으로 발색한다.
강력순간접착제법	• 일명 본드법 : CA 기체법 • 물체 : 목재류, 종이류, 철재류, 피혁류, 플라스틱류, 비닐류, 알루미늄 류 등 • 사용방법 : 검체를 유리시험관 안에 매달고 바닥에 깐 은박지에 본드를 2, 3g 떨구어 뚜껑을 덮고 테이프로 밀봉하면 백색으로 발색한다.
오스믹산 기법	• 물체 : 습기있는 지류, 장기간 경과된 지문, 화장지류, 과실류, 각종 테이프류, 피혁류, 스티로폴류, 나무잎사귀 등 • 사용방법 : 유리시험관 바닥에 오스믹산용액의 컵을 넣은 다음, 증거물을 시험관 안 철사받침대에 매달고 밀봉하면 흑색으로 발색한다.

(5) 기타 잠재지문 채취밤법

화염법	벤젠 · 송진 · 유지 · 양초 등을 태울 때 발생하는 연기를 접촉시켜 검출하여 사진촬영하거나 셀로판테이프 등으로 채취하는데, 금속에 찍힌 잠재지문의 채취에 쓰인다.
진공금속지문 채취법(VMD)	증거물을 진공통에 넣고 진공상태에서 금과 아연을 증발시켜 증거물에 입힘으로써(도금형식)유류지문을 현출하는 방법이다. 오래된 지문의 현출이 가능한 장점이 있다.

사광선 이용법	금속·유리·먼지·유지 등이 부착된 곳에 찍힌 잠재지문은 사광선을 이용하여 관찰하면 발견할 수 있다.
POLIVIEW (가변광선장비)	SL-350과 비슷한 원리로서 AFIS와 연결이 가능하도록 한 가변광선 장비를 말한다.
SPR	비흡수성 물질인 금속, 바위, 콘크리트, 비닐봉투, 유리 등에서 효과적이고 비에 젖거나 호수나 수영장에서 꺼낸 자동차와 같이 젖은 표면에 있는 잠재지문을 현출시키는 방법으로 가장 잘 알려져 있다.
복식검출법	광선이용법 →기체법 →고체법 →액체법 (닌히드린용액법 →초산은용액법)

(6) 지문 채취용 시약

접착면에 유류된 지문 채취법	• 피해자의 신체에 청색테이프로 결박되어 있는 경우, 접착면에 유류된 지문을 채취하기 위해 감식요원이 사용하는 시약이다. • 접착명을 분리하는 데 이용되는 시약으로서 Un-du 가 있다. • 시약 종류에는 Sticky-side powder, Adhesive-side powder, Crystal Violet, Gentian Violet, Emulsion black, Tape - Glow가 있다.	
아미도 블랙	유리창에 혈흔이 있는 것으로 판단된 경우 혈흔오염지문을 채취하는데 이용하는 방법으로서, 혈액성분과 반응하는 단백질 염료로 혈흔에 묻은 잠제지문을 현출하는데 사용한다.	
감열 · 감압지에 지문채취용 시약	① 자석분말법 ③ 질산은 (초산은) 법	② 아이오딘 기체법 ④ 기체법 (옥도가스법)
비닐류의 지문채취용 시약	① CA 법 (강력순간접착제법) ③ SPR(Small Particle Reagent)	② 베이직 옐로 (Basic Yellow)

잠재지문 검출방법 및 발현색

검출방법	현출색	검출방법	현출색
닌히드린용액법	자청색	초산은용액법	자색
벤지딘용액법	청색	치오시안산용액법	적갈색
옥도가스법	다갈색	강력순간접착제법	백색
오스믹산용액법	흑색		

제5절 족흔적 감식

1. 족흔적의 분류

(1) 인상물체에 의한 분류

족 적	족적에는 족문·맨발흔·양말흔·구두흔·각종 신발흔 등이 있는데 보행으로 남겨진 흔적을 말한다.
타이어 흔적	자동차·자전거·오토바이 등의 타이어에 의하여 인상된 흔적을 말한다.
도구흔	빠루·드라이버·뺀치·칼 기타 공구류 기타 범행에 사용된 도구에 의하여 인상 된 흔적을 말한다.
기타 흔적	기타 흔적으로 치흔·장갑흔. 자동차 등의 접촉시 생기는 찰과흔, 유리·고무·나 무 기타 물건의 절단면에 생기는 줄흔, 우마의 족흔 등이 었다.

※ 혈흔, 지문, 필적, 인영, 탄흔은 족흔적에 포함되지 않는다.

(2) 인상상태에 따른 분류

<table>
<tr><td>입체족흔적</td><td colspan="2">연한 지면·모래·흙·적설 등을 밟아서 인상된 족적 또는 타이어흔 등 4체적인 자국으로 된 족흔적은 육안으로 확인이 기능하다(석고석고채취법) .</td></tr>
<tr><td rowspan="3">평면족흔적</td><td>개념</td><td>마루·종이·포목·판자·단단한 지면·유리·비닐판·콘크리트·아스팔트·금속 등에 평면적으로 인상된 흔적을 말하는 것으로 두 가지로 구분된다(젤라틴 전사법).</td></tr>
<tr><td>현재족흔적</td><td>육안으로 용이하게 확인할 수 있는 족흔적으로 혈액·유지·염 료·진 흙 등에 의해서 인상된 경우가 이에 속한다.</td></tr>
<tr><td>잠재족흔적</td><td>면상된 그대로의 상태로는 육안으로 볼 수 없거나 선명치 못한 것으로 특수약품처리 등에 의해서 확인되는 것을 말한다.</td></tr>
</table>

2. 족흔적 채취 방법

(1) 사진촬영법

① 입체흔, 평면흔 등 모든 흔적은 우선 사진촬영 후 다른 방법으로 행하는 것이 원칙이다.

② 족흔적의 사진촬영은 미세한 부분(특정)까지 사진에 나타나도록 촬영하여야 하며, 이 경우에 따라서는 사진만으로 감정할 수도 있으므로 반드시 자를 놓고 아주 가까이서 정밀히 촬영하여야 한다.

③ 사진촬영시 일반적인 사진촬영 외에 자외선 또는 적외선을 이용한 촬영을 하기도 한다.

(2) 석고채취법

① 용도

모래, 진흙, 연토, 눈 위에 입체상태로 인상된 입체족흔적을 채취할 때 쓰이는 방법이다.

② 채취순서

---

① 석고틀을 족적주위에 놓는다.
② 석고 1KG과 물 900CC를 혼합하여 크림상태가 되어 열이 발생할 때까지 천천히 막대기로 젓는다.
③ 석고액을 주입구를 통하여 주입한다.
④ 보강재를 석고액 중간에 넣는다.
⑤ 석고배면에 사건명·채취장소·연월일시 등을 기록한다.
⑥ 떼어낸 후 건조시킨다.
⑦ 석고를 떼어 낸 후 채취면에 묻은 흙을 가볍게 붓으로 털어낸다.

---

③ 경사진 곳

주입구를 낮은 곳에 만들어 놓고 석고액이 낮은 곳에서부터 높은 곳으로 천천히 유입되도록 주입한다.

④ 수중 채취방법

물속에 있는 족흔적은 수면위에서 조금씩 석고가루를 뿌려 침적 시켜서 수면보다 높은 원통형 틀을 설치하고, 수면위에서 석고분말을 서서히 떨어뜨린다.

⑤ 설상 채취방법

석고액 제조시 물에 주위의 눈을 섞어 온도와 같은 온도의 물을 만들어서 석고용액의 농도를 진하게 만든 다음 신속히 족흔적면에 유입한다.

(3) 젤라틴 전사법

나무판, 유리 , 비닐장판, 마루바닥, 아스팔트, 콘코리트상의 평면족흔적을 채취할 때 쓰이며 우선 사진 촬영한 다음에 전사한다

(4) 실리콘러버법

실리콘에 촉매(경화제)를 혼합하여 이것을 흔적면에 가볍게 발라주어 채형하는 방법으로 도구흔을 채취할 때 사용한다.

(5) 정전기 족흔적 채취법

담요, 방석, 의자커버 등을 섬유류 위에 먼지로 인해 인상된 족흔적을 채취하는 것으로 정전기 족흔적 채취기를 이용한다

(6) 진공 압흔채취법

범죄현장 바닥에서 수집한 종이류 위에 족흔적 또는 사건관련 압필흔을 진공상태에서 정전기현상을 이용해서 채취하는 것이다.

(7) 희미한 혈흔족적 검출법

눈으로 잘 볼 수 없는 혈은족적, 혈은 지문 등을 각종 시약을 사용하여 감청색, 감록색으로 선명하게 발색시켜 채취하기 위하여 벤지딘 시약, 무색 마라카이트 그린 시약, 오르쏘탈리딘용액을 사용한다.

(8) 치오시안산염법

① 철분이 함유된 물질에 의해 희미하게 남겨진 족흔적을 채취하는데 활용되는 시약이다.

② 토사, 진흙 등의 철분이 함유되어 있는 물체에 의해 종이, 헝겊, 나무판, 장판 위에 희미하게 유류된 족흔적에 분무하면 적갈색으로 현출된다.

(9) 희미한 흙먼지흔 검출법

토사, 진흙 등과 같이 절분이 함유되어 있는 물질에 의해 종이, 헝겊, 나무판 또는 장 판 위에 희미하게 유류된 족흔적을 치오시안산염 시약에 의해 적갈색으로 발색시켜 채취 하는 방법이다.

제6절 법의 혈청학

1. 개념

(1) **법의 혈청학(Forensic Serology)이란** 법의학 검사 대상 중 인체와 관련된 증거물을 혈청학적인 실험법에 의해 감정 및 연구하는 학문을 말한다.

(2) 증거대상물

① 혈청학적 증거물의 감정은 반드시 의사에 의해서만 가능한 것이 아니라, 전문적인 지식을 가지고 법원의 명령, 검사·사법경찰관에게 위촉된 자이면 가능하다.

② 감정하는 사항은 혈액형, 남녀식별 등 개인 식별에 이용되지만, 농약의 성분감정은 할 수 없다.

③ 법의 혈청학적 증거 대상물은 인체에서 기인한 각종 물체, 혈액(혈흔), 정액(정액반), 타액(타액반), 모발, 땀, 소변 배설물, 골격, 치아 등이 있다. (목장갑으로 개인식별을 하는 것은 불가능하다)

2. 혈흔검사방법

육안검사	→	혈흔예비시험	→	혈흔확인시험	→	인혈증명시험	→	혈액형검사

(1) 혈흔예비시험

① 루미놀(Luminol) 시험

- 육안으로 발견이 어려운 경우 주로 사용된다.
- 혈흔 뿐만 아니라 동판, 무즙, 유유에도 반응하므로 유의해야 한다.

※ 루미놀 시약에 반응하면 범죄에 사용된 차량이라고 볼 수 있다(X) → 루미놀 시약은 커피, 무, 감자, 락스 등에 대해 유사한 반응을 나타내므로 루미놀 시약에 반응하면 범죄에 사용된 차량이라고 단정 지을 수는 없다.

루미놀에 양성반응 하는 물질	루미놀에 음성반응하는 물질
동판, 돗그릇, 무즙, 고구미즙, 감자즙, 우유 , 커피, 무수탄산소다, 무수이유산소다, 유산동 등	· 비누, 간장

② 무색마라카이트록(LMG) 시험

시약을 사용하면 초록색으로 나타난다.

③ 벤지딘(Benzidin) 시험

육안으로 혈흔 모양의 반흔이 보일 때 벤지딘 시약을 사용한다. 청색으로 변화한다.

(2) 혈흔확인시험

① 예비 시험 후 헤마글로 시험을 하여 혈흔을 확인한다.

② 혈흔이라면 붉은 색깔의 국화 꽃술 모양의 결정체가 발견된다.

(3) 인혈증명시험

사람의 혈액을 토끼에 면역 주사하여 만든 항사람 면역혈청을 만든다.

(4) 혈액형 검사

① 인혈이 증명되면 혈액형 검사를 실시한다.

② 혈흔량이 충분하지 못 할 때에는 헤리시험법을 적용 실시한다.

(5) 혈흔(혈액)의 수집 · 채취요령

① 유동혈액

깨끗한 유리병에 담아 외부로 새어나지 않도록 마개를 견고하게 닫는다.

② 침윤혈흔

사건현장 땅바닥에 스며든 혈흔은 그 부분의 흙을 채취하여 그늘에서 건조시킨 다음 포장한다.

③ 부착 혈흔

구분	내용
의복, 천 등에 부착된 혈흔	혈흔 부착부의를 원을 그려 표시하고 깨끗한 종이를 사이사이에 끼워서 혈흔이 다른 부위와 겹치지 않도록 포장한다.
흉기 등에 부착된 혈흔	칼날이든, 손잡이든 부착부위를 건조시킨 다음 깨끗한 비닐로 혈흔부위에 너무 밀착되지 않게 포장한다.
손톱에 부착된 혈흔	가능한 한 손톱 끝부분에서 안쪽으로 적당한 길이로 잘라 비닐종이에 싸서 포장한다. 단, 피해자의 손톱을 너무 깊게 자르면 흔히 피해자의 혈흔이 묻어 나오므로 범인의 혈흔 검출은 불가능 할 수 있으므로 주의해야 한다.

3. 정액 검사방법

(1) 질액과 혼합된 정액 : 액과 혼합되어 있는 정액의 혈액형만 선택적으로 판정하기는 어렵다 . 따라서 반드시 여자 (피해자) 의 혈액에 항응혈제를 가한 것을 약간 (1ml 이상)동봉하여야 한다.

(2) 정액반의 검사

① 검사의 순서 : 정액반 유무증명 → 사람정액증명시험 → 혈액형검사

② 정액의 유무증명 : 정액반이 육안으로 관찰되지 않을 때에는 암실에서 자외선으로 조사하게 되면 정액반 부위에서 형광을 발하게 된다.

4. 타 액

(1) 타액의 성질

① 타액이란 타액선으로부터 구강내로 분비되는 유동액으로서 색 · 냄새 · 맛이 없다.

② 타액에는 전분(澱粉)을 소화시키는 효소인 아밀라아제(amylase)가 함유되어 있다.

③ 타액을 이용하여 혈액형, 남녀의 성별 등을 확인할 수 있다.

(2) 타액반의 감정순서 : 자외선 검사 → 전분소화효소시험 → 사람타액증명시험 → 혈액형검사

● 검사의 종류

검사의 종류	순 서
혈흔검사	혈흔예비시험 → 혈흔확인시험 → 인혈증명시험 → 혈액형 검사
타액검사	자외선 검사 → 전분소화효소시험 → 사람타액증명시험 → 혈액형검사
정액검사	정액반 유무증명 → 사람정액증명시험 → 혈액형검사

5. 모발 검사방법

① 사람과 동물털의 구별, 발생부위, 연령, 성별, 모발의 손상여부, 염색여부, 혈액형, 뽑은 모발과 자연탈락모의 구별, 이발후의 경과일수 등을 알 수 있다(사망후 경과시간×).

② 젊은 층의 모발이 노인이나 어린아이의 모발보다 수질이 많다.

③ 음모, 흉모, 수염 등은 두모(頭毛)에 비하여 광택이 불량하다.

④ 멜라닌 색소의 양이 많으면 흑갈색, 적으면 갈색, 색소가 없으면 흰색의 모발로 관찰된다.

6. 소변 검사방법

① 소변의 색깔은 담황색 또는 황갈색을 띠며, 공기중에 방치되면 색소가 산화되어 색깔이 짙어진다.

② 대체로 성인의 1 일 배출량은 1,000 - 1,600ml 정도이다.

③ 소변으로 마약의 투약여부, 혈액형 감별, 범인에게 어떤 종류의 질병이 있는지 등을 알 수 있다.

④ 소변에서 독물, 약물의 대사 산출물을 검출함으로써 사건의 종류 및 상황을 추정할 수 있다.

7. 대변의 채취요령

감정목적에 따른 채취방법	① 혈액형 감별 : 대변의 표면을 채취한다. ② 섭취한 음식물의 종류 감별 : 대변의 내부를 채취한다. ③ 기생충 감별 : 대분의 각 부분을 조금씩 채취한다.
보관방법	상자에 보관하되, 1 개는 그대로 1 개는 10% 포르말린 용액에 방부처리 한다.
섭취한 음식물 감별	① 육안관찰의 어려움 : 대부분의 소화잔물은 육안으로 음식물의 종류를 식별하기는 어렵다. ② 분변의 일부를 채취하여 거즈에 싸서 물을 통과시키면 세척되어 유형성분이 남게 된다. ③ 배추, 무, 가지 등은 소화가 잘 되지 않아 조직세포의 원형이 그대로 유지된다. ④ 토마로 수박, 참외, 오이, 포도, 깨, 콩 등은 특유한 종자 (씨) 의 형태를 취하고 있다. ⑤ 홍당무, 토마토, 고추 등은 붉은 색의 색소를 그대로 나타내는 특성이 있다.

8. 치 아

① 법치과학 (forensic odontology) : 치아를 연구하고 검사하여 범죄수사에 도움을 주는학문을 법치과학이라고 한다.

② 유치는 모태에 있을 때부터 발생하기 시작하나 생후 6-8 개월부터 맹출되기 시작하며 영구치는 생후 5-6 년경에 맹출되면서 유치의 탈락이 시작된다.

③ 유치와 영구치의 출현형태 , 치근석회화의 진행과정 , 치아의 소모상태 등을 검사하여 연령을 추정할 수 있다.

④ 기타 머리뼈 , 홍채 , 모발 등을 통한 대략적인 연령추정도 가능하나 , 치아검사가 가장 정확하다.

⑤ 일반적으로 남성의 치아는 여성의 치아에 비하여 크고 길다.

⑥ 개인식별 : 만일 생전의 X 선 사진이 있으면 사체의 X 선 사진을 찍어 이와 대조함으로써 쉽게 개인식별을 할 수 있다.

제7절 유전자 감식

1. 유전자지문 감식이 가능한 시료

혈액 , 혈흔 , 정액 및 정액반 , 모근이 있는 모발 , 피부 , 장기 , 뼈 , 치아 , 손톱 등 조직편

2. DNA 분석을 위한 증거물 채취 및 보관요령

(1) 유동혈액은 항응고제인 EDTA 가 들어 있는 시험관에 채혈하여 서늘한 곳에 보존 · 운반하여야 한다.

(2) 혈흔이나 정액반은 증류수를 깨끗한 거즈에 소량 적신 다음 채취 , 그늘에서 건조시켜서 통풍이 잘 되는 규격봉투에 넣어서 신속히 송부한다.

(3) 혈흔이 부패하거나 높은 열에 노출되지 않도록 각별히 주의한다.

(4) 혈흔 예비시험시에 사용되는 루미놀 시약이나 정액반 여부를 검사하는 SM 테스트 시약을 많이 분무하면 유전자 분석에 장애가 되므로 최소량을 사용하는 것이 바람직하다.

(5) 모발의 경우 모근부위를 스카치테이프 등으로 부착하여서는 아니 된다.

(6) 혈흔과 정액반은 건조된 상태에서 냉장고에 보관했을 경우는 1~2 년이 경과해도 DNA 분석이 가능하다.

3. DNA지문 감식에 필요한 시료와 양

혈흔 및 정액반	1cm × 1cm (DNA 증폭실험)
혈액	2ml 이상
모발	3개 이상
인체조직	5g 이상

4. 유전자 감식의 장·단점

장점	단점
㉠ 신뢰도가 극히 높아 강력범죄의 증거로 활용이 용이하다. ㉡ 혈액, 혈흔, 정액, 모발, 타액, 장기, 뼈 등 모든 분비물 및 조직에서 DNA 검출이 가능하고, 이론상 세포로 이루어진 감정물이라면 무엇이든 감식이 가능하고 미량의 시료로도 감식이 가능하다.	㉠ 유전자분야를 전공한 전문 감정가와 고가의 전문 시설이 필요하다. ㉡ 감식기일이 5~20일 정도 소요되어 단시일내에 확인하기 곤란하다.

디엔에이신원확인정보의 이용 및 보호에 관한 법률

제1조(목적) 이 법은 디엔에이신원확인정보의 수집 · 이용 및 보호에 필요한 사항을 정함으로써 범죄수사 및 범죄예방에 이바지하고 국민의 권익을 보호함을 목적으로 한다.

제2조(정의) 이 법에서 사용하는 용어의 뜻은 다음과 같다.

1. "디엔에이"란 생물의 생명현상에 대한 정보가 포함된 화학물질인 디옥시리보 핵산(Deoxyribonucleic acid, DNA)을 말한다.
2. "디엔에이감식시료"란 사람의 혈액, 타액, 모발, 구강점막 등 디엔에이감식의 대상이 되는 것을 말한다.
3. "디엔에이감식"이란 개인 식별을 목적으로 디엔에이 중 유전정보가 포함되어 있지 아니한 특정 염기서열 부분을 검사 · 분석하여 디엔에이신원확인정보를 취득하는 것을 말한다.
4. "디엔에이신원확인정보"란 개인 식별을 목적으로 디엔에이감식을 통하여 취득한 정보로서 일련의 숫자 또는 부호의 조합으로 표기된 것을 말한다.
5. "디엔에이신원확인정보데이터베이스"(이하 "데이터베이스"라 한다)란 이 법에 따라 취득한 디엔에이신원확인정보를 컴퓨터 등 저장매체에 체계적으로 수록한 집합체로서 개별적으로 그 정보에 접근하거나 검색할 수 있도록 한 것을 말한다.

제3조(국가의 책무) ① 국가는 디엔에이감식시료를 채취하고 디엔에이 신원확인정보를 관리하며 이를 이용함에 있어 인간의 존엄성 및 개인의 사생활이 침해되지 아니하도록 필요한 시책을 마련하여야 한다.

② 데이터베이스에 수록되는 디엔에이신원확인정보에는 개인 식별을 위하여 필요한 사항 외의 정보 또는 인적사항이 포함되어서는 아니 된다.

제4조(디엔에이신원확인정보의 사무관장) ① 검찰총장은 제5조에 따라 채취한 디엔에이감식시료로부터 취득한 디엔에이신원확인정보에 관한 사무를 총괄한다.

② 경찰청장은 제6조 및 제7조에 따라 채취한 디엔에이감식시료로부터 취득한 디엔에이신원확인정보에 관한 사무를 총괄한다.

③ 검찰총장 및 경찰청장은 데이터베이스를 서로 연계하여 운영할 수 있다.

제5조(수형인등으로부터의 디엔에이감식시료 채취) ① 검사(군검찰관을 포함한다. 이하 같다)는 다음 각 호의 어느 하나에 해당하는 죄 또는 이와 경합된 죄에 대하여 형의 선고, 「형법」 제59조의2에 따른 보호관찰명령, 「치료감호법」에 따른 치료감호선고, 「소년법」 제32조제1항제9호 또는 제10호에 해당하는 보호처분결정을 받아 확정된 사람(이하 "수형인등"이라 한다)으로부터 디엔에이감식시료를 채취할 수 있다. 다만, 제6조에 따라 디엔에이감식시료를 채취하여 디엔에이신원확인정보가 이미 수록되어 있는 경우는 제외한다. <개정 2010.4.15, 2012.12.18>

1. 「형법」 제2편제13장 방화와 실화의 죄 중 제164조, 제165조, 제166조제1항, 제167조제1항 및 제174조(제164조제1항, 제165조, 제166조제1항의 미수범만 해당한다)의 죄
2. 「형법」 제2편제24장 살인의 죄 중 제250조, 제253조 및 제254조(제251조, 제252조의 미수범은 제외한다)의 죄
3. 「형법」 제2편제31장 약취와 유인의 죄 중 제287조부터 제289조까지와 제292조(제291조의 약취 또는 유인된 자를 수수 또는 은닉한 경우는 제외한다), 제293조 및 제294조[제291조, 제292조(제291조의 약취 또는 유인된 자를 수수 또는 은닉한 경우만 해당한다)의 미수범은 제외한다]의 죄
4. 「형법」 제2편제32장 강간과 추행의 죄 중 제297조부터 제301조까지, 제301조의2, 제302조, 제303조 및 제305조의 죄
5. 「형법」 제2편제38장 절도와 강도의 죄 중 제330조, 제331조, 제332조(제331조의2의 상습범은 제외한다)부터 제342조(제329조, 제331조의2의 미수범은 제외한다)까지의 죄
6. 「폭력행위 등 처벌에 관한 법률」 제2조(같은 조 제2항의 경우는 제외한다), 제3조부터 제5조까지 및 제6조(제2조제2항의 미수범은 제외한다)의 죄
7. 「특정범죄가중처벌 등에 관한 법률」 제5조의2제1항부터 제6항까지, 제5조의4제1항부터 제3항까지 및 제5항, 제5조의5, 제5조의8, 제5조의9 및 제11조의 죄
8. 「성폭력범죄의 처벌 등에 관한 특례법」 제3조부터 제11조까지 및 제15조(제13조의 미수범은 제외한다)

의 죄

9. 「마약류관리에 관한 법률」 제58조부터 제61조까지의 죄

10. 「아동 · 청소년의 성보호에 관한 법률」 제7조 및 제12조부터 제14조까지(제14조제3항의 경우는 제외한다)의 죄

11. 「군형법」 제53조제1항, 제59조제1항, 제66조, 제67조 및 제82조부터 제85조까지의 죄

② 검사는 필요한 경우 교도소 · 구치소 및 그 지소, 소년원, 치료감호시설 등(이하 "수용기관" 이라 한다)의 장에게 디엔에이감식시료의 채취를 위탁할 수 있다.

제6조(구속피의자등으로부터의 디엔에이감식시료 채취) 검사 또는 사법경찰관(군사법경찰관을 포함한다. 이하 같다)은 제5조제1항 각 호의 어느 하나에 해당하는 죄 또는 이와 경합된 죄를 범하여 구속된 피의자 또는 「치료감호법」에 따라 보호구속된 치료감호대상자(이하 "구속피의자등" 이라 한다)로부터 디엔에이감식시료를 채취할 수 있다. 다만, 제5조에 따라 디엔에이감식시료를 채취하여 디엔에이신원확인정보가 이미 수록되어 있는 경우는 제외한다.

제7조(범죄현장등으로부터의 디엔에이감식시료 채취) ① 검사 또는 사법경찰관은 다음 각 호의 어느 하나에 해당하는 것(이하 "범죄현장등" 이라 한다)에서 디엔에이감식시료를 채취할 수 있다.

1. 범죄현장에서 발견된 것
2. 범죄의 피해자 신체의 내 · 외부에서 발견된 것
3. 범죄의 피해자가 피해 당시 착용하거나 소지하고 있던 물건에서 발견된 것
4. 범죄의 실행과 관련된 사람의 신체나 물건의 내 · 외부 또는 범죄의 실행과 관련한 장소에서 발견된 것

② 제1항에 따라 채취한 디엔에이감식시료에서 얻은 디엔에이신원확인정보는 그 신원이 밝혀지지 아니한 것에 한정하여 데이터베이스에 수록할 수 있다.

제8조(디엔에이감식시료채취영장) ① 검사는 관할 지방법원 판사(군판사를 포함한다. 이하 같다)에게 청구하여 발부받은 영장에 의하여 제5조 또는 제6조에 따른 디엔에이감식시료의 채취대상자로부터 디엔에이감식시료를 채취할 수 있다.

② 사법경찰관은 검사에게 신청하여 검사의 청구로 관할 지방법원판사가 발부한 영장에 의하여 제6조에 따른 디엔에이감식시료의 채취대상자로부터 디엔에이감식시료를 채취할 수 있다.

③ 제1항과 제2항의 채취대상자가 동의하는 경우에는 영장 없이 디엔에이감식시료를 채취할 수 있다. 이 경우 미리 채취대상자에게 채취를 거부할 수 있음을 고지하고 서면으로 동의를 받아야 한다.

④ 제1항 및 제2항에 따라 디엔에이감식시료를 채취하기 위한 영장(이하 "디엔에이감식시료채취영장" 이라 한다)을 청구할 때에는 채취대상자의 성명, 주소, 청구이유, 채취할 시료의 종류 및 방법, 채취할 장소 등을 기재한 청구서를 제출하여야 하며, 청구이유에 대한 소명자료를 첨부하여야 한다.

⑤ 디엔에이감식시료채취영장에는 대상자의 성명, 주소, 채취할 시료의 종류 및 방법, 채취할 장소, 유효기간과 그 기간을 경과하면 집행에 착수하지 못하며 영장을 반환하여야 한다는 취지를 적고 지방법원판사가 서명날인하여야 한다.

⑥ 디엔에이감식시료채취영장은 검사의 지휘에 의하여 사법경찰관리가 집행한다. 다만, 수용기관에 수용되어 있는 사람에 대한 디엔에이감식시료채취영장은 검사의 지휘에 의하여 수용기관 소속 공무원이 행할 수 있다.

⑦ 검사는 필요에 따라 관할구역 밖에서 디엔에이감식시료채취영장의 집행을 직접 지휘하거나 해당 관할구역의 검사에게 집행지휘를 촉탁할 수 있다.

⑧ 디엔에이감식시료를 채취할 때에는 채취대상자에게 미리 디엔에이감식시료의 채취 이유, 채취할 시료의 종류 및 방법을 고지하여야 한다.

⑨ 디엔에이감식시료채취영장에 의한 디엔에이감식시료의 채취에 관하여는 「형사소송법」 제116조, 제118조, 제124조부터 제126조까지 및 제131조를 준용한다.

제9조(디엔에이감식시료의 채취 방법) ① 제5조 및 제6조에 따라 디엔에이감식시료를 채취할 때에는 구강점막에서의 채취 등 채취대상자의 신체나 명예에 대한 침해를 최소화하는 방법을 사용하여야 한다.

② 디엔에이감식시료의 채취 방법 및 관리에 관하여 필요한 사항은 대통령령으로 정한다.

제10조(디엔에이신원확인정보의 수록 등) ① 검찰총장 및 경찰청장은 다음 각 호의 업무를 대통령령으로 정하는 사람이나 기관(이하 "디엔에이신원확인정보담당자" 라 한다)에 위임 또는 위탁할 수 있다.

1. 제5조부터 제9조까지의 규정에 따라 채취된 디엔에이감식시료의 감식 및 데이터베이스에의 디엔에이신원확인정보의 수록
2. 데이터베이스의 관리
② 디엔에이신원확인정보담당자에 대한 위임 또는 위탁, 디엔에이감식업무, 디엔에이신원확인정보의 수록 및 관리 등에 관하여 필요한 사항은 대통령령으로 정한다.

제11조(디엔에이신원확인정보의 검색 · 회보) ① 디엔에이신원확인정보담당자는 다음 각 호의 어느 하나에 해당하는 경우에 디엔에이신원확인정보를 검색하거나 그 결과를 회보할 수 있다.
1. 데이터베이스에 새로운 디엔에이신원확인정보를 수록하는 경우
2. 검사 또는 사법경찰관이 범죄수사 또는 변사자 신원확인을 위하여 요청하는 경우
3. 법원(군사법원을 포함한다. 이하 같다)이 형사재판에서 사실조회를 하는 경우
4. 데이터베이스 상호간의 대조를 위하여 필요한 경우
② 디엔에이신원확인정보담당자는 제1항에 따라 디엔에이신원확인정보의 검색결과를 회보하는 때에는 그 용도, 작성자, 조회자의 성명 및 작성 일시를 명시하여야 한다.
③ 디엔에이신원확인정보의 검색 및 검색결과의 회보 절차에 관하여 필요한 사항은 대통령령으로 정한다.

제12조(디엔에이감식시료의 폐기) ① 디엔에이신원확인정보담당자가 디엔에이신원확인정보를 데이터베이스에 수록한 때에는 제5조 및 제6조에 따라 채취된 디엔에이감식시료와 그로부터 추출한 디엔에이를 지체 없이 폐기하여야 한다.
② 디엔에이감식시료와 그로부터 추출한 디엔에이의 폐기 방법 및 절차에 관하여 필요한 사항은 대통령령으로 정한다.

제13조(디엔에이신원확인정보의 삭제) ① 디엔에이신원확인정보담당자는 수형인등이 재심에서 무죄, 면소, 공소기각 판결 또는 공소기각 결정이 확정된 경우에는 직권 또는 본인의 신청에 의하여 제5조에 따라 채취되어 데이터베이스에 수록된 디엔에이신원확인정보를 삭제하여야 한다.
② 디엔에이신원확인정보담당자는 구속피의자등이 다음 각 호의 어느 하나에 해당하는 경우에는 직권 또는 본인의 신청에 의하여 제6조에 따라 채취되어 데이터베이스에 수록된 디엔에이신원확인정보를 삭제하여야 한다.
1. 검사의 혐의없음, 죄가안됨 또는 공소권없음의 처분이 있거나, 제5조제1항 각 호의 범죄로 구속된 피의자의 죄명이 수사 또는 재판 중에 같은 항 각 호 외의 죄명으로 변경되는 경우. 다만, 죄가안됨 처분을 하면서 「치료감호법」 제7조제1호에 따라 치료감호의 독립청구를 하는 경우는 제외한다.
2. 법원의 무죄 , 면소, 공소기각 판결 또는 공소기각 결정이 확정된 경우. 다만, 무죄 판결을 하면서 치료감호를 선고하는 경우는 제외한다.
3. 법원의 「치료감호법」 제7조제1호에 따른 치료감호의 독립청구에 대한 청구기각 판결이 확정된 경우
③ 디엔에이신원확인정보담당자는 수형인등 또는 구속피의자등이 사망한 경우에는 제5조 또는 제6조에 따라 채취되어 데이터베이스에 수록된 디엔에이신원확인정보를 직권 또는 친족의 신청에 의하여 삭제하여야 한다.
④ 디엔에이신원확인정보담당자는 제7조에 따라 채취되어 데이터베이스에 수록된 디엔에이신원확인정보에 관하여 그 신원이 밝혀지는 등의 사유로 더 이상 보존 · 관리가 필요하지 아니한 경우에는 직권 또는 본인의 신청에 의하여 그 디엔에이신원확인정보를 삭제하여야 한다.
⑤ 디엔에이신원확인정보담당자는 제1항부터 제4항까지의 규정에 따라 디엔에이신원확인정보를 삭제한 경우에는 30일 이내에 본인 또는 신청인에게 그 사실을 통지하여야 한다.
⑥ 디엔에이신원확인정보의 삭제 방법, 절차 및 통지에 관하여 필요한 사항은 대통령령으로 정한다.

제14조(디엔에이신원확인정보데이터베이스관리위원회) ① 데이터베이스의 관리 · 운영에 관한 다음 각 호의 사항을 심의하기 위하여 국무총리 소속으로 디엔에이신원확인정보데이터베이스관리위원회(이하 "위원회"라 한다)를 둔다.
1. 디엔에이감식시료의 수집, 운반, 보관 및 폐기에 관한 사항
2. 디엔에이감식의 방법, 절차 및 감식기술의 표준화에 관한 사항
3. 디엔에이신원확인정보의 표기, 데이터베이스 수록 및 삭제에 관한 사항

4. 그 밖에 대통령령으로 정하는 사항
② 위원회는 위원장 1명을 포함한 7명 이상 9명 이하의 위원으로 구성한다.
③ 위원은 다음 각 호의 어느 하나에 해당하는 사람 중에서 국무총리가 위촉하며, 위원장은 국무총리가 위원 중에서 지명한다.
1. 5급 이상 공무원(고위공무원단에 속하는 일반직공무원을 포함한다) 또는 이에 상당하는 공공기관의 직에 있거나 있었던 사람으로서 디엔에이와 관련한 업무에 종사한 경험이 있는 사람
2. 대학이나 공인된 연구기관에서 부교수급 이상 또는 이에 상당하는 직에 있거나 있었던 사람으로서 생명과학 또는 의학 분야에서 전문지식과 연구경험이 풍부한 사람
3. 그 밖에 윤리학계, 사회과학계, 법조계 또는 언론계 등 분야에서 학식과 경험이 풍부한 사람
④ 위원의 임기는 3년으로 한다.
⑤ 위원회는 제1항 각 호 사항의 심의에 필요하다고 인정하는 때에는 검찰총장 및 경찰청장에게 관련 자료의 제출을 요청할 수 있고, 디엔에이신원확인정보담당자 등을 위원회의 회의에 참석하게 하여 의견을 들을 수 있다.
⑥ 위원회는 제1항 각 호의 사항을 심의하여 검찰총장 또는 경찰청장에게 의견을 제시할 수 있다.
⑦ 제1항부터 제6항까지에서 규정한 사항 외에 위원회의 구성과 운영 등에 필요한 사항은 대통령령으로 정한다.

제15조(업무목적 외 사용 등의 금지) 디엔에이신원확인정보담당자는 업무상 취득한 디엔에이감식시료 또는 디엔에이신원확인정보를 업무목적 외에 사용하거나 타인에게 제공 또는 누설하여서는 아니 된다.

제16조(벌칙 적용 시 공무원 의제) 디엔에이신원확인정보담당자 중 공무원이 아닌 사람은 「형법」 이나 그 밖의 법률에 따른 벌칙을 적용할 때에는 공무원으로 본다.

제17조(벌칙) ① 디엔에이신원확인정보를 거짓으로 작성하거나 변개(變改)한 사람은 7년 이하의 징역 또는 2천만원 이하의 벌금에 처한다.
② 이 법에 따라 채취한 디엔에이감식시료를 인멸, 은닉 또는 손상하거나 그 밖의 방법으로 그 효용을 해친 사람은 5년 이하의 징역 또는 700만원 이하의 벌금에 처한다.
③ 제15조를 위반하여 디엔에이감식시료 또는 디엔에이신원확인정보를 업무목적 외에 사용하거나 타인에게 제공 또는 누설한 사람은 3년 이하의 징역 또는 5년 이하의 자격정지에 처한다.
④ 다음 각 호의 어느 하나에 해당하는 사람은 2년 이하의 징역 또는 500만원 이하의 벌금에 처한다.
1. 거짓이나 그 밖의 부정한 방법으로 디엔에이신원확인정보를 열람하거나 제공받은 사람
2. 제11조에 따라 회보된 디엔에이신원확인정보를 업무목적 외에 사용하거나 타인에게 제공 또는 누설한 사람
⑤ 디엔에이신원확인정보담당자가 정당한 사유 없이 제12조 또는 제13조를 위반하여 디엔에이감식시료와 추출한 디엔에이를 폐기하지 아니하거나 디엔에이신원확인정보를 삭제하지 아니한 때에는 1년 이하의 징역이나 금고 또는 3년 이하의 자격정지에 처한다.

부칙 <제9944호,2010.1.25>

제1조(시행일) 이 법은 공포 후 6개월이 경과한 날부터 시행한다.

제2조(수형자등 및 구속피의자등의 디엔에이신원확인정보 수록에 관한 적용례) ① 제5조는 이 법 시행 당시 제5조제1항 각 호의 어느 하나에 해당하는 죄 또는 이와 경합된 죄로 징역이나 금고 이상의 실형을 선고받아 그 형이 확정되어 수용 중인 사람, 「치료감호법」에 따른 치료감호선고 또는 「소년법」 제32조제1항 제9호 또는 제10호에 해당하는 보호처분결정을 받아 치료감호시설이나 소년원에 수용 중인 사람에 대하여도 적용한다.
② 제6조는 이 법 시행 당시 제5조제1항 각 호의 어느 하나에 해당하는 죄 또는 이와 경합된 죄를 범하여 구속된 피의자 또는 「치료감호법」에 따라 보호구속된 치료감호대상자에 대하여도 적용한다.

제3조(범죄현장등의 디엔에이신원확인정보 수록에 관한 적용례) 제7조는 이 법 시행 전에 검사 또는 사법경찰관이 범죄현장등으로부터 취득하여 보관하고 있는 디엔에이신원확인정보에 대하여도 적용한다.

부칙(성폭력범죄의 처벌 등에 관한 특례법) <제10258호,2010.4.15>

제1조(시행일) 이 법은 공포한 날부터 시행한다. <단서 생략>
제2조부터 제4조까지 생략
제5조(다른 법률의 개정) ①부터 ⑤까지 생략
⑥ 디엔에이신원확인정보의 이용 및 보호에 관한 법률 일부를 다음과 같이 개정한다.
제5조제1항제8호를 다음과 같이 한다.
8. 「성폭력범죄의 처벌 등에 관한 특례법」 제3조부터 제11조까지 및 제14조(제13조의 미수범은 제외한다)의 죄
⑦부터 ⑮까지 생략
제6조 생략

부칙(성폭력범죄의 처벌 등에 관한 특례법) <제11556호,2012.12.18>

제1조(시행일) 이 법은 공포 후 6개월이 경과한 날부터 시행한다. <단서 생략>
제2조부터 제9조까지 생략
제10조(다른 법률의 개정) ①부터 ④까지 생략
⑤ 디엔에이신원확인정보의 이용 및 보호에 관한 법률 일부를 다음과 같이 개정한다.
제5조제1항제8호 중 "제14조"를 "제15조"로 한다.
⑥부터 ⑮까지 생략

부칙(아동 · 청소년의 성보호에 관한 법률) <제11572호,2012.12.18>

제1조(시행일) 이 법은 공포 후 6개월이 경과한 날부터 시행한다.
제2조부터 제9조까지 생략
제10조(다른 법률의 개정) ① 및 ② 생략
③ 디엔에이신원확인정보의 이용 및 보호에 관한 법률 일부를 다음과 같이 개정한다.
제5조제1항제10호 중 "「아동 · 청소년의 성보호에 관한 법률」 제7조, 제9조, 제10조 및 제11조(같은 조 제3항의 경우는 제외한다)"를 "「아동 · 청소년의 성보호에 관한 법률」 제7조 및 제12조부터 제14조까지(제14조제3항의 경우는 제외한다)"로 한다.
④부터 ⑨까지 생략

제8절 거짓말 탐지기 수사

1. 의 의

용의자를 대상으로 거짓말 탐지기를 이용하여 허위진술시 혈압, 맥박, 호흡의 변화상태 등을 기록하여 진술의 진위발견을 행하는 수사를 말한다.

2. 거짓말 탐지기의 대상

피의자, 피내사자, 중요 참고인 기타 수사사항에 대하여 알고 있거나 관련되어 있다고 믿을 만한 상당한 이유가 있는 자 등 모든 사람이 거짓말탐지기 수사대상이 될 수 있다 다음에 해당하는 경우에는 배제되어야 한다.

(1) 피검사자가 과도한 신경과민상태, 정신병적인 질환자, 정신적·육체적인 면이 비정상적인 자(구타, 수면부족, 설사병 등), 장기수사로 인한 노이로제 상태인 자, 취급중인 사건 이외에 다른 잡념이 많은 자, 장기수사로 체념 상태에 있는 자, 임신부 등은 검사결과를 신빙할 수 없으므로 무용한 검사가 된다.

(2) 위에 해당하지 아니하는 피검사자라 하더라도 검사 24시간 전에 향정신성의약품을 복 용한 경우에도 검사 결과를 신임할 수 없다.

3. 증거능력

학 설	거짓말탐지기의 시험결과 및 그 보고서의 증거능력에 관하여 학설은 긍정설로 보고 있다.
판 례	거짓말 검사가 피검사자의 동의에 의하여 행하여진 경우에도 고 검사결과의 정확성이 보증되지 않는 한 증거능력을 인정할 수 없다' 는 견해를 취하고 있다.

4. 검사의 효용

(1) 진술의 진위판탄

(2) 수사의 방향설정

(3) 용의자의 범위 축소

(4) 상반되는 전술의 비교확인

(5) 증거 및 단서수집

(6) 기 타

자백의 기회부여 및 수사의 방향전환, 용의자들의 심문자료, 구속영장신청자료, 가까운 친인척의 사건관련 진위의 규명 등이 효용이 있다.

5. 검사 절차

검사준비	검사를 하기전에 기기점검·질문서작성·피검사자의 건강·병력·동의서 등을 확인·검토하여 정확한 검사가 이루어질 수 있도록 해야 하고 임의성을 확보해야 한다.
면 담	1) 본검사에 들어가기 전 30~40분에 걸쳐 면담을 하게 되는데 면담의 목적은 진실한 피검사자에게는 불안감을 제거하여 안정시킨다. 2) 거짓말을 하는 피검사자에게는 검사를 받게 되면 거짓이 발각될 불안감을 조성시키는 데 있다.
본검사	검사의 타당도와 신뢰도를 위하여 통일한 질문내용을 3회이상 질문하여야 한다.
차트해석	호흡의 홀딩변화, 피부의 말안장변화, 맥박(혈압)의 상승변화 등 거짓반응형태를 분 석·판독하게 한다.
결과통보	1) 검사결과는 의뢰관서에 진실반응·거짓반응·판단불능 등의 여부를 통보하여야 한다. 2) 이때 검사자에게는 그 결과를 알려주어서는 안 된다.

6. 검사 종류

(1) 일반검사

① 피검사자가 부인하는 진술의 진위여부를 자료 없이 반복확인하는 검사이다.

② 검사하고자 하는 사건의 개요와 진술조서를 첨부하여 의뢰하면 된다.

(2) 자료검사

① 관련사건에 대해 피검사자에게 공개되지 않은 유형·무형의 자료가 있을 때 실시한다.

② 이 자료를 이용하여 피검사자의 범행관련 여부를 알아내는 검사법으로서 일반검사 후 자료가 있는 경우 병행하게 된다.

③ 자료검사에는 다음과 같이 유형·무형의 자료검사로 구분하여 조사한다.

유형의 자료검사	(a) 범행에 사용된 흉기, 피해품 종류 등 범행현장에 유류된 물건 등을 나열하여 하는 검사 (b) 범행현장유류품과 같은 종류의 색깔, 크기, 모양 등 다른 자료를 5-6개 준비하여 검사자료로 쓰일 수 있도록 제공한다. (c) 검사에 이용되는 다료는 피검사자가 확실하게 기억하고 있는 것이어야 한다. (d) 검사에 사용될 자료는 발견자 이외의 다른 사람이 더 이상 알지 못하도록 비밀을

	유지한다.
무형의 자료검사	(a) 범인의 수(1명,2명,3명...), 은닉장소(사무실, 집, 은행...), 범행에 사용된 공기총 횟수(1발,2발,3발...)등을 알기 위한 검사이다. (b) 별도의 준비자료 없이 단어를 열거하여 하는 검사로 일반검사와 같은 요령으로 의뢰하면 된다.

7. 유의사항

검사에 사용되는 자료가 피검사자에게 공개된 것이라면 피검사 자가 사건관련 질문에 대하여 의식하게 되기 때문에 내용이 공개된 유형 · 무형의 자료는 검사자료로서 활용될 수 없으므로, 검사에 사용될 자료는 발견 자 이외의 다른 사람이 더 이상 알지 못하도록 비밀을 유지해야 한다.

제9절 화학적 감정

1. 개념

화학적 감정이란 각종 폭발물 사건, 테러 사건, 가스 중독사건, 본드류 흡입사건, 비소·수은 중독사건, 폐수오염 여부, 음주 운전 등 다양한 범죄가 발생하였을 경우 증거제시 및 사건의 공정한 해결을 위하여 자연과학의 지식을 응용하는 감정방법을 말한다.

2. 화학적 감정 대상

유해화학물질	화학물질	원소와 화학반응에 의하여 생성되는 물질
	유독물	유독물은 삶의 건강에 또는 환경에 위해를 미칠 독성이 있는 화학물질
환경오염 물질류	환경오염 물질류는 각종 산업체에서 배출되는 폐수 및 폐기물에 의한 농작물 및 양어장의 피해 여부나, 상수도원의 오염여부 및 폐기물의 종류 · 성분 경우에 화학적 감정의 대상이 된다.	
폭발성 물질류	폭발성 물질류에는 고성능폭약류, 저성능폭약류, 뇌관화약류, 산업용폭약류, 화학가스이다.	

3. 유해화학물질 중독증상

일산화탄소 (carbon monoxide)	일산화탄소는 혈액중의 헤모글로빈과 결합하는 힘이 산소보다 약 210배가 강하므로 미량에서도 헤모글로빈과 결합하여 CO-Hb를 형성하므로 혈액의 산소운동능력을 저하시켜 조직내 산소결핍을 초래하게 된다.
프로판 가스	프로판가스를 액상에 접촉시 화상 또는 동상의 위험이 있으며 고농도 폭로시 기능장애(마취성)가 있으며 산소분압이 낮아져 질식성 장애를 일으키게 된다.
메틸알코올 (methyl alcohol)	메틸알코올(methyl alcohol)중독 증상은 생체내에서 산화되어 독성이 강한 개미산 등으로 변하여 시력장애 및 실명이 되게 한다.
에틸알코올 (ethyl alcohol)	에틸알코올(ethyl alcohol)의 치사량(LD50)은 0.5%이며 호흡억제로 사망한다.
청산류 (hydrogen cyanide)	청산류(hydrogen cyanide)중독 증상은 세포내 산화환원기능에 장애를 가져와 호흡마비로 인하여 사망한다.

4. 화학적 감정의 활용

(1) 음주운전자의 혈중알코올 농도 측정

(2) 비소, 수은 중독사건

(3) 본드, 부탄가스 등 흡입사건

(4) 청산가리, 쥐약 음용 자살사건

(5) LPG, LNG, 일산화탄소 중독사건

(6) 폭발사건에서 폭약의 종류감별

(7) 각종 폐수 오염여부

5. 유해물질 중독사건 시료 채취량과 보존 방법

(1) 소화관 내용물(4℃보존) : 위 내용물 및 위 세척액 약 100g 정도 채취

(2) 혈액(4℃보존) : 오염되지 않은 순환 혈액 50ml 이상 채취

(3) 뇨(동결보존) : 전량채취

(4) 간장(동결보존)

(5) 뇌(동결보존)

(6) 신장(동결보존)

6. 각종 사건·사고 감정시 가장 적합한 증거물

(1) 비소·수은 등의 중독사건 : 모발 및 손톱

(2) 폭발사건 : 폭발생성물, 잔사, 폭심 부근 토양, 파편 표면의 부착 잔사

(3) 환경폐기물류 : 폐기물 잔여량, 주변 토양

(4) 연탄가스 흡입사건 : 신선한 심장 혈액, 폐

(5) 본드류 흡입사건 : 혈액

(6) 음주운전사건 : 유동혈액(냉동보관)

(7) 환경오염사건 : 폐수 4L

(8) 농약류 사고

① 현장에 유류된 농약병이 표기된 라벨 등도 반드시 수집한다.

② 양어장이나 음용수에 농약이 살포된 경우 오염되지 않은 유리병이나 플라스틱 병에 충분량(100ml)의 물을 채취하며, 물고기를 채취할 경우 물고기의 내장이나 아가미를 채취한다.

제10절 의약품 감정

1. 의약품 감정의 종류

종류	내 용
의약품	1) 대한약전에 수재된 것으로서 위생용품이 아닌 것 2) 사람 또는 동물의 질병의 진단, 치료, 경감, 처치 또는 예방의 목적으로 사용되는 것으로 기구, 기계(치과재료, 의료용품 및 위생용품을 포함한다.)가 아닌 것 3) 사람 또는 동물의 구조, 기능의 영리학적영향을 주기 위한 목적으로 사용되는 것으로서 기구, 기계가 아닌 것(화장품을 제외한다.)
의약부외품	1) 구취 또는 채취의 방지 2) 탈모의 방지 또는 양모 3) 사람이나 동물의 보건을 위해 사용되는 파리, 모기 등의 구제 또는 방지 4) 인체에 대한 작용이 경미한 염료

	5) 위생상의 용도에 제공되는 선류(지선류를 포함한다) 등의 목적을 가지고 인체에 대한 작용이 경미하며 기구 또는 기계가 아닌 것과 이와 유사한 것으로서 보건사회부장관이 지정하는 것을 말한다.
한약	동물·식물 또는 광물에서 채취된 것으로서 주로 원형대로 건조 또는 정제된 생약을 말한다.
화장품	인체를 청결 또는 미화하기 위하여 도찰, 살포 기타 이와 유사한 방법으로 사용되는 물품으로서 인체에 대한 작용이 경미한 것을 말한다.
의료용구	사람 또는 동물의 질병의 진단, 경감, 처치 또는 예방의 목적에 사용되는 것과 사람 또는 동물의 구조기능에 영향을 주기 위한 목적으로 사용되는 기구 또는 기계 장치로서 보건사회부장관이 지정하는 것을 말한다.
위생용품	사람 또는 동물의 질병의 경감, 처치 또는 예방의 목적에 사용되는 섬유, 고무제품 또는 이와 유사한 물품을 말한다.

2. 약품의 구분

(1) 사용량

상용량(常用量)	치료의 목적으로 사용하는 보통량으로 일반적으로 극량의 1/3이다.
극량	위험성이 없이 사용할 수 있는 최대량
중독량(中毒量)	중독상태를 나타내는 최소량
치사량(致死量)	죽음에 이르는 최소량

(2) 종류

보통약	극량과 중독량의 차이가 많은 약품
독약	극량과 차이가 적은 약품
극약(劇藥)	독약보다 독성이 약한 약품

(3) 대상

① 의약품류(로라제팝 디아제팝 등의 신경안정제, 독실아민 등의 수면제)

② 복어독, 농약류, 독성한약

③ 고가한약재, 주류, 천연식품의 진위여부 등

④ 마취제류(에테르, 클로로포름)

3. 독극물 분류

종류	증 상	독 물
부식독(腐蝕毒)	조직에 접촉되면 특히, 단백질을 괴사시켜 국소적인 부식을 초래하는 독물	산(황산, 염산, 질산, 초산 등)과 알칼리(NaCl, KCl 등)
실질독(實質毒)	속찬기관의 세포에 침범해 대사(代謝)를 장애하고 여러 가지 조직실질의 변성괴사를 일으킴	수은, 승홍(昇汞), 아비산(亞砒酸), 황인(黃燐)
효소독(酵素毒)	특이한 효소계에 특이적으로 작용(ATP생성 저해 등)하는 독물	유기인제류(parathion 등) 황화수소
혈액독(血液毒)	체내에 흡수되어 혈액 중 헤모글로빈과 결합하여 두통, 현기증, 구토, 안면홍조, 호흡곤란, 체온강하, 경련, 의식불명 등의 증상을 거쳐 내부 질식으로 사망한다.	청산, 청산가리, 청산소다, CO 유화수소
신경독(神經毒)	신경계, 특히 중추신경계의 기능을 장애하는 독물	알코올, 클로로포름, akaloid류, 복어독

〈식중독의 원인균과 오염원〉

세 균	오염원
장염비브리오	전갱이, 오징어, 낙지
살모넬라	쥐, 애완용동물
캄필로박터	닭, 소

4. 감정 대상

(1) 자살 또는 타살의 목적으로 사용되는 의약품

로라제팜, 디아제팜 등의 신경안정제들은 거의 대부분이 향정신성의약품으로 지정되어 있고, 수면제 중 독실아민은 쉽게 구할 수 있는 것으로서 이것들을 다량복용하고 사망한 예가 많이 있다.

(2) 강도 또는 강간에 사용되는 약품

최근 드링크제나 오렌지주스 등에 수면제나 신경안정제 같은 약물을 타서 피해자에게 마시게 하여 정신을 잃게 한 후 금품을 강취하거나 강간하는 등의 사건이 발생한다.

(3) 고가 한약재(생약)의 진위판별

① 고가 한약재(생약)에는 웅담, 사향, 녹용 등이 있다.

웅담(곰쓸개)에는 우르소데옥시콜린산이라는 담즙산이 함유되어 있으며, 저담(돼지 쓸개)에는 히오데옥시콜린산이 함유되어 있고, 우담(소쓸개)에는 데옥시콜린산이 다른 쓸개보다 많이 함유되어 진품을 구별할 수 있다.

(4) 독성 한약재(생약)의 확인

독성 한약재에는 부자(천오두, 초오), 스코폴리아근(랑탕근, 미치광이풀), 호미카(마전자) 등의 알칼로이드 함유식물들이 있다.

(5) 복어독으로 의뢰되는 사건

① 복어의 알이나 내장 중에 있는 테트로도톡신이라는 성분은 독성이 매우 강하여 미량만 먹어도 사망에 이르는 물질이다.

② 생체 시료 중 복어독의 확인은 위 내용물을 산으로 처리한 에틸알코올로 추출한 후 단백질, 지방 등을 제거하여 시료를 정제한 다음 쥐에게 주사하여 판정한다.

(6) 식품 및 한약재 중 잔류농약의 검출

식품 중에서는 콩나물 재배시 부패 및 변질을 막기 위해 불법으로 농약(Benzimidazole계)을 사용하고 있는데, 농약의 검출방법을 개발하여 콩나물 중 미량의 농약성분(Carbendazim)을 검출하는 데에 적용하고 있다.

5. 감정물 채취요령

(1) 자·타살 사건의 경우

① 피해자의 중독증상을 본 사람의 증언, 부검소견, 사건개요 등을 감정인에게 알려 준다.

② 사건 현장에서는 음독약물이나 음식물의 잔여품, 구토물, 용기, 약포장지 등 독물이 함유 또는 부착되었을 것으로 사료되는 모든 물건을 채취토록 한다.

③ 사체 부검결과 중독사의 혐의가 있을 경우 채취하여야 할 감정물

위 내용물, 뇨	전량
혈 액	100g 이상
간, 비장, 신장	각 100g 이상
십이지장, 소장 내용물, 뇌 및 심장	일부

④ 감정 목적이 약물, 독물, 일산화탄소 등의 가스 중독사 여부나 주취 정도를 측정할 경우 감정물에 어떠한 물질도 첨가해서는 안 된다.

⑤ 매장되었던 사체에서 채취할 경우 관의 내부에 칠한 페인트류, 관의 외측 위·아래의 흙 등도 대조 시험용으로 채취한다.

(2) 사고로 인한 중독 또는 치사사건의 경우

① 자타살사건의 증거물 이외에 피해자가 복용하였던 시판음식물, 청량음료, 주류, 의약품, 식품 첨가물, 화공약품, 농약류 및 쥐약 등도 수집하여야 한다.

② 의료 및 약화사고 시비사건의 경우에는 치료에 사용되었던 모든 조제약, 주사약, 수액세트, 주사기 등과 조제약에 대한 처방전을 함께 송부한다.

(3) 수면제 및 마취제류의 경우

① 에테르·클로로포름 등과 같은 흡입마취제류는 휘발성이 매우 강하므로 이들이 묻어 있는 탈지면, 수건 또는 사용하였던 용기류 등은 반드시 밀폐용기에 넣고 포장한다.

② 마취범죄와 관련된 주스캔, 요구르트 병, 드링크제류, 빨대, 먹다 남은 비스켓류 등을 채취하여 적은 양이라도 소실되거나 오염되지 않도록 포장하여 송부한다.

(4) 가스중독사의 경우

① 피해자의 혈액, 뇨, 뇌 및 사건현장 주위의 공기를 비닐봉지 등에 채취하여야 하며, 가스의 발생요인이 될 수 있는 물질도 수집하여야 한다.

② 일산화탄소 중독사의 경우 가장 좋은 시료는 혈액이다.

(5) 한약재류에 의한 중독 및 중독사의 경우

치료에 사용된 한약재, 사용용기, 한약 등을 채취하고, 한약재 처방전도 함께 송부한다.

(6) 고가 한약재의 진위여부

웅담, 우황, 사향, 녹용 등의 진위여부는 충분량의 시료(약 200g)와 진품을 함께 송부한다.

(7) 복어 중독의 감정

복어의 알이나 내장 모두를 채취하고 사망자의 위내용물(전부), 혈액(200g 이상), 뇨(전량)를 채취하여 송부한다.

(8) 불량식품류의 감정

충분한 시료를 수집하고 해당 식품의 일반성분 분석표를 같이 송부하여야 하며, 불량식품 제조과정에서 사용한 각종 첨가물을 수집하여 표기하고 각각 포장하여 송부한다.

(9) 주류 및 청량음료 등의 감정

주류 및 청량음료 등의 유해성 여부 및 진위여부를 감정·의뢰코자 할 때에는 반드시 완전 포장된 진품을 함께 의뢰한다.

(10) 천연식품의 진위여부

벌꿀, 참기름, 고춧가루 등의 진위여부는 충분량의 시료(200g)와 진품을 동시에 송부한다.

제11절 마약류 감정

1. 마약류의 종류별 분석시약

(1) 아큐사인

① 구성 : 시약이 함유된 백색의 키트로서 샘플윈도우 (S) 와 시험띠 (T) 및 비교띠 (C) 로 구성되어 있다.

② 감정대상마약류 : 메스암페타민 (필로폰), 대마초 , 코카인 , 아편류

③ 감정 방법 : 비교띠 (C) 부분을 소변에 접촉시킨다.

④ 판단방법

양성	비교띠 (C) 에만 붉은색 띠 (1 줄) 가 나타나면 양성으로 판독
음성	비교띠 (C) 와 시험띠 (T) 모두에 붉은색 띠 (2 줄) 가 나타나면 음성
재시험	비교띠 (C) 가 전혀 현출되지 않는 경우에는 실패한 것으로 보고 , 재시험을 실시

(2) 자외선분광도법

① 감정대상마약류 : LSD

② 감정방법 : LSD 를 자외선에 쪼이면 푸른 형광색을 나타낸다.

③ 주의할 점 : LSD 는 채취 후 반드시 광차단용기에 보관해야 한다.

(3) T.B.P.E 시약

① 감정대상마약류 : 메스암페타민 (필로폰)

② 감정방법 : 뇨 3~5m1 에 T.B.P.E 시약을 약 0.5m1 를 가한다.

③ 판단방법

양성	적자색 발현
음성	황색 또는 녹색 발현

④ 주의할 점 : 김치, 감기약, 커피 등에서도 양성반응이 나올 수 있다.

(4) 듀퀘노이스 시약

① 감정대상마약류 : 대마초

② 감정방법 : 대마초에 듀퀘노이스 시약을 가하면 청색, 진청색, 자색으로 변한다.

③ 주의할 점 : 커피, 파즐리유(油) 등에도 반응한다.

(5) 마퀴스 시약

① 감정대상마약류 : 모르핀, 코데인, 코데인 등 알카로이드류

② 감정방법 : 모르핀, 코데인, 코데인 등 알카로이드류에 마퀴스 시약을 가하면 처음에는 붉은색(홍자색)을 띠다가 청색으로 변한다.

(6) 가스 크로마코 크래띠 : 본드, 부탄가스에 대한 분석법이다.

2. 주요 마약류의 증거물 채취방법

(1) 앙귀비

열매부위가 가장 함량이 높으므로 될 수 있으면 열매가 있는 전초를 채취하며 열매가 없을 경우 다른 부위를 채취한다.

(2) 생체 시료

생체시료의 대상 : 마약류감정에 이용되는 생체시료로는 소변, 혈액, 모발, 손톱, 발톱, 땀, 타액 등이 있는데, 뇨가 가장 적당하다.

<table>
<tr><td>뇨</td><td>마약류별 뇨의 채취시간
<table>
<tr><td>24시간 이내</td><td>메스칼린</td></tr>
<tr><td>40시간 이내</td><td>헤로인</td></tr>
<tr><td>48시간 이내</td><td>페치딘, 메사돈, LSD</td></tr>
<tr><td>72시간 이내</td><td>생아편, 모르핀, 대마</td></tr>
</table>
• 뇨의 채취전 주의사항
모든 음식물을 금지하는 것이 아니라, 이뇨작용이 있는 맥주, 콜라, 커피 등의 복용을 금지 시킨다.
• 뇨의 채취량 : 채취할 뇨의 양은 여러 가지 검사(마약, 환각제, 대마 등)가 필요한 경우 30ml 이상을 송부해야 한다.</td></tr>
<tr><td>머리카락</td><td>① 감정가능 마약류 : 모발감정은 기술상의 이유로 필로폰투약 및 MDMA(엑스터시) 투약</td></tr>
</table>

	혐의자에 대해서만 감정이 가능하다. ② 모발감정의 이점 ㉮ 모발은 1 개월에 1cm 정도 성장하므로 6~9 개월 정도가 경과되어도 감정이 가능하다. ㉯ 모발의 감정을 통하여 투약시기의 추정이 가능하다.

제12절 법물리학

1. 흔적을 통한 동일 여부 감정

(1) 흔적의 종류

흔적에는 필적과 인영, 총기발사흔, 치적, 윤적, 지문, 족적, 의류상의 흉기흔, 공구흔, 충격흔, 파괴흔 등 여러 가지가 있다.

(2) 동적 흔적과 정적 흔적

	동적흔적	정적흔적
개념	형태와 상호접촉에 의하여 부착될 수 있는 물질 의 비교 검사가 병행	흔적의 형태만이 비교로 가능
예	필적, 공구흔, 흉기흔, 충격흔	인영, 윤적, 지문, 총기발사흔, 족적, 치흔

2. 감정의뢰시 증거물 채취요령

(1) 증거물은 원형을 변형시키거나 오염되지 않도록 주의한다.

(2) 공구흔, 충격흔, 접촉흔 감정시 건물 자체와 같이 유류흔적을 포함한 물체가 너무 커서 운반하기 곤란할 경우에는 그 부분을 자르는 것이 아니라 모형을 뜨도록 한다.

(3) 유사휘발유 등 부정 유류를 의뢰 할 경우에는 플라스틱 계통의 용기 대신 유리병 또는 규격 철제 용기를 사용하며 2L 이상 각 주유기에서 채취해야 한다. 또한 인화성이 강한 내용물이 흘러나오지 않도록 코르크 마개로 밀봉하여 파손되지 않도록 주의한다.

제13절 기타감정

1. 문서감정

(1) 문서감정의 목적

① 수사방향의 설을 목적으로 하는 감정

② 수사절차를 위한 감정

③ 사실입증을 위한 감정

※ 문서의 손괴여부는 문서감정의 목적은 아니다.

(2) 필적감정의 방법

① 원칙 : 필세 , 필압, 배자형태 , 필순 , 자획구성 등으로 필적을 감정할 수 있다 .

② 복사본 : 복사본은 필적의 기필부분과 종필부분에서 나타나는 운필상의 미세한 특징등이 거의 나타나지 않는 경우가 많으므로 감정자료로 적합지 못하다 .

③ 진필과 모방필적의 구별 : 유연성 , 지속성 , 주저흔과 미세한 떨림 등으로 구별한다 .

③ 자료 수집요령

평소필적 수집	1. 피의자나 용의자가 기재한 것이 분명한 필적이어야 한다. 2. 감정자료에 쓰인 문자와 동일한 자체(字體)가 가능한 한 많이 있는 것 3. 감정자료와 동일 또는 유사한 용지, 필기구 등을 사용해서 기재한 것으로 문자의 크기도 거의 같아야 한다. 4. 감정자료 작성시기와 가까운 시기에 기재한 것일수록 좋다. (※ 감정물은 반드시 원본이어야 하고, 대조자료는 시필(試筆)보다 자연스럽게 작성한 평소필적이 좋다.)
새로운시필(試筆)	1. 감정자료(증거물)와 동일한 필기구, 용지, 동일한 서체로 작성한다. 2. 감정물과 동일한 내용 또는 유사한 문장을 만들어 직접 낭독해 주고 꼭 복창(復唱)하면서 기재하도록 해야 한다. 3. 필기자가 잘 모르는 문자가 있어도 지적, 정정하지 말고 본인이 자유롭게 문자를 기재토록 하며 오자(誤字)나 오용(誤用)을 정정하지 말아야 한다. 4. 기재조건을 수시로 변경해서(서서, 앉아서, 엎드려서, 누워서) 받아야 한다.

④ 문서감정의 가능여부

문서감정의 대상 가능	문서감정의 대상 불가능
• 인영감정 • 말소문자의 현출 • 불명문자의 감정 • 2 매의 용지에 간인된 인영의 동일성 감정	• 필자의 필기자세 추정 • 잉크의 기재시기에 대한 감정 • 위조통화의 위조방법에 대한 감정 • 문서의 손상여부

2. 인영감정

(1) 인영감정의 대상

① 2개 이상의 인영 이동(異同) 식별

② 2매의 용지에 간인된 인영

③ 인영문자 판독

④ 위조인영 식별

(2) 증거물 수집 방법

① 증거물과 함께 실인(實印)도 동시에 송부하여야 한다.

② 부득이 인영만 송부할 때에는 동질의 용지에 20회 이상 압날하여야 하며 압날할 때에는 당시의 인장상태 그대로 날인하고, 다음에는 인장을 손질하여 별지에 다시 날인하여 송부한다.

③ 대조용 인영은 선명하여야 하며, 압날시 받침 등 압날 조건을 달리한 인영도 사건내용을 감안, 수집하여 송부하여야 한다.

(3) 감정방법

① 비교현미경에 의한 방법

② 확대투영기에 의한 방법

③ 확대사진에 의한 검사법

④ 확대 원판에 의한 투시법

⑤ 기하학적 계측법

⑥ 기타 검사법 (미터 측정법 X)

3. 성문감정

(1) 개념

① 성문감정이란 성대의 진동이 목과 구강을 거처 입술 밖으로 나오는 소리를 음성 분석장치로 분해 한 후 특수한 그래프 형태의 무늬가 나타나게 하는 것을 말한다.

② 성문은 각 개인마다 특성이 있어 충분한 양의 음성만 확보되면 교묘하게 남의 목소리를 흉내 내더라도 본래 목소리의 기본적인 특징을 찾아 낼 수 있다.

(2) 보관 및 감정의뢰시 표면 기재 사항

① 사용 녹음기명과 형태

② 관련죄명 및 피의자

③ 녹음방법 및 녹음자

④ 녹음 테이프 종류(X)

(3) 성문감정시 의뢰사항

① 두 가지 음성이 동일한 사람의 음성인지 여부

② 여러 음성 중 주인공의 음성과 동일한 사람의 음성이 있는지 여부

③ 여러 음성이 몇 사람의 음성인지 여부

④ 음성의 주인공에 대한 성별, 연령, 언어영향권 등에 관한 추정

⑤ 녹음테이프의 인위적 편집 여부

⑥ 기계음 및 주변음의 분석, 녹취서 내용확인, 음질개선 등

⑦ 음성주인공의 학력 · 지식정도 · 직업은 아니다.

(4) 성문감정의 가능여부

성문감정의 가능 ○	성문감정의 가능 ×
• 목소리를 가성(假聲)으로 위장한 경우 • 음성이 누구의 음성인지 여부	• 여러사람이 동시에 녹음한 경우 • 녹음속도가 변한 경우 • 음성이 약하게 녹음된 경우 • 녹음테이프의 편집 여부 • 여러 음성이 몇 사람의 음성인지 여부

(5) 성문감정 의뢰시 주의사항

녹음테이프의 복사	1. 녹음테이프를 감정 의뢰할 때는 반드시 원본을 감정의뢰 한다. 2. 복사시에 가능하면 고속복사는 피하는 것이 좋다.

자료작성	1. 테이프를 감정의뢰 할 때에는 녹음에 사용된 녹음기, 녹음방식 등 명시하고, 2. 녹음내용 기록한 녹취서 동봉, 3. 주변음・소음이 녹음된 6경우 이들에 대한 정보도 제공. 4. 감정의뢰 내용의 명확한 기재 5. 여러 사람의 음성이 동시 녹음되거나 녹음속도가 변한 경우, 음성이 약하게 녹음된 경우는 성문감정이 곤란

4. 법최면수사

(1) 개념

① 법최면(forensic hypnosis)이란 범죄수사에 최면을 이용하는 경우로서 최면수사(hypno-investigation)라는 말과 같은 의미로 본다.

② 범죄현장에 사건해결의 단서는 없고, 피해자나 목격자조차도 시간의 경과나 공포, 당황, 흥분, 어둠 등의 여건으로 범죄 당시의 상황을 제대로 기억하지 못할 때 최면을 이용하여 기억을 재생케 함으로서 수사의 단서를 제공하나, 수사의 방향설정에 도움을 주기 위하여 사용되어지는 수사기법이다.

③ 이미 외국에서는 최면인터뷰기법(hypnotic interview technique)이 일부 중대사건 수사에서 매우 유용했던 것으로 입증되었고, 특히 미국의 FBI나 LA경찰국에서는 전통적인 신문기법으로 해결하지 못한 사건의 약 60%에서 최면기법이 유용했던 것으로 보고되고 있다.

(2) 최면수사의 대상

최면수사의 대상자	① 피해자 ② 목격자 ③ 피의자 혹은 용의자(용의자가 결백을 주장할 경우 무죄를 입증하기 위한 증거확보 등을 위한 최면수사)
최면에 적합한 사건	① 이미 사건관련 증거가 확보되어 있는 경우 그 증거를 가지고 최면으로 얻어낸 정보를 보강하기 위한 경우 ② 목격자나 피해자의 최면 회상이 보강증거자료의 확보가 예상되는 경우 ③ 목격자가 있는 사건은 사실상 모두 해당된다.
비최면대상	① 범죄의 용의자를 범인으로 확정하기 위한 경우 ② 용의자가 수사 중에 식별된 경우 ③ 피해자 및 목격자에게 최면을 사용했을 때 정신적으로나 육체적, 감정적으로 충격을 받을 것이 예상되는 경우

(3) 최면수사 의뢰시 유의사항

① 사건관련 피해자나 목격자의기억을 변화시키거나 왜곡시키지 않은 상태에서 최면수사를 의뢰하는 것이 특히 중요하다.

② 최면의뢰전 동일수법 전과자의 사진을 사전에 열람시키지 않는다.

③ 용의자의 사진(동사무소에 비치된 주민등록증 사진 포함) 등도 사전에 열람시키지 않는다.

④ 교통사고(뺑소니 등)에서도 용의차량과 번호판숫자 등을 미리알려 주거나 사전에 열람시키지 않는다.

⑤ 최면술사는 정신과의사나 심리학자와 같이 가능하면 특별한 훈련을 거친 정신적으로 건강한 자이어야 한다.

⑥ 최면술사는 사건에 관하여 구두로 자료를 받지 않고 자세하게 기재된 문서로만 자료를 받아야 한다.

⑦ 최면술사가 시술동안에 최면대상자에게 사건에 대해 암시를 주어서는 안 된다.

⑧ 만일 거짓자료가 나오게 되면 최면대상자가 최면이 깨어난 후에는 정신이 되돌아와서 진실이 아님을 알 수 없다.

5. 중성자방사화분석법

(1) 중성자 방사화 분석은 감도가 좋기 때문에 극미량 원소들의 분석이 가능하며 많은 원소들을 동에 분석할 수 있고, 또한 비파괴 분석이 가능하기 때문에 분석 후에 시료를 그대로 보존할 수 있다.

(2) 이용처 : 총기사건에서 사수(射手) 감별, 체모의 동일성 판단, 환경오염 원인추정, 고고학적 연대 추정 등.

6. 슈퍼임포우즈 감정법(Superimposition method)

(1) 슈퍼임포우즈법이란 물건 위에 물건을 겹친다는 사진기술상의 용어로서, 백골화된 사체 또는 부패된 사체와 동일인으로 추정되는 특정인의 생전의 사진을 비교하여 동일인 여부를 감정하는 방법

(2) 열차사고, 항공기 추락사고, 대형화재사고, 부패로 백골화된 사체 등의 신원확인에 활용

7. 고무감식법

(1) 각종사고 현장에서 타이어 성분의 동일성 여부 감정.

(2) 용의자의 운동화 고무성분과 피해자 집의 담장에 묻어있는 고무성분 비교

8. Criminal Profiling

(1) 범죄현장에 유형의 증거물이 없더라도 범인은 무형의 증거물, 즉 심리적 증거물인 행동을 남기게 마련이며 이것을 통하여 범인의 성장과정, 직업, 성격, 몸에 밴 습성, 연령대, 현재의 가족환경 등 범인의 유형을 추정할 수 있다.

(2) 이와 같이 무형의 증거물로 수사의 방향을 설정하고 용의자를 축소할 수 있도록 하는 것이 과학수사기법 중 하나인 범죄자 프로파일링 (범죄심리분석) 수사기법 이다.

제14절 증거물 채취 요령

1. 일반적인 증거물 채취요령

(1) 모든 증거물은 가능한 한 전량을 수집 또는 채취해서 충분한 시료를 감정의뢰해야 한다.

(2) 증거물은 파손 또는 오손되지 않도록 증거물마다 개별 포장을 해야 하며 운송중 파손되지 않도록 견고하게 전체 포장을 해야 한다.

(3) 감정의뢰서 작성은 반드시 의뢰서 양식 규정에 따라 명확한 글자로 정확히 작성되어야 하며, 특히 사건개요 등을 상세히 기록하고 취급자 · 담당자 성명을 반드시 명기해야 한다.

2. 감정물 채취시 일반적 유의사항

시료의 채취	1. 모든 감정물은 현장의 사정이 허용되는 한 가급적 전량을 수집 2. 동일 사건에 있어서 수집, 채취된 증거물의 물질이 상이할 때에는 서로 섞이지 않도록 분리하여 채취, 보관 3. 감정인에게 증거물을 수집, 채취한 경과와 그 사건개요를 자세히 일러줄 것

변질방지	1. 직사광선을 피할 것 2. 습기가 차지 않도록 건조한 곳에서 다룰 것 3. 손을 대거나 더럽혀지지 않도록 할 것 4. 계절에 따라 부패 또는 변질되기 쉬우므로 보관시에는 반드시 냉장 보관하여야 하며, 조직일 경우에는 10%포르말린용액 또는 알코올에 보관(특히 여름철에 주의) 5. 혈액형 및 독물 분석용 시료에는 방부제인 포르말린 용액을 첨가하여서는 안됨

3. 감정물의 필요한 최소량

혈 액	0.5mg 이상	정액	3mg 이상
위내용물, 뇨, 담즙	전량	타액	3ml 이상
뇌	500g 이상, 반구전체	모발	4cm 3 개이상
심장	전체	손톱(비소, 수은중독)	10g 이상
간장	500g 이상	독물	100g 이상
폐	좌우 각50g이상	시필(試筆)	10통 이상
신장	좌우 각50g이상	시인(試印)	20회 이상 날인
근육, 지방	200g 이상		

4. 혈흔(혈액)의 수집 · 채취요령

유동혈액		깨끗한 유리병에 담아 외부로 새어나지 않도록 마개를 견고하게 닫는다.
침윤혈흔		사건현장 땅바닥에 스며든 혈흔은 그 부분의 흙을 채취하여 그늘에서 건조시킨 다음 포장한다.
부착 혈흔	의복, 천 등에 부착된 혈흔	혈흔 부착부의를 원을 그려 표시하고 깨끗한 종이를 사이사이에 끼워서 혈흔이 다른 부위와 겹치지 않도록 포장한다.
	흉기 등에 부착된 혈흔	칼날이든, 손잡이든 부착부위를 건조시킨 다음 깨끗한 비닐로 혈흔부위에 너무 밀착되지 않게 포장한다.
	손톱에 부착된 혈흔	가능한 한 손톱 끝부분에서 안쪽으로 적당한 길이로 잘라 비닐종이에 싸서 포장한다. 단, 피해자의 손톱을 너무 깊게 자르면 흔히 피해자의 혈흔이 묻어 나오므로 범인의 혈흔 검출은 불가능 할 수 있으므로 주의요망.

5. 정액의 수집 · 채취요령

유동성 정액	깨끗한 유리병에 넣어 얼음상자 등에서 저온상태를 유지하여 운반하면 부패가 방지된다.
부착정액(정액반)	정액이 묻었다고 추정되는 의류, 휴지, 팬티 등은 정액 부착부위가 서로 접촉되지 않도록 깨끗한 종이를 사이에 끼워 포장을 해야 하며 반드시 증거물 전체를 손상시키지 말고 의뢰한다.

질액과 혼합된 정액	여러개의 면봉을 준비하여 질 심층부위, 중간부위, 질 외벽 등을 고루 묻혀 내면 된다. 또한 질액과 혼합되어 있는 정액의 혈액형 추정 감별을 필요로 할 때는 반드시 피해자의 혈액을 약 1～2ml 채취하여 함께 의뢰한다.

6. 타액의 수집 · 채취요령

유동성 타액	깨끗한 유리병에 넣어 낮은 온도 즉 얼음상자로 운반하면 부패가 방지된다.
부착 타액	담배꽁초, 휴지 또는 헝겊 등에 부착된 타액은 그늘에서 완전히 건조시킨 다음 포장한다.

7. DNA분석시 시료의 채취량

신선혈흔 및 정액반	1cm × 1cm(DNA증폭실험)
모근(毛根)세포	최소한 3 개 이상
혈액	2ml 이상
인체조직	중량 5g 이상

※ DNA지문은 일란성 쌍둥이만 동일하고 개인마다 다르므로 친자감별, 성범죄의 진범확인. 항공기 사고 등으로 사체가 흩어졌을 때 동일인 여부 확인에 활용

8. 화학적 감정의 대상

유해화학물질	알코올류, 청산류, 살서제류(쥐약), 유해성 금속류(수은, 비소등), 연료용 가스류(LPG, LNG), 일산화탄소, 유화수소 등
폭발성물질	고성능폭약류, 저성능폭약류, 산업용폭약류, 뇌관화학류, 화학가스 등
환경오염물질	각종 폐수 · 폐기물, 양어장, 상수도원 등 오염물

9. 감정의뢰시 주의사항

감정물	흡입사건 : 신나, 본드류 및 각종 비닐통 등 사용된 용기 변사사건 : 혈액, 뇌조직 등은 100g 이상, 뇨는 전량 채취 4℃ 이하 보존
감정요령	감정용 증거물은 증거물마다 해당사항을 명기한다. 증거물은 변질, 파손 또는 오손되지 않도록 견고히 포장한다. 증거물을 포장할 때는 개별포장을 하여 파손을 방지해야 한다. 개별포장된 것을 다시 포장할 경우는 증거물들의 마찰을 피하기 위해 가급적 포장된 증거물이 따로 놀지 않도록 틈마다 솜 등을 채워야 한다. 임의채취 승낙동의서를 받아야 한다. 밀봉할 때 입회인의 서명날인을 받아야 한다.

10. 성문감정 의뢰시 주의사항

녹음테이프의 복사	1. 녹음테이프를 감정 의뢰할 때는 반드시 원본을 감정의뢰 한다. 2. 복사시에 가능하면 고속복사는 피하는 것이 좋다.
자료작성	1. 테이프를 감정의뢰 할 때에는 녹음에 사용된 녹음기, 녹음방식 등 명시하고, 2. 녹음내용 기록한 녹취서 동봉 3. 주변음 · 소음이 녹음된 경우 이들에 대한 정보도 제공. 4. 감정의뢰 내용의 명확한 기재 5. 여러 사람의 음성이 동시 녹음되거나 녹음속도가 변한 경우, 음성이 약하게 녹음된 경우는 성문감정이 곤란

11. 국과수와 경찰청의 소관 업무

지문 , 족적 , 타이어흔적 감정은 경찰청 과학수사과에서 감정한다. 그러나 치흔은 국립과학수사연구소 법의학과 경조직연구실에서 감정한다.

제15절 법의 곤충학

1. 시체곤충의 생태적 종류

시식성 종군	① 시체를 직접 영양원으로 소비하므로 이 종류의 곤충들에는 가장 먼저 시체에 접근해 오고 시체에서 체류하는 종들도 있다. ② 파리 목의 검정파리 과 검정빰금파리 , 푸른등금파리 등과 딱정벌레 목의 송장벌레 과의 일부 종들 그리고 수시렁이 과에 속한 곤충들이 대표적인 예이다.
포식성 및 기생성 종군	시체를 영양원으로 직접 소비하지는 않지만 시체에 모여든 부식성 곤충들을 포식하거나 그에 기생하는 종류들이다.
잡식성 종군	원래 시체에서 영양원을 얻는 종류들은 아니지만 , 일단 시체에 접근하면 시체자체와 그에 서식하는 종들을 가리지 않고 영양원으로 이용하는 종류들을 말한다 .
외인성 종군	원래 습성상 시체와는 상관없지만 그 곤충들이 서식하는 장소에 시체가 방치되어 있어서 발견되는 종류들로서 간혹 시체를 그들의 서식환경의 일부로 활용하는 수도 있다 . 토양곤충인 톡토기 목이 흔히 발견되고 간혹 거미 종들이 일시적인 포식자로 발견되기도 한다 . 또는 시체에 생기는 곰팡이 등에 모이는 균식성 종들도 있다.

2. 곤충의 행동생태와 사후경과시간의 추정

(1) 곤충들의 특징

① 시체에서 발견되는 곤충들은 성충은 물론 알과 발생단계에 있는 유충들에 이르기까지 그 상태가 매우 다양하다.

② 완전히 밀폐된 공간이 아닌 이상 땅속에 매장되어 있는 경우나 물속에 있는 경우에도 부패의 진행에 따라 곤충들의 천이가 이루어지므로 사후경과시간을 추정할 수 있다.

(2) 사후경과시간 추점을 위한 전제

① 시신에 제일 먼저 도달하는 유기체는 곤충이다.

② 곤충의 성장은 온도에 좌우된다.

③ 부패과정에 따라 곤충의 천이유형이 다르며 그 예측이 가능하다.

(3) 대표척인 시체곤충 안 파리의 행동생태화 사후경과시간의 추정

① 파리의 종류는 지방과 계절에 따라 다양한 차이가 있다.

② 파리는 온대지방에서 19~26 도씨 정도에서 활발하다.

③ 파리는 일몰 후에는 거의 행동하지 않는다.

④ 우천시 파리의 행동은 극히 둔화되어 시체에 거의 접근하지 않는다.

⑤ 파리는 주로 신체의 노출된 부위 또는 수분이 유지되는 부위를 택하여 산란한다. 그래서 눈, 코, 귀, 입 그리고 항문, 생식기 또는 상처 부위에 우선적으로 몰려들고, 알을 부화한다.

⑥ 파리의 종, 그리고 시체가 방치된 지역의 기후와 미기후에 따라 다소 차이가 있지만 일반적으로 다음과 같다.

⑦ 어린 구더기는 썩은 시체를 먹기 시작하여 3번의 허물을 벗으며, 형태학적 특징을 갖는 3단계의 구더기로 분화된다. 구더기 제1령의 기간은 22 - 28 시간, 제2령의 기간은 11 - 22 시간, 제3령은 80 ~ 112 시간으로 제3령이 가장 길었다.

(4) 성장분석

부화를 늦게 하거나 곤충의 접근을 방해하는 경우	① 살충제를 먹은 시체 : 말라시온 등 살충제 음독사건의 경우 곤충이 시신에 접근하는 시간이 조금 길어질 뿐 여전히 접근한다. ② 소금물에 담겼던 시체 : 리고프 (M. Lee Goff) 의 실험에 의하면 파리알이 소금물에 적어도 30 분 이상 담겼을 경우는 대부분 최소 24 시간 이상 부화가 지연되는 것으로 확 인되었다.

곤충의 접근을 빠르게 마는 경우	① 구더기가 코카인을 섭취한 경우 : 먹이섭취활동이 활발해져 성장속도가 빨라진다. ② 화재로 인한 시체 : 화재로 인해 탄화한 돼지의 피부가 갈라져 노출되면서 부패의 속도는 더 빨라졌고 자연상태의 돼지보다 하루 더 빨리 곤충들이 몰려 왔다.

(5) 사후경과시간 추정에 이용되는 인자

조기시체 현상	① 체온하강, 시체얼룩, 시체굳음 등 ② 초 생활반응(활력반응) ③ 초자 체액 내 포타시움 농도 ④ 체액의 상화학적 변화
만기시체면상	① 부패 ② 매개곤충

제6장

수사행정

제1절 피의자 유치

1. 의의

피의자 유치라 함은 피의자, 피고인, 구류자 및 의뢰입감자(보호감호자×)의 도주, 자해행위, 통모행위 등 사고를 방지하고 동시에 유치인의 생명과 신체를 보호하기 위하여 신체의 자유를 구속하는 것이다(피의자 유치 및 호송규칙 제1조).

2. 근거법규

(1) 형의 집행 및 수용자의 처우에 관한 법률(제68조)

(2) 피의자유치및호송규칙(경찰청 훈령 제394호)

(3) 경찰관직무집행법(제9조) : 유치장 설치근거 규정

(4) 유치장설계표준요강

(5) 호송경찰관출장소근무규칙(경찰청 훈령 제301호)

3. 유치장 관리책임의 구분

경찰서장	전반적인 지취감독 책임자	
유치인 보호주무자	일과 중	경찰서 수사과장
	일과 후 또는 공휴일	상황실장 또는 경찰서장이 지정하는 자
유치인보호관	(1) 유치인의 도주, 죄증인멸, 자해행위, 통모행위 등을 미연에 방지 (2) 유치인의 건강 및 유치장 내의 질서유지 (3) 유치인의 인권을 보장 (4) 수사상의 자료를 발견・수집	

※ 위험물 또는 금품의 영치는 유치인보호관의 임무가 아니라 유치인보호 주무자의 임무이다.

4. 관계부책의 비치와 기재요령

체포·구속인명부	체포・구속 및 석방 사항, 죄명, 인상 착의, 체포・구속된 자의 인적사항, 전과 및 가족관계를 기재하되 특히 주민등록번호를 대조, 기재하므로서 본인여부를 반드시 확인하고 명확히 기재하여야 한다 (범죄사실 ×) (동규칙 제5조 제2항).
임치 및 급식상황표	임치금품의 수량과 임치금의 사용명세등을 일자별로 정확히 기재하고 급식상황을 관・사식을 구분 표시하여야 하며 비고란에는 입감시부터 출감시까지 했던 유치실을 일자별로 구분하여 기재하여야 한다.(제3항).
체포·구속인접견부	구속인접견부에는 유치인의 성명, 접견신청자의 인적사항, 유치인과의 관계, 접견일자, 대화요지, 입회자등 필요사항을 기재하여야 한다.(제4항).
유치인보호관의 근무일지	유치인보호관의 근무상황, 감독순시 상황, 정기점검결과, 재감자 현황, 위생상황 및 유치인의 의뢰사항과 조치결과 등을 기재하여야 한다(제5항).
기 타	이 외 구속인수진부, 구속인교통부, 물품차입부 등을 비치하여 기재하여야 한다.

※ 범죄사건부와 구속인명부는 미리 매면마다 관할 지방검찰청 검사장 또는 지청장의 간인을 받아야 한다(사법경찰관리집무규칙 제61조 제2항).
※ 형사대기피의자명부와 유치인 환경조사표는 유치장의 비치서류에 해당하지 않는다.

5. 피의자 유치절차

(1) 주무자의 지휘

입·출감 지휘서	① 유치인보호주무자가 발부 ② 피의자를 유치장에 입·출감시킬 때에는 입·출감지휘서에 의하여야 한다. ③ 유치장의 열쇠는 유치인보호관에게 임의로 맡겨서는 아니되며, 유치인보호주무자가 보관·관리하여야 한다(제17조 2항). ④ 유치실의 열쇠는 응급조치 등에 대비하여 근무중인 유치인보호관 중 선임 유치인보호관이 보관 관리하여야 한다(제19조6항).
간부의 입회	3인 이상을 입감시킬 때는 간부가 입회하여야 한다.

(2) 신체검사

① 신체검사의 지정 : 피의자입(출)감지휘서에서 지정하는 방법으로 실시해야 한다.

② 신체검사의 종류

외표검사	죄질이 경미하고 동작과 언행에 특이사항이 없으며 위험물 등을 은닉하고 있지 않다고 판단되는 유치인에 대하여는 신체 등의 외부를 눈으로 확인하고 손으로 가볍게 두드려 만져 검사한다(제1호).
간이검사	일반적으로 유치인에 대하여는 탈의막 안에서 속옷은 벗지 않고 신체검사의를 착용(유치인의 의사에 따른다)하도록 한 상태에서 위험물 등의 은닉여부를 검사한다(제2호).
정밀검사	① 살인, 강도, 절도, 강간, 방화, 마약류, 조직폭력 등 죄질이 중하거나 근무자 및 다른 유치인에 대한 위해 또는 자해할 우려가 있다고 판단되는 유치인에 대하여는 탈의막 안에서 속옷을 벗고 신체검사의로 갈아입도록 한 후 정밀하게 위험물등의 은닉여부를 검사하여야 한다(제3호). ② 외표검사와 간이검사시 신체 등의 검사를 통하여 위험물 등을 은닉하고 있을 상당한 개연성이 있다고 판단되는 유치인에 대하여는 유치인보호주무자에게 보고하고, 정밀검사를 하여야 한다. 다만, 위험물 등의 제거가 즉시 필요한 경우에는 정밀검사 후 유치인보호주무자에게 신속히 보고하여야 한다(동조 제5항).

③ 여성의 신체에 대한 검사 : 여성유치인보호관이 함이 원칙이나, 없을 시는 여의사 또는 미리 지정하여 신체 등의 검사방법을 교양 받은 여성경찰관으로 하여금 하게 할 수 있다(동규칙 제 8조).

(3) 위험물 등의 취급

① 유치인보호주무자는 피의자를 유치하는 과정에 그 피의자가 수사상 또는 유치장의 보안상 지장이 있다고 인정되는 다음 각 호의 어느 하나에 해당하는 물건(이하"위험물"이라 한다)을 소지하고 있을 때에는 그 물건을 제출시켜 유치기간 중 이를 보관하여야 한다.

1. 혁대, 넥타이, 구두끈, 안경, 금속물 그 밖의 자살에 사용될 우려가 있는 물건. 다만, 구두끈, 안경의 경우 자해할 현저한 위험이 없다고 판단되는 경우 소지를 허용할 수 있다.
2. 성냥, 라이터, 담배, 주류 등 화재나 그 밖의 사고발생의 원인이 될 우려가 있는 물건
3. 죄증인멸 등 수사에 지장이 있다고 우려되는 물건
4. 미확인 의약품, 독극물 및 다량 또는 장기 복용함으로써 현저하게 건강을 해칠 우려가 있는 약품

② 피의자를 유치함에 있어서 그 피의자가 현금, 유가증권 기타 귀중품을 소지하고 있을 때에는 유치인보호 주무자는 그 금품 등을 제출받아 영치하여야 한다.

③ 위 ① 및 ②의 규정에 의하여 위험물 또는 금품을 임치할 때에는 임치증명서를 교부하고 임치 및 급식 상황표에 명확히 기재하여야 하며, 금품과 귀중품은 유치장 내 금고에 보관하여야 한다. 다만, 유치인으로부터 신청이 있을 때에는 유치인보호 주무자는 가족에게 이를 인도할 수 있다.

(4) 가족에의 통지

① 사법경찰관은 피의자를 구속한 때에는 형사소송법 제87조의 규정에 의한 구속통지를 피의자를 구속한 날로부터 지체없이 서면으로 그 가족이나 그가 지정하는 자에게 하여야 한다.

② 경찰서장은 유치인으로부터 신청이 있을 때에는 그 가족 또는 대리인에게 수사상 지장이 없는 범위 내에서 유치인의 신상에 관한 통지를 할 수 있다.

(5) 여성의 유치 등

① 여성은 남성과 분리하여 유치하여야 한다.

② 경찰서장은 여성유치인이 친권이 있는 18개월 이내의 유아의 대동을 신청한 때에는 다음 각 호의 어느 하나에 해당하는 사유가 없다고 인정되는 경우 이를 허가하여야 한다. 이 경우 유아의 양육에 필요한 설비와 물품의 제공, 그 밖에 양육을 위하여 필요한 조치를 하여야 한다.

1. 유아가 질병 · 부상, 그 밖의 사유로 유치장에서 생활하는 것이 특히 부적당한 때
2. 유치인이 질병 · 부상, 그 밖의 사유로 유아를 양육이 특히 부적당한 때
3. 유치장에 감염병이 유행하거나 그 밖의 사정으로 유아의 대동이 특히 부적당한 때

③ 위 ②에 따라 유아의 대동 허가를 받으려는 자는 경찰서장에게 유아대동신청서를 제출하여야 하며, 경찰서장이 이를 허가할 때에는 해당 신청서를 입감지휘서에 첨부하여야 한다.

④ 경찰서장은 유아의 대동을 허가하지 아니한 경우에는 「형의 집행 및 수용자의 처우에 관한 법률 시행령」 제80조의 규정에 따라 해당 유치인의 의사를 고려하여 유아보호에 적당하다고 인정하는 개인 또는 법인에게 그 유아를 보낼 수 있다. 다만, 적당한 개인 또는 법인이 없는 경우에는 경찰서 소재지 관할 시장·군수 또는 구청장에게 보내서 보호하게 하여야 한다.

⑤ 유치장에서 출생한 유아에게도 위 ②에서 ④까지의 규정을 준용한다.

⑥ 공범 등의 분리

형사범과 구류수
20세 이상의 자와 미만자
신체장애인, 관련 공범자 상호간은 원칙적으로 각각 분리하여 수용하여 적정한 처우를 해야 한다(동규칙 제 7조).

* 분리유치대상자가 아닌 자
1. 강력범(강도죄 등)과 일반형사범(사기죄 등)
2. 전과자와 비전과자
3. 여자와 유아　4. 18세 이상인 자와 18세 미만인 자

(6) 통모방지

① 공범자 기타 관련된 사건의 피의자들을 유치할 때에는 유치실 시설의 허용범위 내에서 분리유치하는 등으로 서로 통모되지 않도록 유의하여야 한다.

② 유치인보호 주무자는 공범자등을 입감시키고자 할 때에는 지휘서의 비고란에 공범자의 성명을 기입하여 분리 유치되도록 하여야 한다.

③ 유치인의 유치실을 옮길 때에는 옮기는 유치실안의 공범자의 유무를 확인하여 분리 유치되도록 하여야 한다.

(7) 유치인 일과표

유치인보호 주무자는 유치장내에 유치인일과표를 작성, 게시하고 유치인에게 이를 열람하도록 하여야 한다.

6. 유치인보호근무의 요령

(1) 사고 우려자 감시 : 일지의 인계사항에 붉은 글씨로 표시하고 특별히 감시

(2) 계구의 사용 : 유치인이 도주·폭행·자살·자해 등을 할 우려

(3) 유치인 보호관의 근무자세

① 공정한 처우
② 엄정한 근무
③ 유치인보호관의 교대
※ 유치인을 인간적인 처우하는 것은 유치인보호관의 근무자세에 해당하지 않는다.

7. 보 안

(1) 수갑 등의 사용

① 경찰관은 다음 각호의 1에 해당하는 때에는 유치인 보호주무자의 허가를 받아 유치인에 대하여 수갑과 포승(이하 '수갑등'이라 한다)을 사용할 수 있다. 다만, 허가를 받을 시간적 여유가 없는 때에는 사용 후 지체 없이 보고하여 사후승인을 얻어야 한다.

1. 송치, 출정 및 병원진료 등으로 유치장 외의 장소로 유치인을 호송하는 때와 조사 등으로 출감할 때
2. 도주하거나 도주하려고 하는 때
3. 자살 또는 자해하거나 하려고 하는 때
4. 다른 사람에게 위해를 가하거나 하려고 하는 때
5. 유치장 등의 시설 또는 물건을 손괴하거나 하려고 하는 때

② 경찰관이 제1항제1호의 사유로 수갑등을 사용하는 경우 구류선고 및 감치명령을 받은 자와 고령자, 장애인, 임산부 및 환자 중 주거와 신분이 확실하고 도주의 우려가 없는 자에 대해서는 수갑등을 채우지 아니한다.

③ 경찰관이 위 ① 제2호에서 제5호까지의 사유로 수갑 등을 사용하는 때에는 그 사유와 시간을 근무일지에 기재하여야 하며, 사전에 해당 유치인에게 수갑 등의 사용사유를 고지하여야 한다.

④ 수갑 등은 그 사용목적의 달성을 위한 필요최소한의 범위에서 사용하여야 하고, 징벌이나 고통을 가할 목적으로 사용하여서는 아니 된다.

⑤ 수갑 등의 사용사유가 소멸한 때에는 지체 없이 해제하여야 한다.

⑥ 수갑 등을 사용하더라도 경찰관서 내에서 조사가 진행 중인 동안에는 다음 각 호의 1에 해당하는 자를 제외하고는 수갑 등을 해제하여야 한다. 다만, 다음 제1호 내지 제2호에 해당하는 경우라도 자살, 자해, 도주, 폭행의 우려가 없다고 판단되는 때에는 수갑 등을 해제할 수 있다.

1. 특정강력범죄의처벌에관한특례법 제2조의 죄를 범한 자
2. 마약류불법거래방지에관한특례법 제2조 제2항의 죄를 범한 자
3. 자살, 자해, 도주, 폭행의 우려가 현저한 자로서 담당경찰관 및 유치인 보호주무자가 계구사용이 반드시 필요하다고 인정한 자

(2) 보호 유치실에의 수용

① 유치인보호관은 제19조제2항제1호, 제3호 내지 제5호, 제7호에 해당하는 행위를 하는 유치인에 대하여 유치인 보호주무자의 허가를 받아 근무일지에 그 사유와 시간을 기재한 후 유치장 내 보호 유치실에 수용할 수 있다. 다만, 이 경우에도 6시간 이상 수용하여서는 아니 된다.

② 유치인을 보호 유치실에 수용한 경우 그 수용사유가 소멸된 때에는 지체없이 일반 유치실에 수용하여야 하며, 해당 유치인이 전항의 금지행위를 반복하였을 경우 보호 유치실에 재수용할 수 있다.

8. 사고발생에 대한 조치

(1) **경찰서장의 조치 :** 경찰서장은 유치장 사고 중 유치인의 자살, 질병으로 인한 사망, 도주 기타 중요한 사고에 대하여는 지체없이 지방경찰청장 및 지방검찰청 검사장(지청장)에게 보고하여야 한다.

(2) **지방경청장의 조치 :** 보고를 받은 지방경찰청장은 필요한 조치를 취과 동시에 이를 지체 없이 경찰청장에게만 보고하면 된다.

(3) **유치인 사고방지대책으로서 유치장 정거검사는 주1회 이상 한다.**
※ 유치인 선도 교양강화는 유치인의 사고방지 대책에는 해당하지 않는다.

9. 보건위생

(1) **응급조치**
① 유치장 내에는 응급조치에 대비하여 상비약품을 비치하여야한다.
② 상비약품이란 의사의 지시 없이 통상으로 사용할 수 있는 소화제, 외용연고, 소독제, 해열제, 지사제 등(진통제×)

(2) 유치인보호주무자는 아래의 대상자에 대하여는 경찰서장에게 보고하여 별도 감방 수용 등 필요한 조치를 할 수 있다.
① 유치인이 발병한 경우
② 수태 후 6개월 이상 된 임부
③ 분만 후 60일이 경과하지 아니한 산부
④ 70 이상의 고령자

10. 접견 또는 물품접수

(1) **변호인과의 접견, 접수**
① 변호인 또는 변호인이 되려는 자와 유치인과의 접견은 법령에 의한 제한은 가능하나(90. 2. 13, 89모37), 현행법상 제한 규정이 없으므로 절대로 금지하지 못한다.
② 변호인이 형사소송법 제30조의 규정에 의하여 선임된 자임을 확인하여야 하고, 변호인이 되려고 하는 자에 대하여는 그 신분을 확인하여야 한다(제33 1항).
③ 유치인보호주무자는 변호인과의 접견 또는 기타 서류의 접수에 있어 수사상 부득이할 때에는 그 장소·시간을 지정할 수 있다.

④ 유치인보호주무자가 지정하는 경차관이 참여하여야 하되 서류 기타 물건의 접수를 방해하여서는 안 된다. 이때 경찰관은 변호인과의 대화내용을 들을 수 없는 거리에서 감시할 수 있을 뿐이다.

⑤ 수사 또는 유치장의 보안상 지장이 있다고 인정되는 물건의 접수를 발견한 때에는 유치인보호주무자에게 보고하여 이의 접수를 금지하여야 한다.

⑥ 유치장에 수용된 피의자에 대한 변호인의 수진권 행사에 수사기관이 추천하는 의사의 참여를 요구하는 것은 변호인의 수진권을 침해한 위법한 처분이라 할 수 없다(02. 5. 6,2000모112).

⑦ 변호인의 선임에 관하여는 변호인과 연명 날인한 선임계를 당해피의자 또는 형사소송법 제30조제2항의 규정에 의하여 독립하여 변호인을 선임할 수 있는 자로부터 제출하게 하여야 한다(범죄수사규칙 제132조 제1항).

(2) 변호인 이외의 자와의 접견, 접수

변호인 아닌 자와의 접견, 접수는 법률의 규정, 법원의 처분 등으로 제한할 수 있다.

(3) 접견 시간

평 일	09:00~21:00(단, 원거리에서 온 접견희망자 등 특별한 경우에는 경찰서장의 허가를 받아 22:00까지 연장)
토·일요일 및 공휴일	09:00~20:00 (야간 or 휴일 접견 제한은 변호인도 적용)
접견시간 조정	대용 감방의 경우에는 구치소 미결수에 준하여 유치인 접견시간을 조정할 수 있다.
접견횟수 제한	유치인의 접견시간은 1회에 30분 이내로, 접견횟수는 1일 3회 이내로 하여 접수순서에 따라 접견자의 수를 고려 균등하게 시간을 배분하여야 한다. 다만, 변호인과의 접견은 예외로 한다(제2항, 개정 2003.1.25).

11. 유치인의 석방

(1) 유치인보호관은 유치기간 만료 1일 전에 유치인보호주무자에게 보고하여야 한다.

(2) 피난 및 일시 석방

① 경찰서장은 풍수해, 화재 기타 비상재해를 당하여 유치장내에서 피난시킬 다른 방도가 없다고 인정될 때에는 지방검찰청 검사장의 지휘를 받아 다른 장소에 호송하여 피난시키거나 또는 일시 석방시킬 수 있다. 이 경우 지방검찰청 검사장의 지휘를 받을 시간적 여유가 없을 때에는 사후에 지체없이 이를 보고하여야 한다(제25조 제1항, 제2항).

② 경찰서장이 유치인을 일시 석방할 때에는 출두일시 및 장소를 지정하는 이외에 이유 없이 출두하지 않을 경우에는 형법 제145조 제2항(집합명령위반죄)에 의거 처벌된다는 것을 경고하여야 한다.

※ 지방검찰청 검사장의 지휘로 경찰서장이 석방한다.

제2절 호 송

1. 호송의 분류

(1) 방법상 분류

① 직송

피호송자를 관서 또는 출두하여야 할 장소나 유치할 장소에 직접 호송하는 경우를 말한다.

② 채송

호송은 필요에 의하여 차례로 여러 곳을 거쳐서 행할 수 있다. (예 : 피호송자가 호송 중 중병으로 호송의 계속이 불가능하여 이를 인수받은 경찰관서에서 치료 후 계속 호송하는 경우를 말한다)

(2) 내용상 분류

구분	내용
이감호송	피호송자의 수용장소를 다른 곳으로 이동하거나 특정관서에 인계하기 위한 호송을 말한다.
집단호송	한번에 다수의 피호송자를 호송하는 것을 말한다.
왕복호송	피호송자를 특정장소에 호송하여 필요한 용무를 마치고 다시 발송관서 또는 호송관서로 호송하는 것을 말한다.
비상호송	전시, 사변 또는 이에 준하는 국가비상 사태나 천재, 지변에 있어서 피호송자를 다른 곳에 수용하기 위한 호송을 말한다.

2. 호송책임과 임무

(1) 호송책임

① 호송관서의 장(지방경찰청에 있어서는 형사, 수사과장을 말한다. 이하 같다)은 피호송자의 호송업무에 관하여 전반적인 관리 및 지휘·감독을 하여야 한다.

② 지방경찰청의 수사과장 또는 형사과장 및 경찰서의 수사(형사)과장은 피호송자의 호송업무에 관하여 호송주무관으로서 직접 지휘·감독하여야 하며 호송의 안전과 적정 여부를 확인하여야 한다.

③ 경찰서장은 호송주무관으로 하여금 호송 출발 직전에 호송경찰관에게 호송임무 수행에 필요한 전반적인 교양을 반드시 실시토록 하여야 한다.

④ 제3항의 규정에 의하여 교양을 실시함에 있어서는 심적대비, 포승 및 시정방법, 승차방법, 도로변 또는 교량등 통행방법, 중간연락 및 보고방법, 사고발생시의 조치방법, 숙식, 물품구매 교부방법, 용변 및 식사시의 주의사항을 치밀하게 실시하여야 한다.

⑤ 호송관서의 장은 호송관의 지정 및 운영에 관한 호송계획을 수립하여 시행하여야 한다.

⑥ 호송관의 책임한계: 호송관은 호송하기 위하여 피호송자를 인수한 때로부터 호송을 끝마치고 인수관서에 인계할 때까지 호송관의 임무 규정에 관하여 책임을 진다.

(2) 호송관의 임무

① 호송관서의 장 또는 호송주무관의 지휘·명령
② 피호송자의 도주 및 증거인멸, 자상, 자살행위 등의 방지
③ 피호송자의 건강과 신변 안전조치

3. 호송관의 지정

호송관의 수	호송인원은 어떠한 경우라도 2명 이상 지정하여야 한다.
호송지휘감독관의 지정(제48조 3항)	① 호송관 5인 이상 10인 이내일 때에는 경사 1인을 감독관으로 지정해야 한다. ② 호송관 11인 이상 30인 이내일 때에는 경위 1인을 감독관으로 지정해야 한다.
호송관의 결격사유	피호송자와 친족 또는 가족 등의 특수한 신분관계가 있거나 있었던 자

4. 피호송자의 포박

① 호송관은 호송관서를 출발하기 전에 반드시 피호송자에게 수갑을 채우고 포승으로 포박하여야 한다. 다만, 구류선고 및 감치명령을 받은 자와 고령자, 장애인, 임산부 및 환자 중 주거와 신분이 확실하고 도주의 우려가 없는 자에 대하여는 수갑등을 채우지 아니한다.

② 호송관은 피호송자가 2인 이상일 때에는 피호송자마다 포박한 후 호송수단에 따라 2인내지 5인을 1조로 하여 상호 연결시켜 포승하여야 한다.

③ 호송주무관은 호송관이 한 포박의 적정여부를 확인하여야 한다.

5. 호송 출발전의 조치

(1) 피호송자의 신체검사

(2) 영치금품 등의 처리(규칙 제53조)

① 금전·유가증권 : 금전·유가증권은 호송관서에서 인수관서에 직접 송부함이 원칙이다.

② 물품 및 서로 : 물품 및 서류는 호송관에게 탁송한다.

(3) 분사기의 휴대(피의자유치 및 호송 규칙 제70조)

① 호송관은 호송근무를 할 때에는 분사기를 휴대하여야 한다.

② 호송관서의 장은 특별한 사유가 있는 경우 호송관이 총기를 휴대하도록 할 수 있다.

5. 호송비용의 처리

① 호송관 및 피호송자의 여비 등 호송에 필요한 비용은 호송관서에서 부담함이 원칙이다.

② 피호송자의 유숙비용, 사망처리비용, 질병치료비용은 사망 등을 처리한 관서가 부담한다.

6. 사고발생시의 조치요령

(1) 피호송자가 도주하였을 때

① 즉시 사고발생지 관할경찰서에 신고하고 도주 피의자 수배 및 수사에 필요한 사항을 알려주어야 하며, 소속장에게 보고한다.

② 호송관서의 장은 접보 즉시 상급 감독관서 및 관할검찰청에 즉보하는 동시에 인수관서에 통지하고 도주 피의자의 수사에 착수하여야 하며, 사고발생지 관할경찰서장에게 수사를 의뢰하여야 한다.

③ 보고를 받은 지방경찰청장은 경찰청장에게만 보고하면 된다.

④ 도주한 자에 관한 호송관계서류 및 금품은 호송관서에 보관하여야 한다.

(2) 피호송자가 사망하였을 때

① 즉시 사망지 관할경찰관서에 신고하고 시체와 서류 및 영치금품은 신고관서에 인도하여야 한다. 다만, 부득이한 경우에는 다른 도착지의 관할경찰관서에 인도할 수 있다.

② 인도를 받은 경찰관서는 즉시 호송관서와 인수관서에 사망일시, 원인 등을 통지하고 사망처리에 필요한 조치를 한다.

③ 사망처리 후 서류와 금품은 호송관서에 송부한다.

④ 호송관서의 장은 접보 즉시 상급 감독관서 및 관할 검찰청에 보고하는 동시에 사망자의 유족 또는 연고자에게 이를 통지하여야 한다.

⑤ 인도를 받은 시체는 사후 24시간 이내에 시체를 인수할 자가 없을 때에는 구·시·읍·면장에게 가매장을 하도록 의뢰하여야 한다.

(3) 피호송자가 발병하였을 때

① 경증으로서 호송에 큰 지장이 없고 당일로 호송을 마칠 수 있을 때에는 호송관이 적절한 응급조치 취하고 호송을 계속하여야 한다.

② 중증으로서 호송을 계속하기가 곤란하다고 인정될 때에 피호송자 및 그 서류와 금품을 발병지에서 가까운 경찰관서에 인도하여야 한다.

③ 환자를 인수한 경찰관서는 즉시 질병을 치료하여야 하며, 질병의 상태를 호송관서 및 인수관서에 통지하고 질병이 치유된 때에는 호송관서에 통지한다.

④ 이 경우 진찰한 결과 24시간이내에 치유될 수 있다고 진단되었을 때에는 치료호송관서의 호송관이 호송을 계속하고,

⑤ 24시간 이상 소요된다고 진단되었을 때는 치료관서에서 호송하여야 한다.

⑥ 호송관서에서는 관할 검찰청에 발병상황 및 치유경과를 그때마다 보고하여야 한다.

※ 호송 중의 사고에 대한 검찰청에의 보고는 호송관서의 장이 행한다.

제3절 우범자 첩보 수집활동

1. 정의

(1) 범죄단체의 조직원 또는 불시 조직화가 우려되는 조직성폭력배 중 범죄사실 등으로 보아 죄를 범할 우려가 있는 자

(2) 살인, 강도, 강간, 강제추행, 절도, 마약류사범의 범죄경력이 있는 자 중 그 성벽, 상습성, 환경 등으로 보아 재범의 우려가 있는 자

2. 전과자 또는 조폭들로서 성벽 또는 환경으로 보아 죄를 범할 우려가 있는 자에 대하여

(1) 자료보관

(2) **범죄와 관련있는 첩보를 수집하여 재범방지**

(3) 수집된 첩보를 수사 자료로 활용 (교화선도X) 함을 목적으로 한다(우범자첩보수집등에관한규칙 제1조).

3. 우범자의 구분

첩보수집 대상자	자료보관 대상자
범죄단체의 조직원 또는 불시 조직화가 우려되는 조직성 폭력배중 범죄사실 등으로 보아 죄를 범할 우려가 있는 자	첩보수집 대상자중 기간만료 또는 심사위원회의 심사를 통해 첩보수집의 필요가 없다 고 판단되는 자
살인으로 실형을 받고 출소한 자	살인으로 실형을 받고 출소한 자로 범행동기, 범죄사실 등 심사결과 자료보관만으로 족하다고 판단되는 자
강도,절도,강간,강제추행,마약류범죄로 3회 이상 금고형 이상의 실형을 받고 출소 한자	강도, 절도, 강간, 강제추행, 마약류범죄로 실형을 선고받고 출소한 자중 3회 이상 금고형 이상의 실형을 받고 출소한 자에 해당되지 아니하는 자
우범자로 편입 후. 자료를 전산에 입력하고 2년간 범죄관련성 여부에 대해 첩보 입수	우범자로 편입 후 해당 자료를 전산에 입력하여 범죄 발생시 수사자료로 활용한다,

4. 우범자의 편입

(1) 출소통보를 받은 경우

① 경찰서장은 교도소장 등 수형기관의 장으로부터 출소통보를 받은 경우 거주여부 등 우범자 심사기준 및 의결서상의 내용을 면밀히 파악한 후 심사위원회를 통해 죄를 범할 우려가 있다고 인정되는 경우 우범자로 편입하여야 한다.

② 우범자 편입 대상자가 소재불명일 경우 먼저 우범자로 편입한 후 행방불명 처리하여야 한다.

③ 우범자 편입 대상자가 관내 거주하지 않고 소재가 확인되었을 경우 관할 경찰서로 통보하고, 전입 통보를 받은 경찰서장은 지체 없이 소재를 확인하여 우범자로 편입하여야 한다.

(2) 관내 우범자의 편입(제8조3항)

① 경찰관은 직무수행 중 관내에 우범자로 인정되는 자가 전입한 사실을 인지하였을 때에는 우범자 여부를 조회하여 우범자일 경우 우범자로 편입하여야 한다(제8조3항).

② 경찰서장은 관내에서 소재불명 우범자를 발견하였을 경우에 즉시 해당 관서에 통보하고, 거주지를 확인하여 우범자로 편입하거나 거주지 관할 경찰서로 통보하여야 한다(제7조3항).

6. 심사위원회

구성	심사위원회의는 3인 내지 5인의 위원으로 구성하고. 경찰서 형사(수사)과장을 위원장으로 하며, 간사 1인을 둔다.
개최	심사위원회는 특별한 사정이 없는 한 매분기별로 개최한다.
업무	심사위원회는 우범자 편입 및 이전 수집된 첩보 등을 기초로 계속 첩보수집 여부의 필요성을 심사하여 기간의 연장, 자료보관대상자로 변경, 삭제에 대한 결정을 한다.
보고	심사위원장은 결정내용을 신속히 경찰서장에게 보고하여야 한다.

7. 첩보수집

우범자 담당자의 지정	경찰서장은 수사(형사)과 직원 중 우범자를 담당자를 지정하여야 한다(제6조1항).
담당직원의 지정	지구대장은 지구대직원 중 첩보수집 대상자별 담당 직원을 지정하여야 한다(제6조1항).

첩보수집의 방법	지구대 담당자는 첩보수집 대상자에 대해서 3개월에 1회이상 범죄관련 여부에 대한 첩보를 수집하여 경찰서로 보고하여야 한다(제6조2항).

8. 소재불명자의 처리

소재불명관서의 조치	우범자로 편입된 자가 소재가 불명일 경우 해당 경찰서장은 지체 없이 주소지 등에 대한 소재확인을 거친 후 보고서를 작성하고, 전산에 행불자로 입력하여야 한다.
발견관서의 조치	경찰서장은 관내에서 소재불명 우범자를 발견하였을 경우에 즉시 해당 관서에 통보하고, 거주지를 확인하여 우범자로 편입하거나 거주지 관할 경찰서로 통보하여야 한다.
주민등록 등재지 경찰관서의 조치	주거지가 불확실한 우범자에 대하여는 주민등록 등재지 관할 경찰서장이 필요한 조치를 하여야 한다.(제8조 2항).
지방경찰청장의 조치	각 지방경찰청장은 매분기별 관할 내 소재불명 우범자 현황을 파악하여 경찰청장에게 보고하여야 한다(제7조2항).

9. 우범자전산입력카드 처리

편입하는 우범자	우범자 전산입력카드를 작성, 경찰서 우범자자 담당자가 전산입력한 후 보관하여야 한다(제8조1항).
타 관할로 전출한 우범자	우범자 전산입력카드 원본을 송부하여야 한다(제8조2항).
사망한 우범자	우범자가 사망하여 삭제된 때에는 전산입력카드를 폐기한다(제9조1항).
기 타	우범자가 전출하거나 사망 이외의 사유로 삭제 결정된 자는 당해 카드에 그 일자와 사유를 명기하여 별도 보관한다(제9조2항).

10. 지도감독

경찰청과 지방경찰청에서는 우범자 관리의 적절성여부를 확인하는 등 지도 감독하여야 한다.

제4절 범죄통계

1. 법적근거 : 경찰범죄 통계규칙

2. 범죄통계원표 작성대상

<table>
<tr><td>작성</td><td>기소 또는 불기소(혐의 없음, 죄 안됨, 공소권 없음) 의견 송치시</td></tr>
<tr><td>작성
불요</td><td>(1) 각하의견 송치시
① 고소·고발된 사실에 대해 처벌 할 수 없음이 명백하여 더 이상 수사를 진행할 필요가 없는 사건
② 동일한 사안에 대하여 이미 검사의 불기소 처분이 있어 재수사 가치가 없는 사건
③ 고소·고발이 법률에 위반되어 이를 단서로 수사를 개시함이 없이 법률에 위반되는 사건
④ 고소권한이 없는 자에 의한 고소
⑤ 고소장·고발장으로는 수사를 진행할 가치가 없는 사건
(2) 관세법위반으로 통고처분에 그치는 경우
(3) 경범죄처벌법 위반사건
(4) 군사법원관할사건</td></tr>
</table>

3. 범죄통계원표의 종류

<table>
<tr><th>종류</th><th>내용</th><th>작성</th></tr>
<tr><td>발생통계원표</td><td>범죄통계원표작성 사건을 처음 인지한 경찰관서에서 범죄발생통계원표를 작성한다.</td><td>형사사건이 발생(고소·고발·인지 등 포함)된 수사기관에서 즉시 작성한다.</td></tr>
<tr><td>검거통계원표</td><td>사건을 처리하여 송치하는 경찰관서에서는 검거통계원표 작성하여야 한다.</td><td rowspan="2">검거 또는 이송(검거 지휘 사건 포함)을 받아 최종 수사 종결한 경찰관서에서 작성한다.</td></tr>
<tr><td>피의자통계원표</td><td>① 사건을 처리하여 송치하는 경찰관서에서는 피의자통계원표를 작성한다.
② 수사서류에 붙여 검찰로 송치한다.
③ 피의자가 사망한 경우에도 작성한다.</td></tr>
</table>

4. 범죄통계원표 작성요령(대검찰청범죄통계원표 작성요령)

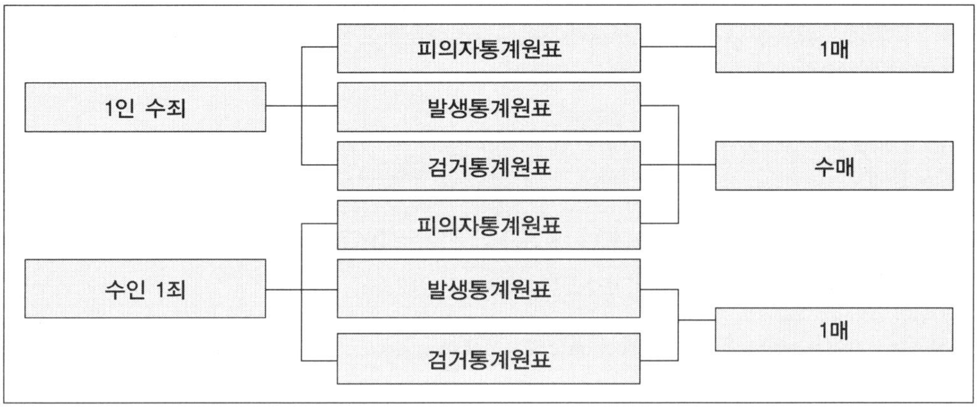

(1) 종류별 작성방법

① 발생통계원표

형사사건이 발생한 관서의 담당자는 발생 즉시 발생 1건당 1매를 작성하여야 한다.

② 검거통계원표

검거 또는 이송받아 수사종결한 관서의 담장자는 사건을 검찰에 송치 할 때 검거 1건당 1매를 작성하여야 한다. 공범이 있을 경우는 1차 송치시 작성한다.

③ 피의자통계원표

검거 또는 이송받아 수사종결한 관서의 담당자는 사건을 검찰에 송치할 때 피의자 1명당 가장 중한 죄에 대하여 1건으로 작성한다.

(2) 원표작성시 범죄건수의 결정

① 범죄의 건수는 피의자의 행위 수에 의함을 원칙으로 한다.

② 특가법위반의 경우 포관 1건으로 처리하던 것을 폐지하였다(2001. 12. 28) 따라서 특가법위반은 피의자의 행위 수에 따른다.

③ 상상적 경합의 경우는 중한죄 1건으로 한다.

④ 다음의 경우는 피의자의 행위 수에 불구하고 1건으로 한다.

- 동일기회를 이용하여 동일한 장소에서 전후 수회에 대하여 동일 죄종에 속하는 행위
- 범죄의 수단 또는 결과인 행위가 수개의 죄명에 해당하는 경우에는 중한 죄 1건으로 한다. 주거에 침입하여 절도나 강도를 행한 경우는 절도나 강도 1건만 작성한다.
- 공범의 경우도 같은 기준에 의하여 계산하되 불량집단이 일정한 정소에서 동일 기회에 집단적으로 수인에 대하여 공갈·협박·폭행·상해·절도·강도·강간한 경우 및 윤간 은 수죄로 하지 말고 1건으로 한다.

⑤ 범인 불명시

범인불명으로 발생건수를 정할 수 없는 경우에는 피해 신고 또는 범죄의 인지수에 의하여 건수를 계산하고 후에 검거하여 인원수에 이동이 있는 경우에도 정정하지 말아야 한다.

5. 보존연한

각종 범죄계통의 보존연한은 매년분(1월 1일부터 12월말까지)을 보존단위로 하여 익년 1월부터 기산하며 각각 다음 연한으로 한다.

<table>
<tr><td>범죄통계분석지</td><td>경찰청, 지방경찰청 및 경찰서 발간</td><td>20년</td></tr>
<tr><td rowspan="2">경찰범죄통계원표대장</td><td>발생·검거통계원표대장</td><td>5년</td></tr>
<tr><td>피의자통계원표대장</td><td>3년</td></tr>
<tr><td colspan="2">발생통계원표, 검거통계원표</td><td>1년</td></tr>
</table>

제5절 수배와 공조

1. 관련 용어의 개념

수사의 공조	경찰관은 수사에 필요하다고 인정할 때에는 피의자의 체포・출석요구・조사, 장물 등 증거물의 수배, 압수・수색・검증, 참고인의 출석요구・조사 등 그 밖의 필요한 조치에 대한 공조를 다른 경찰관에게 요청할 수 있다.
사건수배	사건수배란 사건의 용의자와 수사자료 그 밖의 참고사항에 관하여 통보를 요구하는 것으로, 경찰관이 사건수배를 할 때에는 별지 제149호 서식의 사건수배서에 따라 요구하여야 한다.
긴급사건수배	경찰관은 범죄수사에 있어서 다른 경찰관서에 긴급한 조치를 의뢰할 필요가 있을 때에는 지체없이 긴급사건수배서에 따라 긴급배치, 긴급수사 그 밖의 필요한 조치를 요구하여야 한다.

2. 지명수배·통보

(1) 지명수배·통보 대상 및 발견시 조치사항

「범죄수사규칙」 제173조제1항 및 제 2 항과 「범죄수사규칙」 제179조에 해당하는 자로서 수사결과 소재불명으로 검거하지 못하였거나, 소재불명을 이유로 기소중지 의견으로 송치할 때에는 당해 피의자의 성명과 생년월일 및 주소(또는 등록기준지)를 파악하여 지명수배 또는 지명통보를 하여야 한다.

종류	지명수배	지명통보
대상	①사법경찰관은 다음 각 호의 어느 하나에 해당하는 자의 소재를 알 수 없을 때에는 해당 피의자에 대하여 지명수배를 할 수 있다. 다만, 기소중지 의견으로 사건을 송치할 때에는 지명수배를 하여야 한다. 1. 법정형이 사형 무기 또는 장기 3년 이상의 징역이나 금고에 해당하는 죄(제180조제2호의 경우를 제외한다)를 범하였다고 의심할 만한 상당한 이유가 있어 체포영장 또는 구속영장이 발부된 자. 다만, 제81조제1항에서 정하는 긴박한 사유가 있는 때에는 지명수배를 한 후 신속히 체포영장을 발부받아야 하며, 발부받지 못한 경우 즉시 지명수배를 해제하여야 한다. 2. 지명통보의 대상인 자로 지명수배의 필요가 있어 체포영장 또는 구속영장이 발부된 자 ②사법경찰관은 긴급사건 수배에 있어서 피의자의 성명 등을 명백히 하여 그 체포를 의뢰한 경우에는 지명수배를 하여야 한다. ③사법경찰관은 지명수배를 한 경우에는 체포영장 또는 구속영장의 유효기간에 유의하여 유효기간 경과 후에도 계속 수배할 필요가 있는 때에는 유효기간 만료 전에 체포영장 또는 구속영장을 재발부받아야 한다.	사법경찰관은 다음 각호의 어느 하나에 해당하는 자의 소재가 불명할 때에는 당해 피의자에 대하여 지명통보를 할 수 있다. 다만, 기소중지의견으로 사건을 송치할 때에는 지명통보를 하여야 한다. 1. 법정형이 장기 3년 미만의 징역 또는 금고, 벌금에 해당하는 죄를 범하였다고 의심할 만한 상당한 이유가 있고, 수사기관의 출석요구에 응하지 않고 소재수사결과 소재불명인 자 2. 법정형이 장기 3년 이상의 징역이나 금고에 해당하는 죄를 범하였다고 의심되더라도 사안이 경미하거나 기록상 혐의를 인정키 어려운 자로서 출석요구에 불응하고 소재가 불명인 자 3. 제174조제1항제1호의 규정에 불구하고 사기, 횡령, 배임죄 및 「부정수표단속법」 제2조에 정한 죄의 혐의를 받는 자로서 초범이고 그 피해액이 500만원 이하에 해당하는 자 4. 구속영장을 청구하지 않거나 발부받지 못하여 긴급체포되었다가 석방된 지명수배자
발견시 조치사항	①경찰관은 지명수배된 자(이하 "지명수배자"라 한다)의 소재를 발견하였을 때에는 피의자에게 체포영장 또는 구속영장을 제시하고 범죄사실의 요지, 체포 또는 구속의 이유와 변호인을 선임할 수 있음을 고지하고 변명의 기회를 준 후 지명수배자를 체포 또는 구속하고 확인서를 받아 신병과 함께 지명수배한 경찰관서(이하 "수배관서"라 한다)에 인계하여야 한다. ②경찰관은 체포영장 또는 구속영장을 소지하고 있지 않은 경우라도 급속을 요하는 때에는 피의자에게 범죄사실의 요지와 체포영장 또는 구속영장이 발부되었음을 고지하고 체포 또는 구속할	①경찰관은 지명통보된 자(이하 "지명통보자"라 한다)의 소재를 발견한 때에는 피의자에게 지명통보된 사실과 범죄사실, 지명통보한 관서(이하 "통보관서"라 한다) 등을 고지하고 시스템에 입력한 후 발견일자로부터 1개월 이내에 통보관서에 출석하거나 사건이송 신청을 하겠다는 내용이 기재된 별지 제157호 서식의 지명통보자소재발견보고서를 출력하여 피의자에게 교부하고 통보관서로 사건인계서를 작성하여 인계하여야 한다.<2010.10.26 개정> ②경찰관은 소재발견한 지명통보자에 대하여 지명통보가 여러 건인 경우에는 각 건마다 지명통보자 소재발견보고서를 작성하여야 한다.

	수 있다. 이 경우 사후에 신속히 체포영장 또는 구속영장을 제시하여야 한다. ③경찰관은 체포영장 또는 구속영장을 발부받지 않고 지명수배한 경우에는 피의자에게 긴급체포한다는 사실 및 범죄사실의 요지, 체포의 이유와 변호인을 선임할 수 있음을 고지하고 변명의 기회를 준 후 지명수배자를 긴급체포하여야 하며, 즉시 확인서를 받고 긴급체포서를 작성하여야 한다. ④도서지역에서 지명수배자가 발견된 경우에는 지명수배자 등을 발견한 경찰관서(이하 "발견관서"라 한다)의 경찰관은 지명수배자의 소재를 계속 확인하고, 수배관서와 협조하여 검거시기를 정함으로써 검거후 구속영장청구시한(체포한 때로부터 48시간)이 경과되지 않도록 하여야 한다. ⑤지명수배자를 검거한 경찰관은 구속영장 청구에 대비하여 피의자가 도망 또는 증거를 인멸할 염려에 대한 소명자료 확보를 위하여 필요하다고 판단되는 경우에는 체포의 과정과 상황 등을 자세히 기재한 지명수배자체포보고서를 작성하고 이를 수배관서에 인계하여 수사기록에 편철하도록 하여야 한다. ⑥검거된 지명수배자를 인수한 수배관서의 사법경찰관은 24시간 내에 제98조의 규정에 따라 체포 또는 구속의 통지를 하여야 한다. 다만, 지명수배자를 수배관서가 위치하는 특별시, 광역시, 도 이외의 지역에서 지명수배자를 검거한 경우에는 지명수배자를 검거한 경찰관서(이하 "검거관서"라 한다)의 사법경찰관이 통지를 하여야 한다.	③지명통보자소재발견보고서를 송부받은 통보관서의 사건담당 경찰관은 즉시 지명통보된 피의자에게 피의자가 출석하기로 확인한 일자에 출석하거나 사건이송신청서를 제출하라는 취지의 출석요구서를 발송하여야 한다. ④경찰관은 지명통보된 피의자가 정당한 이유없이 확인한 일자에 출석하지 않거나 사건이송신청을 하지 않은 때에는 제174조부터 제178조까지의 규정에 따른다. 이 경우 체포영장청구기록에 지명통보자소재발견보고서, 출석요구서 사본 등 지명통보된 피의자가 본인이 확인한 일자에 정당한 이유없이 출석하지 않았거나 사건이송 신청을 하지 않았다는 취지의 증명자료를 첨부하여야 한다.

(2) 지명수배자의 관련 내용

인수·호송	① 경찰관서장은 검거된 지명수배자에 대한 신속한 조사와 호송을 위하여 미리 출장조사 체계 및 자체 호송계획을 수립하여야 한다. ② 수배관서의 경찰관은 다음 각호의 어느 하나에 해당하는 경우를 제외하고는 검거관서로부터 검거된 지명수배자를 인수하여야 한다. 다만, 수배관서와 검거관서 간에 서로 합의한 때에는 이에 따른다. 1. 검거관서의 관할구역 내에서 수배를 받은 범죄의 죄종 및 죄질이 동등 또는 그 이상의 다른 범죄를 범한 경우 2. 검거관서에서 지명수배자와 관련된 범죄로 이미 정범이나 공동정범인 피의자의 일부를 검거하고 있는 경우 3. 지명수배자가 단일 사건으로 수배되고 불구속 수사대상자로서 검거관서로 출장하여 조사한 후 신속히 석방함이 타당한 경우

	③ 경찰관은 검거한 지명수배자에 대하여 지명수배가 여러 건인 경우에는 다음 각호의 수배관서 순위에 따라 검거된 지명수배자를 인계받아 조사하여야 한다. 1. 공소시효 만료 3개월 이내이거나 공범에 대한 수사 또는 재판이 진행중인 수배관서 2. 법정형이 중한 죄명으로 지명수배한 수배관서 3. 검거관서와 동일한 지방검찰청 또는 지청의 관할구여게 있는 수배관서 4. 검거관서와 거리 또는 교통상 가장 인접한 수배관서 ④ 검거관서와 수배관서의 경찰관은 지명수배자를 검거한 때로부터 구속영장 청구시한(체포한 때로부터 48시간)을 경과하지 않도록 서로 협조하여야 한다.
재지명수배의 제한	긴급체포한 지명수배자를 석방한 경우에는 영장을 발부받지 않고 동일한 범죄사실에 관하여 다시 지명수배하지 못한다.
지명수배자의 검거보고	지명수배자를 검거한 때에는 수배관서의 사법경찰관은 즉시 관할 지방검찰청에 전화 또는 모사전송기 그 밖의 상당한 방법으로 검거보고를 하고 피의자를 조사한 다음 검거한 때로부터 36시간 이내에 검사의 지휘를 받아야 한다. 이 경우 검거한 때라 함은 검거관서에서 지명수배자를 검거한 시점을 말한다.
공개수배	① 경찰청장은 지명수배・통보한 후 6월이 경과하여도 검거하지 못한 주요 지명피의자에 대하여는 종합공개수배할 수 있다. ② 경찰관서장은 사건수배에 있어서 피의자의 인적사항이 명백히 밝혀져 긴급한 공개수배가 필요하다고 인정될 때에는 공개수배할 수 있다. ③ 전항의 공개수배는 사진・현상・전단 그 밖의 방법에 의한다.

(3) 지명통보자에 대한 특칙

① 지명통보자의 규정에 불구하고 다음 각호의 어느 하나에 해당하는 범죄로 기소중지된 자를 발견한 발견관서의 경찰관은 통보관서로부터 사건송치의견서를 모사전송 등의 방법으로 송부받아 피의자를 조사한 후 귀가조치하고 조사서류만 통보관서에 이송한다. 다만, 피의자가 상습적인 법규위반자 또는 전과자이거나 위반사실을 부인하는 경우에는 그러하지 아니하다.

> 1. 행정기관 고발사건 중 법정형이 2년 이하의 징역에 해당하는 범죄
> 2. 「향토예비군설치법」 위반 중 예비군 편성신고 불이행, 동원연기사유 해제 후 신고미필의 범죄

② 발견관서의 경찰관은 전항의 규정에 따라 피의자를 조사하는 경우에는 피의자의 자유로운 의사에 따라야 하고 강제 등 인권침해 요인이 없어야 한다.

(4) 기타

지명수배·통보 관리 및 감독 부서	① 경찰청은 수사국 수사과로 한다. ② 지방경찰청 및 경찰서는 수사과로 한다. ③ 지방경찰청 및 경찰서 수사과장은 수배관리자를 지정하고 관리·감독한다.
수배관리자의 임무	1. 사건담당자로부터 의뢰가 있는 자에 대한 지명수배 또는 지명통보의 실시 2. 지명수배·통보자에 대한 전산 입력 및 지명수배자료 관리
사건담당자의 지명수배·통보 의뢰	① 사건담당자는 제4조 각호에 해당하는 피의자의 검거를 다른 경찰관서에 의뢰하고자 할 때에는 별지 제1호 서식에 의한 지명수배 · 통보자 전산입력 요구서를 작성 또는 전산입력하여 수배관리자에게 지명수배 또는 지명통보를 의뢰하여야 한다. ② 지명수배·통보를 의뢰할 때에는 다음 각호의 사항을 정확히 파악 기재하여야 한다. 1. 성명, 주민등록번호(생년월일), 성별과 주소(또는 등록기준지) 2. 인상, 신체특징 및 피의자의 사진, 방언, 공범 3. 범죄일자, 죄명, 죄명코드, 공소시효만료일 4. 수배관서, 수배번호, 사건번호, 수배일자, 수배종별 구분 5. 수배종별이 지명수배자인 경우 영장명칭, 영장발부일자, 영장유효기간, 영장번호 또는 긴급체포 대상 유무 6. 범행장소, 피해자, 피해정도, 범죄사실개요 7. 주민조회, 전과조회, 수배조회 결과 8. 작성자(사건담당자) 계급, 성명, 작성일시 ③ 외국인을 지명수배 또는 지명통보를 의뢰할 때에는 영문 성명, 여권번호, 연령, 피부색, 머리카락, 신장, 체격, 활동지, 언어, 국적 등을 추가로 파악 기재하여야 한다. ④ 사건담당자는 지명수배·통보를 최소화하고 사유를 명확히 하기 위해 지명수배·통보 의뢰 전 다음 각호의 사항을 수사한 후, 수사보고서로 작성하여 수사기록에 편철하여야 한다. 1. 연고지 거주 여부(단, 연고지가 같은 조 제5항제3호의 등록기준지일 경우 생략할 수 있다.) 2. 가족, 형제자매, 동거인과의 연락 여부 3. 국외 출국 여부 4. 교도소 등 교정기관 수감 여부 5. 경찰관서 유치장 수감 여부 ⑤ 제4항제1호의 "연고지"란 다음 각호와 같다. 1. 최종 주거지 2. 주소지 3. 등록기준지 4. 사건 관계자 진술에서 확인된 배회처
지명수배·통보 실시	① 수배관리자는 제5조에 따라 의뢰받은 지명수배 · 지명통보자를「범죄수사규칙」별지 제160호 서식(지명수배 및 통보대장)에 등재하고, 전산입력하여 전국 수배를 해야 한다. ②지명수배 · 통보자 전산입력요구서는 작성관서에서 작성 내용과 입력사항 및 관련 영장 등을 확인 검토한 후 연도별, 번호순으로 보관하여야 한다.
지명수배·통보 변경	① 수배 또는 통보 경찰관서에서는 지명 수배·통보자의 인적사항 등에 대한 변경 사항을 확인하였을 경우에는 기존에 작성된 지명수배·통보자 전산입력 요구서에 변경 사항을 수록하고 변경된 내용으로 지명수배·통보를 하여야 한다. ② 수배관리자는 영장 유효기간이 경과된 지명수배자에 대해서는 영장이 재발부될 때까지 지명통보자로 변경한다.

중요지명피의자 종합수배	① 지방경찰청은 지명수배·통보를 한 후, 6월이 경과하여도 검거하지 못한 다음 각호에 해당하는 중요지명피의자의 최근 촬영한 사진을 수집하여 매년 5월 20일과 11월 20일 연 2회에 걸쳐 경찰청장에 별지 제3호서식에 의한 중요지명피의자 종합수배를 요청하여야 한다. 1. 강력범 2. 중요폭력 및 도범 3. 기타 중요범죄 ② 경찰청장이 지방경찰청장으로부터 종합수배 요청을 받았을 때에는 수배를 요하는 피의자를 선정하여 6월과 12월 연2회에 걸쳐 별지 제4호서식에 의한 중요지명피의자 종합수배 전단지를 작성하여 전국에 공개수배한다. ③ 경찰서장은 제2항 및 제3항의 중요지명피의자 종합수배 전단지를 받을 때에는 다음 각호에 따라 관리하여야 한다. 1. 많은사람의 눈에 잘띄는 장소에 게시한다. 2. 관할지역내의 군 · 검 · 교도소, 읍·면사무소, 주민센터, 병무관계관서 등과 협조하여 군입대자 · 수형자중 수배자를 검거한다. 3. 검거하여 수배해제하는 자에 대하여는 즉시 해당란에 검거표시를 한다. 4. 수배서를 새로 붙일 때에는 전회분을 철거한다. ④ 중요지명피의자 종합수배 전단지는 퍼나르기 금지, 복사 방지 등 보안조치 및 관리 감독이 이루어지는 인터넷 홈페이지와 같은 정보통신망에 게시할 수 있다.
지명수배·통보해제	① 사건담당자는 지명수배 또는 지명통보 한 피의자에게 다음 각호에 해당하는 사유가 발생하였을 때에는 지체없이 수배·통보 당시 작성한 지명수배·통보자 전산입력 요구서의 해제란을 기재하여 수배관리자에게 수배 또는 통보 해제를 의뢰하여야 한다. 1. 지명수배자를 검거한 경우 2. 지명수배자에 대한 구속영장, 체포영장이 실효되었거나 기타 구속·체포할 필요가 없어진 경우. 다만, 이 경우에는 지명통보로 한다. 3. 지명통보자가 통보관서에 출석하거나 이송신청에 따른 이송관서에 출석하여 조사에 응한 경우 4. 지명수배자 또는 지명통보자의 사망 등 공소권이 소멸된 경우 5. 사건이 해결된 경우 ② 지명수배·통보 해제 사유가 검거일 경우에는 반드시 실제 검거한 검거자의 계급·성명 및 검거일자, 검거관서를 입력하여야 한다. ③ 수배관리자는 지명수배·통보대장을 정리하고 해당 전산자료를 해제한다.
지명수배·통보여부 조회	① 피의자를 검거하거나 거동이 수상 한 자에 대하여는 범죄수사 자료긴급조회규칙에 따라 반드시 지명수배·통보자 여부를 조회하여야 한다. ② 신병이 확보되지 않은 자를 수배조회하여 지명수배통보자를 발견하였을 경우 직접 검거하기 곤란한 때는 거주지 관할서 또는 수배관서에 즉시 발견통보를 하고 별지 제7호 서식의 지명수배·통보자 발견 통보대장에 기재하여야 한다. ③ 피의자를 입건하거나 사건을 송치하기 전에는 반드시 지명수배·통보자 여부를 조회해야 한다.
통계	지명수배·통보의 발생, 검거현황은 경찰청에서 전산집계한다.
지명수배·통보의 책임	지명수배와 지명통보의 신속, 정확으 로 인권침해 등을 방지하고, 수사의 적정성을 기하기 위하여 다음 각호와 같이 한다. 1. 지명수배·통보자 전산입력 요구서 작성, 지명수배·통보의 실시 및 해제서 작성과 의뢰에 대

	한 책임은 담당 수사팀장으로 한다. 2. 지명수배·통보의 실시 및 해제 사항 또는 수배사건 담당자 변경, 전산입력 등 관리 책임은 수배 관리자로 한다. 3. 위 각 호 최종 승인은 수배관리자가 처리한다.

3. 장물수배

(1) 개념

장물수배란 수사중인 사건의 장물에 관하여 다른 경찰관서에 그 발견을 요청하는 수배를 말한다.

(2) 관련 내용

① 경찰관은 장물수배를 할 때에는 발견해야 할 장물의 명칭, 모양, 상표, 품질, 품종 그 밖의 특징 등을 명백히 하여야 하며 사진, 도면, 동일한 견본·조각을 첨부하는 등 필요한 조치를 하여야 한다.

② 「범죄수법 공조자료 관리규칙」 제10조의 피해통보표에 수록·전산입력한 피해품은 장물수배로 본다.

(3) 장물수배서

① 경찰서장은 범죄수사상 필요하다고 인정할 때에는 장물과 관련있는 영업주에 대하여 장물수배서를 발급할 수 있으며, 장물수배서는 다음의 3종으로 구분한다.

특별 중요 장물수배서	수사본부를 설치하고 수사하고 있는 사건에 관하여 발하는 경우
중요 장물수배서	수사본부를 설치하고 수사하고 있는 사건 이외의 중요한 사건에 관하여 발하는 경우
보통 장물수배서	그 밖의 사건에 관하여 발하는 경우

② 특별 중요 장물수배서는 홍색, 중요 장물수배서는 청색, 보통장물수배서는 백색에 의하여 각각 그 구별을 하여야 한다.

③ 장물수배서를 발급할 때에는 제182조제2항의 규정을 준용한다.

④경찰서장은 장물수배서를 발부하거나 배부하였을 때 별지 제158조 서식의 장물수배서 원부와 별지 제159조 서식의 장물수배서 배부부에 따라 각각 그 상황을 명확히 해두어야 한다.

4. 기타

<table>
<tr><td>수배 등의 해제</td><td>① 수배 또는 통보에 관계된 사건에 대하여는 다음 각호의 어느 하나의 사유가 발생하였을 때에는 사법경찰관은 즉시 그 수배 또는 통보를 해제하여야 한다.
1. 피의자를 검거한 경우
2. 사건이 해결된 경우
3. 피의자가 통보관서에 출석하거나 이송신청에 따른 이송관서에 출석하여 조사에 응한 경우
② 체포영장 또는 구속영장의 유효기간이 경과되어 체포영장 또는 구속영장의 재발부를 받지 않거나 받지 못한 경우에도 전항과 같다.
③ 사법경찰관은 제1항 및 제2항의 경우 이외에는 제181조의 규정에 따라 수사 등의 의뢰를 한 경우 또는 장물수배서를 발행한 경우에 있어서도 그 필요성이 없다고 인정할 때에는 제1항의 규정에 준하여 필요한 절차를 취하여야 한다.</td></tr>
<tr><td>참고통보</td><td>① 경찰관서장은 다른 경찰관서에 관련된 범죄사건에 대하여 그 피의자, 증거물 그 밖의 수사상 참고가 될 사항을 발견하였을 때에는 지체없이 적당한 조치를 취하는 동시에 그 취지를 해당 경찰관서에 통보하여야 한다.
② 경찰관서장은 전항의 통보 외에 중요사건, 타에 파급될 염려가 있는 사건 그 밖의 범죄의 수사나 예방에 참고가 될 사건에 관하여는 관계 경찰관서에 통보하여야 한다.</td></tr>
<tr><td>지명수배 및 통보대장</td><td>① 경찰관은 지명수배 또는 지명통보를 한 때에는 지명수배 통보대장에 기입하여 정리하여야 한다.
② 지명수배 및 지명통보자의 연고지를 관할하는 경찰서장은 지명수배 통보자 연고지 수사부를 비치하고 적극적인 수사를 하여야 한다.</td></tr>
<tr><td>유치장의 이용</td><td>경찰관은 피의자의 호송 그 밖의 수사상 필요한 때에는 다른 경찰관서에 의뢰하여 그 경찰관서의 유치장 등을 사용할 수 있다.</td></tr>
</table>

제6절 조회제도

1. 개념

(1) 의의

조회란 범죄수사의 목적을 달성하기 위하여 미확인된 범죄의 의심있는 사실을 발견한 후에 평소 수집·분석하여 놓은 자료와 대조·확인함으로서 범죄사실 등을 확실히 하는 수사활동을 말한다.

(2) 수배와의 구별

① 수배는 범죄가 발생하였을 때 용의자의 발견 기타 사건의 수사자료 발견 및 조치를 타경찰관서에 의뢰하는 것이다.

② 조회는 용의자 또는 수사자료를 이미 확보한 후에 구체적으로 그러한 용의자 또는 수사자료가 진실로 범죄사실과 관계 있는가를 확인하는 것이다.

(2) 관련법규 및 조회 내용

지문 및 수사자료표 등에 관한 규칙	범죄수법공조자료관리규칙	범죄수사자료조회규칙
1. 범죄경력조회 2. 수사경력조회 3. 특기사항조회 4. 신원확인조회	1. 공조제보 실시 2. 피해통보표의 장물수배 3. 수법 및 여죄·장물조회	1. 범죄경력조회 2. 지명수배·통보조회 3. 장물조회 4. 신원확인조회 5. 수법조회 6. 여죄조회 7. 수배차량조회

2. 지문및수사자료표등에관한규칙

(1) 수사자료표 개념

수사기관이 피의자의 지문을 채취하고 피의자의 인적사항, 죄명, 입건관서, 입건일자, 처분·선고결과 등 수사경력 또는 범죄경력에 관한 사항을 작성한 표(전산입력되어 관리되거나 자기테이프, 마이크로필름 등 그 밖에 이와 유사한 매체에 기록·저장된 표를 포함한다)로서 경찰청이 관리하는 것을 말한다.

(2) 관련 용어

	자료	조회
① 범죄경력	수사자료표 중 벌금이상의 형의 선고·면제, 선고유예, 보호감호, 치료감호, 보호관찰, 선고유예실효, 집행유예취소, 벌금이상의 형과 함께 부과된 몰수·추징·사회봉사명령·수강명령 등의 선고 또는 처분에 관한 자료를 말한다.	신원 및 범죄경력에 관하여 수사자료표 및 전산입력된 범죄경력자료를 열람·대조확인(정보통신망에 의한 열람·대조확인을 포함한다)하는 방법으로 하는 조회를 말한다.
② 수사경력	수사자료표 중 벌금미만의 형의 선고 및 검사의 불기소처분에 관한 자료 등으로서 범죄경력자료를 제외한 나머지 자료를 말한다.	신원 및 수사경력에 관하여 수사자료표 및 전산입력된 수사경력자료의 열람·대조확인(정보통신망에 의한 열람·대조확인을 포함한다)하는 방법으로 하는 조회를 말한다.
③ 특기사항	피의자 등이 수사 또는 유치중에 도주, 자해기도, 흉기저항 등을 한 경우, 그와 관련된 내용으로서 수사자료표 및 범죄경력조회시스템에 입력된 자료를 말한다.	수사 또는 유치 중에 도주, 자해기도, 흉기저항 등의 전력에 관하여 수사자료표 및 전산입력된 특기사항자료를 열람·대조확인하는 방법으로 하는 조회를 말한다.

④ 지문자동검색시스템(Automated Fingerprint Identification System, 이하 'AFIS'라 한다): 주민등록증발급신청서, 외국인지문원지, 별지 제2호서식에 의한 수사자료표를 이미지 형태로 전산입력하여 필요시 단말기에 현출시켜 지문을 열람·대조확인할 수 있는 시스템을 말한다.

⑤ 전자수사자료표시스템(Electronic Criminal Record Identification System, 이하 'E-CRIS'라 한다): 관련 DB 자료 및 라이브 스캐너(생체지문인식기)로 신원을 확인하고 필요사항을 전산입력하는 등 수사자료표를 전자문서로 작성, 실시간 경찰청에 전송·관리하는 시스템을 말한다.

⑥ 신원확인조회: 신원을 확인할 필요가 있는 피의자, 변사자 등에 대하여 주민등록증발급신청서, AFIS, E-CRIS 등에 의해 신원을 확인하는 조회를 말한다.

⑦ 라이브스캐너(생체지문인식기): 지문을 전자적으로 채취하는 장비를 말한다.

⑧ 형사사법정보시스템: 「형사사법절차 전자화 촉진법」 제2조제4호 형사사법업무 처리기관이 형사사법정보를 작성, 취득, 저장, 송신·수신하는 데 이용할 수 있도록 하드웨어, 소프트웨어, 데이터베이스, 네트워크, 보안요소 등을 결합시켜 구축한 전자적 관리체계를 말한다.

(3) 수사자료표의 작성·관리

① 수사자료표의 구분: 수사자료표는 범죄경력자료와 수사경력자료로 구분한다.

② 수사자료표의 작성대상

수사자료표는 아래의 각 1에 해당하는 자를 제외한 피의자에 대하여 작성하여야 한다.

---

1. 즉결심판대상자 및 즉결심판에 불복하여 정식재판을 청구한 피고인
2. 사법경찰관이 수리한 고소・고발사건에 대하여 혐의없음, 죄가안됨, 공소권없음, 각하의 불기소 의견 및 참고인중지 의견으로 송치하는 사건의 피의자
3. 단순 물적 피해 교통사고를 야기한 피의자로서 피해자와 합의하였거나 종합보험 또는 공제조합에 가입하여 공소권없음으로 처리할 사건의 피의자
4. 형사미성년자인 피의자

---

③ 수사자료표의 작성

- 수사자료표는 E-CRIS를 이용 전자문서로 작성함을 원칙으로 한다. 다만 입원, 교도소 수감, 해상 또는 원격지 소재 등 불가피한 사유로 피의자가 경찰관서에 출석하여 조사받을 수 없는 경우에는 종이 수사자료표를 이용 작성하되 이를 지체없이 작성관서 과학수사계(팀)로 송부하여야 한다.
- 피의자의 신원이 확인된 경우에는 별지 제1호서식에 따라 수사자료표를 작성한다. 다만 다음 각 호의 어느 하나에 해당하는 경우에는 별지 제2호 서식으로 작성하되 주민등록번호가 부여되지 않은 내국인 남자는 '생년월일-1000000', 여자는 '생년월일-2000000', 외국인 남자는 '생년월일-5000000', 여자는 '생년월일-6000000'으로 작성한다.

---

1. 주민등록증 미발급자 및 외국인으로서 지문자료가 없어 신원확인이 불가능한 경우
2. E-CRIS로 동일인 여부가 판명되지 않은 경우
3. 주민조회시 지문가치번호가 없거나 00000-00000인 경우
4. 손상・절단 등으로 지문가치번호를 정정할 필요가 있는 경우

- 수사자료표 작성자는 작성 후 신속히 소속 팀(계)장의 승인을 받아야 한다.

[별지 제1호서식]

(앞면)

<table>
<tr><td>① 국적</td><td></td><td colspan="5">수 사 자 료 표</td></tr>
<tr><td>② 성명</td><td></td><td>③성별</td><td>남, 여</td><td>④주민등록번호</td><td colspan="2">-</td></tr>
<tr><td>⑤ 주 소</td><td colspan="6"></td></tr>
<tr><td>⑥ 등록기준지</td><td colspan="6"></td></tr>
<tr><td rowspan="2">⑦ 작성사항</td><td>관 서 명</td><td>년 월 일</td><td>번 호</td><td colspan="2">죄 명</td><td>⑬ 오른손 첫째 손가락</td></tr>
<tr><td></td><td></td><td></td><td colspan="2"></td><td rowspan="4"></td></tr>
<tr><td>⑧ 사건번호</td><td>년 -</td><td rowspan="2">⑪작성자</td><td colspan="3" rowspan="2">소속: 과 계
계급(직급): 성명: (인)</td></tr>
<tr><td>⑨ 범죄·수사경력</td><td>건</td></tr>
<tr><td>⑩ 비 고</td><td></td><td>⑫확인관</td><td colspan="3">계급(직급): 성명: (인)</td></tr>
</table>

187mm × 83mm(보존용지 120g/㎡)

(뒷면)

<table>
<tr><td colspan="2">

작성시 유의사항 및 예시

⑦ 작성관서 : 서울중부서, 부산해운대서 등으로 기재
작성번호 : 년도별 일련번호 기재
⑧ 사건번호 : 년도별 범죄접수번호를 기재
⑩ 비 고 : 특기할 사항이 있을 경우, 전면 비고란에 “자해”, “도주”, “흉기저항” 등으로 기재한 후, 아래 특기사항란에 개요를 육하원칙에 의거 간략하게 기재할 것
⑫ 확인관 : 수사자료표 작성자 직속상관(팀장 또는 과장)
※ 주민등록증 미발급자미소지자, 외국인 등 신원이 확인되지 않았거나 주민조회시 지문가치번호가 없는 경우(00000-00000 포함)에는 별지 제2호 서식으로 작성할 것

</td></tr>
<tr><td>특기사항
(육하원칙에 의거 작성)</td><td></td></tr>
</table>

※ 작성근거 : 「형의 실효 등에 관한 법률」 제5조

[별지 제2호서식]

(앞면)

① 국적		수 사 자 료 표				
② 성명 한글		③ 성 별	남, 여	④주민등록번호	–	
② 성명 영문						
⑤ 주소						
⑥ 등록기준지						
⑦외국인신분		⑧여권번호		⑨외국인 등록번호		

⑩ 작성사항	관서명	년 월 일	번 호	죄 명	⑯ 오른손 첫째 손가락
⑪ 사건번호	년 –	⑭ 작성자	소속: 과 계		
⑫범죄 · 수사경력	건		계급(직급): 성명: (인)		
⑬ 비 고		⑮ 확인관	계급(직급): 성명: (인)		

왼 손				
둘째 손가락	셋째 손가락	넷째 손가락	다섯째 손가락	첫째 손가락

오 른 손				
둘째 손가락	셋째 손가락	넷째 손가락	다섯째 손가락	첫째 손가락

왼손가락 평면지문	오른손가락 평면지문

187mm×265mm(보존용지 120g/㎡)

(뒷면)

<table>
<tr><td colspan="2">

작성시 유의사항 및 예시

② 외국인의 경우 : 영문 성명, 국적, 여권번호, 외국인등록번호 반드시 기재
⑦ 외국인 신분 : 외교관, SOFA(미국인, 미국인 가족, 미 군속, 초청계약자), 일반외국인, 불법체류, 기타 등 신분확인 기재
⑩ 관 서 명 : 서울중부서, 부산해운대서 등으로 기재
작성번호 : 년도별 일련번호 기재
⑪ 사건번호 : 년도별 범죄접수번호를 기재
⑬ 비 고 : 특기할 사항이 있을 경우, 전면 비고란에 "자해", "도주", "흉기저항" 등으로 기재한 후, 아래 특기사항란에 개요를 육하원칙에 의거 간략하게 기재할 것
⑮ 확 인 관 : 수사자료표 작성자 직속상관(팀장 또는 과장)
※ 주민등록증 미발급자미소지자, 외국인 등 신원이 확인되지 않았거나 주민조회시 지문가치번호가 없는 경우(00000-00000 포함)에는 별지 제2호 서식으로 작성할 것

</td></tr>
<tr><td>특기사항
(육하원칙에
의거 작성)</td><td></td></tr>
<tr><td colspan="2"></td></tr>
</table>

④ 수사자료표의 작성시 유의사항: 수사자료표 작성자는 E-CRIS로 신원 확인이 안 되는 경우 호적등본, 주민등록증, 운전면허증, 여권 등 신원확인에 필요한 제반 자료를 충분히 확인한 후 작성하여야 한다.

(4) 정정할 사항의 조치

회보받은 작성관서에서는 다음 각호에 정하는 바에 따라 조치하여야 한다.

① 피의자에 대한 출석요구 등을 통하여 본인 여부를 재확인하여야 한다. 타인의 인적사항을 도용한 것으로 밝혀진 경우에는 도용된 인적사항으로 입력된 피의자표(통계원표)를 삭제하고 확인된 인적사항으로 피의자표를 재작성하여 입력하여야 한다.
② 수사기록이 검찰에 송치되기 이전에 수정자료표를 회보받은 경우에는 피의자 인적사항을 정정하여야 하며 이미 송치된 경우에는 피의자 인적사항 정정에 관한 수사보고서와 함께 수정자료표를 송치한 검찰청에 신속히 추송하여야 한다.
③ 범죄사건부 등 각종 대장에 기재된 피의자 인적사항을 정정하여야 한다.
④ 다른 법령에 의거 이미 행정조치 또는 통보를 한 경우에는 도용당한 자에 대한 조치를 취소하고 새로 확인된 인적사항으로 조치 또는 통보하여야 한다.
⑤ 타인의 인적사항 도용 등이 확인되어 수사자료표를 재작성하는 경우에는 작성년월일, 작성관서, 작성번호, 죄명을 최초에 작성된 수사자료표 내용과 동일하게 기재하여 이중으로 작성되지 않도록 하여야 한다 .

(5) 범죄경력·수사경력조회 및 회보제한

① 형의실효등에관한법률(이하 "법"이라 한다) 제6조 및 형의실효등에관한법률시행령(이하 "시행령"이라 한다) 제7조에 규정된 범위내에서 범죄경력·수사경력자료에 관한 조회 및 회보를 하여야 한다.

형의실효등에 관한법률 제6조	(범죄경력조회·수사경력조회 및 회보의 제한 등) ① 수사자료표에 의한 범죄경력조회 및 수사경력조회와 그에 대한 회보는 다음 각 호의 어느 하나에 해당하는 경우에 그 전부 또는 일부에 대하여 조회 목적에 필요한 최소한의 범위에서 할 수 있다. 1. 범죄 수사 또는 재판을 위하여 필요한 경우 2. 형의 집행 또는 사회봉사명령, 수강명령의 집행을 위하여 필요한 경우 3. 보호감호, 치료감호, 보호관찰 등 보호처분 또는 보안관찰업무의 수행을 위하여 필요한 경우 4. 수사자료표의 내용을 확인하기 위하여 본인이 신청하는 경우 5. 「국가정보원법」 제3조제2항에 따른 보안업무에 관한 대통령령에 근거하여 신원조사를 하는 경우 6. 외국인의 체류허가에 필요한 경우 7. 각군 사관생도의 입학 및 장교의 임용에 필요한 경우 8. 병역의무 부과와 관련하여 현역병 및 공익근무요원의 입영(入營)에 필요한 경우 9. 다른 법령에서 규정하고 있는 공무원 임용, 인가·허가, 서훈(敍勳), 대통령 표창, 국무총리 표창 등의 결격사유 또는 공무원연금 지급 제한 사유 등을 확인하기 위하여 필요한 경우

	10. 그 밖에 다른 법률에서 범죄경력조회 및 수사경력조회와 그에 대한 회보를 하도록 규정되어 있는 경우 ② 수사자료표를 관리하는 사람이나 직무상 수사자료표에 의한 범죄경력조회 또는 수사경력조회를 하는 사람은 그 수사자료표의 내용을 누설하여서는 아니 된다. ③ 누구든지 제1항에서 정하는 경우 외의 용도에 사용할 목적으로 범죄경력자료 또는 수사경력자료를 취득하여서는 아니 된다. ④ 제1항에 따라 범죄경력자료 또는 수사경력자료를 회보받거나 취득한 자는 법령에 규정된 용도 외에는 이를 사용하여서는 아니 된다. ⑤ 제1항 각 호에 따라 범죄경력조회 및 수사경력조회와 그에 대한 회보를 할 수 있는 구체적인 범위는 대통령령으로 정한다.
형의실효등에 관한법률시행령(이하 "시행령"이라 한다) 제7조	① 법 제6조제1항제1호 내지 제4호의 경우에는 범죄경력자료 및 수사경력자료 전부에 관하여 조회 및 회보를 할 수 있다. ② 법 제6조제1항제5호 내지 제9호에 따라 수사자료표에 의한 범죄경력조회·수사경력조회 및 그 회보를 할 수 있는 범위는 다음 각 호와 같다. [개정 2006.7.27] [[시행일 2006.7.30]] 1. 법 제6조제1항제5호·제6호 및 제8호의 경우에는 범죄경력자료와 수사 또는 재판 중에 있는 사건의 수사경력자료 2. 법 제6조제1항제7호의 경우에는 범죄경력자료와 소년부송치·기소유예 또는 공소권없음으로 결정되거나 수사 또는 재판 중에 있는 사건의 수사경력자료 3. 법 제6조제1항제9호의 경우에는 그 결격사유 또는 지급제한사유 등(이하 "결격사유등"이라 한다)을 확인하기 위하여 필요한 자료로 하되, 결격사유등에 해당하는 범죄경력을 특정하기 어려운 때에는 다음 각 목의 자료 가. 결격사유등에 해당될 수 있는 범죄경력과 형의 종류가 같은 범죄경력자료 나. 결격사유등에 해당될 수 있는 범죄사실로 수사 또는 재판 중에 있는 사건의 수사경력자료 ③ 법 제6조제1항제10호의 경우에는 다른 법률에서 구체적으로 정한 범위에 한하여 조회 및 그 회보를 할 수 있다.

② 법 제6조제1항제1호 내지 제4호의 경우에는 범죄경력자료 및 수사경력자료 전부에 대하여 조회 및 회보를 할 수 있다.

③ 법 제6조제1항제5호 내지 제9호의 규정에 의하여 수사자료표에 의한 범죄경력조회·수사경력조회 및 그 회보를 할 수 있는 범위는 다음 각호와 같다.

1. 법 제6조제1항제5호, 제6호 및 제8호의 경우에는 범죄경력자료와 수사 또는 재판 중에 있는 사건의 수사경력자료
2. 법 제6조제1항제7호의 경우에는 범죄경력자료와 소년부송치, 기소유예 또는 공소권없음으로 결정되거나 수사 또는 재판 중에 있는 사건의 수사경력자료
3. 법 제6조제1항제9호의 경우에는 그 결격사유 또는 지급제한사유 등(이하 "결격사유등"이라 한다)을 확인하기 위하여 필요한 자료. 이 경우 결격사유등에 해당하는 범죄경력을 특정하기 어려운 때에는 다음 각목의 자료에 대하여 조회 및 회보할 수 있다.
   가. 결격사유 등에 해당될 수 있는 범죄경력과 형의 종류가 같은 범죄경력자료
   나. 결격사유 등에 해당될 수 있는 범죄사실로 수사 또는 재판 중에 있는 사건의 수사경력자료

④ 법 제6조제1항제10호의 경우에는 다른 법률에서 구체적으로 정한 범위에 한하여 조회 및 회보를 할 수 있다.

⑤ 「소년법」에 따른 소년부 송치 및 보호처분은 제2항에 해당하는 경우를 제외하고는 그 결정이 있은 때부터 3년이 경과한 후에는 회보를 하여서는 아니 된다. 다만 같은 조 제2항에도 불구하고 법 제6조제1항제4호에 따라 본인이 신청하는 경우에는 본인이 별도로 요구하지 아니하는 한 다음 각 호의 사항을 제외하고 회보하여야 한다.

1. 법 제7조 또는 「형법」 제81조에 따라 실효된 형
2. 사면 또는 복권이 있은 형
3. 결정이 있은 때부터 3년이 지난 「소년법」에 따른 소년부송치 및 보호처분

⑥ 범죄경력조회 및 수사경력조회를 의뢰받은 경찰관서와 회보받은 관서에서는 법 및 시행령에 의하여 허용된 범위내에서 활용하여야 한다.

(5) 범죄경력·수사경력조회에 대한 승인

① 형사사법정보시스템을 이용하는 사건 담당자가 형사사법정보시스템을 이용하여 직접 범죄·수사경력 자료를 조회하는 경우에는 소속과장(일과후 상황실장)의 승인을 받아야 한다.

② 종합조회처리실에 범죄·수사경력 자료의 조회를 의뢰하는 경우 의뢰자는 소속과장(일과후 상황실장)의 승인을 받아 조회의뢰서를 제출하여야 하며, 종합조회처리실 근무자는 관리책임자(형사·수사과장)의 승인을 받아 조회·회보하여야 한다. 이 경우 범죄수사 등 목적으로 긴급을 요하여 조회자가 승인을 받을 수 없을 때에는 조회의뢰서에 그 사유를 기재한 후 조회하고, 반드시 사후에 조회의뢰서를 통해 관리책임자의 승인을 받아야 한다.

③ 경찰청 과학수사센터에서 입건내용 입력, 처분내용 정정, 삭제 등의 업무를 처리하기 위하여 조회하는 경우에는 별도의 승인 없이 전산상의 작업이력 확인으로 대신할 수 있다.

(6) 특기자료 작성 조회방법

① 수사자료표 작성자는 취급한 사건의 피의자가 수사 또는 유치 중에 도주·자해기도·흉기사용 등 특이사항이 있는 경우, 수사자료표 작성시 비고란에 해당 사항을 기재한다.

② 범죄경력조회시 특기사항이 있는 경우 범죄경력자료의 지문번호 우측에 "특기"라고 표시되며, 특기사항조회를 하게 되면 도주 등의 전력이 표시되도록 한다. 특기사항자료가 있는 경우에는 반드시 조회하여 범인체포 또는 피의자 관리에 활용하여야 한다.

(7) 수사자료표의 보관 및 폐기

수사자료표는 작성 또는 접수된 날짜순으로 보관한다. 다만 다음 각호의 어느 하나에 해당하는 경우에는 수사자료표를 폐기할 수 있다.

---

① 중복 기재된 수사자료표를 정리한 경우
② 주민조회상 사망자로 분류된 경우
③ 사법경찰관이 수리한 고소・고발 사건에 대하여 기소의견으로 송치한 후 검찰청으로부터 혐의없음, 공소권없음, 죄가안됨, 각하의 불기소처분결과 및 참고인중지 처분결과와 함께 수사자료표를 폐기하도록 통보받은 경우
④ 수사자료표의 원본을 마이크로필름 또는 전산자료의 형태로 별도 보존・관리하는 경우

---

(8) 수사경력자료의 삭제

① 경찰청 정보통신2담당관은 다음 각호의 어느 하나에 해당하는 경우 제2항의 해당기간이 경과한 때에 전산입력된 수사경력자료의 해당 사항을 삭제하여야 한다. 다만 삭제한 사람의 소속성명, 삭제일시 등 삭제에 관한 사항을 삭제한 날부터 5년간 전산으로 관리하여야 한다.

---

① 검사의 기소유예・혐의없음・공소권없음 또는 죄가안됨의 불기소처분이 있는 경우
② 법원의 무죄・면소 또는 공소기각의 판결이 확정된 경우
③ 법원의 공소기각이 결정이 확정된 경우

---

② 제1항 각 호에 대한 수사경력자료의 보존기간은 다음 각 호와 같다. 이 경우 기간은 해당 처분이 있거나 결정 또는 판결이 확정된 날부터 기산한다.

---

① 법정형이 사형, 무기징역・무기금고, 장기 10년 이상의 징역・금고에 해당하는 죄는 10년
② 법정형이 장기 2년 이상의 징역・금고에 해당하는 죄는 5년
③ 법정형이 장기 2년 미만의 징역・금고, 자격상실, 자격정지, 벌금, 구류 또는 과료에 해당하는 죄는 즉시 삭제. 다만, 제1항제1호의 기소유예처분이나 제1항제2호・제3호의 판결 또는 결정이 있는 경우는 5년간 보존한다.

---

(9) 지문을 직접 채취할 피의자의 범위

수사자료표 작성시 제4조(수사자료표의 작성대상) 각호에 해당하는 자를 제외한 모든 피의자에 대하여 E-CRIS를 이용하여 지문을 채취한다.

(10) 지문 채취방법

① 수사자료표, 신원확인조회서를 작성함에 있어 지문채취는 지문의 융선과 삼각도가 완전히 현출되도록 회전하여 채취하여야 한다.

② 별지 제1호서식의 수사자료표 지문란에는 오른손 첫째 손가락의 지문을 채취하되 절단, 손상 등 기타의 사유로 지문을 채취할 수 없는 경우에는 다음 각호에 정한 순서에 의하여 지문을 채취한다.

1. 왼손 첫째 손가락
2. 오른손 둘째・셋째・넷째・다섯째 손가락
3. 왼손 둘째・셋째・넷째・다섯째 손가락

(11) 자료전산화

수사자료표, 주민등록증발급신청서 등의 지문자료는 AFIS, E-CRIS에 입력하여 디지털 이미지로 관리한다.

3. 범죄수법공조자료관리규칙상 조회

공조제보의 실시	① 지방경찰청 및 경찰서장은 발생사건의 범인검거 또는 검거피의자의 여죄 및 장물 등의 발견을 위하여 다른 경찰관서에 수배・통보・조회를 할 때에는 서면, 전신, 전산기 등으로 신속히 공조제보를 하여야 한다(범죄수법공조자료관리규칙 제9조 제1항) ② 공조제보가 긴급을 요할 때에는 경찰전화로 할 수 있다(범죄수법공조자료관리규칙 제9조 지2항)
피해통보표의 장물 수배	① 재산범죄 사건중 피해품에 대하여는 피해통보표의 피해품란에 각각 기재한 후 전산입력하고 장물조회등의 수사자료로 활용한다(범죄수법공조자료관리규칙 제10조 제1항) ② 피해통보표에 수록・전산입력한 피해품은 장물수배로 본다(범죄수법공조자료관리규칙 제10조 제2항)
수법 및 여죄·장물조회	① 경찰공무원은 수법범죄사건 현장을 임장하였거나 수법범인을 검거한 경우 또는 수사활동 과정에 있어서 필요한 사안에 관하여는 해당사항을 적극적으로 조회하고 조회 내역서를 출력, 관리하여야 한다(범죄수법공조자료관리규칙 제11조 제1항) ② 현재 검거 조사중인 피의자의 여죄 및 발생사건들의 범죄수법의 동일성 또는 불심대상자등이 소지한 수상한 물건, 중고품 상가나 사회에서 거래・유통되고 있는 수상한 물건・출처불명품 등에 대한 장물여부는 적극적으로 조회하여야 한다(범죄수법공조자료관리규칙 제11조 제2항).

4. 범죄수사자료조회규칙상 조회

(1) 목적

이 규칙은 각 경찰관서(수사기관 포함) 상호간에 범죄수사와 관련하여 신원확인, 범인·

여죄발견, 범죄경력, 지명수배·통보, 도난·무적·범죄차량, 장물여부 등을 효율적으로 조회하는데 필요한 사항을 규정함을 목적으로 한다.(범죄수사자료조회규칙 제1조)

(2) 부호의 지정

1. 범죄경력조회	2. 지명수배·통보조회	3. 장물조회	4. 신원확인조회
5. 수법조회	6. 여죄조회	7. 수배차량조회	

(3) 범죄수사자료 조회 대상 · 방법

범죄수사자료 조회는 조회대상별로 구성된 각 수사조회시스템을 활용 다음사항을 입력·대조한다.

구분	대상	방법
신원확인조회 범죄경력조회 지명수배조회 지명통보조회	검거한 피의자, 불심검문대상자, 신원조사 대상자	주민등록증 소지자는 대상자의 성별, 성명, 생년월일(주민등록번호), 본적, 주소 등 인적사항으로 조회하여 지문번호 등을 대조 확인
장물조회	검거한 피의자, 불신검문검색대상자, 신원조사대상자 등이 소지한 수상한 물품 및 고물상 · 전당포 입전물품, 사회에 유통되고 있는 출처불명의 물품등	범죄정보관리시스템(CIMS)을 활용 피해통보표의 피해품(목적물), 고유번호, 품명, 재료
신원확인조회	신원불상자, 변사자 기타 신원을 알 수 없는 인물	지문규칙에 따라 십지지문 채취하여 경찰청에 조회 또는 각 경찰관서의 지문자동검색시스템 단말기(AFIS NET)를 활용한다.
수법조회 여죄조회	발생한 수법범죄 사건과 검거한 수법범죄 피의자	수사종합검색시스템과 범죄정보관리시스템을 활용, 발생사건 및 검거 피의자의 범죄수법, 신체특징, 피의자 · 피해자의 성명 · 이명으로 조회한다.
수배차량 조회	도난차량, 무적차량, 번호판 도난 · 분실, 범죄차량 여부	온라인조회 단말기를 활용하여 대상차량의 차종, 차량번호, 차대번호, 지역, 용도 등으로 조회
긴급사실 조회	수사상 필요한 대상인물의 신상과 행적을 알고 싶을 때에는 전화로	경찰전화로 직접 실시함을 원칙

(4) 조회처

범죄수사자료 조회는 전국 경찰관서의 각종 수사조회 시스템을 이용하고, 긴급사실조회는 관계 경찰관서간 직접 경찰전화·전신 등으로 한다.(제4조)

5. 전산자료의 수사 목적 외 사용금지

수사자료표에 의한 개인범죄경력조회 누설	형의실효등에관한법률 및 동시행령
주민등록지, 주민번호 등 직무상 알게 된 개인비밀 누설	공공기관개인정보보호에관한법률
전산망에 보관된 타인의 정보 누설	전산망이용촉진과보급확장에관한법률

6. 범죄정보관리 SYSTEM

(1) 개념

범죄정보관리시스템(Crime Infonnation Management System: CIMS)이란 사건수사, 범죄통계, 범죄분석, 수사지식정보, 형사사법정보망이 연계 · 통합된 전산시스템이다.

(2) 사이트 링크의 구성

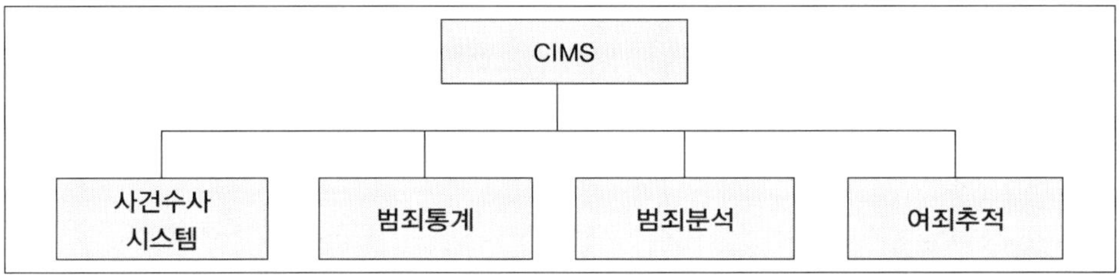

(3) 사건조회와 사건검색

사건조회	개인의 주민등록번호나 성명을 입력하여 대상자와 관련된 수사정보를 수집하는 조회로서 다음과 같은 조회가 있다. ① 수사대상자 조회 ② 수용자 조회 ③ 유치인 조회
사건검색	① 특정한 사건에 관한 수사정보를 수집하기 위한 검색을 의미한다. ② 사건검색의 경우 검색기간 또는 특정 지역을 중심으로 하는 다수의 사건을 일괄 검색하여 주로 수사의 단서발견이나 관련사건을 참고하기 위한 목적을 두고 검색을 한다.
구성	① 사건종합검색 ② 이송사건검색 ③ 사건진행현황검색

(4) 편리한 기능

죄종별 범죄사실 기재	인지보고서, 수사결과보고서, 사건 송치서의 각 사례별 기본 범죄사실
피의자 신문조서 및 진술서	피고인·참고인 조서 및 핵심문항 등 조서 작성 기본 사항
각종 수사 서식	체포보고서·영장청구서, 압수·수색 조서 등의 표준 서식
기타 작성시 유의사항 및 수사 참고사항	죄종별 수사서류 작성시 유의사항·지문분류 등 참고자료

(5) 출력가능 수사서식

민원사무처리부, 당직사건일일보고, 민원서류처리독촉장, 사실확인원, 각종수사서식 등(※ 범죄사건부는 불가능)

(6) 발급 가능한 사실 확인원

변사자사실확인원, 사건사고사실확인원, 도난사실확인원, 도난해제시설확인원, 화재사실확인원 (※ 미아 · 가출 사실확인원은 불가능)

(7) 범죄정보관리시스템 통계

기본 통계	개 념	전산시스템에 입력되는 일자를 기준으로 산출되는 통계로서, 기존 202통계에서 관리해 온 139종 통계의 연속성을 살려 정형화한 통계의 총칭을 말한다.
	특 징	크게 입력일 기준 - 제한적 유동성(송치단계에서 죄명변경 가능) - 연단위마감으로 송치 단계에서도 죄명을 수정 · 변경이 가능하도록 구성하는 특징을 가지고 있다. 기본통계는 공식통계로서 가치를 가지며 대외적인 통계는 반드시 기본통계자료를 산출하여야 한다.
응용 통계	개 념	기본통계를 제외한 모든 통계를 말한다. 응용통계(원표)에서는 일자별 기간대비, 죄종/죄명구분별, 기타 항목별, 범죄구분별, 관서별, 외사통계, 사이버통계 등이 제공된다.
	특 징	산출기준을 발생일 기준 또는 입력일 기준으로 자유롭게 선택할 수 있고 비교산출이 가능하며 기본통계에서 정한 항목 이외에 정형화한 통계를 확장하여 다양화하였으며 특히 항목의 추가나 변경된 항목에 맞는 통계산출이 가능하다.
응용 통계 메뉴	일일범죄 동향	일일 발생하는 범죄를 산출하여 보고 자료로 활용이 가능 발생·입력일자별 산출이 가능하다(검거일자 x).
	죄명/죄명 구분별	죄종/죄명을 사용자가 선택 · 지정하여 산출할 수 있으며 발생, 검거, 입력 일자별 산출이 가능하다.
	범죄구분별	5대, 7대, 9대 주요범죄를 선택조건으로 산출 가능한 것으로 발생, 검거, 입력 일자별 산출이 가능하다.
	외사통계	외국인 국적별, 체류목적별 범죄통계를 산출할 수 있으며, 발생, 검거, 입력 일자별 산출이 가능하다.

(8) 범죄통계자료의 기능과 활용

기능	1) 범죄발생을 실시간 파악할 수 있다. 2) 민원 ONE-STOP 체제와 관련된다. 3) 전자지도에 위치 입력으로 입체적인 현황파악 및 관리가 가능하다.
활용	1) 기본자료 활용 : 국회등 외부기관 제공, 실적평가 자료, 추세분석 자료 2) 경력배치 자료 : 형사·방범활동 자료, 전자지도 이용 시각적 분석 3) 기타 참고자료 : 조직·예산·인사 자료, 기타 신원조회 자료

(9) 범죄지도 레이어 종류

대상	종류
토지정보	법정동(행정동), 행동구역, 시·도·군·구 경계 등의 6종류
건물정보	건물, 도로, 호수, 등고선, 교량, 하천 등 21종류

(※ 전자지도의 레이어는 법정동만 있고 행정동은 없다(X)).

(10) 조건분석·여죄추적 항목

① 범죄분석기능을 통하여 관서별 · 범죄종류별 분포도, 범죄다발지역 분석기능, 전자지도상 반 경 내 범죄유형분석, 통계청 통계분석 등을 할 수 있다.

② 여죄추적은 피해통보표와 수법원지, 수용자료 주민자료, 교통사진을 종합적으로 조회하여 미검 수법범죄의 용의자를 추적할 수 있는 기능이다.

피해통보표 조회	여죄추적메뉴를 선택하면 조회조건을 입력할 수 있는 부분과 조회결과가 표시되는 부분이 나타나며 조건을 주고 검색하면 검색결과 목록이 나타난다. 검색결과 목록 중 하나를 선택하고 상세조회 버튼을 누르면 피해통보표 상세조회 화면을 볼 수 있다.
동일수법전과자의 조회	수법원지 버튼을 클릭하면 조회 조건에 설정했던 것과 동일한 수법의 수법범죄 전과자가 검색되어 목록으로 나타나고 목록 중 하나를 선택한 후 용의자 확인버튼을 클릭하면 용의자의 수용자료, 주민자료, 사진자료를 확인할 수 있는 화면을 볼 수 있게 된다.
수용자료, 주민자료, 사진자료 조회	수용자료확인버튼과 주민조회버튼, 사진조회버튼을 눌러서 상기 자료를 조회할 수 있다.

* 장물수배서와는 관련이 없다.

7. 수사종합검색시스템

(1) 의의

수법·마약·변사·조직폭력 영상시스템을 통합하고, 경찰청 주전산기(IBM HOST)·교통전산망·지문자동검색시스템(AFIS) 수용자료 등과 연계하여 다양한 수사자료를 검색할 수 있는 체계로서 과학수사센터에서 구축·운영중인 것을 말한다.

(2) 특징

① 수법범죄, 마약사범, 변사관리, 조직폭력 영상시스템을 통합하였다.
② 입력되어 있는 수법 범죄자 등에 대한 운전면허 사진이 조회된다.
③ AFIS 등 경찰의 각종 조회시스템과 연계되어 있다.

(3) 수사종합검색시스템의 활용

① 수사종합검색시스템을 활용하여 운전면허사진 열람이 가능하다.
② 범인의 얼굴을 모르고 있는 때에도 시스템 조회가 가능하다.
③ 수법범죄가 발생했을 경우 동일수법조회를 실시하여 수사에 활용할 수 있다.
※ 수사종합검색시스템에서 피해통보표를 확인하여 여죄·장물 수사가 불가능하다 (피해통보표를 활용하여 여죄 및 장물수사는 범죄정보관리시스템을 활용한다)

(4) 수법조회의 활용

① 몽타주 등과 동일인상착의 사진 대조
② 성명 이명에 따른 성명조회
③ 공범관계 조회
※ 여죄파악 및 피해자 주소·성명 파악은 불가능하다 (피해통보표를 대상으로 조회 가능하다)

(5) 변사자 조회

"관내에서 농아자 김00(14세)이 몇 일째 집에 들어오지 않고 있으며 행방을 알 수 없다는 신고를 접하였을 때 담당 경찰관이 할 수 있는 조치"

182신고 센타에 가출인 신고 입력 → 인근 구청사회복지과 미아찾기에 신고 → 인가 및 비인가시설(고아원 등)확인 → 사고 등으로 인한 신원미상 변사자 확인(수사종합검색시스템내 변사조회)
※ 수사종합검색시스템내에 주민조회로 확인한다.(X)

(7) 수사종합검색시스템(CRIFISS) 활용

① CCTV 몽타쥬 등과 동일인상착의 사진대조
② 문신 등 신체적 특징을 활용하여 용의자 검색
③ 연고선, 배회처 친인척 관계 검색
※ 음성조회를 활용하여 동일 음성 주파수 대조검색은 현재 불가능하다.

8. CCTV 영상판독 SYSTEM

(1) 의의

CCTV카메라로 녹화된 비디오테잎 등을 통하여 용의자의 행동을 정밀검색, 분석하고 이를 최종사진 등으로 편집출력 하여 수사에 활용하게 하는 시스템이다.

(2) 특징

① 다양한 방식으로 녹화된 CCTV 영상물 재생
② VHS비디오테잎 및 디지털파일의 고속·정밀검색
③ 디지털 입출력 및 사진·비디오테잎 출력

(3) 활용대상

① 설치관서 : 경찰청 및 각 지방경찰청 과학수사계(반)
② 판독대상 : 금융기관, 상가, 숙박기관, 지하주차장 등에 설치된 CCTV 시스템의 VHS 비디오녹화테잎, 디지털이미지파일
※ 용의자가 흘리고 달아난 지폐의 지문검색(X → AFIS)

(4)유의점

① 비디오 증거물 회수시 보안담당자의 협조를 받아 출납전표 · 근무일지 등 확인하여 시간 및 용의자 인상착의 등을 잘 기록하여 의뢰한다.
② 증거로 활용하기 위해서는 압수영장을 발부받아 압수하고, 필요시 복사본을 작성하여 두고 사건종료시까지 원본테이프는 보관한다.
③ 복사본은 원본화질의 70%에도 못미치므로 반드시 원본으로 판독의뢰 한다. → 녹화테잎 원본은 경찰서에 보관하고 복사테잎을 판독 의뢰한다.(x)

9. 판독절차

(1) CCTV 로 촬영된 녹화테이프를 회수하여 시간·장소 및 용의자 인상착의를 파악한다.
(2) 촬영된 테이프를 재생하여 용의자의 행동을 검색, 분석한다.

(3) 필요한 영상을 포착하여 사진으로 작성한다.

(4) 판독한 사진을 수사활동에 활용한다.

10. 시청각자료를 활용할 수 있는 장비

(1) CCTV **영상 판독시스템** → 비디오 영상판독

(2) **몽타쥬 작성 시스템** → 용의자 인상 작성시스템

(3) **수사종합검색시스템** → 동연 동일 유형 전과자들의 영상데이터베이스

제7절 수사와 언론

1. 언론사 취재요청에 대한협조방법

평소의 준비	① 가능한 신속히 응답한다. ② 각종 정보를 가지고 있어야 한다. ③ 언론사에 제공되는 정보의 정확성은 신중히 검토되어야 한다. ④ 사건관련 사진, 비디오 등 관계자료를 항상 준비해 둔다. ⑤ 언론과의 통화일지를 작성하여 관리한다.
사건용의자 익명 보다 자료 제공원칙의 준수	① 용의자는 피의자가 아니므로 반드시 익명으로 보도자료를 제공하여야 한다. ② 피의사실공표죄에 해당하지 않게 주의해야 한다. 공개수배를 요청하는 경우 용의자가 특정되고 증거자료가 완벽히 확보된 상태에서만 가능하다.
국민정서에 악영향이 우려되는 범죄사건의 접견제한	① 사회이목이 집중된 강력범 연행, 현장검증에 대한 사진촬영은 취재활동으로 간주되어 허용되나, 이 경우에도 피의자와의인터뷰는 제한되어야 한다. ② 구속영장 집행 후 특정사건 피의자 등을 취재목적으로 별도 접견하거나 촬영하도록 하여서는 아니 된다.
보도사건의 브리핑 정례화	사회이목이 집중되는 사건·사고의 경우 수사진행상황 및 대언론협조사항에 대하여 경찰청 공보 담당관실과 홍보시기, 활동매체, 자료제공 범위 등을 사전 협의하여 정례적으로 브리핑을 할 필요가 있다.
언론창구의 일원화	보도자료의 발표자는 경찰청의 경우는 해당부서의 국장 또는 과장, 경찰서의경우는 서장으로 일원화 하고 입회인을 두는 것이 좋다.

2. 언론과의 인터뷰 방법

인쇄매체의 질문에 대한 응답요령	인터뷰 전에 질문자의 신분을 확인하고 질문의 목적이나 내용에 따라 답변여부를 결정하며 정확한 사실만을 답하여야 한다.
영상매체와의 인터뷰	① 답변자의 머뭇거림, 망설임, 옷차림 등 각종 비언어적 커뮤니케이션이 수반되므로 사전에 철저한 준비를 한다. ② 인터뷰 도중에 기자 등과 논쟁하지 않도록 하고 긴장하지 말고 자연스럽게 이야기 한다.
수사관련 언론 브리핑의 준비방법	① 사전에 치밀한 준비가 필요하다. ② 브리핑장소는 넓은 장소보다는 좁은 장소가 좋고, 전화 · 팩스밀리, 별도의 방송인터뷰 장소 등이 마련되어야 한다. ③ 발표내용은 가급적 짧게 하고, 질문시간은 길게 한다. ④ 브리핑이 끝난 후에 질문에 대한 추가 보완자료가 필요하다고 판단되면 추가자료를 만들어 배포한다.

3. 언론중재및피해구제등에관한법률

(1) 정정보도청구의 요건(제14조)

① 사실적 주장에 관한 언론보도가 진실하지 아니함으로 인하여 피해를 입은 자는 당해 언론보도가 있음을 안 날부터 3월 이내에 그 보도내용에 관한 정정보도를 서면으로 언론사에 청구할 수 있다. 다만, 당해 언론보도가 있은 후 6월이 경과한 때에는 그러하지 아니하다.

② 1항의 청구에는 언론사의 고의 · 과실이나 위법성을 요하지 아니한다.

4. 조 정

조정신청 (제18조)		① 이 법에 따른 정정보도청구·반론보도청구 및 추후보도청구와 관련하여 분쟁이 있는 경우 피해자 또는 언론사는 중재위원회에 조정을 신청할 수 있다. ② 피해자는 언론에 의한 피해의 배상에 대하여 언론보도가 있음을 안날로부터 3개월 이내, 언론보도가 있은 날로부터 6개월 이내의 기간에 구술·서면 등으로 언론중재위원회에 조정을 신청할 수 있다. 단, 피해자와 언론사간의 협의가 불성립된 경우에는 그 날부터 14일 이내에 신청할 수 있다.
조정결정	조정기간	조정은 신청 접수일부터 14일 이내에 하여야 하나(제19조2항), 당사자간에 합의가 이루어지지 않아 직권결정 할 경우에는 접수일부터 21일 이내에 하여야 한다(제22조).
	조정의 진행	조정은 비공개를 원칙으로 하되, 참고인의 진술청취가 필요한 경우 등 필요하다고 인정되는 경우에는 중재위원회규칙이 정하는 바에 따라 참석 또는 방청을 허가할 수 있다.

	직권조정결정	① 당사자 사이에 합의가 이루어지지 아니한 경우 또는 신청인의 주장이 이유 있다고 판단되는 경우 중재부는 당사자들의 이익 그 밖의 모든 사정을 참작하여 신청취지에 반하지 않는 한도 안에서 직권으로 조정에 갈음하는 결정을 할 수 있다(제22조). ② 직권조정결정에 불복이 있는 자는 결정 정본을 송달받은 날부터 7일 이내에 중재부에 이의신청을 할 수 있다. 이 경우 그 결정은 효력을 상실한다.

5. 반론보도청구 등의 소(제26조)

(1) 피해자는 (조정을 거칠 필요 없음)법원에 반론보도청구등의 소를 제기할 수 있다.

(2) 제1항의 소는 언론보도가 있음을 안날로부터 3개월 이내, 언론보도가 있은 날로부터 6개월 이내의 기간에 제기하여야 한다.

(3) 피해자는 제1항의 소와 동시에 그 인용을 조건으로 민사집행법 제261조제1항의 규정에 의한 간접강제의 신청을 병합하여 제기할 수 있다.

제8절 수사지휘론

1. 수사지휘의 의의

수사지휘란 수사조직의 편성, 수사요원 지휘 및 사건지휘 등을 내용으로 수행하는 수사간부의 감독기술을 말한다.

2. 수사지휘의 내용

수사조직의 편성	오늘날의 범죄사건의 수사는 한 사람의 능력과 활동에 의존하거나 책임을 돌리는 수사로서는 그 목적을 달성할 수 없기 때문에 효율적인 수사를 위해서는 조직적인 수사조직의 편성이 요청된다.
수사요원의 지휘	부하를 능률적으로 운용하여 적정수사의 목적을 달성하는 기술과 능력을 말한다.
사건의 지휘	① 수사지휘의 핵심을 이루는 것으로 수사착수부터 수사종결에 이르는 전과정을 통해 적정절차가 가능하도록 지시, 명령해야 한다. ② 수사조직편성이나 수사요원의 지휘는 준비적·정적인 수사관리에 속하나, 수사지휘는 구체적으로 발생한 사건에 대하여 행하는 실행적·동적인 업무이다.

제9절 수사본부의 운영

1. 수사본부의 설치·운영의 목적

특별 중요사건이 발생한 경우에 경찰의 조직기능을 통일적 · 강력하게 발휘하여 적정하고 효율적인 수사 활동을 추진함으로써 종합수사의 실효를 거두기 위하여 설치 운영하는 것이다.

2. 근거법규

범죄수사규칙(제19조), 수사본부운영규칙(2002. 6. 20. 시행 경찰청 예규 제305호)

3. 특 성

비상설적, 통일적 수사체제(지휘체제의 변경), 강력한 수사수행력을 특성으로 한다.

4. 설치 및 편성

설치시기	범죄수사규칙 제19조에는 '특별 중요사건이 발생한 경우에 특히 수사를 통일적으로 강력히 추진할 필요가 있다고 인정할 때 지방경찰청장은 수사본부를 설치한다.' 라고 추상적(구체적×)으로 규정하고 있는바, 구체적으로 살펴보면 ① 국민의 피해의식이 크거나 비상한 관심의 대상이 되는 사건으로 ② 초동조치단계에서 범인을 검거할 전망이 없고 ③ 사건해결에 상당한 곤란이 예상되어 통상적 수사체제(주로 경찰서 단위의 수사)에 의한 수사로서는 수사의 실효를 기대하기 어려운 경우에 지방경찰청에서 수사를 직장하고 통일적이고 강력히 추진할 필요가 있음을 합리적으로 판단하여 설치여부를 결정하여야 한다.
설치권자	수사본부의 설치, 해산 및 수사본부장, 부본부장과 본부요원의 임면은 지방경찰청장이 행한다.
설치 대상사건	① 살인, 강도, 강간, 약취유인, 방화, 대규모 업부상과실치사상, 대규모 조직폭력단 사건 중 중요하다고 인정되는 사건, 국가중요시설 파괴 및 인명피해가 발생한 테러사건 또는 그러한 테러가 예상되는 사건 ② 기타 사회적 이목을 집중시키거나 중대한 영향을 미칠 우려가 있다고 인정되는 중요사건

5. 비치서류 등의 보존기간

(1) **범인을 검거하였을 경우** : 3년

(2) **범인을 검거하지 못한 경우** : 공소시효 완성후 1년

6. 수사본부의 구성원

수사본부장이 될 수 있는 자	수사 부본부장이 될 수 있는 자
① 서울지방경찰청 수사부장 ② 경기지방경찰청 해당부장 ③ 차장이 있는 지방경찰청 차장	① 해당 경찰서 사건 주무과장 ② 수사본부가 설치된 경찰서장
① 지방경찰청 주무과장 ② 관할지 경찰서장	① 지방경찰청 주무계장 ② 관할지 경찰서 형사(수사)과장

7. 수사본부의 해산 및 계속수사

구분	내용
수사본부의 해산사유	① 범인을 검거하였을 때 ② 오랜 기간 수사하였으나 사건해결의 전망이 없을 때 ③ 기타 특별수사를 계속할 필요가 없게 되었을 때
해산권자	지방경찰청장
계속수사	① 본부장은 사건을 해결하지 못하고 수사본부를 해산할 경우에는 그 사건수사를 계속 담당하야야 할 해당과장, 경찰서장에게 관계서류, 증거물 등을 인계하고 수사중 유의하여야 할 사항을 밝혀 주어야 한다. ② 제1항의 사건을 인계받은 해당과장 또는 경찰서장은 수사전담반으로 전환, 편성운영하고, 필요성 감소시 년 4회 이상 수사담당자를 지명하여 특별수사를 하여야 한다. 다만, 수사한 결과 범인을 검거할 가망이 전혀 없는 사건은 지방경찰청장의 승인을 얻어 수사전담반 또는 수사담당자에 의한 특별수사를 생략할 수 있다.

8. 기 타

구분	내용
종합수사지휘본부	① 전국 또는 2개 이상 시·도에 걸친 범죄의 광역수사에 있어서 필요하다고 인정하는 때에는 경찰청에 지휘본부를 설치 · 운영한다. ② 종합수사지휘본부는 수사본부의 지휘, 통제, 조정 및 감독, 종합적인 수사계획의 수립, 수사본부의 수사상황 등에 대한 종합적 분석, 당해사건에 관한 각 시·도의 공조제보 다음 각호의 사항을 관장한다.
합동수사본부	국가기관간 공조수사가 필요한 경우에 지방경찰청장은 관계기관과 합동수사본부(이하 "수사본부"라 한다)를 설치·운용할 수 있으며, 수사본부의 조직, 설치장소, 인원구성, 수사 분담 등에 관하여 상호 협의하여 운용한다.

제10절 범죄피해자 보호

1. 범죄피해자 보호 원칙

경찰관은 범죄피해자와 그 가족(이하 '피해자등'이라 한다)의 심정을 이해하고 그 인격을 존중하며 신체적·정신적·경제적 피해의 회복과 권익증진을 위하여 노력하여야 한다.
범죄신고자 및 참고인으로서 범죄수사와 관련하여 보복을 당할 우려가 있는 경우 이 장을 준용한다.

2. 범죄피해자 관련 주의사항

(1) 피해자등 동행시 유의사항

경찰관은 피해자를 경찰관서 등으로 동행할 때 가해자 또는 피의자 등과 분리하여 동행하여야 한다. 다만, 위해나 보복의 우려가 없을 것으로 판단되는 등 특별한 사정이 있는 경우에는 그러하지 아니하다.

(2) 피해자 조사시 주의사항

① 경찰관은 피해자에게 권위적인 태도, 불필요한 질문으로 수치심 또는 모욕감을 유발하지 않도록 유의하고, 피해자의 진술에 일관성이 없다는 이유만으로 무혐의 처리하여서는 아니 된다.

② 경찰관은 피해자 등을 조사할 때에는 피해자의 상황을 고려하여 조사에 적합한 장소를 이용하고, 피해자 등이 불안 또는 괴로움을 느끼지 않도록 주의하여야 한다.

③ 경찰관은 살인·강도·강간 등 강력범죄 피해자로서 신원 비노출을 요하거나 그 밖의 지원이 필요한 피해자에 대하여는 특별한 사정이 없는 한 현장에 찾아가 조사하거나 필요한 지원을 하여야 한다.

④ 경찰관은 강력범죄 피해자 등 정신적 충격이 심각할 것으로 추정되는 피해자에 대하여는 피해자의 심리상태를 확인 후 지방청장에게 보고하여 피해자 심리 전문요원의 조치를 받을 수 있도록 하여야 한다.

3. 피해자 등에 대한 정보제공

경찰관은 범죄사건을 처리하는 과정에서 피해자 보호와 피해회복을 위하여 피해자 등에게

(1) 형사절차의 개요

(2) 환부·가환부 제도, 피해자 진술권, 변호인·신뢰관계있는 자의 조력을 받을 권리 등 형사절차상 피해자의 권리에 관한 사항

(3) 범죄피해자구조금 제도, 배상명령제도, 성폭력피해자 의료비 지원제도 등 피해자 지원제도에 관한 사항 정보를 제공하여야 한다.

4. 사건처리 진행 상황에 대한 통지

(1) 경찰관은 피해자 등의 신고·고소·고발·진정·탄원에 따라 수사를 할 때에는 사건처리 진행상황을 통지하여야 한다.

(2) 경찰관은 사건을 송치하거나 타 관서로 이송하는 등 수사를 종결하였을 때에는 3일 이내에 피해자, 고소인 또는 고발인에게 그 사실을 통지하여야 한다.

(3) 경찰관은 제1항 또는 제2항의 경우에 피해자가 사망 또는 의사능력이 없거나 미성년자인 경우에는 법정대리인, 배우자, 직계친족, 형제자매나 가족 등에게 통지하여야 한다.

(4) 경찰관은 제1항에서 제3항까지의 통지가 수사 또는 재판에 지장을 주거나 피해자 또는 사건관계인의 명예와 권리를 부당히 침해할 우려가 있는 때에는 통지하지 않을 수 있다.

(5) 경찰관은 제1항에서 제3항까지의 통지를 할 때에는 피해자 등의 비밀보호를 위해 구두, 전화, 우편, 모사전송, 이메일, 문자메시지(SMS) 등 사건을 접수할 때 피해자 등이 요청한 방법으로 할 수 있으며, 서면으로 통지하였을 경우 그 사본을 기록에 편철하고 그 이외의 방법으로 통지한 때에는 그 취지를 기재한 서면을 수사기록에 편철하여야 한다.

5. 피해자 등의 신변안전조치

(1) 경찰관서장은 피의자의 범죄수법, 동기, 피해자 등과의 관계, 언동 그 외의 상황으로 보아 피해자 등이 피의자 그 밖의 사람으로부터 생명·신체에 해를 받거나 받을 염려가 있다고 인정되는 때에는 직권 또는 피해자 등의 신청에 의하여 신변안전에 필요한 조치를 강구하여야 한다.

(2) 전항의 규정에 따른 신변안전조치의 종류는 다음 각 호의 어느 하나와 같다.
① 일정기간 동안의 특정시설에서의 보호
② 일정기간 동안의 신변경호
③ 참고인 또는 증인으로 출석·귀가시 동행
④ 피해자 등의 주거·직장에 대한 주기적 순찰
⑤ 비상연락망 구축 등 그 밖의 신변안전에 필요하다고 인정되는 조치
(3) (1) 및 (2) 의 규정은 범죄수사에 관한 자료제공자에게도 준용한다.

6. 피해자 등의 비밀누설금지

(1) 경찰관은 성명, 연령, 주거지, 직업, 용모 등 피해자 등임을 미루어 알 수 있는 사실을 제3자에게 제공하거나 누설하여서는 아니 된다. 다만, 피해자 등이 동의한 경우에는 그러하지 아니하다.
(2) 「특정 범죄신고자 등 보호법」 에 따라 범죄신고자나 그 친족 등이 보복을 당할 우려가 있는 경우 직권 또는 범죄신고자나 그 법정대리인의 신청에 의해 조서 등에 인적사항의 전부 또는 일부를 기재하지 않고 별지 제184호 서식의 신원관리카드를 작성하는 등 범죄신고자 등의 비밀보호에 최선을 다해야 한다.

제2편

수사각론

제1장

대인범죄수사

제1절 강력범죄 수사

1. 특징

(1) 피해사실이 뚜렷하게 나타나거나, 행사된 유형적인 여러 가지 단서가 범죄현장이나 피해객체에 남게 된다.

(2) 범인의 신원이 특정되지 아니하거나 불명확한 것이 대부분이다.

(3) 특별한 경우를 제외하고는 타 범죄자에 비하여 범인의 교육수준과 신분 등이 낮은 편이다.

(4) 강력범죄에 일반적으로 사용되어 온 전통적이고 정형적인 범행방법이 이용되고 있다.

2. 유형

(1) 경찰의 4대 강력범죄 : 살인 ,강도, 강간, 방화 (5大 : 폭력)

(2) 검찰의 강력범죄 : 살인, 강도, 강간, 방화, 폭행, 상해, 협박, 공갈, 약취와 유인, 체포와 감금

3. 강력사범 수사상 유의사항

(1) 범인이 불명하기 때문에 범인특정에 주력한다.

(2) 다각적인 수사방향을 설정하여야 한다.

4. 지능범과의 구별

	강 력 범	지 능 범
지식수준	낮다	높다
성 질	현재성(顯在性)	잠재성(潛在性)
피해회복	곤란	가능
현장성	단시간의 범죄 · 현장성	장시간의 범죄 · 음성적
현장검증	반드시 要	不要
시 대	원시성	근대성

5. 최근 강력범의 특징

(1) 광역화

(2) 고속화

(3) 교묘화

(4) 흉포화

(5) 연소화

제2절 살인사건 수사

1. 살인죄의 유형

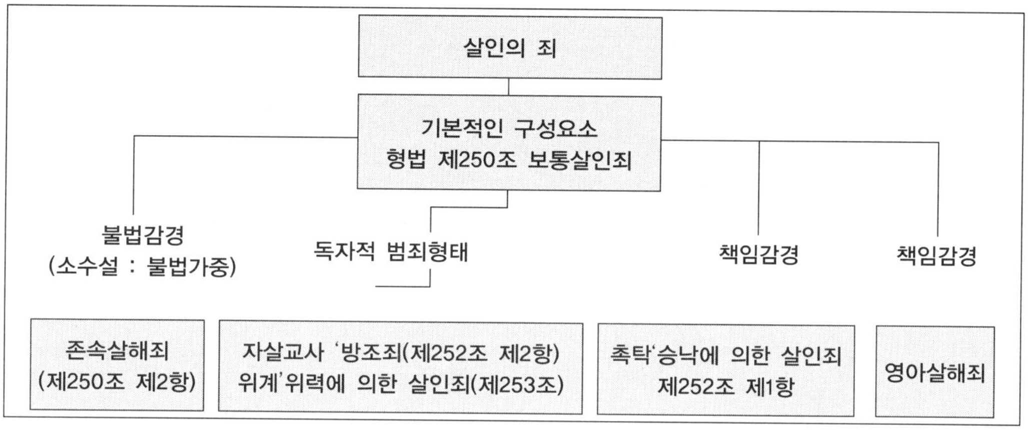

2. 살인사건의 수사 단계

초동조치 ⇒ 현장관찰 ⇒ 기초수사 ⇒ 수사방침결정 ⇒ 수사활동 ⇒ 피의자조사 ⇒ 방증자료수집결과 재검토 ⇒ 참고인 조사

(1) 초동조치

① 신고를 받은 순찰지구대에서는 즉시 종합상황실을 경유 본서에 신속한 보고와 현장출동

② 긴급배치가 필요한 경우 범행발생일시, 장소 범인의 인상착의, 특징, 소지품, 범인의 도주방향 등을 동시에 보고 → 사망추정시간(X), 범행동기(X)

(2) 경찰서의 조치

① 상급부서 보고 및 긴급배치를 실시한다.

② 임무분담

형사반(수사과)	(a) 각종 기자재의 휴대-출동 (c) 현장지휘자는 현장에서 수사지휘	(b) 기타 범인의 체포수사활동 (d) 보고책임자 지정
관리반(재서반)	(a) 당번자, 비번자 소집 (c) 영장신청	(b) 지검, 촉탁의, 검시자와의 연락 (d) 홍보활동

(3) 현장도착시의 조치

① 피해자 구호조치, 현장보존범위 결정, 수사자료 수집

② 도착시간을 확인하고, 생존 피해자가 있으면 구호 실시한다.

③ 피해자로부터 수사자료(범인, 원인, 피해상황, 피해자의 신원, 현장 또는 부근에 있었던 사람)를 청취하며, 녹음기를 활용하는 것이 좋다.

④ 먼저 도착한 외근간부는 출입금지구역을 설정하여 출입을 통제하고 즉시 추가 수배에 필요한 사항을 파악하여 본서로 보고하고 범죄현장부근을 수색하여 범인이 은신해 있는 경우 체포활동을 한다.

⑤ 현장에 입장한 지휘간부의 임무

- 임무분담: 담당구역 등을 명확하게 지시하는 등의 수사의 실효를 거두도록 함
- 범인의 인상: 특징 및 도주방향 등 긴급배치에 필요한 사항 수집을 우선적으로 한다.
- 관할경찰서의 임장요원 가운데 한명을 보고·연락책임자로 지정 한다.

(2) 현장관찰

① 범인의 출입관계 : 침입개소, 침입방법, 도주로 및 도주방법 등

② 사체의 관찰 및 피해자 신원확인

- 사체의 위치・자세, 창상 부위・수・상황, 사후경과시간 추정, 살해방법, 착의상황, 혈흔의 상황, 수상(受傷)당시의 자세, 사체로부터의 지문채취, 흉기의 추정
- 피해자의 신원확인자료의 유무, 저항흔적의 유무, 신체 · 의복의 부착물 및 부착상황, 피해자의 소지휴대품 등에 대하여도 확인

③ 동기 판단 : 재물(이욕)인가 원한인가 또는 치정인가를 판단

④ 감의 수사 : 지리감 또는 연고감이 있는 범인의 범행인가를 판단

⑤ 공범, 유무 판단 : 범행현장 족적과 흉기의 종류 및 수 등을 통하여 공범유무를 파악

⑥ 유류품의 발견채취 : 유류품의 종류, 유류의 상황확인, 유류품에서 지문의 채취

⑦ 피해자의 신원확인 및 저항흔적의 유무

⑧ 신체-의복의 부착물 및 부착상황

⑨ 피해자의 소지 휴대품 등에 대하여도 확인

⑩ 기타 현장자료 수집 : 지문, 혈액형 자료, 흔적

(3) 기초수사

피해자중심수사	① 피해자의 신원확인 및 피해자주변의 인물들과의 원한, 치정 등 범행동기를 판단하여 범인을 검거하는 수사 ② 피해자의 신원확인 방법 추정자료 (a) 피해자의 착의 제작처 등 조사 (b) 혈액검사 (c) 지문조회 (d) 사체의 부패정도가 심한 경우 슈퍼입포즈기법을 활용 (e) 가출신고자 대상수사 (f) 치아 모발 등의 감식
피해품 수사	(현장자료의 수집) 범죄현장에서 지문, 족적, 질액, 치아, 소변, 모발 등과 같은 유류물이나 흔적, 피해품 등을 수집한다.
현장중심수사	① 목맴(의사는 자살을 위장한 타살이 많으므로, 현장에 출동한 형사간부는 현장위장여부를 각별히 신경써야 하고, 목 뒷부분에서 끈자국이 관찰되었다는 것은 목맴으로 위장된 살인으로 판단할 수 있는 근거자료이다. ② 화재로 인한 소사체의 기도에서 그을음이 발견되지 않았다면, 사망 후 증거인멸을 위한 방화로 추정할 수 있다.

(4) 수사방침의 결정

① 현장관찰 및 수집된 현장자료를 토대로 수사회의를 개최하여 수사방침을 결정한다.

② 수사요원 확보 → 임무분담 → 수사용기자재확보 → 수사진행

③ 수사방침 설정 후 실시하는 수사 활동

현장중심수사	현장주변수색, 목격자나 우범자를 상태로 한 탐문
피해자중심수사	원한관계, 치정관계, 감별수사, 가출인 실종자 수사 신원
피해품수사, 유류품 수사, 감식수사, 용의자내사 및 추적 수사 등→ 범인검거	

④ 용의자 내사시 유의사항

- 先 증거수집 後 체포 조사의 수사원칙을 준수할 것
- 거짓말 탐지기 사용은 수사의 초기단계에서 실시할 것
- 자연스럽지 못하거나 모순된 점은 진실을 정확히 규명할 것
- 범행의 부정적 측면에서 검토-보안 조사할 것

(5) 수사활동

탐문수사, 현장을 중심으로 한 수사, 범인의 인상 특징에 의한 수사, 감별수사, 유류품수사, 감식수사, 용의자 내사 및 추적수사의 과정을 거쳐 범인을 검거한다.

(6) 피의자조사

살해동기, 결의일시, 범행일시와 장소 등을 조사하고 현장검증 실시

(7) 방증자료수집 결과의 재검토

현장검증을 통하여 피의자의 진술내용의 모순점을 파악하는 등 수집자료의 재검토

(8) 참고인조사

목격자 재조사, 관련사항의 조사, 피해자유족조사

3. 살인사건 현장의 확정

제 1 의 현장	살인이 행하여진 곳
제 2 의 현장	살해현장에서 그 시체를 옮겨다가 묻거나 버린 장소 - 시체가 매몰되거나 산속 · 물속 등 외딴 곳에 유기된 경우 - 시체가 소각되거나, 화물로 위장하여 철도편 · 자동차편으로 수송된 경우 - 피해자 자신이 죽기 전에 살려고 다른 곳으로 피신 이동한 경우

4. 살인범의 검거단서 수집

직접적인 물적단서	지문, 현장유류품, 족적, 혈흔, 공구흔 등의 흔적, 장물
간접적인 물적단서	법의학적 감정결과 등 과학기술방법에 의한 판단결과
인적 · 무형적 단서	수사관의 수사경험을 통한 판단이나 상상과 이를 토대로 한 직무질문, 전과자 · 불량배에 대한 착안
수동적 단서	피해신고, 밀고, 자수

5. 살인 동기 파악

(1) 재물 (2) 원한 (3) 치정

6. 살인사건 범인 검거 후 수사사항

(1) 피의자 조사사항

1. 범행일시 및 장소	2. 살해동기와 목적	3. 예비행위
4. 범행상황	5. 범의의 확정	6. 피해자와의 관계
7. 범행후의 상황	8. 공범관계	9. 정신상태

(2) 방증자료 재검토

① 피의자의 진술내용과 피해정황 등

- 반드시 형사간부가 직접 현장에 입장하여 검증을 실시한다.
- 피의자에게 범죄당시의 상황을 있는 그대로 재현하게 한다.
- 사전에 범행상황 등을 면밀히 조사하고, 부검결괴를 소지 한다.

② 흉기, 독약기타 범행에 사용한 물건의 입수처를 확인한다.

③ 피해자와의 관계 범행의 동기 등을 뒷받침할 수 있는 자료를 조사한다.

④ 흉기 기타 범행에 사용된 물건을 버린 곳을 수색하여 이를 발견 압수하고 장물 처분의 경위를 조사한다.

⑤ 피의자의 진술내용을 비교하여 의문점이 있으면 다시 추궁 한다.

⑥ 현장부재증명을 제시할 경우 = 그 진위를 조사하고 단정하게 된 자료를 다시 검토한다.

(3) 참고인 조사

① 목격자 재조사

② 관련사항 조사

③ 피의자유족조사

제3절 강도사건 수사

1. 강도사건의 유형

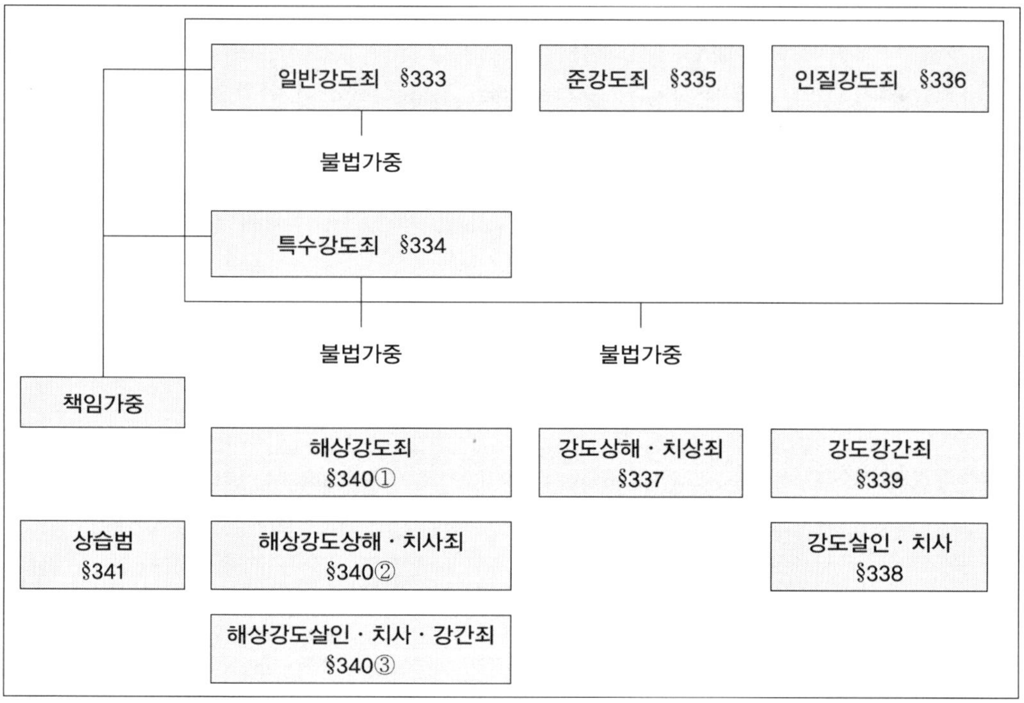

2. 강도죄의 특성

(1) 수법범죄에 해당한다.

(2) 피해자로부터 범인의 인상착의·범행방법 등을 어느 정도 알 수 있다.

3. 수사요령

(1) 초동수사 철저 및 긴급배치

(2) 강도죄는 피해자가 범인의 특징과 범행방법을 알고 있는 점이 특징이다.

(3) 장물수사

장물은 재물범죄수사의 가장 중요한 단서로서 장물유입경로의 추적은 범인특정과 체포의 지름길이 되기 때문에 피해품이 확인되면 장물수배(조회 X)를 실시하여야 한다.

(4) 수법수사

① 강도는 수법범죄이므로 상습성의 유무를 수사하여야 한다.
② 상습성 유무의 판단자료로는 시간적 관계, 장소적 관계, 침입수단과 방법, 폭행수단과 방법, 물색상황, 목적물 관계, 기타 습벽으로 파악할 수 있다.
③ 상습성이 있다고 판단되면 수사종합검색시스템을 활용하여 수사한다.

4. 총기휴대 차량 이용 강도·택시강도

(1) 차량을 이용하여 도주하는 경우 경찰력만으로는 발견에 한계가 있으므로 평소 관할모범운전자 등의 시민단체와 협조체제 유지가 중요하다.

(2) 원활한 교통소통보다는 포위경계태세를 유지하여야 한다.

(3) 강도범이나 탈영병이 휴대한 총기, 실탄, 도주방향 등을 감안하여 광역배치를 하여야 한다.

(4) 총기로 무장한 범인검거에는 넓은 지역에 소수의 인원을 배치하는 것보다는 중요한 도주예상 길목에 최소한 2명 이상의 무장경찰관을 배치하는 것이 경찰관의 피해가 적고 검거에도 효과적 이다.

(5) 승차지 주차지점, 범행지점 차량발견지점이 포함된 공조수사체제가 구축되어야 한다.

(6) 고속도로상 긴급배치는 요령을 별도로 정하여 운용하는 것이 효과적이다.

(7) 자동차이용범죄의 범행지점은 다른 범죄보다 현장보존의 실효성이 없다는 특징이 있다.

(8) 강취당한 택시를 발견한 경찰서에는 즉시 해당서에 통보하고 현장을 보존하면서 범인이 다시 차량에 접근할 경우 검거할 수 있도록 대비하여야 하며, 즉시 감식한다거나 피해자에게 환부하는 일이 없도록 주의한다.

제4절 화재 사건 수사

1. 의의

방화와 실화의 죄는 고의로 불을 놓거나 과실로 화재를 일으켜 사람의 주거에 사용하거나 사람이 현존하는 건조물 · 공용건조물 · 일반건조물 또는 일반 물건을 불태워 버리거나 이로 인해 공공의 위험을 발생케 하는 범죄를 의미한다.

2. 방화사건 관련법규

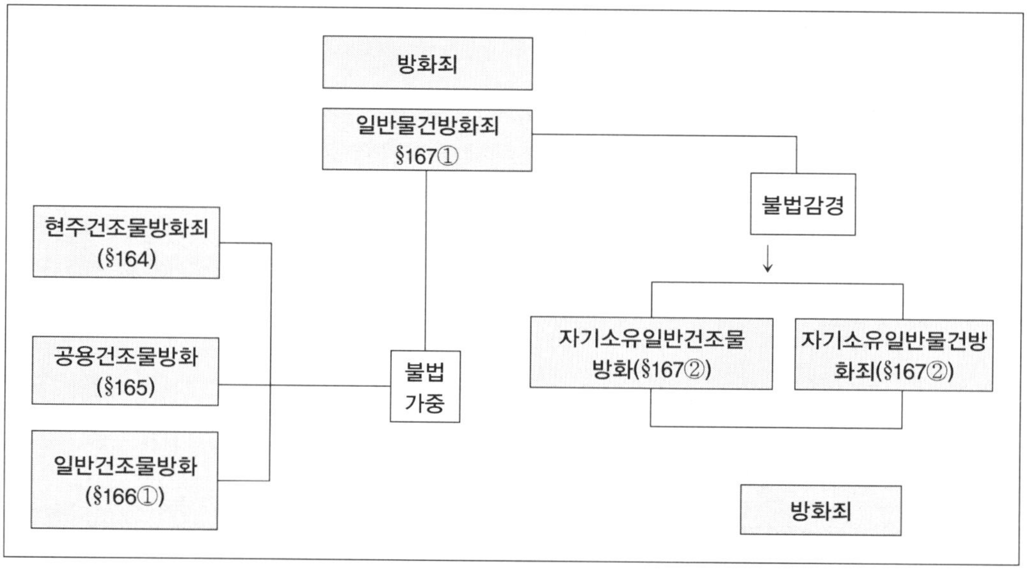

3. 방화사건의 수사

(1) 수사긴급배치된 경우 중점검문대상

① 입고 있는 옷과 몸에서 연기냄새가 나는 사람
② 장갑 등을 끼고 행동하는 사람
③ 현장주변에 모여 서성이는 사람

(2) 방화수사의 초동수사

① 사건의 접수처리(인지)

지구대	(a) 순찰지구대는 종합상황실을 경유하여, 본서에 보고한다. (b) 긴급배치에 필요한 사항 (방화사건) (c) 현장급행(상근자와 연락, 장비휴대, 신고인과 동행하여 임장, 도중 수상한 자의 발견노력)
본서	(a) 간부의 판단으로 긴급배치의 여부, 배치범위 등의 조치를 취하며, 종합상황실을 경유하여 지방청 각과에 즉시 보고 한다. (b) 임무분담 **수사반**: 각종 기자재 휴대 + 현장임검, 현장지휘자, 보고연락책임자 **관리반**: 당번자-비번자소집, 분야별로 상부보고 필요한 수배실시

② 현장활동시 조사사항

현장관찰에서 현장 및 주변의 자료수집, 화원가옥의 확정, 발화점과 출화점의 확인, 화재원인의 판단, 발화와 출화시간의 추정, 공공위험도의 조사, 소화상황의 조사, 사상자 유무의 조사, 화재시 기후상태를 조사한다.

(3) 발화원인의 조사

방화	• 화재가 발생한 집의 거주자 등이 불을 피하여 대피하였을 때 그들의 복장, 언장에 부자연스러움이 있는 경우 • 화재가 발생한 집의 거주자 및 인근의 불에 탄 가옥이 과대한 화재보험에 가입되어 있는 경우 • 발화부 부근에 유류가 발견되거나 물질의 이동 또는 외부로부터의 반입물이 있는 경우 • 화재가 발생한 집의 거주자에 대해 치정, 원한 등 방회동기를 가진 자 가 있는 경우 • 불을 피할 수 있는 출입구-창 등이 개방되어 있거나 부자연스러운 경우 • 발화부 부근에 유류가 발견되거나 물질의 이동
실화	• 불이 발생한 장소에 자연발화물이 존재할 경우나 발화상태에 있었을 경우 • 불이 발생한 기옥내의 귀중품 등이 평소 상태대로 소실된 경우 • 평소부터 화기를 취급하는 장소에서 불이 발생한 경우 • 발화부에 부자연성이 없는 경우

(4) 화재현장 관찰요령

① 화재 현장 검증은 방화사건 용의자를 상대로 범행당시를 재현하기 위해 실시한다. (X)

② 외부에서 내부로, 전체에서 부분으로, 좌{우)에서 우(좌)로, 아래에서 위 순서로 실시한다.

③ 발화원인물의 조사

현장부근의 관찰	광범위하게 행할 필요가 있다.
소실가옥의 관찰	약소부에서 강소부로 관찰점을 이동한다.
화원가옥의 인정	거주자 및 최초발견자의 진술과 현장의 연소상황으로 판단한다.
발화부·출화부인정	연소의 상승성, 도괴상황, 탄화심도, 균열흔, 훈소흔, 용융흔
출화원인의 인정	방화원인, 실화의 의심, 자연발화의 의심, 전기에 의한 발화

④ 사례별 방화사건 수사

방화자체가 목적	방법이 단순한 특징
보험금이나 죄증 인멸 목적	방법이 교묘
범죄은폐 목적	증거를 숨기거나 말살하기 위해 우연히 일어난 것같이 꾸며진다.

* 배선의 경우 인입선까지는 전기회사의 책임이고, 옥내배선은 건물주의 책임이다.

(5) 화인조사(실황조사)의 착수

예비조사 → 현장조사 → 화원가옥 인정 → 발화부·출화부 인정 → 발화부 관찰 → 발화원인물 조사

예비조사	화재발생시간, 발견상황과 발생원인, 건물의 구조·용도·사용자, 전기관계 등 제설비관계, 기상관계, 피해상황, 이재관계자의 보험과 부채관계, 소방작전 상황, 기타 자료수집과 사진촬영	
현장조사	부근의 관찰	① 관찰장소는 소훼장소외 주위건물까지 포함 ② 소훼상황은 약소부에서 강소부방향으로 관찰
	소실가옥 관찰	① 연소에 의한 멸실물, 이동물, 변향물에 주의 ② 물리적 조건에 의한 낙하전도물 조심 ③ 화재발생가옥의 연소된 주변가옥까지 전체에 대하여 검증
화원가옥 인정	① 화원부 : 화재의 현장에서 발화부를 포함하는 좀 넓은 영역을 나타내는 화재의 기점 ② 화원부의 천장이나 지붕은 다른 가실에 비해 소실도가 높음 ③ 화원가실이 1층이면 연소의 상승성으로 인해 다른 가실은 2층이 먼저 연소된다. ④ 화원가실은 저변부에 이르기까지 비교적 소훼가 심하다.	
발화부·출화부의 인정	① 발화부는 불을 낸 장소 즉, 화재의 기점이 된 부위를 말하며, 출화부는 불이 타오른 장소를 의미한다.	

〈발화부, 출화부를 확인하는 자료〉

연소의 상승성	• 화염은 일반적으로 수직가연물을 따라 상승하며, 역삼각형으로 연소한다. • 발화부는 출화부의 아래쪽에 있는 경우가 많음
도괴상황	발화건물의 기둥, 벽, 가구류는 발화부를 향하여 사방으로부터 도괴(倒壞)
탄화심도	기둥, 보 등의 목재표면이 거북등 모양으로 탄화된 깊이를 말한다. 발화부에 가까울수록 탄화정도가 깊음
균열흔	목재표면의 균열흔은 발화부에 가까울수록 가늘어지는 경향이 있음
훈소흔	장시간에 걸쳐 무염연소한 흔적
용융(熔融)흔	유리, 거울, 알루미늄 샷시 등은 화재초기의 화열로도 쉽게 탈락 또는 용융
연소색	목재의 연소후 색깔은 연소된 목재가 검은색에 가까울수록 발화부에서 먼 곳이다.
기타	박탈흔, 변색흔, 주연흔, 주염흔등이 있다(마찰흔은 없다).

(6) 자연발화가능성

염산칼륨 + 목탄가루	발화
무수크롬산 + 신나	즉시 발화
아마인유	봄·여름의 흐린날, 특히 야간에 발화
복사용 카본지를 휴지통에 넣고 밟으면	자연발화(습기 첨부시 위험)
가솔린·벤젠·신나 + 정전기	발화

(7) 피해액의 산정 기준

건물	한국감정원에서 최근 공시된 건물신축단가표에 의한 피해 당시의 재건축비를 기준
선박, 항공기, 차량	피해 당시의 구입가격을 기준
골동품, 귀금속	사회통념상 평가하는 가격
제품 및 반제품	원료 또는 재료의 가격에 공임을 가산한 원가
원료 및 재료	매입한 것은 피해당시의 구입가격, 자가제조한 것은 제조 원가
임야의 입목	소실 전의 입목가격에서 소실한 입목의 잔존가격을 뺀 가격
그 외 물건	피해당시의 시가

제5절 성폭력범사건 수사

1. 성폭력범죄의처벌및피해자보호에관한법률상의 성폭력범죄

(1) 특수강도강간등(제5조)

형법상의 주거침입, 야간주거침입절도(미수포함), 특수절도(미수포함), 특수강도(미수포함)의 죄를 범한 자가 강간·준간강·준강제추행의 죄를 범한 경우

(2) 특수강간등(제6조)

① 흉기 기타 위험한 물건을 휴대하거나 2인 이상이 합동하여 강간·강제추행·준강간·준강제추행의 죄를 범한 경우

② 제1항의 방법으로 신체장애로 항거불능인 상태에 있음을 이용하여 여자를 간음하거나 사람에 대하여 추행한 경우

(3) 친족관계에 의한 강간등(제7조)

① 친족관계에 있는 자가 강간·강제추행·준강간·준강제추행의 죄를 범한 경우

② 친족의 범위는 4촌 이내의 혈족과 2촌 이내의 인척으로 사실상의 관계를 포함한다.

(4) 장애인에 대한 간음등(제8조)

(5) 13세미만의 미성년자에 대한 강간, 강제추행등(제8조의2)

(6) 강간등 상해·치상(제9조)

(7) 강간등 살인·치사(제10조)

(8) 업무상 위력등에 의한 추행(제11조)

① 업무·고용 기타관계로 인하여 자기의 보호 또는 감독을 받는 사람에 대하여 위계 또는 위력으로써 추행한 때에는 2년 이하의 징역 또는 500만원 이하의 벌금에 처한다.

② 법률에 의하여 구금된 사람을 감호하는 자가 그 사람을 추행한 때에는 3년 이하의 징역 또는 1천500만원 이하의 벌금에 처한다.

(9) 공중밀집장소에서의 추행(제13조)

대중교통수단, 공연·집회장소 기타 공중이 밀집하는 장소에서 사람을 추행한 자는 1년 이하의 징역 또는 300만원이하의 벌금에 처한다.

(10) 통신매체이용음란(제14조)

자기 또는 다름 사람의 성적 욕망을 유발하거나 만족시킬 목적으로 전화·우편·컴퓨터 기타 통신매체를 통하여 성적 수치심이나 혐오감을 일으키는 말이나 음향, 글이나 도화, 영상 또는 물건을 상대방에게 도달하게 한 자는 1년 이하의 징역 또는 300만원 이하의 벌금에 처한다.

(11) 카메라등이용촬영(제14조의2)

카메라 기타 이와 유사한 기능을 갖춘 기계장치를 이용하여 성적 욕망 또는 수치심을 유발할 수 있는 타인의 신체를 그 의사에 반하여 촬영한 자는 5년 이하의 징역 또는 1천만 원 이하의 벌금에 처한다.

2. 성폭력범죄의 특성

(1) 일반적 특성

기일이 경과한 후에 신고되는 경우가 많아, 입증 및 증거수집 곤란하며, 사후합의가 이루어져 공소권이 없어 수사가 중담됨에 따라 조사의지가 박약해지는 문제점이 있다.

(2) 피해자의 특성 : 낮은 신고율, 증거제출 소극적

(3) 가해자의 특성

① 물증이 없을 때는 부인으로 일관

② 피해자가 가해자에게 먼저 항의 후 고소하는 경우가 많아 가해자가 조사전에 미리 답변을 준비, 증거인멸 등의 시간적 여유를 가짐으로서 조사상 어려움이 있다.

(4) 입증상의 특징 : 피의자의 자백이나 정황증거에 의존하는 경우 많다.

(5) 형사절차상의 특성 (친고죄, 비친고죄 공존)

① 성폭력특별법 중 업무상위력에 의한 추행의 죄 및 미수죄, 공중밀집장소에서의 추행죄, 통신매체 이용음란의 죄는 친고죄이다.

② 청소년의성보호에관한법률상의 강간죄와 강제추행죄도 친고다.(판례)

(6) 3중의 피해자

3. 성범죄 수사상 유의사항

(1) 여성심리의 고려

여성피해자의 심리를 고려, 과격하거나 직설적인 표현은 삼가는 성적 수치심을 자극해서는 아니되며, 여성특유의 자존심과 결부시 거짓말을 할 우려가 있으므로 주의한다.

(2) 최대한의 물증 포착

피해사실이 분명하면 범인이 불명하고, 면식자의 범행 및 범인이 뚜렷한 경우 피해자의 의사에 반하여 성교가 이루어진 여부가 애매한 것이 성범죄의 특징이다.

(3) 영상물의 촬영·보존 등(제21조의2)

① 피해자의 진술의 촬영 등

성폭력 범죄를 당한 피해자가 13세 미만이거나 신체장애 또는 정신상의 장애로 사물을 변별하거나 의사를 결정할 능력이 미약한 때에는 피해자의 진술내용과 조사과정을 비디오녹화기 등 영상물 녹화장치에 의하여 촬영·보존하여야 한다. 다만, 피해자 또는 법정대리인이 이를 원하지 않는 의사를 표시한 때에는 촬영을 하여서는 안 된다.

② 촬영한 영상물의 증거능력 : 성립의 진정

③ 신뢰관계에 있는 자등의 동석

④ 증거보전의 특례

- 피해자가 공판기일에 출석하여 증언하는 것이 현저히 곤란한 사정이 있는 때에는 당해 성폭력범죄를 수사하는 검사에 대하여 증거보전의 청구를 할 것을 요청할 수 있다.
- 피해자가 13세 미만이서나 장애인인 경우에는 위 사유가 있는 것으로 본다.

⑤ 심리의 비공개

4. 아동성폭력

(1) 아동성폭력의 특성

① 은폐성이 강하여 장기간 피해가 지속되며 실제 발생률 파악이 곤란하다.

② 친족·이웃 등 아는 사람에 의해 발생하는 경우가 많다.

③ 접근관계, 성폭력단계, 비밀단계, 노출단계, 억압단계, 등 계획적·단계적 발생 및 은폐의 과정을 거친다.

④ 13세 미만 성폭력은 형법 및 성폭력특별법에서 처벌하고 있다.

(2) 피해아동의 진술녹화

① 13세 미만의 성폭력피해아동을 대상으로, 부모 등 보호자가 희망하는 경우에 시행한다.

② 조사장소는 경찰관서에 국한되지 않고 녹화장비가 갖춰진 아동상담기관등에서도 가능하다.

③ 아동심리전문가의 간접조사도 가능하다.

(3) 진술녹화시 유의사항

① 진술녹화실 관리책임자를 지정한다.

② 진술녹화를 위한 컴퓨터는 인터넷 연결을 금지한다.

③ 녹화 종료 시, 녹화CD(테이프) 2개를 복사하여 1개는 원본 표시 후 봉인·보관하고, 나머지 1개를 부본 표시 후 수사시 활용한다.

④ CD 복사 후에는 하드디스크의 녹화자료는 삭제한다.

⑤ 사건송치 시 진술녹화 CD 원본 및 부본 모두 압수물로 처리, 검찰에 송치한다.

⑥ 피해자 또는 법정대리인(피의자 제외)의 신청이 있는 때에는 영상물 촬영 과정에서 작성한 조서의 사본을 신청인에게 교부한다.

⑦ 피해자 또는 법정대리인(피의자 제외)의 영상물 열람신청 시에는 특별한 사유가 있는 경우 외에는 열람케 하고, 그 내용을 수사보고서에 기재한다. 그러나 영상물 자체의 복사·교부는 허용되지 않는다.

「별지 제11호서식」

※ 아동 · 청소년 대상 성범죄 또는 성인대상 성범죄 경력 유무 적용방법

1. 취업제한 대상이 되는 성범죄

<아동·청소년대상 성범죄>

가.「아동 · 청소년의 성보호에 관한 법률」 제7조부터 12조까지의 죄(제8조제4항의 죄는 제외한다)

나. 아동 · 청소년에 대한「성폭력범죄의 처벌 등에 관한 특례법」 제3조부터 제10조까지 및 제14조의 죄

다. 아동 · 청소년에 대한「형법」 제297조부터 제301조까지, 제301조의2, 제302조, 제303조 및 제305조의 죄

라. 아동·청소년에 대한「형법」 제339조의 죄('10. 4. 15일 이후)

마. 아동·청소년에 대한「아동복지법」 제29조제2호 및 제6호의 죄 ('10. 4. 15일 이후)

※ "아동 · 청소년"은 19세 미만의 사람을 말한다. 다만, 19세에 도달하는 해의 1월 1일을 맞이한 사람은 제외한다.

<성인대상 성범죄 : '10. 4. 15일 이후>

가. '성폭력 방지 및 피해자 보호 등에 관한 법률' 제2조의 죄

※ 성폭력"이란「성폭력범죄의 처벌 등에 관한 특례법」 제2조제1항에 규정된 죄에 해당하는 행위를 말한다.

2. 취업제한 대상기관의 종류 및 적용시점 · 적용기간

대상기관의 종류		성범죄의 발생 시점			
		2006. 6. 30. ~ 2008. 2. 4.	2008. 2. 4.~ 2009. 12. 31.	2010. 1. 1. ~ 2010. 4. 14	2010.4.15 이후
가. 유치원, 학교, 학원 · 교습소, 청소년 보호센터, 청소년재활센터, 청소년활동시설, 청소년쉼터, 보육시설, 아동복지시설	「아동 · 청소년의 성보호에 관한 법률」(이하 "법"이라 한다) 제44조제1항제1호부터 제3호까지, 제5호부터 제9호까지의 규정	제20조 제2항의 죄를 범한 자는 형 확정일부터 5년간 취업제한 (법률7801호)	청소년대상 성범죄로 형 확정일부터 10년간 취업제한	아동·청소년대상 성범죄로 형 또는 치료감호를 선고받아 확정된 자는 그 형 또는 치료감호의 전부 또는 일부의 집행을 종료하거나 집행이 유예 · 면제된 날부터 10년간 취업제한	아동·청소년대상 성범죄 또는 성인대상성범죄로
나. 체육시설	법 제44조제1항제6호 및 제12호	〃	〃	〃	"
다. 성매매피해상담소, 공동주택의 관리사무소	법 제44조제1항제10호, 제11호	해당 없음	〃	〃	"
라. 청소년상담 및 긴급구조 등의 기관, 청소년지원 등의 기관	법 제44조제1항제4호	해당 없음	해당 없음	〃	"
마. 개인과외교습자	법 제44조제1항제3호	해당없음	해당없음	해당없음	"

※ 제도 시행일 이전의 범죄사실은 취업제한 대상에 해당되지 않습니다.

제6절 약취·유인 사건 수사

1. 약취·유인 사건의 의의

통상 실무적으로 칭해지는 유괴사건은 미성년자 등을 대상으로 한 인질강도죄(형법 제336조, 특정범죄가중처벌에 관한 법률 제5조의2항)를 의미한다.

2. 약취·유인사건 수사의 기본방침

(1) 신속착수의 원칙 (2) 과학수사의 원칙 (3) 비밀수사의 원칙

3. 약취·유인사건의 특성

(1) 계획적인 범죄

(2) 연고감, 지리감이 있다.

(3) 범행현장이 여러곳에 있다.

(4) 공범자 있는 것이 보통

(5) 검거가 장기화되면 피유괴자가 살해될 가능성이 높다.

4. 약취·유인사건의 수사실행

미아, 실종 신고접수	→	순찰지구대출동, 형사, 여청계, 112타격대 동시 출동	→	신고접수 즉시 수사 착수 24시간 이내
합심위원회 (생활안전과장, 형사계장, 여청계장)	→	주관 : 형사과장 아동관련 NGO 대표 및 실종자 가족 참여	→	전담밤 편성, 수사확대

(1) 초동조치

① 미아·실종사건 접수시 최악의 상황을 가상하여 즉시 수사체제를 확립한다.

② 순찰지구대·형사·여성청소년계·112타격대가 동시에 출동한다.

③ 필요시 112타격대·방순대를 동원하여 실종장소 주변을 수색한다.
④ 유관기관과 협력하고 구조견을 활용하여 실종자의 조기발견에 노력한다.
⑤ 182신고 센타 및 인근 구청 사회복지과에 미아찾기에 신고한다.

(2) 사건접수 체제확립

① 정보는 형사(수사)과장에게 보고하는 일원화 체제를 확립한다.
② 112번으로 신고를 받은 경우에도 유선연락을 원칙으로 한다.
③ 상황실에 형사간부 1명이 정위치하여 연락 및 통제조치를 취하도록 해야 한다.

(3) 사건판단 자료의 수집

① 가족관계자 및 목격자 등으로부터의 사정청취를 실시하기 위하여 1차 임장자는 수사경험이 풍부한 수사간부를 포함시킨다.
② 초기단계에서 관계자에게 사정청취를 하는 경우에는 사건판단에 필요한 사항을 치밀하면서도 광범위하게 청취하고 이를 토대로 목표를 좁혀 나가는 수사를 실시한다.

(4) 합심위원회

① 주관 : 형사과장이 주관이 되어 신고접수 후 24시간 이내에 개최하여 수사를 확대할지에 대한 결정을 내린다.
② 참여자 : 형사과장, 형사계장, 여성청소년계장은 물론 아동관련 NGO대표, 실종자의 가족 등이 참여한다.
③ 수사전담반 및 지원반의 편성 : 합심결과 범죄혐의 있다고 판단되면 즉시 경찰서에서는 수사전담반을, 지방청에서는 수사지원반을 편성 한다.

5. 기본활동

(1) 수사지휘 본부의 설치운영

(2) 필요한 기자재의 활용

(3) 비노출 거점 확보

(4) 피해자 대책

유괴사건의 수사는 피해자 가족과의 협조가 필수적인 사건이다. 따라서 피해자의 가족을 상대로 범임과 직결되는 수사자료를 수집한다.

6. 체포요령

사전협의	활동개시 시간 통일, 임무분담 구체적으로 지시, 행동통일을 위해 신호를 결정
현장지휘	몸값소지자 미행 몸값소지자에 대한 보호대책 강구, 몸값 전달 장소 변경 등의 사태급변시 즉응조치 강구, 직선적이고 단순한 미행은 자제, 위장 또는 변장
현장지휘 본부설치	몸값 전달 장소에는 현장지휘본부를 설치하여 반드시 2선·3선의 복선배치를 실시하는 외에 주요 간선도로에는 비노출 차량을 배치하는 등 도주방지를 위한 대비책을 세워야 한다.
잠복	1. 잠복을 위한 요원들은 지정장소로 직행하는 것을 금하고 주변으로 우회하여 잠복장소로 진출 2. 주변에 어울리는 위장이나 변장을 하여야 하고 지정시간과 충분한 시간적 여유를 갖고 현장에서 잠복근무 시작 3. 장시간의 잠복에 대비하여 교대요원이나 식사 등의 대책 마련 4. 범인이 해당시간에 현장에 나타나지 않는 경우에는 근무지역내에서 행동가능한 판단과 필요조치 사전에 지시
범인체포	공범자가 있는지에 유의, 몸값소지자가 몸값을 전달한 후 안전권내에 돌아온 후에 체포에 착수한다. 체포시 행동통일
피유괴자 구출	검거한 범인으로부터 신속하게 피유괴자의 소재를 알아내 피해자를 구출

7. 보도협정

(1) 기자들에게 엠바고 요청을 한다.

(2) 보도협정기간 중 보도관계자의 취재활동·피해자 집 등에 대한 출입 때문에 수사활동에 지장을 가져올 우려가 있을 때에는 서장은 필요한 협력 요청을 한다.

8. 실종아동등 및 가출인 업무처리 규칙

제1장 총칙

제1조(목적) 이 규칙은 실종아동등 및 가출인의 신속한 발견 등을 위한 업무를 효율적으로 처리하기 위해 필요한 사항을 규정함을 목적으로 한다.

제2조(정의) 이 규칙에서 사용하는 용어의 뜻은 다음과 같다.

1. "찾는실종아동등" 이란 「실종아동등의 보호 및 지원에 관한 법률」(이하 "법" 이라 한다) 제2조제2호에 따른 실종아동등 중 보호자가 찾고 있는 아동등을 말한다.

2. "보호실종아동등"이란 법 제2조제2호에 따른 실종아동등 중 보호자가 확인되지 않아 경찰관이 보호하고 있는 아동등을 말한다.
3. "장기실종아동등"이란 보호자로부터 신고를 접수한 지 48시간이 경과한 후에도 발견되지 않은 찾는실종아동등을 말한다.
4. "가출인"이란 신고 당시 보호자로부터 이탈된 만 14세 이상의 사람을 말하며, 이 중 「청소년보호법」 제2조제1호에 따른 청소년을 "가출청소년"이라 하고, 그 외는 "가출성인"이라 한다.
5. "치매환자"란 「치매관리법」 제2조제2호의 사람을 말한다.
6. "발생지"란 실종아동등 및 가출인이 실종·가출 전 최종적으로 목격되었거나 목격되었을 것으로 추정하여 신고자 등이 진술한 장소를 말하며, 신고자 등이 최종 목격 장소를 진술하지 못하거나, 목격되었을 것으로 추정되는 장소가 대중교통시설 등일 경우 또는 실종·가출 발생 후 1개월이 경과한 때에는 실종아동등 및 가출인의 실종 전 최종 주거지를 말한다.
7. "발견지"란 실종아동등 또는 가출인을 발견하여 보호 중인 장소를 말하며, 발견한 장소와 보호 중인 장소가 서로 다른 경우에는 보호 중인 장소를 말한다.

제3조(치매환자에 관한 특례) 치매환자는 연령에 관계없이 실종아동등에 준하여 처리한다.

제4조(실종아동찾기센터) ① 실종아동등의 조속한 발견 등 관련 업무를 효율적으로 수행하기 위해 경찰청에 실종아동찾기센터를 설치한다.
② 실종아동찾기센터는 다음 각 호의 업무를 수행한다.
1. 전국에서 발생하는 실종아동등의 신고접수·조회·전국 수배 및 수배해제 등 실종아동등 발견·보호·지원을 위한 업무
2. 실종아동등 신고용 특수번호 전화서비스인 "182"의 운영
3. 그 밖의 실종아동등과 관련하여 경찰청장이 지시하는 사항

제5조(실종아동추적반) ① 장기실종아동등에 대한 지역별 전담 추적··조사를 위해 지방경찰청 또는 경찰서에 실종아동추적반을 설치할 수 있다.
② 실종아동추적반은 다음 각 호의 업무를 수행한다.
1. 실종아동등에 대한 전담 조사
2. 경찰청장 또는 소속 경찰관서의 장이 지시하는 실종아동등·가출인 관련사건 수사
3. 그 밖의 소속 경찰관서의 장이 지시하는 실종아동등 관련 업무

제6조(정보시스템의 운영) ① 경찰청장은 법 제8조의2제1항에 따른 정보시스템으로 실종아동등 프로파일링시스템 및 실종아동찾기센터 홈페이지를 운영한다.
② 실종아동등 프로파일링시스템은 경찰관서 내에서만 사용할 수 있도록 제한하고, 실종아동찾기센터 홈페이지는 누구든 사용할 수 있도록 공개 하는 등 분리하여 운영한다. 다만, 자료의 전송 등을 위해 필요한 경우 상호 연계할 수 있다.
③ 경찰관서의 장은 실종아동등 프로파일링시스템에 업무담당자 등 필요하다고 인정되는 사람만 접근할 수 있도록 권한을 부여하는 등의 방법으로 통제·관리하여야 한다.
④ 실종아동찾기센터 홈페이지에는 실종아동등의 신고 또는 예방·홍보 등과 관련된 정보를 제공한다.

제7조(정보시스템 입력 대상 및 정보 관리) ① 실종아동등 프로파일링시스템에 입력하는 대상은 다음 각 호와 같다.
1. 실종아동등
2. 가출인
3. 보호시설 입소자 중 보호자가 확인되지 않는 사람(이하 "보호시설 무연고자"라 한다)
4. 변사자·교통사고 사상자 중 신원불상자(이하 "신원불상자"라 한다)
② 경찰관서의 장은 실종아동등 또는 가출인에 대한 신고를 접수한 후 신고대상자가 다음 각 호의 어느 하나에 해

당하는 경우에는 신고 내용을 실종아동등 프로파일링시스템에 입력하지 않을 수 있다.

1. 민사 문제 해결 목적으로 신고된 사람
2. 범죄혐의를 받고 형사관련 수배된 사람
3. 허위로 신고된 사람
4. 보호자가 가출 시 동행한 실종아동등
5. 그 밖에 신고 내용을 종합하였을 때 명백히 제1항에 따른 입력 대상이 아니라고 판단되는 사람

③ 실종아동등 프로파일링시스템에서 데이터베이스로 관리하는 자료의 보존기간은 다음 각 호와 같다. 다만, 대상자가 사망하거나 보호자가 삭제를 요구한 경우는 즉시 삭제하여야 한다.

1. 발견된 14세 미만 아동 및 가출인 : 수배 해제 후로부터 5년간 보관
2. 발견된 지적·자폐성·정신장애인 등 및 치매환자 : 수배 해제 후로부터 10년간 보관
3. 미발견자 : 소재 발견 시까지 보관
4. 보호시설 무연고자, 신원불상자 : 본인 요청 시 및 신원 확인 시 즉시 삭제

④ 경찰관서의 장은 본인 또는 보호자의 동의를 받아 실종아동등 프로파일링시스템에서 데이터베이스로 관리하는 실종아동등 및 보호시설 무연고자 자료를 실종아동찾기센터 홈페이지에 공개할 수 있다.

⑤ 경찰관서의 장은 다음 각 호의 어느 하나에 해당하는 때에는 지체 없이 실종아동찾기센터 홈페이지에 공개된 자료를 삭제하여야 한다.

1. 찾는실종아동등을 발견한 때
2. 보호실종아동등 또는 보호시설 무연고자의 보호자를 확인한 때
3. 본인 또는 보호자가 공개된 자료의 삭제를 요청하는 때

⑥ 실종아동등 또는 가출인에 대한 신고를 접수하거나, 실종아동등 프로파일링시스템에 신고 내용이 입력되어 있는 것을 확인한 경찰관은 보호자가 요청하는 경우에는 별지 제1호서식의 신고접수증을 발급할 수 있다.

제8조(실종아동등 프로파일링시스템 수배) ① 경찰관서의 장은 제7조제1항 각 호의 대상에 대하여 별지 제2호서식의 실종아동등 프로파일링시스템 입력자료를 작성하여 실종아동등 프로파일링시스템에 입력하는 방법으로 수배조치한다.

② 대상별 수배기간은 다음 각 호와 같다.

1. 찾는실종아동등 및 가출인 : 소재(所在)를 발견하는 때까지 수배
2. 보호실종아동등 및 보호시설 무연고자 : 대상자의 신원을 확인하거나 보호자를 확인하는 때까지 수배
3. 신원불상자 : 대상자의 신원을 확인하는 때까지 수배

③ 경찰관서의 장은 다음 각 호의 어느 하나에 해당하는 경우에는 별지 제3호서식에 따른 수정·해제자료를 작성하여 실종아동등 프로파일링시스템에 수배된 자료를 해제하여야 한다. 다만, 제3호에 해당하는 경우에는 수배해제 사유의 진위(眞僞) 여부를 확인한 후 해제한다.

1. 제2항 각 호에 따라 수배기간 종료 사유에 해당하는 경우
2. 허위 또는 오인신고인 경우
3. 수배 대상 또는 보호자가 해제를 요청한 경우

④ 실종아동등에 대한 수배 또는 수배 해제는 실종아동찾기센터에서 하며, 지방경찰청장 및 경찰서장이 수배 또는 수배 해제하려면 실종아동찾기센터로 요청하여야 한다.

제9조(수배대장 비치) 경찰관서의 장은 별지 제4호서식의 실종아동등·가출인 수배부를 작성, 보관하여야 한다.

제2장 실종아동등

제10조(신고 접수) ① 실종아동등 신고는 관할에 관계 없이 실종아동찾기센터, 각 지방경찰청 및 경찰서에서 전화, 서면, 구술 등의 방법으로 접수하며, 신고를 접수한 경찰관은 범죄와의 관련 여부 등을 확인해야 한다. 이 경우 지방경찰청 및 경찰서에서 신고를 접수한 때에는 즉시 신고 내용을 경찰청장(실종아동찾기센터)에게 보고하여야

한다.

② 경찰청장(실종아동찾기센터)은 실종아동등에 대한 신고를 접수하거나, 신고 접수에 대한 보고를 받은 때에는 즉시 실종아동등 프로파일링시스템에 입력, 관할 경찰관서를 지정하는 등 필요한 조치를 하여야 한다. 이 경우 관할 경찰관서는 발생지 관할 경찰관서 등 실종아동등을 신속히 발견할 수 있는 관서로 지정해야 한다.

제11조(신고에 대한 조치 등) ① 경찰관서의 장은 찾는실종아동등에 대한 신고를 접수한 때에는 정보시스템의 자료를 조회하는 등의 방법으로 실종아동등을 찾기 위한 조치를 취하고, 실종아동등을 발견한 경우에는 즉시 보호자에게 인계하는 등 필요한 조치를 하여야 한다.

② 경찰관서의 장은 보호실종아동등에 대한 신고를 접수한 때에는 제1항의 절차에 따라 보호자를 찾기 위한 조치를 취하고, 보호자가 확인된 경우에는 즉시 보호자에게 인계하는 등 필요한 조치를 하여야 한다.

③ 경찰관서의 장은 제2항에 따른 조치에도 불구하고 보호자를 발견하지 못한 경우에는 관할 지방자치단체의 장에게 보호실종아동등을 인계한다.

④ 경찰관서의 장은 정보시스템 검색, 다른 자료와의 대조, 주변인물과의 연락 등 실종아동등의 조속한 발견을 위하여 지속적인 추적을 하여야 한다.

⑤ 경찰관서의 장은 실종아동등에 대하여 제18조의 현장 탐문 및 수색 후 그 결과를 즉시 보호자에게 통보하여야 한다. 이후에는 실종아동등 프로파일링시스템에 수배한 날로부터 1개월까지는 15일에 1회, 1개월이 경과한 후부터는 분기별 1회 보호자에게 추적 진행사항을 통보한다.

⑥ 경찰관서의 장은 찾는실종아동등을 발견하거나, 보호실종아동등의 보호자를 발견한 경우에는 실종아동찾기센터에 보고하는 등 수배 해제를 위한 조치를 취하고, 해당 실종아동등에 대한 발견 관서와 관할 관서가 다른 경우에는 발견과 관련된 사실을 관할 경찰관서의 장에게 지체 없이 알려야 한다.

제12조(출생 신고 지연 아동의 확인) 경찰관서의 장은 법 제6조제4항에 따라 지방자치단체의 장으로부터 출생 후 6개월이 경과한 아동의 신상카드 사본을 제출받은 경우에는 지체 없이 정보시스템에서 관리하는 자료와의 비교·검색 등을 통해 해당 아동이 실종아동인지를 확인하여 그 결과를 지방자치단체의 장에게 통보하여야 한다.

제13조(아동등 지문등정보의 사전등록 및 관리) ① 경찰관서의 장은 법 제7조의2에 따라 보호자가 사전등록을 신청하는 때에는 신청서를 제출받아 10년간 보관하여야 한다.

② 경찰관서의 장은 가족관계 기록사항에 관한 증명서, 장애인등록증 등 필요한 서류를 확인하는 등의 방법으로 아동등이 사전등록 대상에 해당하는지를 확인하여야 한다.

③ 경찰관서의 장은 보호자의 신청을 받아 아동등의 지문·얼굴사진정보를 수집 및 인적사항 등 신청서상 기재된 개인정보를 확인하여 사전등록시스템에 입력할 수 있다. 다만, 보호자가 지문 또는 얼굴사진 정보의 수집을 거부하는 때에는 그 의사에 반하여 정보를 수집할 수 없다.

④ 경찰관서의 장은 보호실종아동등을 발견한 때에는 해당 아동등의 지문·얼굴사진정보를 수집 및 신체특징을 확인한 후 사전등록시스템의 데이터베이스와 비교 검색하는 등의 방법으로 신원을 확인하기 위한 조치를 하여야 한다. 다만, 해당 아동등이 지문 또는 얼굴사진 정보의 수집을 진정한 의사에 의해 명시적으로 거부할 때에는 그 의사에 반하여 정보를 수집할 수 없다.

⑤ 경찰관서의 장은 제4항의 조치에도 불구하고 보호실종아동등의 신원을 확인하지 못한 때에는 제11조의 규정에 따른 조치를 하여야 한다.

⑥ 경찰관서의 장은 영 제4조의3제2항에 따라 사전등록된 데이터베이스를 폐기하는 때에는 어떠한 방법으로도 복구할 수 없도록 기술적 조치를 하여야 한다.

⑦ 경찰관서의 장은 영 제4조의3제2항제2호에 따라 보호자가 사전등록된 데이터베이스의 폐기를 요청하는 때에는 즉시 해당 데이터베이스를 폐기하고, 제출받은 요청서는 10년간 보관하여야 한다.

제14조(실종아동등의 위치정보를 요청하는 방법 및 절차) ① 찾는실종아동등의 신고를 접수하여 현장에 출동한 경찰관은 보호자·목격자의 진술, 실종 당시의 정황 등을 종합하여 실종아동등의 조속한 발견을 위해 법 제9조에 따른 위치정보 제공 요청의 필요 여부를 판단하여야 한다.

② 현장 출동 경찰관은 신고자로부터 가족관계 등록사항에 관한 증명서, 장애인등록증 등 필요한 서류를 확인하는 등의 방법으로 신고대상자가 실종아동등에 해당하는지와 신고자가 실종아동등의 보호자가 맞는지 확인하여야 한다. 다만, 현장에서 관련 서류를 확인하기 어려운 때에는 신고자의 진술로 이를 확인할 수 있다.

③ 경찰관이 법 제9조에 따른 위치정보 제공을 요청하는 때에는 다음 각 호에 따른 결재권자의 결재를 받아 요청하여야 한다. 다만, 야간 또는 공석 등의 이유로 즉시 결재를 받기 어려운 때에는 사후에 보고하도록 해야 한다.

1. 지구대·파출소 지역경찰관 : 지구대장 또는 파출소장
2. 경찰서 여성청소년부서 또는 형사부서 담당 경찰관 : 해당 주무과장
3. 지방청 여성청소년부서 또는 형사부서 담당 경찰관 : 해당 주무계장

④ 담당 경찰관은 찾는실종아동등의 위치정보를 제공받아 수색하는 과정에서 해당 실종아동등이 범죄 피해로 인해 실종되었다고 확인되는 때에는 즉시 해당 위치정보를 폐기하여야 한다.

⑤ 경찰관서의 장은 위치정보가 실종아동등 찾기 이외의 목적으로 오·남용되지 않도록 관리하여야 한다.

제3장 가출인

제15조(신고 접수) ① 가출인 신고는 관할에 관계없이 접수하여야 하며, 신고를 접수한 경찰관은 범죄와 관련 여부를 확인하여야 한다.

② 경찰서장은 가출인에 대한 신고를 접수한 때에는 정보시스템의 자료 조회, 신고자의 진술을 청취하는 방법 등으로 가출인을 발견하기 위한 조치를 하여야 하며, 가출인을 발견하지 못한 경우에는 즉시 실종아동등 프로파일링시스템에 가출인에 대한 사항을 입력, 수배한다.

③ 경찰서장은 접수한 가출인 신고가 다른 관할인 경우 제2항의 조치 후 지체 없이 가출인의 발생지를 관할하는 경찰서장에게 이첩하여야 한다.

제16조(신고에 대한 조치 등) ① 가출인 사건을 관할하는 경찰서장은 정보시스템 자료의 조회, 다른 자료와의 대조, 주변인물과의 연락 등 가출인을 발견하기 위해 지속적으로 추적하고, 수배일로부터 반기별 1회 보호자에게 귀가 여부를 확인한다.

② 경찰서장은 가출인을 발견한 때에는 수배를 해제하고, 해당 가출인을 발견한 경찰서와 관할하는 경찰서가 다른 경우에는 발견 사실을 관할 경찰서장에게 지체 없이 알려야 한다.

③ 경찰서장은 가출청소년을 발견한 경우에는 가출신고가 되어 있음을 고지하고, 즉시 보호자에게 통보 또는 인계한다. 다만, 보호자가 인수를 거부하거나 인계함이 부적당하다고 판단될 경우에는 청소년보호 관련기관에 보호를 의뢰하는 등 필요한 조치를 취할 수 있다.

④ 경찰서장은 가출성인을 발견한 경우에는 가출신고가 되어 있음을 고지하고, 보호자에게 통보한다. 다만, 가출인이 거부하는 때에는 보호자에게 가출인의 소재(所在)를 알 수 있는 사항을 통보하여서는 아니 된다.

제4장 보호시설 무연고자 및 신원불상자

제17조(보호시설 무연고자에 대한 조치 및 신원불상자 수배) ① 경찰관서의 장은 관내 보호시설을 방문하였을 때에 보호시설 무연고자의 자료가 실종아동등 프로파일링시스템에 있는 지 확인한 후 없는 경우에는 별지 제5호서식의 보호시설 무연고자 실종아동등 프로파일링시스템 입력자료를 작성하여 실종아동등 프로파일링시스템에 입력 및 수배하고, 변경사항이 있거나, 보호자가 확인된 경우에는 별지 제6호서식의 보호시설 무연고자 실종아동등 프로파일링시스템 수정·해제자료를 작성하여 변경하거나 수배를 해제한다.

② 경찰서장은 관내에서 발생한 변사사건의 변사자 및 교통사고사건의 사상자 중 신원불상자에 대하여 발생 즉시 실종아동등 프로파일링시스템에 수배조치 하고, 수배한 신원불상자가 신원이 확인된 경우, 즉시 수배를 해제한다.

제5장 초동조치 및 추적·수사

제18조(현장 탐문 및 수색) ①찾는실종아동등 및 가출인 발생신고를 접수 또는 이첩 받은 발생지 관할 경찰서장은 즉시 현장출동 경찰관을 지정하여 탐문·수색하도록 하여야 한다. 다만, 찾는실종아동등 또는 가출인이 발생한지 1개월이 경과한 후에 신고한 경우에는 탐문·수색을 생략할 수 있다.

② 경찰서장은 제1항의 규정에 따라 현장을 탐문·수색한 결과, 정밀수색이 필요하다고 인정될 경우에는 추가로 필요한 경찰관 등을 출동시킬 수 있다.

③ 현장출동 경찰관은 제1항의 규정에 따라 현장을 탐문·수색한 결과에 대해 필요한 보고서를 작성하여 경찰서장에게 보고하여야 한다.

제19조(합동심의위원회) ① 찾는실종아동등 및 가출인에 대한 발생지 관할 경찰서장은 범죄와의 관련여부를 판단하기 위하여 다음 각 호에 따른 합동심의위원회(이하 "위원회" 라 한다)를 구성, 심의를 하여야 한다.

1. 위원회는 위원장을 형사과장 (부재시 또는 직제 미편성시 수사과장 또는 경찰서장이 지정하는 이와 상응하는 경찰관)으로, 위원은 실종사건전담수사팀장(부재시 또는 직제 미편성시 경찰서장이 지정하는 이와 상응하는 경찰관), 여성청소년계장(부재시 또는 직제 미편성시 경찰서장이 지정하는 이와 상응하는 경찰관), 현장출동 경찰관, 보호자로 구성하며, 위원장 판단 하에 참석자의 범위를 조정할 수 있다.
2. 보호자가 요청하는 경우에는 관련단체 관계자 등 보호자가 지정하는 자를 참여시킬 수 있다.

② 위원회는 찾는실종아동등 및 가출인 신고를 접수한 후 24시간 이내에 구성하여 심의하여야 한다.

③ 찾는실종아동등 및 가출인에 대한 관할 경찰서가 변경되거나, 해당 사건에 대해 이미 심의한 위원회의 결정에 영향을 미칠 수 있는 새로운 단서가 생긴 경우에는 제1항에 따른 위원회를 다시 개최하여 심의할 수 있다.

제20조(추적 및 수사) ① 경찰관서의 장은 제19조에 따른 위원회 심의 결과 심의 대상자가 범죄와 관련이 없다고 의결된 경우에는 즉시 대상자를 발견하기 위한 추적에 착수한다. 다만, 심의대상자의 발생지와 주거지가 다른 경우에는 심의대상자의 실종 전 최종 주거지 관할 경찰관서로 사건을 이첩하고, 심의대상자의 최종 주거지가 불분명한 경우에는 심의대상자의 보호자 주거지 관할 경찰관서로 사건을 이첩하며, 심의대상자의 보호자 주거지 관할 경찰관서도 불분명한 경우에는 신고자의 주거지 관할 경찰관서로 사건을 이첩하여 즉시 추적에 착수하도록 하여야 한다.

② 경찰관서의 장은 제1항의 규정에도 불구하고 보호자가 요청하는 경우에는 보호자가 희망하는 경찰관서로 사건을 이첩할 수 있다. 이 때 이첩하는 경찰관서의 장은 이첩을 받는 경찰관서의 장에게 사건 내용 및 이첩하는 이유를 미리 알리는 등 적극 협력하여야 한다.

③ 경찰관서의 장은 제19조에 따른 위원회 심의결과 심의대상자가 범죄 피해로 인하여 수사가 필요하다고 의결된 경우에는 즉시 수사에 착수하여야 한다.

제6장 유전자검사

제21조(실종아동등 여부 사전확인) ① 경찰관서의 장은 법 제11조제1항 각 호에 따른 대상자로부터 유전자검사대상물을 채취하려면 실종아동등 프로파일링시스템의 자료 검색 등을 통하여 검사 대상자와 인적사항 등이 유사한 자료가 있는지 미리 확인하여야 한다.

② 경찰관서의 장은 제1항에 따른 검색을 통하여 검사대상자가 실종아동등이라는 것이 확인된 경우에는 해당 자료 화면을 출력하여 유전자검사동의서 등 유전자 검사대상물 채취관련 서류와 함께 보관한다.

③ 유전자검사대상물을 채취하고자 하는 아동등이 제1항의 방법으로 확인되지 않을 때에는 해당 아동등에게 보호시설 입·퇴소 기록 및 신상카드 등을 확인한 후 유전자검사대상물을 채취한다. 이 때 해당 기록 및 신상카드 사본은 제출받아 유전자 검사대상물 채취관련 서류와 함께 보관하여야 한다.

제22조(유전자검사 동의서 사본 교부) ① 경찰관서의 장은 법 제11조제1항에 의한 유전자검사 대상물 채취 시 작성

한 「실종아동등의 발견 및 유전자검사 등에 관한 규칙」 제9조제1항의 유전자검사 동의서 사본을 본인 또는 법정 대리인에게 교부하여야 한다.

제23조(유효기간) 이 규칙은 「훈령·예규 등의 발령 및 관리에 관한 규정」(대통령훈령 제248호)에 따라 이 규칙을 발령한 후의 법령이나 현실 여건의 변화 등을 검토하여야 하는 2015년 2월 4일까지 효력을 가진다.

제2장

폭력사건 수사

제1절 폭력범죄 수사

1. 폭력사범의 특징

(1) 대상이 사전에 파악된다.

(2) 범인은 대체로 조직폭력배 구성원 · 폭력상습자이다.

(3) 범행지역이 어느 정도 특정된다.

(4) 극히 잠재성이 강한 조직이다.

(5) 거의가 면접범이고 상습범이다.

(6) 피해자층이 어느 정도 한정된다.

2. 조직폭력범 단속의 기본방침

(1) 폭력단의 존립기반이 되고 모든 대상에 대한 단속을 강화하여 폭력범죄의 온상이 되는 반사회적 유해환경을 제거하여 불법 자금원을 철저히 차단한다.

(2) 대상자 파악

(3) 폭력 우범자 면단 작성

(4) 유원지등에 대한 단속강화

관광객 등이 많이 모이는 유원지 등은 폭력배의 범행장소가 되기 쉬우므로 관련기관과의 협조에 의한 합동단속을 강화해야 한다.

(5) 정보의 자료화

① 입수한 정보는 선입견이나 편견을 가지지 말고 신중하게 검토하여 조기에 보고하여야 한다.

② 사소한 정보라도 종합적으로 판단하면 중요한 의미를 가지는 것이 필요하다고 인정되는 것은 신속하게 보고하여야 한다.

※ 체계적인 검토와 분석이 이루어진 후에 상부에 보고해야 한다. (X)

3. 조직폭력 사범의 분류

조직폭력	도박꾼, 야바위꾼, 유흥가불량배, 토건불량배, 흥행공갈배
회사깡패	(주주)총회꾼, (주주)총회 공갈배, 사건해결사, 채권강제해결사, 어음사기단, 금융조직폭력배, 사이비기자, 정치깡패, 불량신용조사업소, 기업 폭력, 기타
폭력상습자	폭행, 상해, 공갈 등 폭력적 불법행위를 상습적으로 하는 자

4. 조직폭력배 특성

(1) **목적성** : 경제적 이윤 추구가 궁극적 목적이다.

(2) **폭력성** : 폭력을 주수단으로 하여 목적 성취 및 존립을 유지한다.

(3) 내부규율성 및 의형제적 체계

(4) 활동 무대의 존재

(5) 계속성, 상습성, 계획성(일회성 X)의 양상

5. 조직폭력배의 동향관찰

담당형사	두목, 행동대장급 이상 월2회, 기타 조직원 월1회,
지구대 담당직원	월1회 이중동향관찰체제를 확립한다.

형사(수사)과장	매주 동향관찰결과를 점검하고 사안별 대책을 마련한다. 특히 결과 점검시에는 개인별 동향관찰결괴를 직접 점검하고, 조직별 배후 조종 자 신흥추종자 알력있는 상대조직 등을 심층분석하도록 한다.
경찰서장	매월 1회 두목, 행동대장급 이상의 동향을 관찰, 결과를 점검한다.

6. 폭력행위 등 처벌에 관한 법률위반

형법상 상해, 폭행, 협박, 체포, 감금, 주거침입, 퇴거불응, 강요죄, 공갈, 손괴의 죄를

(1) 상습적으로 범하거나

(2) 2인 이상 공동으로 범하거나

(3) 단체나 다중의 위력을 보임으로써 범하거나

(4)단체나 집단을 가장하여 위력을 보임으로써 범하거나

(5)흉기 기타 위험한 물건을 휴대하여 범한 경우에 적용된다.

7. 가정폭력범죄

(1) 가정구성원

① 배우자(사실상 혼인관계에 있었던 자) 또는 배우자관계에 있었던 자
② 자기 또는 배우자와 직계존비속 관계(사실상의 양친자 관계를 포함한단.)에 있거나 있었던 자
③ 계부모와 자의 관계 또는 적모와 서자의 관계에 있거나 있었던 자
④ 동거하는 친족관계에 있는 자 등을 말한다.

(2) 가정폭력범죄

① 형법상 상해, 폭행, 협박, 유기, 학대, 아동혹사, 체포·감금, 명예훼손, 모 욕, 주거·신체수색, 강요, 공갈, 재물손괴
② 아동복지법상 아동에게 구걸을 시키거나 아동을 이용하여 구걸하는 행위

(3) 특례법 제정취지

① 가정폭력범죄를 가정보호사건으로 처리할 수 있는 절차를 마련
② 가정폭력범죄에 대한 응급조치 및 임시조치 등 폭력제지수단 강구

③ 피해자 보호를 위한 각종 절차적 권리 마련
④ 민사구제절차의 신설
※ 경찰의 보호 처분에 대한 처분 권한 강화(X)

(4) 가정폭력범죄의 수사

① 신고의무자

아동, 60세 이상의 노인 기타 정상적인 판단능력이 결여된 자의 치료 등을 담당하는 의료기관, 교육기관, 복지시설, 상담소의 장 및 종사자는 직무를 수행하면서 가정폭력범죄를 알게 된 경우에는 정당한 사유가 없는 한 즉시 수사기관에 신고하여야 한다(그러나, 신고의무불이행에 대한 제재 : 처벌규정이 없어 실효성에 문제가 있음)

② 가정폭력범죄에 대한 응급조치(제5조)

진행 중인 가정폭력범죄에 대하여 신고를 받은 사법경찰관리는 즉시 현장에 임하며 다음의 조치를 취하여야 한다.

㉮ 폭력행위자의 제지 및 범죄수사
㉯ 피해자의 가정폭력관련상담소 또는 보호시설 인도(피해자의 동의요함)
㉰ 긴급치료가 필요한 피해자의 의료기관 인도(피의자의 동의불문)
㉱ 폭력행위의 재발시 제8조의 규정에 의하여 임시조치를 신청할 수 있음을 통보한다.

③ 보고서의 작성

응급조치보고서	사법경찰관리가「가정폭력범죄의 처벌 등에 관한 특례법」제5조의 규정에 의하여 응급조치를 취한 때에는 가정폭력 행위자의 성명, 주소, 생년월일, 직업, 피해자와의 관계, 범죄사실의 요지, 가정상황, 피해자와 신고자의 성명, 응급조치의 내용 등을 상세히 기재한 응급조치보고서를 작성하여 사건기록에 편철하여야 한다(사법경찰관리집무규칙 제47조의 4).
환경조사서	가정폭력범죄를 수사함에 있어서는 범죄의 원인 및 동기와 행위(피해자X)자의 성격·행상·경력·교육정도·가정상황 기타 환경등을 상세히 조사하여 환경조사서를 작성하여야 한다(사법경찰관리집무규칙 제47조의 3).

④ 임시조치(판사의 권한)의 신청 및 결정

피해자 또는 가정구성원의 주거 또는 점유하는 방실로부터의 퇴거등 격리	2월 초과 금지
피해자의 주거, 직장등에서 100미터 이내의 접근금지	2월 초과 금지
의료기관 기타 요양소에의 위탁	1월 초과 금지
경찰관서 유치장 또는 구치소에의 유치	1월 초과 금지

(5) 보호처분의 결정 등 : 판사의 권한

판사는 심리의 결과 보호처분이 필요하다고 인정한 때에는 결정으로 다음 처분을 할 수 있다.

① 행위자가 피해자에게 접근하는 행위의 제한
② 친권자인 행위자의 피해자에 대한 친권행상의 제한
③ 보호관찰등에관한법률에 의한 보호관찰·사회봉사·수강명령
④ 가정폭력방지및피해자보호등에관한법률이 정하는 보호시설에의 감호위탁

(6) 보호처분의 효력

보호처분이 확정된 때에는 그 행위자에 대하여 동일한 범죄사실로 다시 공소를 제기할 수 없으며, 전과로 되지 않는다.

(7) 수사시의 유의사항

① 가정폭력범죄 수사시에는 일반폭력범죄와는 달리 단순히 처벌이 목적이 아니라 가정의 화목과 처벌 후의 원만한 가정생활까지도 고려하여야한다.
② 따라서 폭력이 행하여지지 않았거나 당사자 간에 합의되었다고 하는 경우 피해자의 의사를 존중하여 처리하여야 한다.
③ 가정폭력범죄를 수사함에 있어서는 범죄의 원인 및 동기와 행위자(피해자X)의 성격·행상·경력·교육정도·가정상황 기타 환경 등을 상세히 조사하여 환경조사서를 작성하여야 한다.(사법경찰관리집무규칙 제47조의3)

8. 아동복지법

(1) 용어의 정의(제2조)

아동	18세 미만의 자를 말한다.
아동학대	보호자를 포함한 성인에 의하여 아동의 건강·복지를 해치거나 정상적 발달을 저해할 수 있는 신체적·정신적·성적 폭력 또는 가혹행위 및 아동의 보호자에 의하여 이루어지는 유기와 방임을 말한다.

(2) 아동학대

주체	보호자를 포함한 성인
법적관계	① 아동에 대한 성폭력은 성폭력범죄의처벌및피해자보호등에관한법률에 해당할 뿐만 아니라 아동학대에도 해당한다. ② 가정구성원에 의한 아동학대는 아동복지법뿐만 아니라 가정폭력범죄의 처벌등에

	관한특례법까지도 적용할 수 있다. ③ 아동학대에 적용되는 법률 : 아동복지법, 성폭력범죄의처벌및피해자보호등에관한 법률, 청소년의성보호에관한법률, 가정폭력범죄의처벌등에관한특례법 등이 있다.
수사요령	① 아동학대는 재발위험이 높기 때문에 신속히 수사한다. ② 피해아동의 심리상태를 고려하여 피해아동 조사는 진술녹화 등 안정되고 조용한 사무실에서 한다. ③ 아동은 자신의 잘못 때문에 학대가 이루어진 것으로 생각하여 죄의식을 느끼거나 부모에 순종하는 경향이 강해 허위진술을 할 가능성이 높다.

(3) 소년경찰직무규칙상 소년범 조사에 대한 유의사항

① 조사시간을 최소한도로 하고 부득이한 경우를 제외하고는 심야조사를 하지 않는다.

② 조사에 지장이 없는 한 보호자나 변호인의 입회를 허용한다.

③ 소년 소환시 직장이나 학교 내의 소년을 공연하게 소환하는 행위를 지양한다.

④ 친고죄로 고소하지 않는 경우에도 장래 비행방지 상 필요한 우범소년으로 필요한 조치를 강구한다.(위규칙 제 36조)

⑤ 여죄수사는 당해 소년의 비행경력을 명확히 파악함으로써 장래에 대한 재 비행위험성의 판단 및 비행방지에 목적을 두어야 한다.(제31조의 2)

⑥ 범죄혐의가 있는 소년을 조사함에 있어서는 미리 진술을 거부할 수 있음을 알려야 한다. 조사가 상당기간 중단하였거나 다시 이를 개시할 경우 또는 담당경찰관이 교체된 경우에는 다시 고지하여야 한다.(제31조의2)

⑦ 모든 비행소년에 대해서는 소년카드를 작성·보관한다.

⑧ 소년범송치시 소년범환경조사서와 비행성예측자료표(비행위험성판정자료표)를 첨부하고 각각 사본은 여성청소년계에 보관한다.

⑨ 소년에 관한 사항을 언론기관에 공표 시, 소년을 특정할 만한 사항은 공표를 엄금한다.

9. 학교폭력

(1) 의의

경찰청에서는 "학교내·외에서 초·중·고교 재학생, 휴학생 또는 준학생(학원 생, 재수생, 검정고시 준비생 등) 상호간에 발생하는 폭행, 금품갈취, 성폭행 등으로 인한 신체적·정신적 또는 재산상 피해를 수반하는 행위"로 규정 한다.

(2) 학교폭력위험지역 구분

① A급 : 학교폭력 다발지역

② B급 : 학교폭력 발생 우려지역

(3) 학교폭력 대응방안

학교폭력근절대책협의회	지방청·경찰서별로 설치, 운영
담당경찰관의 지정	학교별로 학교담당경찰관을 지정하여 불량서클 등 교내폭력 실태를 파악하는 등 학교폭력 예방활동을 하고 있다.
적극적 신고의 유도	인터넷 홈페이지 및 학교폭력신고센터(경찰서 해당국번+0118)를 설치하여 적극적인 신고·제보를 유도

(4) 학교주변 안전지역(Safety Zone)

학교 주변 300m 내외를 기준으로 하되 학교위치, 주변환경 등을 고려하여 지정한다.

제2절 전화·문서 협박수사

1. 전화녹음 방법

음성정보채취기록장치	수사를 목적으로 특수 제작된 전화음성 녹음장치로 송수화기를 들면 자동적으로 녹음되기도 하고 통화도중에 수동적으로 녹음하는 것도 가능한 녹음방법이다.
로젯트 방법	전화선에서 직접 녹음하는 것으로 가장 음질이 좋으나 설치에 어려움이 있어 고정적으로 설치해 놓을 때 효과적이다.
커플러 방법	전화기의 수화기에 어떤 장치를 부착하여 전자기적인 방법으로 녹음하는 것으로 가장 쉽고 정확히 음성을 채취할 수 있어 외국 수사기관에서 많이 이용하는 방법이다.
픽업코일 방법	전화픽업을 전화기에 부착하여 녹음하는 방법이나 녹음상태가 불량할 가능성이 있으므로 사전에 예비실험을 하여야 한다.

2. 녹음테이프의 진술 녹음 증거능력

취급	피의자·참고인의 진술을 녹음한 테이프가 현장진술조서를 대신하는 것은 아니므로 녹음테이프가 있는 경우에도 진술조서를 작성 해야 한다.
증거능력	(1) 대법원 판례 녹음테이프를 진술녹취서에 준하여 증거능력을 인정하므로(68도70), 진술증거설을 취한다. (2) 비밀녹음의 증거능력 ① 수사기관의 비밀녹음 통신비밀보호법 제4조 등에 의하여 증거능력이 없다. ② 사인의 비밀녹음 타인간의 비밀녹음은 증거능력을 부정하나, 대화의 일방이 상대방 모르게 녹음한 것은 공개되지 않은 타인간의 대화를 녹음한 것이 아니므로 증거능력이 있다(대판2001. 10. 9, 2001도3106)

제3장

지능범죄 사건 수사

제1절 지능범죄 사건 일반론

1. 지능범죄의 특징

강력범에 대응하는 개념으로서 사회적 지위가 높은 자 또는 지능이 높은 자 등에 의해 기술적·지능적으로 발생하는 범죄를 말한다.

2. 지능범 수사의 대책 및 유의사항

(1) 지능범 수사의 기본자세

① 선입관의 배제
② 엄정하고 공평한 태도
③ 수사기밀 유지
④ 불굴의 신념
⑤ 단호한 태도

(2) 지능범 수사의 대책

① 관계법령과 기초지식의 연구
② 수사착수 시기 결정
③ 계획적인 증거수집
④ 소신있는 수사
⑤ 수사방침에 따른 수사추진

⑥ 수사방침에 대한 종합적인 검토

3. 지능범 정보수집의 착안점(예 : 증뢰사건)

(1) 관공서의 인가・허가 등에서 법령에 위반하고 있는 사항은 없는가

(2) 관공서의 인가・허가 등에서 현저하게 지연되거나, 특히 빨리 행하여지고 있지는 않은가

(3) 관공서와 공사계약・물자납품 등이 특히 많은 업자는 없는가

(4) 공공사업・각종 보조금에 의한 공사 등에서 날림공사가 행하여지고 있지는 않는가

(5) 세금의 부과・징수 등을 둘러싼 불평불만은 없는가

(6) 급여 그 밖의 수입과 비교하여 신분에 맞지 않는 호화생활을 하고 있는 공무원은 없는가

(7) 관계업자와 교섭이 빈번한 공무원은 없는가

(8) 이동의 시기도 아니고 퇴직할 이유도 없는데 갑자기 퇴직 등을 한 공무원은 없는가

제2절 사기사건 수사

1. 특별법 규정

특정경제범죄가중처벌 등에 관한 법률 제3조와 관련사기, 공갈, 횡령, 배임의 재물 또는 재산상 이익의 가액이 5억원이상인 경우에 적용한다. 기수의 경우에만 적용되고 미수인 경우는 본법을 적용하지 않고 형법을 적용한다.

2. 사기죄의 수사방법

(1) 수사 요령

수사방침 결정	방침 및 요강의 시달, 임무의 분담
수법수사	(1) 동일수법 사건의 검토 - 피해통보표의 분석, 공조제보의 활용 (2) 용의자 색출 범죄수법원지 이용, 피의자 사진첩의 활용, 공조제보의 활용 (3) 기타 수사자료의 활용
유류품 수사	감식시설 이용 수거, 유류품의 출처 수사
장물수사	장물품표 수배, 전당포 · 고물상 등 관계업자에 대한 수사
용의자 내사	범죄경력조회, 알리바이, 피해자와의 관계, 증거품과의 관계
기타 수사	추적수사, 증거수사

(2) 상품의 구매를 빙자해서 물품을 외상으로 구매·편취하는 수법수사와 관련 일반적으로 고가로 대량 매입하여 저가로 판매하는 행위는 사기로 볼 수 있다.

(3) 무전취식, 무전숙박, 무임승차 수사사항

① 지불능력 없이 요리를 주문하여 취식하거나 접대부를 부른 경우 사기죄가 성립한다.

② 술값을 지불할 능력이 있으나 대금의 과다문제로 인한 시비인 경우에는 당사자끼리 해결하도록 해야 한다.

제3절 횡령사건 수사

1. 개념

횡령죄란 타인의 재물을 보관하는 자가 그 재물을 횡령하거나 반환을 거부하는 것을 내용으로 하는 범죄이다(형법 제355조 제1항)

2. 횡령 행위

소비횡령	① 소비한 일시 · 장소가 범죄사실로 되므로 소비처를 조사하여 자술서 또는 진술조서를 작성 ② 기탁된 금전에 대하여 기탁자가 피의자에게 그 금전의 일시사용을 사전에 인정하였는지 여부 주의
괴대(拐帶)횡령	어디서 괴대의 범의가 생겨 어디까지 도망칠 생각이었는가, 또한 실제로 어디까지 가지고 도망을 쳤는가를 장소적으로 명확히 파악
착복횡령	무엇을 착복의 의사의 발현으로 볼 것인지를 판단하기가 곤란하므로 가능한 소비 · 입질 · 거절 · 매각 등 증거상 명백한 횡령의 형태를 취하여야 한다.
매각횡령	매수인을 조사하고 매수금액 · 전매처 등을 명확히 하는 동시에 피의자가 받은 매각대금의 용도에 대해 증거수집, 입질횡령도 이에 준하여 수사한다.
예입횡령	은행에 조회하여 계좌원장을 복사함과 동시에 그 계좌가 피의자의 계좌라는 것을 증거로서 확보해 두어야 한다.

3. 피의자의 조사요령

기본적 조사요령	(1) 타인의 재물보관　　(2) 보관하게 된 경위 (3) 재물의 임의소비　　(4) 영득
할부판매의 경우	(1) 할부로 구입할 당시의 수입 등으로 보아 객관적으로 할부금을 불입할 능력이 없었다면 사기죄 성립. (2) 처음에는 할부금을 불입할 의사가 있었으나 경제사정의 변동으로 할부금을 납부하지 못하고 매입한 물품을 매도하였다면 횡령죄 성립. (3) 횡령으로 신고를 하더라도 사기의 성부를 조사해야 한다.
수금사원의 경우	(1) 수금사원이 수금하기 전부터 불법영득의사를 가지고 있었다면 사기 성립 (2) 수금 전에 불법영득의사가 없었으나 수금 후에 생겼다면 횡령죄 성립.

제4절 배임 사건 수사

1. 배임죄의 개념

(1) 배임죄란 타인의 사무를 처리하는 자가 그 임무에 위배하여 재산상 이익을 얻고 본인에게 손해를 준 경우 성립하는 범죄이다.

(2) 배임죄는 신의성실의 의무를 위반하여 타인에게 재산상 손해를 가하는데 본질이 있다.

2. 배임죄 수사의 특징

(1) 잠재성이 강하여 쉽게 노출되지 않는다.

(2) 법률의 연구가 필요하다.

(3) 장부, 전표에 대한 수사가 불가결하다.

(4) 압수, 수색을 신속 · 적정하게 실시하여 증거를 확보해야 한다.

3. 타인의 사무

타인의 사무 처리하는 자	타인의 사무 처리하는 자가 아닌 자
① 집행관, 등기공무원, 민사소송대리를 맡은 변호사는 타인의 사무를 처리하는 자 ② 계주는 지정된 계원에게 징수한 계금을 지급해야 할 사무를 처리하는 자 ③ 채권담보를 위하여 물건을 양도담보로 제공한 채무자는 담보의 범위안에서 그 물건을 관리하는 사무를 처리하는 자 ④ 채권담보를 위하여 부동산에 가등기를 해 둔 가등기권자, 양도담보권자 또는 소유권이전등기 소요서류를 임치하고 있는 자도 변제기까지는 타인의 사무를 처리하는 자(판례) ⑤ 부동산 매도담보의 채권자는 변제기까지 채무자의 채무변제가 있을 때 채무자에게 소유명의를 환원하여 주어야 할 의무가 있는 타인의 사무를 처리하는 자(판례) ⑥ 1인회사의 1인 주주는 타인(회사)의 사무를 처리하는 자 ⑦ 이중매도인은 중도금지급이후는 타인의 사무를 처리하는 자	① 매매계약에 있어서 매수인이 대금을 지급하거나, 매매대금 중 일부를 타인에 게 지급하겠다고 약정하거나, 월부상환중인 자동차를 매도하면서 연체된 중도금을 지급기일까지 완납하겠다고 약정하였다고 하여 그러한 채무의 이행이 타인의 사무가 되는 것은 아니다. ② 증여를 구두로 약정하였거나 임대차계약에 의하여 임차인이 임대료를 지급하지 않았다고 하여 타인의 사무를 처리하는 자의 지위에 설 수는 없다. ③ 양도담보권자는 담보권의 실행으로 담보목적물을 환가처분하는 경우에 채권의 변제충당을 위하여 적절한 환가처분을 하여 원리금에 충당하고 나머지가 있으면 이를 채무자에게 정산해야 한다는 의미에서 이는 자신의 사무이므로 타인의 사무를 처리하는 자라고 할 수 없다 ④ 양도담보권자가 채권변제와 관계없이 담보부동산을 처분하거나, 담보목적물을 부당하게 염가로 처분한 경우는 물론 원리금과 비용에 충당하고 나머지가 있음에도 불구하고 이를 채무자에게 정산하여 주지 않은 때에는 타인의 사무를 처리하는 자라고 할 수 없다.

4. 배임죄 수사의 입증상 요점

(1) 피의자는 타인을 위하여 사무를 처리하는 자일 것
피의자와 본인의 관계 및 사무의 종류·성질·내용사무를 처리하기에 이른 경위·원인 조사
(2) 피의자가 자기 또는 제 3 자의 이익을 꾀하였을 것
(3) 피의자가 임무위배행위를 했을 것
(4) 그 결과로 본인에게 손해를 가했을 것
(5) 기존재산 감소뿐만 아니라, 당연히 얻을 수 있는 이익을 잃게 한 경우도 포함
(6) 특별배임죄에 있어서는 피의자가 회사의 임직원 등일 것
(7) 특별배임죄는 상법 제622조·제623조 외에 보험업법 제212조 등에 정하여져 있지만, 범죄행위자는 회사의 발기인·업무집행사원·이사·감사·직무대행자·지배인·특정 한 지위임을 받은 사용인·사채권자 집회의 대표자 또는 그 결의를 집행하는 자·청산민의 직무대행자·보험관리인·보험계리인·손해사정인 등이므로 이러한 정을 확인한 다음 비로소 사건수사의 입증사항을 증명해야 함

제5절 위조·변조 사건 수사

1. 문서위조·변조 사범 수사

(1) 문서의 개념

문서란 문자 또는 이에 대신하는 부호에 의하여 사람의 관념 의사가 화체되어 표시된 어느 정도 계속성이 있는 물체로서, 법률관계 또는 사회생활상 중요한 사실을 증명할 수 있는 것을 말한다.

(2) 위조·변조

	위조	변조
개념	작성권한이 없는 자가 타인명의를 모용하여 문서를 작성하는 것, 즉 부진정문서를 작성하는 유형위조를 말한다. 판례는 복사행위도 문서 작성의 일종으로 보고 있다.	권한 없는 자가 이미 진정하게 성립된 타인명의의 문서내용에 그 동일성을 해하지 않을 정도의 변경을 가하는 것을 말한다. 변조의 대상은 진정하게 성립된 타인명의의 진정문서 이다.

	위조	변조
중점 수사 사항	ⓐ 서명 · 날인 ⓑ 작성명의인의 실존여부 ⓒ 의임된 권한의 범위 ⓓ 묵시의 승낙 ⓔ 변조와의 구별 ⓕ 위조에 사용된 기구 등의 입수경위 ⓖ 위조문서의 압수 등	ⓐ 기존문서의 종류와 내용에 대한 조사 ⓑ 기존문서의 입수경위 ⓒ 변조의 구체적 방법 ⓓ 변조인지 손괴인지의 구분 등
행사할 목적	문서 위조,변조행위를 처벌하기 위해서는 행사할 목적이 있어야 한다. 행사할 목적 없이 작성한 문서는 범죄를 구성하지 아니한다. 그러므로 사용하려 한 이유, 사용하려 한 대상에 대한 조사가 필요하다.	

① 만원짜리 지폐 한장을 앞뒷면으로 분리하여 한면만 가진 두장의 1만원권으로 만드는 경우 변조가 된다.
② 1천원권을 가공하여 5천원권으로 고치는 경우 변조가 된다.
③ 백원짜리 동전 두 개를 용해하여 5백원짜리 동전 하나를 만드는 경우 위조가 된다.

(3) 공문서와 사문서

공문서	사문서
① 공무소 또는 공무원이 그 직무에 관하여 작성한 문서를 말한다. 즉, 작성 명의인이 공무소 또는 공무원인 문서이다. ② 외국의 공무소 또는 공무원이 작성한 문서는 사문서이고, 작성 명의인이 공무소 또는 공무원인 경우에도 직무상 작성한 것이 아니면 공문서가 아니다. ③ 작성명의 공무소 또는 공무원, 서명 또는 압날에 대하여 조사하여야 한다.	① 사인명의로 작성된 문서를 말한다. ② 명함, 신발표 등은 사물의 동일성을 표시하는데 불과하기 때문에 본죄의 객체가 아니다.

(4) 유형위조와 무형위조

유형위조	무형위조
문서를 작성할 권한이 없는 자가 타인 명의를 사칭하여 타인명의의 문서를 작성하는 것을 말한다.	문서를 작성할 권한이 있는 자가 진실에 반하는 내용의 문서를 작성하는 것을 말한다.

① 우리 형법은 유형위조를 위조라 하고, 무형위조를 작성이라고 구분하고 있다.
② 유형위조의 경우 공문서·사문서 불문하고 처벌하고 있다.
③ 무형위조는 공문서와는 달리 사문서에 있어서 허위진단서작성의 경우에만 처벌하고 있다.

(5) 문서 여부

문서인 경우	문서가 아닌 경우
① 매매신청서, 매매계약서, 은행 출금표 ② 인감증명교부신청서, 주민등록발급신청서 ③ 예금청구서, 매도증서, 유언장 ④ 고소장, 고발장 ⑤ 신분증명서, 주민등록표, 호적부 ⑥ 이력서, 추천서, 광고의뢰서 ⑦ 이사회의 회의록과 결의서 ⑧ 증여나 지급일자변경의 의사표시를 내용으로 하는 편지	① 소설이나 시와 같은 예술작품 ② 개인의 일기장, 연애편지 ③ 단순한 메모나 비망록 ④ 강의초안, 독서카드 ⑤ 일상적인 개인의 편지지

2. 통화 위조·변조 사범 수사

(1) 통화 위조·변조 개념

	위 조	변 조
개념	발행권한 없는 자가 통화의 외관을 가지는 물건을 새로이 제작하는 것을 말한다. 위조는 일반 보통인이 보아 진품으로 오인할 정도이면 족하다.	진정하게 성립한 통화에 정당한 권한이 없는 자가 가공하여 그 가치를 변경하는 것을 말한다.

(2) 통화위조사범의 수사요령에 있어서 초기 조사대상

① 통화위조범 전과자

② 최근 사업이 부진한 소규모 인쇄업자

③ 조폐공사 기술자 및 전과자

(3) 위조지폐사건 발생시 조치사항

① 위폐범 검거에 있어서 가장 중요한 것은 유류지문의 보존이다.

② 즉시 전화로 수사주무과에 보고하는 한편, 신고자에게서 발견경위 등을 청취한다.

③ 관련사항을 서면으로 보고한다.

(4) 위조지폐 발견시 주의사항

① 신고받는 즉시 수사에 참여한 자 이외의 자가 만지거나 복사하는 일이 없도록 유의한다.

② 금융기관에서 고무결재인을 찍음으로 해서 지문이 손상되지 않도록 협조한다.

③ 위폐를 복사하거나 팩스로 전송하는 경우 가열로 인해 유류지문이 손상됨에 유의한다.

(5) 위조통화 발생시 보고 및 처리과정(위조통화취급규칙)

① 위조통화가 발견되면 각 지방경찰청장은 지체없이 경찰청장에게 보고한다.

② 지방경찰청장은 수사의 신속을 기하기 위해 경찰청을 거치지 않고 바로 한국은행 또는 한국조폐공사에 감정을 의뢰할 수 있다.

③ 경찰청장은 과학수사연구소, 한국은행 또는 조폐공사에 감정의뢰를 하되 지방경찰청장이 감정의뢰 하였으면 생략한다.

④ 경찰청장은 감정결과 위조-변조한 것을 인정된 때에는 위조통화별부호제정 표에 의해 부호를 부여한다.

(6) 통화위조범죄 발생시 수사실무자의 주요조치사항

사건수리	① 위·변조통화 발견신고를 받은 때에는 위조통화의 진위를 확인하며, 발견당시의 정황 및 피해상황을 자세히 정취 한다. ② 위조통화 입수경로를 추적하여 유통상황을 확인하고, 위조통화 사용자는 위조범 사용만을 전담하는 공범이거나, 모르고 받아 소지하다가 사용한 선의의 제3자인지 파악한다.
보 고	① 위·변조 통화 발견신고를 받으면 즉시 전화 등을 통하여 수사주무과에 위조통화의 종별, 발견일시, 발견장소, 발견자, 발견당시 상황 등을 먼저 가급적 전화로 자세히 보고 후 서면보고한다. ② 위 보고사항은 지체없이 지방경찰청장에게 보고하고, 지방경찰청장은 지체없이 위통화 송부서에 의하여 경찰청장에게 위조통화를 송부하여 보고한다.
감정 의뢰	① 위변조통화는 유류지문이 지워지거나 판독되지 못하는 일이 없도록 주의한다. ② 경찰청장(필요한 경우에는 지방경찰청장)은 지체없이 한국은행, 한국조폐공사, 국립과학수사 연구소에 위조통화 현품을 첨부하여 감정 의뢰한다.
부호제정	① 감정 결과 경찰서장은 위변조로 판명되면 위조통화별 부호제정표에 의하여 부호를 부여하고, 지방경찰청장에 감정결과, 부호, 발견구역, 발견장소, 참고사항을 송부 및 통지하고 위조통화 현품을 첨부하여 감정토록 의뢰한다. ② 이상의 사항은 위조통화발견상황일람표에 정리 작성하여, 범인 검거 시에는 통화위조범 검거 보고서를 작성 보고한다.

3. 각 범죄의 행사의 개념 비교

구분	위조문서 행사	위조통화 행사	위조유가증권 행사
행사의 요건	남들이 볼 수 있는 상태에 두면 족하다.	유통이 행사의 요건이다.	유통상태 또는 남들이 볼 수 있는 상태에 둠
신용력을 보이기 위한 제시	행사 요	행사 불요	행사 요
정을 아는 자에게 제시·교부	행사 불요	행사 요	행사 요

제6절 수표·어음 사건 수사

1. 개념

(1) 약속어음

발행인 자신이 증권에 기재한 특정인(受取人) 또는 그가 지시하는 자에게 일정한 날에 일정 금액의 지급을 약속한 증권으로서 발행인과 지급인이 동일한 것을 말한다.

약속어음의 필요적 기재사항

1) 증권의 본문 중에 그 증권의 작성에 사용하는 국어로 약속어음임을 표시 하는 문자
2) 일정한 금액을 지급할 무조건의 약속
3) 만기의 표시
4) 지급지
5) 지급을 받을 자 또는 지급을 받을 자를 지시할 자의 명칭
6) 발행일과 발행지
7) 발행인의 기명날인 또는 서명날인

(2) 환어음

환어음이란 어음을 발행하는 자가 증권에 기재한 특정인(수취인) 또는 그가 지시하는 자에게 일정한 날에 일정한 금액을 지급해 줄 것을 제3자, 즉 지급인에게 위탁하는 뜻을 기재한 증권을 말한다.

(3) 수표

① 수표는 발행인이 증권에 기재한 수취인 또는 그 이후의 취득자에게 일정한 금액을 지급할 것을 제 3자, 즉 지급인에게 위탁하는 증권이다.
② 수표도 지급위탁증권이라는 점에서 환어음과 성질을 같이한다.

수표와 환어음과의 차이점

① 제시하면 언제든지 지급해야 한다. 어음과 달리 만기라는 개념이 없다.
② 수표는 오로지 지급기능을 할 뿐ㅇ고 신용창조기능은 하지 못한다.
③ 구체적 법률관계에 있어서도 수표의 지급인은 금융기관에 한정되고 수표계약과 수표자금이 있어야 발행할 수 있다는 제약이 따른다.

2. 어음·수표를 이용한 범죄 유형

(1) 어음할인(속칭 '와리깡')을 둘러싼 범죄

융통어음	실제의 상거래 없이 어음을 발행받아 거래처의 신용을 이용하여 어음을 할인하여 융자를 받는 방법으로 악용 하는 사례
기승어음	자금이 필요한 상호 기업간에 상대방의 신용을 이용하여 금융을 받기 위해 서로 금액 만기일 등을 같게 하는 어음을 작성·교환한 어음을 각자 제3자에게 할인·양도하여 현금화하는 방법 이다.
딱지어음	부도날짜를 미리 정해놓고 지급일자를 부도날짜 이후로 작성 발행
대어음	보이기 위한 어음
사기죄	할인해줄 의사 없이 어음을 영득하는 경우이다. 어음금 지급 여부와 관계없이 어음을 교부받은 때에 기수가 된다.
배임죄	어음할인 중개알선을 의뢰받은 자가 다액의 수수료 또는 제3자의 이익을 위해 명시된 금리보다 높게 어음할인을 받은 경우이다.
금융폭력단	어음사기단에 의해 편취된 어음·수표를 폭력수단으로 지급받는 것을 업으로 하는 자들을 말한다. 도박꾼, 야바위꾼, 불량배 등 소위 폭력단이 관련된 경우가 많다.

(2) 어음·수표를 이용한 사기·배임

부도어음 이용에 의한 사기-배임	범의의 입증과 범죄성립여부의 판단이 문제된다.
	예) 상품매입자가 처음에는 금액을 적게, 현금 또는 단기어음으로 발행하여 확실하게 결제하고, 점차 금액을 늘리고 기간을 장기로 하여 마지막에 부도처리하는 경우
융통어음 이용의 사기	상업어음인 것처럼 가장하기 위해 허위증명서를 작성하거나 적극적인 기망행위가 있는 경우 사기죄가 성립한다.
	처음부터 부도를 낼 의사로서 기승어음을 발행하고 그 정을 알지 못하는 제3자를 속여 어음할인 명목으로 현금화하거나 상품매입대금의 지급으로 충당한 경우
대(貸)어음 사기 (보이기 위한 어음)	어음수취인이 발행인에 대하여 "거래처를 신용시키기 위하여 보이는 것뿐이고 달리 사용하지 않는다"라고 의뢰하여 의뢰자를 수취인으로 하는 어음을 발행하는 경우이다. 융통어음의 일종이다.
	처음부터 계획적으로 어음할인으로 금품을 얻으려고 발행인을 속여 대어음을 발행받아 반환하지 않고 유통시킨 경우

매(賣)어음 이용 사기 (사용료 어음)	매어음 : 어음브로커-금융브로커 사이에서 거래되어 어음할인 또는 편취사기의 수단으로 사용되며, 며칠 후 반드시 부도가 나서 어음의 최종 소지인에게 피해를 준다. 융통어음의 일종이다.
	방법 : 제조책(회사설립꾼이 만든 유령회사) → 당좌예금을 눈이 어지럽게 운용 → 브로커 → 중간상을 이용하여 6월-1년 정도 거래한 다음 매도하는 계획적인 수법을 이용
	① 편취어음이나 회사의 경리계 직원 등이 자기 회사의 어음을 빼돌려 매도하는 경우 ② 실제의 상행위 회사가 장래성이 없어 발행한 어음이 돌아오면 부도날 것이 확실한 경우, 지금까지의 신용을 이용하여 어음을 매도하는 경우 ③ 처음부터 사용료 어음으로 팔 것을 목적으로 하여 회사를 설립하고 어음을 매도하는 경우

(3) 어음·수표를 이용한 사기 중 딱지어음 이용의 사기

① 개념

부도날짜를 미리 정해놓고 금액란을 백지로 하고 어음지급 일자나 수표발행일자는 예정된 부도 날짜 이후로 작성·발행하여 시중에 유통시키는 어음이나 수표를 말한다.

② 유형별 역할

피의자	역 할
자금책 (모도)	자금을 가지고 직접 또는 바람막이를 통하여 바지 명의로 은행에 어음구조를 개설하여 딱지어음을 생산, 처분하여 이익을 취득하는 실질적 어음 개설자
바지	수표어음의 결재능력이 없이 당좌개설 명의만을 빌려주고 일정한 대가를 받는 개인 영업주 또는 법인의 대표이사
바람막이	바지와 자금책의 중간에서 자금책으로부터 자금을 지원받아 바지를 선정하고 바지명의로 당좌계좌를 개설하여 딱지어음, 수표를 유통시키도록 해 주는 등 자금책의 역할을 대행하는 사람
판매책	자금책으로부터 딱지어음을 일정액으로 매입하여 자기의 판매망을 통하여 판매하여 중간 이익을 취득하는 자
일꾼	자금책의 심부름으로 딱지어음을 가지고 물건을 구입하거나 자신이 직접 매입한 딱지어음으로 물건을 구입하여 덤핑으로 이를 처분하여 이익을 취득하는 자
세탁책 (조서방)	이미 사용된 어음, 수표 또는 미사용의 어음 수표용지에 기재되었거나 압날 기재되었거나 압날된 고무인영 부분을 약품을 사용하여 지워주고 그 대가를 받는 자

참고

① 부도수표 1매마다 1개의 범죄가 성립하고, 각 범죄는 실체적 경합범의 관계에 있다.
② 당좌수표는 실제 발행일을 수사하여 이를 범죄일로 하여야 한다.
③ 발행권한 없이 자신의 이름으로 가계수표를 발행한 경우 수표를 계약없이 발행한 행위에 해당하며, 따라서 위조에 해당하지 않으며 그 행사도 범죄를 구성하지 않는다.

3. 기타 적용

(1) 부정수표단속법과 형법(유가증권의 위조·변조·허위작성죄)과의 관계

부정수표단속법이 특별법이므로 본법이 적용되는 영역에서는 본법이 적용되고 형법은 적용되지 않는다.

(2) 부정수표단속법의 구성요건 검토(적용범위)

① 금융기관과 수표계약 없이 자기의 명의로 수표를 발행하거나 금융기관으로부터 거래정지 처분을 받은 후에 수표를 발행한 경우(제2조 1항 2호)
② 수표를 위조 또는 변조한 경우(허무인명의 포함)
③ 금융기관에서 고발하지 않은 경우

(3) 위조·변조한 수표와 자기명의의 수표를 행사한 경우의 형법상 검토

위조·변조유가증권행사죄	① 자기명의의 수표를 행사한 경우 : 위조·변조유가증권행사죄에는 해당하지 않는다. ② 위조 또는 변조한 수표를 행사한 경우 : 위조·변조유가증권행사죄에는 해당한다.
사기죄와의 관계	① 가게 등에서 물건을 구매한 경우 : 위조·변조유가증권행사죄와 사기죄의 실체적 경합이다. ② 채권자에게 채무변제로 지급한 경우 : 위조·변조유가증권행사죄만 성립하고 사기죄는 성립하지 않는다.

(4) 기타 (백지수표(어음), 선일자수표의 문제)

백지수표(어음)	수표요건의 흠결이 있는 경우 그 흠결부분을 소지인으로 하여금 후에 보충시킬 의사를 가지고 유통상태에 둔 수표를 말하는 것으로 법적으로도 유효하다(어음법 제10조).
선일자수표	발행 일자를 실제로 발행한 일자가 아닌 장래의 일자를 기재하여 발행한 수표를 말한다.
사기죄와의 관계	처음부터 지급할 능력이나 의사가 없음에도 불구하고 있는 듯 가 장하여 수표를 발행하여 교부한 경우는 부정수표단속법위반은 물론 사기죄도 성립한다.

죄수	여러 장의 부정수표를 발행한 경우에는 그 발행수표의 수만큼 부정수표단속법 위반죄가 성립하고 그 수는 실체적 경합관계이다.
반의사 불벌죄	부도된 수표를 회수하거나 부도수표 소지인이 처벌을 원치 아니하면 공소를 제기할 수 없다.

(5) 수사종결처분

① 불기소처분의 사유가 중복되는 경우 : 각하 → 공소권없음 → 죄가 안됨 → 혐의없음의 순으로 종결한다.

② 따라서 발행일자가 없는 수표(혐의없음)와 제시기일을 경과한 수표(혐의없음)를 발행인이 회수하거나 수표소지자가 처벌을 원치 않을 때(공소권 없음)는 공소권 없음으로 불기소 처분 한다.

제7절 유령회사 관련 수사

1. 개념

상법상 주식회사를 설립하려면 자본금 5천만 원 이상을 금융기관에 납입하도록 규정하고 있는 점을 이용, 사채업자로부터 주금을 차용하여 회사를 설립한 후 바로 주금을 인출하여 위 사채금액을 변재해 버려 실제로는 자본금이 전혀 없이 설립된 회사를 말한다.

2. 내사자료 확보방법

(1) 우선 어음교환소를 통해 일정금액 이상의 다액부도를 낸 주식회사의 현황을 파악한다.

(2) 국세청 전산실에 의뢰하여 위 회사 중 사업개시일 이후 부도 날짜가 1년 이내인 회사를 다시 파악한다.

(3) 상업등기소나 관할 세무서를 통해 위 부도업체의 대표이사, 이사, 발기인 등의 인적사항을 파악한다.

(4) 어느 정도 범증이 인정되면 압수·수색 영장을 받아 해당 은행에 부도회사 주금의 출입고 현황에 대한 자료를 확보하는 것이 바람직하다.

제8절 공무원 및 화이트칼라 범죄수사

1. 공무원범죄

(1) 의 의

광의의 공무원범죄	공무원의 신분을 가진 자가 저지른 모든 범죄로서 직무와 관련이 없는 범죄도 포함된다.
협의의 공무원범죄	공무원이 범한 범죄 중 공무원의 직무와 직접 또는 간접적으로 연관이 있다는 범죄를 말한다. (공무원 범죄 통계 기준)

(2) 공무원 범죄의 특징

① 인적특징 : 화이트칼라 범죄로서 지능수준이 일반범죄인보다 높다.

② 범죄의 암수화 경향

③ 범죄수법의 지능성・전문성・계획성

④ 희박한 범죄의식

(3) 공무원 범죄 수사의 원칙

① 국가공무원법 제83조 제3항의 경우 감사원과 검찰·경찰 기타 수사기관은 조사나 수사를 개시한 때와 이를 종료한 때는 10일 이내에 소속기관의 장에게 당해 사실을 통보하여야 한다고 규정하고 있다.

② 공무원 범죄는 사안이 중한 경우 구속수사가 원칙이다.

③ 사안이 경미한 비위공무원은 소속기관장에게 통보하여 행정처분하도록 조치한다.

④ 개인감정에 의한 무고가능성에 대비하여 첩보를 확인 한다.

(4) 관련 법률의 비교

① 형법과 특정범죄가중처벌에관한 법률

형 법	특정범죄가중처벌에관한법률
직무유기, 직권남용, 불법체포·감금, 폭행·가혹행위, 피의사실 공표, 공무상 비밀누설, 선거방해, (사전)수뢰, 뇌물제공, 수뢰 후 부정처사, 사후수뢰, 알선수뢰, 뇌물공여	뇌물죄의 가중처벌, 알선수재, 뇌물죄 적용 대상 확대, 체포·감금 등의 가중 처벌, 공무상 비밀누설의 가중처벌, 국고 등 손실, 특수직무유기

② 수뢰 후 부정처사죄

공무원 또는 중재인이 수뢰죄, 사전수뢰죄, 제3자 뇌물공여죄를 범하여 부정한 행위를 한때

③ 부정저사후 수뢰죄

공무원 또는 중재인이 그 직무상 부정한 행위를 한 후 뇌물을 수수· 요구 또는 약속하거나 제3자에게 이를 공여하게 하거나 공여를 요구 또는 약속한 때에 성립.

2. 화이트칼라범죄

(1) 의 의

화이트칼라란 전문적 지식이 필요한 정신적 노동에 종사하는 고급사무원 등 관리직 수준 이상의 계층을 뜻하는 말이다.

(2) 범죄의 특성

1) 일반범죄에 비하여 국가・사회에 미치는 해악이 크다.
2) 피해가 일반 국민에게 간접적으로 미친다.
3) 일반범죄보다 죄의식이 희박하다.
4) 증거인멸이 쉽고 수법이 교묘하다.
5) 사회의 신용을 파괴하고 국가의 경제성장을 해친다.

(3) 수사요령

기초자료의 정비 → 신중한 수사착수 → 방증(傍證)의 확보 → 변명의 청취 → 신중한 구속

(4) 화이트칼라범죄의 수사 대책

① 금융・경제분야의 동향, 회계・부기 등에 대한 기본 지식을 갖추고 수사한다.

② 화이트칼라범죄에 대한 제보는 개인적 원한에 의한 모함인 경우도 있고, 법률적용이 까다로운 점을 이용하여 역습하는 요령이 능숙하기 때문에, 충분한 증거를 수집하고, 신중을 기해야 한다.

③ 범증이 경리장부 등에 남아 있는 경우가 많으므로 관련장부를 수집한다.

④ 죄의식이 희박하므로 구속시에는 신중을 기한다.

제4장

절도사건 수사

제1절 일반절도사건 수사

1. 절도죄의 개념

타인소유·타인 점유의 재물을 절취하는 범죄행위를 말한다.

자기소유·자기점유	범죄 불성립
자기소유·타인점유	권리행사방해죄
타인소유·자기점유	횡령죄
타인소유·타인점유	절도죄, 강도죄, 사기죄, 공갈죄

2. 절도범의 수법

날치기	노상에서 타인의 신변에 있는 물건을 순간적으로 잡아채 도주하는 방법
소매치기	타인의 재물을 주의가 산만한 틈을 이용하여 기술적으로 절취하는 방법
들치기	백화점 기타 상점의 고객을 가장하여 상품을 민활하게 훔치는 방법이다.
방치물절도	옥외 또는 노상에 방치된 물건을 감시가 없는 틈을 타서 훔치는 방법
침입절도	야간, 주간에 건조물, 방실 주거등에 침입하여 재물을 훔치는 방법

3. 절도사건 수사과정

(1) 절도사건 발생시 즉보 대상 (범죄수사규칙 제20조)

경찰청 보고 사항	지방경찰청 보고 사항
① 5,000만원 이상의 다액 절도 (상습조직치기사건은 500만원) ② 총기·대량 탄약 및 폭발물 절도 ③ 외국공관 및 관저 절도 ④ 중앙관서 및 가급 중요시설 절도 ⑤ 국보급 문화재 절도	① 2,000만원 이상의 다액절도 (상습조직치기사건은 전부) ② 관공서, 전선 등 절도 ③ 경찰관련 신문·방송 보도 예상 및 보도 ④ 기타 중요하다고 인정되는 절도 (사회저명인사, 언론기관임원 등)

(2) 수사방법

현장중심 수사	① 일정한 지역의 공지 · 하수 등의 수색에 의한 장물과 용구 등의 발견 ② 부근 거주자로부터 범죄에 관계있는 사항의 탐문 ③ 범인이 들를만한 음식점 등에서 범행 전후의 행적수사(사전 · 현행범 · 사후 행적)
범인중심 수사	① 수법에 의한 수사 ② 인상착의에 의한 수사 ③ 범인추리에 의한 수사
피해자중심 수사	① 연고감 수사 ② 지리감 수사
피해품 중심 수사(장물수사)	① 절도사건 수사 중 필수적으로 행해야 하는 수사가 장물수사이다. ② 피의품의 특징을 잘 파악하여 적절한 수배와 전당포 등 장물처분장소에 대한 광범위한 수사가 필요
수법수사	① 절도는 수법범죄이므로 상습성의 유무를 수사한다. ② 상습성의 유무를 판단할 수 있는 자료로는 • 시간적 관계 • 장소적 관계 • 침입수단 · 방법 • 물색상황 • 목적물 관계 • 기타 특이한 습벽 등이 있다.

(3) 차량절도범 수사

차량절도 신고 접수	① 피해일시 · 장소, 차의 특징, 유류품의 유무를 조사하여 관내에 수배한 후 컴퓨터단말기를 이용하여 도난차량수배입력을 실행한다. ② 2륜차(50cc) 도난신고 접수 시 차량번호와 차대번호까지 동시입력 한다.

차량에 대한 불심검문시 유의점	① 차량에 대한 불심검문 시에는 삼각창 등의 파손여부, 사용 중인 열쇠 확인(직선을 연결하여 운행 중인지의 여부), 자동차 검사증 확인, 번호판의 봉인 상태, 면허증, 자동차 보험증 기타 소지품을 확인하여 수상한 점을 파악하여야 한다. ② 수배차량 발견 시는 승차자 전원에 대한 인적사항 및 승차경위 등을 조사한다.
방치차량의 수사	① 차량용조회기(M.D.T), 휴대용조회기(H.D.T), 자량번호자동판독기(AVNI)를 적극적 활용하여 도난차량인지를 확인하다. ② 도난차량을 발견한 경우는 피해자에게 환부하기 전에 유류지문을 채취하고 현장부근을 탐문하여 수사 자료를 수집하고 필요시에는 현장잠복을 실시한다.
자량번호자동판독기 (AVNI)	① 주행 중인 차량의 번호판을 순간 포착하여 판독 · 인식하여 수사에 활용하는 것이다. ② 포착된 차량번호 영상을 소프트웨어도 판독 · 인식한 후 경찰청 주전산기의 범법·무적 차량 등의 자료를 자동검색하고 그 결과가 검문소의 단말기에 모니터와 경광등에 표시된다.

4. 선의취득과 압수물의 환부

(1) 법률 규정

절도범이나 강도범의 압수도품 환부는 민법 제249조(선의취득)와 민법 250조, 251조(도품 · 유실물에 대한 특례)를 참조하여야 한다.

민법 제249조 (선의취득)	평온, 공연하게 동산을 양수한 자가 선의이며 무과실인 경우 그 동산을 점유하는 경우에는 양수인이 정당한 소유자가 아닌 때에도 즉시 동산의 소유권을 취득한다.
민법 제250조 (도품, 유실물특례)	전조의 경우에 동산이 도품이나 유실물인 경우에 피해자 또는 유실자는 2년내 물건의 반환을 청구할 수 있다(금전은 예외).
민법 제251조 도품,유실물특례	양수인이 도품 또는 유실물을 공개시장에서 또는 같은 종류의 물건을 판매하는 상인에게서 선의로 매수한 때에는 피해자 또는 유실자는 양수인이 지급한 대가를 변상하고 그 물건의 반환을 청구할 수 있다.

(2) 사례연구

① 사례 1

절취 매각 압수
A(피해자) ⇨ B (범인) ⇨ C (일반인) ⇨ 경찰

C가 선의 취득한 경우라도 절취되었을 때부터 2년간, A는 민법 제250조에 의하여 그 물건의 반환청구권 있음. 따라서 A에게 환부한다.

2년을 경과한 경우에는 장물성이 없어지므로 C에게 형사소송법 제133조에 의해 환부한다.

② 사례2

절취 매각 압수
A(피해자) ⇨ B (범인) ⇨ C (중고매매상) ⇨ 경찰

C가 고물상일지라도 절취되었을 때부터 2년간은 A에게 민법 제250조에 의하여 그 물건의 반환청구권있음(무상). 따라서 A에게 반환한다.
2년을 경과한 경우에는 장물성이 없어지므로 C에게 형사소송법 제 133조에 의해 환부한다.

③ 사례3

절취 매각 매각 압수
A(피해자) ⇨ B (범인) ⇨ C (고물상) ⇨ D(일반인) ⇨ 경찰

D가 고 물건을 판매하는 업자인 C로부터 도품을 산 것으로서, 민법 제251조에 의 하여 A는 절취되었을 때부터 2년간은, D가 C에게 지불한 대가를 D에게 변상하지 않으면 그 물건의 반환을 청구할 수 없으므로 피압수자D에게 환부한다.

④ 사례4

절취 매각 매각 매각 압수
A(피해자) ⇨ B(범인) ⇨ C(중고매매상) ⇨ D(일반인) ⇨ E(일반인) ⇨ 경찰

C와 D간의 매매가 민법 제251조의 적용을 받는 것은 사례3과 같다.
이 물건을 D가 다시 E에게 거래한 경우에는 민법 제249조의 적용을 받아 그 물건의 장물성이 없어지므로 A는 E에게 반환을 청구할 수 없게 된다. 따라서 형사소송법 제 133조에 의하여 E에게 반환하게 된다.

(3) 압수도품이 현금인 경우

피해현금이 다른 현금과 혼동하고 있는 경우	① 압수방법 : 발견된 현금 전부를 압수할 수는 없으며, 임의제출로 확보하고 검증 등에 의해 그 존재를 명백히 해야 한다. ② 환부방법 : 안분환부의 통례에 따라 피해자의 피해비율에 따라 환부액을 결정한 다음 환부한다.
피해현금이 예금된 통장을 압수한 경우	① 절취한 현금과 예금통장은 동일성이 인정되지 않기 때문에 형사소송법 제134조(피해자 환부)는 적용되지 않고 제133조(환부, 가환부)가 적용되어 제출인에게 환부해야 한다. ② 피의자에게 예금통장을 환부한 다음 현금은 피의자가피해자에게 직접 환부토록 한다. 다만, 피의자가 피해자에게 환부를 희망할 경우에는 피해자에게 환부할 수 있다.

제2절 치기사범 수사

1. 치기사범의 개념

소매치기사건의 경우 검거보다는 예방에 노력해야 하는데, 검거하더라도 현장에서 검거하지 않으면 피해자나 물적증거의 확보에 상당한 어려움이 있다.

2. 치기배의 종류

(1) 강도 치기 사범

강도	돌변치기	절도가 발각되어 강도로 변하는 것 → 준강도
	가로치기	사람을 따라가다가 한적한 곳에서 덮치는 것
	행인치기(퍽치기)	길목을 지키다가 지나가는 사람을 덮치는 것

(2) 절도 치기 사범

소매치기	바닥치기	핸드백 등을 열거나 째고 절취하는 것으로 2~3명 또는 단독 범행
	올려치기	버스에 승차하려는 피해자를 막고 핸드백 등을 열거나 째고 절취
	안창따기	양복 안주머니를 면도칼로 째고 절취하는 것
	굴레따기	목걸이나 팔지 등을 끊어서 절취하는 것
	들치기	대합실, 은행, 백화점 등에서 혼잡한 틈을 이용하여 절취하는 것
차치기		오토바이·승용차를 타고 다니면서 핸드백 등을 낚아채 가는 것
아이랑치기 (부축빼기)		술에 취한 사람 옆에 취한 것처럼 앉아 있거나 부축하는 척하면서 절취하는 것으로 일명 박쥐라고도 한다.
봉투치기		봉투와 봉투를 상호 교환하여 보관하다가 가지고 도망하는 것

3. 치기 사범의 각종 수법

째고빼기	호주머니, 핸드백을 째고 소매치기하는 것
줄띠풀기	목걸이, 시계 등을 푸는 소매치기
끊고채기	목걸이, 시계 등을 끊고 소매치기하는 것
가로치기	돈 가진 사람을 따라가 행인을 덮치는 강도
행인치기(퍽치기)	길목을 지키다 행인을 덮치는 강도
돌변치기	절도가 발각되자 강도로 변하는 것을 말한다.

바닥치기	핸드백 등을 열거나 째고 금품을 절취
올려치기	버스에 승차하려는 피해자의 앞을 막고 핸드백을 열거나 째서 절취
안창따기	양복안주머니를 면도칼로 째고 절취
굴레따기	목걸이나 팔지 등을 끊어서 절취
들치기	대합실 등에서 혼잡한 틈을 이용하여 절취

4. 소매치기 사범의 외형상 특징

(1) 안경 착용자가 적으며 눈동자가 반짝임

(2) 체격은 호리호리하고 행동이 날쌔고 민첩함

(3) 무엇에 쫒기는 듯 바쁘며 걸음걸이가 빠름

(4) 경찰관이 따르는지 살피기 위해서 뒤를 잘 돌아봄

(5) 대부분 간편한 복장이나 올려치기, 안창치기는 신사복이 많음

(6) 시장 등에서 활동하는 소매치기는 다소 허름한 옷을 착용

(7) 백화점 등 고급장소에서는 옷을 깔끔하게 착용한다.

5. 소매치기범의 검거시기(피해자가 확인 할 수 있는 상태에서)

(1) 장물을 빼내는 순간

(2) 공범자에게 장물 인도할 때

(3) 장물을 빼내는 것을 보지 못한 경우 피해 확인 후

(4) 미수범은
① 호주머니에 손이 들어 있을 때 - 가방 등에 손이 들어 있을 때
② 가방·의류 등을 잘랐을 때

제5장

마약류 사건 수사

1. WHO의 마약류 정의

(1) **의존성**(依存性) : 약물의 사용에 대한 욕구가 강제적일 정도로 강하다.

(2) **내성**(耐性) : 사용약물의 양이 증가하는 경향이 있다.

(3) **금단현상**(禁斷現象) : 약물사용을 중지할 경우 정신적 · 육체적 고통을 느낀다.

2. 마약류범죄의 특징

(1) 철저한 점 조직성
(2) 악질 · 흉포성
(3) 제작장소의 은밀성
(4) 접선장소의 치밀성
(5) 재범 · 누범의 증가
(6) 범죄루트의 광역화
(7) 조직의 국제화 경향
(8) 타 범죄의 원인제공과 연계

3. 마약관련 국제 조직과 관리 및 단속기구

(1) 마약관련 국제 조직

골든크레센트	이란·아프가니스탄·파키스탄 국경지대를 중심으로 서남 아시아 '황금의 초생달 지대'라고도 하며, 대마류 및 헤로인·모르핀을 공급한다.
골든트라이앵글	미얀마·태국·라오스 3국 접경 고산지대에서 아편(양귀비) . 헤로인을 주로 공급하는 동남아시아의 황금의 삼각지대(Golden Triangle)를 말하며 가장 대표적인 국제마약루트이다.

나이지리아 커넥션	최근 알려진 국제마약조직으로서 인도·파키스탄·태국·미국 및 아프리카 전역을 대상으로 한다.
피자커텍션	미국 동부지역 피자집에서 헤로인을 거래하던 마피아 조직이다.
프랑스조직	프랑스의 항구도시인 마르세이유를 근거지로 헤로인 밀거래를 하며 마피아가 조종하여 전 세계로 헤로인을 공급한다.

세계 아편 생산량의 90% 이상은 황금의 삼각지대(태국·미얀마·라오스)와 황금의 초승달 지역(아프가니스탄·이란·파키스탄)에서 생산되며 세계 남용인구의 절반 이상도 이들 인접국에 집중되어 있다. (국가정보원, 마약류 용어 해설 참고)

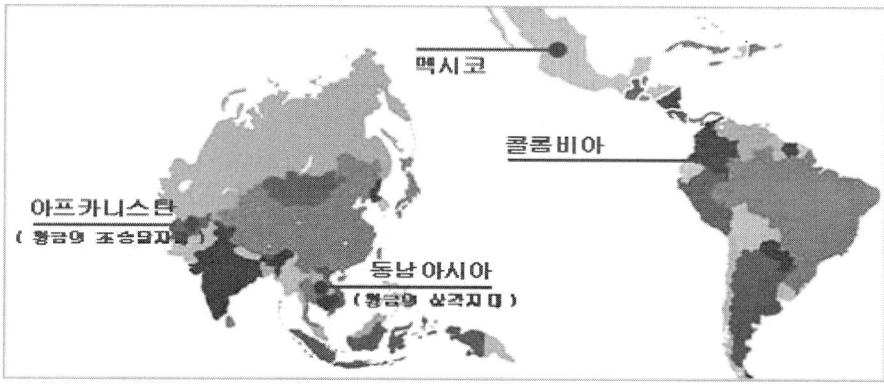

(2) 코카인 관련 국제조직

코카인은 대부분 코카나무 자생지인 콜롬비아(50%)·페루(32%)·볼리비아(15%) 등 남미 안데스 산맥의 3개국에서 생산되고 있다.(국가정보원, 마약류 용어 해설 참고)

콜롬비아 커넥션	콜롬비아에서 미국으로 코카인 밀수출 (미국내 코카인의 약 70% 밀거래)
메델린 카르텔	콜롬비아 제2의 마약조직
칼리카르텔	콜롬비아에서 제3의 마약조직

(3) 마약류관련 국제관리기구

UN 마약위원회	1946년 UN 경제이사회 산하에 설립되어 UN 가입국 및 마약에 관한 단일협약 당사국 중 5년 임기의 40개 회원국으로 구성. 국제협약의 준수를 감독·관장하고 있으며 경제사회이사회의 감독기능을 지원한다.
UN 마약과	마약류 관리와 관련한 학술적·기술적인 전문연구기관, 경제사회이사회 및 본 회의의 진행에 따른 마약류관련 행정업무를 담당하고 있다.
UN 마약남용통제기구	마약류관련 국제정책의 시행에 필요한 재정적 지원기구로서 마약류 남용 예방교육, 중독자의 치료 등을 주요사업으로 한다.
국제마약관리국	마약류의 사용을 의료용·과학용으로 제한하기 위해 마약류의 생산, 재배, 제조 및 거래 등을 감시한다.

(4) 주용 국가 마약 단속기구

한국	경찰, 검찰, 보건복지부, 세관, 국가정보원, 국세청(x)
홍콩	세관, 경찰(x), 국세청(x)
일본	경찰, 세관, 후생성 마약취제관사무소, 해상보안정, 법무성
미국	마약단속국(DEA), 연방수사국(FBI), 이민귀화국(INS), 국세청(IRS), 연방관세청, 해안경비대, 주경찰, 지방경찰

4. 마약류의 분류

분류		종류	남용효과
향 정신성 의약품	각성제	메스암페타민, 암페타민류, 펜플루라민, 암페르라몬	환시, 환청
	환각제	LSD, 페이요트, 사일로사이빈, 메스칼린	환각, 예측불허행위
	억제제	바르비탈염류제, 非바르비탈 염류제, 벤조디아제핀염제류	기억손상, 호흡기장애
마약	천연마약	아편, 헤로인	도취감, 신체 조정력상실
		코카나무잎, 코카잎	흥분, 정신혼동
	합성마약	페치딘 系, 메사돈 系, 프로폭시펜, 벤조모르핀	도취감, 신체조정력상실
대마	대마초(마리화나) 대마수지(해쉬쉬) 대마수지기름(해쉬쉬오일)		도취감, 약한 환각

5. 마약류의 구체적 내용

(1) 양귀비

정의	양귀비 열매가 익기 전 열매에 흠집을 냈을 때 흘러나오는 수액을 건조시켜 만든 덩어리
형태	갈색·흑색을 띈 왁스형 덩어리로 달콤하고 톡 쏘는 듯한 냄새 또는 건초냄새
특징	응고를 방지하기 위해 셀로판지나 방수종이로 포장

① 3-4월에 파종하면 5-7월(집중단속 기간)에 화려하게 여러 가지 색으로 개화하고 열매를 맺는데 이 열매를 앵속이라 한다.

② 양귀비(Poppyplant)의 설익은 씨앗껍질에 상처를 내어 자극을 주면 알카로이드가 함유된 부액(열매에서 흘러나오는 액)이 흘러나오는데 이것을 긁어 모아 말리면 생아편 (Opium)이 된다.

③ 이러한 알카로이드를 뽑아내어 만든 것이 모르핀(Morphine). 코데인(Codeine). 헤로인(Heloine), 테바인이며 통칭하여 마약이라고 한다.

(2) 아편

정의	양귀비(Papaver somniferum)의 덜 익은 열매에 흠을 내어 나오는 액을 모아 건조시켜서 얻는 마취제
	① 앵속의 열매·입·줄기 등에 아편성분이 다량 함유 ② 생아편은 아모니아 냄새가 독하게 난다. ③ 아편은 모르핀, 헤로인 등의 원료가 되며 파이프에 의한 흡연이 일반적 사용방법

(3) 모르핀

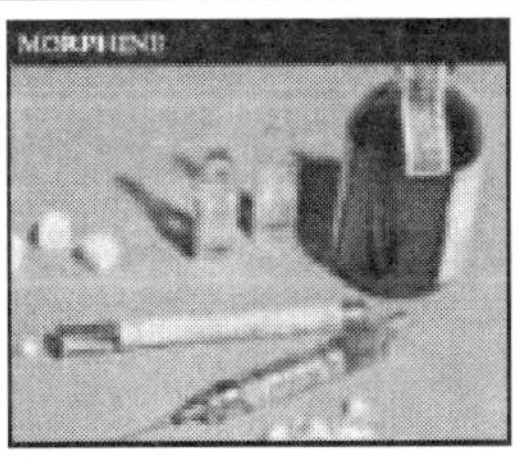

정의	아편에 함유되어 있는 강한 진통력을 지닌 성분
형태	상아색·백색·커피색의 결정성 분말로 분필 같은 촉감이 있으며 무취 또는 약한 식초냄새
특징	의학적으로 진통제 및 아편중독 치료제로 사용

1803년 독일 약학자 Frederick Sertuner에 의해 제조되었으며, 그리스 신화 '꿈의 신'인 Morpheus의 이름을 본 따 모르핀이라고 칭해지고 있다.

(4) 헤로인

형태	모르핀에서 합성한 반합성 마약(Semi-Synthetic Narcotics) 으로 1898년 독일의 바이엘 제약회사에서 최초 개발
외형	백색·회색·연갈색·암갈색의 작은 결정체 또는 분말로 무취 또는 약한 식초냄새
냄새	진통효과가 모르핀 보다 10배 이상 강력하고 부작용 또한 심각하여 의료용으로 사용 불가

① 통상 순백색, 우유색, 암갈색을 띠는데, 순백색이 가장 순도가 높고 효과가 강하다.

② Speed Ball은 강력한 흥분효과를 내기 위해 헤로인에 코카인을 혼합하여 정제한 것이다.

(5) 코카인

형태	코카나무잎에 함유되어 있는 주요 성분으로 주로 코로 흡입한다.
외형	눈처럼 반짝이는 백색의 분말 형태로 촉감은 솜처럼 보송 보송하며 무취
냄새	특이한 독성이 있어 피부 속에 벌레들이 떼지어 기어다니는 듯한 환상이 일어나는 '코카인 벌레 현상(Coke Bugs)'을 유발

(6) 크랙(Crack)

코카인에 베이킹파우더와 물을 섞어 전자렌지에 가열하여 단단하게 해 피우는 방법으로 값이 싸고 은닉이 용이하다.

(7) 메사돈

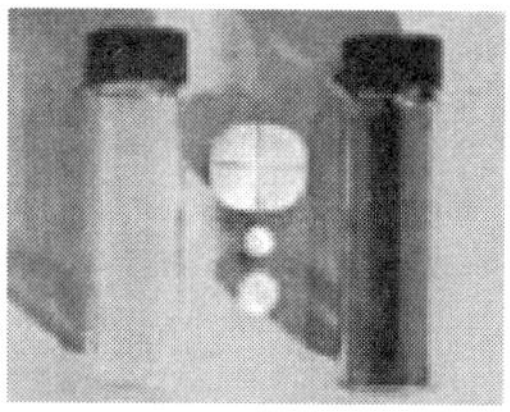

정의	제2차 세계대전 중 독일에서 모르핀 대용 진통제로 개발한 합성 마약(Synthetic Narcotics)
형태	주사제, 정제, 분말, 액체
특징	아편 및 헤로인 중독 치료제로 사용

(8) 필로폰

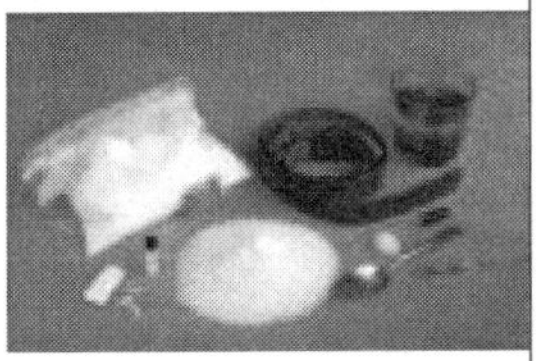

① 성교시 강한 쾌감을 느끼며 성교시간을 연장시켜주고, 약효가 떨어지는 시간이 되면 과도한 피로를 느끼고 장시간 수면을 취하게 된다.
② 근육 이완이 나타나고 환시(幻視), 환청(幻聽)을 경험하며, 초조불안에 빠지며 사소한 일에도 과민한 반응을 나타낸다.
③ 열관을 통한 정맥주사: 가장 효과적이나 주사한 흔적이 남는다.
④ 초심자는 투약 후 2~3일 이내에, 중독자는 5~7일 이내에 소변채취가 행해져야 한다.
⑤ 뇨중의 필료폰 검출만으로는 투약시기를 추정하기는 곤란하며, 모발검사를 통해 가능하다.

(9) 엑스터시 (MDMA 도리도리)

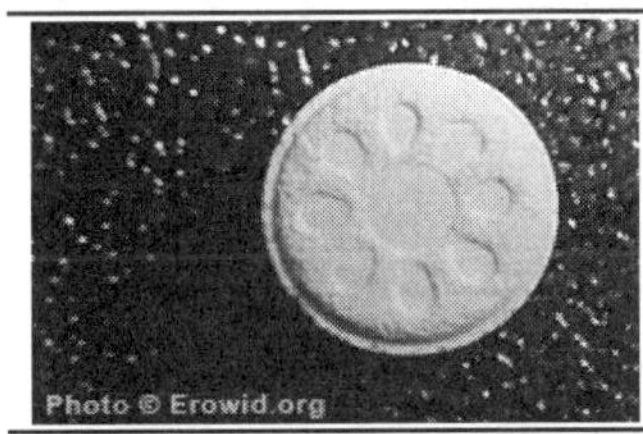

정의	암페타민류 각성제(Amphetmine-Type Stimulants)의 일종인 환각제
형태	다양한 색상의 정제 및 캡슐 형태이며 약한 기름냄새
특징	통상 엑스터시(Ecstasy)라 지칭하며 1987년 영국에서 시작된 레이브 파티를 계기로 전 세계적으로 남용이 확산

(10) L·S·D

정의	1938년 스위스 산도스 제약회사의 알버트 호프만 박사가 호밀에서 자라고 있는 깜부기병균(맥각균:보리·호밀 등 곡물에 기생하는 곰팡이)에서 합성한 강력한 환각물질
형태	원형은 무색·무취·무미한 분말이며 이를 정제·캡슐·액체 등 다양한 형태로 제조
특징	일부 LSD 중독자는 LSD를 실제 사용하지 않았는데도 환각작용을 경험하게 되는 '플래시백 현상(Flashback Syndrome)'을 경험

(11) G·H·B (일명 물뽕)

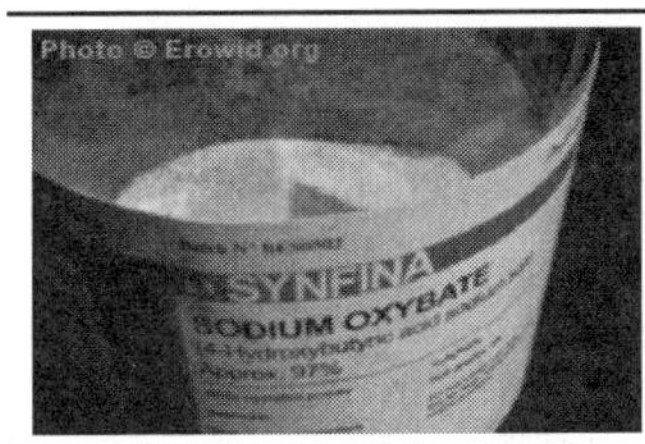

정의	진정·마취효과를 유발하는 중추신경 억제제
형태	백색 분말 또는 무색·무취의 액체 형태
특징	국내에서는'물 같은 히로뽕'이라는 의미로 '물뽕'으로 지칭 하며 미국·캐나다와 유럽 등지에서는 성범죄에 악용되는 경우가 많아 데이트 강간 약물(Date Rape Drug)로 분류

(12) 싸이로사이빈

정의	멕시코 습지대에서 자라는 버섯으로 LSD와 유사한 환각 작용을 유발하는 싸이로시빈(Psilocybin) 성분을 함유
형태	원형 그대로 건조시키거나 분쇄 후 캡슐형태로 유통
특징	전통적으로 중남미 인디언들이 종교의식에 사용

(13) 카리소프로돌(Carisoprodol)

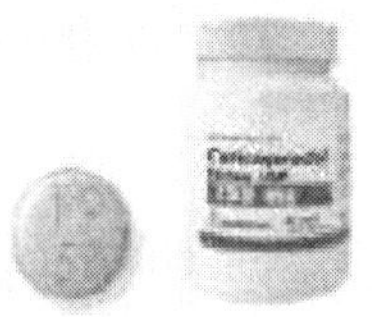

정의	근육통증 이완제로 사용되는 의약품
형태	정제 및 액체
특징	일명 'S정'으로 불리며 과다 복용 시 환각작용을 유발하여 대용마약으로 남용

(14) 케타민(Ketamine)

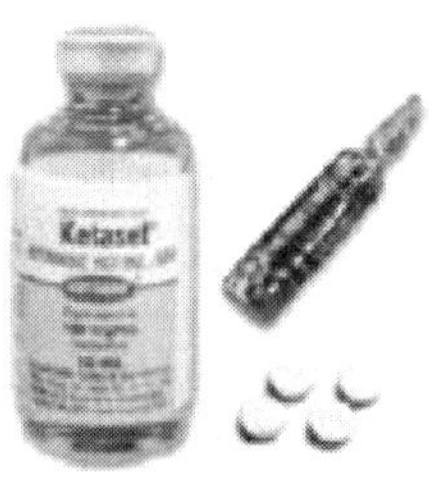

정의	사람 또는 동물용 마취제의 일종으로 중추신경계의 특정부위에 작용하여 탁월한 진통작용을 나타내나 약기운이 사라지면서 환각작용을 일으키는 특성이 있어 마약으로 남용됨
형태	백색 가루, 알약 또는 액체 형태
특징	LSD보다 강한 환각효과를 나타내는 것으로 알려져 있으며 통상 10대들이 파티장・나이트클럽에서 엑스터시 대용으로 사용함 서구지역에서는 성범죄에 악용되는 경우가 많아 GHB, 로히프놀과 함께 대표적인 데이트 강간 약물(Date Rape Drug)로 분류됨 국내에서는 05.11.16 마약류로 지정되었음

(15) 러미나 (덱스트로메토르판, Dextromethorphan)

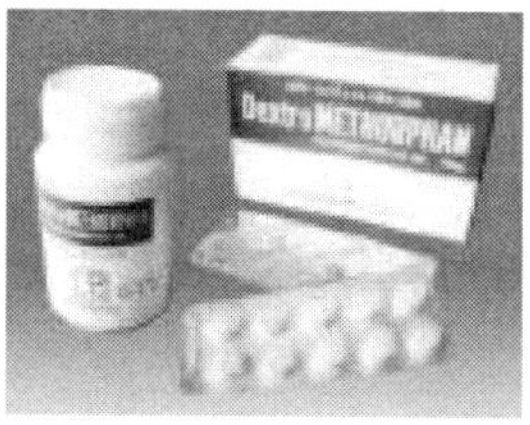

기침을 그치게 하는 작용이 있어 감기약에 널리 사용되는 정제 및 액체 의약품
일명 '러미나' 또는 '루비킹'으로 불리며 과다 복용시 환각 작용을 유발하여 대용마약으로 남용

(16) S정 (카리소프로돌, Carisoprodol)

근육통증 이완제로 사용되는 정제 및 액체 의약품으로서, 일명 'S정'으로 불리며 과다 복용시 환각작용을 유발하여 대용마약으로 남용되고 있다. 청소년 사이에 '정글주스'로 통하기도 한다.

(17) 대마류

마약류관리에 관한 법률에서 규정하는 대마에는 종자, 뿌리 및 성숙한 대마의 줄기와 그 제품은 제외된다. 따라서 대마 종자의 단순소지나 매매는 처벌되지 아니한다. 그러나 대 마종자의 흡연이나 흡연목적 판매는 처벌된다. (마약류관리에 관한 법률 제3조11호, 제61조). 대마·대마초종자의 껍질을 흡연 또는 섭취행위는 처벌된다.

① 대마초

정의	대마의 잎과 꽃 부분을 건조하여 담배 형태로 흡연할 수 있도록 만든 것으로 THC(Delta-9tetrahydrocannabinol) 라는 환각성분을 포함
형태	외형상 녹색·황색 또는 갈색을 띄며 까칠까칠하면서 미세한 감촉에 독한 냄새
특징	중추신경 흥분작용과 억제작용을 동시에 가지고 있으며 약리작용상 환각제로 분류

② 대마수지 (Hashish)

정의	성숙한 대마의 꽃대 부분에서 얻은 수지를 채취하여 제조한 마약
형태	연갈색·흑색·갈색의 판형 또는 벽돌형태의 수지로 진한 건초냄새
특징	대마초보다 6배정도 효과가 강하고 가격도 비싸며 주로 중동이나 북아프리카에서 통용

③ 대마수지기름(Cannabis Oil, Hashish Oil)

정의	대마초·대마수지(해시시) 등을 아세톤·알코올·에테르와 섞은 후 반복적으로 여과·증류하여 추출해낸 고농축 마약
형태	검은색이나 진녹색·황금색·적갈색을 띈 액상 타르 형태로 썩는 듯한 독한 냄새
특징	환각성분인 THC를 일반 대마초보다 20배 이상 많이 함유

6. 마약류 사범의 단속과 수사

(1) 마약류관리법상의 일반행위 금지

대마초의 종자·뿌리 및 성숙한 대마초의 줄기와 그 제품을 제외한다.

(2) 단속요령(순서)

정보수집		조직이탈자, 공범자를 정보원으로 활용, 마약감시원, 세관원 등으로부터 정보입수, 홍보활동 강화를 통한 제보입수, 전과자, 수형종료 자, 기소중지자의 동향감시 활동을 통한 체계적인 정보수집 활동이 필요
수사계획		수집된 정보를 토대로 하여 예상문제점 검토 후 수사일정, 장소, 수사요원의 편성 등이 포함되는 수사계획수립 수사간부가 직장해야 하며 관계 수사장비, 타 기관과의 협조, 지휘, 보고문제도 유의
수사착수	범인 검거	조직을 일망타진하도록 해야 하며 제보자 보호에도 만전
	증거 확보	마약현품, 제조기구 및 그 원료, 거래자금, 범인이 소지하고 있던 메모지, 수첩, 거래자금을 입금한 통장 등을 압수, 밀조공장, 범인가옥, 연고지, 사용차량 등에 대한 철저한 수색
	조사	① 반복조사 및 녹음 등의 방법으로 법정 진술번복 가능성 대비 ② 조사시 자극을 삼가고 회유하여 연행, 발작대비 2인 이상이 감시 ③ 검거시에는 즉시 소변, 두발 등을 채취, 필요한 증거물이나 주사자국 등을 촬영하여 증거로 활용 ④ 환각상태에서의 진술은 신빙성에 문제가 있으므로 반복질문을 하고 가능하면 녹음기 등을 활용하는 것이 효과적이다. ⑤ 이때의 자술서는 다소 조합하더라도 본인이 쓰게 하여야 하며 대필의 경우 임의성의 문제가 발생할 수 있으므로 피하여야 한다.

(3) 대마사용시의 증세는 식욕이 왕성하여 과식을 하는 경우가 있다.

(4) 대마사범의 수사요령

① 뇨를 채취할 경우 72시간 내에 뇨량은 30ml이상 채취하여야 한다.

② 혈액은 플라스틱 용기에 보관할 경우 대마의 성분이 플라스틱에서 유리된 화합물과 결합하여 감정이 불가능하게 되므로 초자용기를 사용하여야 한다.

③ 단속요령: 식별이 용이한 생육기간인 5~7월에 집중단속

7. 마약류사범 수사지침(검찰 마약류사범 수사지침)

(1) 간이시약(일명 아큐샤인) 감정결과는 직접증거로 쓰기에 부족하므로 반드시 정식 감정을 의뢰할 것

(2) 간이시약 검사결과 음성반응이 나오더라도 정식 감정결과가 양성반응이 나올 수 있음을 유념

(3) 간이시약 검사결과를 피의자 본인에게 반드시 확인시킬 것

(4) **아퀴사인 판별방법**

구분	판별	사진
양성	C에만 붉은띠가 생성되면 마약복용의심자로 판별할 수 있다.	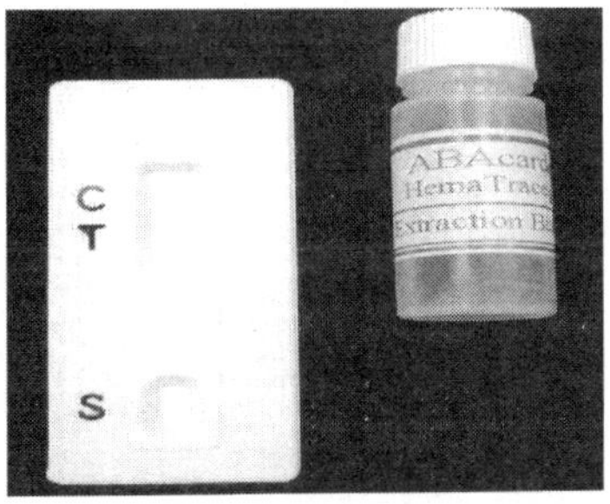
음성	C와T 모두 붉은띠 생성	

(5) 소변검사는 히로뽕의 경우 약10일, 대마의 경우 약30일 이내에만 양성반응이 나온다는 사실을 유념

(6) **모발검사는 현재까지 히로뽕 검출만 가능**

(7) **기타 마약류 분석과 시약**

시약	내용
듀퀘노이스	대마초 - 청색, 자색으로 변함
마퀴스	모르핀, 헤로인 - 처음에는 홍자색을 띠다가 청변으로 변화한다.
자외선분광광도법	LSD - 반드시 광차단 용기에 보관해야 한다.
TBPE	김치, 감기약, 커피 등에서도 양성반응이 나타나므로 유의하며, 72시간내에 채취한 뇨(20ml) 가 적당하다.

8. 증거물 채취요령과 압수물 처리

(1) 증거물 채취요령

양귀비	열매부위가 함량이 가장 높으며 가능하면 열매가 있는 전초를 채취하며, 없는 경우 다른 부위를 채취
아편성분	생아편, 모르핀, 헤로인, 페치딘, 메사돈의 경우 고형물, 분말, 앰플, 주사기, 흡연기구, 담배필터 등 모두 채취
코카인	코카인 분말은 분말자체와 흡입기구 코카엽은 씹는 물질을 채취
환각제	L・S・D는 갈색 초자병 광차단 용기에 채취
수면제	마취와 관련된 주스탠, 요구르트병, 드링크제 등을 채취하며 적은 D양이라도 손실되거나 오염되지 않도록 포장하여 감정기관에 송부
암페타민류	① 히로뽕 투약사범: 메스암페타민 남용의 경우 사용하다 남은 히로뽕 분말, 주사기 등을 채취한다. ② 히로뽕 밀조사범: 밀제조 또는 소지와 관련된 경우 원료, 중간합성물도 함께 채취
대마초	대마엽, 대마씨앗, 대마전초 등과 흡입시 사용했던 필터, 파이프 등도 체취

(2) 생체시료

① 마약, 환각제, 대마의 남용여부를 증명하기 쉬운 생체시료는 뇨(尿)가 가장 적당하며, 채취양은 충분히(약 30ml) 송부해야 한다.

② 히로뽕 남용자의 뇨는 72시간 내에 약 20ml 채취한다.

③ 모발 중 메스암페타민 실험을 위해서는 50-80수를 채취한다.

24 시간 이내	메스칼린
40 시간 이내	헤로인
48 시간 이내	페치딘, 메사돈, LSD
72 시간 이내	샹아편, 모르핀, 대마

(3) 압수물품 처리

압수한 마약류는 외부에 유출되지 않도록 보관을 철저히 하며, 송치시 증거물로 제출한다.

※ 모발검사는 현재까지 필로폰과 MDMA 투약자에 대해서만 검사가 가능하다.

9. 유해화학물질

(1) 개념

① 마약류는 아니지만 환각작용이 있는 접착제와 부탄가스가 있다.

② 처음에는 몇 번의 냄새를 맡음으로서 최음의 기분이 드는데, 점차 내성이 생기며, 노출농도에 따라 10분에서 수시간 정도에 이른다.

③ 조직손상의 위험성이 있으며, 과다 복용시 호흡정지로 사망을 초래하는 경우도 있다.

(2) 유해물질 증거확보

	본드	부탄가스
증거확보	① 본드의 흡입여부 감정이 가능한데, 흡입시 16 시간 이내에 혈액을 채취한다. ② 구입처인 판매자 및 흡입 후 잔여 본드 수거와 함께 사용한 공범자 진술을 확보한다.	흡입한 부탄가스가 유해화학물질인 노말부탄, 이소부탄 등이 함유되어 있는지 감정 또는 환각상태에서 증거확보가 중요한다.(강제채혈 X)
문제점	증거물은 반드시 공인된 기관의 감정서에 의해 보관한다. 혈액은 의사가 채취하는데, 환각상태인 경우 강제채혈이 가능한 것은 아니다. 환각상태에서는 사실대로 숨김없이 진실을 털어놓으므로 진술은 자필로 쓰게 하거나 녹음을 하는 것이 좋다.	부탄가스 흡입의 경우 유해화학물질

제6장

풍속범죄 사건 수사

제1절 도박 사건 수사

1. 도박범죄의 개념

(1) 재물을 가지고 도박을 함으로써 성립하는 범죄를 의미한다.

(2) 판례의 태도

① 일정한 재물을 약속하는 것만으로도 도박죄 성립하므로, 반드시 현장에서 재물이 오고 갈 필요 없다

② 사기도박의 경우 처음부터 일방이 승리할 수 있도록 미리 계획하고 하는 행위로서 우연성 결여되므로 도박이라 할 수 없고 사기죄로 처벌해야 한다.

2. 도박사범의 검거

(1) 검거체제의 확립

① 도박개장 장소 확인, 기자재의 준비(조명기구, 압수할 포대, 꼬리표, 수송차량)

② 지휘자・대원의 임무분담(체포할 자, 출입구 봉쇄할 자, 증거품 압수할 자, 약도 작성할 자)

③ 수사요원의 집결 : 가능한 한 감지되지 않도록 경찰서나 파출소를 피하여 다른 장소를 집결장소로 정하는 것이 좋다.

(2) 검거시기 선정

① 검거 가능시기 : 도박죄는 추상적 위험범으로서 미수는 벌하지 않는다. 따라서

기수의 시기는 선을 정하기 위하여 화투장을 배부하기 시작한 때 기수가 되어 검거할 수 있다.

② 검거에 적당한 시기 : 현실적으로 검거에 가장 유리한 시기는 도객이나 개장자가 도박에 열중하고 있을 때이다.

(3) 도박현장의 진입방법

같은 노름꾼으로 가장하여 문지기를 속이고 들어가거나 자동차로 일제히 진입

(4) 도박현장에 입장시 현장에 있는 피의자들에게 정지요구 및 앉은 상태로 움직이지 못하도록 지시하고 철저히 감시한다.

(5) 증거품 압수

① 도구, 도금, 판돈, 준비금, 딴돈, 판깔개, 개평, 개평함, 개평주머니, 말패

② 도박현장의 증거품은 도박사범을 명확히 증명하므로 사진촬영을 하면서 있는 그대로 압수하는 것이 이상적이다.

③ 현장에 있는 도박기구 및 판돈 등은 압수목록순에 의거 피의자를 명시한 봉투 등에 분리·압수하고 각 종류별 정확한 수량 기록

④ 현장주변 정밀 검색 등으로 은닉된 판돈 유무 조사

※ 주머니의 돈은 압수할 수 없다.

(6) 검거 대상자 : 개장관계자(장소제공자 · 문지기 · 파수꾼 등), 개장알선자, 도객

3. 기타 내용

(1) 현장 미검거 도박 피의자

현장 미검거 도박 피의자는 조사를 한다 하여도 자백을 얻어 내지 못할 가능성이 높으므로 사전에 신변수사를 철저히 하여 가장 자백하기 쉬운자, 개장자와 내통하지 않은자를 선정 우선 조사하여 사안을 파악하고 그 진술을 토대로 다른 피의자의 범죄혐의를 입증하도록 해야한다.

(2) 일시적 오락 행위

일시오락행위는 도박의 판돈이 재물의 경제적 가치가 근소하다는 점이 판단의 기준이 된다. 또한 도박의 시간과 장소, 도박 판돈의 가액, 도박에 가담한 자 등의 사회적 지위나 재산정도, 도박으로 인한 이득의 용도 등 여러 가지 사정을 감안하여 판단해야 한다. 그리고 도박의 경력이 있거나 같은 장소에 반복하여 고발신고가 있었던 사실 등의 일시적 오락행위 여부를 판단하는 자료가 될 수 있다.

(3) 비밀도박장소 발견방법

① 사전에 도박개장이 예상되는 간부·구성원 등의 사무소나 거택을 대상으로 잠복하면서 망원렌즈로 촬영하고 미행하여 찾아내는 방법

② 손님을 먼저 '집합소'에 모아놓고 그때부터 도박장으로 안내하는 경우 예비 집합장소로부터 잠적해 들어가는 방법

(4) 도박사범 검거 후 피의자 조사

① 상습 도박 판단기준을 도박의 반복 실행정도, 도박방법, 동일전과 유무에 의해 결정한다.

② 도박개장은 도박행위를 위한 장소제공으로 영리목적이 성립요건이다.

③ 우연성이 아닌 처음부터 일방이 승리할 수 있도록 미리 짜고 하는 행위는 사기로 의율할 수 있도록 조사한다.

④ 도박판을 중심으로 각인의 위치 및 도금·도구·개평함 등의 소재장소 기타 상황을 기록하고 사진촬영한다. ⇒ 현장검거시 활동

제2절 간통사건 수사

1. 개념

(1) 배우자 있는 자가 배우자 이외의 자와 성교하거나, 배우자 있는 자라는 사실을 알면서도 성교하는 행위를 말한다.

(2) 단독으로 범죄를 발생할 수 없는 필요적 공범이며, 피의자는 반드시 이성간이라는 특징이 있다.

(3) 매 성교 행위시마다 한 개의 범죄가 성립하므로 가능한 한 많이 구체적인 행위를 특정하는 것이 필요하다.

2. 고소와의 관련

(1) 고소의 제한

① 간통을 종용하거나 유서한 경우에는 고소할 수 없다(형법 제241조 제2항 단서).

② 특히 간통죄의 경우 배우자에 대한 고소는 배우자와의 혼인이 해소되거나 이혼소송을 제기한 후에 한 해 고소가 가능하다.(형사소송법 제229조 제1항).

③ 친고죄의 범인을 알게 된 날로부터 6월 이내(형사소송법 제230조 제1항).

④ 고소를 취소한 경우 동일 범죄에 대해서는 다시 고소 불가(형사소송법 제232조 제1항).

(2) 고소취소는 제1심 판결선고 전까지만 가능하다(형사소송법 제232조 제1항).

3. 간통범죄 수사 방법

(1) 간통죄 신고시 초동조치

① 신고인과 동행하여 여관 등지에서 검문을 실시하여 간통여부를 확인한다.

② 간통죄는 친고죄이기 때문에 고소장이 접수되지 않았다고 하더라도 고소장접수를 전제로 우선 수사를 할 수 있다는 것이 통설이므로, 현장에 출동하여 필요한 조치를 취하고, 성교흔적이 있으면 채증하여 현행범으로 체포할 수도 있으나 신중을 기해야 할 것이다.

③ 고소권자는 법률상 혼인한 자이어야 하나, 미혼자는 상간자가 기혼자임을 알면서 상간한 경우에도 간통이 되므로 간통피의자 모두가 배우자있는 자일 필요는 없다.

(2) 간통죄 피의자에 대한 조사방법

① 검거시부터 피의자를 분리하여 통모방지한다.

② 개개인에게 자술서를 작성하게 한 후 조사하는 것이 효과적이다.

③ 간통죄는 친고죄이고 성교행위시마다 하나의 범죄가 성립한다. : 고소하지 않은 성교사실은 처벌할 수 없으나, 고소인은 범죄사실을 모두 알지 못하는 경우가 많으므로 수사과정상 발견된 새로운 간통사실은 다시 고소장을 접수하는 방법으로 조사가능

④ 간통사실을 부인하는 경우 만난 기간, 동거사실, 부부행세 여부 등 방증의 확보가 필요하다.

(3) 간통사범에 대한 수사방법

현행범임으로 현행범 체포된 피의자가 간통사실을 부인하는 경우	검증영장을 발부받거나, 피의자 동의를 얻어, 여성피의자의 질내 검사할 수 있다.
간통죄로 기소중지되어 있는 사실을 발견한 경우	간통죄는 법정형 2년 이하의 징역에 해당하므로 긴급체포할 수 없다

간통죄로 구속된 피의자 대한 고소 취소장을 제출한 경우	고소취소의 진위를 확인하고 검사에게 보고하여 구속취소 절차에 따른다.
간통죄로 고소되어 수사 출석요구에 불응하다가 임의출석한 피의자가 간통사실을 시인하는 경우(도주우려가 농후한 경우)	일단 석방하고 사전구속영장 신청절차에 따라 구속영장을 신청한다.

제3절 풍속영업사범수사

1. 풍속영업의 의의

사회의 건전한 미풍양속을 해할 우려가 있는 영업으로서 영리의 목적으로 불특정 다수의 객을 접대하는 업종을 말한다.

2. 청소년보호법(법률 제7943호)

(1) 청소년이라 함은 19세 미만의 자를 말한다. 다만, 만 19세에 도달하는 해의 1월 1일을 맞이한 자는 제외한다.

(2) 청소년 유해 약물

① 「주세법」 의 규정에 의한 주류
② 「담배사업법」 의 규정에 의한 담배
③ 「마약류관리에 관한 법률」 의 규정에 의한 마약류
④ 「유해화학물질 관리법」 의 규정에 의한 환각물질
⑤ 기타 중추신경에 작용하여 인체에 유해작용을 미칠 수 있는 약물

3. 청소년의성보호에관한법률(법률 제7801호)

(1) 목적

이 법은 청소년의 성을 사거나 이를 알선하는 행위, 청소년을 이용하여 음란물을 제작·배포하는 행위 및 청소년에 대한 성폭력행위 등 성적 착취·학대 행위로부터 청소년을 보호·구제하여 이들의 인권을 보장하고 건전한 사회구성원으로 성장할 수 있도록 함을 목적으로 한다(동법 제1조)

(2) 용어의 정의

청소년의 성을 사는 행위	청소년, 청소년을 알선한 자 또는 청소년을 실질적으로 보호·감독하는 자 등에게 금품 기타 재산상 이익이나, 직무·편의제공 등 대가를 제공하거나 이를 약속하고 다음 각 목의 어느 하나에 해당하는 행위를 청소년을 대상으로 하거나 청소년으로 하여금 이를 하게 하는 것을 말한다. ① 성교행위 ② 구강·항문 등 신체의 일부 또는 도구를 이용한 유사성교행위 ③ 신체의 전부 또는 일부를 접촉·노출하는 행위로서 일반인의 성적 수치심이 ④ 혐오감을 일으키는 행위 ⑤ 자위행위
청소년이 용음란물	청소년이 등장하여 청소년의 성을 사는 행위 중 어느 하나에 해당하는 행위를 하거나, 그 밖에 성적 행위를 하는 내용을 표현한 것으로서 필름·비디오물·게임물 또는 컴퓨터 그 밖의 통신매체를 통한 화상·영상 등의 형태로 된 것을 말한다.

(3) 매춘청소년에 대하여는 처벌을 면제

(4) 소년법상의 보호처분으로서

① 귀가조치
② 보호관찰
③ 병원 등 위탁
④ 소년원수감
⑤ 선도보호시설 위탁 처분

(5) 청소년의 성을 산 자 등의 신상공개

① 유죄의 확정판결이 있고
② 국가청소년위원회(국무총리실 산하)의 결정이 있으면 죄를 범한 자의 성명·연령·직업 등의 신상과 범죄사실의 요지를 공개할 수 있다. 다만 죄를 범한 자가 청소년인 경우에는 그러하지 아니한다.

4. 성매매알선 등 행위의 처벌에 관한 법률

(1) 용어의 정의

성매매	불특정인을 상대로 금품 그 밖의 재산상의 이익을 수수·약속하고 성교행위, 구강·항문 등 신체의 일부 또는 도구를 이용한 유사성교행위를 하거나 그 상대방이 되는 것을 말한다.

성매매알선 등 행위	(1) 성매매를 알선·권유·유인 또는 강요하는 행위 (2) 성매매의 장소를 제공하는 행위 (3) 성매매에 제공되는 사실을 알면서 자금·토지 또는 건물을 제공하는 행위
성매매 목적의 인신매매	(1) 성을 파는 행위 또는 형법 제245조의 규정에 의한 음란행위를 하게 하거나, 성교행위 등 음란한 내용을 표현하는 사진·영상물 등의 촬영대상으로 삼을 목적으로 위계·위력 그 밖에 이에 준하는 방법으로 대상자를 지배·관리하면서 제3자에게 인계하는 행위 (2) (1)과 같은 목적으로 청소년보호법 제2조 제1호의 규정에 의한 청소년, 사물을 변별하거나 의사를 결정할 능력이 없거나 미약한 자 또는 대통령령이 정하는 중대한 장애가 있는 자나 그를 보호·감독하는 자에게 선불금 등 금품 그 밖의 재산상의 이익을 제공·약속하고 대상자를 지배·관리하면서 제3자에게 인계하는 행위 (3) (1) 및 (2)의 행위가 행하여지는 것을 알면서 가목과 같은 목적이나 전매를 위하여 대상자를 인계받은 행위 (4) (1)-(3)의 행위를 위하여 대상자를 모집·이동·은닉하는 행위 (5) 선불금 제공 등의 방법으로 대상자의 동의를 얻은 때에도 그 의사에 반하여 이탈을 제지한 경우 (6) 타인을 고용·감독하는 자, 출입국·직업을 알선하는 자 또는 그를 보조하는 자가 성을 파는 행위를 하게 할 목적으로 여권 또는 이에 갈음하는 증명서를 채무이행 확보 등 의 명목으로 제공받은 경우
성매매 피해자	(1) 위계·위력 그 밖에 이에 준하는 방법으로 성매매를 강요당한 자 (2) 업무·고용 그 밖의 관계로 인하여 보호 또는 감독하는 자에 의하여 마약류관리에 관한 법률 제2조의 규정에 의한 마약·향정신성의약품 또는 대마에 중독되어 성매매를 한 자 (3) 청소년, 사물을 변별하거나 의사를 결정할 능력이 없거나 미약한 자 또는 대통령령이 정하는 중대한 장애가 있는 자로서 성매매를 하도록 알선·유인된 자 (4) 성매매 목적의 인신매매를 당한 자

(2) 주요내용

성매매피해자에 대한 처벌특례와 보호(제6조)	① 성매매피해자의 성매매는 처벌하지 아니한다. ② 검사 또는 사법경찰관은 수사과정에서 피의자 또는 참고인이 성매매피해자에 해당한다고 볼 만한 상당한 이유가 있을 때에는 지체없이 법정대리인 친족 또는 변호인에게 통지하고, 신변보호, 수사의 비공개, 친족 또는 지원시설 성매매피해상담소에의 인계 등 그 보호에 필요한 조치를 하여야 한다. 다만, 피의자 또는 참고인의 사생활 보호 등 부득이한 사유가 있는 경우에는 통지하지 아니할 수 있다.	
신뢰관계에 있는 자의 동석(제8조)	임의적 동석	법원이 신고자등을 증인으로 신문하거나 수사기관이 참고인으로 조사하는 때에는 직권 또는 본인 법정대리인이나 검사의 신청에 의하여 신뢰관계에 있는 자를 동석하게 할 수 있다.

	원칙적 동석	청소년, 사물을 변별하거나 의사를 결정할 능력이 없거나 미약한 자 또는 대통령령이 정하는 중대한 장애가 있는 자에 대하여 신청이 있는 경우에는 재판 또는 수사에 지장을 초래할 우려가 있는 등 특별한 사유가 없는 한 신뢰관계에 있는 자를 동석하게 하여야 한다.
불법원인으로 인한 채권무효(제10조)	성매매알선 등 행위를 한 자, 성을 파는 행위를 할 자를 고용 모집하거나 그 직업을 소개 알선한 자 또는 성매매 목적의 인신매매를 한 자가 그 행위와 관련하여 성을 파는 행위를 하였거나 할 자에게 가지는 채권은 그 계약의 형식이나 명목에 관계없이 이를 무효로 한다. 그 채권을 양도하거나 그 채무를 인수한 경우에도 또한 같다.	
보호사건(제12조)	검사는 성매매를 한 자(성의 매수자 매도자)에 대하여 사건의 성격 동기, 행위자의 성행 등을 고려하여 이 법에 의한 보호처분에 처함이 상당하다고 인정하는 때에는 특별한 사정이 없는 한 보호사건으로 관할법원에 송치하여야 한다.	
몰수· 추징(제25조)	성매매의 강요 알선 장소제공 광고 모집 영상물촬영 인신매매의 범죄로 인하여 얻은 금품 그 밖의 재산은 몰수하고, 이를 몰수할 수 없는 때에는 그 가액을 추징한다.	
형의 감면(제26조)	이 법에 규정된 죄를 범한 자가 수사기관에 신고하거나 자수한 때에는 형을 감경하거나 면제할 수 있다.	
청소년의 성보호에 관한 법률과의 관계	이 법에서 규정한 사항에 관하여 청소년의 성보호에 관한 법률에 특별한 규정이 있는 경우에는 그 법이 정하는 바에 따른다(제5조).	
윤락행위방지법	윤락행위방지법은 폐지한다.	

5. 기타 내용

(1) 풍속영업의 규제 등에 관한 법률 등에 규정되었던 청소년의 보호에 관한 규정들은 모두 폐지하고 청소년의 보호를 위한 법률은 청소년보호법과 청소년의 성보호에 관한 법률로 통합하였다.

(2) 청소년보호법과 청소년의 성보호에 관한 법률의 청소년은 당해 년도에 만19세에 달하지 않는 자를 말한다.

(3) 성과 관련된 행위로부터 청소년을 보호하는 것이 청소년의 성보호에 관한 법률이며, 이는 성매매알선 등 행위의 처벌에 관한 법률에 우선하여 적용된다.

(4) 성을 제외한 각종의 유해환경으로부터 청소년을 보호함을 목적으로 하는 법률이 청소년보호법이다.

(5) 청소년보호법과 청소년의 성보호에 관한 법률은 청소년을 처벌하지 않고 보호처분만 하고, 상대방인 성년만 처벌한다.

(6) 미성년자보호법은 청소년보호법의 시행으로 폐지하였다.

(7) 풍속영업사범은 영업범(직업범)으로서 포괄 1죄다.

(8) 포괄1죄의 기판력이 미치는 시점 범위는 사실심(2심)판결선고시까지다.

(9) 동종의 위반자가 있을 때는 범죄경력을 확인하여 다음과 같이 처리한다.
① 본건 위반이 확정판결 이전에 범한 것이라면 불기소(공소권 없음)의견으로 송치한다.
② 사실심 판결선고 이후에 범한 것이라면 기소의견으로 송치하여야 한다.

제7장

특별사범 수사

제1절 사이버범죄 수사

1. 사이버범죄의 의의

인터넷과 같이 컴퓨터와 컴퓨터가 서로 네트워크로 연결되어 형성되는 사이버공간에서 발생하는 범죄를 총칭한다.

2. 사이버범죄의 특성

행위자 측면의 특성	행위측면의 특성
① 행위자의 연령은 낮으며, 초범이 많다. ② 죄의식이 희박하다. ③ 컴퓨터 전문가 또는 내부인이 많다. ④ 익명성을 과신한다.	① 발각과 입증의 곤란 ② 반복성과 계속성 ③ 자동성과 광범성 ④ 범의 확정의 어려움

3. 사이버테러형범죄와 일반적인 사이버범죄

	사이버테러형 범죄	일반적인 사이버범죄
의의	정보통신망 자체를 공격이 대상으로 하는 범죄행위	사이버공간을 이용한 일반적인 불법행위
종류	해킹, 바이러스 유포, 메일폭탄, DOS 공격 등	사이버도박, 사이버스토킹과 성폭력, 사이버명예훼손과 협박, 전자상거래사기, 개인정보의 유출, 인터넷포르노사이트 운영, 소프트웨어 저작권 침해, PC방을 통한 원조교제 등

4. 컴퓨터관련 경제범죄

(1) 컴퓨터의 부정조작

의 의	컴퓨터의 처리결과를 변경시키거나 자료처리과정에 간섭하는 행위	
특 징	행위자의 대부분은 관련 자료를 입력하는 내부인이며, 금융기관에서 많이 발생한다(예 컴퓨터사용사기죄).	
유 형	투입조작	일부 은닉·변경된 자료나 허구의 자료 등을 컴퓨터에 입력시켜 잘못된 산출을 초래케 하는 방법이다.
	프로그램조작	기존의 프로그램을 변경하거나 기존의 프로그램과 전혀 다른 새로운 프로그램을 작성, 투입하는 방법이다.
	console 조작	console이란 컴퓨터 체계의 시동·정지·운영상태의 감시, 정보처리내용과 방법의 변경 및 보수정에 사용되는 것을 말하며, console을 부당하게 조작하여 프로그램의 지사나 처리될 기억정보를 변경시키는 방법이다.
	산출물조작	정당하게 처리, 산출된 산출물의 내용을 변경시키는 방법이다.

(2) 컴퓨터 파괴행위

의의	컴퓨터의 정상적인 기능을 곤란 또는 불가능하게 만드는 행위를 말한다.
특징	범인은 내부인이 아니라 외부의 해커에 의해 이루어지고 있으며, 자신의 컴퓨터 실력을 과시하려는 의도를 가진 10대 내지 20대가 많다.
유형	① 컴퓨터에 수록된 자료나 프로그램을 삭제하거나 변경시키는 행위 ② 주컴퓨터의 비밀번호를 바꾸거나 바이러스를 감염시키는 행위 ③ 스펨메일(Spam Mail)에 의해 통신서비스를 마비시키는 행위 ④ 강력한 자기력을 이용하여 타인의 자료나 프로그램을 교란시키는 행위 등

(3) 컴퓨터 스파이 행위

의의	타인의 컴퓨터에 침입하여 일정내용을 탐지·획득·사용·누설하는 행위를 말한다.
특징	① 시간적·장소적 제한이 없으며 특히 국가간 경계를 초월하기도 한다. ② 대부분이 중요한 자료나 정보를 처리·보관하고 있는 기관이 대상이 된다. ③ 피해자가 자신의 컴퓨터가 스파이 당한 사실을 발견하기 어렵다. ④ 범인은 내부인보다 외부적 전문가인 해커가 많다.
유형	① 전산망에서 시스템 최고관리자의 권능을 획득한 후 자료를 무단 열람하는 경우 ② 컴퓨터통신망에서 회원의 비밀번호를 알아내 후 자료를 열람하거나 복사하는 경우 ③ 국가기관의 비밀번호를 알아 낸 후 산하기관으로부터 정보를 제공받는 경우 ④ 불법복제 등

(4) 컴퓨터의 무단사용

권한 없는 자가 타인의 컴퓨터를 무단으로 사용하여 일정한 일을 처리하는 행위이다.

5. FBI의 컴퓨터범죄 수법 분류

프로그램의 조작방법	트로이 목마	프로그램 목적을 실행하면서 일부에서 부정한 결과가 나 오도록 프로그램 속에 범죄자만 아는 명령문을 삽입시켜 사용하는 방법이다((Trojan horse).
	수퍼 재핑	컴퓨터가 작동 정지되어 복구나 재작동절차에 의하여 해 결할 수 없을 때 사용하는 Master key와 같은 프로그램을 이용하여 범행하는 것으로 주로 프로그래머나 오퍼레이터에 의하여 사용된다(Super zapping).
	트랩 도아	프로그램 개발과정에서 프로그램 검증을 위해 프로그램을 수정할 수 있는 명령이 있는 것을 삭제하지 않고 범행에 이용하는 방법이다(Trap door).
	부정명령 은닉	프로그램에 어떤 조건을 넣어주고 그 조건이 충족될 때 마다 자동적으로 부정행위가 이루어지도록 하는 방법이다(Logic bomb).
	시뮬레이션과 모델링	컴퓨터를 정상적인 시험이나 시뮬레이션 하는 것처럼 하면서 실제로는 컴퓨터를 범행도구로 이용하는 것이다(Simulation & modeling).
컴퓨터스파이	스카벤징	컴퓨터 작업수행이 완료된 후 쓰레기통이나 주위에 버려진 명세서 또는 복사물을 찾아 습득하거나 컴퓨터 기억장치에 남아 있는 것을 찾아내서 획득하는 방법으로 일명'쓰레기주워모으기수법'이라고도 한다(Scavenging).
	비동기성의 이용	컴퓨터의 비동기성을 이용하여 범죄를 저지르는 것이다(Asynchronous attacks).
	부정접속	데이터 통신회사에 불법적으로 선로를 접속시켜 단말기 등 을 연결· 조작하여 자료를 절취하거나 컴퓨터를 부정사용하는 방법이다(Wire tapping).
기타 방법	자료변조	자료가 최종적으로 컴퓨터에 입력되는 순간에 자료를 절취·삭제·변경·추가하는 방법으로 컴퓨터범죄의 일반적인 수법 중에서 가장 단순하고 안전하며 자료준비위원, 자료운반원 등 자료에 접근이 용이한 사람들이 주로 이용하는 수법이다(Data diddling).
	살라미 기법	어떤 일을 정상적으로 실행하면서 관심 밖에 있는 조그마한 이익을 긁어모으는 수법으로서 금융기관의 컴퓨터 체계에 이자계산시 단수 이하의 적은 금액을 특정계좌에 모이게 하는 방법 등을 사용한다(Salami techniques).
	전송시 은닉과 위장	일정한 사람에게만 사용이 허가된 지역에 사용자가 출입할 때 함께 들어가 컴퓨터를 사용하거나 정당한 사용자가 작업을 중단하였을 때 정당한 사용자처럼 컴퓨터를 사용하는 것이다(Piggy backing and impersonation).

제2절 신용카드범죄 수사

1. 여신전문금융업법

(1) 용어의 정의(여신전문금융업법 제2조)

용 어	정 의
여신전문금융업	신용카드업·시설대여업·할부금융업 또는 신기술사업금융업
신용카드	이를 제시함으로써 반복하여 신용카드가맹점에서 물품의 구입 또는 용역의 제공을 받거나 재정경제부령이 정하는 사항을 결제할 수 있는 증표로서 신용카드업자가 발행한 것
직불카드	직불카드회원과 신용카드가맹점간에 전자 또는 자기적 방법에 의하여 금융거래계좌에 이체하는 등의 방법으로 물품 또는 용역의 제공과 그 대가의 지급을 동시에 이행할 수 있도록 신용카드업자가 발행한 증표(자금융통을 받을 수 있는 것 제외).
선불카드	신용카드업자가 대금을 미리 받고 이에 상당하는 금액을 기록하여 발행한 증표로서 선불카드 소지자의 제시에 따라 신용카드가맹점이 그 기록된 금액의 범위내에서 물품 또는 용역을 제공할 수 있게 한 증표

(2) 여신전문금융업법의 적용범위(제70조:벌칙)

다음에 해당하는 자는 7년 이하의 징역 또는 5천만 원이하의 벌금에 처한다.

① 신용카드 등을 위조 또는 변조한자

② 위조 또는 변조된 신용카드 등을 판매하거나 사용한 자

③ 분실·도난된 카드, 강취·공갈·횡령·사기죄로 취득한 신용카드 또는 직불카드를 판매하거나 사용한 자

※ 현행여신전문업법의 적용대상은 신용카드, 직불카드, 선불카드 이다. 따라서 현금인출카드는 본법의 적용대상이 아니다.

(3) 신용카드 등 부정 발급자의 형사책임

타인명의로 신용카드를 발급	사문서위조죄, 위조사문서행사죄, 사기죄의 실체적 경합범이 성립
자기명의의 신용카드를 발급	사기죄만 성립

(4) 신용카드 등 부정사용자의 형사책임

① 절도죄 등 : 신용카드의 재물성이 인정되므로 신용카드 자체에 대한 절도, 강도, 사기, 공갈, 횡령 등의 범죄가 성립한다.

② 타인의 신용카드를 사용하여

가맹점에서 물품을 구매	① 절취한 신용카드로 물품을 구매하면, 절도, 여신전문금융업법위반, 사기죄의 실체적 경합 ② 수 개의 가맹점에서 물품을 구매한 경우 • 여신전문금융업법위반(구신용카드업법)죄는 포괄1죄다. • 사기죄는 구매행위마다 1개의 사기죄가 성립하고 실체적 경합이다.
현금자동지급기에서 현금을 인출	카드에 대한 절도 등의 죄와 여신전문금융업법위반, 인출한 현금에 절도죄가 성립

③ 자기명의의 신용카드를 이용한 경우

- 카드의 발급자체만으로 사기죄의 기수가 된다.
- 대금 결재의사 없이 물품을 구입한 행위도 피기망자와 피해자가 모두 카드회사로서 사기죄다(96. 4. 9. 95도2466).
- 변제의사 없이 현금자동지급기에서 금원을 인출한 행위도 사기죄다.
- 결재의사 없이 카드를 발급받아 물품도 구매하고 현금대출도 받은 경우도 사기죄의 포괄1죄만 성립한다.

④ 친족상도례와 관련 판례는 피기망자와 피해자 모두 카드회사라고 본다. 그러므로, 친족상도례는 적용되지 않는다.

(5) 미수범의 처벌(제70조 제5항)

① 미수범의 처벌규정이 있는 경우 : 신용카드 등을 위조 또는 변조하거나 위조또는 변조된 신용카드 등을 판매하거나 사용한 경우에만 처벌규정이있다.

② 기타 : 기타는 본법상의 미수범 처벌규정이 없다.

2. 전형적인 신용카드 관련 범죄유형

(1) 미자격자의 신용카드부정발급을 대행하여 주는 경우

(2) 신용카드를 이용하여 불법대출을 하여주는 경우

(3) 카드복제기를 이용하여 타인의 신용카드를 불법복제 하는 경우

제3절 지적재산권침해사범 수사

1. 우리나라의 지적소유권 보호제도

(1) 산업재산권

분야	법제도	주요내용(보호대상)	보호기간
산업재산권(공업소유권)	특허법	자연법칙을 이용한 기술적 사상의 창작으로 고도한 것(=발명)을 보호	출원일부터20년, 친고죄
	실용신안법	자연법칙을 이용한 기술적 사상의 창작으로 물품의 형상구조 조합에 관한 고안(=실용신안)보호	출원일로부터10년, 일부친고죄
	의장법	물품의 형상 · 모양 · 색채 또는 이들을 결합한 것으로서 시각을 통하여 미감을 일으키게 하는 것(=의장)을 보호	설정등록일부터 15년, 친고죄
	상표법	상품을 생산, 가공, 증명 또는 판매하는 것을 업으로 영위하는 자가 타인의 상품과 식별되도록 하기위하여 사용하는 기호 · 문자 · 도형 · 입체적 형상 또는 이를 결합한 것과 이들에 색체를 결합한 것(=상표)을 보호	설정등록일부터 10년,갱신등록으로 연장가능(친고죄×)

(2) 저작권

분야	법제도	주요내용(보호대상)	보호기간
저작권	저작권법	문학, 학술 또는 예술의 범위에 속하는 창작물의 창작자를 보호. 저작인격권, 저작재산권으로 분류	저작재산권에 한하여 생존하는 동안, 사망 후 50년, 친고죄
	컴퓨터프로그램보호법	컴퓨터 프로그램을 창작한 자 보호	창작된 때부터50년, 일부친고죄
	반도체집적회로의배치설계에관한법률	반도체 집적회로배치설계권자는 독점적으로 이용할 수 있으며 타인에게 전용이용권, 통상이용권, 질권을 설정할 수 있다.	배치설계권등록일부터 10년
	부정경쟁방지및영업비밀보호에관한법률	공연히 알려져 있지 아니하고 독립된 경제적 가치를 가지는 것으로서 상당한 노력에 의하여 비밀로 유지된 생산방법, 판매방법, 기타영업활동에 유용한 기술상 또는 경영상 정보(=영업비밀)를 보호	제한없음, 일부친고죄

2. 특허법위반사범 수사

(1) 특허권의 의의

① 개념

기술적 창조에 대한 특허발명을 일정기간 독점적·배타적으로 이용할 수 있는 권리

② 특허법이 채택하고 있는 제원칙

등록주의	특허권은 설정등록에 의하여 발생
선출원주의	배타적인 특허권을 인정하는 방법에는 최선발명주의와 선출원주의가 있는데, 우리나라는 선출원주의를 채택
(실질적)심사주의	특허출원에 대하여 산업성, 신규성, 진보성 등의 소위 실질적인 특허요건의 판단에 대한 심사가 행하여진 후에 특허부여 여부가 결정

(2) 특허권의 침해에 해당하지 않는 경우

① 특허권이 소멸한 후의 실시행위

② 업으로서가 아닌 가정적·개인적 실시행위

③ 특허품을 전혀 새로운 용도로 사용하는 행위

(3) 특허법위반 행위에 대한 수사방법

① 특허권은 친고죄이므로 고소에 의해 수사한다.

② 특허권의 침해는 양벌규정이므로 법인의 침해행위는 실행위자와 함께 법인도 처벌한다.

3. 상표법위반사범 수사

(1) 상표의 개념 및 기능

① 개념(제2조1항)

상표라 함은 상품을 생산·가공·증명 또는 판매하는 것을 업으로 영위하는 자가 자기의 업무에 관련된 상품을 타인의 상품과 식별되도록 하기 위하여 사용하는 기호·문자·도형·입체적 형상 또는 이들을 결합한 것 내지는 이들에 색체를 결합한 것을 말한다.

② 기능

상표는 출처표시기능, 품질보증기능, 광고·선전기능을 갖는다.

(2) 상표권의 의의

개 념	상표권은 등록된 상표를 독점적으로 사용할 수 있는 권리
권리의 발생	상표권은 설정등록에 의하여 발생한다(제41조1항).
선출원주의	상표권은 출원순위에 따라 먼저 출원한 자만 상표등록을 받을 수 있다
1상표1출원주의	상표출원등록은 각 상품마다 각각 상표를 등록출원해야 한다(10조1항).
효 력	① 지역적 범위 : 속지주의의 원칙상 대한민국영토에서만 미친다. ② 외국브랜드의 사용권을 취득한 경우 : 외국의 브랜드에 로열티를 지불하고 국내 전용권을 취득하였으나 동일상표가 국내에 등록되어 있었다면 국내에서 외국 브랜드를 사용할 수 없고, 이를 사용하면 상표법위반의 책임을 진다.

(3) 유사법률과의 관계

상표법	등록된 상표의 무단사용 등을 처벌
부정경쟁방지및영업비밀보호에관한법률	유사상표의 표시, 미등록이지만 널리 알려진 저명한 상표의 무단사용 및 상품주체 혼동야기, 영업주체혼동야기, 상품의 출처지 오인 야기 행위를 처벌
상호의 침해행위	상법 및 부정경쟁방지및영업비밀보호에관한법률로 처벌

4. 저작권법 위반사범 수사

(1) 보호대상 저작물

1차적 저작물	문학, 음악, 미술, 연극, 건축, 사진, 영상, 디자인
2차적 저작물	1차 저작물을 번역, 각색, 편집하여 새로 작성한 저작물을 말하는 것으로 모두 보호의 대상

(2) 저작인격권과 저작재산권 등

저작인격권	공표권, 성명표시권, 동일성유지권이 이에 해당
저작재산권	복제권, 공연권, 방송권, 전시권, 배포권, 전송권, 2차적저작물작성권, 대여권이 이에 해당
저작인접권	실연자의 복제권 · 실연방송권 · 전송권 · 음반대여허락권, 음반제작자의 복제배포권 · 전송권, 방송사업자의 복제권 및 동시중계권이 이에 해당

(3) 저작권의 발생(저작권법 제10조2항) : 무방식주의

저작권은 저작한 때부터 발생하며 어떠한 절차나 형식의 이행을 필요로 하지 아니한다.

(4) 보호받지 못하는 저작물 등(제7조)

① 헌법 · 법률 · 조약 · 명령 · 조례 및 규칙
② 국가 또는 지방자치단체의 고시 · 공고 · 훈령 그 밖의 이와 유사한 것
③ 법원의 판결 · 결정 · 명령 및 심판이나 행정심판절차 그 밖의 이와 유사한 절차에 의한 의결 · 결정 등
④ 국가 또는 지방자치단체가 작성한 것으로서 제1호 내지 제3호에 규정된 것의 편집물 또는 번역물
⑤ 사실의 전달에 불과한 시사보도
⑥ 공개한 법정 · 국회 또는 지방의회에서의 연설

(5) 저작권위반사범 수사사례

① 등록된 상표일지라도 저작자의 동의 없이 등록한 경우는 저작권법위반에 해당한다.

② 노래연습장에서 권리자의 동의 없이 무인 영상반주기를 통하여 대중가요를 연주할 경우 저작권법위반으로 입건한다.

4. 컴퓨터프로그램보호법위반사범수사

(1) 컴퓨터프로그램보호법의 주요내용

① 프로그램저작권(제7조)

- 프로그램저작권은 프로그램이 창작된 때부터 발생하며 어떠한 절차나 형식의 이행을 필요로 하지 아니한다.
- 프로그램저작권은 그 프로그램이 공표된 다음 연도부터 50년간 존속한다. 다만, 창작 후 50년이내에 공표되지 아니한 경우에는 창작된 다음 연도부터 50년간 존속한다.

② 프로그램저작권의 제한(제12조)

- 재판을 위하여 필요한 경우
- 초 · 중 · 고등교육법에 의한 학교 및 다른 법률의 규정에 의하여 설립된 교육기관에서 교육을 담당하는 자가
  - 수업과정에 제공하는 경우
  - 필요한 교과용 도서에 게재하는 경우
  - 시험 또는 검정을 목적으로 하는 경우
- 가정과 같은 한정된 장소에서의 개인적인 목적(영리목적 제외)으로 하는 경우
- 프로그램의 기초를 이루는 아이디어 및 원리를 확인하기 위하여 프로그램의 기능을 조사 · 연구 · 시험하는 경우(정당한 권원에 의한 사용에 제한)

(2) 컴퓨터프로그램 등 불법복제 관련사범 수사요령

① 상용프로그램의 불법 복제행위는 대부분 친고죄다.

② 컴퓨터프로그램의 불법복제사범은 영업범(직업범)으로서 포괄 1죄다.
③ 포괄 1죄의 죄수는 사실심(항소심)판결선고시를 기준으로 하여 그 이전의 위반 행위는 기판력이 미쳐 다시 공소를 제기하지 못한다.
④ 동종의 위반자가 있을 때는 범죄경력을 확인하여 다음과 같이 처리한다.

- 본건 위반행위가 확정판결 이전에 범한 것이라면 불기소(공소권 없음)의견으로 송치한다.
- 본건 위반행위가 확정판결이후에 범한 것이라면 기소의견으로 송치한다.

제4절 생활경제사범 수사

1. 부정식품관련사범 단속

(1) 식품의약품안전청, 각 시군 위생과 등 관계기관과 공조수사 체제 유지

(2) 유통기한 경과 식품 판매, 유해물질 착색 등 범죄첩보 수집·분석

(3) 필요시 영업소, 창고 등에서 식품위생감시원이 식품을 수거케 하여 식품의약품안전청에 검사 의뢰

2. 농수축산물 관련사범 법률적용

물가안정에관한법률	농산물 매점매석 행위
농산물품질관리법	농산물 원산지 허위표시 판매행위(과실 처벌 불가)
독점규제및공정거래에관한법률	담합으로 인한 비정상적 가격조절행위 (불공정거래 행위에 대해서는 공정거래위원회의 고발을 받아서 형사입건한다. : 즉시고발 : 제71조)
농수산물유통및가격안정에관한법률	무허가 농산물 중개행위

3. 건축비리관련 사범 법률적용

건설산업기본법	건설업 면허 대여
소방법	등록을 하지 않고 소방시설공사업

시설물의안전관리에관한특별법	안전진단전문기관 명의 대여
건축사법	건축법시행령에 규정된 일정한 건축물을 건축사 아닌 자가 설계(건축법×)

4. 의료사고 수사

과실의 입증	(1) 전문수사요원이 부족하고 의료인 상호간의 동료의식 등으로 감정의 공신력을 확보하기 어렵다는 현실적인 제약이 따른다. (2) 의사의 치료행위는 비교형량에 따른 합리적 선택(자유재량×)이어야 하고, 피해자가 충분히 납득할 수 있게 의사의 설명의무가 전제된다. (3) 과실의 입증을 위한 수사방법 : 간호사를 우선 조사하고 차츰 해당의사를 조사하는 것이 좋다.
무면허 의료행위	무면허의료행위는 실제 부작용이 발생하였는지 여부와 상관없이 성립하는 범죄이다(의료법 제25조 제1항)

5. 방문판매등에관한법률

(1) 판매 형태

방문판매, 전화권유판매, 다단계판매(3단계이상), 계속거래 및 사업권유거래가 있다.

(2) 다단계판매와 피라미드 판매의 비교

구 분	다단계 판매	피라미드 판매
상 품	우수한 중 · 저가 소비재	품질이 나쁘고 고가재
가입비	없음	각종 명목으로 금품징수
사업장	철저한 무점포	사업장, 대리점 형태
수입원	판매에 의해 수익발생	판매원 등록시 수익발생

(3) 피라미드형 다단계 범죄의 특성

① 고소득을 빙자하면서 퇴직실업자, 가정주부 등을 상대로 범행한다.
② 효능이 입증되지 않은 사치품 등을 고가로 판매한다.
③ 교육을 빙자하여 일정기간 집단으로 수용하는 경우가 많다.
④ 다단계 판매조직원이 아는 사람이거나 친인척 등으로 구성된다.
⑤ 공직자, 사회지도층의 지위 및 지면을 이용하여 협조요청 등의 형식으로 회원을 모집하여 선의의 피해자가 증가한다.

⑥ 취급물품 없이 단순히 가입비만 내고 새 회원 가입 시마다 수당을 지급하는 금융피라미드가 많다.

제5절 환경범죄 수사

1. 환경관계법의 체계와 내용

(1) 환경법관련 현재 존재하는 법률

환경정책기본법, 수질환경보전법, 소음·진동규제법, 유해화학물질관리법, 대기환경보전법, 오수분뇨및축산폐수의처리에관한법률 변천과정

(폐지된 법률 : 공해방지법, 환경보전법, 독물및극물에관한법률)

(2) 복수입법주의

① 의의 : 종래 환경보전법에서 대기오염, 소음·진동, 수질·토양 등의 내용을 단일법으로 규정하였으나, 지금은 오염원인별로 법률을 제정·시행하고 있다.

② 환경정책기본법

- 본법은 우리나라의 현행 환경관련법의 가장 기본이 되는 법률로서 헌법 제35조의 환경권을 보장·실현하기 위하여 국가 환경시책의 기본이념과 방향을 제시한 것이다.
- 선언적 성격이 강한 법률로서 다른 개별적인 환경관련법보다 우월한 효력이 있는 것은 아니며 직접 환경오염을 규제하는 것도 아니다.

(3) 양벌규정

환경범죄의 경우 일반적으로 행위자뿐만 아니라 법인도 처벌하는 양벌규정을 취하고 있다(수질환경보전법 제61조등).

(4) 환경관련 행위주체

① 환경관련법규는 배출시설의 설치 또는 허가를 받은 자(양수인 포함)를 사업자로 지칭하여 일반적인 행위주체로 인정한다.

② 학교나 법원 등 비영리단체라도 배출시설을 설치·운영하는 경우에는 관리주체가 사업자이다.

③ 타인이 경영하는 축산목장의 관리인이 업주의 지시에 따라 3,4명의 노무자를 데리고 축사청소 등의 단순노무에 주로 종사하였을 뿐 목장의 경영문제에까지는 관여하지 아니 하였다면 관리인이 업주의 정화시설설치의무 위반행위에 공모, 가담하였거나 업주의 위와 같은 행위를 방조하였다고 할 수 없다(大判 90. 12. 11, 90도 2178).

2. 환경범죄

(1) 개념 : 환경오염에 관한 법규를 위반한 사범을 통칭한다.

(2) 보호법익

직접적 보호법익	환경행정의 원활한 확보이다(환경재 자체)
간접적 보호법익	사람의 생명 · 건강 및 재산의 보호

(3) 인과관계

거동범	환경형법이 규정하고 있는 대부분의 환경범죄는 거동범(무허가 배출시설 운영)으로 환경오염행위와 그 결과간의 인과관계는 문제되지 않는다
결과범	① 환경범죄단속에관한특별조치법 소정의 오염물질의 배출로 인하여 사망 · 상해 등의 결과를 발생하게 한 행위의 경우에는 결과범이므로 환경오염행위와 결과 간에 인과관계가 있어야 한다. ② 인과관계의 입증이 어려운 이유 • 가해자가 익명의 다수인이다. • 가해 행위가 누적적 · 복합적이다. • 행위로부터 결과발생까지의 기간이 길다.

(4) 처벌

고의범	원칙적으로 고의범을 처벌하며(과실은 불벌), 확정적 고의보다는 미필적 고의로 성립하는 경우가 많다.
과실범	환경범죄의단속에관한특별조치법은 과실범도 처벌한다.

역학조사

환경오염에 의하여 질병이나 환자가 발생한 경우 그 원인을 규명하기 위하여 발병집단을 둘러싼 제조건의 변화를 탐색하고 그 조건과 질병의 상관관계를 통계적 방법을 이용하여 규명하려는 것이다.

3. 수질오염사범수사

(1) 수질환경보전법

① 목적(제1조) 이 법은 수질오염으로 인한 국민건강 및 환경상의 위해를 예방하고 하천·호수 등 등 공공구역의 수질을 적정하게 관리·보전함으로써 국민으로 하여금 그 혜택을 널리 향유할 수 있도록 함과 동시에 미래의 세대에게 승계될 수 있도록 함을 목적으로 한다.

② 용어의 정의(제2조)

폐수	물에 액체성 또는 고체성의 수질오염물질이 혼입되어 그대로 사용할 수 없는 물
수질오염물질	수질오염의 요인이 되는 물질로서 환경부령으로 정하는 것
특정수질유해물질	사람의 건강, 재산이나 동·식물의 생육에 직접 또는 간접으로 위해를 줄 우려가 있는 수질오염물질로서 환경부령으로 정하는 것
공공수역	하천·호소·항만·연안해역 그 밖에 공공용에 사용되는 수역과 이에 접속하여 공공용에 사용되는 환경부령이 정하는 수로

③ 성 격

배출시설이나 방지시설을 중심으로 규정하고 있다.

④ 범죄행위의 주체

원칙	주로 사업자를 범죄행위의 주체로 규정하여 전형적인 신분범의 형태를 취하고 있다.
예외	(일반인도 범죄의 주체가 될 수 있음) • 공공수역에 특정수질유해물질, 지정폐기물, 석유제품 및 원유, 유독물, 농약을 누출·유출하거나 버리는 행위 • 공공수역에 분뇨, 축산폐수, 독물의 사체, 폐기물 또는 오니(汚泥)를 버리는 행위 • 하천·호소에서 자동차를 세차하는 행위 • 공공수역에 다량의 토사를 유출하거나 버려 상수원 또는 하천·호소를 현저히 오염되게 하는 행위

(2) 오수·분뇨및축산폐수처리에관한법률

① 목적 : 이 법은 오수분뇨 및 축산폐수를 적정하게 처리하여 자연환경과 생활환경을 청결히 하고 수질오염을 감소시킴으로써 국민보건의 향상과 환경보전에 이바지함을 목적으로 한다(제1조)

② 용어의 정의(제2조)

오수	액체성 또는 고체성의 더러운 물질이 섞이어 그 상태로는 사람의 생활이나 사업활동에 사용할 수 없는 물로서 사람의 일상생활과 관련하여 수세식화장실·목욕탕·주방(주방) 등에서 배출 되는 것

분뇨	수거식화장실에서 수거되는 액체성 또는 고체성의 오염물질(오수처리시설 및 단독정화조의 청소과정에서 발생하는 오니중 탈수되지 아니한 것을 포함)
가축분뇨	가축이 배설하는 액체성 또는 고체성의 오염물질
축산폐수	가축분뇨와 축산폐수배출시설을 청소한 물이 가축분뇨에 섞인 것
축산폐수 배출시설	가축의 사육으로 인하여 축산폐수가 배출되는 시설 및 장소 등으로 축사 기타 환경부령이 정하는 것
오수처리 시설	오수를 침전·분해 등 환경부령이 정하는 방법에 의하여 정화하는 시설(단독정화조를 제외)

③ 주요위반사례

- 오수처리시설 설치의무규정 위반
- 오수처리업자가 아닌 자가 시·도지사의 승인없이 분뇨처리시설을 설치하는 행위
- 축산폐수배출시설 또는 축산폐수정화시설을 정상운영하지 아니하는 행위
- 주의 : 수세식화장실을 설치하는 자는 단독정화조를 설치해야 하는 것이 원칙이나, 수세식화장실에서 폐수처리시설로 유인시켜 처리하는 등의 경우에는 그러하지 아니하다.

④ 오수·분뇨 및 축산폐수사범 수사요령

- 정화조 및 오수정화시설의 관리기준 준수 여부를 점검한다.
- 일정 처리용량 이상의 정화조 처리업소는 기술관리인을 선임해야 한다.
- 상수도보호구역 및 특정지역에서의 식품접객업소와 기타 지역의 정화조 및 오수정화시설의 청소는 횟수를 달리한다(일반지역 연1회, 특정지역 연2회).

4. 대기오염사범 수사

(1) 대기환경보전법

① 목적

이 법은 대기오염으로 인한 국민건강 및 환경상의 위해를 예방하고 대기환경을 적정하고 지속가능하게 관리·보전함으로써 모든 국민이 건강하고 쾌적한 환경에서 생활할 수 있게 함을 목적으로 한다(제1조)

② 용어의 정의(제2조)

대기오염물질	대기오염의 원인이 되는 가스·입자상물질로서 환경부령으로 정하는 것
기후·생태계변화 유발물질	지구온난화 등으로 생태계의 변화를 가져올 수 있는 기체상물질로서 온실가스 및 환경부령이 정하는 것

온실가스	적외선복사열을 흡수하거나 재방출하여 온실효과를 유발하는 대기 중의 가TM상태의 물질로서 이산화탄소·메탄·아산화질소·수소불화탄소·과불화탄소·육불화황
가스	물질의 연소·합성·분해시에 발생하거나 물리적 성질에 의하여 발생하는 기체상 물질
입자상물질	물질의 파쇄·선별·퇴적·이적 기타 기계적 처리 또는 연소·합성·분해시에 발생하는 고체상 또는 액체상의 미세한 물질
먼지	대기중에 떠다니거나 흩날려 내려오는 입자상물질
매연	연소시에 발생하는 유리탄소를 주로 하는 미세한 입자상물질
검댕	연소시에 발생하는 유리탄소가 응결하여 입자의 지름이 1미크론 이상이 되는 입자상물질
특정대기유해물질	사람의 건강·재산이나 동·식물의 생육에 직접 또는 간접으로 위해를 줄 우려가 있는 대기오염물질로서 환경부령으로 정하는 것

(2) 대기오염물질

① 대기오염의 주범 : 아황산가스, 이산화질소, 인산화탄소, 분진 등이다.

② 대기환경보전법 제2조1호 : "대기오염물질"이라 함은 대기오염의 원인이 되는 가스·입자상물질로서 환경부령으로 정하는 것을 말한다.

③ 환경부령(대기환경보전법시행규칙)상의 규정

- 61종의 대기오염물질을 규정하고 있다.
- 분진, 매연도 대기오염물질로 규제대상이다.
- 배출허용기준의 미설정 : 대기오염물질 중 가스상 물질 18종, 먼지 등의 입자상의 물질, 악취 등에 대하여 배출허용기준을 정하고 있으나, 나머지는 배출허용기준을 정하고 있지 않아 규제대상에 해당 하지 않는다.

④ 적용법률

대기환경보전법의 적용을 받는 경우	• 자동차에서 배출되는 가스의 경우 과실로 인하여 기준치 이상의 배출여부를 인식하지 못한 경우에도 처벌된다(93. 9. 10, 92도1136). • 대기환경보전법 제38조1항의 규정에 의한 개선명령 또는 사용정지명령을 받고 이에 불응한 자는 동법 제57조에 의하여 처벌할 수 있다(96. 2. 13, 95도1993). • 운행차의 개선명령 자체가 당연무효인 경우에는 처벌할 수 없다(96. 2 13, 1993).
대기환경보전법의 적용을 받지 않는 경우	유독가스(염소 등)가 대량으로 누출되어 생명·신체에 위해를 초래한 경우에는 환경범죄단속에관한특별조치법을 적용한다.

5. 폐기물사범 수사

(1) 폐기물관리법

① 목적(제1조) : 이 법은 폐기물의 발생을 최대한 억제하고 발생된 폐기물을 적정하게 처리함으로써 환경보전과 국민생활의 질적 향상에 이바지함을 목적으로 한다.

② 용어의 정의(제2조)

폐기물	쓰레기·연소재·오니·폐유·폐산·폐알카리·동물의 사체 등으로서 사람의 생활이나 사업활동에 필요하지 아니하게 된 물질
생활폐기물	사업장폐기물 이외의 폐기물을 말한다(폐식용유는 생활폐기물)
사업장폐기물	대기환경보전법·수질환경보전법 또는 소음·진동규제법의 규정에 의하여 배출시설을 설치·운영하는 사업장 기타 대통령령이 정하는 사업장에서 발생되는 폐기물
지정폐기물	사업장폐기물중 폐유·폐산 등 주변 환경을 오염시킬 수 있거나 감염성 폐기물 등 인체에 위해를 줄 수 있는 유해한 물질로서 대통령령이 정하는 폐기물
감염성폐기물	지정폐기물중 인체조직 등 적축물, 탈지면, 실험동물의 사체 등 의료기관이나 시험·검사기관등에서 배출되는 인체에 위해를 줄 수 있는 물질로서 대통령령이 정하는 폐기물

③ 적용범위(제3조 및 제4조) : 본법이 적용되지 않는 경우

- 원자력법에 의한 방사성물질 및 이에 의하여 오염된 물질
- 용기에 들어있지 아니한 기체상의 물질
- 수질환경보전법에 의한 수질오염방지시설에 유입되거나 공공수역으로 배출되는 폐수
- 오수·분뇨및축산폐수의처리에관한법률에 의한 오수·분뇨 및 축산폐수
- 하수도법에 의한 하수
- 가축전염병예방법 제22조제2항·제23조·제33조 및 제44조의 규정이 적용되는 가축의 사체, 오염물건, 수입금지물건 및 검역불합격품
- 해양오염방지법 소정의 폐기물 해역배출 행위

(2) 폐기물의국가간이동및그처리에관한법률

폐기물의 국가간 이동으로 인한 환경오염을 방지하고 국제협력을 증진함을 목적으로 한다(제1조).

6. 토양오염사범 수사(토양환경보전법)

(1) 목적(제1조)

이 법은 토양오염으로 인한 국민건강 및 환경상의 위해를 예방하고, 토양생태계의

보전을 위하여 오염된 토양을 정화하는 등 토양을 적정하게 관리·보전함으로써 모든 국민이 건강하고 쾌적한 삶을 누릴 수 있게 함을 목적으로 한다.

(2) 용어의 정의(제2조)

토양오염	사업활동 기타 사람의 활동에 따라 토양이 오염되는 것으로서 사람의 건강·재산이나 환경에 피해를 주는 상태
토양오염물질	토양오염의 원인이 되는 물질로서 환경부령이 정하는 것
토양오염관리대상시설	토양오염물질을 생산·운반·저장·취급·가공 또는 처리함으로써 토양을 오염시킬 우려가 있는 시설·장치·건물·구축물 및 장소
특정토양오염관리대상시설	토양을 현저히 오염시킬 우려가 있는 토양오염관리대상시설로서 환경부령이 정하는 것

* 이 법은 방사성물질에 의한 토양오염 및 그 방지에 관하여는 이를 적용하지 아니한다(제3조1항).

7. 해양오염사범 수사(해양오염방지법)

(1) 목적(제1조)

이 법은 해양에 배출되는 기름·유해액체물질·포장유해물질 및 폐기물과 선박·해양시설로부터 대기로 배출되는 대기오염물질을 규제하고, 해양의 오염물질을 제거하여 해양환경을 보전함으로써 국민의 건강과 재산을 보호함을 목적으로 한다.

(2) 적용범위(제3조)

① 이 법의 규정은 다음 각 호의 해양오염 및 선박·해양시설로부터의 대기오염과 그 방지에 관하여 이를 적용한다. 다만, 방사성물질에 의한 해양오염·대기오염 및 그 방지에 관하여는 「원자력법」이 정하는 바에 의한다.

② 해양에서 선박으로부터 기름을 유출한 경우에는 고의·과실범을 모두 처벌한다.

8. 소음·진동사범 수사(소음·진동규제법)

(1) 목적(제1조)

이 법은 공장·건설공사장·도로·철도 등으로부터 발생하는 소음·진동으로 인한 피해를 방지하고 소음·진동을 적정하게 관리·규제함으로써 모든 국민이 정온한 환경에서 생활할 수 있게 함을 목적으로 한다.

(2) 용어의 정의(제2조)

소음	기계 · 기구 · 시설 기타 물체의 사용으로 인하여 발생하는 강한 소리
진동	기계 · 기구 · 시설 기타 물체의 사용으로 인하여 발생하는 강한 흔들림
소음·진동 배출시설	소음 · 진동을 발생하는 공장의 기계 · 기구 · 시설 기타 물체로서 환경부령으로 정하는 것
소음·진동 방지시설	소음 · 진동배출시설로부터 배출되는 소음 · 진동을 제거 하거나 감소시키는 시설로서 환경부령으로 정하는 것
방음시설	소음 · 진동배출시설이 아닌 물체로부터 발생하는 소음을 제거하거나 감소시키는 시설로서 환경부령으로 정하는 것

(3) 적용대상 :소음의 배출원에 따라 다음과 같이 규정하고 있다.

① 공장소음 · 진동(제2장)
② 생활소음 · 진동(제3장)
③ 교통소음 · 진동(제4장)
④ 항공기소음 · 진동(제5장)
융피라미드가 많다.

제6절 기타 사건 특칙

1. 소년사건에 관한 특칙

소년사건 수사의 기본	① 경찰관은 소년사건을 수사할 때에는 소년의 건전한 육성을 도모하는 마음을 가져야 한다. ② 경찰관은 소년사건을 수사할 때에는 반사회성 있는 소년의 환경 조정과 성행의 교정에 관한 보호처분 또는 형사처분에 필요한 특별한 심리자료를 제공할 것을 염두에 두어야 한다.
소년의 특성의 고려	경찰관은 소년사건을 수사할 때에는 소년의 특성에 비추어 되도록 다른 사람의 이목을 끌지 않는 장소에서 온정과 이해를 가지고 부드러운 어조로 조사하여야 한다.
범죄의 원인과 환경조사	① 경찰관은 소년사건을 수사할 때에는 범죄원인, 동기, 그 소년의 성격, 행상, 경력, 교육정도, 가정 상황, 교우관계 그 밖의 환경 등을 상세히 조사하여 별지 제186호 서식의 소년카드[소년환경조사서]를 작성하여야 하며, 심리전문가가 참여하는 경우에는 소년의 비행성예측자료표를 작성하여야 한다. ② 경찰관은 소년의 심신에 이상이 있다고 판단될 때에는 지체없이 의사로 하여금 진단하게 하여야 한다.
관계기관과의 연락	경찰관은 소년사건을 수사하며 필요하다고 판단될 때에는 청소년 지원센터, 소년원, 학교 그 밖의 관계기관과 연락을 긴밀히 하여야 한다.
보호자와의 연락	경찰관은 소년피의자에 대한 출석요구나 조사를 할 때에는 그 소년의 보호자나 이에 대신할 자에게 연락하여야 한다. 다만, 연락하는 것이 그 소년의 복리상 부적당하다고 인정될 때에는 그러하지 아니하다.
구속에 관한 주의	경찰관은 소년 피의자에 대하여는 되도록 구속을 피하고 부득이 구속, 체포 또는 동행하는 경우에는 그 시기와 방법에 특히 주의하여야 한다.
보도상의 주의	경찰관은 소년범죄를 수사할 때에는 「소년법」의 취지에 따라 신속히 처리하고 소년의 주거, 성명, 연령, 직업, 용모 등에 의하여 그 자를 본인으로 주지할 수 있는 정도의 사실이나 사진이 신문 그 밖의 출판물에 게재 또는 방송되지 않도록 특히 주의하여야 한다.
소년보호 사건의 송치 등	① 경찰관은 소년사건을 수사한 결과 피의자가 형벌법령에 저촉되는 행위를 한 10세 이상 14세 미만인 소년(이하 "촉법소년"이라 한다)으로 판명되었을 때에는 해당 소년에 대하여 적당한 선도 보호의 조치가 취하여지도록 하여야 한다. 이 경우 그 자에게 보호자가 없거나 보호자에게 감호하는 것이 부적당하다고 인정될 때에는 「아동복지법」에 의한 조치를 강구하거나 이를 소년보호사건(촉법)으로 하여 경찰서장이 직접 가정법원 소년부 또는 지방법원 소년부(이하 "소년부"라 한다)에 송치하여야 한다. ② 전항의 경우에 있어서 촉법소년의 행위가 형법상의 금고 이상의 형에 해당하는 것인 때에는 이를 소년보호사건으로하여 소년부에 직접 송치하여야 한다. ③ 피의자가 형벌법령에 저촉되는 행위를 한 사실이 없는 것이 판명되었으나 소년법 제4조제1항 제3호(이하 "우범소년"이라 한다)에 해당하는 때에는 그 소년에 대하여 적절한 선도보호 조치가 취하여지도록 하여야 한다. 이 경우 그 자에게 보호자가 없거나 보호자에게 감호하게 하는 것이 부적당하다고 인정될 때에는 「아동복지법」에 의한 조치를 강구하거나 이를 소년보호사건(우범)으로 하여 경찰서장이 직접 소년부에 송치하여야 한다.

소년보호사건 송치서	소년보호 사건을 송치하는 경우에는 소년카드[소년환경조사서] 그 밖의 참고자료를 첨부하여야 한다. 다만, 촉법・우범소년인 경우에는 소년보호사건 송치서만으로 송치할 수 있다.
학생범죄	소년이 아니더라도 학생의 범죄사건에 관하여는 소년의 특성의 고려,범죄의 원인과 환경조사,관계기관과의 연락, 보도상의 주의를 준용한다.
여성범죄	피의자가 여자인 경우에는 소년의 특성의 고려, 보도상의 주의의 규정을 준용한다.

2. 성폭력사건에 관한 특칙

성폭력범죄 전담 조사관의 조사	① 경찰관서장은 성폭력범죄 전담 조사관을 지정하여 성폭력범죄 피해자를 조사하도록 하여야 한다. ② 피해자의 의사에 반하지 않는 한 성폭력 피해여성은 여자 성폭력범죄 전담 조사관이 조사하여야 한다.
성폭력범죄 수사시 유의사항	① 경찰관은 성폭력범죄를 수사함에 있어서는 피해자의 인권을 최우선시 하여야 한다. ② 경찰관은 성폭력 피해자에 대한 조사와 피의자에 대한 신문은 분리하여 실시하고, 대질신문은 최후의 수단인 경우 예외적으로 실시하되 대질 방법 등에 대한 피해자측의 의사를 최대한 존중하여야 한다. ③ 경찰관은 성폭력 피해자 조사시 공개된 장소에서의 조사 및 증언요구로 인하여 신분노출이 되지 않도록 유의하고, 성폭력 피해자에 대한 조사는 수사상 필요 최소한도로 실시하여야 한다. ④ 경찰관은 성폭력 피해자 조사시 피해자의 연령, 심리상태 또는 후유장애의 유무 등을 신중하게 고려하여 가급적 진술녹화실 등 별실에서 조사하여 심리적 안정을 취할 수 있는 분위기를 조성하고, 조사 과정에서 피해자의 인격이나 명예가 손상되거나 사적인 비밀이 침해되지 않도록 주의하여야 한다.
영상물의 촬영·보존 등	① 경찰관은 성폭력 범죄를 당한 16세 미만의 피해자와 신체장애 또는 정신상의 장애로 사물을 변별하거나 의사를 결정할 능력이 미약한 자(이하 '피해아동등' 이라 한다)에 대해서는 피해자의 진술내용과 조사과정을 비디오녹화기 등 영상물 녹화장치에 의하여 촬영・보존하여야 한다. 이때 피해아동등과 그 법정대리인에게 진술녹화의 취지 등을 설명하고, 그 동의 여부를 확인하여야 하며, 피해아동 등 또는 법정대리인이 녹화를 원하지 않는 의사를 표시한 때에는 촬영을 하여서는 아니 된다. ② 녹화장소는 피해아동등의 특성을 고려하여 피해자가 안전하고 편안하게 느낄 수 있는 적정한 환경을 갖추고 공개되지 않도록 하는 등 피해자의 정서적 안정에 유의한다.
신뢰관계에 있는 자의 동석	① 경찰관은 성폭력 피해자 조사시 피해자 또는 법정대리인에게 신뢰관계자가 동석할 수 있음을 고지하고 신청이 있는 때에는 수사상 지장을 초래할 우려가 있는 등 부득이한 경우가 아닌 한 피해자와 신뢰관계에 있는 자를 동석하게 하여야 한다. 신뢰관계에 있는 자로부터 신뢰관계자 동석확인서 및 피해자와의 관계를 소명할 서류를 제출받아 이를 기록에 편철한다. ② 경찰관은 성폭력 피해아동등 조사시 신뢰관계자는 피해아동등의 시야가 미치지 않는 적절한 위치에 좌석을 마련하고, 조사 전에 수사에 지장을 초래할 우려가 있는 경우 동석자의 퇴거를 요구할 수 있다는 것을 고지하여야 하며, 다음 각호의 사유가 발생하거나 그 염려가 있는 때에는 동석자의 퇴거를 요구하고 조사할 수 있다. 1. 조사 과정에 개입하거나 조사를 제지・중단시키는 경우 2. 피해아동등을 대신하여 답변하거나 특정한 답변을 유도하는 경우 3. 피해아동등의 진술 번복을 유도하는 경우 4. 그 밖의 동석자의 언동 등으로 수사에 지장을 초래할 우려가 있는 경우

	③ 경찰관은 전항의 사유로 동석자를 퇴거하게 한 경우 그 사유를 피해자측에 설명하고 그 구체적 정황을 수사보고서로 작성하여 기록에 편철한다. ④ 그 밖의 성폭력 피해자 조사시 신뢰관계 있는 자 동석에 관한 사항은 제62조 규정을 준용한다.
장애인에 대한 특칙	① 경찰관은 성폭력 피해자가 정신상의 장애 등으로 사물을 변별하거나 의사를 결정할 능력이 미약한 때에는 본인이나 법정대리인 등에게 보조인을 선정하도록 권유하고, 선정된 보조인을 신뢰관계에 있는 자로 동석하게 할 수 있다. ② 경찰관은 성폭력 피해자가 언어장애인, 청각장애인 또는 시각장애인인 때에는 본인 또는 법정대리인 등의 의견을 참작하여 수화 또는 문자 통역 등의 방법을 활용하여 조사한다. ③ 경찰관은 성폭력 피해자가 정신지체인인 때에는 면담을 통하여 진술능력 등을 확인하고, 피해자가 자신의 의사를 제대로 전달하지 못하여 수사에 지장을 초래한다고 판단되는 경우에 한하여 제1항의 보조인 또는 신뢰관계에 있는 자로 하여금 피해자의 의사를 전달하도록 할 수 있다.
증거보전의 특례	① 성폭력 피해자 또는 그 법정대리인이 피해자가 공판기일에 출석하여 증언하는 것이 현저히 곤란한 사정이 있어 그 사유를 소명하여 「형사소송법」 제184조(증거보전의청구와 그 절차)제1항의 규정에 의한 증거보전의 청구를 할 것을 요청한 경우 사법경찰관은 그 요청이 상당한 이유가 있다고 인정하는 때에는 관할 지방검찰청 또는 지청의 검사에게 증거보전의 신청을 할 수 있다. ② 전항의 경우 피해자가 16세미만 성폭력 피해아동 등일 경우에는 별도의 증명 없이 증거보전의 청구를 요청하더라도, 공판기일에 출석하여 증언하는 것이 현저히 곤란한 사정이 있는 것으로 간주하여, 당해 성폭력범죄를 수사하는 검사에 대해 증거보전 신청을 할 수 있다.

3. 가정폭력사건에 관한 특칙

가정폭력범죄 수사시 유의사항	① 경찰관은 가정폭력 범죄를 수사함에 있어서는 보호처분 또는 형사처분의 심리를 위한 특별자료를 제공할 것을 염두에 두어야 하며, 가정폭력 범죄로 파괴된 가정의 평화와 안정을 회복하고 건강한 가정을 가꾸며 피해자와 가족구성원의 인권을 보호하려는 자세로 임하여야 한다. ② 경찰관은 가정폭력범죄 피해자 조사시 피해자의 연령, 심리상태 또는 후유장애의 유무 등을 신중하게 고려하여 가급적 진술녹화실 등 별실에서 조사하여 심리적 안정을 취할 수 있는 분위기를 조성하고, 피해자의 조사과정에서 피해자의 인격이나 명예가 손상되거나 개인의 비밀이 침해되지 않도록 주의하여야 한다. ③ 가정폭력 피해자에 대한 조사는 수사상 필요한 최소한도로 실시하여야 한다.
응급조치	① 경찰관은 진행 중인 가정폭력 범죄에 대하여 신고를 접수한 즉시 현장에 출동하여 「가정폭력범죄의 처벌 등에 관한 특례법」 제5조의 규정에 의한 응급조치를 취하되 폭력행위 제지시 가족 구성원과의 불필요한 마찰이나 오해의 소지가 없도록 유의한다. ② 전항의 응급조치를 취한 경찰관은 가정폭력 행위자의 성명, 주소, 생년월일, 직업, 피해자와의 관계, 범죄사실의 요지, 가정상황, 피해자와 신고자의 성명, 응급조치의 내용 등을 상세히 기재한 별지 제190호 서식의 응급조치보고서를 작성하여 사건기록에 편철하여야 한다.
환경조사서의 작성	경찰관은 가정폭력범죄를 수사함에 있어서는 범죄의 원인 및 동기와 행위자의 성격·행상·경력·교육정도·가정상황 그 밖의 환경 등을 상세히 조사하여 별지 제191호 서식의 환경조사서를 작성하여야 한다.
임시조치	① 가정폭력범죄가 재발할 우려가 있다고 인정하는 때에는 사법경찰관은 관할 지방검찰청 또는

	지청의 검사에게 다음 각호의 임시조치를 법원에 청구할 것을 신청할 수 있다. 1. 피해자 또는 가정구성원의 주거 또는 점유하는 방실로부터의 퇴거 등 격리 2. 피해자 또는 가정구성원의 주거, 직장 등에서 100미터 이내의 접근 금지 3. 피해자 또는 가정구성원에 대한 「전기통신법」 제2조제1호의 전기통신을 이용한 접근금지 ② 사법경찰관은 전항의 신청에 의해 결정된 임시조치를 위반하여 가정폭력범죄가 재발될 우려가 있다고 인정하는 때에는 관할 지방검찰청 또는 지청의 검사에게 경찰관서 유치장 또는 구치소에 유치하는 임시조치를 법원에 청구할 것을 신청할 수 있다. ③ 제1항 및 제2항의 경우 피해자 또는 그 법정대리인은 사법경찰관에게 제1항 및 제2항의 규정에 의한 임시조치의 신청을 요청하거나 이에 관하여 의견을 진술할 수 있다. ④ 전항의 요청을 받은 사법경찰관이 제1항 및 제2항의 임시조치를 신청하지 않는 경우에는 검사에게 그 사유를 보고하여야 한다. ⑤ 경찰관은 임시조치 신청을 한 때에는 별지 제193호 서식의 임시조치신청부에 소정의 사항을 기재하여야 한다. ⑥ 경찰관은 임시조치의 결정을 집행할 때에는 행위자에게 임시조치의 내용, 불복방법 등을 고지하고, 집행일시 및 집행방법을 기재한 서면을 사건기록에 편철하여야 한다. ⑦ 임시조치 결정에 대하여 항고가 제기되어 법원으로부터 수사기록등본의 제출을 요구받은 경우 경찰관은 항고심 재판에 필요한 범위 내의 수사기록등본을 관할검찰청으로 송부하여야 한다.
가정폭력사건 송치	① 사법경찰관은 가정폭력범죄를 신속히 수사하여 사건을 검사에게 송치하여야 한다. ② 가정폭력사건 송치서 죄명란에는 해당 죄명을 기재하고 비고란에 '가정폭력사건'이라고 표시한다. ③ 사법경찰관은 가정폭력사건 송치시 사건의 성질・동기 및 결과, 행위자의 성행 등을 고려하여 「가정폭력 범죄의 처벌 등에 관한 특례법」의 가정보호사건으로 처리함이 상당한지 여부에 관한 의견을 제시할 수 있다.
동행영장의 집행	① 경찰관은 「가정폭력 범죄의 처벌 등에 관한 특례법」 제27조제1항의 규정에 따른 법원의 요청이 있는 경우 동행영장을 집행하여야 한다. ② 경찰관은 동행영장을 집행하는 때에는 피동행자에게 동행영장을 제시하고 신속히 지정된 장소로 동행하여야 한다. ③ 경찰관은 동행영장을 소지하지 않은 경우 급속을 요하는 때에는 피동행자에게 범죄사실과 동행영장이 발부되었음을 고지하고 집행할 수 있다. 이 경우에는 집행을 완료한 후 신속히 동행영장을 제시하여야 한다. ④ 경찰관은 동행영장을 집행한 때에는 동행영장에 집행일시와 장소를, 집행할 수 없는 때에는 그 사유를 각각 기재하고 기명날인 또는 서명하여야 한다.
보호처분결정의 집행	경찰관은 「가정폭력 범죄의 처벌 등에 관한 특례법」 제43조제1항의 규정에 따른 법원의 요청이 있는 경우에는 보호처분의 결정을 집행하여야 한다.

4. 국제범죄에 관한 특칙

준거규정	외국인관련범죄 또는 우리나라 국민의 국외범, 대・공사관에 관한 범죄 그 외 외국에 관한 범죄(이하 "국제범죄"라 한다)의 수사에 관하여 조약, 협정 그 밖의 특별한 규정이 있을 때에는 그에 따르고, 특별한 규정이 없을 때에는 본 장의 규정에 의하는 외에 일반적인 수사절차를 따른다.

국제법의 준수	경찰관은 국제범죄의 수사를 함에 있어서는 국제법과 국제조약에 위배되는 일이 없도록 유의하여야 한다.
국제범죄 수사의 착수	경찰관은 국제범죄중 중요한 범죄에 관하여는 미리 경찰청장에게 보고하여 그 지시를 받아 수사에 착수하여야 한다. 다만, 급속을 요하는 경우에는 필요한 처분을 한 후 신속히 경찰청장의 지시를 받아야 한다.
대·공사 등에 관한 특칙	① 경찰관은 국제범죄를 수사함에 있어서는 다음 각호의 어느 하나에 해당하는 자의 외교 특권을 침해하는 일이 없도록 주의하여야 한다. 1. 외교관 또는 외교관의 가족 2. 그 밖의 외교의 특권을 가진 자 ② 경찰관은 전항에 규정된 자의 사용인을 체포하거나 조사할 필요가 있다고 인정될 때에는 현행범인의 체포 그 밖의 긴급 부득이한 경우를 제외하고는 미리 경찰청장에게 보고하여 그 지시를 받아야 한다. ③ 경찰관은 피의자가 외교 특권을 가진 자인지 그 여부가 의심스러운 경우에는 신속히 경찰청장에게 보고하여 그 지시를 받아야 한다.
대·공사관 등에의 출입	경찰관은 대・공사관과 대・공사나 대・공사관원의 사택 별장 혹은 그 숙박하는 장소에 관하여는 당해 대・공사나 대・공사관원의 청구가 있을 경우 이외에는 출입해서는 아니 된다. 다만, 중대한 범죄를 범한 자를 추적 중 그 자가 위 장소에 들어간 경우에 지체할 수 없을 때에는 대・공사관원이나 이를 대리할 권한을 가진 자의 사전 동의를 얻어 수색하여야 한다. 이 경우 수색을 행할 때에는 지체없이 경찰청장에게 보고하여 그 지시를 받아야 한다.
외국군함에의 출입	① 경찰관은 외국군함에 관하여는 당해 군함의 함장의 청구가 있는 경우 외에는 이에 출입해서는 아니 된다. ② 경찰관은 중대한 범죄를 범한 자가 도주하여 대한민국의 영해에 있는 외국군함으로 들어갔을 때에는 신속히 경찰청장에게 보고하여 그 지시를 받아야 한다. 다만, 급속을 요할 때에는 당해 군함의 함장에게 범죄자의 임의의 인도를 요구할 수 있다.
외국군함의 승무원에 대한 특칙	경찰관은 외국군함에 속하는 군인이나 군속이 그 군함을 떠나 대한민국의 영해 또는 영토 내에서 죄를 범한 경우에는 신속히 경찰청장에게 보고하여 그 지시를 받아야 한다. 다만, 현행범 그 밖의 급속을 요하는 때에는 체포 그 밖의 수사상 필요한 조치를 한 후 신속히 경찰청장에게 보고하여 그 지시를 받아야 한다.
영사 등에 관한 특칙	① 경찰관은 임명국의 국적을 가진 대한민국 주재의 총영사, 영사 또는 부영사에 대한 사건에 관하여 구속 또는 조사할 필요가 있다고 인정될 때에는 미리 경찰청장에게 보고하여 그 지시를 받아야 한다. ② 경찰관은 총영사, 영사 또는 부영사의 사무소는 당해 영사의 청구나 동의가 있는 경우 외에는 이에 출입해서는 아니 된다. ③ 경찰관은 총영사, 영사 또는 부영사의 사택이나 명예영사의 사무소 혹은 사택에서 수사할 필요가 있다고 인정될 때에는 미리 경찰청장에게 보고하여 그 지시를 받아야 한다. ④ 경찰관은 총영사, 영사 또는 부영사나 명예영사의 사무소안에 있는 기록문서에 관하여는 이를 열람하거나 압수하여서는 아니 된다.
외국 선박내의 범죄	경찰관은 대한민국의 영해에 있는 외국 선박내에서 발생한 범죄로서 다음 각호의 어느 하나에 해당하는 경우에는 수사를 하여야 한다. 1. 대한민국 육상이나 항내의 안전을 해할 때 2. 승무원 이외의 자나 대한민국의 국민에 관계가 있을 때

	3. 중대한 범죄가 행하여졌을 때
조사와 구속에 대한 주의	경찰관은 외국인의 조사와 체포・구속에 있어서는 언어, 풍속과 습관의 특성을 고려하여야 한다.
외국인 피의자 체포·구속 시 영사기관 통보	① 사법경찰관은 「영사관계에 관한 비엔나협약」 제36조의 규정에 따라 외국인을 체포・구속하였을 때에는 체포・구속시 고지사항 외에 해당 영사기관에 체포・구속사실의 통보와 국내법령에 위반되지 않는 한도 내에서 해당 영사기관원과 접견・교통을 요청할 수 있음을 고지하여야 한다. ② 사법경찰관은 전항의 내용을 고지하고 피의자로부터 별지 제194호 서식의 영사기관통보요청 확인서를 작성하여야 한다. ③ 사법경찰관은 피의자가 영사기관 통보 및 접견을 요청한 경우에는 별지 제195호 서식의 영사기관 체포・구속통보서를 작성하여 해당 영사기관에 지체없이 통보하여야 한다. ④ 사법경찰관은 전항에도 불구하고, 별도 외국과의 조약에 따라 피의자 의사와 관계없이 해당 영사기관에 통보하게 되어 있는 경우에는 반드시 이를 통보하여야 한다. ⑤제2항부터 제4항까지의 서류는 수사기록에 편철하여야 한다.
외국인 사망자 통보	사법경찰관은 외국인 변사사건을 접수한 때에는 「영사관계에 관한 비엔나협약」 제37조의 규정에 따라 별지 제196호 서식의 영사기관사망통보서를 작성하여 해당 영사기관에 그 사실을 지체없이 통보하고 이를 사건관련기록에 편철하여야 한다.
피의자 신문조서의 기재사항	경찰관은 피의자가 외국인인 경우에는 피의자신문조서 중에 제70조제1항에 열거한 사항 외에 다음 사항에 관하여도 명백히 해두어야 한다. 1. 국적, 출생지와 본국에 있어서의 주거 2. 여권 또는 외국인등록 증명서 그 밖의 신분증에 관한 서류의 유무 3. 외국에 있어서의 전과의 유무 4. 대한민국에 입국한 시기 체류기간 체류자격과 목적 5. 본국에서 퇴거한 시기 6. 가족의 유무와 그 주거
조서의 작성	① 경찰관은 외국인인 피의자 그 밖의 관계자가 한국어에 통하지 않는 경우에는 통역인으로 하여금 통역하게 하여 한국어로 피의자신문조서나 진술조서를 작성하여야 하며 특히 필요한 때에는 외국어의 진술서를 작성하게 하거나 외국어의 진술서를 제출하게 하여야 한다. ② 경찰관은 외국인이 구술로써 고소・고발이나 자수를 하려 하는 경우에 한국어에 통하지 않을 때의 고소・고발 또는 자수인 진술조서는 전항의 규정에 준하여 작성하여야 한다.
번역문의 첨부	경찰관은 외국인에 대하여 구속영장 그 밖의 영장에 의하여 처분하는 경우에는 되도록 번역문을 첨부하여야 한다. 외국인으로부터 압수한 물건에 관하여 압수증명서를 교부하는 경우에도 또한 같다.

5. 다중범죄에 관한 특칙

심적대비	경찰관은 다중범죄의 수사에 관하여는 항상 일반 사회의 정세와 다중범죄의 주체가 될 염려가 있는 단체, 집단 등의 실태와 그 동향을 정확하게 파악하여 다중범죄의 수사가 철저하게 행하여지도록 유의하여야 한다.

다중범죄 수사의 중점	경찰관은 다중범죄의 수사에 있어서는 실행행위자에만 그치지 말고 주모자, 모의 참여자 그 밖의 사건의 배후에 있는 공범관계자를 정확하게 탐색, 파악하도록 노력하여야 한다.
현장에 있어서의 체포	경찰관은 다중범죄의 현장에서 그 피의자를 체포함에 있어서는 상대편의 세력, 정세의 추이 등을 신중히 고려하여 체포의 시기, 방법과 범위를 그르치는 일이 없도록 현장지휘관의 통제하에 행하여야 한다.
감식활동의 주의	경찰관은 다중범죄가 발생한 경우에는 그 실행상황 그 밖의 현장의 상황을 명백히 하고 피의자의 범행을 확인하는 등 증거의 수집 보존에 노력하여야 한다.
체포시의 주의	① 다중범죄의 피의자를 체포한 경찰관은 각각 체포한 피의자에 관하여 그 인상, 체격 그 밖의 특징, 범죄사실의 개요, 체포시의 장소와 상황 등을 명백히 기록해 두어 사후의 조사에 지장이 생기지 않도록 하여야 한다. ② 전항의 경우 필요한 때에는 피의자를 체포한 직후에 피의자를 체포한 경찰관과 함께 촬영해 두는 등 적당한 방법을 취하여야 한다. ③ 피의자를 체포한 경우에 있어서 당해 피의자와 관계가 있는 물건을 압수하였을 때에는 피의자와 압수물의 관계를 명백히 하기 위하여 이들을 함께 촬영하는 등 적당한 방법을 취하여야 한다.
통모의 방지	경찰관은 다중범죄의 피의자를 다수 동시에 체포한 경우에 있어서 필요한 때에는 피의자를 분산하여 구금하는 등 통모, 탈환 등을 방지하기 위한 적절한 조치를 취하여야 한다.
피의자의 조사	다중범죄의 피의자를 조사함에 있어서는 특히 조사를 하는 경찰관 상호간에 연락을 긴밀히 하여 사건의 전모를 명백히 하도록 유의하여야 한다.

6. 보석자 등의 관찰

보석자 등의 관찰	① 경찰서장은 검사로부터 그 관할 구역내에 거주하는 보석 피고인 또는 구속집행정지자에 대한 시찰조회서를 송부받은 때에는 당해 사건을 수사한 경찰관 그 밖의 적당한 경찰관을 지정하여 주거지의 현주 여부 등을 관찰하여 회보하여야 한다. ② 경찰서장은 검사로부터 그 관할 구역내에 거주하는 형집행정지자에 대한 관찰을 요구받은 경우에는 매월 1회 이상 형집행정지사유 존속 여부를 관찰하여 보고하여야 한다. ③ 경찰서장은 형사소송규칙 제55조의3의 규정에 따라 법원으로부터 「형사소송법」 제98조제3호의 보석조건으로 석방된 피고인의 주거 제한 준수 여부에 대한 조사를 요구받은 때에는 제1항의 규정을 준용한다.
관찰상의 주의	경찰관은 보석 피고인, 구속집행정지자, 형집행정지자에 대한 관찰은 적절한 방법으로 행하여야 하며, 피관찰자 또는 그 가족의 명예나 신용을 부당하게 훼손하지 아니하도록 주의하여야 한다.
관찰부	경찰관은 보석자 등을 관찰하였을 때에는 보석(구속집행정지)자 관찰부에 그 관찰상황을 명백하게 기재해 두어야 한다.

찾아보기

(영문)

저자 프로필

유 재 두

현 목원대학교 경찰법학과 교수

숭실대학교 법학과 학사

동국대학교 대학원 경찰행정학과 석사

동국대학교 대학원 경찰행정학과 박사

한국공안행정학과 이사

한국범죄심리학회 이사

도서출판 **그린**

범죄수사론

인쇄일	2013년 3월 2일
발행일	2013년 3월 8일
저　자	유 재 두
발행처	도서출판 **그린**
발행인	윤 덕 우
출판등록	제8-161호(1995. 5. 3.)
주소	서울시 서대문구 연희동 219-20 (우)120-828
전화	02)333-2574, 2575
Fax	02)333-2561
E-mail	greenpress@greenpress.co.kr
Homepage	http://www.greenpress.co.kr

Green Pub.

정가 : 22,000원

ISBN : 978-89-5727-195-7 (93330)